U0647748

启真馆 出品

[德] 赫尔曼·库尔茨科 著

张芸 孟薇 译

托马斯·曼

生命之为艺术品

ZHEJIANG UNIVERSITY PRESS

浙江大学出版社

·杭州·

图书在版编目（CIP）数据

托马斯·曼：生命之为艺术品 /（德）赫尔曼·库尔茨科著；张芸，孟薇译 . — 杭州：浙江大学出版社，2022.9

ISBN 978-7-308-22154-2

Ⅰ . ①托… Ⅱ . ①赫… ②张… ③孟… Ⅲ . ①曼（Mann, Thomas 1875-1955）—传记 Ⅳ . ① K835.165.6

中国版本图书馆 CIP 数据核字（2021）第 255690 号

© Verlag C.H.Beck oHG，München 2006
浙江省版权局著作权合同登记图字：11—2022—214 号

托马斯·曼：生命之为艺术品
［德］赫尔曼·库尔茨科 著　张芸，孟薇 译

责任编辑	王志毅
文字编辑	苑　琛
责任校对	闻晓虹
装帧设计	祁晓茵
出版发行	浙江大学出版社
	（杭州天目山路 148 号 邮政编码 310007）
	（网址：http:// www.zjupress.com）
排　　版	北京楠竹文化发展有限公司
印　　刷	河北华商印刷有限公司
开　　本	635mm×965mm　1/16
印　　张	51.5
字　　数	740 千
版 印 次	2022 年 9 月第 1 版　2022 年 9 月第 1 次印刷
书　　号	ISBN 978-7-308-22154-2
定　　价	188.00 元

版权所有　翻印必究　印装差错　负责调换
浙江大学出版社市场营运中心联系方式：(0571) 88925591；http://zjdxcbs.tmall.com

坐在藤椅上写作的托马斯·曼，1900 年

父亲托马斯·约翰·亨利希·曼，
1875 年

母亲达·希尔娃－布鲁恩斯，1875 年

2 岁的托马斯·曼，1877 年

10 岁的托马斯·曼与兄妹们合影，
1885 年

亨利希·曼，1903 年

卡拉·曼，1900 年

尤丽娅·曼，1900 年

维克多·曼，1900 年

青年时期的托马斯·曼，1893 年

阿明·马滕斯，1884 年

画家保罗·埃伦贝格，1902 年

托马斯·曼（右）与库尔特·马滕斯
合影，1900 年

卡蒂娅·曼，1898 年

卡蒂娅·曼，1898 年

卡蒂娅·曼，1904 年

卡蒂娅·曼，1920 年

卡蒂娅·曼和托马斯·曼，1900 年

第一个孩子艾丽卡，1906 年

卡蒂娅·曼和孩子们，1907 年

艾丽卡·曼，1930 年

克劳斯·曼，1926 年

米夏埃尔·曼，1926年

戈洛·曼，1918年

米夏埃尔·曼, 1925 年

伊丽莎白·曼, 1925 年

托马斯·曼的素描画像，1912 年

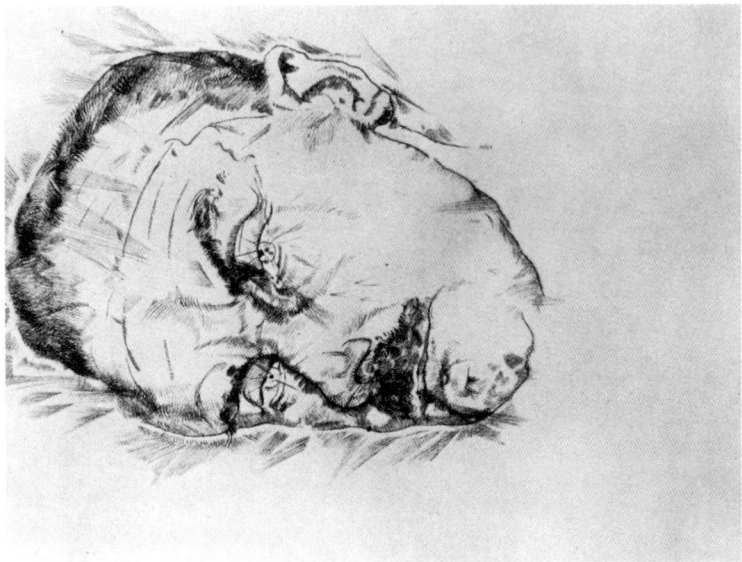

托马斯·曼的明信片，1920 年

托马斯·曼夫妇，1925 年

与孩子们在乡间别墅，1909 年

与孩子们在叙尔特岛海边，1927 年

托马斯·曼与卡蒂娅的家人，1930 年

托马斯·曼家族在慕尼黑的房子，1929 年

托马斯·曼在瑞士达沃斯冰雪节，1921 年

托马斯·曼在诺贝尔文学奖纪念宴会上，1929 年

托马斯·曼在泛欧洲大会上，1930 年

托马斯·曼与戏剧《翡冷翠》的演员合影，1925 年

托马斯·曼与"歌德之旅"的表演者合影，1932 年

托马斯·曼在歌德去世 100 周年纪念会上演讲，1932 年

（左起）勒内·席克勒、安妮特·科尔布、托马斯·曼，1927 年

托马斯·曼与赫尔曼·黑塞，
1933 年

托马斯·曼与音乐家布鲁诺·瓦尔特，
1935 年

托马斯·曼与汉斯·赖西格等人在苏黎世，1934 年

托马斯·曼夫妇与戈特弗里德·贝尔曼·菲舍尔，1935 年

在好莱坞与电影人合影:（左起）托马斯·曼、卡尔·莱姆勒、马克斯·莱因哈特、恩斯特·卢比奇，1938 年

托马斯·曼在普林斯顿大学，1939 年

托马斯·曼在洛杉矶，1941 年

杜比克大学授予托马斯·曼荣誉博士
学位，1940 年

加州大学授予托马斯·曼荣誉博士学位，1941 年

参观耶鲁大学托马斯·曼作品展，1950 年

电影《王子殿下》在苏黎世的首映式，1954 年

托马斯·曼的 75 岁生日会，1950 年

托马斯·曼的 80 岁生日会，1955 年

晚年的托马斯·曼（宫武东洋拍摄，1952 年）

致　谢

　　向谁致谢？本书在这一点上是很清楚的：向我的家人致谢，这本书是献给他们的。我对生活的了解，大部分都要归功于他们。这些年里，他们一直忍受着我、激励着我、纠正着我并且赋予我灵感，在必要的时候，也会阻止我，他们就是：马尔莱、莱娜、马蒂亚斯、菲利普和约翰娜·库尔茨科。首先必须感谢他们。马尔莱给了我似乎无穷无尽的时间，跟我一起承担压力并且用她警醒的怀疑精神督促我不断完善改进，莱娜用训练有素的审稿人的眼光审阅所有文字，马蒂亚斯在"爱因斯坦"和"角落里的小星辰"这两节中剔除了极其糟糕的自然科学方面半瓶子醋的知识。约翰娜（5岁）特别受我的折磨，因为不允许她打扰我。当然，这并没有阻止得了她打扰我而且由此让我感到心情愉快。如果一个小姑娘走进来问道，"爸爸，你愿意帮我冷静下来吗？"，你又会怎么样呢？

　　虽然写作需要独处，但是也得时不时从中走出来，去见见朋友。通过弗雷德·迪克斯的著作《空想与梦想》和随后跟他的谈话，我鼓起勇气采用了一种略带诙谐的创作方式，力图摆脱通常的科学上的学究气，同时又不会因此陷入创作的不严肃、不可靠和随意武断，我希望能做到这一点。禁止将虚构作品作为传记事实来使用，是在大学的初级专题研究课上就学习的内容。尽管如此，本书还是采用了这一做法，将文学作品视为最丰富的传记资料，希望其具有可信性。如果有缺乏说服力的地方，详细列举出的参考资料会给有所怀疑的读者提供对所选途径进行核验的可能性。

　　我最要感谢的是乌尔里希·科赫尔。我们之间的通信不计其数。他的信件总是比我的厚得多，因为他会提供取之不尽的想法、发现、引文和有价值的东西。对于每一章，他都有所了解，有时只是锦上添花，有时是对地方情况的精确了解，但往往是重要的思想。这本书中关于宗教方面的论述，在很大程度上归功于跟他的对话。

我也经常跟施泰凡·斯塔霍斯基交流想法。如果没有多年来在编辑和评论托马斯·曼杂文方面的共同工作，这本书将缺少语文学的基础。这项工作已经创造了某种紧密联系，使得人们最终不再知道，谁最先发现了什么。但是对于每一个"Näheres E VI, 551-582"这种类型的脚注，读者一定要知道，能够做到这些细节的，并非我的努力，而是施泰凡的细致缜密。

我的表兄彼得·克瑙尔·SJ 审阅了神学部分。这并不意味着，他可以为我的异端邪说负责。相反，在很多情况下，他都迫使我重新进行了思考。尽管有专业的神学批评，我还是遗漏了一些我闭门造车的关于宗教的想法，为此心存愧疚。

就本书赞美诗这一小部分内容来说，我比较问心无愧。在这方面，美因茨赞美诗研究工作组的成员为我提供了档案资料和咨询意见。我从克丽丝塔·赖希和汉斯雅各布·贝克尔那里学到了很多东西。在细节上，阿尔诺·克拉斯、克里斯蒂安·舍费尔和乌尔丽克·聚斯在这个领域和其他领域都给予了我很多帮助。

格奥尔格·波滕帕为人极其谦逊并且从不要求回谢，他提供了许多细节和罕见的文本。汉斯·R.瓦格特以批判的态度审阅了蒂林格和美国联邦调查局的相关段落。托马斯·施普雷歇在托马斯·曼档案馆也为过多的请求开了绿灯。

如果没有那些主动将最新讯息寄到家中的专家和资助者，研究资料必定会有所不足。这里首先要感谢莫尼卡·舍勒、克里斯蒂娜·克劳斯特曼和 S.菲舍尔出版社的工作人员，然后还要感谢许多赠送我图书的人，如收藏家威廉·布劳恩、乌尔里希·科赫尔和保罗·朔默，学者和批评家迪特尔·博希迈尔、胡贝特·布伦特雷格、曼弗雷德·迪克斯、福尔克尔·哈格、艾克哈德·黑夫特里希、于尔根·希勒斯海姆、赫尔

致　谢

穆特·科普曼、赫伯特·莱纳特、阿里亚纳·马丁、弗朗茨·奥尔利克、马塞尔·莱希－拉尼奇、托马斯·施普雷歇、若埃勒·斯图皮、汉斯·鲁道夫·瓦格特、汉斯·维斯基兴、汉斯·维斯林以及其他许多人。我同样要感谢罗西·贝克尔、马尔特·赫维希、索尼娅·希尔青格、克劳斯·W.约纳斯、莉泽洛特·云格尔、格奥尔格·克纳普、汉斯·K.马图塞克、温弗里德·莫格、尼科莱·里德尔、埃尔温·罗特蒙德、汉斯－吕迪格·施瓦布和其他所有在这里无法一一列举的人，他们给予了我其他的提示和建议。

　　最后要感谢的是苏黎世的托马斯·曼档案馆及那里的工作人员卡特琳·贝德尼希、马丁娜·彼得和科妮莉亚·贝尔尼尼，此外还要感谢路德维希施泰因城堡的德国青年运动档案馆、美因茨以及慕尼黑和吕贝克的市立图书馆、汉诺威市档案馆和吕贝克的布登勃洛克之家。

赫尔曼·库尔茨科（美因茨，1998年6月）

目　录

第一章

孩提与中小学阶段

年谱：1875—1894

托马斯·曼，或更准确些，全名为保罗·托马斯·曼，于1875年6月6日出生于吕贝克，6月11日在福音教派的玛利亚教堂受洗。他的父母是非常体面的人：父亲托马斯·约翰·亨利希·曼1840年在吕贝克出生，母亲尤丽娅·曼，娘家姓达·希尔娃－布鲁恩斯，1851年出生于巴西。父亲拥有"约翰·西格蒙德·曼"粮食贸易行，同时还是尼德兰领事，后来在吕贝克城作为独立的城邦加入德意志帝国时，任该城的税务参议。母亲出生于一个德裔巴西商人家庭。兄长亨利希出生于1871年，托马斯之后出生的还有1877年的尤丽娅，1881年的卡拉和1890年的维克多。

托马斯于1882年复活节期间入读布塞纽斯博士初级文理中学，这是一所私人学校，他所属的社会圈子的孩子们一般不会去大众小学或者一般小学。在这所学校中要完成六个年级的学习，除了三年的小学阶段，还有文理中学的一、二、三年级。三年级时他留了一级，不得不重读一年。1889年复活节，他转学去了位于吕贝克国王大街颇负盛誉的卡特里纽姆文理中学。因为已经确定以后要成为商人，他在那里学习的并不是人文方向的课程，而是选择了实科方向。读完四年级（两次）、五年级和六年级（两次）后，他在1894年3月离开学校，拿到的是所谓的一年兵役证[1]（一年志愿兵服役资格），并没有参加高中毕业考[2]，那时，他差不多19岁。

---

[1] 一年兵役证（das Einjährige）：1832年起，普鲁士实科中学毕业被承认是从事中等职业的准入资格。一年兵役证相当于中等毕业文凭（Mittlere Reife），获得毕业证的年轻男子可以在自愿基础上（如果他们自己承担住宿、伙食、制服和冷兵器费，骑兵的话还要支付马匹的费用）只服一年兵役，而不是常规的三年兵役。——全书所有脚注为译者注，尾注为原注，以下不一一说明。

[2] 德国的高中毕业考（Abitur）不是统一的考试，一考定学校，而是把学生高中日常成绩和毕业考试成绩加在一起的综合成绩，此成绩终生有效，今天这个制度仍然存在。

在粮食贸易行刚刚（1890年5月）庆祝成立100周年之后不久，1891年10月13日，父亲去世了，年仅51岁。他在遗嘱中宣布解散贸易行。几个月后，母亲离开吕贝克，带着尤丽娅、卡拉和维克多这几个小一些的孩子搬去了慕尼黑。亨利希当时已经工作了，是柏林新成立的S.菲舍尔出版社（S. Fischer Verlag）的实习生，他同样没参加高中毕业考就离开了学校。托马斯暂且膳宿在不同老师的家里，直到1894年3月底追随母亲，搬去慕尼黑。

15

星 座

> 我出生时星座的位置是大吉大利的：太阳位于处女座内，升达中天；木星和金星都友好地朝向太阳，水星也不犯冲；土星与火星毫无影响；只有适才盈满的圆月散发出比它刚就位时更为强大的冲犯力，因而它冲了我的出生，直到这个时辰过去，我才来到这个世上。

歌德在其自传《诗与真》的开篇就笑盈盈地调侃自己出生时的星座状况。托马斯·曼在讲述自己的出生时辰时，仰望歌德，带着几分心领神会：

> 星座状况非常吉利，精通占星学的人向我一再保证，他们看了我的星座，觉得我这一生一定长寿并幸福，而且能寿终正寝。

托马斯·曼，就像他笔下的雅各一样，并不确定星相学是否可以算作真正有用的东西，或者只是骇人听闻之事。[1]但在1926年，他还真的让人为他占卜星盘。[2]他的星座运程确实堪称大吉大利，那些最具有左右星座能力的星辰都在自己的或者吉利的符号中。但是讲解星座运程时，根本没说起长寿和寿终正寝。托马斯·曼在这里自己多少有点添油加醋。

他把占星算命天衣无缝地整合到小说《约瑟和他的兄弟们》（*Joseph und seine Brüder*，下文或简称《约瑟》或约瑟小说）中，但只采用了他觉得受用的部分，不好的内容直接摒弃。约瑟出生时的星座是托马斯·曼将自己出生时的星座进行理想化处理后的星座。"我把自己的星座加到约瑟头上了。"[3]

在约瑟的星盘里，太阳合中天，但实际上并非如此，此外太阳落在双子座，而东方上升星座为处女座。太阳与尼努尔塔（土星）[1]的相位呈三分相，"这暗示着对地球各个领域里的事情感兴趣"[4]。这一点也会得到证实。约瑟，也就是托马斯，出生时的星盘中，水星（Merkur）起主导作用。水星在巴比伦文化中是纳布[2]，希腊文化中为赫尔墨斯[3]，埃及文化中是托特[4]，是八面玲珑的掮客与妙笔生花的写手，这类人到处说好话，促成交易；但水星多少有些弱，需要傍上某方星座，只有通过相伴的星座才能够更进一步定义水星的作用。在托马斯·曼的星盘里，水星与危险的内尔伽勒（火星）[5]相伴，这是一颗灾星，它给赫尔墨斯之子带来严峻考验，令人轻松的伊什塔尔（金星）[6]也与之相伴，"这颗星主宰着适度与优雅，爱与仁慈"。它在那个时刻达到高点，并且友善地面对着水星和月亮。同时，它也位于金牛座中，"经验告诉我们，这会带来从容和坚忍不拔的气质，同时还将愉悦地塑造理性"。金星在火

16

---

[1]　土星（Saturn）：对应古巴比伦神话中的尼努尔塔（Ninurta），为农业、畜牧业和渔业丰产的保护神，也是战神。

[2]　纳布（Nabu）：古巴比伦神话中的智慧神、书写神。

[3]　赫尔墨斯（Hermes）：古希腊文化中诸神的使者和传译，艺术家和盗贼的保护神。

[4]　托特（Thot）：古埃及文化的智能之神，文字的发明者，诸神的文书。

[5]　火星（Mars）：对应古巴比伦神话中的内尔伽勒（Nergal），尼努尔塔的兄弟，司战神、远射之神和霍乱之神。

[6]　金星（Venus）：对应古巴比伦神话中的伊什塔尔（Ischtar），是巴比伦的农业神，同时也是司爱情、生育及战争的女神。

星那里获得了第三颗星的光环，但这没什么不好的，它的作用是，金星不再那么甜腻腻且乏味，而是十分彰显个性又趣味十足。

一切都在日月之间得以展开。月亮很强大。如果水星遇上月亮，位于正位，"那么月亮将干预世事极深"。水星是太阳与月亮之间的调解者，是父系世界与母系世界之间的调停者。父系世界位于木星（Jupiter）威严的星光中，而母系世界则与金星相一致。父系世界是义务、责任和市民社会的世界，而母系世界是梦想、诱惑、爱与死亡的世界。托马斯·曼将在二者之间努力地完成赫尔墨斯的作用。

礼拜天的钟声

托马斯·曼的出生过程轻松而且顺利，他的兄弟姐妹们的出生过程也是如此。[5]"礼拜天的钟声响起时，他出生了。"[6]这位大作家可没有感到任何不乐意，将母亲子宫的幽暗与白日的明亮进行置换。[7]他倒是更乐意将他自己的生命沐浴在充满福报的光芒中。"我于1875年6月6日礼拜天正午12点出生。"他自己在1936年这么写过。[8]

托马斯·曼出生于礼拜天是不假，但他首次吸入地球上的空气，并非在正午12点，根据出生证明记载，他出生于上午10点15分。[9]歌德倒是正午12点出生的（除非他用文辞对自己的出生时间进行了修饰）："1749年8月28日，伴随着中午12点的钟声，在美因河畔的法兰克福，我来到了这个世界上。"[10]

托马斯·曼身上有一种极强的意向，即赋予他的生活以一种"轨迹"，也就是说赋予一种完美和谐的秩序。在《生活概要》（Lebensabriß）一书中，他仅仅为了数字对称好看，就宣称他将在70周岁时离世[11]——1946年他的肺部动了一次大手术，他后来把这个手术诠释为对自己先前的寿命预测的勉强应验。[12]在1950年写的《我的时代》

17

（*Meine Zeit*）一书中，他专注于再现生命中的四分之一世纪节奏。1875
年出生，1900 年完成《布登勃洛克一家》（*Buddenbrooks*），1925 年完
成《魔山》（*Zauberberg*）。所有这些时间点只是大致凑到整数，但这么
去看待自己的人生，让人感觉尤其好。"我的时代充满了变数，但我在
这个时代中的生活是一个整体。这种在数字上都与整数合拍的秩序，让
我颇觉得惬意，我在所有的秩序与和谐中都感受到这种惬意。"[13] 对他
而言，时间刻度是非常重要的："开始一个新月份能带来一种孩子气的
快乐。"[14] 他这一生特别认真地记录各种纪念日和特别的日子。哪怕是
星期天，他都以特有方式来膜拜一下——这倒不是说他放下工作不做
了，而是他要在日历中专门用红色标注一下。[15]

　　他要有条理地安排人生。他的人生要成为"一件完美自足的艺术
品"。[16] 而实际上，他终生一直对突然而至的混乱进行着绝望的斗争。
内心的混乱来源于早年的懒散与异想天开，来源于未能实践的同性恋倾
向以及随波逐流的愿望。外在的历史混乱则体现在 1894 年吕贝克原生
家庭世界的丧失以及 1933 年他的第二故乡慕尼黑的失去。后来，他在
流亡中不断更换住所，在美国又一次经历故乡的丧失，暮年时再度移居
瑞士。现在，很多与托马斯·曼有瓜葛的城市更关注如何对他的生平轨
迹进行旅游开发，以展示对经典作家特别重视。吕贝克城一直到很晚、
非常之晚才购得所谓的布登勃洛克之家，也就是托马斯·曼的祖父母位
于孟街的住宅。托马斯·曼生命中遗存下的这座建筑物实际上是个人灾
难的痕迹。布登勃洛克之家自 1942 年以来，只剩下个立面了，[17] 而他
父母在吕贝克的其他房子早就被夷为平地。在慕尼黑位于波申格尔大街
的房子，只剩下了一堵外墙，战后在这外墙的基础上盖了全新的房子。
他在美国的住宅，目前成了私产，新主人对过去的事情毫无兴趣。他
那位于苏黎世附近基尔希贝格的最后居所，在 1996 年也被一名银行家
购得。

　　只有在晚年的日记中，这位礼拜天出生的孩子[1] 才会稍微放松一下

---

[1]　礼拜天出生的孩子：在德语中还有一层含义，即"有福气的孩子，幸运儿"。

对自己生平进行涂脂抹粉工作的审查："整个生命不都是难堪透顶吗？大概很少有人的一辈子都这样痛苦与荣耀交织吧。"（1953年9月20日）出生果真就那么轻松和幸运吗？

在圣玛利亚教堂的荫佑中

降生到世上总是件有点私密和私人的事情。当年都在家里生孩子，托马斯·曼也不例外，他大约降生在布莱特街38号。而受洗则是台面上的事情。托马斯·曼加入的是福音派路德宗[1]，受洗不仅意味着归入教会，还意味着进入市民社会，教会与市民社会总是有着最为内在的联系。在圣玛利亚教堂受洗，这在社会上意味着一个最佳的地位。在19世纪，吕贝克人对大教堂的坍塌无动于衷，在圣凯瑟琳教堂中堆放建筑废料，把位于霍尔斯滕城门前面的一座文艺复兴式的华美城门拆除，但他们对位于市场和市政厅附近的圣玛利亚教堂情有独钟。[18]

在《魔山》中，年迈的汉斯·洛伦茨·卡斯托尔普为他的孙子讲述了洗礼盆的故事，好几代以来，卡斯托尔普家的新生儿受洗时从脑袋上流下的圣水都是用这个盆子接住的——或者说，曼氏家族的脑袋也以同样方式受洗，因为流进这个盆子的还有出生仅仅5天的托马斯的小脑袋受洗的圣水。教堂司事事先将圣水注入司洗牧师的掌窝里，"再从那儿经过你的头顶滚到盆里。我们先把圣水热一热，免得你受惊哭起来，可结果出乎意料，你事前就大哭大嚷，弄得布根哈根不能顺利执行圣事。但圣水一淋在你的头上，你就一声不响，我们希望这是你对圣礼肃然起

---

[1] 福音派路德宗：历史上曾将新教称为福音派，在此意义上，传统的欧洲新教神学也被称为"福音派神学"，路德宗是新教主要宗派之一，以马丁·路德的宗教思想为依据。因其强调"因信称义"的教义，故亦称信义宗。

敬的表示"[1] 19。我们可以估计，托马斯·曼本人的洗礼过程大概就是这样。比较吸引眼球的是这位《魔山》的作者有几分恶作剧地对这个场景进行了添油加醋。在布道时出现的哭声中，他暗示了对市民教堂的抗议以及那些人的特有话术；而在受洗时的肃静，暗合了对未知的某种崇高事物的敬畏。

圣玛利亚教堂不仅是 19 世纪的一个空间，500 多年的更为古老、更为强大的经验回荡在它那余音缭绕的空间。它是给人以崇高感的地方，"在那儿，人们脱下帽儿，俯着身子，踮起脚尖一摇一摆地走着，神态显得毕恭毕敬"[2]。圣玛利亚教堂传递双重信息：市民阶级的外表及其对立面，即死神的氛围。1921 年托马斯·曼曾经称其故乡之城为"死亡之舞 [3]——故乡"，20 他是在谈及"圣玛丽教堂壁画上死亡之舞的黑色幽默和阴森怪诞"[4] 21 时这么说的，那是伯恩特·诺特科（Bernt Notke）绘于中世纪后期的系列壁画，已经毁于第二次世界大战的兵燹。

托马斯·曼在美国加利福尼亚听到轰炸吕贝克的消息时，他一定估计到，圣玛利亚教堂肯定也遭受毁坏，但他并不觉得痛心。"我在想着考文垂 [5]，"他在英国广播公司（BBC）的一次节目中说，"一切皆有代价，皆须偿还，我对这个教训没什么好说的。"22 这里指的是市民的、国家社会主义的，因而犯了罪的吕贝克城。但在战后要拯救和重新修建

19

---

[1] 《魔山》，钱嘉鸿译，上海译文出版社，1991 年，第 30 页。本书涉及《魔山》的所有引文都出自该译本，以下不再一一注明。

[2] 《魔山》，第 29 页。

[3] 死亡之舞（Totentanz）：出现于 15 世纪文学和艺术作品中的一个不祥题材，艺术家在版画和壁画中描绘了不同阶层、不同年龄段的生者与死者共舞的场景，以此来提醒无人能够逃避的命运。最著名的堪称托马斯·曼的故乡吕贝克市圣玛利亚教堂的壁画饰带，画面表现了 24 个人物，教皇、国王、骑士、农民和穿着衣服的骷髅手拉着手，被一个吹笛骷髅引导着，欢愉地向前行进。

[4] 《德意志国与德意志人》，胡蔚译，出自《托马斯·曼散文》，黄燎宇等译，人民文学出版社，2014 年，第 269 页。本书涉及《德意志国与德意志人》的所有引文都出自该译本，以下不再一一注明。

[5] 考文垂：1940 年 11 月 14 日，德军对英国的军需中心考文垂进行了长达 10 小时的轰炸，致使其成为英国在第二次世界大战期间被损毁最严重的城市：500 多家店铺和 5 万多间民房被炸毁，12 家飞机零件工厂处于瘫痪状态，空袭炸死 554 人，炸伤 4800 多人。

圣玛利亚教堂时，他着实进行了各种努力，去筹集必需的款项。[23] 他做这些不是为了吕贝克的市民们，而是为了那种恭恭敬敬的步态。圣玛利亚教堂，这个面向市民又充满神秘感的受洗与死亡之地，还荫佑着一个孩童时代的梦想，荫佑着孟街上的布登勃洛克之家。

电闪雷鸣

随着一声"阿门，我还知道别的呢，爷爷！"8岁的冬妮·布登勃洛克结束了刚刚记住的教义问答上这篇文章的背诵。那她又知道什么呢？

"要是什么东西烧起来，"冬妮说，每说一个字就点一下头，"那是闪电打的。要是烧不起来，那就是雷劈的！"[1] 24

于是老布登勃洛克追究起来，究竟谁把这样的蠢话教给了孩子，得出的结论是：伊达·永格曼教的，这位来自西普鲁士马利安威德的姑娘是不久前雇来照看孩子们的。不仅布登勃洛克家，在曼的家庭里，同样也有专门照看孩子们的小保姆。她们能左右很多事情。小托米[2] 十三四岁的时候，小保姆名叫伊达·施普林格，这人显然成了书中伊达·永格曼的原型。[25] 她也对身份地位之类的事情有极其灵敏的嗅觉，在《布登勃洛克一家》一书中，托马斯·曼以反讽的手法进行了刻画：

---

[1] 《布登勃洛克一家》，傅惟慈译，人民文学出版社，1962年，第5页。本书涉及《布登勃洛克一家》的所有引文都出自该译本，以下不再一一注明。
[2] 即托马斯·曼，托米为托马斯的昵称。

她是一个一脑子贵族阶级观念的人，对上流社会和一般阶层，20
对中产阶级和财势稍差的中产阶级的界限辨别得很清楚，要是冬妮
跟一个在她眼中只是景况不错的中产阶级家庭的同学交朋友，她就
很不乐意……[1] 26

作为有着三个弟妹的兄长，在弟弟妹妹们受教育时，他自己等于一
共经历过三次同样的教育。因此，他比独生子或者家里的老幺更能意识
到一些事情，那些人没有足够的距离。只有意识到的事情才能够成为讲
述的内容。托米不是冬妮。他不相信劈下来的惊雷，但他或是带着一定
距离观察到，这类故事是怎么唬住了弟弟妹妹们的，或是很早就跟大人
一道去善意地嘲弄小保姆伊达·施普林格。这类场景后来就成为家族传
说中人们津津乐道的小故事，在这类场景中，原本那些真实经历的核心
内容不断消失在建构起来的掌故中，文学因素逐渐增长。

托马斯·曼对完全虚构不以为然。他在评论莎士比亚时，说了一些
夫子自况的话："莎士比亚的捡拾乐趣远超其虚构乐趣。"[2] 27 由此我们大
致可以推断，这个小小的场景大概也不是凭空想出来的，而是真正经历
过的，它来自托马斯·曼的童年世界，而且他当时已经以半文学化的形
式听说了这个作为家庭轶事的小场景，甚至有可能在这个场景的演化过
程中添油加醋过。他的哥哥亨利希很可能也参与了。亨利希对这种故事
特别感兴趣，他作为家中的长子，天性中有一种不掺和的特性，他具有
最自由的目光。亨利希的才华在于他讽刺的目光；这也影响了弟弟托马
斯的眼光。哀歌的和田园的目光却是他弟弟自带的，基于其更为保守的
基调，但随着时间的推移，这样的目光缓和了很多。

讽刺、哀歌和田园牧歌都是形式，它们通过寻找逝去的东西，并带
着反思的距离将其表现出来，席勒曾经以极大的意志和精力去区分这些

---

[1] 《布登勃洛克一家》，第 7 页。
[2] 《比尔泽和我》，黄燎宇译，出自《托马斯·曼散文》，黄燎宇等译，人民文学出
版社，2014 年，第 6 页。本书涉及《比尔泽和我》的所有引文都出自该译本，以下不再
一一注明。

形式。[28]托马斯·曼在任何时候都不曾失去这种距离。他在讲述孩童时代时，从未带着孩子气。在托马斯·曼的文学和杂文作品中，我们可以读到很多有关他的童年时代的事情，但所有的东西都通过了文学的滤镜，至少经历过几次加工，才成为可以叙述和面向社会的文本。通常情况下这样的叙述是以讽刺的、哀歌的和田园的风格进行过加工的。

人们最容易不加掩饰地将真实情况写到日记里。但小孩子们是不记日记的。托米什么时候开始写日记，目前已经没法弄清楚了；估计他最晚从 13 岁或者 14 岁时就开始记日记了。[29]少年时代写的日记，他早就处理掉了。"这些天我这里特别暖和，"他在 1896 年 2 月 17 日给他少年时代的朋友奥托·格劳托夫（Otto Grautoff）写信道，"因为我烧掉了我所有的日记本！"到底怎么了？"我这里有这么一大堆秘密的——非常秘密的——文字，这让我觉得非常难堪和不舒服。"但这些秘密主要讲的是青少年时期的事情，而不是孩提时代的事情，因此要到后面才会再次提到它们。

奥赛罗们

摩尔人头[1]当年很有文化地根据莎士比亚的摩尔人剧被称作"奥赛罗"。曼的父亲必定是一个有些水准的人。在一个非常隐秘的地方，托马斯·曼讲述了当年他父亲进行过的一个大胆的教育实践：

> 我们的父亲曾经用我们进行过这样的试验：他向我们保证，一定会让我们过一次瘾，糕点店里的那些奶油块糕、奥赛罗或者奶油

---

[1]　摩尔人头（Mohrenkopf）：一种圆球形的巧克力奶油点心，下文的奥赛罗指的就是摩尔人头。

卷，我们可以想吃多少就吃多少。他带着我们步入香气扑鼻的天堂，让这个梦想成为现实，——而我们很快就感到惊奇，原以为永远不能得到满足的欲望，那么快就让我们觉得餍足了。[30]

很显然，这位父亲不想对孩子们连篇累牍地宣讲些大原则，而是让他们从自身的经验受到教育。表面上看来，他成功了，起码在他的儿子托马斯这里是成功了。托马斯无论多么喜欢吃甜食，这辈子在吃喝方面都十分有节制。他在晚年回忆道，我年轻的时候，"吃饭时通常有五道菜。吃完第一道菜之后，我就到旁边的屋子里去，躺在那儿的沙发上睡一觉；跑堂得到指令，上布丁时再叫我去吃……"[31]

而这个男孩子不久后就弄明白了父亲带他们去大吃一场摩尔人头的根本目的。"我们必须惊奇。"托马斯·曼写道——表现惊奇是义务。父亲看来很可能根本没忍住，他告诉孩子们，希望在孩子们那里看到这次教育实践会有什么样的效果。托马斯这个小男孩记住了这一点。在这个市民世界中，一个人不可对外表露出他真实的感受。与此相应，总是存在着一种预期的情感，这是可以对外表露的。对参议员托马斯·约翰·亨利希·曼（Thomas Johann Heinrich Mann）而言，孩子们去学习一下，准确地表现他人希望他们所扮演的角色，要比他们相信自己的经历、说出自己的感受更为重要。在这次实践中产生的自身经验，实际上根本就不是那种惊奇，也不是对吃太多甜食感到餍足（一个清醒的孩子就是没有这类实验，也知道什么是餍足），而是对较为笨拙的实验安排进行的反讽。

父亲还是有些水准的人，但是这个水准并不引向让孩子们释放自我，勇于面对自己的经验，而是引导孩子们在角色游戏中表现完美。孩子们的基本原则应该似产生于他们自身的经历。他们的面具应当比别人的面具更为可信。这些面具要十分贴切地长在他们的脸上。而孩子们中有一位带着反讽的疑虑面对这整个教育过程，看到幕后的情况，这一点大概没有人想到。面具看起来应当与本性一般，这曾经是（目前也还是）市民阶级教育的意义。但这种教育在托马斯·曼那里只取得了局部成就，因为他虽然一生未曾脱离这个角色，但也一生因此备受煎熬。

铅兵和神祇游戏

托米小时候有一套匈牙利轻骑兵的蓝色制服。制服是专门请了裁缝为他量身定做的，每一细节都遵循制服的相关规定。但他一点也不喜欢跟军事有关的外套，后来他在 29 岁时提及这套军服：

> 对铅制的小兵这类玩具，我也同样提不起什么兴致，虽然我也说那些很有阵势的、拇指长短的铅兵是我的兵，一些骑马的兵，可以从马上取下来，只不过它们罗圈腿之间的那个厚榫头困扰着我。[32]

他写下这段话的时候，已经因为身体不适而过早地结束了服兵役。他觉得服兵役是一件十分令人生厌的事情——"喊口令、浪费时间、铁一般的花哨规定简直让我烦不胜烦。"[33] 他对军队的蔑视是有原因的，可以追溯到他的孩童时代，他用罗圈腿之间的厚榫头对士兵游戏进行漫画式的描述，大概也是有理由的。父母和亲戚一定是带着保家卫国的意愿送给他轻骑兵制服和铅兵玩具。怎么也该把男孩子培养成一个勇敢的人吧。

但托马斯是个充满梦想的孩子。他非常喜欢自己的摇摆木马；它有着栗色马稚气而粗犷的毛皮，头部长着"全世界最温柔的玻璃眼睛"[34]。其实，哥哥的那套木偶剧场更对他的脾气，所以在他看来也更有意思。但他最为喜欢的是玩扮演不同角色的游戏。

> 比如我某天早上醒来，心里做出决定，我今天就是一个 18 岁

23

的王子，名叫卡尔。我很尊贵地穿好衣服，非常和蔼可亲，四处走动溜达，内心藏着这么个充满尊严的秘密，满是骄傲和幸福。接下来可以去上课，可以去散步，或者听别人朗读一篇童话，但整个过程中，王子游戏一刻也不停地继续进行着。这是这种游戏最棒的地方。

后来在写《大骗子菲利克斯·克鲁尔的自白》（*Die Bekenntnisse des Hochstaplers Felix Krull*）时，托马斯·曼几乎不作任何改动地将这个故事用在主人公菲利克斯的身上。木偶剧场也从托马斯·曼的生活挪到他的艺术中，先是在短篇小说《滑稽小丑》中，后是在《布登勃洛克一家》一书里都用过。

"您府上各位都很有钱吧？"[1]《魔山》中塞塔姆布里尼[2]对汉斯·卡斯托尔普这样说。35 在曼的家中，从前也跟卡斯托尔普家中以及布登勃洛克家中一样，人人都很富有。谁想要点什么，"毫无疑问都能够得到"36。但这位男孩根本就不要那堆破烂，因为他会驰骋自己的想象力，想象他需要的东西。

这位大作家开始说起他儿时的游戏时，语调充满和谐的田园牧歌基调。"神祇游戏"尤其展现出他是一个幻想世界的无拘无束的君王。一个这样的角色当然颇为有益。它一直慰藉着被残酷现实摧残得遍体鳞伤的成年托马斯，他一直带着感伤的距离，半是滑稽、半是忧伤地回顾着当年的神灵们：

> 我脚蹬纸做的飞靴，像赫尔墨斯一样在房间里飞来跑去，或者模仿太阳神，在脑袋上顶一个金灿灿的光环，我还效仿阿喀琉斯，铁石心肠拽着我的妹妹沿着特洛伊城墙走三圈，她则总是扮演赫克托尔，有时乐意有时不乐意。但是身为宙斯的我总是站在一张象征 24

---

[1] 《魔山》，第269-270页。
[2] 此人是《魔山》中启蒙科学进步乐观的代表。

奥林匹斯山的红漆小木桌上，泰坦们徒劳地发起进攻，[1] 我则凶神恶煞地挥舞系着小铃铛的玩具马缰，制造出电闪雷鸣……[2] 37

此外，还有人送给他一套模型火车。但托米这辈子对技术从来都不感兴趣。那套模型火车"以最为有趣的方式惨遭不幸"，这是他留下的有关那些模型火车的唯一的信息。38 对印第安人游戏，39 他同样丝毫没有兴趣。从父亲的角度来看，这大概是缺少男子汉勇气的表现。因为"那个男孩始终处于女性的关心照顾下，所以不易在他那里诱导和发展出男性的性格特征。"参议员布登勃洛克在提及其子汉诺的时候，不无忧心地这么说。40

睿智的阁下和吕贝克市最美的女人

"我有个备受呵护的幸福童年。"41 我们其实没有理由怀疑这个说法，虽然到目前为止提到的所有传言多少都带着些后期文学制作的印记，因为并不存在任何有关不幸童年生活经历的报道。父母亲都是备受爱戴和尊重的人。曼常常用来打量其他吕贝克市民的那种讥讽的视角，并未用于打量他们。托马斯特别喜欢 42 用歌德的《柔顺的箴言》（*Zahme Xenien*）中的名句来描述他与父母之间的关系：

　　　　形骸如吾父，

---

[1]　传说中泰坦神妄图把皮利翁山叠在奥萨山之上，以便攀登上奥林匹斯山到达诸神居住之地，但还没来得及尝试便被阿波罗杀掉。
[2]　《关于我自己》，梁美霞译，出自《托马斯·曼散文》，黄燎宇等译，人民文学出版社，2014年，第229页。本书涉及《关于我自己》的所有引文都出自该译本，以下不再一一注明。

生活求谨严。

和易似我母，

性喜赋诗篇。

这里当然有自我美化的成分，并且在戏拟歌德，但这些词句中多少也有些真实成分。从后来的岁月回过头来看，父亲是他一辈子的榜样。"我在生活中多少次含笑确认，并且不由自主地发现，实际上我那仙逝的父亲的品格一直默默地决定着我的行为举止。"[43]究竟父亲的什么品性成为他的榜样呢？那可不少：父亲的尊严和睿智，他的雄心与勤奋，他的品行与精神上的优雅，他"跟那些普普通通、对他依然跟宗法制时代一样毕恭毕敬的人打交道时表现出的"善意与温厚。托马斯·曼也称其父具有社会交往能力和幽默。"他不是一个普通人，不那么健壮，而是有几分神经质，耐受力强，但他的自控能力很强，是一个成功之人，很早就取得了世间的威信和荣誉。"父亲的社会地位一定使托马斯这个男孩产生了敬畏之情——至少事后看来如此。这没什么好奇怪的，因为不是每个孩子都能够经历这样的场景：

　　　我现在仿佛还能看见他，开完了一个参议院会议之后，从市政厅门前的两排哨兵的队列中穿过，将礼帽略微抬起；还可以看见他带着优雅的自嘲接受市民们表达的敬意；我永远忘不了，在我15岁的时候，他的城市，整座城市带着无尽的悲痛为他送葬。[44]

作为参议员，人们总是以"睿智的阁下"来称呼他。托马斯·约翰·亨利希·曼或许是这座城市真正的执政者，"因为他主管城市的开销"[45]。

路德维希·艾维尔斯（Ludwig Ewers）眼中吕贝克最美的女人——儿丽娅·曼，娘家姓是达·希尔娃-布鲁恩斯。[46]1930年，托马斯·曼确认，他的母亲是个"极其美貌"的女子："有地球南部地区的人象牙般的肤色，精巧高贵的鼻子和我见过的最有吸引力的嘴巴。"[47]她会弹钢琴，唱起歌来声如银铃，喜欢用有韵律的调子朗诵。她是德裔巴西人，出生在有原始森林的地方，受到严格的天主教教育，在弥漫着寒冷雾气的吕贝克城分外惹眼。当她讲述，她如何跟开心的黑人一同坐在红通通的篝火边，吮吸烤过的甘蔗时，[48] 她的孩子们的心因渴望而变得宽广。远方、童话和音乐来源于她，她激发了第二个儿子耽于梦想的特质，而且二儿子认为，她特别爱他。"我认为，我，家里的第二个孩子，跟她的心是最近的。"[49]

从温暖和煦的角度就先说这些吧。托马斯·曼对他的美国朋友阿格尼丝·E.迈耶（Agnes E. Meyer）私下说过一些不那么温暖的回忆。[50] 根据这样的叙述，"爸爸是一个常出神、被人敬畏，但同时又极其忙碌的受人尊敬的人"。妈妈虽说更可依赖，更亲切一些，但同时也有些独具风味的冷淡。托马斯·曼在《王子殿下》中将美貌与冷淡赋予了王子的母亲。王子克劳斯·亨利希[1]的一只手有残疾，书中写道，妈妈提醒他，用非常巧妙的方式来掩饰这只有残疾的手，"督促他，正是当他满腔柔情，不禁想用双臂拥抱她时。她要求他注意自己的手的时候，目光冰冷。"[51]

她丈夫还健在的时候，她恪守城市上层市民的社会规范，面对孩子们，她常常坚持自己的意见，不向他们让步。但在参议员去世之后，逐渐显露出，她其实并不适合生活在吕贝克这座城市。"倾心于'南方'、艺术、波希米亚式放荡生活[2]的内心暗流一直都在，她的丈夫死后，生活的环境发生了改变，那些暗流一下喷涌而出，这就可以解释她为何迅

[1] Heinrich 按照德语发音一般译作"海因里希"，但国内文学界已习惯于将托马斯·曼的兄长 Heinrich Mann 的名字翻译作"亨利希·曼"，故本书将托马斯·曼的父亲及作品人物名字中的"Heinrich"均译作"亨利希"，其他涉及 Heinrich 的人名仍译作"海因里希"。

[2] 波希米亚式放荡生活（Bohème）：这一概念描述了边缘知识分子群体的一种亚文化，这群人主要从事写作、绘画艺术和音乐或者非常有抱负，其生活和行动都不受传统行为准则的影响，拥有与外在社会格格不入，或因与社会价值迥异的习性，而放逐自我的生活习惯与性格。这个第二内涵源自法国人亨利·穆杰出版于 1845 年的代表作《波希米亚人的生活情景》。

速搬家到慕尼黑去。"[52] 在慕尼黑，她甚至去参加狂欢节——"这要是在吕贝克，肯定会引起他人不适，并遭人指指点点的。"[53]

参议员似乎也并非百分之百相信妻子能扛得起将来的生活，从他的遗嘱中就可以看出他的担忧，尤丽娅很可能会太软弱了。"在面对孩子们的时候，"他在遗嘱中叮嘱着，"我的妻子一定要表现出十足的坚定，使所有的孩子对她有所依恋。如果她有所动摇，那么她就要去读一读《李尔王》——"[54] 莎士比亚戏剧中的李尔王在他还健在的时候，就把自己的财产悉数过户给女儿们，旋即，他就被女儿们当作乞丐来对待。

在文学作品的母亲肖像中，托马斯·曼有意识地对其性格中比较乖张古怪的部分加以重彩浓描。无论是介入男人世界的冯·林凌根夫人，[55] 还是盖尔达·阿尔诺德逊-布登勃洛克及其黑眼睛的少尉军官，[56] 或是除了在意自己的美貌之外无所用心的大公爵夫人，[57] 抑或是市政议员夫人罗德太太，此人充满生命活力，永不疲倦，永不满足，永远嘎嘎笑个不停，有一个桃色甚浓的半波希米亚式放荡的沙龙[58]——托马斯·曼描述母亲形象在生活变迁中的道德观念时，总是带着疑虑着笔。这类描述大约来源于已成年晚辈表现出的一种不耐烦的敏感，因为母亲的生活变动可能带来对尊严和纯洁的偏离，在托马斯·曼的后期小说《受骗的女人》（*Die Betrogene*）中还有所流露。[59]

托马斯自以为在孩提时代受到母亲的偏爱有多大，继承自父亲的责任感在后来的生活中流露得就有多明显，这种责任感强大到足以让他对母亲略有微词，因为她内心倾向于南方、艺术和波希米亚式放荡生活。他自身有意识地要摆脱慕尼黑施瓦宾区[1] 放浪形骸的艺术家生活。后来，在他的短篇小说《托尼奥·克勒格尔》中，"南方"成为艺术家特质、文人无行和不负责任的代名词，与此相反，"北方"则成为父性和责任感的代名词。

---

[1] 施瓦宾区（Schwabing）：慕尼黑老城北部区域，曾是慕尼黑著名的波希米亚主义区域，托马斯·曼、亨利希·曼、莱纳·玛利亚·里尔克等众多艺术家都曾在这里居住或工作。

但我们有很充足的理由，认为这是文学和后来的评价。相对于英年早逝、在回忆中不断被美化的父亲，日渐衰老的母亲显然只有一手糟糕的牌。在真实的孩提时代的生活中，父母在孩子眼里的形象其实是完全相反的。对母亲是爱，对父亲则是怕。当年15岁的少年十分感念父亲"令其心惧的疼爱"[60]。当然，这种心惧是有很多原因的，最迟自学龄开始，托米的顽皮大家有目共睹。在《布登勃洛克一家》中，对父子之间的这种创伤性碰撞有充分的描写和再现。汉诺要背诵一首诗——一场灵魂的灾难由此引发：

"好吧，孩子，开始吧，"议员简单地说。他在桌子旁边的一张靠椅上坐下来等待，脸上一丝笑容也没有——脸比往日这种场合绷得更紧。他挑起一条眉毛，用查考的，甚至可说是冷冷的目光严峻地打量着小汉诺的身姿。

汉诺挺直了身子。他用手抚摩了一下钢琴的光泽闪闪的木盖，目光怯怯地扫了四周的人一圈，从奶奶和冬妮姑姑眼睛里射出的温存的目光里得到了一点勇气，于是他用生硬的、低低的声音说道："《牧童的主日颂歌》……作者，乌兰德。"

"唉，不是这个样子，孩子！"议员喊道。"不要靠在钢琴上，不要把手搭在肚子上……身子要站直！话要说得响！这是第一件事。到这边来，站在帷幔中间！头抬起来……胳膊自然地垂下来……"

汉诺站到起居间的门槛前边，胳膊奄拉下来。他听话地抬起头来，可是眼睫毛却低低地垂着，使人一点也望不见他的眼睛。说不定那里面早已是两汪眼泪了。

"这一天是主日"，他开始朗诵，声音非常低。因之父亲插进来的话，声音也就显得特别响："一个人开始朗诵，首先要向听众鞠躬，孩子！声音也要响得多。再从头来一遍:《牧童的主日颂歌》……"

这太残酷了，而且议员自己也知道，这样一来他就把孩子所余无几的一点镇定剥夺净尽了。然而孩子是不应该被人一吓就失掉常态的！孩子应该学会坚毅，学会有男子气概……"《牧童的主日颂歌》……！"他又重复了一遍，虽然意在鼓励，却依然板着面孔。

　　但是汉诺却已经弄得丧魂失魄。他的头低垂到胸脯上；他那从深蓝色水手服的窄袖口里（那袖口上还绣着一只锚）伸出来的一只纤小的右手痉挛地扯着绣花锦缎的幔帐。这只手白森森地没有血色，隐约地看到青色血管。"我孤寂地站在空旷的田野，"他又勉强说了一句，但是下面的一句便再也背不出来了。这首诗的凄凉的情调已经攫住他，他感到自己万分悲苦可怜，因之什么声音也发不出来，一任泪水从眼角里涌出来。[1]61

30

　　托马斯·曼可不像他小说里的人物那样怂。他也没有在 15 岁时死去。但即便这个场景在真实生活肯定没有一点也不走样地发生过，它也是很说明问题的。对父亲来说，托马斯不够有男子气概。匈牙利轻骑兵的蓝色制服和铅制士兵大概是父亲想改变这种状态做出的一些尝试。

　　男孩暗地里其实也是赞同这种尝试的，这可以从他后来的发展看出来。他远离母亲的世界，因为他跟托尼奥·克勒格尔一样觉得她的世界太轻飘飘了，华而不实。他的这种感想很有可能极大地错怪了他母亲，因为问题其实并不在他的母亲，而是在他，并不是因为她的世界是轻飘飘的，而是因为他对自己内心的混乱心存恐惧。所以，对父亲世界的赞同并不能彻底解决内心的矛盾。沿袭父亲的路径虽然决定着他的社会面貌，但也仅此而已。他扮演着父亲在他面前扮演过的角色，但他肩负起这个角色就像戴上一副面具。他的心留在母亲那里，同时一生都中规中矩地讲究衣着。

　　像父亲那样成为一个真正的男人，是他的生活目标。"艺术家就得是男人吗？"托尼奥·克勒格尔这样问62，不无巧妙地将母性特质融入问题。柔软和梦幻的特点与男子气概相对立，必然会被塞到艺术范畴，

---

[1] 《布登勃洛克一家》，第 485—486 页。

用以成全职业艺术家。艺术家特性被控制在紧紧地握着的拳头里，同时被放逐到了灵魂的地窖里。那里坐着成群的奴隶，被束缚在罗马大船底舱的桨手座上，充满着渴望，终身只能随着一个沉闷的节奏，维持着大船的行进。

如果说母性的特性（比方热衷于"讲述充满幻想的故事"）与诗作相符，那么父性的特性则与小品文相符（即"严谨地驾驭人生"）。男人的人生义务在于，通过某些责任感来抵挡耽于幻想的创作，这就要应对日常生活的要求。我们应当感谢其父，他成就了一位战斗的反法西斯斗士托马斯·曼，他最终没有沉默着并且幻想地缩回到内心流亡的熟悉的家园中。人们只管去评论他压抑排挤了来自母亲的特性，但是天底下有不经过压抑排挤就出现的伟大吗？

31　　"我的童年是备受呵护和幸福的"，这也只能说明，在 1930 年时，托马斯·曼还是这样看待他的童年的。这说明，后来回顾时，他认为在童年所受的苦楚是很有意义的。因为，他当然和我们中的每个人都一样，不愿意放弃奶妈、保姆和母亲世界提供的温暖踏实感，对父性原则的成功压力有所抵抗，抗拒被完全纳入男人的世界中。还好他的父亲不具备成为暴君的天赋。父亲曾经尝试去贯彻自己的意图，却往往止步于隐藏在他自己内心的忧郁和柔软。他先是想把亨利希，后来又想把托马斯培养成贸易行的接班人。但后来，他还是非常明智地在自己的遗嘱中安排在身后解散贸易行。他觉得，无论是亨利希，还是托马斯都无法委以重任。他在遗嘱中对亨利希的描写是"耽于梦想，随波逐流，无所顾忌"[63]。相对而言，他觉得托马斯更贴心一些："托米会为我哭的。"[64]但被父亲这样看的托马斯很清楚，他当年真的担不起这样的信赖。"我失去父亲时，还是个非常漫不经心的男孩。"[64]父亲大概从来没有想到，他的二儿子有朝一日会通过其他途径成为这座城市的参议员，尽管只是荣誉参议员。[65]虽然父亲没想到儿子有这般出息，但如果他泉下有灵，肯定还是会为此高兴的。托马斯·曼就是到了 80 岁，还想着让自己的父亲高兴："如果他多少还能再陪伴我走一段路该多好，那他就能够看到，我到底还是出乎他的意料，用我的方式证明了我能成为他的儿子，成为他真正的儿子。"[66] 在暮年，他还一定要回一趟老家吕贝克。[67] 为何呢？为的是呼吸一下故乡上空飘荡着的父亲的精神气息。托马斯的女儿艾丽卡当年建议他不要去。她的父亲虽然知道，这样一次美好的生命加冕要耗费什么，预料到将会发生的各种见面可能造成的不便甚至难堪，但最终对这次行程起到决定性作用的却是托马斯内心那种感伤的悸动，即"对'爸爸'的念想和一种生命经历的圆满的感觉"。他的人生必须是一件艺术品！与"轻飘飘"的妈妈相比，"爸爸"最终理应是对的，有道理的！

床与睡眠，哀愁

托米还是小娃娃的时候，睡在一张安有隔栏和绿色纱帘的小床上。[68] 他出生在一张厚重的桃花心木床上，许多年过后，这张床放在了他的单身住所。其中一处住所位于慕尼黑施瓦宾区的市场街5号，他在1898年半开玩笑地把这个住处永久地定格在他的短篇小说《衣橱》(*Der Kleiderschrank*) 中了。"这间房非常冷，有着四面光秃秃的白墙，在它们的映衬下，三把漆成淡红色的椅子格外显眼，就像是奶油上点缀着红草莓。一个衣柜、一个带有镜子的盥洗柜……还有一张床放在房间的正中央，那床是一个极其笨重的桃花心木的家具。"[69]

在自己出生的床上入眠，这种意愿与渴求表露出那种回归童性的倾向，托马斯·曼在《甜美的酣睡》(*Süßer Schlaf*) 一文中充满渴望地进行了描述。托马斯·曼喜欢睡大觉。睡眠是与充满义务与劳作的父性的白日世界相抗衡的母性的相反力量。床是做梦与作诗的场所。据说，"*Le poète travaille*"（法文：诗人在工作）就挂在象征主义诗人圣波尔·鲁 (Saint-Pol-Roux) 的床前。床是一个反对市民阶级的地方，是哲学、宗教和艺术的地盘。床，"这样一件形而上的家具，是出生与死

32

亡这种神秘事件发生的地方"，是从绝望返乡，回到原本的幸福状态的地方。"我们在这个地方，温暖，无意识，收紧双膝，一如从前在母亲体内的暗谧中一样，我们就像重新接上了连接大自然的脐带，通过神秘的途径汲取着营养和新生……"

托马斯上了点岁数后，睡眠就不那么好了。他经常服用安眠药。但他一直觉得，自己还是小宝宝的时候，一定是个宁馨儿，就跟他的菲利克斯·克鲁尔一样，[70]"不是哭死鬼托生，也不吵不闹，要么踏踏实实地睡，要么处于半睡状态，照顾孩子的保姆无不觉得轻松愉快"。在托马斯还没有什么东西可遗忘的时候，他就已经十分喜欢睡眠和遗忘。当充满责任的世界要挤占他那醣睡的美妙时，他毫不迟疑地倒向母亲幽暗的那一面。"当人生第一阶段的自由和无拘无束结束后，生活令人厌烦的一面便开始了，是以学校的面目出现的，并且开始扭曲我的日常"，只有在梦中，他才可以获得真正的恣意释放。

学校和功课是父性世界，充满义务，是"现实"，是被逐出天堂的惊恐的第一次出现，这种惊恐在无法治愈的各种惊吓中不断出现，只有睡眠能够给他提供保护。"相较于我觉得不幸，我的工作没能完成，怀疑压垮了我，他人的恶心把我吓回黑暗的角落……时，没有什么时候我睡得更沉，没有什么能比得上回归夜的怀抱更为甜美。"

33

拉伸，缩短，毁坏

在汉诺·布登勃洛克和他的朋友凯伊的眼里，"教师整体"是实实在在存在的一个"体"，一种创造物，是"某种怪物，令人反感，同时也令人遐想"。[71]小说中学校一章的语调是充满嘲弄的。托马斯·曼这位小说家依照艺术的所有条条框框来戏弄老师们。

他把笔记本拿在手里，默默地翻了一会；因为屋子里一直安静不下来，于是他抬起头，从讲台桌上伸出一只胳膊，把白胖的拳头软软地上下挥摆了两下，他的脸一点点地涨得通红，相形之下胡子仿佛变成了淡黄色。他的嘴唇毫无结果地抽动了半分钟之久，最后只不过迸出一个压抑着的、宛如呻吟般的短短的"好"字来。他又挣扎了一会，想说一句责备的话，可是没有说出来，最后又回到他的记分册上，叹了口气，这才平静下来。巴雷史太特先生就是这个样子。[1] 72

在回顾四岁半的汉诺玩的游戏时，马上换成了惆怅的语调：

这些游戏究竟有什么深意，有何吸引人之处，这已经不是一个成年人所能了解的了，而且它需要的东西也不多，三五块石子、一块木头，或者再在木头上戴上一朵蒲公英作头盔，仅仅如此而已；但是最主要的是那个幸福年龄的没有受过破坏也没有受过恫吓的纯洁、强烈、热情、天真的幻想，在这样的年龄，生活还没有撞疼我们，责任感和悔恨也还都不敢损伤我们，那时我们还敢于看，敢于听，敢于笑，敢于惊讶，也敢于做梦，然而另一方面世界却还不曾向我们提出什么要求……那时我们非常愿意与之亲热的人还没有用他们的焦急不耐来折磨我们，逼迫我们及早显示出能够担当某些职务的表记和证明……唉，时光飞逝，没有多久，这一切就会像泰山压顶似的加在我们头上，我们就要受压迫，受折磨，一会儿被拉长，一会儿又被挤短，直到我们完全被毁灭为止……[2] 73

世俗干预着学校的形态。托马斯·曼也把学校视为一种强暴和军训，视为拉长、挤短和毁灭。"学校其实是一种让人战战兢兢的地方。"他在 71 岁时还耿耿于怀地这么写道。74 最可怕的是要做体操—— 34

---

[1] 《布登勃洛克一家》，第 709 页。
[2] 《布登勃洛克一家》，第 437 页。

"尽管有维尔利[1]，这大概是我迄今为止经历过的最为令人生厌的事情。"[75]我们看见他在我们面前做单杠和双杠，做着杠上旋转或者倒立等动作，因自己的动作可笑滑稽而深受伤害，大概并没有如当年的某位同学后来在充满美化的回忆中感受到的那等悠然自得："他以一种气定神闲的消极态度面对这些老师要求的把戏，差不多只用指尖象征性地去碰一下单杠和双杠，目中无物地瞄一眼这些根本不值得他认真看一下的器械。"[76]他离校成绩单上体操的成绩是"不及格"。[77]汉诺·布登勃洛克在父亲暴怒时也只是以一种默不作声的，几乎是高傲的抵抗来表明自己对这些健体运动的态度，[78]菲利克斯·克鲁尔承认，他确实认为"以梦幻者的方式看来，进行身体活动非常令人反感"[79]。以梦幻者的方式：这样的童年早早赋予男孩的内心一种潜能，这一潜能使他对威廉时代教育机构的驯化方式彻底免疫。童年时代的梦想给他一种傲气，这种傲气使他虽然成绩很差，留级三次，但仍然有一种不确定的优越感。"我厌恶学校"，"蔑视学校的整个环境，批判学校掌权者的做派，我很早就在某种方式上成为教育机构所代表的精神、纪律和驯化方法的文学反对派"。[80]这话已经说得相当明确了。文学反对派靠童年的梦想世界活着，正是因为眼下失去这一梦想世界了，它反而大放光彩。卡尔王子游戏，用马缰挥出朱庇特的闪电，与母亲一同度过的讲述童话的时光，神话书，安徒生和弗里茨·罗伊特[2]：在回忆中，它们比在生活中要美好得多。

对学校折磨的憎恶多方面地反映在这位作家的作品中。"我对各种事实性毫无感觉。"这是一个深深失望的人说的。[81]菲利克斯·克鲁尔说，学校比监狱可怕多了。"我所赖以生存的唯一条件是精神和想象力不受任何束缚，于是，出现了这种情况：土坡下小城里那座兵营式的灰白色楼房里所执行的表面上较为光彩的纪律，使得我这个生性敏感的男

---

[1] 维尔利（Willri）是昵称，全名为维利拉姆·廷佩（Williram Timpe），托马斯·曼的同班同学。

[2] 弗里茨·罗伊特（Fritz Reuter, 1810—1874）：19世纪现实主义作家，新低地德语文学的创建者之一，主要用梅克伦堡地区的低地德语写作，作品大多以故乡为背景，有浓厚的乡土气息。

孩陷入一种屈服与恐惧的束缚之中，这给我留下的记忆比我对自己长时期的监狱生活的回忆还要不舒服。"[1]82 他从来没有做过丝毫努力去隐讳他对构成学校这个机构特征的令人窒息的单调的反感。[2]83 "慵懒，受够了，对一切满是不在乎的不屑"，他就这样在那里熬过了好些年。这是托马斯·曼本人说的。84

　　对学校的憎恶可不仅仅是文学创作，它是真实存在过的。18 岁的少年托马斯已经在嘲弄了："既然愚蠢，那就索性蠢到家好了。这是一个毋庸置疑的正确原则。因此，我也不喜欢上学。"这位学生在历史悠久、声誉卓著的卡特里纽姆文理中学的就学经验竟然是古怪和可笑的：

> 伟大的教育家戈特沙尔克先生有一个美妙的习惯，在把我们狠狠饱揍一顿之前，他先问我们，是否真正知道了，我们为什么会受到责罚。我们战战兢兢回答他的那声知道，可不是出自我们的内心，而大概主要是因为我们感觉到，如果我们敢说不知道，挨的揍可能会更狠一些。86

　　保罗·托马斯·曼离校成绩单上的成绩几乎全是"良好"和"及格"，图画课成绩是"仅部分良好"，歌唱课"最终良好"，体操课成绩如上文所述"不及格"。谁若是期待他德语至少有一个好成绩，也会失望；在这方面，不管口试还是笔试，评分也都是"良好"。托马斯最好的成绩是宗教课，他得了"良好加"。菲利克斯·克鲁尔的情况也大致相仿：

> 在我可怜的父亲破产之后，在今年的复活节之际，学校就拒绝发给我结业证书，而让我在下列两者中进行抉择：要么继续忍受那

---

[1] 《大骗子菲利克斯·克鲁尔的自白》，君余译（书名译作《大骗子克鲁尔自白》），上海译文出版社，1988 年，第 33 页。本书涉及《大骗子菲利克斯·克鲁尔的自白》的所有引文都出自该译本，以下不再一一注明。

[2] 《大骗子菲利克斯·克鲁尔的自白》，第 55 页。

种与我的年龄已不相称的受管教的痛苦；要么离开学校，放弃毕业后在社会上可以享受到的权利。我由于高兴地意识到个人在性格方面的所得可以弥补这点小小的损失，所以选择了后者。[1]87

学校，"这个满是敌意的机构"88，对顶撞的回应来自校长乌利克阴郁的格言："我要毁掉你们的前途。"[2]89 托马斯·曼，执拗而自信，对这样的话根本就不以为然：

> 碰巧并非针对我，而是另一位学生，一位老师威胁着说出这样的话："我要毁掉你的前途！"同一天，我在读施托姆时看到这句格言："你办事要尽力而为，别怕劳动，别怕值勤；遇事你要小心谨慎，不要沉湎于直上青云。"[3] 这时我知道，老师不是我的教育者，而是中级官员，我不得不在其他地方寻找我的教育者，也就是在精神和诗歌的领域。90

36

托马斯·曼在 57 岁时，自嘲地宣称，"我小时候一心想当个糕点师或者电车售票员"。"后来当我看到，这无望了，我就全然放弃。"91 当诗人并不意味着有所成就，而是意味着恣意地生活，充满不确定性，不对社会低眉顺眼。学校是这个社会的一只臂膀。学校不培养自由的人，而是培养奴才。托马斯·曼虽然不觉得把天生的奴才培养成奴才有什么问题，但他自己可不想当奴才。他大约很清楚青春时期生存的困境，那种生存还不能说明什么，而要带着极容易损伤的自尊心去四处感受各种嘲弄和蔑视，尤其是来自那些脑满肠肥的和阔气的人的不屑，那些人到哪里都投下浓重的阴影。92 虽如此，他在学校里面还有足够的力量，不必像汉诺那样，备受煎熬地去回答，而是以高高在上的嘲讽回应。他在

---

[1] 《大骗子菲利克斯·克鲁尔的自白》，第 55 页。

[2] 《布登勃洛克一家》，第 736 页。

[3] 特奥多尔·施托姆（Theodor Storm，1817—1888）：德国 19 世纪著名小说家和诗人，代表作《茵梦湖》《白马骑士》等。这句格言出自他的诗《给我的儿子们》。

《滑稽小丑》中进行了这样的嘲弄：

> 很肯定的是，当时我是一个非常开心快乐的男孩，因为家境很好，而且模仿起老师来简直惟妙惟肖，还会表演千奇百怪的小品，懂得用各种俗语和怪话，在同学们中威信很高，深受同学们欢迎。但我上起课来却总是问题百出，因为我总是全神贯注地忙着找出老师上课时举止的滑稽之处，其余的内容基本都吸引不了我，回到家中，我满脑子里都是些歌剧素材、诗句和各式各样的胡闹，没法专心地做作业。
>
> 每当我午饭后把成绩单拿到起居室交给我父亲，他把手插在上衣的翻边里，看了成绩单后说，"可恶！"，双眉之间的沟壑更深了。[93]

留　级

留级带来自由。在托马斯·曼的回忆中，上学的最后两年是最开心快乐的。"那个'机构'对我彻底死心了……我心不在焉地坐在那里，可以说是完全自由自在。"[94] 他后来对自由的理解，始终保有这一烙印，无论在善还是恶的意义上。例如《魔山》中的访客阿尔宾先生是自由的，"这好比在中学里一样，上面决定你留级，你就得老老实实留下来，没有人会来过问，你也不用再干什么。"[1][95] 这些话引起了汉斯·卡斯托尔普的共鸣，"因为他在中学六年级时曾留过级。他想起当时自己受人奚落的耻辱境地，不过其中也有某些可笑和令人高兴之处——在第四

37

---

[1]　《魔山》，第108页。

季度，他竟然放弃了跑步，对'一切'都嗤之以鼻。"[1] 荣誉，他继而想到，虽然能够带来诸多很重大的便利，但耻辱带来的便利一点也不少，耻辱带来的便利几乎是无法度量的。

阿尔宾先生得了肺病，死期将近。留级生式的自由达到了巅峰，因为这种自由通往死亡。没人对一个垂死之人还能有什么期许。他的自由是值得敬重的，也是被诟病的，因为这种自由其实已经与社会没有什么关系了。已经成长为共和政体拥趸的托马斯·曼抗拒因面临死亡而妄为。在《浮士德博士》一书中，他称1914年的战争狂热为一种"逃学"，放纵的假期，一种对真正该尽的义务不尽以及对不愿受到约束的本能的屈服。[2]96 1933年的"德国革命"在他眼里也是同样情况，他视之为"对世界精神的毫无教养的叛逆"，是"顽童式的逃学"。97 阿德里安·莱韦屈恩也对逃学者进行批判。人们不把聪明劲儿用在解决这个世上应该解决的问题上，而是逃避责任并且献出他们的灵魂。98 这里说的是纳粹时期。但早在1919年，托马斯·曼已经警告德国人，远离混乱带来的快意，快回去工作，去履行义务。99 在后来的生活中，托马斯·曼降低了夸赞留级和随心所欲度日的调门。1917年，托马斯·曼发表了言辞犀利的抨击性演说[3]，反对高中毕业考试，要是在魏玛共和国时期，他肯定会觉得这样说并不合适。演说是以个人关注为导向的，这点毫无疑问：

> 应该非常认可地握握读过9年文理中学的人的手，把他们送入大学，而不应该在这些人面前设置要命的障碍。在十八九岁的年纪，人们少不更事，无法对他们进行某个庄严的、决定命运的"考试"。人们这时还不懂生活，还不知道热爱工作，有可能还暂时是一只天天做梦的懒虫……100

---

[1] 《魔山》，第108页。

[2] 《浮士德博士》，罗炜译，上海译文出版社，2012年，第341页。本书涉及《浮士德博士》的所有引文都出自该译本，以下不再一一注明。

[3] 1917年，取消高中毕业考试再次成为社会关注的话题，在相关讨论中，托马斯·曼立场坚定地发表了《反对高中毕业考试》的演说。

自学成才

托马斯·曼在后期著作中恣意挥霍的学养只有极小一部分来自学校。上过的数学课他全都忘记得干干净净。就连最为简单的加减法，这位上过文理中学实科部的学子都要列算式进行运算。上过的拉丁语课，他倒是记住不少，他的著作中时不时跳出来大量拉丁文短语表明了这一点。他没学过希腊文。市政参议布登勃洛克还觉得为他那位将来要当商人的儿子汉诺做了一件大好事，"让他避免了在将来反正也用不上的希腊语上白费工夫"[101]。托米的英语大概还说得过去吧。据他离校时的成绩单，他的法语成绩是"及格"，但他一生都不怎么喜欢这一语言。"我的黑人式法语"，他总是这样进行自嘲。[102]

他根据自己的需要，自选积累了德国文化的学养，每一次的情况都不一样。1889年的圣诞节，他收到席勒的著作作为圣诞节礼物。[103]他自称这套书随着他度过无数愉悦且快乐的时光："一边吃着整盘奶油面包，一边读这些书。"[104]理想主义与奶油面包很有反讽意味地怼起来了。托马斯·曼眼中的席勒并不是在星期天为自由进行演说的演说家。曼还是个小男孩时，就在席勒的著作中读出异于众议的内容来：他带着托尼奥·克勒格尔的面具读《唐·卡洛斯》，并未按照通常情况去认同那位自由英雄波莎侯爵，而是以一种保守的执拗认同国王，那位孤独且不受欢迎的西班牙的腓力二世，那位被波莎耍了的国王。[105]

可是，国王流泪的消息从内宫传到了大殿。"哭了？""国王哭了？"所有侍臣都惊慌失措，非常难受，因为他是个非常倔强和严肃的国王。可是，大家都明白他确实哭了。其实，我对他的同情超过了对王子和侯爵的同情。他一直是那么孤独，没有爱，现在他以

为自己找到了一个人，可是，这个人却背叛了他……[1]

在青少年时代阅读主题的选择上，托马斯几乎不走样地效仿比他年长 4 岁的哥哥。跟哥哥一样，托马斯·曼先读了海因里希·海涅的作品，然后读了赫尔曼·巴尔[2]、弗里德里希·尼采的作品，后来也读了一些保罗·布尔热[3]的作品。或许当时还不满 18 岁的少年的评论多少带着点尼采的痕迹，因为他在使用"好"和"坏"时，将这些概念当作社会招牌来用，而不具有任何哲学上的意义，[106] 这或许源于尼采的《善恶的彼岸》。最晚从 1894 年起，他就开始对尼采着迷了。[107] 对海涅的认识可能开始得更早一些，主要是一些青春期诗歌对他有影响，而这些诗歌最早是他妈妈在家中咏诵的。[108] 对赫尔曼·巴尔的兴趣是从 1893 年开始的。他的一篇散文稿《眼界》的第一稿上有一句献辞"献给天才艺术家赫尔曼·巴尔"。这位维也纳的评论家被他视为"后天的伟人"，当时 19 岁的亨利希·曼教导朋友路德维希·艾维尔斯说，"这位巴尔大概会有个伟大的前程，尤其是因为，他的生活和感受都完完全全处于现代，他感知着现代每一次最细小的抽搐和变化，并且在内心里消化这些"[109]。但托马斯对此人的激情之火只燃烧到 1895 年。"当今最现代的是逆向而动，"他在 1895 年 3 月 5 日写信给奥托·格劳托夫，"你知道，现在巴尔整天推崇经典作家吗？他是风向标[4]，对最新的和即将到来的时代精神一直具备最精准的本能。"两个月之后，他说的话听起来就完全不是一个味道了。他曾经是一个"迷失方向的巴尔信徒"，但他现在多少有点清醒了，有那么一段时间，"我的日记看上去竟然有点像一位年少无知且玩世不恭、伤春悲秋的伪巴黎人写的"[110]。从巴尔那里，接着也从

[1]《托尼奥·克勒格尔》，曹达威、曾世杰译，出自《托马斯·曼中短篇小说全编》，吴裕康等译，漓江出版社，2002 年，第 189-190 页。本书涉及《托尼奥·克勒格尔》的所有引文都出自该译本，以下不再一一注明。
[2] 赫尔曼·巴尔（Hermann Bahr, 1863-1934）：奥地利诗人、剧作家、文学评论家，维也纳现代派的奠基人。
[3] 保罗·布尔热（Paul Bourget, 1852—1935）：法国小说家和评论家。
[4] 原文是法语：l'homme de tête。

亨利希·曼那里,托马斯注意到法国小说家和文化哲学家保罗·布尔热。1894 年夏天,布尔热在托马斯那里留下了最早的痕迹。[111]

托马斯对理查德·瓦格纳乐剧[1]的痴迷并非经由哥哥亨利希的推荐,亨利希本身也远不如他弟弟那么热爱音乐。1893 年,埃米尔·格霍伊泽(Emil Gerhäuser)受聘于吕贝克的城市剧院,就此点燃了托马斯对瓦格纳的兴趣。[112] 机智风趣的学校报纸总编[113] 带着几分嘲弄说起"保罗·托马斯"当年的情况,"那个歌剧季宏大的瓦格纳-格霍伊泽歌剧之夜"多少有些让他消化不良,所以他只好去找些应对之物,"米勒克尔[2]含有碳酸的轻音乐"让他舒爽了不少。尼采对比才的《卡门》也说过非常相似的话:感受过瓦格纳音乐令人大汗淋漓的西洛可风[3]之后,听些干燥而轻快的东西很不错。[114] 托马斯·曼把对瓦格纳的热情写入了他许多作品中的人物形象上:弗里德曼先生、盖尔达·阿尔诺德逊、戴特列夫·施皮奈尔和加布丽埃莱·克略特雅恩、西格蒙德和西格琳德·阿伦霍尔德等等。

中小学同学

40

托马斯若没有小伙伴们的掩护,根本无法做到整天当反对派。就算学校像《布登勃洛克一家》结尾处那段著名的描绘学校的章节写得那般残酷、恶劣和可笑,校园生活还是可以被一些超出平均线的同学忍受

---

[1] 乐剧(Musikdrama):1848 年,瓦格纳在他的《罗恩格林》问世后,用乐剧指代他的歌剧。乐剧将文学与诗歌、历史与神话、舞台与建筑、音乐与戏剧创作融为一体,是一种整体性的戏剧艺术。

[2] 卡尔·米勒克尔(Carl Millöcker, 1842—1899):奥地利轻歌剧作曲家和指挥家。

[3] 西洛可风(Schirokko):地中海地区的一种风,来自撒哈拉,会导致干燥炎热的天气。

的。"出于某个很难确定究竟厉害在什么地方的优势"——例如其中一个令人诧异的本事就是，惟妙惟肖地模仿老师——托马斯·曼在班上的另类学生中受到"莫名的景仰"。[115] 把他与这些学生联系在一起的是"保持距离的热情"（他此处用上了尼采的话），[116] "每位同学都知道，他15岁就悄悄地读起了海涅，在中学四五年级的时候就对世界以及人类发表了高论"[117]。当反对派不仅给他带来通常的留级。他不是跟谁都来往的，交际对象只限定于很少一些人，也就是说要符合他的身份，既不跟那些无产者来往，也不像兄长亨利希那般交游甚广，亨利希自1891年起就在柏林的 S. 菲舍尔出版社当志愿者了，享有极大的自由。托马斯的朋友圈可以用"精神与贵族"来描述。贵族：跟他来往最密切的同学有维茨图姆·冯·埃克施泰特伯爵（Vitzthum Graf von Eckstädt），此人是德国皇帝威廉二世一位礼宾官的儿子，还有德特勒夫·雷文特洛伯爵（Detlev Graf Reventlow）和埃伯哈德·什未林伯爵（Eberhard Graf Schwerin），后者是《布登勃洛克一家》中凯伊·摩伦伯爵的原型。[118]

那位什未林是个搞笑高手。他在高声朗读席勒的《钟声》（Glocke）时，顺便把绘画课老师德雷格扯了进来：

> 那些沉闷的丧鼓声伴随着
> 德雷格先生
> 踏上了他的不归之路。

除了贵族之外，还有精神领袖：他的哥哥亨利希排在首位，但是也有后来从事写作的奥托·格劳托夫、科尔菲茨·霍尔姆（Korfiz Holm）和路德维希·艾维尔斯。奥托·格劳托夫就是托马斯·曼在《生活概要》中提到的那个没有名字的人物，一位破产后去世的书商的儿子。托马斯与他结下了友谊："这种友谊通过对'整体'，尤其是对'教育机构'以及官员进行极有想象力的和黑色幽默式的嘲弄和讥讽持续下来。"[119] 从他们常年通信可以看出，他们之间拥有深切的信赖。"我们真的很亲密，"托马斯·曼在1895年3月28日从慕尼黑写信给格劳托夫

时回顾道，"我们超级不要脸地凑在一起，在精神上，这是如此美好且
愉悦。"但尽管这么说，格劳托夫对他而言是一只羔羊。他试着解剖他，
修理他身上那些自己痛恨的本人也存在的东西——比如蹩脚的风格。

我们知道，科尔菲茨·霍尔姆在学校上体育课时，给托马斯·曼
做体操示范动作，此人后来在阿尔伯特·朗根出版社（Verlag Albert
Langen）工作，为托马斯·曼铺平了通往著名杂志《西木卜里其西木
斯》[1] 的路。年长几岁的路德维希·艾维尔斯跟亨利希的关系要好过跟
托马斯的，在中学时代，他就是托马斯用批判的眼光密切观察过的一位
写作上的竞争对手，因而比较重要。他十分了解托米的初恋。[120] 在卡特
里纽姆文理中学的校园里，还有埃里希·米萨姆（Erich Mühsam）晃来
晃去，此君后来成为一名非常重要的无政府主义作家。他们彼此大概没
说过什么值得一提的话，但他们都相互知道对方。这所文理中学的规模
不大，因此不可能对任何一个招眼的人物视而不见。直到 1911 年，他
们才又重新见面。后来，曼坚决排斥米萨姆，但这种敌意始终是剃头挑
子一头热。[121]

除了精神与贵族之外，还必须要提一下托马斯肯来往的第三组人，
那就是犹太同学，托马斯·曼在 1921 年的一篇当年未能刊行的论文
《关于犹太问题》（*Zur jüdischen Frage*）中回忆过这些同学。其中有拉
比 [2] 的儿子西梅昂·加莱巴赫（Simeon Garlebach），发音古怪并且总是
混迹于马戏团、吉卜赛人和小摊贩中去过很多地方的弗朗茨·费赫尔
（Franz Fehér），还有那位聪慧的维利·戈斯拉尔（Willi Gosslar），此人
是犹太肉食店屠宰夫的儿子，对托米的恐怖谣曲和其他中学时代的诗歌
创作非常感兴趣。

---

[1] 《西木卜里其西木斯》（*Simplicissimus*）：也译作《痴儿》，德国讽刺性文学周刊，
由慕尼黑的阿尔伯特朗根出版社于 1896 年 4 月创刊，出版至 1967 年，1944 年至 1954
年中断，1964 年改为双周刊。它的名字来源于格里美尔斯豪森出版于 1688 年的流浪汉
小说《痴儿西木传》。
[2] 拉比（Rabbiner）：犹太人中一个特殊阶层，是老师也是智者的象征，指受过正
规宗教教育，熟悉犹太教经典和口传律法而担任犹太教会众精神领袖或宗教导师的人。

　　这些人尽是些另类学生，留级生托马斯总是和他们来往。接下来马上要谈一下那些正常的学生，特别是在谈起托马斯初恋的时候必须谈到他们。

早期恋情与早期写作

托马斯·曼对同学阿明·马滕斯（Armin Martens）的爱恋大概发生在 1889 年至 1890 年的冬天。这个满怀情愫的年轻人为这位同学写了一系列情诗，后来这些诗让他非常不好意思。同一年的冬天，学校很可能开设了舞蹈课，《托尼奥·克勒格尔》一文对此有所描述。"玛格达蕾娜·维尔梅伦"的原型在这个时候爱上了托马斯·曼。在吕贝克时期，曼跟姑娘们的其他往来，大概只能进行猜测了，没法确定具体的日期和姑娘的芳名。

托马斯在卡特里纽姆文理中学的校园里向维利拉姆·廷佩借过一支铅笔，后来这支笔通过《魔山》闻名于世。他对此人的青春热忱持续的时间较为长久，大概从 1890 年的秋天至 1892 年秋天。

在这段充满青春热情的岁月里，托马斯·曼并不是一位写散文的，而是一位写诗、写戏剧的作家。创作于这个激情洋溢时期的作品只留下少数几处涂改过的痕迹。当年仅有几首诗、几篇随笔和一些狂野的文章得以印刷出来，主要发表在 1893 上半年的学生杂志《春日风暴》的两个集子里。

45

初恋：阿明·马滕斯

46

《布拉格日报》在 1931 年 5 月 24 日就"我的初恋"这个问题进行的征答发表了一系列回复。托马斯当时信手写道：

> 对不起，我正在旅途中，在巴黎，整天忙碌不息，没能及时回复您圣灵降临节的问卷调查。如果写的话，我大概只会重提我在青

年时代的小说《托尼奥·克勒格尔》中所述的那种甜美的痛苦之类的话。[1]

听起来好像没什么要紧的。但这里说的不是小说中的姑娘英格波克·霍尔姆，托尼奥·克勒格尔在舞蹈课上对她暗生情愫。这个姑娘在曼的生活中没有原型。回答中说的其实是阿明·马滕斯，在小说中化名为汉斯·汉森，一位容貌端正的金发少年，托马斯的同学。托马斯对他怀有甜美的痛苦。当托马斯·曼年岁已高，说起这类事情不再有那么多忌讳时，他在一封写给另外一位卡特里纽姆文理中学的同学赫尔曼·朗格（Hermann Lange）的信中，袒露了这一秘密：

> 因为我爱过他——他真的是我的初恋，我再也没有遇到更为温柔、更为喜悦痛苦的情感。这样的情感是忘不掉的，而且已经过去整整 70 个充实的年头了。听起来或许有些好笑吧，但我仍将对这份纯洁热情的念想当作一个珍宝存留在心。我在一个"重大的日子"向他表白了，但他对我的情愫却不知所措，这是完全可以理解的。我和他实际上都造成了这种不知所措。这种情愫迟早会无果而终——于他本人在某个地方逝去并腐烂前很久便消失了，他是我们当中第一个离世的，而他的魅力历经青春期已经大大减弱。但我在《托尼奥·克勒格尔》中为这份情感立了一个纪念碑……有些讶异的是，这位少年的全部使命就在于，去唤起一种情感，而这种情感成为一首长存的诗。[2]

他多么急急忙忙地在这里扯上文学！当他还在暗自多情的时候，自然丝毫不具备此处表现出来的那种霸气的高傲，把当初暗恋之人的使命缩减成为让他在《托尼奥·克勒格尔》里写一首诗。我们应该为此愤怒吗？我们最好还是问问，这后面隐藏着哪样的窘境。这等过于轻快的词语背后隐藏着点什么：他为自己当年的钟情感到十分羞愧。因为经历本身还不是文学的。经历之后，他才在文学创作中拯救了自己。后来，他

47

还发展了这些理论，以便接受自己的羞愧。据此为自己的经历进行辩解，主要是通过使这种经历成为艺术。文学家去"体验，是为了表达"。[3]他的生活只是表达的素材。如果要针对某个对手，比方针对他的哥哥，托马斯·曼会把话说得更为极端，更有战斗性。他还强调，艺术家行为是"一些人们缩回到其背后的东西"。唯美主义是"对生活以及对爱的一种姿态丰富且极为聪慧的无力无为"[4]。

他对少年时代的朋友奥托·格劳托夫的回顾也和对阿明·马滕斯的一样残忍无情，在他的日记中，为这位同学所写的悼词同样刺眼（1935年7月15日）：

> 通过卡蒂娅的妈妈我得知了奥托·格劳托夫的死讯。他是我中学时代的密友，他知道我对维利拉姆·廷佩的情愫，那位被拔高为普里比斯拉夫·希佩[1]的人。我早就不关注那些变得十分枯燥的煞有介事之人了。但我那充满难堪和笑料的少年时代的这位伙伴去世了，对我的触动十分大，我觉得寒冷而悲痛。此时我能感受到的无外乎，他曾属于我的生活，而后来想要自己整出点儿名堂来，简直无赖。

维利拉姆·廷佩的事情我们以后再说吧。马滕斯的经历发生得更早。阿明以汉斯·汉森的面目在《托尼奥·克勒格尔》中出现的时候，才14岁。[5]因为冬日的阳光照耀着他们一起散步，所以托马斯·曼的初恋大概发生在1889/1890年的冬天，也就是他们一起上舞蹈课的那几个月中。[6]

从一封写给赫尔曼·朗格的信中我们得知，托米在一个"伟大的日子"表白了他的爱意，但阿明完全不知所措。初恋以一场羞辱告终，托马斯·曼一直无法忘怀。这个金发碧眼的男生奚落了他。我们多少知

---

[1]　普里比斯拉夫·希佩:《魔山》中汉斯·卡斯托尔普的同学，比他高一级，令汉斯情愫暗生。

道一些情况，是因为阿明的姐姐伊尔塞保留了一些材料，并且对别人说了。[7]读者通过小说《王子殿下》中的宫廷女官冯·伊森施尼博的形象知道这位姐姐，她近视得非常厉害，都没法看见星星。[8]伊尔塞·马滕斯（Ilse Martens）年事已高时，还会回忆起托马斯·曼那张洋溢着情感的动情的脸，阿明用低地德语反复咏唱的句子"那苍白死神如何处置你"，托马斯以嘲讽的评论为这个句子降温："我知道，但你还是去问它吧。"

48　　　一腔真情的表白被人不当回事，这位沉浸在爱恋之情中的少年不但要在他膜拜的人面前隐瞒，还要在他的哥哥亨利希面前装作没事人似的。亨利希在1889年11月和1890年3月27日写给路德维希·艾维尔斯的信中带着几分嘲弄地记录下了这件事情。虽然有些话是泛泛而谈，但说得已经比较刻薄了：

> 　　我对那个半大孩子恋爱中的灵魂的情感产物总是不置一词，或者习以为常地一笑了之，那位幸福感满满的诗人有时候会把这些东西塞给我看。在"这些戏剧"中除了你在你的古典批评中强调的各种不可能性，还是有一些思想的，虽然这些思想早就被用烂了，这些思想犹如沙漠中的绿洲。沙漠无聊得很。怨上帝去吧，到处是水，无处不是水，水中一大群鸭子和鹅以"啊！！！"和"哦！！！"的形象兴趣索然地来回游弋着……呃！……

更损人的是第二段话，因为这段话直接针对这些诗中的同性恋倾向进行了调侃：

> 　　既然我正好在进行诗歌批评，那我就对我这位有美好前程的弟弟的抒情诗说几句吧，你看来好像对这些诗颇为赞赏呀。你其实可以委婉地把这几句话转告给他。在读他最近写的几首诗（我随信附上奉览）时，我难堪得无地自容，以前只有那位圣屁眼骑士普拉滕才让我如此难堪。这种娘炮似的、甜腻腻伤春悲秋的"友情抒

情诗"：

——当我依偎在你的胸前……

——我用胳膊缠绕着朋友，

沉浸在甜美的欢愉中，摇曳……

如果这是真的情感（十分可悲啊，如果这是真的！）——那么我才不要知道呢，连句废话我都懒得去说，直接"不告而别"。

艾维尔斯"小心翼翼"地把这些话带给托米，当然并未使情况好转。

在一个重要的日子，他表白了自己的爱情，写诗，然后到处给人看，徘徊在幸福和难堪之间：每个恋爱中的人都太了解这种状态了！最初的试探止于刻骨的屈辱。换个其他人就把这件事情给吞下去了，但高度敏感的诗人托马斯·曼可不会这样。他后来很多相关的举止言谈，都可以从这个最原初的惊吓得到解释，而且这个原初惊吓还因为一些其他的屈辱而更加刻骨铭心。感情是可笑的，千万别表现出来，同性恋的感情就更不用提了。这样的爱情会把人直接甩出市民的主流社会。它会让一位著名作家在挚友圈子里面完全待不下去。必须隐藏、否认或者用反讽来对抗它。可以直接听到心跳的诗歌，是不够艺术的。创作者不能表露敏感。只有艺术家的那种高冷的癫喜才是艺术的。"如果你对要说的东西过于关心，你的心对此过于热情，那么，你肯定会彻底失败。你变得过于慷慨激昂，变得多愁善感，从你的手中就会产生出笨拙、刻板、冲动、无趣、乏味、无聊和平庸的东西，结果人们对你的作品就会冷淡，而你自己只有失望和难受……"[1]托尼奥·克勒格尔这样说。9

对阿明的痴情迷恋随着青春期流逝了。托马斯·曼后来无动于衷，甚至带着几分抵触情绪注视着此人的人生旅途。1898年底，他在笔记中写了他几笔，想着把这些笔记用到一部作品中。阿明跟每个人都开诚

49

---

[1]《托尼奥·克勒格尔》，第203页。

布公、开开心心地讲着他的桃色事情。他从部队回来时，说过："我竟然都忘记，该怎么跟正派的好姑娘来往了。"[10]这使托马斯·曼十分不悦，同样让他不悦的还有，此人居然一下子同时爱上了两位城里十分著名的舞女。更让他觉得可恶的是，阿明试着跟他的妹妹尤丽娅·曼搭上某种情感关系。后来发生了一些丑闻，马滕斯必须承担后果，1899 年，他只得移民去了德国当年在非洲西南的殖民地。1906 年 4 月 1 日，他在贫困中死于温得和克[1]，死时还欠了一屁股债。

马滕斯在死前还给托马斯的妹妹寄过一本写于赫雷罗人起义[2]那个时期的日记，要她去求求当时刚刚开始出名的托米，帮他介绍个出版商出版这本日记。并没有任何迹象表明，《托尼奥·克勒格尔》的作者为此做过任何工作。他写给伊尔塞·马滕斯的吊唁信里只字未提他付出任何努力，那封信写得半是中规中矩，半是不知所措：

亲爱的伊尔塞：

唉！我今天通过我的妻子，后来又从卢拉[3]那里得到了消息。我的心情与你的一样：我真没想到，也根本没法相信这个消息。阿明与死神，这二者怎么也凑不到一起去呀。我真是不敢相信这个。你知道，他是我的最早、最清新、最温柔的情感。我该怎么说呢？为此用些感情充沛的字眼会让我不舒服。我诚挚地握着你的手，请求你，向你母亲转达我的深切悼念。

你的故友

托马斯·曼

---

[1] 纳米比亚的首都。

[2] 赫雷罗人起义：纳米比亚人民反对德国殖民者的起义。

[3] 即托马斯·曼的妹妹尤丽娅·曼。

维利拉姆·廷佩

"你也许有一支铅笔吧？"[1] 汉斯·卡斯托尔普脸色煞白，那颗心狂跳不已，去问克拉芙吉亚·肖夏。接下来就是那段著名的法语对白，两人说完话，肖夏举起她的一只裸露的胳膊，把手搭在门角上，越过汉斯·卡斯托尔普的肩头，用法语说 *N'oubliez pas de me rendre mon crayon*。[2] 我们可以从接下来小说所叙述的 6 周时间里了解到，他把铅笔还回去了，而且还得到了一些其他东西作为回馈。¹¹

借铅笔是对中学生时代的一件事情的复述。汉斯·卡斯托尔普当年才 13 岁，还是文理中学四年级的学生，是个穿着短裤的小男生。"校园里铺着坚实的红砖，只有一道围墙和外界隔开，中间开了两扇门以供出入，墙上铺有木瓦。"[3]——每个了解当地情况的人都能一眼认出这是卡特里纽姆文理中学的校园——汉斯正是在这个校园里问过一位让他情窦初开的同学，能否借他一支铅笔，这位同学名叫普里比斯拉夫·希佩，一位文理中学教师的儿子，长着吉尔吉斯人式的蓝灰色眼睛，颧骨很高。好的，这位同学回答。但你在课后一定要把铅笔还给我。"于是他从袋里摸铅笔。这是一支镀银的铅笔，末端有一个小圈儿，只要向上一推，红铅笔芯就会从金属套管跳出。"[4] 我们后来也知道，汉斯用这个机会，把铅笔削得尖了一些，"从削下来的红漆小片中，把其中三四片保存起来，而且放在书桌的夹抽屉里整整保存一年左右"。[5] 归还这支铅笔以最简单的方式完成，叙述者认为告诉我们这一点是非常重要的。¹²

上述场景出自小说《魔山》。借出和归还在那个场景中是对一次性

[1]《魔山》，第 461 页。
[2]《魔山》，第 480 页。引文中法语的意思是"别忘了把铅笔还给我"。
[3]《魔山》，第 162 页。
[4]《魔山》，第 165 页。
[5]《魔山》，第 165 页。

行为的诗意的掩码。但这支铅笔确实存在，它不仅仅是一个诗意的象征。托马斯 1950 年 9 月 15 日的日记回忆了"W.T. 的铅笔屑"。1953 年 6 月 3 日，托马斯·曼在吕贝克街头上漫步时，脑子里也闪过了"维利拉姆·廷佩和铅笔屑"。他肯定与汉斯·卡斯托尔普一样，那时候也把铅笔屑保留在了他的书桌中。

"W.T."就是维利拉姆·廷佩，大家一般叫他威尔利，他是高级教师约翰·海因里希·廷佩博士的儿子。在父亲去世和母亲搬走以后，托马斯·曼从 1892 年秋天到 1893 年不知具体何时在他家里寄宿过一段时间。"托马斯，都 11 点多了！"博士父亲一看到年轻的客人捧着书读个没完，总是这样高喊着。托米究竟什么时候爱上了威尔利，没法以十足的准确性说出来。但无论如何不是在 13 岁，不是像在文学变体中汉斯和普里比斯拉夫的那种情况，因为"威尔利"后来也作为"阿明"出现过。很可能是 15 岁时，在恋上阿明的冬天过后的那一年。兄长亨利希（在 1890 年 11 月 21 日写给路德维希·艾维尔斯的信中）提出的粗暴且缺乏理解的治疗建议指的就是威尔利：

> 好好地跟一个激情洋溢但还不算被用烂的姑娘做一次睡觉疗法——这样肯定就能治好他的病。别跟他说这个。把整个事情加以反讽，会有帮助的。只是别觉得这有多么悲剧和严肃！他会通过你来了解"我的看法"。直接把"蠢笨"这个沉甸甸的词甩到他脸上。

如果像《魔山》里面那样，一切只持续两年时间，[14] 那么这种心旌摇荡的状态大概到 1892 年就消停了。而这很可能正好就是他们共同生活在一个屋檐下的那段时间。这也未必就是矛盾。天天在日常生活中密切接触比在遥远的地方进行遐想更容易起到摧毁一切幻想的作用，在远方的遐想避免了表白和接触。

但托米这位懒散游荡的文理中学学生当初会怀着怎样五味杂陈的情感搬进廷佩家啊?！我们相信，他的内心一定升起一种恐惧，这种恐惧在《魔山》中曾经擒住汉斯·卡斯托尔普，就是那种心慌意乱。汉斯·卡斯托尔普跟肖夏太太被关在一个狭小的空间中，如此困在一处是"不可避免地或无法逃避地命中注定的，而这种无法逃避的命运叫人又喜又忧。这使人充满了希望，但同时又不寒而栗，甚至感到毛骨悚然"[1]15。我们也相信，廷佩的魅力随着日常闲话和一起刷牙等很快地烟消云散，而肖夏女士长达数月一直是一个无法企及的梦想。

与阿明不同，威尔利是个模范学生，但"这并不是""汉斯·卡斯托尔普向他借铅笔的原因"。16 令人着迷的是身体，是那双吉尔吉斯人式的灰蓝色的眼睛，那高高的颧骨和短裤里面的那双腿。"就算是有威尔利"，体操课也是最令人厌恶的，17 这句话表明，看着威尔利做体操，还是很令人兴奋的——而托马斯·曼本人，以他那种成天做白日梦的天性，可以说任何锻炼身体的行为都让他厌烦不堪。

阿明·马滕斯的事情给了他一个警示，这一次就没有再出现"大日子"了，"大日子"本可用来向受崇拜的同学表达自己的痴情和情愫的。如果我们据《魔山》里面的描述接着判断，那么托米什么也没说，而是把他的秘密保留在心底，并满足于将其升华。他连想都没有想过，有朝一日这件事情要被付诸语言，"这是不合时宜的，他也并不乞求"。[2] 汉斯·卡斯托尔普在书中后面的一页中有这样的描写，对希佩从心底里已习惯于保持一种缄默而疏远的关系。他满足于自己的那种暗自动情的状态，心中总有一种紧张和期盼，今天是不是会遇上那个人，从他身边走过，或许能直接看着他，"他也喜爱内心的秘密给他带来的那种默默无语而微妙的满足"[3]18。

在托马斯·曼的作品中，常常能看到这种爱而无言的状态。古斯塔夫·冯·阿申巴赫（《死于威尼斯》的主角）与美少年塔齐奥之间一句话也没有说过。汉斯·卡斯托尔普也不知道该给他跟希佩之间的关系

53

---

[1]《魔山》，第 196 页。

[2]《魔山》，第 163 页。

[3]《魔山》，第 164 页。

一个什么名称，因为给出一个名称就意味着"把它列入熟悉的和习惯的这一类，而汉斯·卡斯托尔普的内心却不自觉地浸透这样一种信念，而像这一类'内在的善良'是永远不需要什么定义和分类的"[1]。菲利克斯·克鲁尔最后也侃侃而谈地为此提供了一个理论：

> 谈论温情的、捉摸不定的事物，只能采取温情的、捉摸不定的方式，因此在这里还需要谨慎地补充这样一点看法：只有在人与人的结合的两极，在还没有语言或再也找不到语言来表达的地方，也就是只有在目光的交换和相互拥抱中，才能真正找到幸福，因为只有在那里才存在亲密无间、自由、秘密和彻底的无所顾忌。在人与人之间交往与交流中处于这两者之间的一切，都是索然乏味的，都是受礼仪和社会习俗决定、制约和局限的。在这里，起决定性作用的是语言——这是一种无力的、冷漠的手段，是人工培植的有限的文明的最初的产物，同人的本性中的那个感情炽烈的、却又是默默无言的领域，是格格不入的，以致可以说，每一句话本来和作为话说出来都是空洞的废话。我说这番话，恰值我在这部描写个人生平的教育小说里尽最大努力注意作品的文字表达时。不过，文字表达不是我之所长；我的真正兴趣不在这里。我所关心的是人与人关系中的最外在的、默默无言的领域，首先是这样一个领域：人与人之间的陌生和不相往来还维持在自由自在的原始状态，人们的目光还可以不负任何责任地、在理想的纯洁中相互交换；其次是另外一个领域：通过最大限度地联系、亲近和融合，使上述那种无言的原始状态得以最完美地再现。[2] 19

54　　对这个舞文弄墨的人来说，要的是无言无声。他一生中创造出来的几百万个词，密密地包裹起最原初的静默。喋喋不休只是外表，它在内

---

[1]《魔山》，第163页。
[2]《大骗子菲利克斯·克鲁尔的自白》，第86页。

心呼唤着一种无以言表的东西，一种神圣的东西，就其核心而言是色欲。将无以言表的梦境的原初状态用词来包裹，而又不允许这种梦境状态化为真实，这是不停地进行表达的最大推动力。词语洪流的最深切的渴望是，静默无声。

因为真实的生活永远无法满足一个这样的渴求。这种渴求永远是个梦想。托马斯·曼把希佩写成了 13 岁，就此他把青春期鼎盛时期的心路历程腾挪到了青春期之前，由此除去了这个经历的性色彩。在小说中这样写的意义是，将已实现的性愿望归于一名女性，克拉芙吉亚·肖夏，她其实再现了希佩这一人物类型。这样看来，借铅笔一事实际上是一种预感：性要在与女性的关系中才能完成。借铅笔的经历在小说中没有发生在一个十六七岁的少年身上，而是发生在一个 13 岁的半大孩子身上，就是为了避免有人猜测，接下来在汉斯和希佩之间发生了性行为。托马斯·曼并没有过着双面人生。他没有暗地里跟青年男性玩那些禁忌的断袖把戏。"就算是贝尔维德尔的阿波罗[1]，我都没有动过跟他上床的念头。"[20] 这种跟现实完全不沾边的在幻想中实现的梦想王国，对他来说比那些不完整的真正接触要重要得多。"怎么能跟男士睡觉呢？"[21] 如果怀疑一手资料不是一开始就排除掉了"最根本的东西"，那么这些资料表明，托马斯·曼除了偶尔为之的手淫和夜间无从预料的遗精之外（他带着几近可笑的认真严谨在日记本里记下了这类事情），只与女性有过性经验，即便他的梦总是萦绕着年轻男人。

难道这有可能？显然很可能。若非如此，他与卡蒂娅·普林斯海姆 (Katia Pringsheim) 的婚姻就不可能成功。而在托马斯·曼的世界里，过性生活并不属于物我两忘的令人陶醉的范围，而是属于生硬冰冷的现实世界，是他必须履行的义务。陶醉才是梦想。性并不是自由王国，不是放飞自我和完满，而是义务和极少数成功的混合体，忧虑自己的性能力，担心自己不行，因而在持续的自我控制以及妨碍快感的自我观察下进行。古已 55

---

[1] 贝尔维德尔的阿波罗（Apollo von Belvedere）：在西方文学中用于比喻身材优美的男子。

有之的性爱忧虑感说的就是托马斯·曼的感受，他认为事毕时的"后悔和每况愈下的状况"指的就是性生活的最为本质的特性。[22] 一切在现实的行动中无法得到满足的，在一贯狭隘的现实中即便是无法得到满足的却带来了同性恋的梦幻王国。这个王国回避现实，也不需要现实。

在《生活概要》里，曼说起了"迟到而猛烈地迸发的性"，而且还特地说明，他讲的是 20 岁左右的事情。[23] 托马斯·曼的 20 岁是在慕尼黑度过的。吕贝克时代中学生的爱恋在时间上要远远早于这个时期，这种爱恋与"猛烈的性"并没有什么关系。

1950 年 7 月，在热恋服务生弗朗茨·韦斯特迈尔（Franz Westermeier）之际，他回顾起了早年的两段恋情。他是这样写弗朗茨·韦斯特迈尔的，"他被接纳到一个长廊中去了，没有哪部'文学史'会记录这种长廊，这个长廊经克劳斯·霍伊泽尔（Klaus Heuser），可以一直回溯到那些已经长眠于冥界的人物，保罗、维尔利和阿明"。[24] 这些事件中并无一个发生于他 20 岁这一年。保罗·埃伦贝格（Paul Ehrenberg）直到 24 岁时才认识托马斯。在性欲迸发之际，那些被视为有断袖之癖的人往往不再积极地去追寻这个癖好。

但是女人们呢？那些仆人和保姆呢，例如菲利克斯·克鲁尔家的？那些卖淫者呢？制皂匠翁施利特的女儿呢？塞雷奴斯·蔡特布罗姆来自民众的姑娘们呢？那位慕尼黑姑娘呢？他在这位姑娘前可是没完没了地扮演布拉肯堡。那个卖花姑娘呢？她给托马斯·布登勃洛克带来了那么多欢乐。我们什么也不清楚。

被埋藏起来的宝物

"忠诚，"托尼奥·克勒格尔心想，"英格波克，只要我活着，我就要忠贞不渝地爱你！"[1] 他全心全意地这样想着，但他的心里潜入了那么一点点的恐怖和悲哀，他已经彻底地忘却了汉斯·汉森。那个促狭的声音看来还是有点道理的，虽然托尼奥还是守护和维持了一段时间爱情的小火苗儿，因为他想要忠诚。"可是过了一会儿，那火焰还是不知不觉、悄无声息地熄灭了。"26

　　文学还是先说到这里吧。在生活中，那个声音并不那么占理。托马 56
斯·曼像守护珍宝一样守护着对阿明·马滕斯的思念，守护着那种"纯真的激情"。他让冬妮·布登勃洛克小心翼翼地怀揣着她那份未能如愿的对莫尔顿·施瓦尔茨考甫的爱恋之情。"她追忆起一切来，回忆起在与他的多次谈话中听到的和感受到的，她庄严地向自己保证，把这一切作为神圣的，不可触犯的宝物埋在内心深处，这使她觉得幸福快乐。"这种相爱之人的内心游戏可以把一切诗意化。蜂巢蜜是天然产品，"吃的时候，知道自己咽下去的是什么"27——她这辈子一直在说这句话，只是她自己心里清楚，她的日子可没有蜂巢蜜那么甜。她的政治化还有一种爱意满满的侧面意义，不，是主要意义："什么普鲁士国王做了一件非常不公平的事啦，什么本市新闻是一份不屑一读的报纸啦，什么四年以前关于大学的联邦宪法修改过啦，这些事以后对她将永远是宝贵的可资慰藉的真理，永远是秘密的宝藏。她什么时候高兴，什么时候就可以思索一番。"[2]28

　　对莫尔顿之爱，就像其作者的少年爱恋一般，都是"纯真的激情"。或许托米什么时候也被某个朋友这般亲过，就跟冬妮被她的莫尔顿吻过一样（虽然更可能的情况是，他只是梦想着被人亲过）："她甚至没有看他，她只是把倚着沙堆的上半身向他靠拢了一点，莫尔顿迟缓地、谨谨慎慎地在她嘴上接了一个长吻，以后两人各自向沙滩的一端望去，羞愧得不得了。"[3]29 没什么床上故事，而是蜂巢蜜，普鲁士国王，还有差点

[1]　《托尼奥·克勒格尔》，第 198 页，下一处引文见同页。
[2]　《布登勃洛克一家》，第 152 页。
[3]　《布登勃洛克一家》，第 143 页。

失败的吻，成为这个埋藏起来的宝贝的内容。

"永远的少年之爱"（1953 年 6 月 3 日的日记），痴情迷恋、不可能实现、将回忆神圣化，这几个要素总是相继出现。迷恋的情感总是比迷恋的对象更重要。波提法的妻子在与英俊的约瑟有过桃色事件之后，又完全地屈从于她的婚姻及社会地位的要求。托马斯·曼了解她的内心世界，因为这也是他的内心：

> 但在她的灵魂深处安放着一个宝物，她悄悄地为这个宝物感到自豪，比为所有的宗教和世俗的荣誉更感自豪，无论她自己承认或不承认，她不愿意把这个宝物拿出来跟世间的任何东西交换。一个深深地沉下去的宝物，但又总是静悄悄地在她因舍弃而灰暗的日子中闪闪发光……这就是回忆——其实并不怎么在回忆他，她听说，此人现在成了主宰埃及的主人了。他其实不过是个工具，就像她，姆特－埃姆－埃内特一样，也是一个工具。更重要的且与他几乎不相关的，是一种进行辩解的意识，就是她绽放过，她燃烧过，她被爱过并且为爱而受过苦的这种意识。[30]

佚失的诗歌与戏剧

托马斯·曼是个叙事作家，没有哪个大作家像他这样是个彻底的叙事家。但一开始，他并不是。他后来写道，过了相当长时间，"一直到我大概 20 岁的时候，那种猜想，或许我就是注定要当个叙事家，才在我的意识中开始固定下来"[31]。14 岁少年的签名："托马斯·曼。诗剧诗人。"[32]

早期的戏剧和诗歌已经被销毁或者佚失了。这些诗作仅留下极少痕迹。最早的几首诗歌是献给阿明·马滕斯的。[33] 从亨利希·曼满是嘲弄的引用可以看出，那些诗是瞎拼乱凑的："当我在你的胸前休憩……/当我的臂膀缠绕着朋友，/我摇曳在甜美的喜悦中……"[34] 产生于上舞蹈课时期的爱情诗是以海涅和施托姆的调子写的。[35] 其他的一些诗，只要我们想想托尼奥·克勒格尔，就可以大致推想出是怎么回事了。托尼奥·克勒格尔不管怎么说拥有一个"小本子，里面记录了他自己写的诗"，[1] [36] 当他的心活泛起来，在夜间摆渡去丹麦时，"被爱激励着，心中响起了献给大海的歌"：

> 你呀，我青年时代任性的朋友，
> 咱们终于又聚在一起来……[2] [37]

但是这首诗"没能完成，没能最后成形，没能从容地锤炼成一个整体"。早期的诗歌显然是病态和感伤的。成熟的托马斯·曼的写作则具有反讽和艺术性。

亨利希·曼在给路德维希·艾维尔斯的信[38] 中说，在他当时年仅14 岁的弟弟的"剧作"中，别管怎么说还是有那么些思想的，虽然不过是泛滥的思想。托马斯还在12 岁时就作为"孩子气剧作"的作者让人挂在嘴边了。[39]——"傻乎乎的戏剧小品，我强迫妹妹和我一起在妈妈和姑姨婶娘们面前表演。"[40]《我，你们毒杀不了》（*Mich könnt ihr nicht vergiften*）[41] 就是其中一个剧本。托马斯在里面扮演一个诡计多端的旅店主，他想毒杀一位年轻的骑士，而后打算实施抢劫，但被他那美丽的、平时非常听话的、深深爱上骑士的女儿给阻止了……——"孩子气的、离奇的瞎闹，构思这出戏跟亲身经历，跟情感没有一丁点儿关系。"[42]《艾莎》（*Aischa*）也有可能是一个剧本；这个14 岁的半大孩子从中引了这句意味深长的话："还没有消息！"[43] 惊悚及豪华的场面是他的强项。在中学四五年级时，他创作了一部浪漫叙事诗，歌颂阿里娅英

58

---

[1]《托尼奥·克勒格尔》，第187 页。

[2]《托尼奥·克勒格尔》，第222 页，下一处引文见同页。

雄般的死亡。阿里娅是帕图斯的妻子，据小普林尼所述，她与她丈夫在公元42年一同自尽身亡。[1]这个浪漫叙事诗剧的标题是《帕图斯，不痛》(*Paetus, non dolet*)[2]，诗剧开始于一个矫揉造作的句子——"在罗马最暗无天日的监狱中"，看起来准备写成扬抑格的谣曲。[45]

托马斯·曼十六七岁时有一段时间受到席勒的影响——他就像他笔下的滑稽小丑那样思考，而且会长久地沉浸在一本书的风格中，直到另外一本书对他发生了影响。[46]《神父》(*Die Priester*)是一出极端反教会的戏剧，用无韵诗写成，他的记忆中还存留着终场的句子：

> 如果这不是那个魔鬼亲自干的，
> 那么至少也是教会的人所为。

他那虔诚的祖母对他这种自由的狂热主义忧心忡忡，"而这种狂热主义其实不过是些空洞且自以为是的姿态"[47]。

在刚到慕尼黑的时期，托马斯·曼至少还写了一个童话剧第一幕的诗行，标题为《老国王》(*Der alte König*)。他眼前大概飘浮着成就戏剧界大名的想法，因为他明确地称之为舞台诗剧。但他又觉得，他当时其实一点也不看重诗歌。"不久前，我把各种抒情诗全都糟蹋完了。"他自贬道，"作诗并不需要勤奋，也不需要坚持。我通常在晚上入睡时写几句诗。"当然，这些诗句也有可能是睡醒后写的。我们只知道这样两句诗：

> 我创造忠诚。跟所有狗儿们
> ——女猎手在那里逼近激情。

---

[1] 阿里娅和帕图斯都是罗马帝国元老和作家小普林尼（Caius Plinius Caecilius Secundus，约61—约113）《书信集》中的人物。

[2] 书名为拉丁语。

托马斯·曼在后来的一篇日记里披露了这两句诗，[48] 显然正在类似 59 的语境中，因为日记里有这样一条备注："夜间出没。"——当时可能只有《妈妈》（*Mama*）是一部短篇小说，引起这个推测的是一封信的语境，我们在那封信中看到了这个标题，但此外一无所知。[49]

托马斯·曼说起这些文本时无动于衷，带着嫌弃的口吻。感伤、病态、浮夸以及倾向性，后来都令他厌烦，其实是难堪。他把这些作品都毁掉了，肯定不是出于偶然。"抒情戏剧诗人"必须让位给叙事作家。

《春天风暴》和其他不成熟的作品

《春天风暴》（*Der Frühlingssturm*）是托马斯·曼与奥托·格劳托夫一同在 1893 年 5 月至 6 月编辑出版的学生杂志。一份双月刊（6 月/7月）保留下来了，关于另外一份（5 月）只有一些信息。曼在回顾时写道：他作为一个"充满哲学气息、刨根问底的社论写手"在那里大放异彩。[50] 这主要指的是一篇标题文章，在那篇文章中，年轻的保罗·托马斯，这个笔名其实什么也遮不住，要用春天风暴把满是尘土的吕贝克市从令人窒息的外壳中解放出来。此外，还有一篇为海因里希·海涅与泛道德化的庸人进行斗争的辩护文，标题为《海因里希·海涅，一个"好人"》（*Heinrich Heine, der"Gute"*）。这位年轻的编辑喜欢表现青春期特有的对立，狂热而又老道，当然也有天赋。

此外，托马斯在《春天风暴》中还发表了诗歌《两次道别》（*Zweimaliger Abschied*）、《夜》（*Nacht*）和《诗人之死》（*Dichters Tod*），一篇散文速写《情景》（*Vision*）以及一些小文章。从这些文章中得不到什么生平信息，因为其中大部分都是来自第三手的激情，完全缺少个人的印迹——试读下述的《诗人之死》，就可以看出这一点。

再一次让疯狂拥抱你吧，

哦，生命，你这绽放的法伊！

再一次让泡沫泛起

杯子在狂喜的行列中欢唱！ [51]

60　　以我们到目前为止对我们主人公的了解，冒着泡泡的杯子、美酒、女人和歌唱都不是他的菜。《两次道别》也同样矫揉造作。一位年轻人在海边的沙滩上，眼中噙着泪水向一位姑娘道别，在"短暂一天的余烬中，这一天幸运把我们揽在臂中……"这些关联的小节点本应鼓励读者去补充些七七八八的东西，但其实很可能表明，诗人从未经历过类似的场景，所以没法给出一个更为细致的描述。在另外一个早上，接着来了一场在火车站的正式告别，手里捧着鲜花，边上站着父母。"我们两人都撒谎了"，文中写道，他们嘴上郑重其事地说着"再见！"，可是在海边的那个晚上，他们其实已经很清楚了："永不，——永不再见。" [52]

　　在这些充满感伤的场景中，至少有一个意识已经露出端倪，那就是伟大的爱情在这个世界上没有位置，爱情的每一次实现都是对它的亵渎，爱情不能与市民的生活相容。《布登勃洛克一家》中出现了两对恋人，他们为了履行义务婚姻而放弃了自己的爱情，只得把爱情作为纯洁的梦想封存：托马斯·布登勃洛克不能娶她钟爱的花店姑娘，而娶了富有、冷淡的盖尔达。他的妹妹冬妮则必须放弃大学生莫尔顿·施瓦尔茨考甫，把对他的念想作为宝物深埋在心间，以此汲取力量，从而忍受两次灾难婚姻中的世间肮脏。

　　《春天风暴》时期最好的作品是速写《情景》 [53]。此文的事例比诗歌中要残酷一些，因而或许也就更加真实一些。讲的是情人间的虐恋逼迫，其实就是在表达一种强奸幻想。第一人称叙述者"我"幻想着把自己置入一个角色中，他冷静地观察着女性爱侣萌芽中的爱恋、她的心跳和祈求的颤动，而后用目光一瞥就同时满足并且灭了她。"但我的目光沉重且带着残酷的欲望笼罩着她。"爱就是毁灭，祈求的抵抗就是制服和羞辱。好吧，我们不用去猜想，托马斯·曼将这些强加给一位女性。

其实更加可信的是，设想他是处于那个女性的位置中，那么，这个速写是他对强奸恐惧的流露。工具就是目光。目光能杀人。谁要是被看穿了，那就完了，这一点后来的托尼奥·克勒格尔很清楚。[54] 强奸的工具就是认知。爱也可以说是被认知，被识别。托马斯·曼害怕陷入爱恋的人这一角色，其爱情要面对一种毫不在意地解剖式的目光。

在《关于我自己》（On Myself）中，托马斯·曼提到，他在那个时期的叙事尝试中，开心地认真复制了"由赫尔曼·巴尔引领的维也纳象征派奇妙无比的散文风格"。他当年曾经把他的那些中学生习作之一，"一篇多愁善感、色彩斑斓的散文，[1] 标题是《色彩涂鸦》（Farbenskizze），寄给了吕贝克的一份报纸。某位直言不讳的编辑在印好的退稿信上添上了一句话："您要是常常如此异想天开，那您真应该采取点对策。"[55]《情景》和《色彩涂鸦》很有可能是同一篇东西，因为那篇小短文里最重要的塑造手段就是对色彩的过度堆砌。一只水晶酒杯，里面半杯是褪色的黄金，前面是一只伸出的珍珠白色的姑娘的手，淡青色的血管在手上蜿蜒，手指上戴着一只拉丝银的戒指，上面镶嵌一颗血滴般的红宝石。

我们不应当因为他复制维也纳象征派的作品，就认为这篇作品没有一点价值。一个并非完全没有偏见的见证人就这个问题说过，在一定范围内的模仿是有才华的表现，而不是毫无希望的个性缺失的流露。[56] 除了那些矫揉造作的颜色游戏之外，已经出现了一些即将面世的作品的雏形。盖尔达·冯·林凌根被弗里德曼先生用不屑的一瞥羞辱了。[57] 小说《堕落》（Gefallen）中那个玩世不恭之徒的情人伊尔玛·韦尔特涅的手上也有淡青色的血管；在这篇小说中情欲也转化成了报复。[58]

61

---

[1] 《关于我自己》，第232页，下一句引文也出自同页。

吕贝克的姑娘们

就这个题目，诗人并没有给我们留下多少个人生平方面的表露。我们只是听说过"跳舞课上的撩拨"[59]和一个梳着棕色辫子的女舞伴，接下来的一首爱情诗是写给她的[60]。对于其他所有的东西，我们只能依赖于部分过度清晰、部分被抹得模糊不清的痕迹，这些痕迹将所经历的东西留在了诗作中。关于舞蹈课，还是有一些可靠的证人证据的。弗朗索瓦·克纳克在现实中的名字是鲁道夫·克诺尔（Rudolf Knoll），是汉堡的芭蕾舞冠军，他在冬天来到吕贝克，要给这座城市最上流的圈子教授芭蕾课。[61]1889 年冬天，位于贝克格鲁伯的曼家大宅中开始上芭蕾舞课。据舞蹈班的一位女学员回忆，托马斯应该是一位善意可爱但羞怯拘谨的舞蹈学生。汉斯·汉森，对不起，说错了，阿明·马滕斯也是舞蹈课的一员。那位金发的英格·霍尔姆，即托尼奥·克勒格尔在舞蹈课时期顶礼膜拜的女孩，在现实中是否真的存在，已经无从查考。小说讲不出多少她有特点的地方——只是说她以一种"特定的，忘乎所以的方式大笑着将头扭向一边，以一种特别的方式用她的手，一只根本就不怎么修长，甚至不怎么细腻的小姑娘的手把头发捋到后脑勺，她这么做时，白色纱袖从胳膊肘滑落"，而且她"把一个词，一个无关紧要的词，以一种特定的方式进行强调，这时她的声音中出现了温暖的音色"。[62]手的主题间接地由克拉芙吉亚·肖夏不是特别细腻的女中学生般的手[63]回到了普里比斯拉夫·希佩，又经由此人通往维利拉姆·廷佩，因此对英格的痴迷也很有可能是一个掺杂同性恋情经历的艺术创造。

但玛格达蕾娜·维尔梅伦确有其人，她有"柔和的嘴形，乌黑发亮的大眼睛里满是严肃和痴迷"，她读得懂托尼奥的诗，在跳舞时常常跌倒。[64]她在现实中叫作玛格达蕾娜·布雷默（Magdalena Brehmer）。[65]她的一位女儿直到不久前还生活在吕贝克，到了耄耋之年时，还不停地对每位想听的人解释说，她妈妈在跳舞的时候根本就没有跌倒过。这么说的时候，她的眼睛里充满了泪水。

第二章 早期恋情与早期写作

1891 年 9 月 16 日，亨利希·曼从柏林写信给他的朋友路德维希·艾维尔斯，他在信中提出了下列建议，因为此人曾明确表露过担心自己是个基佬，也就是同性恋：

> 我建议你，在攒足 10 马克前，尽可能地避免所有支出。然后用飞快的步伐拐进埃吉迪恩教堂正对面的那条街里（我已经忘记那条街的名字了）。那幢房子在小街街头的右侧，房外有一溜亮闪闪的黄铜楼梯栏杆，房子里面有一家名为克诺普的膳宿公寓，里面的一位女租客曾经给了我最早的正常的感官快乐。这是我美好的回忆，这可真是——

鉴于托马斯·曼跟亨利希以及艾维尔斯关系都很密切，鉴于存在的问题情况类似，我们完全可以推测，托马斯一定也了解了上述吕贝克妓院的有关信息。另外，这幢带有黄铜楼梯护栏的房子也出现在了《浮士德博士》中。[66]亨利希极可能也给他的亲弟弟提出了类似建议。亨利希才不要什么升华呢，在他看来，跟一个还不算被用烂的姑娘一起好好地进行一次睡觉疗法，在任何时候都是合适的。[67]我们可没说，托马斯遵循了这样的或者是类似的建议。我们能说的只是，汉斯·卡斯托尔普的第一次性经验就交给了一个妓女。[68]另外我们还知道，菲利克斯·克鲁尔的高级性爱技巧入门课程就是在一位名叫罗兹扎的妓女那里结业的，这种课程在一些细节上跟《浮士德博士》中的"黑塔娥拉·艾丝梅拉达"有点相似，在另外一些细节上则跟《魔山》中的克拉芙吉亚·肖夏类似，他知道如何对此女进行细致描绘，简直令人啧啧称奇：

> 她长着一副奇特的外国人的外貌：头上戴着一顶红毛线小帽，从头顶偏向一侧；剪成半长的黑发梳得光滑明亮，一束束地向下垂着，将由于颧骨非常突出而显得稍有凹陷的两颊部分地掩盖了起来；她的鼻子是扁平的，嘴很大，涂着口红，而她的眼睛是斜的，外眼角向上挑着，眼睛虽然闪着光，但是什么也没有看，眼珠说不

63

准是什么颜色的，非常特殊，与众不同。为了配这顶小红帽，她穿了一件鲜黄色的上衣，衣服下边的不很丰满的上身，显得很瘦小，却很灵活；我看得很清楚，她的腿很长，有点像小马驹，这很合我的口味。她的手由于要握着绿色的甜烈性酒杯往嘴里送，手指头显得既肥大，又弯曲，她的这只手，我也说不出为什么，反正显得有点发烫，也许是由于手背上的青筋过于明显。这个外国女人还有一个习惯，就是不停地用下嘴唇上下挪动着舔上嘴唇。[1]69

他更愿意找现成材料，而不是杜撰：如果这个说法成立的话，托马斯·曼在写下这几行文字时，并不是完全没有成见的人。罗兹扎写得比英格·霍尔姆栩栩如生得多。妓院内部的情况，菲利克斯也向我们介绍得很详细。而性爱过程本身，则置于私密的半明半暗之中。毕竟我们还是知道，罗兹扎在性交时，发出短暂、鼓励的呼喊，这些喊叫声都来自马戏团的表达范围；而且她有个方式，把她的腿放在他的腿上，"仿佛搭在自己腿上一样"，因为所有"她的言谈举止，是毫不受拘束的，大胆的，无所顾忌的"。

"罗兹扎"已经是长成小伙子后的事情了。菲利克斯的第一次性经历，如果不算奶妈的乳房给他的快乐，是由保姆热诺薇珐带给他的。菲利克斯16岁，而热诺薇珐三十出头，当他某个晚上在阁楼小屋前幽暗的过道里遇上了这位高大、发育良好、长着灵动的绿色眼睛的金发女郎时——"一次相遇，而后逐渐地移到了房间内部，在那里彼此完全相互占有了。"70

现在没法以任何确定性说，托马斯·曼也有个投怀送抱的保姆。《生活概要》将性事上的突破定格为20岁才完成，大概到了1895年，这暗示他并没有那样的保姆。但克鲁尔的生活环境跟当时托马斯·曼的极为相近，似乎又表明，有那样的保姆存在。弗丽达·哈尔滕施泰因（Frieda Hartenstein）29岁，71托马斯那时候14岁半，他给她写信说："我

---

[1] 《大骗子菲利克斯·克鲁尔的自白》，第115-116页，下两处引文出自第117页。

们大家都在这里怀着热烈的渴求等待。"[72] 虽然只在一封信上这么写……但他署名为"朋友、仰慕者和崇拜者"。这一切又只能指向一种可能性。我们根本就不确定，弗丽达·哈尔滕施泰因到底是谁。或许只是一个保姆。对托马斯·曼的天生同性恋倾向的了解，不应当使我们误以为，他不考虑与女人的柔情蜜意。"漂亮的人儿总是令人开心，无论是男人还是女人。"[73] 姑娘们是可以的，而且对于有吸引力的来自好家庭的年轻人而言，她们是比较容易走的路。这不一定像菲利克斯·克鲁尔那样，引向"完全的相互占有"。艺术家托马斯·曼大概也在此处给出一个暗示，这样才能前后一致地把缺失的补上。

第三章

成名之前

　　1894 年 3 月底，托马斯·曼搬到了慕尼黑；4 月时，他毫无兴趣地在一家火灾保险公司开始从事一份（无薪水的）见习员的工作，8 月底就辞职了。小说《堕落》便产生于这个时期，小说的一部分是他在上班时间悄悄地在斜面办公桌上写的。自然主义文学杂志《社会》（*Die Gesellschaft*）在同年 10 月刊上发表了这篇小说，为 19 岁的作者打开了慕尼黑文学圈子的大门。他在慕尼黑的生活区间是艺术家街区施瓦宾和著名的中心咖啡馆（Café Central）。他成为某家"戏剧学术协会"的一员，这个协会上演过亨利克·易卜生的戏剧《野鸭》（*Die Wildente*）；托马斯·曼在其中扮演大商人威尔。1894—1895 年的冬季学期和 1895 年夏季学期，他在工业学院[1]作为非正式无学籍学生选修了国民经济学、神话学、美学、历史和文学史等课程。1895 年 8 月至 1896 年 11 月，他为亨利希·曼编辑的民族保守主义的杂志《二十世纪》（*Das Zwanzigste Jahrhundert*）提供了一些小稿件。

　　小说《堕落》发表后，托马斯·曼在慕尼黑的最初两年时间里，在文学上不得不接受许多失败。但他那篇创作于 1895 年 12 月的《追求幸福的意志》（*Der Wille zum Glück*）发表在《西木卜里其西木斯》杂志上。写过很多现已佚失的不成功的或者半途而废的作品后，他在 1896 年写就的小说《矮个先生弗里德曼》（*Der kleine Herr Friedemann*）才带来艺术上的突破。

　　1895 年 7 月至 10 月，托马斯和兄长一起第一次到意大利旅行，到了帕莱斯特里纳和罗马。第二次去意大利时，逗留的时间比较长，从 1896 年 10 月待到 1898 年 4 月，与歌德当年的意大利之行相似，他们

---

[1] 即巴伐利亚国王路德维希二世于 1868 年建立的"慕尼黑皇家巴伐利亚工业学院（Königlich Bayerische Technische Hochschule München）"，1970 年由工业学院改名为慕尼黑工业大学。

先经威尼斯和罗马到达那不勒斯（1896年11月），而后又返回罗马（万神殿路57号，直至7月）。1897年的盛夏和早秋，兄弟俩又一起在帕莱斯特里纳度过，1897—1898年的冬天则是在位于银塔路34号的亨利希的公寓度过的。在意大利，先是产生了一系列篇幅较短的作品，如《失望》（*Enttäuschung*）、《滑稽小丑》（*Der Bajazzo*）、《小露易丝》（*Luischen*），与亨利希一同创作的《给乖孩子的图画书》（*Bilderbuch für artige Kinder*），直到1897年10月才开始创作《布登勃洛克一家》。

1898年春，托马斯·曼成为《西木卜里其西木斯》杂志的编辑和校对员，这个工作延续到1900年1月。在1899年之前，他总共搬过四次家，都是在慕尼黑的施瓦宾区。住过巴雷尔街，用60马克租过一间带家具的房间，他在日记里面写道，现在只等着布登勃洛克一家快速地继续败落。[1] 这次成功了。这部家族小说的手稿在1900年8月13日寄往位于柏林的萨穆埃尔·菲舍尔出版社[1]，出版社于1900年底决定印刷出版，并于1901年10月以两卷本发行。在长时间的等待过程中，除了创作出短篇小说《通往墓地的路》（*Der Weg zum Friedhof*）外，托马斯·曼还为短篇小说《托尼奥·克勒格尔》（*Tonio Kröger*）、《特里斯坦》（*Tristan*）和戏剧作品《翡冷翠》（*Fiorenza*）做了很多准备工作。

这还真要费时费神去想象，这位年轻的文学家穿上合体的军服，踢正步走检阅方阵是什么样子。从1900年10月1日到12月，他多少服了几天兵役，后来因为慢性腱鞘炎被善意地免除继续服役。

为母亲做决定

托马斯·曼将他本人生活中的很多东西都运用到短篇小说《滑稽小

---

[1] 即S.菲舍尔出版社。

丑》中：不仅是那座有山墙建筑的旧城、哥特式的教堂和城市里富有市民陈旧灰暗的房子，不仅是滑稽小丑的天资和诗歌创作，也不仅是木偶戏、差劲的学习成绩和舒舒服服地继承遗产，最重要的是塑造经过艺术加工后的父亲和母亲的形象。小说中的父亲与现实中的父亲相比，是个精力充沛的人，拥有能使人快乐、让人毁灭的力量，而且还要让人看到他有这个力量，这给他带来特别的满足：

> 他是个对公共事务有颇大影响的强力人物。我曾看见一些人呼吸急促和眼睛发亮地离开他，而另外一些人却显得十分沮丧和相当绝望。有时，确实发生过我和母亲以及两个姐姐亲眼看见这种场面的情况。这也许是因为我父亲想给我灌输雄心壮志，要像他那样活在世上有出息，也许还像我疑心的那样，因为他需要有观众吧。他有一个习惯：靠在椅子上，一只手插进西服上装的翻领，目送着那个兴高采烈或者垂头丧气的人离去。这让我从小时候起就有那种疑心了。[1]2

而妈妈总是在朦胧的光线中弹奏钢琴，弹的大多是肖邦的曲子，或者讲童话故事，"除了她没有人知道的故事"，也有可能是那个无眠男人的童话，充满激情的梦想家托马斯·曼十分乐意回忆这个童话——

> 这是那个男人的故事，他傻气地一心一意扑在处理时间和各种事情上，忙得甚至诅咒睡眠。这时，一位天使给予他一个很吓人的恩惠：他拿走这个男人生理上对睡眠的需求，他朝着男人的眼睛吹了一口气，男人的双眼就变得像两块置于洞穴里的灰色石块，然后再也闭不上了。男人后来对他的要求悔青了肠子，作为人类中唯

---

[1] 《滑稽小丑》，出自《托马斯·曼中短篇小说全编》，吴裕康等译，漓江出版社，2002年，第80页。本书涉及《滑稽小丑》的所有引文都出自该译本，以下不再一一注明。

——一个无法睡觉的人，他要忍受多么难忍的东西，他，一个遭到不幸诅咒的人，如何苦挨人生岁月，直到死神解救了他。终于有一个夜晚，一直无法进入他石化的双眼的黑夜攫取并吞噬了他——个别细节我已经说不上来了，但我知道，在那个夜晚，我等不及要让人把我自己一个人留在床上，从而投入睡神的胸膛。听完这个故事后的那个夜晚，我睡得无比踏实酣畅，这是其他的夜晚从未有过的。[3]

父亲是强有力的，参与公众生活，母亲则忧郁，耽于梦幻而且私密：

> 我坐在一个角落里，打量着父亲和母亲，就好像要在两者之间进行抉择，考虑生活到底是在爱幻想的思索中还是在行动与权力中过得更好似的。我的眼睛最后停在了母亲那张平静的脸上。[1]

早在上学的时候，也在慕尼黑进入"生活"之后，托马斯·曼都首先选择了母亲，选择了写作和做梦，选择了到处游荡和波希米亚式的生活，选择了现实纯粹性和艺术。他先是在她那里住，在施瓦宾区兰贝格大街2号的一套公寓里，这套公寓就是《浮士德博士》（*Doktor Faustus*）中描写的市政议员夫人罗德太太的沙龙。[4]他后来的单身汉公寓也位于不远处，走几步路就可以到达，打个招呼便可以很方便地去母亲那里吃饭。艺术家就是个孩子。"在我的记忆中，儿童游戏和从事艺术之间根本就没有断裂，没有明确的界线。"[5]与笔下的菲利克斯·克鲁尔一样，他选择了一种不确定的，却又是极为彻底的自由，"这种自由与嵌入任何一种真正现实的关系完全不相容"，同时他也选择了做梦的各种好处，尤其是"绝对的、超脱的、毫无羁绊的不用负责任的状态"。[6]

---

[1] 《滑稽小丑》，第80页。

但这样的决定却并不能持久。他歇了很久，尽量避免投身于某种状况，这个年轻的丈夫大概在 1906 年 1 月 17 日给他哥哥写信说，他现在要背叛这个远离现实的梦幻王国，要转换到父亲世界这一面来了。

自　由

搬一次家本来没有什么特别的。托马斯·曼搬家到慕尼黑却跟他的文学创作本身有着重要的相关性。从遥远的地方才能感知到，他来自吕贝克是有其特别之处的。只有在失去了童年和少年世界的时候，才会把对之的追忆视为一种游戏材料。如果一个人与自己周边的环境和睦相融，就不会觉得有什么好说的。而谁要进行叙述，就必须说一些特别的东西。从德国南部天主教大城市里迥异的自由不羁的艺术家生活视角来看，德国北部新教的汉萨城市吕贝克是非常特别的，这是一个失去的世界，他先是带着嘲弄，后来带着忧伤和田园色彩重新对它进行了文学建构。一个汉萨人在这座吃白肠 [1] 的城市里能干什么？托马斯·曼并没有在这里寻找文学——"这座城市是完全非文学的" [7] （或许这句话里嘲讽的意味要比实话实说的成分更多些），而且是文学的对立面。他觉得，这个对立面也有它的魅力和用途，"在对其周围环境的抗议和反讽中生活，这样会提升对生命的感觉，在这种情况下，一个人就会活得特立独行，活得特别有自我意识"。

这种自我意识的强化虽然在此以前早就开始了，当年，随着父亲去世、贸易行被出售和母亲搬走，家道迅速中落。他原是这座城市共和国税务参议的儿子，很多人见了他都要脱帽致意，如今变成了谁也不再对他有任何指望的游手好闲的文理中学学生。人们都放弃了他。搬家到慕

[1]　白肠是慕尼黑的特色美食。

尼黑实际上就是这个社会变化给他带来震惊的直接结果。他从原本应有的社会角色上跌落，这是《布登勃洛克一家》产生的最直接原因。因为在慕尼黑，一切都不同了，所以从这样的反差中形成了那种闪闪发光的明晰的回忆，这一点在这部小说中体现得非常明显。这种记忆在意大利更为明显，在那里，亨利希和托马斯都尽量躲开与家乡的每一个联系。"我们只要一听到德语，就立马躲开。"[8]意大利意味着断绝面对吕贝克时的任何义务。"提笔写《布登勃洛克一家》的时候，我住在罗马一幢公寓的三层，地址是银塔路 34 号。对我而言，故乡城市没有多少现实性，请大家相信我，当时我连世上有没有这个城市都有些吃不准。对于我，故乡城市及其居民基本上如同一场梦，怪诞而且可敬，那是昔日的梦，是我做的梦，是一个最为奇特的梦。"[1][9]因为他的故乡城市不要他了，也不再用得着他，因为他不觉得在任何方式上对这座城市还有什么义务和责任，因为几乎所有的桥梁都断掉了，他觉得不再受到任何羁绊，完全自由了。他不觉得有任何理由对什么人进行特别照顾。如果父亲还在世，那么作为吕贝克上层一员的儿子绝对不会去写一部诸如《布登勃洛克一家》的小说，小说泄露了自己的家族和这座城市其他最上层家族的内部状况。跌出了这个市民阶层才让托马斯·曼成为艺术家。

托马斯·曼从主观上把这种失去根基当成解放来体验。对他来说，这不仅因为意识到自己潜在的能力感到轻松，他哥哥也为他做出了好榜样，而且另外一个简单的事实让他心情舒畅，那就是他不必被迫去挣自己的面包了。对于别人的无端揣测（他是为了钱去写作），这位 19 岁的青年十分愤然。[10]但他说的话有些过于轻巧。父亲的贸易行破产清算之后，每个月还能给他 160 到 180 马克的息金，[11]按现今的购买力，如果换算成德国马克，大概是其十倍。曼与奥托·格劳托夫的讨论大概勾勒出了当时的支出水平。这两个人在 1894 年 10 月曾就一个问题进行过讨论，即用 25 马克能不能支撑一个月的生活。托马斯·曼的表达非常明

---

[1]《比尔泽和我》，第 7 页。"银塔路"在原译文中为"阿根廷大街"，译者认为前者更妥帖，故做此改动。

确："如果一个月有 100 马克，你刚好可以吃得很省，住得很一般，穿得很普通。然后什么也别想了。"[12] 相比之下，180 马克可以过得稍微舒服一些。即便在托马斯·曼成为收入不错的作家之后，这笔钱也是一份不错的额外进项。后来在战争中，马克的币值跌了很多，息金也随之缩水，到了 1923 年，他的父亲和祖辈们劳作的结果收缩为原先价值的亿分之几，也就是说彻底地化为乌有了。[13]

早期的托马斯·曼表明了追寻纯粹的、不受社会责任羁绊的艺术家生涯的坚定意识，这是以他文学创作的极为机缘巧合的社会条件为前提的。他自己也清楚这一点，诙谐地感谢资本主义的世界秩序，这种秩序让他可以从这个世界中漏网。"我不知道什么是挨饿，"他在 1921 年回答一份问卷时说，"在年轻的时候，我每个月都有将近 200 马克进项，这在战前保障了我的社会自由，让我处于一种我想做什么就做什么的状态中。"[14]

他享有罕见的自由度。托马斯·曼与你我不一样。他是极度非典型的。他可以不去考虑各式各样的生活胁迫——还有谁能这样呢？除了当过几天编辑之外，托马斯·曼从来没有过一个"真正的"职业。如跟他观点基本相同的哥哥亨利希确认的那样，他"不受任何东西束缚"，但正因如此，他也是一位命里注定的人，坚韧地往自己身上加载责任。这并不舒适。"我们需要我们青春时期的全部抵抗力量。"[15]

由一个社会阶层的世界跌出，成为托马斯·曼在文学上经常采用的一个主题。滑稽小丑、托尼奥·克勒格尔、菲利克斯·克鲁尔、古斯塔夫·冯·阿申巴赫、汉斯·卡斯托尔普、约瑟、格里高利：这些人都失去了他们的故乡，获得了一种无牵无挂、不必负任何责任的自由。甚至连士兵的生活也被托马斯·曼诠释为一种对市民属性的摆脱。[16] 当然，他并没有因此脱胎成一个彻底的冒险家或者放荡不羁的艺术家。他的市民阶层的良知一再敲击着他。他笔下的人物总会产生对花店姑娘、仓库工人和金色辫子们的渴求。托尼奥·克勒格尔、克劳斯·亨利希、约瑟和格里高利寻求建立与"生活"的联系，从高高在上漠不相干的姿态重返社会属性的世界。托马斯·曼的婚姻和他在 1914 年、1922 年以及流

72

亡中对政治的高度关注，都是他的生平中可以与之相对应的回归这一世界的努力。

才华与天选

"您是一个多么有天赋的人啊！"据说自然主义文学杂志《社会》的编辑路德维希·雅各博夫斯基（Ludwig Jakobowski）在托马斯·曼给他看一部中篇小说手稿时，禁不住喊出了这么一句话。[17] 他虽然在学校里的学习成绩不佳，但很早就对自己潜在的才华十分有把握。这一生他都觉得，天选的标记就印在自己的额头上。"一个艺术家，一个真正的艺术家，不是一个以艺术为普通职业的艺术家，而是一个命中注定和受到诅咒的艺术家，您只需少许的敏锐目光就能从一大群人当中把他辨认出来。与世隔绝和无所依归的感觉，被认出和受打量的感觉，既威严又尴尬的感觉，出现在他的脸上。在一个穿着便服走过人群的贵族面容里，也可以看到类似的情形。"[1][18] 孩提时代的卡尔王子游戏也可以证实这种天选意识，还有小说《王子殿下》（*Königliche Hoheit*），以及他近乎可笑地对歌德进行模仿，莫不如此。一首产生于 1899 年 1 月 18 日、不久后发表在《社会》杂志上的诗，很早就自我意识十足地将这种独步人间的情绪表达了出来：

73　　　　独白

　　　　　　我是一位孩子气的文弱的游荡者，
　　　　　　我的精神迷茫地掠过所有的圈子，

---

[1] 《托尼奥·克勒格尔》，第 205 页。

摇摇晃晃地抓住每一只坚强的手。

虽如此，希望还在心底涌动，
希望我所想所感的东西，
有朝一日将带着声誉口口相传。

我的名字已经在这个国度悄悄传扬，
有些人称颂着这一名字：
这是些有判断力和理性的人。

一个梦见小小桂冠的梦想
在夜间有时不安地惊跑我的睡眠，
将来会装饰着我的额，为嘉奖
我写得特别好这一与那一篇章。[19]

　　这是建立在什么基础上的？一个人受到众人蔑视，但也不能改变其天选的意识。这就是说，一个人尽管是一个难民的孩子，流落到了施瓦本[1]的一个村子里面，但因为自己的命运和出生可以觉得自己高人一等，虽然周边脚踏实地的农民把此人看成是不名一文的穷光蛋。社会认可并不是一切。与一个安稳固定、早就司空见惯的、跟个人的卓越品格并无半点干系的社会地位相比，失去这种天选的感觉则要严重得多。从吕贝克城最上流的阶层快速陨落，到施瓦本过着半流浪的艺术家生活，留给他的感觉就是，尽管外部情况不怎么样，但自己就是更棒的一类人。这位游荡中的文理中学学生并没有从失去社会地位得出结论，认为在被社会抛弃的人中日子也会很好，而是在短暂的思考后，在跟那些游荡中的艺术家同行以及当时重要的作家如弗兰克·魏德金德（Frank Wedekind）、施特凡·格奥尔格（Stefan Georg）和自己的哥哥亨

---

[1]　施瓦本：德国西南部的历史地区。

利希·曼进行了比较后，他坚信，自己一定能够再次达到父辈们所达到的地位。社会抱负是他不停歇地勤奋工作最重要的动力。他成了一个相当不错的经营者，挣了很多钱。要想在艰难的时代里面还能够"合乎身份地位"地赡养他的大家庭，要想"建一幢房子"，一幢多少能跟他父亲的房子相比的房子，挣钱是必要的。

如果没有任何才华，只有天选意识和雄心壮志当然是完全不够的。在这一点上，他的出身也帮了他。基因遗传就不用说了，但要说一下围绕着这个年轻人品位很高的周边环境，先说说住、穿和吃。细致分级的言谈举止规定从很早就造就一种归属感，而这种归属感又与托马斯·曼准确坚定的品位融为一体。我们在他那里几乎从未看到一丝的毫无趣味感。美学是升华了的举止教条。谁要是清楚，什么东西是相互归属的，那么他就会极为重视准确选择每一个词，选择与风格高度契合的表达。亨利希常常故意挑衅，有意识地贬损良好趣味，托马斯在这一点上则完全不同，他乐于用好腔调写作。他不用斧头写作，而亨利希有时候却这么做，他用木刻刀来写句子。

后来，在《一个不问政治者的观察》（*Betrachtungen eines Unpolitischen*，下文或简称《观察》）中，托马斯用表现主义对阵印象主义这一简明表达来说明他与亨利希之间的冲突。"表现主义，泛泛且简略而论，是指某个艺术方向，它是某种被动性的激烈对立面，而被动性是指谦卑地接受和给予的印象主义方式。"——也就是说，与托马斯·曼的方式对立——"这种艺术方向对现实的再现极度蔑视，坚决放弃每一个对现实的义务，而代之以精神的完全自主、爆发式、无所顾忌创造的宣示。"[20] 对现实的义务会导致某种在现实面前的客客气气。对于生活，就其本身而论，还是要予以敬重。托马斯·曼对印象主义的定义毫无疑问地具有保守主义的本质。所以无须奇怪，在这样定义之后，托马斯·曼针对讽刺的体裁，尤其是针对亨利希·曼的社会批判小说《臣仆》（*Untertan*）发起了一通论争。在托马斯·曼的早期作品中，还可以看到一些讽刺的形式，而在后期作品中，讽刺形式就不见了踪影。这些形式太不礼貌了。

形而上的魔汤

托马斯初到慕尼黑的时期是名声不太好的 20 岁左右。《生活概要》将研读叔本华的时间追溯到那个时期，而且说，那次阅读的本质是"一场形而上的陶醉"，而这又与"迟到且猛烈突破的性"有关系，是"更具有激情的神秘主义方式，而不是哲学的方式"。这次体验有助于他将托马斯·布登勃洛克引向死亡。这一点真的非常特别。阅读一位禁欲哲学家的书跟性又能有什么关系呢？是什么将激情与神秘主义联系在一起呢？如果这个年轻人将性与死亡联系到一起，那么他对性的设想是什么样的呢？托马斯·曼比弗洛伊德还要早，就对力比多和求死欲望进行了心理分析阐释。二者的共同点在于消亡与界定，在于丧失个体化，在于同整个类别的再次结合。这一点他主要是在叔本华那里读到的，他所说的激情的神秘主义方式指的就是这个。 75

虽然有一定的理由可以推测，托马斯·曼在 1899 年到 1900 年的冬天较为连贯地阅读了叔本华的主要著作《作为意志和表象的世界》（*Die Welt als Wille und Vorstellung*），[21] 但这很可能没有起到什么决定性的作用，因为托马斯·曼先前已在尼采那里了解叔本华了，而且也通过尼采的论文《禁欲主义理想意味着什么？》（*Was bedeuten asketische Ideale?*），将"形而上的魔汤"[22] 及其所有佐料尝了个遍。这一点与尼采的转向精准对应，尼采就是用这个转向把他前辈的哲学的禁欲大锅放到了欲望的底座上，托马斯·曼同样先是拒绝将禁欲作为一种回应，而将世界的欲望相关性视为真正要说的内容：

> 触动我的不是"智慧"，不是那些意志转向的救世学说，这类佛教的禁欲附加理论，我完全只对它们进行生命批判－论争式的评估：真正触动我的是感官和超感官的方式，是这个哲学中情欲的一体的神秘元素，该元素丝毫没有主宰过禁欲的特里斯坦音乐，如果说我当年在情感方面离自杀不远，那么这是因为，我理解了，这肯

定不会是一个"智慧"的行为。[23]

在那篇 1938 年写就的关于叔本华的散文中，曼更进一步说：

> 作为音乐和逻辑的思想体系的死亡和情欲产生于精神与性感的巨大张力，这种张力的结果和迸发的火花正是情欲：这是意气投合的青年对这种哲学的体验，他们并非从伦理上，而是从生命视角，从个人方面——并非根据其学说，我的意思是指：并非根据其说教，而是根据其本质——理解叔本华哲学，因而他们的理解是正确的。[1][24]

76　　但这些话到底是什么意思呢？我们在事实的基础上寻找，并且在词语层面被卷进了情欲与形而上学的迷雾中。他当年作为一个 20 岁的年轻人，又是怎么经历这些的？

克蕾茜

　　托马斯·曼的童年和青年时代几乎只能通过回顾重新建构，我们对他在慕尼黑的早期生活知道得更清楚一些，因为他在 1894 年 9 月到 1901 年间给昔日同学奥托·格劳托夫写了大约 70 封信，它们战胜了时间。但也有相当多的信件缺失了，还有一些被剪毁，大概是为了躲避有些人不恰当的好奇心。1949 年，当托马斯·曼听说这些信还都在时，

---

[1] 《多难而伟大的十九世纪》，朱雁冰译，浙江大学出版社，2013 年，第 144 页。"情欲（Erotik）"在原译文中为"性爱"，译者认为前者更妥帖，故做此改动。本书涉及《多难而伟大的十九世纪》的所有引文都出自该译本，以下不再一一注明。

吓了一大跳，请求告知他消息的人，帮他把那些信收购回来。"既然我曾在有些情况下要求把信件销毁，那么我就不可能希望这些信件落到陌生人手中。"[25] 因为奥托·格劳托夫是托马斯·曼痴恋维利拉姆·廷佩的知情者，自然就有可能出于私密性的原因而要毁掉这些文件，就像是先前把日记弄得残缺不全时的考虑一样。"我觉得所有这些东西全都没有价值。"托马斯·曼在同一封信里面说，然而我们很高兴的是，我们至少还能够使用这些大量信件中的一部分。

托马斯·曼常常给他笔下那些多少带点自传色彩的文学主人公在成熟的道路上添加一段充满欲望的时期。"他也曾年轻气盛，傲对世人"，[1] 这是可以在古斯塔夫·冯·阿申巴赫身上读到的，此人是《死于威尼斯》(Tod in Venedig) 的主人公。[26] "我常常有放荡不羁的情况，因为我的心肠是软的"，[2] 菲利克斯·克鲁尔自己也认可这种说法。[27] 而托尼奥·克勒格尔，他母亲的血统将他吸引到了南方的城市，书上说，他卷入了"肉体上的冒险"，而且深深地堕入了"情欲和罪孽之中"。[3][28]

但托马斯·曼只不过是自己这样编出来的。他给朋友的那些信中并没有留下任何相关痕迹。因为在他的作品中，从未以任何方式对肉体的冒险和步入淫欲进行过具体的描写，我们也就没有必要对这位大作家说的话较真。例如他在脑中探究妓女这类人时，总是带有些抵触，尽管他写过罗兹扎。[29]——"关于那些使女和妓女，我要由衷地说一声'见鬼去吧'。"如果他多少知道点这个圈子，那么他大概就会觉得埃吉迪恩教堂正对面的克诺普膳宿公寓很令人厌恶、恶心。在与格劳托夫的书信往来中，只能从防御抵抗的一面看到突如其来的性欲。

> 我跟你说，你不用蔑视下半身。你完全可以喜欢它，我其实也一样。在最近一段时间里，我几乎要变成一个禁欲者了。在我的美好时刻里，我热衷于纯粹唯美的感官性，热衷于精神的感官性，热

77

---

[1] 《死于威尼斯》，黄燎宇译，人民文学出版社，2012年，第16页。本书涉及《死于威尼斯》的其他引文，除另作说明，都出自该译本，以下不再一一注明。

[2] 《大骗子菲利克斯·克鲁尔的自白》，第50页。

[3] 《托尼奥·克勒格尔》，第200页。

衷于精神、灵魂，还有就是情愫。我要说，我们要把下半身跟爱情分开。[30]

这里说得十分直白了。在这个时期，我们对他的恋爱关系知之甚少，但至少比完全不知道还是要强些。《看吧，孩子，我爱你》（*Siehst du, Kind, ich liebe dich*）或许产生于 1894 年底，这首诗刊登在 1895 年的《社会》杂志上。[31] 这里有人想要维持哲学面对爱情时的优越性，但又担心，这么做长不了：

> 看吧，孩子，我爱你，
> 这可真没办法；
> 一时间两人还要
> 笑话这件事。
>
> 但一下子，意料之外，
> 认真的事情来了，——
> 看吧，孩子，我爱你，
> 这可真没办法！

关于这个"孩子"，已经无从知晓其他了。他有可能只是存在于幻想之中。但就在 20 岁这一年，在 1895 年初夏，发生了一个小小的爱情故事。奥托·格劳托夫建议托马斯·曼到柏林或者勃兰登堡来，但他把这个建议推迟了。"克蕾茜"就是原因之一：

> 但说到底，其实这一点最令人心生疑窦，在慕尼黑某个地方有位姑娘，她从我这里得到的玫瑰还不够多，而我作为堕落的文弱者在她那里还没有扮演够布拉肯堡。我没兴趣再接着补充这个暗示了。这取决于我傻乎乎的状态还能持续多久；我自己却一点儿也没数。[32]

　　我们有兴趣，对这个暗示进行补充。送玫瑰：这可以推测出是与一位更像市民阶层的姑娘的文明关系。这里说的肯定不是妓女或者是使女。扮演布拉肯堡，这里要参见歌德的戏剧《哀格蒙特》（*Egmont*）。如果顺藤摸瓜，还是可以对这个关系说出一些比较有根据的话来。"您不愿意帮我拿住线头了吗，布拉肯堡？"[1] 克蕾茜在第一幕中《市民的住宅》那场戏的一开始就问了这个问题。布拉肯堡是一个忠诚的小伙子，他爱着克蕾茜，而她虽然觉得他是个心地善良的人，但对她而言，他只是个兄弟。她很清楚，如果嫁给了布拉肯堡，那么她的生活就有保障了，将过着平静的生活。而哀格蒙特对她而言意味着死亡——"这间小屋，自从哀格蒙特的爱情光临以来，已经成了人间天堂"。[2] 她对哀格蒙特，而不是那位拿线团的小伙子痴心一片："啊，他是一个多么了不起的人物！"[3] 她和布拉肯堡一起唱了首歌，这歌以下列两行诗句结尾：

　　　　做个堂堂男子汉，
　　　　这真是幸福无疆！[4]

　　布拉肯堡的双眼中涌入泪水。他知道，这里说的并不是他。他要好好过日子，她要冒险，甚至连女人都不想当了。"我如果是个小伙子，我就能够随时随地跟他一起走。"[5] 伟大的、在社会上不可能发生的爱情与市民阶层中规中矩的婚姻相对立。

　　这位"堕落的文弱者"显然觉得自己在他的慕尼黑姑娘面前不够有男子气概。这个女孩可能觉得他很友善，但关系肯定不能更进一步。不管怎样，她想要的人物品格让年轻的托马斯·曼觉得自己不够格。类

---

[1] 《哀格蒙特》，出自《歌德戏剧三种》，韩世钟译，上海译文出版社，1999 年，第144 页。本书涉及《哀格蒙特》的所有引文都出自该译本，以下不再一一注明。

[2] 《哀格蒙特》，第 148 页。

[3] 《哀格蒙特》，第 146 页。

[4] 《哀格蒙特》，第 145 页。

[5] 《哀格蒙特》，第 148 页。

似的模式我们会在他追求玛丽·史密斯（Mary Smith）时见到，在一
定程度上，也会在他追求卡蒂娅·普林斯海姆时看出来，此人让他苦
苦等了很久才同意订婚。玫瑰花以及跟布拉肯堡进行比较表明，托马
斯·曼早在这个时期就开始寻找合适的姑娘了，寻找可能结婚的姑娘。
他或许颓废到了不适合结婚的程度——起码他在给格劳托夫写信时说
到一种情绪的涌动，"如果他身上突然产生一种对泯于众生之中的老实
勤恳的生活的渴求，——如果他身上的庸人活起来之时"，他这位现代
废物时不时便会被这种情绪侵扰，但这种情绪来得快，消失得也快，
"这位没有什么用处的颓废者匆匆又放弃了在这个世界上有所成就的
想法"。[33]

79　　这种情形发展得没有像在歌德身上那般悲剧性。关键是那里也没有
哀格蒙特存在。在托米前往意大利之后，这个爱情故事便不了了之了。
我们最后得到的信息是 1895 年 7 月 10 日的一个告知：

> 出于好几个原因，告别慕尼黑对我而言相当不容易；但是她又
> 不愿意给我写信……

所有地下室都安宁！

我们停留在托马斯·曼 20 岁左右这段时间，重新建构另外一段隐
藏起来的迷你恋情。"最先在威尼斯，在梦境的满足与欢乐中。" 1919
年托马斯·曼在《小孩子的歌曲》（Gesang vom Kindchen）中这样谱写
着六音步诗，"我的心再一次狂跳，在十年之后。"[34] 十年之后与 1904
年的卡蒂娅·普林斯海姆有关。"最先在威尼斯"说的一定是 1896 年
10 月底，那个时候必然还有一个爱情故事。这个爱情故事与"东方公
主"相关。她很可能跟卡蒂娅一样，有着黑色头发和象牙色的肩膀，

"体态跟孩子一般，有异于我们的女子"。

消瘦的年轻托马斯·曼觉得"肥女人"简直恶心。女人能吸引他的是，少女般的与纯真的，新娘般的与仙女似的，孩子般的与纯洁的，纤弱的与修长腿的。对此，他的生活和文学作品中，都有足够多的例子，从他痴迷的女演员阿格尼丝·佐尔玛（Agnes Sorma）（1899）[35]到卡蒂娅·普林斯海姆，从《矮个先生弗里德曼》里的盖尔达·冯·林凌根到《特里斯坦》中的加布丽埃莱·埃克霍夫和《魔山》中的克拉芙吉亚·肖夏，再到约瑟四部曲里面的拉结和亚西纳，《大骗子菲利克斯·克鲁尔的自白》中的罗兹扎和祖祖，最后到《浮士德博士》中的艾丝梅拉达。这类女性的原型，是托马斯·曼化名为阿尔布列希特·万德尔·克瓦伦梦见的，是衣柜里的幻想。[36]在蜡烛摇曳不定的幽光下，他面前出现了一位年轻的姑娘，赤身裸体，举起一只纤弱、柔细的胳膊，抵着柜顶，孩子般的肩颈散发出令人怜惜的魅力，只能用抽泣来回应这种魅力……她长着稍显长形的乌黑眼睛。嘴巴虽然有点宽，但自带一种表情，让人觉得犹如睡神的双唇那样甜美，尤其是当经过一天困苦后，睡神将双唇落在我们的前额上之时……她的双踵并拢，两条修长的腿紧紧地贴在一起。

这位年轻作家的第一个较为重要的作品是中篇小说《堕落》，这里也不例外地出现了"一个不成器的人，因为不成熟而将嘴巴紧紧地抿起来"。[37]小说的主人公塞尔顿博士与他的创造者之间有些共同的生活状况，比如在读完文理中学之后，从德国北部搬到了德国南部，写诗并且去学校听课。他还"没有碰过女人"，书中写得有几分尴尬，还有几分故作姿态，因为"他还没有机会"[1][38]接触女人。他爱上了一位漂亮的女演员伊尔玛·韦尔特涅；她专门扮演天真烂漫的多情少女。她的外貌完全能满足已知的期望。

80

---

[1] 《堕落》，王朝颖译，出自《托马斯·曼中短篇小说全编》，吴裕康等译，漓江出版社，2002年，第6页。本书涉及《堕落》的所有引文都出自该译本，以下不再一一注明。

身材像孩子一般柔嫩，淡淡的金发，天真、快乐的灰蓝色眼睛，小巧的鼻子，纯洁、可爱的嘴和柔和的圆下巴。[1]

柔细白嫩的胳膊和清脆、孩子般的嗓音让这个形象更加完美。伊尔玛答应了这位年轻的大学生，一场浪漫的爱情开始了。可是有一天，这位年轻男子却发现，他的女朋友，就像她的营生中常见的那样，通过给老男人提供欢愉而收钱。

我们在思考这个故事中有几分是托马斯·曼的真实经历时，还是要从那个最重要的特点出发，即根据已经遵循多次的行动准则：他更愿意找现成材料，而不是杜撰。他写的东西多少还是有些特点的：吻女孩的手，从表面形式过渡到无法餍足的吻手，多情地亲吻她触摸过的楼梯扶栏，他还要把这一切都讲给妈妈听。[39]塞尔顿博士本人的行动没有任何主体意识，而是随着一种静默且强大的内在驱动往前走，目光越来越"深"，在第一次接吻时整个世界都沦陷了，这一切倒也符合叔本华的欲望学说和一体神秘论的理论图式。小说开始说起性事时，出现了一些小的关联点。他战栗起来，"对于他那恋爱中的羞涩来说她是高尚的女神，在她面前他始终感到自己十分懦弱、笨拙和渺小，可是现在，她在他不断地亲吻下开始动摇了……"[2]

我们猜测，这里最基本的体验是一种失望。一个高尚的理想图景在现实中被玷污了。当一位充满渴望而又不莽撞的情人眼睁睁地看着一个情场老手一举攻下自己充满敬意而在其前方驻足良久的臆想中的堡垒时，这种情况很容易发生。这有些俗套，但常常发生在拘谨的人身上的事，没人说个明白话，女子不说，因为她期待着男人来说，男人也不说，因为他想既温柔又体贴，一切就败于这么一个障碍。托马斯·曼拘谨且羞怯，就像他笔下的漫画式人物戴特列夫·施皮奈尔，他爱上谁的时候，眼神会飘向一旁，以避免一个美好的印象因为现实的渴求而受

81

---

[1] 《堕落》，第6页。
[2] 《堕落》，第19页。

到损害。[40] 这么一种行为通常是不会让对方感到开心的。"多年前我爱上过一个姑娘，"小说《失望》(*Enttäuschung*)中一位陌生人在圣马可广场讲述着"可是，她并不爱我。这也不足为奇"[1][41]——这是一个很经典的场景。

托马斯·曼对洁净的要求很容易受到损伤。"如果一个人能够爱上跑堂的服务员并且通过十芬尼引起她们对等的爱，那么这其实是一个灵魂高贵不高贵的问题。"他在给格劳托夫的信中这么说。[42] 小说《堕落》的要义 [2] 是对灵魂细腻高贵的要求。"如果一个女人今天出于爱情而堕落，那么明天她就会出于金钱而堕落。所以我才要跟你讲这个故事。"[43] 出于爱情：这也是一种堕落。恰恰爱情能够，这是一种极端的结果。

"我多么恨它，这性事。"[44] 那又能有什么对策呢？比方每天早上可以用冷水把全身冲洗一遍。"这对我来说，真是好。"[45] 托米给朋友格劳托夫以下这个有些好笑但闪烁着古老智慧的方案：

> 有必要逐渐并缓慢地削弱欲望并让欲望干涸萎缩，这时可以用上所有智力的人工手段进行干预，保存自己的本能促使一个人采用这些手段。有些人毕竟是文人和心理学者，不至于不会在这类自我处理的过程中顺便获得其优越的快乐。在你的年龄，有任何绝望的感觉都是毫无意义的。你还有时间将欲望引向安宁，自我满足就可以将地下室里面的狗儿们拴在狗链上。

他在这里多少拾了点别人的牙慧，因为"干涸萎缩"这词是他从尼采那里抄来的。[46] 而且狗儿们也在那里发出猎猎的吠叫，在尼采那篇对托马斯·曼早期思想起着决定影响的论文《禁欲理想意味着什么？》

---

[1] 《失望》，出自《托马斯·曼中短篇小说全编》，吴裕康等译，漓江出版社，2002年，第 76 页。本书涉及《堕落》的所有引文都出自该译本，以下不再一一注明。

[2] 原文为拉丁语: *fabula docet*。

中。"所有地下室都安宁，所有狗儿们都乖乖地拴在链子上。"[47]

在那不勒斯，托马斯·曼又另外写了一篇更为详细的信给青春时代的朋友。[48]"什么让我苦不堪言？"他问着，"因为性欲……"这是答复，但"性欲有可能毁掉我吗？……我怎样才能摆脱性欲？通过吃大米吗？——"有人向他提供过一些可能性，包括提供小男孩。"有些地方，在成千的其他兜售者中，压低嗓音的贩子邀请别人陪他们去据说'非常漂亮的姑娘'那里，而且不只是陪同去找姑娘……"但他们有可能并未达到目的。"他们盯得紧紧的，别人走到哪儿，他们就跟到哪儿，同时还在夸赞他们的商品，非得等到别人翻脸才罢休。他们不知道，别人几乎已经决定，除了大米别的什么都不吃了，仅仅是为了摆脱性欲！……"

姑且不论文中的反讽：这一切都指向同一个方向。对于 20 岁左右出现的性欲狂潮，他用一种毫不妥协的禁欲来回应。但这个年轻人并不因此感到幸福。又怎么可能幸福呢？"匮乏是一种惨苦，它不反噬本身，但咬噬着白天可能仅剩下的一点东西。"[49]放弃造成的持续痛苦被转化为艺术中的地狱与天堂——"由于人类的匮乏显然是一种先知先觉的源泉，而这种先知先觉的珍贵性也绝对不会因为其源头的如此困苦而有丝毫降低。"[1][50]在 1898 年 10 月 25 日的一封信中，又是在慕尼黑，托马斯·曼大段地引用了奥古斯特·冯·普拉滕[2]，还专门指出，下面的诗句用美好、明晰和简洁的方式道出了他自己目前的状态，所以他不辞辛劳地把整段抄录下来，一般情况下他只是复述一下：

> 这样我就更加安宁和冷静，
> 而且现在我愿意
> 从远处，从外部，来看这个世界：
> 这颗不安的心受着

---

[1] 《浮士德博士》，第 355 页。
[2] 奥古斯特·冯·普拉滕（August von Platen, 1796—1835）：德国诗人和剧作家。

欲求、恐惧和惊恐的煎熬，

它饱受了它那部分的痛苦

它不能将信任置于生命中；

于它，伟力的自然

仅为一种手段，

从自身的力量中为自己建造一个世界。[51]

认知是世间最深切的苦难　　　83

不久后，托马斯·曼也以普拉滕的基调作了一首诗，藏在一封信中：

只有一点

我们，上帝赋予了我们忧郁的感官

向我们展示所有填满羞耻和惊恐的沟壑，

我们永远对生命中的快乐者陌生，

他们善意地观望着生存游戏。

因为人总要苦思冥想着灵魂

这种冥想冲动也嘲弄般擒住了我，

我要用沉重的言辞向你们宣告：

认知是世间最深切的苦难。

因为只有一点，它在一切痛苦中

强力维护着我们延续，一直延续，

一场抚慰人心的游戏，充满至高至细腻的快乐，

对不幸之至的人而言：这是言辞。[52]

这里听起来似乎在说，认知令人痛苦。实际上是，对生活的放弃令人痛苦。因为只有被排斥在生活之外的人，才能认知生活。幸福的只有那些活跃的人和普通的人。"克纳克先生的眼神多么平和与镇定自若！这双眼睛从来不看进事物的内部，不透视事物内部复杂和悲惨的深处，只知道自己是棕色和美丽的。但是，正因为如此，他的态度才这么高傲！是的，只有愚蠢的人才会像他那样走路，然后，就会受人爱戴。"[1] [53]

"幸福"总是愚蠢而缺乏意识的。所以幸福不能通过算计获得。对托马斯·曼而言，"爱"也是缺乏认知的一种产物。一种被彻底看穿的爱情就是死亡的爱情。如果性高潮能够进行自我分析，那么高潮就不会形成。"每次随意的动作，所有不由自主的东西，都是美好的，而一旦它自己开始理解自身，那么一切都是错位和怪异的了。"[54]

再度幼稚化！所以，这就是发自认知者们的绝望的呐喊。他爱他的狗儿们——他就喜欢身边有些无拘无束的生灵。但他本人就跟克莱斯特笔下的青年人一样，站在镜子前时散失了自己的灵动魅力。[55]

84　　　他那漫长的生命将会告诉他，他误以为认知所具备的摧毁力量面对的是生命中一个更大的、总是带来新东西的力量。非理性的东西总是不胜其多。从一个较长的距离来看，无论托马斯·曼看穿事物的批判眼光多么锐利，了结问题时多么果敢，他终归还是一个伟大的天真者，他坚持遵循自己的生命法则，从来未能通过认知将其取消。

---

[1] 《托尼奥·克勒格尔》，第 195 页。

第三章　成名之前

写通了：《矮个先生弗里德曼》

在吕贝克的最后一年，托马斯·曼还是一位"迷失的巴尔[1]信徒"56。到了慕尼黑没几年，他就成了艺术家。他在 1896 年以前写的东西，一般都不怎么算数。那里面有太多充满激情病态和感伤的内容，例如《堕落》和《追求幸福的意志》中都有。也有不少很平庸的作品，例如他为《二十世纪》杂志写的一些杂文。还有相当多蹩脚俗气的诗歌，诸如《当周边的晚霞消逝》（*Wenn rings der Abendschein verglomm*）。57另有一些可能同样不成功的作品已经佚失了，其中甚至必定有一首十四行诗[2]，"这是我的生命中的第一首，但很美；霍尔姆女士沉浸在欢快中"。58他在与格劳托夫的书信往来中，提及了大量没有完成的作品和一些创作计划，例如一部童话剧《老国王》，还有中篇小说《出于同情》（*Aus Mitleid*）、《妈妈》和《没有信仰的虔诚》（*Piété sans la foi*）[3]，此外还有一篇文章，标题是《安提洛霍九世》（*Antilocho IX*），谁知道这到底是什么。另外据 1896 年 1 月 17 日格劳托夫的来信，还有《月光中》（*Im Mondlicht*）（1895 年 8 月写于帕莱斯特里纳）、《会面》（*Begegnung*）（1895 年 9 月写于安齐奥港）以及《受难者心理》（*Zur Psychologie des Leidenden*），这很可能是篇杂文（1895 年 12 月写于慕尼黑）。还有《滑稽小丑》的前期工作稿《瓦尔特·魏勒》（*Walter Weiler*）以及《矮个子教授》（*Der kleine Professor*），这篇很可能是《矮个先生弗里德曼》的前期工作稿。

他把这些东西全都销毁，肯定有很多原因。虽然如此，我们当然还是很希望能读到它们。尤其可惜的是，《瓦尔特·魏勒》和《矮个子教

---

[1]　即上文提到过的赫尔曼·巴尔，奥地利诗人、剧作家、文学批评家。

[2]　十四行诗（Sonett）：音译商籁诗，一种定型诗，起源于意大利。十四行诗的原始字面意思是小诗、小歌谣，由 14 句诗句组成，其押韵结构与文本构成皆有严格限制，但随着历史演变，这些约定俗成的限制也有所改变。

[3]　原文中书名为法语: Piété sans la foi。

授》没能留下来。否则就可以通过这种改稿详细记录那几个决定性年份的艺术成熟过程。不过，他最重要的倾向也可以通过那些告诫看出来，托马斯·曼曾经给可怜的格劳托夫的文学作品提出过不少告诫，他嘲弄格劳托夫身上一切他在自己身上所不喜欢的东西。他尤其喜欢戳穿那些陈词滥调和令人无从相信的套话：

85
　　　　无论你的文字保持得多么安宁与庄重，你还是没办法不用诸如"直到昏迷占据了我的感官"这类空话，每次读到这样的句子，我就忍不住发笑，你肯定不会生我的气的。59

　　他笑得确实毫不留情。有一种对可笑的测试[1]把成功之作和失败之作区分开来。这是《托尼奥·克勒格尔》中的美学原则，它在那些年里非常明确地酝酿而成，即对滥情的及伤感的、未加佐料的及不带反讽的、笨拙且严肃的及平庸的文风的厌恶。一种绝对的艺术立场要上升到意识层面。"我看待世界和我自己本人，既不用道德的，也不用医生的，而只用艺术的眼光。"这位 21 岁的年轻人很坚定地这样写道。60 他所本的观念与格劳托夫的观念有本质上的不同，"一种美学的观念，也就是说与政治的以及无法忍受的道德观念相对立的美学观"。例如他引用了格劳托夫的散文，然后跟他自己的相比对：

　　　　"西班牙，淘金狂潮在道德上将其民众置于万劫不复之地"——这种句子就直接打我的脸了。要是我来写，应该是这样："西班牙，其古老文化已如黄金一般过于成熟，无比美妙的甜美，因而也必然糜烂，熟透至摇摇欲坠"……当今大概最多只允许某个全德意志协会的主席在这种场合张嘴闭嘴就说道德二字。61

　　对艺术上的突破意识最具决定性的当然还是下面这一断言：

————————
[1]　原文为英语: test of ridicule。

　　自《矮个先生弗里德曼》以来，我突然能够找到隐蔽的形式和面具，戴上它们，我就可以把我的体验传播给大家。而在从前，哪怕我只对我自己一人要说点什么时，也只能悄悄地采用记日记的形式……[62]

这一点对他来说重要之至，他不久后再一次重复，而且说得更清楚：

　　一段时间以来，在我看来，我似乎能够随心所欲地驾驭文字了，我似乎找到了方法和途径，得以说出我自己，表达我自己，在艺术上活出我自己。以前，我必须要用日记来吐露心扉，仅仅是为了抒发自己的各类零碎感想，现在我找到了小说的、可以面向公众的形式和面具，从而可以将我的爱、我的恨、我的同情、我的蔑视、我的骄傲、我的嘲弄和我的控诉传递给大家……我觉得，这是从《矮个先生弗里德曼》开始的。[63]

86

他写作写通了。他成了一位我们认识的伟大叙述者。他很高兴，不成熟的时期过去了。"我可不想再过一次 13 岁，也不想再过一次 20 岁。"[64] 那些坦白抒情诗一去不复返了，我们再也没有听到什么恐怖剧了。自从《矮个先生弗里德曼》以来，他的风格基本定型。直到步入晚年，也就是他的写作后期，他也只是对自己的写作进一步完善、扩充和加深，不再做什么原则上的改变了。

陈芝麻烂谷子

这跟弗里德曼先生有什么关系，又涉及哪些呢？关于《矮个子教授》，那篇据说的先期稿子，我们知之甚少，仅仅知道它完成于 1894 年 11 月，1895 年 1 月向《社会》杂志以及 1895 年 3 月向《现代艺术》(*Moderne Kunst*) 杂志投稿，但这两个杂志都不肯印行，此外这篇小说的材料和风格都不再是巴尔式的。[65] 弗里德曼先生这部短篇小说于 1896 年 5 月开始创作，同年 9 月完成。认为《矮个子教授》是《矮个先生弗里德曼》的先期稿子，不过是基于两个相似标题所做的猜测。而理查德·德默尔 (Richard Dehmel) 觉得与《堕落》相比，《矮个子教授》的题材比较小，这一点与上述推测相违。[66] 从完成的故事来看，无论如何也不能说，这篇小说涉及的题材比较小。恰恰与此相反。根据作家自己的声明，这篇小说有关他整个创作生涯的中心主题，即托马斯·曼那些"陈芝麻烂谷子"，艾丽卡·曼在他老年时期的作品《受骗的女人》中再次认出了这个主题。她跟她父亲还就此聊过，托马斯·曼所有的爱情故事都属于受禁的范围，而且都属于死亡范畴，但他本人却是一个幸福的丈夫，还是 6 个孩子的父亲。"是啊，是啊……"这位就这样被识破的人心领神会地笑着评论道。[67]

托马斯·曼的儿子克劳斯也"看穿了"他。来自儿子的诊断再清楚不过。克劳斯在日记里面记道：

> 这个"引诱"的主题对魔术师（托马斯·曼）来说如此之典型——这可跟我完全相反。引诱主题：浪漫主义——音乐——瓦格纳——威尼斯——死亡——"同情深渊"——男色关系。压抑男色倾向是产生这类主题的原因……在我这里完全不一样。最初受到魏德金德的影响——格奥尔格——"罪孽"这一概念——未曾经历。原因：恣意享受过。男色关系。陶醉（甚至是死亡陶醉）一直作为生命的提升、作为值得感谢的东西被接受；从不觉得是"引诱"。

引诱，罪孽，压抑男色倾向：整个生命都"一直是这些""陈芝麻烂谷子"。在《关于我自己》中，我们可以找到一个能够解释一切的段落，而这一段又是从小说《约瑟在埃及》(*Joseph in Ägypten*) 中摘取的：

第三章　成名之前

几十年之后，在约瑟故事的埃及卷中，我特别强调了这个在矮个子弗里德曼的故事中最先出现的、贯穿并且在一定程度上概括了我所有作品的基本母题："与世界的永无止境相比，我们自身倏忽可逝的短暂生命是多么微不足道！但是面对个体生命或者微小分子的这种微观聚焦与面对整个人类生命时的宏观概览一样，我们的目光都会为他们的古老和深远感到若有所失和茫然不知所措，我们会被同时存在于两者之中的统一深深触动。正如人类很难探寻自身的起源，我们也很难追溯到我们生命的开端、我们的降生或者更远：它们存在于意识和记忆的第一缕曙光出现之前的混沌之中——从微观和宏观上看都是如此。但是在我们精神活动的一开始，当我们像当初人类的祖先那样迈出进入文化生活的第一步并为其形成和发展贡献第一份力量的时候，我们总会有一种取舍和偏爱，它们会让我们认识到这种万变不离其宗的统一性的神奇力量感到惊讶不已：灾难突如其来，破坏一切和毁灭一切的力量突袭充满克制的、希望以此获取尊严和有限幸福的生活。这是一首关于控制和颠覆、关于苦心经营的、似乎万无一失的和平家园和带着欢笑扫荡这可靠的人工堡垒的生命、关于陌生的神来到的歌谣。开始阶段唱的是这首歌，到中间阶段依然唱这首歌。而到了生命的末期，在深有同感地细细述说人类早期的故事时，我们发现自己为了刻画这种统一再次回归到原有的偏爱上来。"

从早期到中期，从《矮个先生弗里德曼》到《死于威尼斯》这 88
个讲述"陌生的神"到来的中篇，我刻画的是同一个母题：波提法的女人对年轻的陌生人产生的激情不是再一次的坍塌、不是用理性和放弃苦心孤诣建立的高度文明的姿态的再次崩溃又是什么？文明的失败，被压抑的本能世界的胜利和欢呼。[1] 69

---

[1] 《关于我自己》，第235页。

弗里德曼先生，驼背且腿脚不便，早就将自己的安宁生活安排好，准备一辈子过着无从满足情欲的生活，而这时，盖尔达·冯·林凌根，闪亮的秀发上插着"一朵盛开的尼尔元帅玫瑰[1]"，70 步入了他的生活，正是她将欲望之狗释放了出来，并且把他苦心维持的平衡彻底摧毁。受人追捧的艺术家古斯塔夫·冯·阿申巴赫，早就习惯了将欲望的念头升华为艺术创作和塑造，但毁灭于对美貌少年塔齐奥的不理性恋情。波提法的妻子一直在一位去了势的男人身边过着持戒的生活，直到年轻的约瑟进入了她的生活，她的精心维护和从容冷静毁于这个年轻人，虽然根据《圣经》文本，他并没有服从她的意愿。

托马斯·曼最喜欢的花就是尼尔元帅玫瑰。71 他"是"弗里德曼，一位热衷阅读、喜欢演奏小提琴的禁欲者，他成功地用链子将欲望之狗牢牢地拴在地下室里。他生活和创作的基本母题是对激情的恐惧，他对那小心翼翼维系着的生活平衡有可能倾覆感到恐惧，他害怕被压抑的东西会猛然回归，担心尊贵的艺术建筑会突然坍塌。而《魔山》中的精神分析学家克罗科夫斯基得意扬扬地把这种恐惧描绘出来吓唬人。爱欲与贞洁之间的斗争只是在表面上以贞洁的胜利结束。恐惧、规矩、对贞洁的厌恶、令人瑟瑟发抖的对纯洁的要求，这一切都压制着爱欲，将它束缚在黑暗之中。但是这样的胜利只是一种皮洛士式胜利[2]，因为爱欲的命令是缚不住的，被压制的爱欲即便在黑暗中和内心最隐蔽之处，也努力寻找机会以求一逞，它冲破贞洁的禁令，而且一再出现，哪怕是以另外一种面目……72

在 1896 年 11 月 8 日从那不勒斯写给格劳托夫的那封信中，托马斯·曼对于他本人如何理解弗里德曼这个故事，给出了几个提示。构成整部小说基调的是，"对中性的涅槃的渴求、平静和在性欲中陨落"。一方面是涅槃与平静，另一方面是在性欲中的陨落，猛一看似乎是完全对

89

---

[1] 尼尔元帅玫瑰：1857 年路易·卡斯特尔在蒙托邦沙托先生的花园里发现的一种玫瑰，其花柄过于柔软，支撑不了盛开的嫩黄色的花朵，故花朵低垂，看上去令人忧伤怜惜，而又呈现出一种动人的美。

[2] 皮洛士式胜利 (Pyrrhussieg)：西方谚语，指"代价高昂的胜利"。

立的东西。但在详尽地阅读叔本华之前，它们就已经共存于这个哲学家及其死亡情欲的符号中了。在死亡中陨落以及在性欲中陨落将所有的分离消解于一场不再有欲望的涅槃。当弗里德曼放弃了他对爱欲的抵抗，将他至此为止生命的整个艺术建构抛在一边时，他找到了与沉默、全然无动于衷的自然之平静的一致，虽然他知道，这将必定是他的陨落。[73]他闭上了双眼，"听从那超级强大的、折磨人的甜美力量，那种无人可以逃脱的力量"。这种激情不是促成分离的，不是个体化的，而是联合的、消融的，犹如死神。在他决定追随冯·林凌根夫人之时，他的目光呆滞，有死亡的内容，"一种麻木的，无力量、无意志的彻底献身"。她没有答应他的请求，因而死神也来到了河中，作为一种无抵抗的消融和消逝，作为无力量、无意志的献身：

> 他趴在地上往前挪动，抬起上身，让上身浸入水中。他不再抬起头，也不再动弹仍留在岸上的腿。[1]

托马斯·曼活下来了。他不用出卖他的艺术建构，在生活中不用，在作品中大约会一再如此。不管怎样，伴随他一生的对灾难的恐惧成了中心母题，是该母题给予了他的生活和著作这种令人印象深刻的一致性。他的鸿篇巨制总是灾难故事。各种人物性格在被压抑的滔天洪水面前碎为齑粉。从他早期直至最晚期的作品，到处都有一个被隐瞒的东西令人难堪地彰显出来。在《小露易丝》中，是肥胖的律师雅科比需要被遮掩起来躯体，被一位淫荡且诡计多端的女人硬拖到大家面前展示。托马斯以及冬妮·布登勃洛克为了维护市民阶层的秩序，放弃了真爱，二人的生活幸福皆毁于此。《翡冷翠》中的小修道院院长的禁欲主义只不过是对伟大的交际花菲奥蕾无法企及的激情的产物。在《王子殿

---

[1] 《矮个先生弗里德曼》，成继礼译，出自《托马斯·曼中短篇小说全编》，吴裕康等译，漓江出版社，2002年，第72页。本书涉及《矮个先生弗里德曼》的所有引文都出自该译本，以下不再一一注明。

下》中，克劳斯·亨利希王子体验到的这种灾难是令人羞愧的喜剧，在
90　市民舞会上，当他跟制皂匠翁施里特的女儿狂舞完，最后脑袋上被扣上
了波列酒钵的盖子。对于古斯塔夫·冯·阿申巴赫，诱惑以同性情欲
的形式赤裸裸地出现并且导致死亡。1914 年爆发的战争也是一场灾祸，
一场倒向原始力量、对文明肆意抛弃的灾祸。在《魔山》中，克拉芙吉
亚·肖夏和普里比斯拉夫·希佩代表的是通向毫无规矩、随心所欲和死
亡的诱惑。在《错乱与早痛》（*Unordnung und frühes Leid*）中，一个孩
子的世界因爱而分崩离析。在《约瑟和他的兄弟们》中，面对被压抑的
欲望世界的呼啸狂欢，只有竭尽全力才能保全贞洁。摩西小说《律法》
（*Das Gesetz*）虽然为反对巴力崇拜[1]规定了耶和华的纯洁与秩序，但摩
西本人却热血狂躁，在狂怒中打死了一名埃及人，贪恋黑女人的胸脯。
在《浮士德博士》中，纯洁而冷静的阿德里安·莱韦屈恩深陷名妓艾丝
梅拉达的致命诱惑中，不能自拔。在《天选者》（*Der Erwählte*）中，灾
祸是乱伦。在《受骗的女人》中，已经上了点年纪、过着舍弃生活的罗
萨莉移情别恋，恋情从蒂姆勒转向年轻的肯·基顿，正是这么做毁掉
了她生活秩序的艺术建构。只有小说《大骗子菲利克斯·克鲁尔的自
白》中，爱情在一位艺术家和大骗子那里免受责罚，但这也只能作为童
话或者是意愿梦想，发生在放弃受人尊敬的市民阶层的身份认同的水平
线上。

　　托马斯·曼在生活中遇到的诱惑，主要来自少年和年轻男子。他担
心的根本就不是激情，而是同性恋情。这并不是说，此类故事的全部魅
力有可能在于描述这类特别的恐惧。虽然托马斯·曼终其一生都在畏惧
出柜，这是带有某种痕迹者的恐惧，怕被认出来，被打上某种烙印。但
这肯定还不是一切。被标记者的作品虽然是这种恐惧促成的，但并没有
停留在其僵化的影响力中，而是提升了自己，化腐朽为神奇，上升到了
形而上和宗教的层面。使用过的恐惧形象成为通往自由的意志，成为实

---

[1]　又译作"巴尔崇拜"。巴力是古代近东许多民族，尤其是迦南人信奉的主神，在
《圣经》中被认为是邪恶的象征，耶和华最大的敌人。

现儿童时代无现实纠葛的纯粹的梦想世界的意志，成为获得欲望的独立性的意志，成为从"罪孽"得到救赎的意志。对这位叔本华的追随者而言，只有两条路可以摆脱性欲的束缚：艺术和神圣性。艺术会让人摆脱性欲，只要这个世界，如果纯粹地去看，能提供一出重要的大戏；神圣性则在于无利害的观照，在此时，欲望终结了，而伊克西翁之轮[1]还静立在那里。[74] 艺术家必须是禁欲者。"我根本就不信，在当今，一个人能够做到既当登徒子，又当艺术家。"[75]

　　一部伟大的作品总比从它那些生平资料来源得出的结果要丰富得多。对灾祸的恐惧或许就是托马斯·曼生活中对同性恋的恐惧。作为读者，我们完全可以在其中获得一些不同的母题。羞怯的同性恋人士是一个重要的读者群体，让我们知道这一点的人例如有库诺·菲德勒(Kuno Fiedler)，此人给大作家写过意味深长而又十分明了的信："很可能是这样，有很多很多人在内心深处都感谢您确认某些事情——此外尤其还要感谢您的一点是，您并没有迫使他们去弄清楚，通过您向他们确认的到底是什么事情。"[76] 尽管如此，这些人显然并不是唯一的读者群体。方方面面的禁欲者很可能都会觉得托马斯·曼读起来非常亲切，给他们家的感觉。确切地说，不只是那些循规遵矩的禁欲者，而是一切心有所缺者。毕竟几乎每个人都有过放弃色欲的经历，而且被压抑的东西一再反复出现，这也不仅仅是在心理治疗所里才能见到的情况。在蜂拥而来的混乱面前，若没有坚定和稳固，谁也应付不了生活，每个人生都有其需遮掩的难堪，都有被揭露的担忧，每个人生都了解那种涉险的快感，那种在随波逐流、在从自己的角色跌落中的快感，在认同感坍塌中的快感，当今的认同感或许比当年更为脆弱，更为不堪一击，当年市民阶级的角色比现在还要坚实，还能够给那些长期以来无依无靠的自我提供一个避风的角落。如托马斯·曼一样建一座忠诚的艺术结构，一生只

91

[1]　伊克西翁之轮 (Rad des Ixion)：源于希腊神话，传说国王伊克西翁在人间引发众怒，逃到宙斯那里，宙斯宽恕了他并恩许他进入天国，岂料他不知天高地厚，开始竭力追求天后赫拉，宙斯大为恼火，罚他下地狱，把他缚在一个永远燃烧和转动着的轮子上，因此在西方语言里，"伊克西翁之轮"表示"永久的惩罚，无尽的折磨"。

对唯一一家出版社，只对唯一一位妻子忠贞不渝，牺牲掉其他多余的激情，以坚定持守的固执维系着秩序：对压抑污名化，那可太轻巧了，而在压抑中看见文化贡献，施展魔法把受难和激情变成一部伟大的著作，则会有丰硕的成果。倘若托马斯·曼对某位帅气的跑堂小伙子恣意放任自己的激情，那么我们就不会有这部作品。即便是某种神经症，也是"一个十分珍贵的灵魂"。[77]（千万不要滥用这句话）

歌剧望远镜

92　　无论是对自己的人生，还是对他人的人生，他都同样毫无顾忌。他牺牲了自己，但也牺牲了别人。在托马斯·曼看来，歌德把娘家姓为布甫的夏绿蒂·克斯特纳写成了维特的绿蒂，她心里一定是乐开了花。她要为此付出很多，而歌德付出的更多。"人们作为牺牲品向上帝献祭奉，但到最后，上帝才是牺牲品。"[1][78] 在小说《绿蒂在魏玛》（*Lotte in Weimar*）中，托马斯·曼进行了更为详细的塑造，并且解释了他一生都被人指责和诟病的事情：他是一位冷冰冰的艺术家，盘剥了他周边的人，滥用了他们的信任，并且毫不留情地拿他们开玩笑。

　　他的病友们都称他是"腐败婴儿"[2]。[79] 小说《特里斯坦》中这位沉迷于美的作家名叫戴特列夫·施皮奈尔，他用艺术谋杀了一位患有肺病的女子（谋杀的作案工具：瓦格纳的乐剧《特里斯坦与伊索尔德》）。他那张圆圆的、白皙而略显浮肿的脸上没有胡子；不是因为他刮光了胡子，

---

[1] 《绿蒂在魏玛》，侯浚吉译，上海译文出版社，1989 年，第 393 页。本书涉及《绿蒂在魏玛》的所有引文都出自该译本，以下不再一一注明。
[2] 《特里斯坦》，李清临、陈任中译，出自《托马斯·曼中短篇小说全编》，吴裕康等译，漓江出版社，2002 年，第 148 页。本书涉及《特里斯坦》的所有引文都出自该译本，以下不再一一注明。本段其他引文和描述也出自这一页。

"柔嫩、模糊，像个少年似的，只是在有些地方长出了零星的茸毛"。此外，施皮奈尔先生还长着隆起的多毛孔的上唇，牙齿很大，被虫蛀坏了，脚板也大得出奇。在他的桌子上，总是放着自己写的那本书，"印书的纸是一种滤咖啡的纸，每一个字看上去都好像一座哥特式大教堂"。

作家阿图尔·霍利切尔在 1900 年跟托马斯·曼走得稍微近了一些，两人还进行过几次推心置腹的谈话。有一天，霍利切尔离开了曼在施瓦宾的住所，当时也不知是出于什么原因，他在街上停下来，站了一会儿，并且回头看了看。"这时，我看见楼上，也就是在刚刚才离开的寓所的窗户里，曼正拿着一个看歌剧时用的望远镜，目送我离开。这大概只持续了一瞬间，下一刻那颗脑袋就闪电般从窗子里消失了。"[80] 在与阿图尔·埃勒塞尔（Arthur Eloesser）的一次谈话中，托马斯·曼毫无保留地承认，他这辈子就是特别乐意从窗子看下方的街道，但他否认使用了看歌剧时的望远镜。[81] 他虽然有个望远镜，但并没有用过。我们倒是觉得，用望远镜来观察这种事情，他肯定做得出来。毕竟他曾经用歌剧望远镜观察过卡蒂娅·普林斯海姆，[82] 跟《王子殿下》中的克劳斯·亨利希用望远镜看他的伊玛一样。[83]

后来，《特里斯坦》一经出版，霍利切尔马上就在腐败婴儿的身上找到了自己的影子，他突然想起了"那只歌剧望远镜，它将天生就非常锐利的目光打磨得更加犀利"。虽如此，他还是逆来顺受地忍了这件事情，只是在几个月之后，通过书信明确无误表达了对这种做法在道德上和艺术上的一些顾虑。

在《比尔泽和我》（Bilse und ich，1906）中，托马斯·曼就这件事情给出了他的说明。他并不否认，赋予他笔下的人物以"一个我认识的文人的面具"，"某位具有极为出众却远离生活的才华的先生的面具"。但这个作品并不是针对此人的："我在这个人物形象上也教训了自己，这一点大概还能看得出来吧。"那位被画像的人表现得很大度。"他来我这儿，相当真诚地跟我握手"，但这个姿态对托马斯·曼来说，好得有些过头了，接下来是一大段叔本华大概会称之为利己的懊悔的话，这种懊悔不仅适用于恶劣行为，也适用于好的行为。[84] "他试着扮演一个洒脱者，但又不洒脱。他完全徒劳地尝试着对自己以及对我掩饰他的真实感受。他尽力做了并且失败了。不久后，我收到了一封来自远方的他写的充满毒汁的信。好了，我目前听说，他现在觉得，我写的一切都很糟糕。"[85]

在这件事儿上，究竟谁有道理？施皮奈尔的形象有艺术上的必要性，就这种必要性而言，用谁作为整个模板，完全是无关紧要的。只有特别差劲的读者群（其实是一个很小的、信息过多的群体）才会觉得，他们最重要的消遣是幸灾乐祸地看谁又被刻画了。其他的人在施皮奈尔这个人物形象上看到的是对最典型的现代艺术家的塑造，看他在面对生活时是如何失败的。对于塑造这个题材的广大而普遍的兴趣要与阿图尔·霍利切尔的个人利益相权衡。托马斯·曼作为艺术家是非常极端的。"我要知道，艺术品是被看作一些绝对的、对市民而言根本无从讨论的东西的。"[86] 为了保护私人的利益而放弃一个很好的桥段，对他来说极为困难。他的妻子有时候还可以逼迫他放弃点什么，其他人基本上别想。因为这样的极端性，我们现在拥有了数量相当大的栩栩如生的人物形象。他能看到事物的内部，"一直看到，事物变得很复杂而且令人悲哀之处。"[87] 这是其他方式做不到的。原型在一定程度上被牺牲了，但不是出于私愤，而是为了作品。

另外，也不是所有的人都生气。伊丽莎白姑姑在有人称她为"冬妮·布登勃洛克"时，似乎就觉得很受用。她的私人生活虽然成了世界的财富，但她为此非常自豪。[88]

将军冯·国家博士

94

"不过对于政治自由，我没有一丁点儿兴趣。"托马斯在 1904 年 2 月 27 日给亨利希的信中如是写道。"宏大的俄罗斯文学是在巨大的高压下产生的吧？如果没有这种高压，是不是根本就不可能产生这种文学？"他就以这个调子接着写下去，并以此不由自主地证明，他对政治没有半点兴趣这种态度实际上意味着，他在赞美不自由的魅力。

他的西伯利亚般的艰苦经历是服兵役。他对于这段经历的主要记忆是一种感觉，感觉到"一种可怕的外在权力高压和与此相关的得到极度提升的对内在自由的享受，所以，我在兵营里的时候，一边擦着枪（我就从来没有学会过），一边吹着特里斯坦里面的曲调。"[89]虽然如此，他还是心甘情愿地入伍。服兵役是抵挡颓废的一个好方法。他满怀希望地给保罗·埃伦贝格写信说道：

> 本月初，准确地说是 6 号（这种事情必须说得精准些），我有幸向令人极其敬仰的高级医生委员会介绍我自己，经由他们认定，我适合服任何兵种的兵役，这就是说，我将在 10 月 1 号以吓趴祖国一切敌人的英勇气概握起钢枪。……你怎么看这件事儿？至于我嘛，我完全同意这件事（谁管你信还是不信呢），你自读本段第二句起，面部表情便开始在幸灾乐祸和嘲笑之间切换自如，但我可以向你确认一点，你这完全是表错了情。因为第一，我认定，假如没有我，长久来看德意志军队肯定是不灵的。第二，我以狂妄自大的颓废心态觉得，我一定会给他们足够的由头在未来整整一年毫无顾忌地痛骂我，这对我来说是一种清新的体验。……好吧，不开玩笑了，我真的很开心，我没有再次被送走。[90]

谁能想到这个啊！他在头几天看着还确实不错。"他穿着澈蓝色的特别军服，红色衣领，银色的普鲁士辫[1]，闪亮的纽扣和黑色的光面腰带，看着是个很像样很体面的士兵。"[91]但情况很快急转直下。1900 年 10 月 24 日，托马斯·曼从守备部队医院告诉哥哥亨利希，他因为右脚的问题不能服役了，"我怎么也没想到，我的右脚是扁平足，整天进行　95

---

[1] 普鲁士辫（Gardelitzen）：近卫军成员衣领上佩着的辫形饰索。

队列练习和正步走致使右脚坏得很严重"。那只脚给了他一个逃脱的好机会，所以应该向它致以千万遍的敬意。"因为那些年轻的医生告诉我，这只脚一定会迫使冯·国家博士先生在我入伍约 8 个星期后就必须遣散我。他们还悄悄地告诉我一条妙计，我只要时不时地报告这只脚很疼就好。真是两位非常可亲的年轻人，他们每天都随着主治医师来查房两次，他们了解我的情况，人非常可爱。"

但使一点小手段还是很有必要的："我缩在妈妈当年的顾问大夫迈的身后，这个人被我以卫生督监迪辛[1]的形象写进了《大骗子菲利克斯·克鲁尔的自白》一书。迈是个热衷于向上爬的蠢货，他和我的少校军医是好朋友。"这位少校军医对上尉军医说了一些悄悄话，后者从前的立场是"完成训练！闭嘴！"，"命令他，去看些不在场的东西"。上尉军医站得笔直。

这里明确表达出来的对国家和政府的态度虽然带些嘲弄，但并不是蔑视的。托马斯·曼在 40 岁时回忆说：

> 我还是小男孩的时候，很喜欢在想象中把国家拟人化，我把它描绘成一个非常严厉的、穿着燕尾服的木质人物形象，留着络腮胡子，胸前佩戴一枚星状胸章，拥有一个由军事和学术混合起来的头衔，这个头衔正好能够恰如其分地表达出他的权力和常规性：将军冯·国家博士。[92]

这段文字虽然充满反讽，还是流露出了相当的敬意。与此相应，在他的全部作品中都没有出现对国家的高层代表的攻击性描述。如果将小说《王子殿下》理解成一部嘲弄君王的作品，那就完全错了，因为这部作品即便不是在极端固执的意义上，也是在改革的意义上倾向君主制度。它并不是写给民主的颂歌，亨利希的讥讽相当准确到位，他在

---

[1] 卫生督监（Sanitätsrat）是一种授予有贡献的医生的荣誉称号。君余在《大骗子菲利克斯·克鲁尔的自白》中将迪辛（Düsing）译作"杜星"。

1918 年 1 月 5 日把这部小说中的人物认认真真地书面清点了一下，认为这些人是"介绍给'民众'的无足轻重的国家人士"。

就此看来，形成于第一次世界大战时期的这种"我要君主制"[93] 的态度并不是一时失言，而是托马斯·曼早就形成的政治表白。他还是小男孩的时候，见过老皇帝威廉一世——招手时，他那苍老的手指只能撑起半截白手套——托马斯·曼在《我的时代》中不无感动地叙述着，年迈的陆军元帅冯·毛奇的情况也相同，他引起的欢呼声要比"胸前挂满闪闪发光的宝石勋章的王位继承人"年轻的威廉二世皇帝热烈得多。[94] 菲利克斯·克鲁尔自称得到了葡萄牙国王长时间的觐见。"人是带着贵族政治的观念来到世上的。"[1] 他很肯定地对这位国王说。[95] 他先前还对总经理斯图尔茨里先生声称，"我感到，这个社会像现在这样，好极了，我所追求的只是想得到它对我的好感。"[2][96] 当然，这里有些夸张和矫情。但对托马斯·曼而言，这确实是非常典型的，他给自己最喜欢的那些人物分配的角色常常是保守的，几乎从没有革命的。

在 1914 年前的这个时期，无法确认托马斯·曼对自由主义、共产主义或社会民主的兴趣能否与他对君主制的兴趣相提并论。《布登勃洛克一家》中，他在叙述 1848 年的革命时，对当时的市政府带有明显的同情。[97] 富有反抗精神的学生莫尔顿·施瓦尔茨考甫是一位令人有好感的年轻人，但在政治上就是个梦想家。书上的话是，他那"温柔的眼睛里射出一道挑战的光芒"。[3][98] 社会民主党被当成有教育意义的凶神恶煞。托马斯·曼的中学校长曾放声斥骂："你们的行为跟社会民主党人一个样！"[4][99] 虽然所有人哄堂大笑，但也因此在很长时间里没人选社会民主党。"体态臃肿的民众领袖欧根·里希特[5]"[100] 的自由思想党招致

[1] 《大骗子菲利克斯·克鲁尔的自白》，第 364 页。
[2] 《大骗子菲利克斯·克鲁尔的自白》，第 157 页。
[3] 《布登勃洛克 家》，第 135 页。
[4] 《我的时代》，出自《托马斯·曼散文》，黄燎宇等译，人民文学出版社，2014 年，第 326 页。本书涉及《我的时代》的所有引文都出自该译本，以下不再一一注明。
[5] 欧根·里希特（Eugen Richter, 1838—1916）：德国自由主义的重要代表人物，1884 年成立了"德国自由思想党"，后改为"自由思想人民党"。

了各种冷嘲热讽。"如欧根·里希特般自由"这一表述对这位大肆高唱自由的游手好闲之徒进行了反讽。后来，这一切在《一个不问政治者的观察》中的文明文人和《魔山》中的塞塔姆布里尼这个人物形象身上又复活了。

托马斯·曼是《西木卜里其西木斯》和《社会》杂志的作者，这两份杂志通常被视为多少有点反骨。虽然如此，他发表在那里的作品从来没有任何反对派色彩，至少不是在某种一语中的的意义上。因此，托马斯·曼有一年多时间（从 1895 年 8 月到 1896 年 11 月）频繁在一家民族保守派杂志发文，并非不合常规，这份杂志名为《二十世纪》，当时的主编是他的哥哥亨利希。他为这份令人生疑的杂志撰写了八篇文章，主要是一些评论。这些文章并没有公然流露出沙文主义思想，但它们明显立足于威廉皇帝时代势力关系的土壤之上。第一篇文章是为一桩因亵渎上帝而受到审判的事件进行辩护，针对的必定是奥斯卡·帕尼扎[1]因为其剧作《爱的宗教大会》（*Das Liebeskonzil*）遭受的审判。第二

97 篇文章开始的句子是："在异族民众中唱响德意志之歌，——然而还是在德国的土地上"；他在颂扬加尔达湖[2]抒情诗。第三篇《东部边区之声》（*Ostmarkklänge*）赞颂了一本民族歌曲集，据说是为了跟纵情的病态者"狂醉的鬼哭狼嚎"唱对台戏，"唱出了对德意志祖国和德意志语言的温暖的爱"。用阿波罗对垒狄奥尼索斯：尼采的阵列在这位 20 岁的年轻人身上发挥了作用。虽然说托马斯·曼在《二十世纪》上发表的文章大多数都没有达到他后来作品的语言水准，但是这篇文章还是出现了这类重要的句子："一个人如果不能战胜自己的情感，不能控制它们，而只是试着在昏乱不清的声音中发泄情绪，这样的人不是艺术家，也不是行家。"[101]

第四篇的篇名是《蒂罗尔传说》（*Tiroler Sagen*），从民间信仰的角度介绍了有关鬼和"山里人的神"的传说故事。[102]第五篇是《一位民族

---

[1] 奥斯卡·帕尼扎（Oskar Panizza, 1853—1921）：德国先锋小说家、剧作家、诗人。

[2] 加尔达湖（Gardasee）：意大利面积最大的湖泊，坐落于阿尔卑斯山南麓。

诗人》（*Ein nationaler Dichter*），用布尔热的《都市》（*Kosmopolis*），以这位半吊子唯美化的享乐人士来对阵一位老牌的天主教徒及保皇人士；整篇文章的精髓是：

> 如今，民族情感在各地再次成为一种文学品位，在巴黎不过是个颓废派玩笑的东西，不过是一种新形式的勒南的《没有信仰的虔诚》之类的东西，在德国却有着更为深刻的根源，因为没有其他哪个民族像德国人这样，作为一个欧洲最年轻和最健康的文化民族，注定要成为祖国之爱、宗教和家庭意识的承载者，并保留下去。103

第六篇文章夸奖了一位作者，"此人一度做着平等对待所有人的美梦，并将其作为一个理想，后来他学会了，在看见强有力的人物时，为之欣喜"104。第七篇文章标题为《批评与创作》（*Kritik und Schaffen*），是一篇纯美学性质的文章，文中只有一处例外，就是对格奥尔格·勃兰兑斯[1]进行了一次小小的旁敲侧击，但他马上又对此加以相对化，他认为，把勃兰兑斯作为一个私人个体来看的话，此人是一个"兴趣索然、思想自由的犹太人"。105第八篇，也就是最后一篇文章展示了一位具有真正荣誉感的贵族。106

虽然从整体上来看，毫无疑问地可以看到一条线索，但人们也必须避免过于严厉的判断。大部分的文字显得不成熟，就像以一个角色写的，而年轻作者就是要试一试这样的角色。这张民族保守主义的面具戴着有多么不合适，人们从那种轻浮语调上一眼就能看出来，曼就是用这种调子向格劳托夫嘲弄自己的这种行为。这份"相当幼稚的小报纸"，107（他是这么称这份报纸的）如骤雨般大量送给他的供评论的赠书一不小心就能把他埋起来。他通常只是读一读书的简介，然后根据自己的情绪，写上几句善意的或者嘲弄的评语。108这种说法当然相当夸张，因为 98

---

[1] 格奥尔格·勃兰兑斯（George Brandes，1842—1927）：丹麦著名文学评论家和文学史家，倡导现实主义。

首先他写的评论还真没有嘲弄的，其次他在写完引用的这封信以后，就只发表过唯一一篇文章，也就是上面提到的第八篇文章。但这里起码表明，他不愿意被人视为民族主义者。

虽然曼在某个地方也对格劳托夫说过"非常非常令人振奋的'民族运动'"，但这完完全全是以反讽的调子说的：

> 这么说施莱尔马赫和费希特竟然没能赢得你的掌声？好吧，这并不损害任何人。但如果真是这样，你的民族情感还是不够强啊，因为这样人们就不能从那种磕磕巴巴的风格中弄点启发和动力了，这可是完完全全不爱国的哦。好好去读读帝国议会上的发言吧，给你自己添加点相当神圣的信念，将你的好品位和你的怀疑全都丢到哈弗尔河里去，全心地紧跟祖国，紧跟宝贵的祖国，就像这位诗人少有能如此确切地唱出来的那样。[109]

这位写着民族文章的人能够同时嘲弄冒犯这个民族的神圣人物，费希特、施莱尔马赫和席勒。（紧跟祖国，紧跟宝贵的祖国：这个句子引用自《威廉·退尔》[110]）如果真要说点德国特性的话，我们还是从有关啤酒和红酒的评论中去找吧。因为爱国情怀真是让人觉得疲惫，

> 昏沉沉的压力控制着我的头脑，眼睑很沉，四肢慵懒得挪动不得，一升爽口的日耳曼啤酒就把我的目光彻底地模糊了。啊！我只想起了基安蒂酒[1]，这闪着暗红色幽光的酒，在意大利的小酒馆里别人把这种酒给我斟上！[111]

那时候无论是政治还是民族的概念都不会让他着急上火。在这一方面，他很明显以全然个人的方式反应，完全随心所欲，不严肃，不成熟，也没有更深刻的考虑。他的出身给了他一种保守的基调，这种基调

---

[1] 基安蒂酒（Chianti）：意大利基安蒂地区著名的红葡萄酒。

主要表现在，他对所有革命性的东西都有一种模糊不清的不信任感，但这种基调尚未聚合成具有多个方面的思想晶体。

意大利

对基安蒂酒的赞美汇入了一场迸发出的渴望：

> 但愿这个夏天，才姗姗而来，就很快地过去！但愿我能把自己抛上一列快车，在熟睡中轻轻地掠过奥地利，然后跟浮士德一样，在那片"可爱的地方"醒来，那里满眼帅哥美女，而且还都冲着我喊"日安！[1]"
>
> 因为这个慕尼黑——我还从来没承认过这一点吗？——真是让我受得够够的了！这难道不是一座非文学城市的典型吗？

慕尼黑，先前跟吕贝克比较时还算是一座艺术家城市，现在已经不够远了，与家乡的距离还应该更大一些。促使他想去意大利的原因，不仅是每个月要进行的兑换，"换成意大利货币更好一些"，[112] 而且是追求自由和艺术的意志。最主要的本能是，让自己"离开德意志本性、德国概念、德国'文化'要多远有多远，来到最远的、最为陌生的南方，敞开和摆脱自己……"[113] 不，不能把《二十世纪》看得那么重要。托马斯·曼暂时逃离那充满义务的父亲世界，来到艺术中，来到艺术家的浪荡生活中，来到意大利。意大利就是文化。德国与此相反："——我不得不说：那里的文化方式中含混不清的深度……这种上不了台面的、未经打磨的、默然的、严肃的和孤独的东西——"[114] 后来起源意识逐渐地

---

[1] 原文为意大利语：Buon giorno。

占了上风。"天哪，你就别提意大利了，丽萨维塔！"[1]托尼奥·克勒格尔很可能会这样说。115

"阿门！"意思是"结束！"

当吕贝克圣玛利亚教堂的主事牧师身着牧师服，跪在我父亲的临终床前，大声诵读祷告文时，濒死的父亲非常不安地来回摆动了几下头部，随后发出的一声有力的"阿门！"插入了那虔诚的嗡嗡声中。这位神职人员并未因此受到任何干扰，甚至还在致葬礼悼词时专门夸了一句这声"阿门！"我当时不过是个半大孩子，却一下子就明白了，这声"阿门！"除了"结束"之外，没有别的其他意思。116

100　　早年的托马斯·曼把福音教派的神职人员刻画得非常可笑：欺骗、不懂艺术、缺乏想象力和理解力；正好与天主教的神职人员相反，后者通过风格和优雅而与众不同。他在罗马的经历给他留下了深深的烙印。"如果我在这里生活，我很可能会信仰天主教。"他半开玩笑地说。117 "我最喜欢在教廷国务卿拉姆波拉枢机 [2] 在宏大的卑微中主持弥撒的时候，去游览圣彼得大教堂。他是一位极具装饰能力的人物，出于美这个原因，我对他因外交手段未能升为教皇感到很遗憾。"118 在慕尼黑也可

---

[1]　《托尼奥·克勒格尔》，第 211 页。

[2]　1903 年秘密选举新任教皇时，拉姆波拉枢机曾在前两轮投票中遥遥领先于其他候选者，此时通过非法渠道获得选举信息的奥匈帝国皇帝弗朗茨·约瑟夫一世出于反对法国的原因，公开表示反对他当选，并行使了否决权，不久后法国政府也介入了选举，在此影响下，选举情况发生了变化，至 8 月 4 日第五轮选举结束，萨尔托枢机当选为新任教皇，取名号"庇护十世"。

以好好地研究一下天主教的教会神职人员。这些很有可能都被写入了
《大骗子菲利克斯·克鲁尔的自白》一书。"宗教督监查特奥是一位英俊
潇洒的神父",[1] 我们在那本书里可以读到这样的句子。这位"性情快活
的神父"很理解这位失去了父亲的年轻人,赞赏他那令人感到舒适的嗓
音,而且正确地预言,幸运女神一定会特别地眷顾他。[119] 这位宗教督
监与他的新教同行们完全不一样,简直就是审美专家,而且还不是基于
一种世俗化的意义,而是完全因为宗教的开创性:"一个人,既然能够
把握住这个教会的最高秘密,即血与肉的奥秘,难道不应该有能力借助
触觉去辨别高尚与卑劣的人吗?"按照逻辑,查特奥是个贵族。菲利克
斯·克鲁尔强调,正如这位天主教神父所说的,一个人如何认识到自己
从属于一个令人尊敬的等级,那他就能够比普通市民更好地培养出理解
人类等级制度的意识。

　　天主教教会对反对颓废非常有益——这是小说中另外一个主要的
调子。"这个疲惫的怀疑者",这位 21 岁的年轻人非常赞同地介绍保
罗·布尔热的一部小说,"与他一起在教皇的花园里面散步的老天主教
徒指给他看令人敬重的利奥十三世(Leo XIII)的形象,在利奥十三世身
上,他看到了一位医治他朋友的灵魂疾病的医生。"[120] 直到托马斯·曼
年事已高,这位教皇都格外地吸引他。"我感觉到一种不那么容易解释
清楚的兄弟间的关照。"[121] 他写了一部教皇小说《天选者》,寻找单独
觐见教皇庇护十二世的机遇。"内心没有一丁点抗拒,这位路德的后人
(顺便说一下,此人是很不喜欢路德的)跪在了这个白色的形象面前,
深受感动,将这个时刻作为荣誉时刻。"[122] 他在日记里面这样记载(1953
年 5 月 1 日):

　　　　4 月 29 日星期三,特别觐见庇护十二世,令人感动并且最为　　101
　　强烈的经历,一直异常深切地搅动着我的内心。在铺设了红地毯和

---

[1] 《大骗子菲利克斯·克鲁尔的自白》,第 64 页。本段下其他引文皆出自第
63-66 页。

贴着红色墙纸的前厅，与赫钦斯和莫提默·艾德勒相遇，他们必须等着我被单独召见。那个人就站在那里。教皇的白色形象走到我面前。我深受感动，行屈膝礼并感谢恩典。他长久地持着我的手，询问我来罗马的缘由以及我对这座城市的印象，人们在这座城市里漫步长达数百年。他还问起了德国，显然他在那里度过了最快乐的时光，问起了还需长久等待的统一。又提到了瓦尔特堡，说了他的看法和宗教世界的一体化。我不是在一个人或者政治家面前下跪，而是在一位宗教上温和的偶像面前下跪，他让人想起了西方两千年的宗教历程。告别时，他递给我一枚纪念勋章。"我不清楚，是否可以给您作为纪念……""这是渔人权戒 [1]？我可以吻它吗？"我吻了它。他祝我有所成就并且允许我离开。返回时，身着紫色丝质披风的内侍为我引路。站着接受觐见，让我想起了拿破仑在埃尔福特召见歌德。

实际上，至少从另一方的角度来看，这次拜访教皇据说是相当浮光掠影式的。总共也就持续了一刻钟时间。[123] 甚至有人怀疑，是否真的存在一次面对面的两人会谈，或许更可能是，教皇接见了一个小团体。[124] 而且"站着觐见"显然不是一种特别的嘉奖，并非托马斯·曼动情地借用歌德觐见拿破仑的回忆意图使人相信的那样，而是一种相反的情况。但他通过受到世界上最高权威（在他眼里肯定是教皇）的接见来为自己的生活进行加冕的愿望非常强烈，所以他只得想方设法对有些美中不足的地方进行了修补。完善人生建构再次成为一个重要的母题。在回饭店的路上，他又经过了他在几近 60 年前刚刚踏入生活时，向一名傲气冲天的高级教士打听拉姆波拉枢机的那个地方。"现在多么不同了啊！"他评论着，"啊！奇特的生活，还没有人也这样生活过吧，受难且难以置信地得到提升。"

---

[1] 渔人权戒（Ring des Fischers）：教皇佩戴的权力标志的一部分，上面刻有圣伯多禄在舟中撒网捕鱼的图案及教皇的名号，以表示教皇继承加里肋亚渔夫——圣伯多禄的使命。

先前在日记的记载中还出现过这样的句子："对天主教教会和对共产主义采用相近的行为方式。对二者没话可说！让其他人去费劲吧，去害怕教权统治和审查吧。"据说因为他被视作共产主义的同情者，教廷起先还想阻挠这次觐见。[125] 在这些圈子里，各方面的消息都很灵通。人家既不想见共产党人，也不想见新教教徒。而这位新教教徒却被低估了。他其实应当获得一个较长时间地坐着的觐见。

圣玛利亚教堂的那位名叫保罗·埃米尔·利奥波德·弗里德里希·兰克（Paul Emil Leopold Friedrich Ranke）的主事牧师，却是一个敌人。他称曼整个家族"烂透了"。[126] 这个表述不加修改地被写入了《布登勃洛克一家》。"最近普林斯海姆牧师在行过坚信礼之后对人说，谁对我也别存指望了，我出身于一个没落的家庭。"[1][127] 如果格劳托夫放弃了书店学徒的工作，兰克又会做些什么呢？托马斯·曼进行了恶意的漫画，但这又很可能是准确的：

> 他拉长了他的那张脸，气呼呼地喘着气，说道："啊！上帝啊，我的儿子！你要放弃你的工作？放弃上帝让你干的工作？！"[128]

兰克的化身普林斯海姆牧师出现在市政参议托马斯·布登勃洛克的临终床前。曼用所有的艺术手段把他狠狠地修理了一通：

> 普林斯海姆牧师的法衣没有穿齐就来了。虽然穿的是一件长袍子，却没有戴皱领。他冷冷地看了李安德拉修女一眼，就在床边人家给他推过来的一张椅子上坐下来。他让病人认一认他，听他说几句话。由于他的请求并没有任何反响，于是他只好直接转向上帝那儿去，用典雅的佛朗克话[2] 跟上帝攀谈起来。他的声调抑扬顿挫，

---

[1]　《布登勃洛克一家》，第 739 页。原译文中"Pringsheim"被译作"普灵斯亥姆"，为统一人名，均改译为"普林斯海姆"。

[2]　佛朗克话（Fränkisch）：现在通常译作"法兰克话、法兰克语"。

时而故意说得声音很浑浊，时而又很尖锐，他脸上的表情也有时显出阴郁而狂热，有时又表现得温和清澈……当他用一种他特有的油滑的声音发出"r"这个颤音的时候，小约翰清清楚楚地感觉到，他到这里以前一定刚刚吃过咖啡和奶油小面包。[1] 129

　　年轻的托马斯在童年和青少年时代就接受了通常的宗教教育。餐前祷告是理所应当的，起码在位于孟街的祖父母家里要这样做。星期天，托米总要去做礼拜，一直到老年时期，他还能想起那个圣坛来，想起在圣玛利亚教堂里，礼拜总是以"圣恩与你们同在！"开始。130 他行过坚信礼，我们推测，他在领受圣餐时，像汉斯·卡斯托尔普一样起了一身鸡皮疙瘩，"一会儿冷，一会儿痒，闹个不停"。[2] 130a 从那以后，他就一直回避做礼拜。但如果不是他岳父那么坚决地反对，他大约也会去教堂举办婚礼。他的孩子们当然都受过洗礼和坚信礼。131 不过，这对家长把跟孩子们一起祈祷这件事情交给了侍女们。132

103

一名恶棍

　　童年时代的宗教经历给孩子们留下了很多痕迹。"快乐的信仰是我们这个家族的遗传素质。"父亲在遗嘱中如是写道。133 12 岁的小男孩在给一名同学写纪念册留言时，摘抄了由保罗·格哈特[3] 写入歌曲的《圣经·诗篇》里的诗句"神指引领你的路"。134 托马斯·曼在 1895 年曾经赞扬过"路德歌曲的内在力量"135，而在其他地方能看到的只是他的恶

---

[1] 《布登勃洛克一家》，第 680-681 页。

[2] 《魔山》，第 365 页。

[3] 保罗·格哈特 (Paul Gerhardt, 1607—1676)：神学家，德国 17 世纪最著名的写新教赞美诗的诗人。

搞和戏拟。在耶路撒冷晚会上，这句"如果撒旦愿意把我吞噬"（《所有的林子都安静》中的诗行）听着就像风被憋在烟囱里的声音，让人觉得可怕。[136] 在保罗·格哈特的歌曲《让我们走吧，踏上这条路》中，有一诗句："给我，给所有那些真心渴望的人……""托马斯·曼开始学着这样去祈祷时"，他的女儿艾丽卡说，"比邻的丹麦对吕贝克人来说还完全是敌人，因为他们将'Dänen（丹麦人）'读成了'denen'，[1] 这种虔诚的愿望让具有爱国思想的托米彻底感到反感。"[137] 作家拿布登勃洛克家中的祈祷开了个玩笑，他迫使在场的人随着一支庄重的、具有坚定信仰的和发自内心的曲调，唱出了下面的歌词：

> 我真是一具臭尸体啊，
> 是个肢体残缺的罪人，
> 我天天沉耽在邪癖里，
> 罪恶侵蚀着我的身心。
> 主啊，不要让我在罪恶里彷徨，
> 快把我接回你的天堂。
> 你只当我是一条癞狗，
> 扔给我根骨头，牵着我走！[2] [138]

托马斯不可能在他的童年时代听过这样的歌词，起码不会在进行虔诚祷告的时候，最多会在卡巴莱[3] 表演中听过，因为它属于此类表演的范畴。这种歌词在那个时代的所有赞美诗集中都不会出现。[139]

托马斯·曼对餐前感恩祷告也进行了漫画式的嘲讽。"汉斯·卡斯托尔普把两只刚洗好的手交叉在一起，舒舒坦坦地、满怀着某种期待的

104

---

[1] 丹麦人（Dänen）的发音同 denen 近似，denen 这里指上文诗句中的那些真心渴望的人。
[2] 《布登勃洛克一家》，第275页。
[3] 卡巴莱（Kabarett）：一种具有喜剧、歌曲、舞蹈及话剧等元素的娱乐表演，起源于19世纪80年代的法国，盛行于欧洲。

心情相互摩擦着，这是他坐下来吃饭时的老习惯，也许是因为他祖先吃饭前做过感恩祷告吧。"[1]《魔山》里这样写道。140 在《布登勃洛克一家》中，一本正经的鲜衣美食者要借助祈祷，将自己从穷人的大量诉求中拯救出来。肉体常常在诋毁精神。

> 老参议夫人诚心诚意地按照老规矩作过餐前祷告：
>
> 降临到我们这里做客吧，我主耶稣，请把您给我们的面包赐个福。
>
> 接着，像过去每年过圣诞夜一样，她勉励了大家几句话，大意是提醒大家不要忘记那些不能像布登勃洛克家这样幸福地欢度佳节的人……她的话讲完了以后，大家就开始心安理得地纷纷入座，准备享受这顿丰盛的晚餐。晚餐是以奶油鲤鱼和莱茵的陈葡萄酒开始的。[2]

佩尔曼内德夫人（冬妮·布登勃洛克）也在祈祷；而叙述者只关注她祈祷时的优美姿态。142 与大家不同，托马斯·布登勃洛克没有祈祷，但是当家庭情况和公司经营状况都不好时，他也引用了祈祷文："相信我的话吧！至少相信我说的这句话：如果父亲还在世的话，如果他还跟我们在一起的话，他一定会合起掌来为我们所有的人祈求上帝的恩典的。"[3] 143 在阅读了叔本华之后（这对他的市民头脑来说有些难以接受），他才回到了童年时代的信仰。叙述者很明显地觉得这样做不值得称赞：

> 就是这样，满心祈求地把双手伸向最高、最终真理的托马斯·布登勃洛克重又颓然倒下，回到从儿时人们就使他熟悉相信的观念和形象中来。他无论走到什么地方，心中总是努力追忆那唯一

---

[1] 《魔山》，第 18 页。
[2] 《布登勃洛克一家》，第 543 页。
[3] 《布登勃洛克一家》，第 436 页。

的、人格化的上帝，人类的父亲，他把自己身体的一部分送到地球
上来，为我们受苦、流血，他最后审判的日子将使一切匍匐在他脚
下的正直的人从那时候起得到永生，作为他们在烦恼世界中所受种
种苦难的补偿……所有这些不清晰的、有一些荒诞的故事不需要理
解，只需要服服帖帖的信仰，当最后的恐惧日子到来的时候，就会
以确定不移的童稚的语言作为一个人的依靠……真是这样吗？[1] 144

105

但还有驼背的小人儿

乍一看，曼说起宗教题目时，讽刺视角占了上风。他认为，宗教是
用来折磨小孩的，例如小说《布登勃洛克一家》开始部分的教义课。但
其实还有另外一方面。1895 年，在一本给伊尔塞·马滕斯的友谊纪念
册上，托马斯·曼在回答谁是历史上他最敬仰的英雄这一问题时，令
人诧异地写下了"基督"。145 这到底是什么意思呢？在他最喜欢的作家
中，当年就有欧内斯特·勒南（Ernest Renan），146 此人通过一本剥去神
话色彩的《耶稣传》（*Leben Jesu*）（初版于 1863 年）而闻名天下。托马
斯·曼还计划写一部中篇小说，小说的标题受到勒南的启发，名为《没
有信仰的虔诚》，除了这个标题以外，我们对这部小说再无所知。147 虔
诚而又不信：这才是最能够说明他的地方，他觉得这很现代。"眼下在
巴黎，没有信仰的虔诚才是最为精致的。"148

小汉诺也祈祷，但非常有特点的是，他的祷告词不是出自祈祷书，
而是出自《男童的神奇号角》[2]，他背诵的并不是教会和市民阶层规定读

---

[1] 《布登勃洛克一家》，第 657-658 页。
[2] 《男童的神奇号角》（*Des Knaben Wunderhorn*）是德国晚期浪漫派作家阿希
姆·冯·阿尔尼姆和克雷斯·布伦坦诺共同编辑的一部民歌集。

的东西，而是"驼背的小人儿"。[149] 他祈祷的主题是对现实的惊惧，对现实本来样子的惊恐，对"神秘的、悲伤的和有趣的七日完成伟业的惊惧"。[150] 汉诺的"梦魇症[1]"就是因这种惊惧而产生的。他在睡梦中用发沉的舌头说着（我们补充上，他含含糊糊可能念叨的句子）：

> 我要进入我的小花园，
> 要给我的洋葱浇水；
> 一个驼背小人儿站在那儿，
> 开始打起了喷嚏。

> 我要走进我的小厨房，
> 要去烧我的小汤汤；
> 一个驼背小人儿站在那儿，
> 打碎了我的小罐罐。

> 我要走进我的小屋里，
> 要去吃我的小糊糊；
> 一个驼背小人儿站在那儿，
> 已经吃掉了一半糊糊。

> 我要到我的地板上，
> 要去取我的小木块；
> 一个驼背小人儿站在那儿，
> 已经偷走了一半木块。

> 我要走进我的地窖，
> 要去打开我的小红酒；

---

[1]　原文为拉丁语: *pavor nocturnus*。

一个驼背小人儿站在那儿，
抢走了我的酒罐罐。

我坐在我的小纺车边上，
要转动我的纺车；
一个驼背小人儿站在那儿，
不让我的小纺车动。

我走进我的小卧室，
要整理我的小床铺；
一个驼背小人儿站在那儿，
开始放声狂笑。

当我跪在我的小凳前，
要进行我的祷告；
一个驼背小人儿站在那儿，
开始了说话。

亲爱的小孩儿，啊，我请求你，
也为这个驼背小人儿祷告吧！[151]

　　这个驼背小人儿先是把什么都弄坏了，然后别人在祷告时还要为他祷告！汉诺对保姆小姐说："是不是，伊达，他做这些事不是为了作恶，不是为了作恶！……他是因为心里愁得慌才这样做，可是做完了以后却更愁得慌……要是我们替他祈祷，他就用不着再做这些事了。"[1] 如果汉诺为驼背小人儿祈祷，因为他认同小人那些在市民眼里有害的，而在更高意义上其实是真正绝望的举动。罐子、洋葱、纺车、糊糊和酒：正

---

[1] 《布登勃洛克一家》，第464页。

常家政总归是庸人的事情，根本不能够满足最为深刻的、旨在寻求某种解脱的渴求。早期的托马斯·曼身上有一种虚无的宗教性，一种出于绝望的宗教性。它跟那类对着社会卑躬屈膝的官方教会没有任何关系。

"我想，"瓦尔特·本雅明（Walter Benjamin）写道，"传说中人临死前眼前快速浮现的'整个世界'是由那驼背小人儿对我们大家获得的图景组成的。"[1]152 这个小人儿不是从市民阶层的立场上进行评判，而是从死亡的立场上。如果托马斯·曼的书中出现了一些有关宗教震撼心灵的段落，那么这些段落一定跟死亡有关。兰克牧师遭到批判了，因为他是一位伪善者，面对死亡时没有一点震撼。"那么究竟什么是宗教的呢？"托马斯·曼在 1931 年问过，并且回答得非常坚定：

> 对死亡的想法。我看见我父亲死亡，我知道，我将来也会死掉，这个有关死亡的想法是我最为熟知的想法。我在思考和写作时，它总站在一切的背后。153

在生活中和小说中出现的死亡是令人震撼的，在宗教意义上也一样震撼，这一点与教会的死亡管理者的失职形成了鲜明的对比。托马斯·曼不带嘲弄地叙述了娘家姓为克罗格的伊丽莎白·布登勃洛克参议夫人在历经了漫长而可怕的痛苦之后，死亡的神秘瞬间：

> 六点半钟病人安静了一会儿。但是只过了一会儿，她那被疾病折磨得变了形的苍老的面部突然抽搐了一阵，露出一丝带有恐怖的突然的喜悦和一点令人战栗的阴沉而温柔的颜色，她飞快地把手伸出去，同时带着无比的顺从和既恐怖又情深的无限柔顺，大声喊了一声——她的喊声是那么慌急、促迫，令人感觉到，在呼唤她的喊声和她的答语间只有一秒钟的间隔——"我来了！"她离开了人世。
>
> 每个人都吓得一哆嗦。这是什么？是谁这样喊她，使她一刻也

---

[1] 《柏林童年》，瓦尔特·本雅明著，王涌译，南京大学出版社，2008 年，第 86 页。

不迟疑地就跟了去？[1] 154

　　刚才是谁在喊她呢？对于虔信的人来说，答案很清楚：基督。一个中世纪的拉丁语的祷告词祈求着："在逝去之际唤我！"[2] 在安格卢斯·西勒修斯[3] 的译文中，它成了死亡之歌。最后一节是这样开始的："在我最后的困顿中呼唤我，引我到你身旁，我的主。"155

　　真正的宗教性跟兰克牧师运持熟练的热心仪式没有任何关系。真正的宗教性是非市民的。它与爱、死亡和艺术一样，脱离了轨道。艺术也是这样。1895 年的 5 月初，托马斯·曼体验了一次歌德的《浮士德》的演出，他将此视为宗教体验（信的开端缺失了）：

　　……几百个天使。一段金色的台阶向上引往目不能及之处，人们可以看见上端怀中的圣婴，受难圣母；脚下是仙逝的浮士德；格蕾辛站在中间。从柔和的合唱声中，人们听到了超脱尘世的诗句：

一切无常者，

不过是虚幻；

力不胜任者，

在此处实现；

一切无可名，

在此处完成；

永恒的女性，

领我们飞升。[4]

　　或许有点可笑吧。但我很虔诚并相信被电光照耀着的通往形而

108

---

[1]　《布登勃洛克一家》，第 568-569 页。

[2]　出自天主教的古悼词《基督的灵魂》，原文为拉丁语：*In hora mortis voca me*。

[3]　安格卢斯·西勒修斯（Angelus Silesius，1624—1677）：德国天主教牧师和医生，神秘主义和宗教诗人，本名为约翰内斯·舍夫勒（Johannes Scheffler），原为路德教徒，皈依天主教时改名为安格卢斯·西勒修斯，此名为拉丁语，意思是"西里西亚的天使"。

[4]　《浮士德》，钱春绮译，上海译文出版社，1999 年，第 665-666 页。本书涉及《浮士德》的所有引文都出自该译本，以下不再一一注明。

上之目光的意义。——[156]

"或许有点好笑"——他在这里有点不好意思；这里说到了宗教。公开表现出来的虔诚让人尤其难堪，就像是冬妮在她哥哥的临终床前进行祈祷那样：

> 五点钟左右佩尔曼内德太太因为感情过于激动，竟做出了一件很欠考虑的事。她那时正坐在床旁边，对着她的嫂子，突然间她合起两手，用喉音高声念起一首赞美歌来……
> "结束吧，啊，主！"
> 她念道，所有的人都僵坐在那里倾听——
> "结束他的一切苦恼；
> 给他的手脚以力量，引他步入幽冥。"
> 因为她祈祷得过于专心，因此把暗中祷念的话也大声说出来，她没有想到，这一节诗自己根本背不会，在念完第三行以后，就不得不卡住，果然是这样，她正念到最高的调子，忽然念不下去了，她只好摆出个神气俨然的姿势代替这首诗的收尾。屋子里每一个人都等待着下文，屏气凝神，感到非常困窘。[1] [157]

"结束吧，啊主"是保罗·格哈特的歌曲《你指引着你的道路》（*Befiehl du deine Wege*）中第十二节和最后一节的开端。冬妮不得不通过神气俨然的姿态所替代的部分，在上下文中是这样的：

109
　　　结束吧，啊主！结束
　　　我们所有的困苦！
　　　强健我们的脚和手，
　　　让我们直至死亡

---

[1] 《布登勃洛克一家》，第 681-682 页。

时时刻刻在你的护佑中

诚心诚意地，

这样我们走的路

笃定通往天堂。¹⁵⁸

　　小说进展的过程中，宗教深度从一代到下一代不断增加，宗教性的内容就像一块石头沉入水井的深处。有关宗教的表述越来越扭捏、隐晦以及吞吞吐吐。老约翰·布登勃洛克开朗且脚踏实地；这个题目根本就不会困扰他。关于他的儿子，出现了这样的句子，他"通过对上帝和对被绞杀者的狂热之爱，他是他们家族中最早认识和维护了一种非日常的，非市民的和完全不同的情感"¹⁵⁹。而关于此人的儿子们（托马斯和克里斯蒂安）人们可以了解到，他们是第一批"因自由而幼稚地出现这类情感而被非常敏感地吓得缩回去的人"。冬妮喜欢在烤肉和饭后甜点中间，含着眼泪用一些伟大的字眼谈论父亲的故世，托马斯觉得这样做是"一件非常难堪的事"[1]。但这并不意味着，他非常无情。面对冬妮这种感情迸发，他虽然保持着有分寸的严肃和控制情绪的沉默，但"当别的人谁也没有提起或想到死者的时候，他脸上的表情一些没有改变，眼眶里却突然充满盈盈的泪水"[2]。最后到了汉诺，他已经为驼背小人儿祈祷过了。

---

[1]　《布登勃洛克一家》，第 256 页。

[2]　《布登勃洛克一家》，第 256 页。

托马斯和亨利希

年谱：1875—1914

　　直到 1889 年，兄弟两人共同度过了青少年时代，也就是亨利希 18 岁离开学校，他先是到德累斯顿的一家书店当学徒，而后从 1891 年 4 月起受雇于柏林的萨穆埃尔·菲舍尔出版社，成为一名见习生。虽然如此，兄弟两人还能时不时相见。1893 年的夏季假期，亨利希和托马斯一起到处闲逛。1894 年初夏，他们俩一起到了拜罗伊特。

　　父亲在 1891 年 10 月 13 日去世，这让亨利希获得了经济上的独立，因此他能够从 1892 年起作为一名自由作家，开始动荡不安的飘零生涯。他待过的主要地方有柏林、洛桑、巴黎、佛罗伦萨和罗马，另外还有加尔达湖畔的小镇里瓦，他常常因为肺部受损需要到那里的疗养院去休息调养。一直到 1914 年，亨利希都没有固定的住址。早在 1894 年，他的第一部小说《在一个家庭里》(In einer Familie) 就已经出版了。在这部小说之后，又接着出版了几部中篇小说，而后就是长篇小说《懒人乐园》(Im Schlaraffenland)（1900）和更为成功的文艺复兴三部曲《女神》(Die Göttinnen)（1902 年底）。

　　1895 年到 1901 年这段时间，两人在一起待得最久。1895 年的 7 月到 10 月，兄弟俩第一次一起在意大利度过了几个月（在帕莱斯特里纳和罗马）。1895/1896 年，托马斯也在亨利希主编的杂志《二十世纪》工作。1896 年 10 月到 1898 年 4 月，托马斯第二次在意大利驻留，部分是为了能时不时与哥哥见面，部分是为了跟他一起共同生活几个月。1901 年春天，从佛罗伦萨旅行回来的途中，托马斯来到加尔达湖畔的里瓦小镇，在由替代医学家冯·哈通根博士开办的疗养院陪哥哥亨利希过了几天，这所疗养院为小说《特里斯坦》（完稿于 1901 年 6 月或者 7 月）里面的"艾因弗里德疗养院"提供了很多典型的场景细节。接下来是在米特巴德（1901 年 7 月 /8 月）和里瓦（1901 年 11 月 /12 月）进行了更长时间的度假。

　　托马斯逐渐从哥哥的影子中走出来。《布登勃洛克一家》（1901 年出版）的销售成绩在不久后远远超过了亨利希作品的印刷量。这位弟弟现在变得非常具有自我意识。1903 年底，他非常凌厉地批判了哥哥的小说《追蜂逐蝶》（*Die Jagd nach der Liebe*），以至于二人之间的罅隙要非常努力才能填补。亨利希最好的小说之一《垃圾教授》（*Professor Unrat*）（1905 年出版）也达不到弟弟的要求。再加上家里发生的一些事情，妹妹尤丽娅于 1900 年、弟弟托马斯于 1905 年结婚，之后亨利希疏远了家人，因为按照他的品位，这类婚姻太过市民气了。反过来说，当时与他订婚的伊涅丝·施米德（Ines Schmied）（自 1905 年）无法获得家族的青睐，他后来在 1914 年娶的布拉格女演员玛丽亚·康诺瓦（Maria Kanová）也同样不能融入家族。这对夫妻后来定居于慕尼黑。

　　这样看来，兄弟二人的关系虽然是同行合作式的，但多少还是有点紧张。自大约 1904 年以来，亨利希渐渐地脱离他一开始多少有些不过问政治的、保守的观念，朝着政治、自由主义和民主的方向发展，如 1909 年的长篇小说《小城》（*Die kleine Stadt*），1910 年的杂文集《精神与行动》（*Geist und Tat*）。托马斯带着异样的神态看着这种变化。虽然跟亨利希最为知心的妹妹卡拉的自杀让家族里的其他人再一次加强了团结，但 1914 年秋天，当托马斯站在德国民族主义立场上为战争欢呼喝彩时，兄弟两人的紧张关系终于爆发了。此后好多年，兄弟两人断绝了联系。

父亲之死与祖荫

　　父亲在立遗嘱时并没有让兄弟俩接管贸易行，他没指望二人在这方面能成什么事情，但也就此让他俩卸下了负担。他们为此感谢他，同时也要证明自己对得起这样的释重。父亲当时可能就此说过一些话：这些话是做出任何决定时的一个非常重要的动机，终生都是如此。在他们的回忆中，两个人都争着要获取父亲临终时刻的青睐。他们都想在父亲临终时与他特别亲近。亨利希后来写道，临终的父亲对 20 岁的自己说了，他"一直想着，但又一直忍着没说的话：'我要帮助你'成为一名作家，两人心里都清楚，一人吻着另外一人的手，他今天还在吻着他的这只手"[1]。托马斯的回忆却是"非常难忘的青春时代的场景，病重的父亲刚刚从楼梯转角平台走出来，亨利希就从父亲那里跑掉，而我在那里跟他聊了一会儿，在告别时，父亲还对此表示感谢"（1919 年 5 月 25 日的日记）。

托马斯·约翰·亨利希·曼死于膀胱癌，享年 51 岁。"我多么愿意还留在你们的身边啊。"他在去世的那天还这样说。[2]但若是如此，一切的发展走向都会完全不同。特别是对他的二儿子来说。他后来真的会成为商人吗，就像诗人让·雅克·霍甫斯台德建议年轻的布登勃洛克那样？"托马斯，又规矩又实在；将来一定会成为一个商人，谁也不用怀疑。克利斯蒂安，我看可真是个小精灵，怎么着？真有点 incroyable……"[1] 3

敌对状态

"我已经变成现在这样一个人了，"最后托马斯开口说，声调里带着感伤，"因为我不愿意成为你这样的人。如果我内心里曾经躲避着你，这是因为我必须提防着你，因为你的本性，你的举止对我

---

[1] 《布登勃洛克一家》，第 9 页。"incroyable"是法语，意思是"不可思议的，难以置信的"。

是危险的……我说的是实话。"[1]

这段话是托马斯·布登勃洛克跟弟弟克利斯蒂安狠狠地吵了一架之后说的。⁴这段话也完全可以用在托马斯和亨利希·曼兄弟俩身上。克利斯蒂安·布登勃洛克虽然被视为是照着叔叔弗里德尔[2]的样子写的，但实际上只有很少的一部分是真实的。此外，克利斯蒂安的形象有亨利希的重要的性格特点，这些特点就映射在托马斯的惧怕里。当克利斯蒂安失去了自制能力，毫无理由地为他那个珍贵的自我担忧，⁵亨利希在此处主要表现为对他出身的家庭的反叛，但也表现出他弟弟的担忧，担心自己也会同样地从自己的角色跌落。当克利斯蒂安跟那些不明不白的女人鬼混，这背后暗示了亨利希跟一些妓女来往以及禁欲者托马斯对那些纵情声色的人的蔑视。小说中克利斯蒂安·布登勃洛克虽然各种小毛病不断，但活得却比他哥哥托马斯长久，这隐隐地表达了托马斯·曼的担忧，即他那种克己而无可指责的生活方式，可能并不比随心所欲更健康。

"这种兄弟问题一直在撩动我。"托马斯在 1905 年 12 月 5 日给哥哥亨利希写信时这么说。他的著作中，随处可见兄弟们，从托马斯和克利斯蒂安·布登勃洛克，到《王子殿下》中的克劳斯·亨利希和阿尔布莱希特兄弟，再到《天选者》中的格里戈尔斯和弗兰兄弟。宏大的长篇叙事巨著《约瑟》四部曲也是很重要的兄弟小说，虽然亨利希在小说中并没有直接出现。

这位年长 4 岁的哥哥在高中毕业考之前，为了去一家书店当学徒，勇敢果断并且不留后路地离开了学校。此后，他在 S. 菲舍尔出版社，一家前景广阔的现代文学出版社当见习生，还作为旁听生去柏林大学听课。他很早就开始写一些具有反叛色彩的文章，对托马斯而言，兄长在一开始肯定具有榜样作用，尤其是在面对学校、家庭和社会的种种要求

[1]《布登勃洛克一家》，第 580 页。
[2] 即弗里德里希·曼，弗里德尔是昵称。

时维护自己的独立性。托马斯一开始对亨利希非常崇拜，但他的兄长反过来却一直在调侃他，也有些小瞧他。托马斯一开始柔软、脆弱并且乖巧可爱，他无力抵抗哥哥毫不留情的狂傲。他是弱者这一点，刺激了他的文学上进心。他在文学中进行报复，报复他在生活中遭受的伤害。对一个更年少的人来说，目标附近的地盘已经被占住了，这就相当困难了。如果渴望的位置并不是继承而来的位置，而只是对手一方的位置，这使得竞争变得更为微妙。托马斯也背弃了祖辈的角色，成了一名文学家。他还得在一个本来就极为不稳定的地方，跟一位已经很有成就的人并肩而立，站稳脚跟。在文学上跟哥哥区分开来，这种必要性是最基本的。而发展出实现这一点所需的技能，当然还需要假以时日。

在这些年里，种种事实表明，作为对手的亨利希是无法逾越的。因 116此，托马斯就只剩下了一个保守主义的角色。早在 1904 年底，他就回吕贝克举行过一次诵读会，还试着跟他的故乡城市和解，而亨利希在 1893 年就离开了他童年活动的地盘，并且一去不复返。但托马斯一直心系故乡的这座城市。1909 年 10 月 17 日，亨利希在写给路德维希·艾维尔斯的信中说道："托米总是愿意听到吕贝克的。"

另外，两兄弟在对待性方面也有很大的差异。当托米获悉，亨利希如何对他恋爱中的诗歌进行讥讽时，他肯定受到了很大的伤害。他需要理解和保密。年轻的亨利希写给路德维希·艾维尔斯的信件表现出来的那种毫无分寸感的闲扯淡态度，一定会刺痛他，促使他在将来把自己隐藏得更好。托马斯后来的大师级别的伪装，也应该归功于跟亨利希的竞争。

这些书信往来，只有一部分安然地度过了那些过于动荡的岁月。留存下来的最早的信件写于 1900 年 10 月。但是，亨利希离家去了德累斯顿以后，肯定写过一些信。还不满 14 岁的托马斯告知，有人在家里朗读亨利希的诗了，而且获得了"响亮的鼓掌声"。[6]这些早期的信件到底是丢失了，还是从一开始亨利希就觉得这些信没有保存的价值，现在已经无从知晓了。1933 年以前的回信只有几封例外地保留下来，其他的也都遗失了。它们很有可能与 1933 年留在慕尼黑的大量文件一同失踪了。

书信往来只产生于人们在空间上分离的时候。因此，有了最密切的个人往来，就常常省却了书信联系。在意大利的时光就是这样一段时间，我们没有那个时期的书信。兄弟俩计划了好几项共同的工作。开始时，《布登勃洛克一家》很可能也是其中一项。他们很可能暗自都有这个同样的想法，亨利希在《一个时代被审视》（*Ein Zeitalter wird besichtigt*）中回忆道："我们想一起写一本书。我先张口说出来了，但他已经做了一些准备。"[7] 在新婚旅行中，托马斯回顾思索这个过程时认为，[8] 一切都是共同商讨的结果。

当时在帕莱斯特里纳，我们想出了要写一部 Gipper[1] 类型的小说，最初打算用那首很好听的歌"公共汽车穿过城市"作为主题。最后，大概就是公共汽车把比尔曼送进了监狱。

117　　由这个想法产生了《布登勃洛克一家》。那位臭名昭著的比尔曼是个骗子，他与曼家族联姻了。在小说中，他以胡果·威恩申克的形象出现，娶了冬妮·布登勃洛克的女儿，但后来因为欺骗进了监狱。很显然，讲述这个家族的历史，选择的角度是家族里秘而不宣的难堪事情。跟格劳托夫的信件往来也证实了"Gippern"这个表达，它的意思是一种对整体的嘲弄方式，一种充满着反讽优越感的智识上的愚蠢，但不含有具体的讽刺锋芒。它大概也标明了另外一项共同作品的基调，那部作品真的写成了，就是那本《给乖孩子的图画书》，但可惜的是，自 1933 年以来便下落不明了。这本妙趣横生的小书是为弟弟妹妹尤丽娅、卡拉和维克多写的，而且暗地里有个目标，即让处于市民阶层安稳感中的他们有所震动。没有人比最小的弟弟维克多对它的印象更深刻，直到晚年，他还能背诵其中的大部分内容。[9] 胡戈·吉泽-维德里希博士，一名面露奸诈、有着鱼型嘴和稀疏胡须、身穿双排扣高领上衣的资深教

---

[1] Gipper 大意指"嘲讽者"，源于托马斯和亨利希·曼兄弟之间所用的"Gippern"一词。

师，扮演着出版者的角色。接下来是绘画、图片和谣曲。托马斯当年也表现出一种后来完全被忽视了的绘画才能。全书的高潮部分是戏拟席勒的《强盗凶手比滕费尔德被日落折服》（*Raubmörder Bittenfeld vom Sonnenuntergang überwältigt*）。在艾丽卡的记忆中，那个罪犯不叫滕费尔德，而是叫作布本汉德。[10] 只有少许片段流传了下来，其中一处如下：

> 恶棍！你的时辰现在也到了，
> 你的目光最终停留在崇高上，
> 一颗泪珠润湿了你坚硬的面颊，
> 蚀损被怨恨咬噬的骨架。
> 那颗泪珠，来自伊甸园，
> 恶棍，就这样你还没有完全被诅咒？

兄弟二人写的东西都是讽刺、怪诞和恶搞的风格。换句话说，他们完全在亨利希的地盘上。逐渐地，托马斯形成了一种完全不同的工作风格，一种嘲弄的、心理上现实的和审美主义的，不是进攻型的，而是挽歌似的，就像败落小说呈现的那种基调。

兄弟俩虽然在意大利共同度过了几个月时间，但是在写各自的书。托马斯写《布登勃洛克一家》，亨利希写《懒人乐园》。这两部小说都是 1897 年在罗马开始写的。灵感来临时，亨利希一跃而起，碰到了天花板。"在意大利罗马，老房子的房间在真正的天花板的下面，还有一层用彩绘的纸做成的假顶：老鼠就在这两层天花板中跑来跑去。天花板不高，我的头顶很可能碰到了那层比较软的纸糊的天花板。这种意外状况给我人生中的这个幸福时刻打下了印记。"[11] 118

他们肯定在一起聊了很多。对于弟弟的写作，他大概是有些贡献的，后来亨利希在他的自传里如是写道。[12] 他们是否会让对方看自己在写什么，或者让对方看到什么程度，这是另外一个问题。但很早就出现了一些充满嫉妒的相互指控，说对方偷窃了自己的主题。从托马斯的信中，我们多少可以知道一点。"在里瓦一次泛舟摇船之时"，大约是在 1901 年 12 月，一定发生过一出这类场景，因为亨利希把弟弟的小说《情人》（*Die Geliebten*）中的想法，以"肤浅和怪诞的方式"用在了《女神》里。[13] 这个时期的另外一次言语纠葛，我们可以在《一个不问政治者的观察》中推断出来。[14]

"你在批评现实的时候说个没完没了，"我从最亲近的圈子里听到这个评论，"但你还是要走向艺术的吧。"走向艺术？但针砭时弊，抨击形象化的道德主义，我觉得这些才是艺术啊，而且我鄙视那类纲领性的毫无良知的唯美姿态，昔时，今日的美德曾想激励我采用这样唯美的姿态。

但是两人之间的争吵早就开始了，1897 年在罗马的时候，他们就吵个不停。亨利希在 1918 年 1 月 5 日一封信的草稿中说起了他记忆里如闪光摄影一般留下的一件事情："你说'处于敌对状态'，你当时 22岁，在银塔路 34 号，坐在钢琴边上，突然回过头朝着我说这句话。那么，就一直这样对你好了。"

洛伦佐和修道院院长

对竞争的担忧并不是没有原因的。两人同时都对文艺复兴运动着迷。亨利希的第一个巨大成功就是他的三部曲小说《女神》，在三部曲中，冯·阿西公爵夫人的内心燃烧着充沛的激情，先后献身于自由、艺术和爱情，高举受尼采的超人学说启发而产生的对"狂躁的文艺复兴"的狂热膜拜来对抗自己所处的孱弱而颓废的时代。但托马斯从 1900 年起就开始为写一出文艺复兴时期的戏剧《翡冷翠》而苦心研究了，在

119

这出戏中，他让禁欲者萨沃纳罗拉的道德主义战胜了病入膏肓的洛伦佐·德·美第奇（别名华贵者）对美的狂热。洛伦佐把这位修道院修士称为兄弟。在死亡的时刻，其他所有艺术家都不管用。只有唯一的一个人位于同样的档次上："您在我的身旁毅然崛起，与我在同一高度上呼吸……您恨我，您抵制我，用您的整个艺术来对抗我—— 您看，我在内心深处是多么倾向于将您称为我的兄弟啊……"萨沃纳罗拉张口断然拒绝他，这种拒绝完全可能是托马斯本人发出的："我不愿意当您的兄弟。我不是您的兄弟。"他坚持敌对，要竞争："您不用赞赏我，您应当恨我。"[15] 托马斯就很恨。"人们恨的是，最受鄙视的东西获得了某种势力。"他在第七本笔记本里这样写道。禁欲者的恨意不仅仅是针对那位在色欲上更加强势的人。萨沃纳罗拉不为人知的秘密是，他先前暗自渴慕著名的交际花菲奥蕾，但被她回绝了。洛伦佐却占有了她。这位修道院院长的禁欲修为在其核心上被颠覆了。这种禁欲并不是摒弃欲望从而获得自由，而是因为受到伤害迫使自己禁欲，是因为不可能得到性欲目标而禁欲。他并不是一位天使，而是一位罪人。"没有纯洁的肉体。必须认识、感知、理解罪孽，才能够去恨它。天使并不恨罪孽，因为它们根本就不知道罪孽。"托马斯·曼却恨，就像一个真正认识罪孽的人那样去恨。

菲奥蕾是交际花的名字，翡冷翠[1] 是这座城市的名字。修道院院长的追求是，征服翡冷翠，因为菲奥蕾摆脱了他。对权力的梦想替代了落空的爱情之梦。最起码他要从洛伦佐那里把大众夺过来，二者洛伦佐都得到了，菲奥蕾和翡冷翠。就洛伦佐方面而言，他完全可以容忍修道院院长出现在自己身边。他再次坚持，他们就是兄弟。但修道院院长只要敌对状态。"我不是您的兄弟！"他再一次声明，"我恨这种卑劣的正义，这种贪得无厌的理解，这种缺德的容忍对手！"[16]

----

[1] 即佛罗伦萨，翡冷翠为徐志摩从意大利语翻译而来。托马斯·曼在剧本中使用的城市名"Fiorenza"是中世纪意大利方言，考虑到女主角菲奥蕾（Fiore）的名字与"Fiorenza"的发音有相似之处，本文在涉及这个剧本时，都将城市名译作翡冷翠。

不过最后一个句子并不是针对亨利希打造的，因为这种"贪得无厌的理解"根本不是来自亨利希，而是来自托马斯自己胸中的两个灵魂[1]。不仅仅在那个修士身上，在洛伦佐身上也有些托马斯的影子。"你难道就没有觉得，我在洛伦佐身上赋予的我自己的东西起码跟加在那个修道院院长身上的同样多，他至少也是个又主观又抒情的形象？"[17]"理解一切就是要原谅一切"，这是一种危险，审美者托马斯在自己身上，而没有在亨利希身上研究过这种危险。与"亨利希"的论争在任何意义上都不是跟亨利希这个现实中真正的人进行论争。这场论争中有很多幻想的和反射出来的东西。"亨利希"成了位于托马斯心中的多种可能性以及畏惧的掩码。"亨利希"是艺术建构中的一个角色，托马斯缩在这个艺术建构中抵御来自现实世界的种种要求。

道德主义对应感官主义：这还是击中了兄弟论争问题的核心，无论是生活中的，还是想象中的兄弟问题论争。在托米才刚满15岁时，已经19岁的亨利很绝望地给路德维希·艾维尔斯写信说到，在他那里一旦提起"爱情"二字，说的就是肉欲上的事情。"那种'理想的'、柏拉图式的爱根本就不存在。"[18]或者说得更加冷酷一些：

> 对我来说"爱情"是一种臆想，跟其他的臆想一样。这个过程开始时，在我内心总有性神经受到刺激，这种刺激根本就没有任何外在原因，只有存在于我自己内部的生理上和病理上的原因。我遇上的第一位多少合乎我的口味，而且可以得手的女人会在我这里引发狂欢。[19]

贞洁的托马斯在相应的年龄试着让欲望干涸萎缩。"因为我不想成为你那样的人，我就成了我现在这样的人。"

---

[1] 引自歌德《浮士德》的"城门外"一场"有两个灵魂住在我的胸中"。

书信往来

　　与亨利希的通信是保存下来的通信中最为重要的，因为亨利希是唯一同档次的作家同行。他那个时代的文学大家诸如弗朗茨·卡夫卡（Franz Kafka）、贝托尔特·布莱希特（Bertolt Brecht）、阿尔弗雷德·德布林（Alfred Döblin）、罗伯特·穆齐尔（Robert Musil），托马斯·曼都避之不及。对他而言，与他们往来很有可能会太费神。他后来与胡戈·冯·霍夫曼斯塔尔（Hugo von Hofmannsthal）和赫尔曼·黑塞（Hermann Hesse）虽有信件往来，但交流的内容不过是很有思想的礼貌用语，并没有真正触及内心。而对格哈特·豪普特曼[1]，这位跟他争夺日耳曼文学第一把交椅的人，他根本就不可能说任何心里话。

　　存留下来的信件分散在不同时期。第一组信从 1900 年 10 月 24 日到 1901 年 5 月 7 日。当时亨利希在意大利，托马斯才刚刚服完兵役，正为了也能去意大利忙着到处找钱。就是在这段时间里，他的《布登勃洛克一家》的手稿在 S. 菲舍尔出版社放置了几个月也没有人读。在文学上，托马斯深感沮丧。"你正在绽放，而我目前内心已经碎成了千万瓣。"[20]我们甚至了解到他有一些自杀的打算又撤回了这样的打算。[21]这类打算与保罗·埃伦贝格有关。这些信里在隐晦含蓄地歌唱和诉说着"一种无法描述的、纯粹而又意想不到的心灵幸福"（1901 年 2 月 13 日）。但托马斯退缩了，没有去详谈细节。"对于承诺过的告白，我还是要么放弃，要么推迟吧。"（2 月 28 日）"更为详尽的告白，我还是免了吧，因为去写和有选择地挑选材料只会加重或者夸大这些事情。"（3 月 7 日）他默默地、隐晦地暗示了同性恋情的缘由："这里说的并不是爱情故事，至少不是通常意义上的，而是一种友谊，一种——啊，多么令人

121

---

[1] 格哈特·豪普特曼（Gerhart Hauptmann, 1862—1946）：德国剧作家、诗人，作品带有明显的现实主义倾向，剧作《织工》被看作德国戏剧发展史上的里程碑，1912 年获得诺贝尔文学奖。

惊讶的友谊！——是一种体谅的、回应的、很值当的友谊……格劳托夫甚至说，我简直就像个热恋中的高中生，但他是这么看的，所以他只是这么说说……不过最主要的是，在这个关系中洋溢着一种深沉快乐的惊异，惊异于此生还能得到一种不期而遇的感应回馈。就说这些吧，见面时我可能会在口头上不由自主地多透露些。"（3月7日）

接下来私下交换的内容就不是这些私人生活中的事情了。大部分信件讨论的主要是一些文学方面的事情，交流一下创作计划和已经完成的作品，讨论成就与失败、作品评论和出版商、同行和书籍。偶尔也会讨论一下家族里的相关事物。但贯穿的主题是文学竞争、把自己拿来相比较，要证明自己，而亨利希在开始时明显还要略胜一筹。

第二组保留下来的信件写自1903年9月15日到1904年1月8日，这组信件的核心内容是围绕亨利希的小说《追蜂逐蝶》展开的一次相当激烈的大讨论。竞争的局势发生了扭转，《布登勃洛克一家》在此期间已经出版了，托马斯现在处于领先地位。第三组信件的时间断断续续地从1904年2月27日延续到1906年6月11日，主要涉及订婚、结婚和初婚的第一年。托马斯给出了详尽的信息，很明显，他觉得自己有义务为自己辩解清楚，有关这方面的事情，他写得比先前说起保罗·埃伦贝格时要详尽清楚得多。他娶了富家女不应该造成兄弟间的生分，他一直担心这一点。"既不是幸福，"克劳斯·亨利希在《王子殿下》中说，"也不是民众的爱，会使我停止成为你的兄弟。"[22]此时在文学上，托马斯已经是一位能把作品卖到第18版的作家了，几乎带上了点施惠者的风范。"您要坚决支持我哥哥，您千万别让他跌下去！"据说，他有一次这样提醒过阿尔伯特朗根出版社的出版商，"他总有一天会有重大成就的。"[23]而他本人，在订婚的那一年以及婚后第一年，自然"令人痛苦地缺乏创作"。[24]他现在学会了用一种方式来夸奖亨利希的作品，反正让人一听就知道他在说谎。"又是一本光芒万丈的书，"他在1906年6月7日评论中篇小说集《疾风骤雨的早晨》（*Stürmische Morgen*）时说，"这本书显示出你所有的优点，你那令人着迷的速度，你那著名的'活力'，你用词那么令人愉快地简洁精确，你那完全令人惊异的大师水

123

平，简直要让人以身相许，因为它毫无疑问地来源于激情。"

而后，书信往来变得没有什么内容，信写得越来越短，生日和圣诞节常常成了写信的缘由。母亲尤丽娅·曼在 1908 年 12 月 1 日写信给亨利希时说，托米现在缺少跟他的书信交流。但真实情况也许并非如此。1907 年 5 月 27 日到 1914 年 9 月 18 日的通信可以被视为兄弟两人的第四组信件往来——7 年间加起来大约 50 页。最重要的内容是涉及家族的。在亨利希和妹妹尤丽娅（嫁给了勒尔）之间爆发了一场严重的争论，争论的焦点是有关亨利希的未婚妻伊涅丝·施米德的行为举止问题。托马斯就此总结性地表态："我总觉得，兄弟姐妹之间完全不应该闹翻。他们可以互相笑话对方，可以互相冲着对方喊叫，但他们不能大张旗鼓地老死不相往来。牢记贝克格鲁伯大街 52 号吧！其他东西都是次要的。"（1909 年 4 月 1 日）托马斯以妹妹卡拉自杀为因由，又发表了一份基于吕贝克共同童年经历的神圣家庭意识的宣言。"那种兄弟姐妹团结一体的情感让我觉得，卡拉的行为令我们的生存也面临问题，我们锚定的基础开始晃动……卡拉没有考虑到任何人，而你说：'竟然还要说这种话！'但我不得不说出，我自己感受到的，卡拉不应该和我们分开。她在做这件事情的时候，没有团结一体的感觉，没有感觉到我们是同命运的。她的行为可以说是违反了一种缄默不言的约定。"（1910 年 8 月 4 日）亨利希的看法不同，他很爱卡拉。

虽如此，大家还是相互帮忙。1912 年 4 月 27 日，托马斯·曼为亨利希的小说《臣仆》提供了他入伍体检和服兵役过程中的一些细节。经济上也表现出相互支持依旧存在，虽然托马斯向亨利希要回他不久前借出的一笔钱，因为他在修建位于巴特特尔茨的一幢豪华避暑别墅时，自己有些捉襟见肘。在亨利希一方，他写过一篇对《死于威尼斯》的巧妙评论，以此帮助弟弟对抗出自批评家阿尔弗雷德·克尔[1]笔下的毁灭性的文字。在此之前，他还为了维护弟弟，发表过一次针对理查

---

[1] 阿尔弗雷德·克尔（Alfred Kerr，1867—1948）：德国作家和记者，有影响力的戏剧评论家，绰号"文化教皇"。

德·冯·绍卡尔（Richard von Schaukal）的言论；此人到处都能发现托马斯·曼的"各种作"。[26]

在这段时间里，随着小说《小城》的出版以及转向政治和民主，亨利希在精神上采取了主动。托马斯却觉得自己被时代抛弃了。1913年11月8日，他写了一封充满绝望的信，说起了精疲力竭、各种顾虑和疲劳，又说到了自己无法在精神和政治方面真正地找到方向。他还提到，他天生具有对"死神日益强烈的同情"，"我全部的兴趣一直都在于颓败，这大体上是阻止我对进步感兴趣的原因吧"。他自己更期待的是亨利希的作品，而不是自己的。"你在灵魂上更有意义；这个才是起决定作用的。我觉得，我已经报废了，或许我从来都不应该成为一名作家。"

战争爆发才使得这种情绪暂时结束。战争的爆发对托马斯·曼来说是一个解脱。在兄弟姐妹团结一心的意义上，他最初根本就不可能相信，亨利希会真的站在一个完全不同的立场上。1918年9月18日，他还毫无恶意地说起了"伟大的、完全正派合理的、庄严宏伟的德国全民战争"。由此，兄弟两人的通信中断了好几年。

平民与旃陀罗[1]：文艺复兴时期的男人与女性的艺术理想

"我饱受痛恨之苦，其他的情绪不会让我遭受这份苦。"托马斯·曼在他的第七本笔记本（1903）中这样承认。不久后，他又写道："我最恨的还是那些人，他们通过在我身上唤起的情感让我注意到我性格上的缺陷。"[27]他哥哥的著作就提供了一个用于检验的实例。"我根本没想过

---

[1] 旃陀罗（Tschandala）：印度种姓之一，是位居首陀罗之下的贱民阶层。

轻视'公爵夫人'；但我恨她。这是一种坦白。"[28]那位冯·阿西"公爵夫人"是亨利希的小说《女神》中的主要角色。"世界上没有什么比这个作品更让我觉得陌生了，"托马斯给理查德·冯·绍卡尔写信时谈起亨利希的小说，"我哥哥和我越离越远了；表面上看我们几乎不怎么来往了：这起码是个标志，说明我们都很拿对方当回事。"当绍卡尔由此推导出，这当然正好表明，诋毁亨利希的作品这样的权力只有给托马斯本人最为合适，给别人就不行。托马斯开始抱怨："我怎么就给了您理由去相信，我有可能……会对贬低我哥哥的作品感到开心，或者可能为之喝彩呢？"[29]接着，他又急急忙忙地向哥哥保证，绍卡尔做了这样的蠢事，别指望能从他这里得到暖暖的谢意。[30]他们站在人类的高度上互相仇恨，但是也携手并肩，共同应对来自遥远的底端的攻击。所有不属于家族的，都是遥远的底端。

125

亨利希只要在那儿而且活得洒脱，就在他那种自恋上敲出了深深的伤口。他在他弟弟那里唤起了某些情感，使他注意到自己性格上的缺点。托马斯有些愤愤不平地记着："跟亨利希那个高贵的人、冷漠的人相比，我是一个情绪温和的平民，但又有很强的统治欲。萨沃纳罗拉并不是平白无故就成为我的英雄的……"[31]一个具有统治欲望的平民：这可不是个令人舒适的自我坦白。不具备像亨利希那样生来就有的统治权，而仅仅是一个为追求统治而耗尽心思的旃陀罗。由此产生的自我仇恨转向外部，转向对"亨利希"原则的恨。1903年3月，托马斯已经写下"我们这样可怜的平民和旃陀罗，我们在文艺复兴时期的男人的讥笑声中敬仰女性的文化和艺术理想"这样的词句，并借此暗戳戳地、带着恶意向《女神》开火。"僵硬且冷漠的异教徒称之为'美'的那些乐西，其实什么也不是。"[32]平民不是贵族式的争权夺利的人。他连"男人"也不是。他的艺术理想是女性的，他还相信"痛苦、经历、深刻、受难的爱情"。"旃陀罗"是对印度种姓制度中一个低等、受到轻视的种姓的称呼。托马斯·曼可能是从尼采那里拿来的这个词，尼采在《反基督》中说到了"一种高贵道德和一种由于愤恨与无能的复仇而产生的贱民[1]道德之间的对立"。33 从尼采批判基督教的超人学说的角度来看，托马斯·曼这位充满了愤恨情绪的禁欲者就是一名天生的基督。"萨沃纳罗拉不是平白无故就成了我的英雄。"在另外一个地方，尼采称基督教是"贱民价值的胜利"以及"所有被踩踏的、惨苦的、失败的、十分不如意的人的总起义"。34 亨利希却是高贵的。"受欢迎度是一个恶心的事情。"他的影子在小说中这么说。35

无力昏乱而又充满复仇欲的是贱民旃陀罗，同性恋群体就是那种被轻视种姓的结盟者。只要不同时把他们从社会排挤出去，他们就无从满足性欲目的，他们注定达不到欲求。在"女性的艺术理想"这个词组背后也隐藏着这个受难并放弃了的同性恋者的理想。亨利希却作为贵族和文艺复兴时期的男人出现。

追蜂逐蝶

那位被攻击的人还留在意大利，起先根本没有注意到什么女性的艺术理想，什么文艺复兴时期的男人嘲弄的微笑等。他奋笔疾书写出了下一部小说《追蜂逐蝶》。主人公是一位颓废的百万家产的继承人克劳德·马伦和一位野心勃勃的女演员乌特·恩德。一个令人深受感动的故事由此展开，围绕着金钱和欲望，围绕着游戏、辉煌和残酷，全篇基本上没有谈及道德，如果不把特定的哀伤算作道德的话。托马斯对这部小说的回应是一封相当激烈的信，写于1903年12月5日。

> 如果我回头想想过去的10年、8年、5年！你是以什么面目出现在我面前的呢？你是怎么样的呢？一个高贵的天然情人，在这样的

---

[1] 原文中用的是"Tschandala"，即印度种姓制度中属于贱民阶层的"旃陀罗"。

人身边，我觉得我这辈子就是平民的、野蛮的、供人取笑的，我跟你这种知深浅，懂轻重和有文化、完全谨言慎行的"现代性"完全形成对立面，而且你还那么有历史知识方面的天资，完全无视任何喝彩，一个精致而高傲的人物，对这样人物的文学表达，目前在德国已经有了一个乐意受其影响的不俗的读者群体……而现在，又出现了什么呢？出现了这些不着调的笑闹，这些杂乱无章的、刺眼的、慌乱的、抖动的针对真理和人性的亵渎，出现了这些毫无尊严的鬼怪面孔和耍把戏的东西，出现了这种令人绝望的对读者利益的侵袭！

接下来是在文学上灭掉对方，一直打得对方完全没了动静。他总算有机会借文字把恨意表达发泄出来，一定会感觉不错，而且他的表达是这般排山倒海，这般激情明快，这般文辞精湛。狂风暴雨般的批判最后指向了性描写，再一次维护在这方面的保守态度，反对性放荡的描述。这并不令人奇怪。

还有就是情欲，我要说的是：性事。因为性爱主义并不是情欲。情欲是诗，是一种来自深处的言说，是一种无从明言而又赋予所有人以战栗、甜美的魅力和秘密的东西。性爱主义是赤身裸体的、无从精神化的，是一种直呼其名的东西。在《追蜂逐蝶》中简简单单地直呼其名的地方有点多。魏德金德大概是德语现代文学中最放肆大胆的性事专家，但他跟这本书比起来还显得很可亲。为什么？因为他写得更恶魔般狂暴。人们可以感觉到性上这种令人恐惧的、这种深沉的、这种永远令人疑惑的东西；可以感受到性带来的痛苦，一言以蔽之，人们可以感受到激情。但那种完全不把道德习俗当回事的态度根本无法让更好的人接受，而你笔下的人物就是以这种态度互相摸摸小手，就扑到对方怀里，然后就开始做爱[1]。这种没完没了的发情、无处不在而持续不断散发出的肉体气息让人觉得

127

---

[1] "爱"在原文中用的是法语：l'amore。

累，令人生厌。太多了，到处充斥着"大腿""胸脯""小腰""小腿""肉"，简直让人没法弄明白，在头一天已经举行了一场正常的、一场女同性恋的和一场男同性恋的性狂欢之后，你怎么在第二天上午又开始弄这些东西。就是在发生于乌特和克劳德之间那个令人动容的场景中，后者濒死躺在病床上，就是在这个几乎令我不忍卒读真想忘记的场景中，就是在这里乌特的"大腿"还是要不可避免地在行动，如果乌特不赤裸身子在小屋里面走来走去，那场景根本就没法结束！我写下这些句子的时候，并没有想扮演弗拉·吉罗拉莫[1]的角色。道德主义者跟道德说教者完全不是一回事：在这一点上，我是个百分之百的尼采信徒。但只有猿猴和南部野人才会完全置道德于不顾，在道德还没有成为问题、还没有成为激情的地方，那就是一片无聊且无耻的土地。我越来越意识到道德和精神是具有一致性的，我非常尊崇伯尔内[2]的话，我觉得他的话中蕴含着不朽的真理。"人们，"他说，"如果他们更讲道德一些，就会更富有精神。"……

亨利希为回复这封信打草稿时写下的几个要点保留了下来。他显然被镇住了，因为他开始认识到兄弟情谊，开始承认托马斯跟他同一档次。"我们内心怀有同样的理想。你渴求北方的健康，我渴望南方的健硕……在我们之间有着程度上的区别。我内心具有更多的吉卜赛式的艺术家之风，以至于自身都无法抵挡了。我其实更像是个罗马族的人，更陌生，更无节制。我病得更重。"他并不是作为文艺复兴时代的男人为自己辩护，而是作为颓废者。"我很惧怕一点：倘若我停下来，我就完蛋了。"在论及性时，他将其视作"对身体过程的装神弄鬼"并以此驳回了弟弟的升华说。对他而言，"性是一桩简单到姥姥家的事情"。

---

[1] 全名弗拉·吉罗拉莫·萨沃纳罗拉（Fra Girolamo Savonarola），即《翡冷翠》中的萨沃纳罗拉，此人真实存在，是佛罗伦萨的宗教改革家。
[2] 指路德维希·伯尔内（Ludwig Börne, 1786—1837），德国作家，青年德意志派的主要代表人物之一，海涅跟他打过笔战。

第四章 托马斯和亨利希

对 1903 年 12 月的信件发起进攻后，亨利希写了一封很长的辩解信，但没有保存下来；针对亨利希的这封辩解信，1904 年 1 月 8 日，托马斯下笔回复，勉强表示和解：

> 你没弄懂，我把你看得多么高，你也没弄懂，我骂你的时候，¹²⁸ 总是在一个默认的前提下才这样做的，也就是除了你之外，再没有其他事物那么容易得到我的关注！我心中的吕贝克参议员儿子的古老偏见，一种高傲的汉萨城邦人的本能，这本能让我觉得跟我们相比，其他的根本全都不值一提，当然我有时也因此把自己弄得有些可笑。

至少对托马斯而言，这件事情就这样了。亨利希其实更加不受兄弟情谊的左右。"我的世界体验不是兄弟式的"，大约在 1918 年，他这样特别指出过。[36] 他的《女神》，他的《追蜂逐蝶》，就是不对弟弟含沙射影，也完全可以写出来。他根本没有这个必要。在《一个时代被审视》中，他在回顾时留下了托马斯早先时候说过的一句很自恋的话："那时我们两人都很年轻，我弟弟那会儿偶尔会带着些许厌倦的神情说：'我们的朋友们并不能体现我们最好的一面。'"[37] 亨利希在当时就非常明确地持另外一种见解："好几位朋友体现着我们最好的一面。"他可不要这种完全排他性的兄弟关系。

兄弟二人在思想上的战争并不能阻止他们俩共同打造旅行计划。据母亲给亨利希的一封信所述，1904 年 6 月，俩人又想着再次在米特巴德碰头。他们甚至还做出了各种计划，要在慕尼黑置办一套共同的公寓。"因为托米和我都想得好好的了，你、托米和我如何一起在路德维希斯赫厄、佐尔、格恩或者宁芬堡附近置办一大套公寓，大概七间房，他占两间，你两间，我三间（维科会来访），然后我们可以一起分担费用。"[38] 虽然，这显然只是当年 53 岁的母亲的一个很美好的愿望，而且从未被认真地考虑过，但起码其中还有一些正确的信息，那就是托马斯愿意去编织这种梦想，哪怕他只是为了让妈妈高兴。三个兄弟又围绕着母亲形成童年时代的共生体：这种想法自有其吸引力，它有灵魂上的可能性，虽然其本身在现实中不具备可能性。

亨利希和卡蒂娅

反对这种梦想最有力的论据当然是卡蒂娅。在母亲这个梦想的影响范围之内，托马斯觉得他跟卡蒂娅的婚礼就是对兄弟姐妹童年时代安乐窝的一种背叛。1906 年 1 月 17 日，他给亨利希写信时说道："我从那时起当然就没法摆脱一种不自在的情感，而你肯定会说我是一个胆怯的市民。但你说得倒是轻巧。你是绝对的。与此相反，我却停下让我自己的心绪稳定一些。"

亨利希没来参加婚礼。母亲也不怎么同意托米的选择。亨利希保留了母亲谈论这件事情的信件。母亲先是恳求他，尽管在文学上存在种种对立和失望，但千万别让兄弟间的纽带断裂。"求你，求你了，亲爱的亨利希，听我的话，千万不要不理托米和勒尔。"[1] 在事关家族的团结一致时，她站在托米的立场上。"你们两个都是上帝赐予了天赋的人，亲爱的亨利希，不要让你和托米及勒尔的个人关系黯淡下来，在过去的一年半里，怎么就变成现在这样了，就仅仅因为你最近的一些作品没有全都让人开心。这其实跟兄弟姐妹之间的关系没有什么干系啊！"[39] 她觉得卡蒂娅太冷淡，普林斯海姆家族太富有，也太无所顾忌，婚礼也不够气派。她担心，托马斯会疏远她。她感觉，不得不把托马斯交出来，[40] 就像是托马斯要离开家族共同体一样。亨利希的看法显然也相同，托马斯变了。[41]

这位年轻的丈夫首先做的就是写一篇小说《艰难的时刻》（*Schwere*

---

[1] 妹妹尤丽娅嫁给了富有的银行家勒尔。

Stunde)。在这篇小说中，托马斯·曼就"是"正在苦思冥想创作《华伦斯坦》(*Wallenstein*) 的弗里德里希·席勒 (Friedrich Schiller)。但小说里还有一位躲藏起来的哥哥。据说他过得比较容易一些，"他在那儿，在魏玛，他（席勒）怀着一种渴望的敌对心态爱着那个人"，[42] 也就是歌德。"又是像以往一样，他陷入了深深的不安，带着仓促与热情，感到工作已经开始，追随着这个想法：维护自己的天性与艺术家气质，跟那另外一个人区分开来……"[1]

从弟弟这方面来看，交战状态还在持续，虽然婚礼之后的几年间，他们还在继续书信往来。小说《垃圾教授》出版时，托马斯在他的笔记本里悄悄写下了一篇《反亨利希》(*Anti-Heinrich*)。"因为担心游手好闲无所事事使得内心受到谴责，就一本接着一本地出烂渣渣的书，我觉得这样做非常不道德。"他很严厉地说教着，还有这一句："全都是久未在德国出现的最好笑、最轻率的东西。"[43] 而不久后，托马斯·曼自己在《死于威尼斯》中也使用了非常相近的素材。此外，《垃圾教授》还有前面说过的那篇《追蜂逐蝶》，恰恰因为极其荒诞的浓墨重彩，成为非常重要的作品。托马斯根本就不能真正地认识到这一点。否则，他显然很可能会去怀疑他自己的这种尚不那么健全固定的人格。他自认为是他的美德的东西，在亨利希这面镜子前，很可能会作为缺陷出现。防守的状态在持续中。

因为这个新婚的人觉得很不舒服，于是，他借笔下的席勒之口，说出了他不能对卡蒂娅说的话：

> 困苦和虚无的年代，他认为是吃苦和经受考验的年代，其实却是富足和丰盛的年代。现在，一点儿幸运降临，他已从精神上的海盗式掠夺进入了某种法制和中产阶级的关系，有了职位和荣誉，有

---

[1]《艰难的时刻》，出自《托马斯·曼中短篇小说全编》，吴裕康等译，漓江出版社，2002 年，第 265 页。本书涉及《艰难的时刻》的所有引文都出自该译本，以下不再一一注明。

了妻子和儿女。这时，他却感到疲惫不堪和精疲力竭了。放弃和沮丧——这就是剩下的东西。[1] 44

这位年轻丈夫的第一部小说涉及了刚刚过去的订婚期，但同时再一次波及了他哥哥。在《王子殿下》中，有一位王太子，即阿尔布莱希特王子，和国王的次子克劳斯·亨利希王子。阿尔布莱希特扮演着亨利希的角色，克劳斯·亨利希则扮演托马斯的角色。他"性格软弱，常常泪水涟涟"，另外一位则"很高贵"。45 阿尔布莱希特十分高傲。据说曾经有好几年的时间，只要他开口跟克劳斯·亨利希说句话，"就必然会在两位兄弟之间引起争吵"。现实中似乎也发生过类似的事情。46 克劳斯·亨利希出于对国家的义务感，与一位亿万富翁的女儿成了亲。阿尔布莱希特则在高贵的孤独中油尽灯枯。托马斯·曼在书中此处大言不惭地描述了一个美梦：孤独而又不受欢迎的王子阿尔布莱希特自愿退位，把王位让给了他。然后，托马斯·曼可能会坐在这个王位上扮演平民，就像他笔下的克劳斯·亨利希那样：

> 我说些什么好呢，阿尔布莱希特。你才是爸爸的长子，我可是一直仰望你的，因为我一直觉得，而且同时也一直很清楚，你是我们两个中更高贵、更崇高的那位，跟你相比，我只不过是一介平民。47

---

[1] 《艰难的时刻》，第 263 页。

第五章

通往婚姻之路

年谱：1900—1905　　

　　从托马斯·曼的简历上看，通往婚姻之路就是从保罗·埃伦贝格走向卡蒂娅·普林斯海姆的路。这一段经历涉及的时间是 1900 年到 1905 年，托马斯·曼除了个别时间外出旅行之外，都住在慕尼黑，他去了佛罗伦萨、威尼斯、里瓦、米特巴德、柏林、珀灵、杜塞尔多夫、科尼斯堡和吕贝克等地。从 1900 年 10 月到 12 月很快退伍，他作为一年期的志愿兵在王家巴伐利亚近卫步兵团服役。1899 年底，他与画家保罗·埃伦贝格及其哥哥音乐家卡尔相识。他与保罗之间发展出一种以同性恋情为基调的友谊，这种友谊最迅猛的时期为 1900 年到 1903 年。

　　1901 年 5 月在佛罗伦萨，托马斯·曼也爱上了一位姑娘，这段感情同与埃伦贝格之间的恋情相并行。据说与这位玛丽·史密斯之间的关系几乎到了订婚的程度。可是在持续互相通信一段时间之后，这件事到最后还是不了了之。

　　1901 年 10 月，长篇小说《布登勃洛克一家》出版。托马斯·曼在这段时间里进行了《托尼奥·克勒格尔》（1900—1903）、《特里斯坦》(1901)、《翡冷翠》（1900—1905）和《幸福》（*Ein Glück*）（1903）的创作。从 1903 年起崭露头角，成功开始显现出来。"《托尼奥·克勒格尔》的第一次印刷让我得到了 400 马克。敬请四处宣扬。"[1] 在与保罗·埃伦贝格的关系渐渐淡漠之后，托马斯·曼开始有计划地寻觅一位合适的婚姻伙伴。1903 年 8 月，出现了有关卡蒂娅·普林斯海姆的第一次记载。1904 年有一段时间比较长的追求期和等待期，直到 10 月 2 日，他们举行了订婚仪式。随后在 1905 年 2 月 11 日举办了婚礼。

幸　福

　　1903 年夏末，当对保罗·埃伦贝格的爱情终于消耗殆尽时，托马斯·曼写了短篇故事《幸福》，一篇命题稿件。这是对保罗的一个非常隐晦的报复。在一座驻军的小城里，来了些莺莺燕燕，一群歌女们，她们总是在军官俱乐部里，唱一些无伤大雅但也没什么头脑的小曲儿来娱乐大家。后来受邀参加一场舞会，军官们可以带他们的女伴一起来。哈利（Harry）男爵当着大家，也当着自己的夫人安娜的面跟那些莺莺燕燕中的一位调情。在吵吵闹闹的相互推搡中，他要和这位小燕子交换戒指，甚至硬把自己的结婚戒指戴到她手上。真是一个令人难堪的场面。但这个小燕子向男爵夫人安娜道了歉，把戒指还给她，而且还谦卑地吻了她的手。

　　托马斯·曼本人几乎没戴面具就作为叙述者登场了。他说，我们要看进一个灵魂里去，只是飞快地看一下，只看几页，因为我们相当忙。"我们来自佛罗伦萨"——暗示他正在写文艺复兴戏剧《翡冷翠》。我们正在去"一座国王的宫殿"——是对《王子殿下》一书写作计划的最早的提示。"奇妙的、闪着光芒的事情正在形成中"——大概说的是准备迎娶新娘的计划。

　　但托马斯不仅作为叙事者，可以在小说中被认出来，而且他还披着一个文学人物的形象外衣出场。他就"是"男爵夫人安娜，而那位令人难堪的调情者是保罗·埃伦贝格。在笔记中保留下了很多证明材料，我们可以把这些证明材料凑成一个故事。[2] 男爵夫人安娜，在《幸福》中就叫这个名字，她爱自己的丈夫，"怯生生地可怜地爱他，尽管他欺骗她，每天都折磨她的心"。[1] 她苦苦地爱着他，"就像一个看不起自己的

---

[1]　《幸福》，出自《托马斯·曼中短篇小说全编》，吴裕康等译，漓江出版社，2002年，第 240 页。本书涉及《幸福》的所有引文都出自该译本，以下不再一一注明。下一处引文也出自第 240 页。

柔情与软弱的女人，知道在世上只有刚强有力和实在的幸福才有道理"。[3]
托马斯·曼也在为爱而受苦。哈利（保罗）的世界里，最具特色的是社
交、俗鄙、和蔼可亲和生活。安娜和托马斯一样，从外部的角度看生活
的各种社交庆典和宴请，安娜，

> 一方面感到周围极其空虚和毫无意义，另一方面是美酒、咖
> 啡、靡靡之音以及舞蹈激起的狂热，她就在两者之间形成的鲜明对
> 比中备受折磨。坐在那里眼看着哈利勾引漂亮和欢乐的女人，并
> 不是因为她们使他格外高兴，而是因为他的虚荣心要求他在众人
> 面前同她们周旋，作为一个生活颇为得意的幸运儿，样样都有份
> 儿，有求必应……这种虚荣心使得她多么痛心啊！可是她仍然恋
> 恋难舍！见到他这么英俊、年轻、潇洒和富有魅力，她内心又是
> 多么甜蜜啊！别的人对他的爱使她自己的爱也极其痛苦地燃烧起
> 来！……等到事情过去了，她陪伴他备受煎熬的狂欢结束时，他仍
> 用无知和自私的赞美对这些美好的时光唠叨不休，于是，也就到了
> 她的憎恨与蔑视并不亚于她的爱的时候。她在自己心里称他为"无
> 赖"和"浪荡鬼"，试图用沉默来惩罚他，用可笑和绝望的沉默来
> 惩罚他……[1]

所有不幸的恋爱中的人都会理解这种很糟糕的状态，在黎明灰暗的
天色中，男爵夫人清醒地躺在床上，揣摩着各种打趣和玩笑话，她当时
要是能想到这些话就好了，这样才会让自己显得和蔼可亲；思忖着那些
梦，她被痛苦折磨得虚弱不堪，倚着他的肩膀哭泣，而他试着从他那些
空洞、好听而又普通的话中找出一句来安慰她。他要是生一次病该有多
好！如果那样，一个充满希望的世界将会由此产生，在这样的世界里，
他是一个饱受病痛之苦、需要护理的人，将无助且乏力地躺在她的面
前，那样他终于，终于属于她一个人……

[1] 《幸福》，第241页。

托尼奥·克勒格尔

我们在小说《托尼奥·克勒格尔》中已经认识了那种受苦受难的精神，从节庆的边缘充满渴望地看着生活，那是一个极端聪明的艺术家的故事，他爱上了天真的金发女子以及她的无关紧要且美好的习惯，但那女子并没有爱上他。在这本书中，也对埃伦贝格的经历进行了加工。托马斯·曼在 1903 年 2 月 8 日写给埃伦贝格兄弟的一张明信片上署名为"你们的托尼奥·克勒格尔"。如同男爵夫人安娜对哈利苦苦思念那样，托尼奥也渴望着"善良、简朴和生气勃勃的事物，渴望着多少有点友谊、风险、亲密和人间的幸福"。⁴ 我们先前说过，托尼奥的对汉斯·汉森的中学生之爱虽然可以回溯到对同学阿明·马滕斯的迷恋，但保罗·埃伦贝格在这篇小说中也留下了很深的痕迹。这里必须再次将性别调换一下。对于汉斯·汉森的女性复本"英格波克·霍尔姆"，目前并不知道存在女性原型。这个有很深编码的、当时最多只有参与者本人可以解读的略露端倪的生平，实际上就是有关保罗的事情。我们又是怎么知道这一点的呢？我们只需沿着托马斯·曼本人踏出的足迹寻找就行。因为他让爱上英格的托尼奥说出来的话，正是他自己曾经对保罗说过的。托尼奥向丽萨维塔解释他对"平凡幸福"的渴求。他多么希望自己有一个朋友，找一个人做朋友。"可是，迄今我只是在妖魔、精灵、鬼怪和麻木不仁的幽灵当中交朋友，也就是说，在文学家当中交朋友。"[1]⁵ 这个说法直接来源于生活。在第七本笔记中记载了这句话："保罗是我第一位，也是唯一一位人类朋友。迄今我只是在妖魔、精灵、鬼怪和麻木不仁的幽灵当中交朋友，也就是说，在文学家当中交朋友。"⁶

"当初他的心还活着"，这是指托尼奥还爱着汉斯和英格的时候。⁷ 当时他还写诗。当他在阿斯加德再次见到汉斯和英格的时候，他问，在他变成艺术家的全部时间里，到底有过什么呢。"麻木，荒凉，冰冷，

---

[1]《托尼奥·克勒格尔》，第 208-209 页。

还有思想！以及艺术！……"[1] 8 保罗是托马斯·曼还用滚烫的心在笔记里写诗的缘由：

> 这么久还有些什么？
>
> 麻木，荒凉，冰冷，还有思想！以及艺术！
>
> 这里是我的心，这里是我的手。
>
> 我爱你！我的上帝……我爱你！
>
> 做一个人，就会这般美好，这般甜蜜，这般亲切？ 9

这首诗有些病态和感伤，缺少修饰，没有反讽。从保罗这个人可以看出，托马斯·曼让托尼奥对丽萨维塔说出下列这番话时，到底想说些什么："如果你对要说的东西过于关心，你的心对此过于热情，那么，你肯定会彻底失败。你变得过于慷慨激昂，变得多愁善感。"[2] 10 对保罗的发自内心的友谊是"非文学"的。11 一位艺术家不能心直口快。他必须小心翼翼地把他在作品中告白的内容隐藏起来。托马斯·曼从他跟保罗的关系中，吸取了怎么处理好在艺术家身上的人性这一教训："情感，热烈与真挚的感情，始终是乏味和无用的。只有我们艺术家反常的神经系统那种神经质与心醉神迷才是艺术的。"[3] 12

那时候他的心还活着……托尼奥·克勒格尔对激情的批判与他压抑的经历密切相关，而这篇短篇小说就是以这个经历为基础的。激情指的是情感、开诚布公和牺牲舍弃。反讽则相反，是伪装。反讽意味着，千万别在激情澎湃、别在感情充沛的时候让人逮住，意味着要保持优势，不可冒犯。"反讽几乎总是意味着，将困境变为一种优越感。" 13 激情是抒情的或者戏剧性的，而反讽是叙事的。所有抒情的东西都带有一种坦白的意味，所以多少有些让人难堪，所有戏剧性的东西都太吵而

136

---

[1] 《托尼奥·克勒格尔》，第 232 页。

[2] 《托尼奥·克勒格尔》，第 203 页。

[3] 《托尼奥·克勒格尔》，第 203 页。

且太直接。抒情诗和戏剧都是极其病态的。只有叙述可以是反讽和有分寸的。

离开同性恋情而转向婚姻，这在小说《托尼奥·克勒格尔》的结尾部分已经悄然酝酿了，在讨论形式艺术和暗示奥古斯特·冯·普拉滕的同性恋倾向那一段。托尼奥用《圣经》，用保罗写给哥林多人的信，来论证他对活力以及平凡的小市民之爱。"我似乎觉得它就像《圣经》上写过的那种爱：'我若能说万人的方言，说天使的话语，却没有爱，我就成了鸣的锣、响的钹一般。'"[1] 14 托马斯·曼还找到了歌德在1825年12月25日对爱克曼说过的话：奥古斯特·冯·普拉滕缺乏爱，所以人们可以把上述的耶稣使徒的格言用在他身上。托尼奥·克勒格尔与歌德一起，提出论证，以此反对普拉滕，反对这位（被误以为）冷漠的艺术家，此人将自己未能体验的同性恋情感转化为极其矫饰的形式艺术；反对的理由是为了温暖和市民性。温暖和市民性只存在于婚姻中，不存在于同性恋情中，这种恋情会将一个人从市民社会推入冰冷中。克勒格尔摒弃普拉滕而为市民恋情辩护，接下来发生在生活中的就是为了卡蒂娅·普林斯海姆而放弃保罗·埃伦贝格。

我爱你！我的上帝……我爱你！

在《托马斯·曼文集》（共13卷）中，保罗·埃伦贝格这个名字只出现过唯一的一次，出现在1930年写的《生活概要》中。从下列段落可以研读出来，托马斯·曼知道怎么在公众面前保留他的那些秘密：

> 在那段时间里，我与两位来自我妹妹们的朋友圈的年轻人建立

---

[1] 《托尼奥·克勒格尔》，第234页。

了真挚的友谊，他们是德累斯顿的画家和学院教授埃伦贝格的儿子。我更喜欢弟弟保罗，他同样是位画家，当时已受过良好的教
育，是著名的动物画家齐格尔的弟子，另外他的小提琴拉得尤其好。我对他的倾心有如我对那位逝去的中学同学（阿明·马滕斯）的情感的再生，但由于精神更为接近，所以也更加幸福快乐。卡尔，也就是哥哥的职业是音乐家和作曲家，现在是科隆的学院教授。在他弟弟给我画肖像画的时候，他就用他那令人赞叹的一气呵成且和谐悦耳的方式为我们演奏《特里斯坦》。因为我多少也会些小提琴，我们有时候也一起演奏他的三重奏；我们一起骑车出行，在狂欢节时一起参加施瓦宾的"农民舞会"，我们常常三人共度极为惬意的晚餐时光，要么在我的住处，要么在他们兄弟俩那里。我感谢他们让我能够体验到这样的友情，除此之外，我不再有过这样的体验。他们以修养极好的善意克服了我的忧郁、羞怯和易于激动的习性，他们是把以上种种作为积极特性以及天赋的附属现象来接受的，他们敬重天赋。那是一段美好的时光。[15]

绘画、音乐和农民舞会，这些听着都很不错。但事情并没有那么简单。很多迹象表明，里面的故事还多得很，也就是"我25年来那至关重要的心灵经历"，相关痕迹零散地保留在笔记、日记和文学作品中。30多年后，在1934年5月6日的日记中，他进行了一次总结性回顾，将对P.E.（保罗·埃伦贝格）的爱与对K.H.（克劳斯·霍伊泽尔）的爱和对A.M.（阿明·马滕斯）以及W.T.（维利拉姆·廷佩）的中学生之爱做了比较：

> ……在旧笔记中翻找……，专心地看了我当年所做的关于我与P.E.的关系的一些笔记，这些笔记是围绕着小说《情人》的创作点子写下的。那段已经逝去的时光的激情和忧郁得过于心理化的情感令我觉得非常熟悉，也对生活感到忧伤。30多年过去了，是的，我生活过，我爱过，我以我的方式"历经人性"。我，就算当年已

经是这样，但在 20 年以后，在一个更高的程度上，甚至很幸福，而且真正可以将我内心渴求的揽入怀中……

这个 K.H. 体验更加成熟、更加优越，也更加幸福。一种情感上的折服，如 P.E. 时代特定的记录语调所流露的，就是这句"我爱你——我的上帝，——我爱你！"——一种情迷痴狂，在诗歌断片中已经有所提示："啊！听，音乐！在我的耳畔吹过动人心魄的一阵声响——"只有过一次——大概理应如此——出现在我的生命中。与此相比，早年的 A.M. 体验和 W.T. 体验远远要孩子气得多，K.H. 的体验是晚来的幸福，具有使生命中的仁善完满的特质，却没有了青春时代情感的那种猛烈，是我 25 年来那至关紧要的心灵经历欢呼声震天宇[1]和深深震撼的体验。在人性上这样或许是符合常规的，借助这样的正常性，我可以感受到我的生命被更为强烈地归入典范之列，比借助婚姻和孩子们更甚。

很明显，我们在这里比在施瓦宾的农民舞会要更接近真相一些。接下来，我们要把那些在进行自我审查时被忽略的和通过自我审查的内容都聚拢在一起。留下的最早的东西有 1899 年记下的一个地址，[16]1899 年岁末的一个新年祝福，[17]1900 年 3 月 6 日写在一张照片上的一句献辞，[18]还有 1900 年 8 月 8 日的一条生日记载。[19]最早的证明是 1900 年 6 月 29 日写给保罗的一封信，保罗在那一年的整个夏天很可能都在波森附近的维图霍沃。这封信绘声绘色地描写了入伍体检的事情以及慕尼黑的文化生活。在描绘一张展出的一位年轻姑娘形象的画时，他至少也暗示了一下爱意，姑娘将一颗心捧在手上，用一种既大胆又妩媚的方式调情，她的面前跪着一名青年男子，胸口有一处刀伤，目光狂热，痴迷而痛苦地投向前方。"这幅画给我留下了很深的印象，我毫不迟疑地得出结论，从绘画的角度看，此画不值 5 芬尼。"托马斯·曼很可能觉得自己就是

---

[1] "欢呼声震天宇（Himmelhochjachzend）"引用自歌德《哀格蒙特》的第三幕第二场克蕾茜吟唱的小诗。

那个心上有刀伤的人，所以才会有这么深的印象。

1900 年 7 月 11 日之后与格劳托夫的信件往来，碰巧又留存了下来，有关 P.E.（保罗·埃伦贝格）的一些事情，直到 12 月 19 日才有所提及。早在这个时候，就可以很清楚地看出典型的对照：反讽—高傲的"精神"（托马斯·曼）面对天真—可爱的"生活"（保罗）：

> 昨天晚上我当然跟保罗·埃伦贝格在一起，他说服了我，毫无必要地去观看古诺的歌剧《玛格丽特》[1]。这是非常可爱的时光。我坐在这位正派、开朗阳光、孩子气、有点虚荣但绝对纯真的伙伴身边，坐在软垫椅子上，聆听着柔和、甜蜜、无邪而又平静的音乐，没有多少情绪波动，也无须全心投入……

1900 年到 1901 年的冬天，这份爱一定加深了，因为托马斯在 1901 年 2 月 13 日写信给亨利希时，说起了"一种无法描述的、纯粹而又意想不到的心灵幸福"，这种幸福向他展示了，"在我的内心还会有那么一些诚实、温暖和善良的东西，不单单只有'反讽'，该死的文学还没有把我内心的一切都变得荒芜、矫情、蚀透"。亨利希肯定追问过，但托马斯不愿意说出具体情况。相反，格劳托夫有可能知道得更多一些。托马斯在 1901 年 2 月 22 日写给他的信中提到：他现在极其渴望地想向亨利希坦诚地和盘托出他的整个爱情故事，但是他还是有点畏首畏尾。"另一方面，我当然又有了强烈的愿望，把整件事情展开说说，详细地解释一下我自己。"到底具体想解释些什么，我们不得而知。唯一的直接证据来自 1900 年到 1901 年的冬天，是 1 月 19 日写给保罗的一封信，请求原谅他从一次社交活动中提前不辞而别。"我说了那么多令人厌倦的傻乎乎的话（我觉得是关于托尔斯泰、路德、基督教等等），最后我只能自行溜走，回家飞快地用床单遮住我的脸。我的羞耻感真是太强

[1]　法国作曲家查理·弗朗索瓦·古诺（Charles Francois Gounod, 1818—1893）创作的五幕大歌剧，题材取自歌德的著作《浮士德》的第一部，又名《浮士德》。

了。"这是一个很考虑他人感受的版本。其实跑掉的目的完全不一样，他是想留给情人一个反思的时间：

> 他很熟悉这种离去，这样沉默、自负而绝望地离开一个大厅、一个花园，溜出某个欢乐的社交场所，怀着暗中的希望，希望他心中渴念的人会黯然神伤一会儿，愕然思索一会儿，同情怜悯一会儿……[1] 21

接下来大概是农民舞会和骑车出行的时间。"你还记得吗，"托马斯·曼在 1949 年 11 月 22 日给卡尔·埃伦贝格写信说，"我们一大早骑车去奥迈斯特 [2]（你的自行车叫作'母牛'，因为它总有个脏乎乎的肚子），喝完咖啡，我们还在用石头扔空啤酒瓶子？"或许他们当年还骑车去过林德霍夫宫 [3]，保罗当年有可能觉得巴伐利亚国王路德维希二世简直"疯透了"，对此托马斯发表长篇大论来纠正他，而且明确宣布他对路德维希的爱。22《浮士德博士》中的鲁迪（原型是保罗）看来并没有理解这一点。"根据他对付此类情况的习惯，也就是说，如果一个立场在他看来太过新颖，他就会气呼呼地撅起他的嘴巴，用他那双蓝眼睛死死地盯着你看，一会儿死盯你的右眼，一会儿死盯你的左眼，轮番交替，在我发言的过程当中，他就是这样表现的。"[4]

跟这对兄弟在一起总会有些开心事。曼在 1901 年春写道，保罗不了解闲逛的乐趣，他总是在"以可爱的方式"不知道忙些什么。23 给奥托·格劳托夫的两封信也带着嘲弄的口吻提到了这个说法（1901 年 1

141

---

[1] 《饥饿的人们》，出自《托马斯·曼中短篇小说全编》，吴裕康等译，漓江出版社，2002 年，第 182 页。本书涉及《饥饿的人们》的所有引文都出自该译本，以下不再一一注明。

[2] 奥迈斯特是慕尼黑的一家酒馆，位于英国花园，有一个可容纳 2500 名客人的啤酒花园。

[3] 林德霍夫宫位于德国巴伐利亚州西南部，由巴伐利亚国王路德维希二世于 1874 至 1878 年建造而成。

[4] 《浮士德博士》，第 492 页。

月 8 日和 2 月 10 日的信）。"以可爱的方式"后来成了重要的主题，起先是计划写在《情人》中，后来写《浮士德博士》时才完全展开。[24]

1901 年 2 月 20 日，在狂欢节过去后，托马斯觉得有理由好好说奥托·格劳托夫几句。格劳托夫谈恋爱了，而那个恋爱对象的言谈举止让人忍无可忍。"拜托你帮我一个特别大的忙，你在说起夺走了你美好的心的那个精明女人时，千万别再用'我的女孩'这个字眼。"曼说，这个词用得不准确，而且会造成她要跟你搬到一起住。与小说[25]中的阿德里安·莱韦屈恩一样，托马斯·曼也不喜欢"女孩"这个说法。另外，曼还说格劳托夫的做法可是大错特错了。

> 法国人说：如果德国人要表现自己特别优雅，那他就从窗户跳出去。类似的情况也适用于"我们死者"，如果我们"醒来"的时候，这里是对易卜生的剧本《当我们死者再生时》的影射，这就是说，如果我们有朝一日想做个人的话。大多如此！这里需要很有品位以及对风格要很有感觉，这样才不会过分夸大，也不会过于唐突。好吧，风格……这也不是人人都懂，风格到底是什么……如果你只是在玩狂欢节把戏，那你让我有些心烦；狂欢节过去了，我因此有些开心。比方你昨天在 L 咖啡店用尖叫声来接待保罗·埃伦贝格，这让我（而且很显然不仅仅是我）觉得很烦。如果你觉得，哪怕是在狂欢节期间，这就是迎接他的正确的方式，那可真是又笨拙又粗鄙。他会怎么看你，对此，你当然可以无所谓，你有你的权利。我担心的只是，他有时候会弄不明白，真正把我们——你和我——联系起来的东西是什么。

保罗很友善，也很合群，开朗而且很健谈。在生活上，他一定未经多少犹豫就跟这位孤独而又喜欢苦思冥想的托马斯·曼同行了。展览、郊游、骑车、音乐会、咖啡厅、歌剧、走亲访友、演奏音乐形成了多姿多彩的生活。这个已经引用多次的片段出自一首爱情诗，它的创作时间或许也是 1901 年，在第七个笔记本中，这首诗分作两段。它在上下文 142

中是如下的：

> 这是有生动感觉的日子！
> 你让我的生命丰裕。它在绽放——
> "啊！听，音乐！在我的耳畔
> 吹过动人心魄的一阵声响——"
> 我感谢你，我的福祉！我的幸运！我的星辰！——
>
> 这么久还有些什么？
> 麻木，荒凉，冰冷还有思想！以及艺术！
> 这里是我的心，这里是我的手。
> 我爱你！我的上帝……我爱你！
> 做一个人，就会这般美好，这般甜蜜，这般亲切？ [26]

　　保罗给托马斯·曼画过一幅像——可是这位被画的人并不喜欢那幅肖像画。汉斯·汉森喜欢写马的书[27]，保罗擅长画马。1901 年 5 月，托马斯既善意又有些带刺地给他写信："谨祝你的创作万事顺遂！然后呢？去画一只巨大的母牛？你说过的，你想画完我就转而去画牛。"[28]

　　1901 年夏天，关系暂时有些冷却。托马斯·曼在 1901 年 7 月 18 日从梅拉诺附近的米特巴德跟保罗联系，一开始便焦唇敝舌地对他这么久也没写封信进行了道歉。1901 年 11 月 6 日写给格劳托夫的一封信听起来似乎是，他们只是比较久没有见过面了，似乎当年的冬季对托马斯·曼来说是段热恋的时光：

> 再次见到保罗·埃伦贝格，对我来说特别意味着"季节"又开始了，我是偶然在一个熟人那里吃午饭时遇上他的。昨天晚上，在我们这里，我又听到了他拉小提琴。他还是原来的他……我也还是原来的我：还一直是这般软弱，这般容易被引诱，这般不可靠，在我的哲学理念里不值得认真对待，所以一旦生活之手笑着向我伸出

来，我就要紧紧地握牢它。多么奇妙无比！每一年在这个时节，当
自然僵冷起来，生命就在我的灵魂里化解开夏日的冰封和荒芜，将
情感的洪流和温暖注入我的血管！我就让它发生。

但保罗有一份贴在墙上的周历，上面记载着他应尽的社交义务，这
让托马斯感到不快；看到自己只不过是周历上众多约定日期中的一个日
期，这让托马斯痛苦不堪。²⁹ 1902 年 1 月发生了一次危机。托马斯·曼
觉得自己被忽视了。他写了封信问了一下，心里希望，能够在"两次农
民舞会"直接让保罗听到他：

那个人在哪儿？那个对我说一句可以的人在哪里？对我这么一
位不那么和蔼可亲、有点小脾气、会自我折磨、不轻易相信、生性
有些多疑、但敏感而又极度渴望同情的人在哪里？坚定不移？没有
被待答不理的漠然、欲拒还迎的推辞吓唬住或者为此感到诧异的
那个人在哪儿？例如不会以顺水推舟及无所谓的态度、用类似这
样的话"那好吧，我还是要再度习惯他"来解释这种默然和这种
推辞，而是出于倾慕和信赖毫不生分地和我在一起？那个人在哪
儿？！——深深地沉默。如果某个地方有大提琴或者低音提琴发出
一些拨奏声，那么就很可能会产生类似《罗恩格林》第一幕中"在
正常神裁的仪式中，有谁……"之后的气氛。³⁰

笔记本上记录着："1 月 30 日下午，P. 来了。"³¹ 他用和善的方式来
处理这件事情。事情会像《浮士德博士》里写的那样，书中阿德里安是
那位痛苦地写下那封毫不掩饰的信的人。"当时，收信人一收到信便赶
紧地，以最快的速度，不带任何折磨人的耽搁犹豫地跑到普菲弗尔林，
说出心里话，信誓旦旦地致以最为严肃认真的谢意——展露出一种简单
的、大胆的和思心与温存兼具的行为方式，殷勤有加，想方设法不让人

143

感到不好意思……"[1] 32 这个场景在 1946 年底才写好，但早在 1902 年为《情人》写作计划准备的笔记本中已经有了草稿（此处，曼为自己戴上了一个女性角色的面具）："这封给他的信，相当大胆。收到后，即刻来访，表达感谢，避免她那一方的任何尴尬难堪。友情结束。许诺忠诚。"33 不过另外一条笔记考虑了其他可能性，那就是尽管他行为高贵，但这封信带来的损害要超过益处。"他确实有些尴尬。他从前时常有的那种温柔体贴、宠信的情感，似是消失了。他的无拘无束也受到一些干扰。"34

1902 年 4 月就出现了另外一个危机。它开始于托马斯·曼因一个"热情奔放的家庭"而感到的迷茫。据笔记本记载，埃伦贝格两兄弟被一个"活力激昂""热情奔放""激情四射"的家庭迷住了，他们"体内有魔鬼"，托马斯非常震惊。"我常常听说这样的事情，我就是怕这种骇人的家庭。我只要一听见他们的名字，就觉得自己瘫痪、贫血，乏力感会猛然且令人绝望地袭来，我内心颓然跌倒……"35《浮士德博士》中，深受伊涅丝·英斯提托利斯（托马斯·曼）爱恋的鲁迪·施维尔特费格（保罗·埃伦贝格）总是不断地讲述各种社交聚会，都是些他不得不去再露露面的社交场合。他也到了罗尔瓦根家，那儿有两位"热情奔放的女儿"。伊涅丝评论道："一听到'热情奔放'这个词，我心里便有些害怕和担忧。"[2] 在幻想中，鲁迪把每个人都掂量了一下，以为他最爱和他待在一起。"他 5 点钟过来喝茶，同时告知说他已经答应人家了，要在 5 点 30 分到 6 点之间赶到别的什么地方，朗格维舍家或是罗尔瓦根家，其实根本不是真的。然后他待到 6 点 30 分，以表明他更喜欢这里，舍不得离开这里，其他那几家可以等他——而且非常肯定地认为，这样做肯定让人感到高兴，以至于人家可能真的会为此而感到高兴。"36

---

[1] 《浮士德博士》，第 475-476 页。

[2] 《浮士德博士》，第 334 页。

打情骂俏

由此引发出"打情骂俏"，托马斯·曼在这个过程中"虽然内心痛苦"，但在理性上还是试图站在保罗一方。"一个如此自由且纯洁的人，"他记录着，"他怎么能够不乐于接受无关紧要的调情麻醉剂呢！"接下来是原则性的认知："另外，他是为调情而生的，不是为爱情或者友情而生。我们的友情也是一种调情，而且我相当确定，倘若它不是一种调情，对他而言一定比较没劲。"[37] 但如果两个人，一个在调情，一个在爱，那么会怎么样呢？

《幸福》中的男爵哈利也是一位调情者。男爵夫人安娜与他之间的关系通过《浮士德博士》中伊涅丝和鲁迪的关系得到了极端化的呈现。大作家将记录下的有关埃伦贝格的很多内容逐字逐句地搬到了小说里——例如他让伊涅丝抱怨鲁迪的友善和固执，抱怨可怕的艺术家社交，抱怨她对那些普通邀请中充斥的精神空虚与虚无感到的恐怖，

> 而这种"邀请"所必有的那种鉴于美酒、音乐和人与人之间阴暗关系而显得热闹非凡的激动场面，却同这种恐怖形成令人目眩的反差。她说，有时你只消用眼睛一扫，就可以发现，有的人只是迫于社交礼节的需要才机械地和别人交谈，他其实根本就是心不在焉的，他心里想着的，眼里看着的都是另外一个人……再加上现场的颓废，愈演愈烈的混乱，"邀请"接近尾声时沙龙里所呈现的是一派狼藉醌醍的景象。她说，她承认，有时聚会结束之后她会躺在床上哭一个小时之久……[1][38]

在调情斗嘴的过程中，那种忧伤的爱情故事的氛围刻画得最好。我们可以了解到具体细节：

[1] 《浮士德博士》，第 334 页。

接下来是一次跟他哥哥的长谈，谈论跟女人来往、调情和女人们带来的艺术灵感。我起先还站在他这一边，他声称，我简直说出了"他的心里话"——然后因为那个"热情奔放的家庭"以及其他一些事情，有些疲惫不堪，越来越默不作声了……

保罗在回家的路上道歉了。他们站在一个张贴着歌曲之夜招贴画的广告栏前，曼对这个歌曲之夜很感兴趣。保罗一脸轻视地说："宗教歌曲，——呃，我可不去！"托马斯再次站到广告栏前，举止有些不安，保罗赶快纠正自己："我没时间去！"托马斯想："他多么担心我看不起他啊！他察色观言，有多少次显然是看着我的每一个面部表情，我说什么他就傻乎乎地跟着说什么！" [39]

在托马斯把这件事情记录下来后不久，保罗来了，他注意到，朋友有些难过，便试着把关系再次建立起来。"后来，当我背对着房间，将身子完全探出敞开的窗户时，他大声说：'拜托往边上挪一下，给我留个位置！'他靠在我身旁，在这句尽显友好的开场白之后，开启了一次私密的、安静的和伙伴般的长谈。他慢慢地又开心起来，舒服地把胳膊支在我的肩上。我就让他支着。我又能说他什么呢？我也再次被战胜了……"虽如此，结局还是令人难过。 [40]

我们作为"朋友"分手了。很久以前，我和他之间没有那么遥不可及。有一次我对他说："山峰与深渊……"他能看见这些峰壑吗？经过他，我却一点也不了解他。我只能用悲伤的眼睛看到我所知道的一切。

托马斯还要再折磨他一下。"在街上告别的时候，我飞快地把我的手从他的手中抽出来。"他做出一副好像不知道自己是否能来以及何时能来的样子。他想以此迫使保罗来。"但他决不再来了。"戴特列夫也是这样说莉莉的（《饥饿的人们》），托尼奥·克勒格尔也是这样说英格的。 [42]

146

他们都没来，保罗也一样没有再来。世上就不应该发生这样的事情。托马斯早已为把话全都说出来想好了几个主题。"我对他作解释时需要坦诚说的有：第一是那个'热情奔放'的家庭，第二是那次调情谈话给我留下的印象，第三是他哥哥说起他的一些黄色笑话，第四是那些'宗教歌曲'。这些东西有点少，有些单薄，有些贸然。但我终归会安排好的。他会来吗？"[43]

这位喜欢社交的人通过调情式的信赖赢得了孤独者，而后者现在想得到更多。他爱保罗那种充满欣喜的天真，但同时又因为自己不被理解而苦闷不堪。保罗方面对此完全是另外一个看法。大概在 1902 年 2 月或者 3 月发生了一个情况，托马斯非常排他性地认为只有他跟哈姆雷特有精神上的亲缘关系：

> 哈姆雷特——：他那激狂的缺点，良知上的触觉过敏，他的反思病态，他那过热的幻想和他面对现实时的无能，他的悲观主义，他的认知 - 恶心（对奥菲莉娅，对女人，对朝臣，对整个存在感到恶心）（对他来说，看穿世事，表达厌恶反感，这就足够了）——看着我！"
>
> P. 的回答并非不具重要性：
> "这是真的……这将镜子放在一个人的面前！"
> 我的灵魂发出了一声狂笑……我的好男孩！他从来没有离我这么远！把他等同哈姆雷特就像把我等同海格力斯[1] 一样。

下列的记录听起来也一样充满嘲弄：

> P. ：在德国，人们对一切外国的东西，喜好和敬畏都太强了。
> 我：你都说出这样的话，就是一个最好的证明，证明现在不再是这种情况了：如果现在还是这种情况，如果这种感觉还非常普遍，

---

[1] 大力神，又译作"赫拉克勒斯"。

不可动摇，还有效力，那么你就是最后一个能撼动这种情况的人，等等。

P.：这样。这么说很友好。

我：哦，是的，这相当友好。[45]

147 1902 年夏天还写了几封信，很发自肺腑，充满嘲弄，在文化方面很健谈，但没有了那种亲密性。托马斯·曼要前往加尔达湖畔的里瓦。又期待着 11 月再次相见。但宣告这件事情时，并不那么兴奋："我回来时，大概在 11 月中旬，会在慕尼黑看到你的，我在一定程度上对此很期待。是的，我也会是很亲切友好的。"[46]

1903 年关系急转直下。"P. 竟然这么无赖，简直没法相信，他什么时候也会死掉。他根本配不上死亡的庄严隆重和对他的美化。"[47]最后一份较为融洽的证明材料是一首诗，附在 1903 年 6 月 19 日给保罗的一封信中。托马斯带着细腻的反讽说道："下面这些乖巧的诗句，写好后我实在无法将其封存起来，你不得不接受。如果这些诗写得不怎么样，起码它们还是善意的。关键是心意，心意决定一切！"这首诗是这样的：

> 这里站着一个人，最多有些缺陷：
> 澎湃着大大小小的激情，
> 好胜，虚荣，对爱饥渴，
> 易受伤害，嫉妒，难以相处，
> 不平和，无节制，不坚定，
> 时而傲气逼人，时而愁闷不堪，
> 天真而又经历丰富，
> 逃离世界却又热爱世界，
> 充满渴望，虚弱，如风中的芦苇，
> 一半能预言，一半愚痴且盲瞎，
> 全然孩子、傻瓜和诗人，

第五章　通往婚姻之路

痛苦地卷入欲望与虚妄，

但有个优点，他喜欢你

以他的全心全意！[48]

　　不同于1901年情迷时直抒胸臆描写生动情感的那首残诗断片，我们面前的是一首经过仔细推敲的诗。它的价值更在于自我认知，而不是表达对保罗的情感，这种表达保留着传统规范（全心全意地喜欢你）。爱情在此处成了文学。

　　不久后，这种关系陷入低谷，最终遭受了一个致命的创伤。1903年8月29日托马斯写给奥托·格劳托夫的一封信首次暗示了他对卡蒂娅·普林斯海姆的那些计划。[49]与保罗之间一定吵得不可开交，从1903年9月29日写给他的一张明信片就可以看出来。[50]吵架的激烈程度，类似于《浮士德博士》中阿德里安·莱韦屈恩向朋友鲁迪·施维尔特费格披露他的结婚计划时那样。鲁迪说，"人性"这个词从阿德里安嘴里说出来不合适，简直令人感到羞愧，而阿德里安反驳道："一个用值得惊异的耐心把我争取到人性这边并让我皈依你的人，一个让我这辈子第一次在他身上找到人性温暖的人，他竟然告诉我，我和人性毫无关系，我可以和人性毫无关系。"[1][51]从那时起，埃伦贝格退居二线，信件少了，内容上贫乏，见面也越来越少。他不久后也结婚了，娶了画家莉莉·托伊费尔（Lilly Teufel）。

　　如果要说起托马斯·曼的"精神"与"生活"之间的矛盾，那就得回顾一下这整个故事。那堂关于金发碧眼又天真的"生活"的生动教学课，是由保罗引发的。对于精神生活方面，他不中用。他也不理解反讽。在真正表达不屑之情的时候，他最多说一句"这真是相当友好啊"。[52]在上面提及的1903年9月的那张明信片上，托马斯·曼建议他千万别去读尼采，而且把他归入《魔笛》[2]的世界中。这可不是件光荣的事情，

148

---

[1] 《浮士德博士》，第498页。

[2] 莫扎特创作的最后一部歌剧，也是他最杰出的三部歌剧之一。

而是一种屈辱。"魔笛"是托马斯·曼对热乎乎的人性的一种掩码。"温和而又欢快的人性的这种精神，真令人感动。"曼嘲弄说，"'品德''义务''启蒙''爱情''人性'，——这些可爱的人至今还在信这些！今天，这一切都被撕咬，被啃噬……你究竟为什么要读尼采呢？最好还是别读了！"

在用《魔笛》时，他事先就考虑过，并且已经抄上了。[53] 在他把箭从弓上射出之前，箭头已经磨尖了。几年后，他把这支箭交到了宇博拜因博士的手中，在《王子殿下》中，此人再次有机会揶揄人性的激情。[54]

保罗之死

接下来的时间里，除了对当年事情的美化回忆（"我爱过他，那就像是一种幸福的爱情的感觉"[55]），只能看到零星的有关保罗·埃伦贝格的记录了。"向保罗·埃伦贝格祝贺他获得荣誉博士，他感动过我。"（1919 年 9 月 13 日的日记）"在保罗·埃伦贝格位于施瓦宾的家中喝茶。"1921 年 1 月 2 日的日记中记录着。"收到保罗·埃伦贝格在经济困窘状态中的来信，对我本人的情况表现出毫无头脑……我突然想再看到这些字迹……"（1933 年 3 月 31 日）"保罗·埃伦贝格的一封新的来信，借给他 800 马克。"（1933 年 4 月 10 日）第二次世界大战后，有人告诉他，埃伦贝格兄弟俩曾经接近过国家社会主义（纳粹主义）。[56] 托马斯·曼不能完全被这种说法说服。"喝过茶后，给视力不佳的奥皮茨写信，谈起了见到卡尔·埃伦贝格的事情，这就可以解释保罗的避而不见了……完全可以解释他在 1933 年还是 1934 年在钱那件事情上的差劲表现。"[57]

而后，在 1949 年 11 月 22 日传来"保罗·埃伦贝格去世的消息……满是回忆，颇有感慨"。保罗的问候迟到了，希望赠给他一幅画，借此

对"多年前给予的友情帮助"表示感谢。"或许画还会到。"（1949 年
12 月 1 日）"卡尔·埃伦贝格的来信，更详细地说了一下保罗去世的情
况。"（1950 年 1 月 1 日）这就是全部了。

纯　贞

这整个故事听起来没有多少热情，也没有多少幸福。托马斯到底是
怎么看保罗的呢？有个引人注意的特性是一再出现的：保罗被认为具有
"纯洁"的特性，[58]《浮士德博士》中的鲁迪也被赋予了这个特性。[59]他
是一个"纯贞的人"[60]，一个没有罪孽的人，"一个纯洁的人"，伊涅丝
在《浮士德博士》中更精确地说，"因此他不认生，因为纯洁是不认生
的"。[1][61] 这一点最能说服托马斯·曼。它与一条笔记上记载的相契合：

> 我们谈论起了性，谈论起了这种困局，如果不喜欢女人，最多
> 只能容忍女性，而维护一个能够让人有胃口的关系又太贵；另外我
> 们两人都听过医生方面的建议，要去跟已婚妇女保持关系。我想
> 从这个角度出发，让他明白我的感受；想告诉他（虽然不一定对），
> 从神经医生的立场上来看，这段友情对我而言也是比较幸运的事
> 情，这段友情作为镇静剂，作为排解性（欲望）的清洁剂以及解脱
> 方式对我起了　定作用。[62]

在此处，"纯净的"（同性色欲）之爱是作为从（异性色欲）的性事
中解脱出现的。这个听着可极度不同寻常，简直是一种充满冒险的情感
状况。幸福就位于痛苦之中。恰恰因为保罗只是一个喜欢谈情说爱的

150

---

[1] 《浮士德博士》，第 333 页。

人，不想要什么认真严肃的东西，所以他的纯洁才能够保持住，而这一点显然是最为刺激启发托马斯·曼的。

在《浮士德博士》中，它正是艺术，艺术进行清洁。阿德里安为鲁迪写的小提琴协奏曲将鲁迪从伊涅丝·英斯提托利斯的性爱恋情中冲刷洗净。[63] 几十年之后，托马斯·曼还在寻找一个理论上的解释。同性色欲是纯洁的，因为它对生儿育女的世界漠不关心。由此，这种恋情特别易于升华，同时也适合升华。"文化将欲望从它们原初的目的中移除"，在《浮士德博士》后来被删除的一个段落中，就是这样非常明确地描写同性恋情的。[64] 纯贞并不是晦暗的折磨——它可以是自由的、快乐的，甚至是欢畅纵情的。[65]

你

如果不算孩提时代跟最亲密的家庭成员和吕贝克的同学们说话时无关轻重地使用过"你"，托马斯·曼几乎没用"你"称呼过别人。保罗（和他的哥哥卡尔）是他少数用你来称呼的人；还有布鲁诺·瓦尔特——认识 34 年以后，才跟他以"你"相称。[66] 除了无关紧要的"你"之外，还有一种胁迫人的"你"。那位爱上了其希伯来奴仆约瑟的埃及上等高贵女子"沦陷于你的称呼"，沦陷于"奴隶的你"。[67]《魔山》中的塞塔姆布里尼说这个你的称呼，是"一种野蛮的习惯，叫人讨厌。这是原始时代的一种游戏，一种放荡的游戏，我嫌恶它……"[1] [68] 因为爱意味着放弃个体化、放弃界限划分和混合，所以它也是一切习俗形成前原始时代的一种放荡的游戏。汉斯·卡斯托尔普违背所有的适当性对克拉芙吉亚用了你来称呼。"到现在为止，我一直以'你'相称，今后我将永远

---

[1]《魔山》，第 455 页。

第五章　通往婚姻之路

在你面前用一个'你'字。"[1] 69

　　"你"这个非常危险的称呼，在它上升到意识层面时，是在狂欢节特许的保护下产生的。在第七本笔记中可以看出来，慕尼黑 1902 年的狂欢节是以一切习俗形成前的原初状态进行的。当时必定有一名获得博士学位的女士在跳了一夜的舞之后，将这位高傲的孤独者拉进了混用称呼的泥淖。"你这个称呼来自狂欢节，是有慕尼黑特点的东西！你看博士 K 女士和我早上 7 点钟坐在一张沙发椅上。"70 两人坐在一张沙发椅上？克拉芙吉亚·肖夏在一次狂欢节聚会快要结束的时候也坐在或躺在一张沙发椅上，汉斯·卡斯托尔普先是俯身凑过去，而后几乎跪在她的脚下。71 "我爱你，"他结结巴巴地说，"我永远爱着你，因为你是我生命中的'你'，我的梦想，我的命运，我的憧憬，我永恒的希望……"[2]

　　"您"这个称呼能够带来距离并且提供保护。而"你"这个称呼有敞开心扉和托付自我的意味，因此会撼动最为基础之处，因而万一某个不值当的人骗取了这个称谓，也是非常屈辱的。生活会把高贵的人变得猥鄙，会把他往下拉到它那平庸的水平上，直到他脑袋上扣着波列酒钵的盖子成为众人的笑柄。这种贬损的戏剧性场景来源于体验，就像克劳斯·亨利希和制皂匠翁施利特的女儿在一个市民舞会上经历的那样。"他看见所有的眼睛里都闪烁着欲念，而且看出，他们的欲念是，把他拉下来，拉到下面跟他们在一起。在他的幸福，他的梦想中——在下面与他们一起——时不时地也会闯入一种冰冷的认知，令他的心一紧，他可能弄错了，这个温暖的、美妙的'我们'在欺骗他。"72

　　在《浮士德博士》中，那封莽撞冒失的信和鲁迪的即兴登门造访让他们在　座匈牙利的城堡里共同度过一段时间。73 从那里回来之后，他们开始彼此以你相称。"不幸的'你'啊。"叙述者评论道。"这个蓝眼睛的小人物为自己赢得了这个他不应该赢得的'你'，那个勉强与他

---

[1] 《魔山》，第 470 页。原文为法语：Je t'ai tutoyée de tout temps et je te tutoierai éternellement。

[2] 《魔山》，第 478 页。原文为法语：Je t'aime 和 Je t'ai aimée de tout temps, car tu es le Toi de ma vie, mon rêve, mon sort, mon envie, mon éternel désir ...

以'你'相称的人，那个人不得不对自己随着这个'你'所遭遇的这种——或许也——给他带来愉悦的耻辱进行报复。"[1]

报复是魔鬼带来的。魔鬼用"你"来称呼莱韦屈恩，这令他愤怒不已。"我们就是这么一种关系了，实话对你说吧。"[2]他以皮条客的面目出现——"一个滑头，一个无赖。"[74]把人向下拉是他的专长。

文学与人生

笔记本不是日记本，信件中在涉及私密性时，可了解的东西不多，而文学著作在生平记述方面并不可靠。我们知道的只能是对经历过的事情进行的不同程度的艺术加工，而不是所经历的事情本身。我们看到的"生活"，不是人生。我们这里面对的是一位作家，他为了艺术，甚至可以生惹出一些经历来。文学家为了表达而去经历。生活成了写作材料。"作为艺术家，我有能力让所有的一切都发生在我身上，因为我可以用到一切。"[75]对此，在埃伦贝格时期的秋天，有一条自视甚高的笔记。[76]"一位名人和一位严肃认真的艺术家"，托马斯·曼在这里说的是自己，"是否最好不要花掉那么多时间为两个永远不能成名的孩子"，这里指的是埃伦贝格两兄弟（当时有一封信直接称他们为"亲爱的孩子们"）[77]，"写些才华横溢的信，让他们开心？我还是这么做了；我有足够的尊严，允许我任意挥洒。这类信就是一种艺术练习，跟其他练习没什么不同。因为我在下午的时候，几乎不敢动手去写那些真正的、具有代表性的、具有象征意义的'作品'，所以我就不清楚，这些下午时光还能怎么更好地打发掉"。他非常明确地加上一句，他也对他自己的生活进行了文

152

---

[1] 《浮士德博士》，第 476 页。

[2] 《浮士德博士》，第 256 页。下一处引文见同页。

学创作。"我从我艺术家特有的孤独感出发，搭建起了通往那一小块世界的……美丽的桥梁，就这样对我的生活进行了文学创作。"

但同时，他也会为了艺术，躲避生活。因为谁在过日子，而且过得很幸福，那么他就不创作。第七个笔记本还留下了一份中篇小说创作计划（大约在 1903 年）。"一位悲观的诗人，在恋爱中，订婚了，结婚了（'生活'）。他幸福得不得了，以至于他没法再写作，已经十分绝望了。这时他观察到，他的妻子在欺骗他。他又开始了写作。"[78]诗人阿克瑟尔·马尔提尼在文学上赞美奔腾的生活，而个人却非常稳妥地在十点钟就上床睡觉。生活是一个禁苑。马尔提尼说，我们中的每一个人都知道那种渴求，来个一日游进入生活的节日大厅里，"但我们会受虐地，而且心里充满厌恶，恶心地回到我们封闭的状况中"。[79]您写作了：这些您并没有真正经历过？王子克劳斯·亨利希问他。回答是托马斯·曼也很可能会给出的："很少，王子殿下。只稍稍提及了一点点。"

保罗·埃伦贝格化名鲁道夫·穆勒，化名哈利男爵，化名英格波克·霍尔姆，化名约瑟，化名鲁迪·施维尔特费格：文学提供的要大于生活。保罗的名字像符文一样漂浮在所有的作品中，就像艾丝梅拉达的名字漂浮在莱韦屈恩的所有作品中一样。[80]相比之下，真正经历过的内核单薄得很。它只留下了很少的一点真正的证明。有写给埃伦贝格兄弟、写给亨利希·曼和写给奥托·格劳托夫的信。其他一切都或多或少地文学化了：晚年稀稀落落的一些回忆，笔记本还有那些诗作。在笔记本中已经出现了在"我"和"她"的视角之间的切换。那些"她"视角的笔记指的是《情人》写作计划中的"阿德莱德"（托马斯·曼）和"鲁道夫·穆勒"（保罗）之间的关系，虽然其核心有些经历的影子，但展现的已经是第一次艺术加工的成果了。文学化的第二级是早期的文学作品，即《幸福》《托尼奥·克勒格尔》和衍生作品《饥饿的人们》（*Die Hungernden*），还有一些边缘作品，如《翡冷翠》、《在预言家屋里》（*Beim Propheten*）和《上帝之剑》（*Gladius Dei*）。文学化的第三级是更为后期的一些文学作品，主要是《约瑟在埃及》和《浮士德博士》。

可用于《约瑟和他的兄弟们》的地方很少。"翻阅了一下保罗·埃

153

伦贝格及托尼奥·克勒格尔时期的笔记本，我必须确定，只有激情方式的个体感伤及现代观察的细节才能适用于我那本书及其神话原始世界的风格，而可选的是多么寥寥可数。"（1935年1月9日）这是与《浮士德博士》不同的，那本书有很多页都可以追溯到关涉埃伦贝格的笔记记录。保罗·埃伦贝格的故事在小说中用了两次，一次是用在鲁迪·施维尔特费格和阿德里安·莱韦屈恩的关系上，还有一次是用在鲁迪·施维尔特费格和伊涅丝·英斯提托利斯的关系上。结局被极端化。因为艺术家不能热爱生活，所以鲁迪必须死。伊涅丝就成了动手的工具，她开枪打死了他。在现实中远没有这般激烈，为了卡蒂娅·普林斯海姆，与保罗的关系被他妥妥帖帖地送入了休眠状况之中。文学虽然使用了生平故事的基础材料，但将其推向了另外一个终结，而且演绎出不同的可能性。有关保罗·埃伦贝格的材料在五个不同的方向被施以文学上的尽情想象：

一、《托尼奥·克勒格尔》的情况与现实最为接近。爱情不应当持久，而且尤其不应当在肉体上实现。沉睡于心中的爱情成了创作动力，为历经了升华的孤独服务。

二、托马斯·曼自己的经历与《幸福》的情况也十分接近。这里一种难忍的孤独感知试着进行文学上的报复，它让保罗认清其毫无价值性。

三、《约瑟在埃及》主要是说一个纯洁的人（约瑟或保罗），他不为性所驱遣。在波提法夫人身上，托马斯·曼演绎了自我毁灭的恐惧之梦，这种自我毁灭是一种肉体追求的直接后果，是那种不贞修女对帅气修士的追求。

四和五、《浮士德博士》中充满了这个材料最为灾难性的变形。先是阿德里安和鲁迪：艺术家的孤独在这里是无从欺骗的，所以被卷入孤独之中的生命只有死路一条。满足只能出现在作品中。艺术家杀死了向他伸出手的生命。然后是伊涅丝和鲁迪：这里演绎了性欲实现的情形。痛苦的孤独与"生命"同床共枕，这是一种强奸，以受害者的死亡结束。

玛丽·史密斯

在与保罗·埃伦贝格相恋期间，对女性的兴趣也有所记录。同性爱欲与向异性频送秋波之间并不存在矛盾。1901 年 5 月，托马斯·曼已经有过一次要结婚的心思了。我们只能从《生活概要》中知道一些较为完整的情况：

> 曾经有一次……我已经站在离婚姻大门很近的地方了。在一家佛罗伦萨的小旅店里，我跟两位同桌的伙伴有了较多接触，她们是一对从英国来的姐妹，我对黑发的姐姐非常有好感，觉得金发的妹妹很有魅力。玛丽，或者是莫莉，回应了我的倾慕，一种微妙温柔的关系发展起来了，我们开始谈论用婚姻的纽带来固定住这种关系。有一种感觉最终让我退缩了，那就是有些太早了，另外也考虑到姑娘的异国国籍。我觉得，这个小巧的英国女孩大概也有相似的顾虑，不管怎么说，这个关系后来就烟消雾散了。[81]

1901 年 4 月 26 日到 1901 年 5 月 20 日，托马斯·曼在佛罗伦萨。他在那里与哥哥亨利希会面。在哥哥去那不勒斯短期旅行的时候，托马斯在 5 月 7 日给他写信道：

> 前天是玛丽小姐的生日，我给她寄了一小筐蜜饯水果，这让我很开心。但现在我觉得，在她眼里我过于忧郁了。她那么聪明，而我又这么笨，我总是爱上聪明的姑娘，尽管从长远来看，我不一定能跟得上。

这条笔记很可能也是为生日写的："通过托尔纳博尼买鸢尾花香水，1.25 里拉。"[82] 另外，在第四个笔记本中有好几页是兄弟两人或者托马斯一人跟"伊迪斯小姐"和"玛丽小姐"玩不同游戏的战绩表。[83] 最

155

重要的证明材料是托马斯在 1901 年 5 月 26 日刚刚回到慕尼黑时给保罗·埃伦贝格写的一封信：

> 那个看上去像是从波提切利 [1] 的画中走出来，但比画上的还要欢快风趣的玲珑的英国姑娘，一开始完全可以无拘无束地调情，但后来开始具备了一种非常值得注意的严肃的性质——而且（啊！惊叹不已！）是双方都开始严肃起来。告别时的情形几乎可以搬上舞台——当然啦，用这个调子来说这件事，其实是有些无赖；但我吃准了你这人天生冷血，所以无妨。另外，还好在这件事情中，还没有说出最终决定的那句话。如果你不把嘴闭得严严实实的，你这小混蛋，你这六芒星 [2]，我就去雇凶杀人。[84]

托马斯真的想让朋友感到嫉妒吗？还是只不过自欺欺人地以为爱上了？从一开始沟通交流就并非发自内心，而且最后那句话已经说出来了？这封信的调子其实推翻了这类猜测。如果一个人真的想让别人嫉妒，摆在前台的就应该是卿卿我我相亲相爱，而不是婚姻念头。我们更应该从这样的前提出发，即如多次观察到的那样，对于托马斯·曼而言，同性恋情和认识其他姑娘并不相互抵触。他根本就不觉得结婚和与保罗相恋之间有什么矛盾。正好与此相反。保罗使他放松了与生活的关系，因此也让他开始产生婚姻的想法。在一封信中，曼发现了一个公式："我将他变得更文学一些，而他将我变得更有人情味一些。二者都是有必要的。"[85]

1901 年秋天，托马斯·曼列表将"《布登勃洛克一家》寄给"下列人员，"玛丽·史密斯"也在名单上。[86]（我们从这一条记录上了解到她的姓氏。）另外一条记录证明，到了 1901 年底，他们还相互通信：

---

[1] 波提切利：全名桑德罗·波提切利（Sandro Botticelli, 1445—1510），15 世纪末佛罗伦萨著名画家，意大利肖像画的先驱。

[2] 原文：Du Sechsecketer，在古老宗派密教（Tantrism）派系里，六芒星代表的是具有双性特征的巨大神灵，表明双性紧密结合。

"给……玛丽去信。"[87]最后的一项证明材料是献辞，出现在 1902 年夏末的笔记本中。[88]而后在 1903 年，在收录了六部中篇小说的小册子《特里斯坦》上，在小说《上帝之剑》的前面写着："献给 M.S.，谨记我们在佛罗伦萨度过的日子。"[1]与笔记本上的版本相比，这个献辞在文字上稍微有些削弱，笔记本上写的是："献给 XX 小姐——友好地回忆我们在佛罗伦萨度过的快乐时光。"[2]

　　M.S. 这个最为常见的名字的拥有者，迄今为止一直没能确定下来。　156
谁要是认识 1901 年春天跟妹妹伊迪斯一起出现在佛罗伦萨的某个合适的玛丽，请站出来，说出来！也许在英国的某个人家阁楼上至今还存放着托马斯·曼写给她的信，而且没有人知道。或许玛丽小姐当年也给谁写过信，诉说她的小秘密？没有其他的第一手文件，自然无法对这个故事进行准确的判断。在《生活概要》中，这个故事也有可能被赋予了过重的分量。在那里，同性恋倾向被掩饰起来，玛丽·史密斯有可能作为在通往婚姻路上的一次小尝试而得到了升值，这条婚姻之路是随着卡蒂娅·普林斯海姆的出现开启的。

金钱婚姻

　　"我们当时很富有，"卡蒂娅·曼 94 岁时这样说道，她张开她那双大大的，依旧还非常有表现力的黑眼睛，"我那时还有个法国的家庭女教师。"这两句话，她在同一个晚上还重复了好几遍。[89]

　　"我不畏惧财富。"托马斯·曼在 1904 年 2 月 27 日给哥哥亨利希的信中作了令人回味的坦白。他娶了一位身家几百万的富豪的千金，财

---

[1]　原文为英语：To M.S. in remembrance of our days in Florence。

[2]　原文为英语：To Miss—in friendly remembrance of our happy days in Florence。

富是以德意志帝国马克计算的。[90]他跟他笔下的人物托马斯·布登勃洛克一样结婚了，后者虽然爱一位花店姑娘，却迎娶了盖尔达·阿尔诺德逊。托马斯·曼没有迎娶的花店姑娘在现实中就是保罗·埃伦贝格。脱离同性恋情是结婚的个人动因。社会动因则是要与父辈的世界重新接轨。尽管他有种种艺术家的放荡行径，但在骨子里还是一位吕贝克的市民，这一点他在 1895 年几乎只字不提，而到了 1905 年，新婚后不久则大声强调。[91]当托马斯·曼跟着妈妈来到慕尼黑，他实际上选择了母亲的世界，选择了施瓦宾、波希米亚式的浪荡生活和艺术的远离现实的梦想王国。但是"一个人不可能一直保证自己有趣。一个人要么在自己的有趣性上栽跟头，要么必成为大师"。[92]现在选择父亲的时间到了。婚姻和家庭是父亲的世界。在《约瑟和他的兄弟们》中，主题还是这样设置的，乱伦、乱交、同性恋情、忘却义务地沉溺于性混乱、懒惰和退化都属于母权世界，而婚姻、孩子、工作、进步和义务则属于父权世界。父亲的容颜在关键时刻帮助约瑟抵挡住了诱惑。[93]

托马斯·曼在他的论文《过渡期的婚姻》中很清晰地认识到了这些语境。他称同性恋情与死亡相关，因为它是没有成果的，也是不忠的。"持续、创建、繁衍、世代相传、责任，这一切，都是婚姻的，都不是同性恋的。"[94]将同性恋与唯美主义联系起来，它与它一样都是死亡。"所有艺术的特性都倾向于死亡，都导向深渊，这是再确定不过了。"

婚姻则缺乏深渊倾向，因而也缺乏深层的激情。接着，曼把这些认识诚实地应用于私人生活：

> 黑格尔说过，通往婚姻最为道德的道路是，先决定要缔结婚姻，接下来才有彼此倾心，如此这般，在结婚时二者已经合二为一。我很高兴地读到这些，因为这正是我的情况……[95]

这段话是在 1925 年写的。但在 1900 年到 1905 年间到底发生了些什么呢？我们先看一眼 1900 年 6 月 29 日写给保罗·埃伦贝格的一封信。它的题目是：金钱婚姻。托马斯·曼的妹妹尤丽娅要和银行家约瑟夫·勒尔结婚。保罗建议不要嫁。托马斯批评他：

> 你这真的是很理智吗？在这类事情中不要有太多的理想主义。
> 我对"爱情"有各式各样的敬意，但没有它也可以过下去吧。这是
> 一种智谋，我本人也觉得它相当不对劲。但是在这颗低端的星球
> 上，你又能怎么做呢？

钱还是爱情？托马斯·曼的回答是：钱！婚姻变得很不幸。对这位
成功的作家后来直言不讳地称之为"对尊严和对物质生活舒适充裕的本
能要求"的坚持，[96] 在尤丽娅那里引发了巨大的灾难。我们很不情愿地
承认，这种坚持在托马斯这里没引出什么事。他一直生活在很有保障的
富裕状态中。其实我们倒是希望他能去过几年贫穷日子，以了解一下疾
苦。这样他在文学上可能会有很大收益，这种经历一定极为值得使用在
作品中。

追求卡蒂娅·普林斯海姆

托马斯·曼的一位同行库尔特·马滕斯（Kurt Martens）成了他婚
姻计划的知情人，此人对他偶尔的同性情感冲动也有所了解。马滕斯已
经结婚了，托马斯·曼在 1902 年 7 月 12 日给他写信说：

> 亲爱的，您过得真不错，别不知道感恩啦！我这个飞行的荷兰
> 人有朝一日是否能得到像您得到的那样"拯救"呢？

接下来的是五线谱，上面有音符 e-d-c-c，乐谱下面是瓦格纳歌剧
《飞行的荷兰人》中的唱词"如果他能找到一个女人……"飞行的荷兰

人是一个传说中的形象，他被魔鬼诅咒，只能永远在海上漂泊，每七年才能上岸一次，只有找到一个忠诚的女人，他才能够从诅咒中解脱。托马斯·曼也觉得自己是一个受诅咒的人。

早在他认识卡蒂娅·普林斯海姆本人之前很久，他就在弗里德里希·奥古斯特·考尔巴赫[1]于1892年创作的一幅画中看见过她，那幅画的标题是《儿童狂欢节》。托马斯·曼在庆祝卡蒂娅70岁生日的讲话中说起过这件事，[97]他当年是文理中学六年级学生，在一本杂志上看到了这幅画，他把画从杂志中取出来，用图钉固定在他那张书桌的上方。五个满头黑色卷发的小孩，象牙色的肌肤，穿着小丑服装，"四个男孩和一个可爱的大眼睛女孩"，在现实生活中，他们是慕尼黑数学教授阿尔弗雷德·普林斯海姆家里的几个孩子。就这样，托马斯·曼还是中学生时就把他未来的妻子整天摆在自己的眼前了。这么吉祥的预兆在以后让有些质疑声加强了。这幅画的原作挂在普林斯海姆家的客厅里，后来托马斯·曼可以去欣赏这幅画。

在跟她交谈之前，托马斯·曼就对她很有些印象了。他经常在音乐厅里面用歌剧望远镜观察她。[98]此外，他还常常在有轨电车上看见她，而且还经历过一个有趣的场面，卡蒂娅后来在她的回忆录中说起过：

> 我正要下车，售票员过来，对我说：您的票！
>
> 我说：我正要在这里下车。
>
> 您的票我必须要看看！
>
> 我说：我跟您说了，我在这里下车。我刚刚把票扔掉了，因为我在这里下车。
>
> 我要看看票。您的票，我再说一遍！
>
> 现在您别烦我了！我说着就气呼呼地跳下了车。

159

---

[1] 弗里德里希·奥古斯特·考尔巴赫（Friedrich August Kaulbach，1850—1920）：德国现实主义画家，以描绘上流社会名人和贵族的肖像画闻名。慕尼黑现在还有考尔巴赫大街。

第五章　通往婚姻之路

> 他还冲着我的背影喊：你等着，看你还敢来！你这火爆妞儿[1]！ 99

这个场景让托马斯觉得妙极了，他一直都想认识这个她，他决定，必须现在就认识她。他处心积虑地通过埃尔莎·伯恩斯坦（Elsa Bernstein）来安排联系，"她非常热心地促成我们相识，显然很想当红娘"，就这样卡蒂娅和他受邀一起去参加一次晚宴。他们俩坐在一起并非碰巧。接着又有一些其他的邀请。

有轨电车和歌剧望远镜很可能都是 1903 年夏天的事情。1903 年 8 月 30 日写给奥托·格劳托夫的信的草稿留下了接触时那种不确定感的第一个证明。100 托马斯·曼对着朋友发誓赌咒：

> 我昨天晚上告诉你的那些观察，说的有关 K-r 的那些话，其实什么也不是，就是以最尴尬难堪的方式来看，也什么都不是。我可不愿意在他眼里看着可笑，更不愿意让我自己看自己加倍可笑。如果你知道，在这些天的日日夜夜里，我让自己梦见了多少奇妙而又怪异的想法……我这个傻子！我这个冒失鬼！其实我更应该老老实实地坐下，写一些好作品，而不应该跟在这位魔力姑娘的背后跑。

到底是什么样的奇妙而又怪异的想法呢？他有可能观察到了些什么？与卡蒂娅之间玩过交流眼神的游戏？在这个时间点上，大概还不会有什么了不起的事情。这个 K-r 很可能是阿尔弗雷德·克尔，著名的文学批评家，也是他那个时代的莱希-莱尼茨基[2]。卡蒂娅在她的回忆录里说，克尔也想跟她结婚，但她不想嫁他，这让他这一辈子都对那位更幸福的情敌愤愤不平。

---

[1]　原文为：Furie，火爆女神，古希腊神话中三大复仇女神之一。
[2]　莱希-莱尼茨基（Reich-Ranicki, 1920—2013）：文学批评家，当代德语文学评论界最有影响力的人之一，能左右文学作品在出版界的命运。他主持的《文学四人谈》节目在 20 世纪 90 年代是德语世界最受欢迎和瞩目的电视文学节目，他也被称为"文学教皇"。

这些笔记本保留了出自 1903 年的表述"眼睛，亮若黑漆"[101]——所见的事物马上就记下来，方便将来进行文学创作时使用。卡蒂娅的黑眼睛用在了《王子殿下》里的伊玛·斯别尔曼，《约瑟和他的兄弟们》中的拉结，还有《浮士德博士》里的玛丽·戈多身上。在《小孩子的歌曲》中，这双眼睛也出现了："那张陌生严肃的小脸 / 呈现珍珠的苍白，而幽暗流畅的语言 / 引入一双眸子，灵动大气……"[102]

一直到了 1904 年，托马斯·曼才写下了更多有关卡蒂娅的事情，而且写的内容也显得更为急不可待。最重要的文字是一封在 2 月 27 日写给亨利希的信。这封信无可辩驳地表明，在 1903 年还不可能有个人的接触见面，也没有在伯恩斯坦家中吃晚饭。托马斯一直到了 1904 年 2 月 10 日才有机会向卡蒂娅介绍自己，而且还是在普林斯海姆家中，"我以前只见过她，常常见到，长时间地盯着她看也看不够"——看来是用歌剧望远镜还有就是在有轨电车上看到的。像汉斯·卡斯托尔普那样过了整整 7 个月，在"漫长且默然的关系中才出现了第一个招呼"。[103]就像卡蒂娅一样，克拉芙吉亚·肖夏的魔力也是从眼睛发出的，"那双眼睛有时显然不是为了看什么而向旁边瞥去时，以一种令人销魂的方式变得朦胧幽深，完全暗了下来"。[104]

接下来的一天是一个大型的家庭舞会，邀请了 150 位来自文学界和艺术界的客人，在舞会进行的过程中，两个人有机会加深了互相了解。接下来在 8 天之后进行了一次拜访，主要是喝茶，以及加上卡蒂娅的母亲，三人一起聊天。在伯恩斯坦一家的见面和一次晚餐邀请预计在 3 月初进行。

财富与文化的组合给这位参议员的儿子留下了深刻的印象。"普林斯海姆一家人就是体验本身，让我感到满足。有真正文化的热闹非凡的地方。父亲是大学教授，用的烟盒都是纯金的，母亲简直就是画家伦巴赫[1] 画笔下的美人儿，最小的儿子是音乐家，他的双胞胎妹妹卡琪娅

---

[1]　即弗朗茨·冯·伦巴赫（Franz von Lenbach, 1836—1904），德国著名画家，现实主义画派的代表人物之一。

(她叫作卡琪娅)[1]是个奇迹，是一个用拙笔无法描述的罕见而美妙的人儿，这位可爱的姑娘只通过她的存在就能够抵得上15位作家或者30位画家所有文化创造型的……"卡蒂娅就像首饰一般既稀有又珍贵。他称她为"一个全面和谐教育的小奇迹，一个已臻完美的文化理想"。[106]后面也出现了，"是个令人难以置信的才女，是个有全面教养的奇迹，是个难得一见的文化理想"[2]。金钱和文化直接镇住了他。他比较少说到什么爱情。

1904年4月2日给库尔特·马滕斯的信中说起了这件事情上的"巨大进展"。有可能两人一起在英国花园[3]里骑了一大圈自行车。此外，不可能有其他更多的事情了。卡蒂娅最初的判断对他非常不利。给这位有轨电车上的火爆女神写的迄今还保留的第一封信中有这样的句子："因为您受不了我。"[107]她的哥哥们非常有效果地嘲笑他是"肝肠寸断的骑兵上尉"。[108]通往她的芳心的道路还十分漫长而遥远。在4月9日的日记中有一条记录："跟K.P.（卡蒂娅·普林斯海姆）好好地聊了一次。"[109]4月底有一封信，信中在抱怨等待，还可以看出数学和物理让他嫉妒不已。因为卡蒂娅完成了高中毕业考，当年很少有女生能完成；而且在大学里面学习数学专业，能做到这一点的女生就更少了。所以，她那作为女性运动先驱的外祖母反对她与托马斯·曼结合。她不愿意看见，婚姻和生儿育女让她的外孙女远离高端科学。"她是一位热忱地为她那个性别的荣誉以及对平等的绝对诉求而努力奋战的女性，是一位充满激情的战士，为我们今天称之为妇女解放的事业而战，她是一位公认的这一运动的领导者。"[110]克劳斯·曼简明扼要地总结道，[111]她的小说涉及的主要是那些不为他人所理解的女性，"她们在平庸的丈夫身边感

162

---

[1]　即卡蒂娅·普林斯海姆，她是家中唯一的女儿。
[2]　《在预言家屋里》，出自《托马斯·曼中短篇小说全编》，吴裕康等译，漓江出版社，2002年，第257页。本书涉及《在预言家屋里》的所有引文，都出自该译本，以下不再一一注明。
[3]　慕尼黑最大的公园，欧洲最大的城市公园之一，由于园林的建筑方面模仿了英国的风格，故名"英国花园"。

到痛苦不堪，她们读尼采，要求选举权。"托马斯·曼刚刚结识她时，她就让他感受到，她将他看作"一名强盗，要掠夺女性自由与和男性平起平坐的精神追求。"[112] 这句话多少有些道理。卡蒂娅天资十分聪颖。她当年才21岁，就开始准备她的博士论文。而托马斯·曼实际上不是女权主义者。他暴露过一些真正的短处，例如他希望自己的第一个孩子是男孩，如果是"一个女孩，便不是什么值得严肃认真对待的事情"。这句话传到了喜欢争论的外祖母的耳朵里。从此，曼在她眼中就是一位"该诅咒的反对女性主义者，还是一个斯特林堡[1]信徒"。[113]

但我们现在还没有到这一步。在时间表中，接下来的是一条写于1904年5月16日的记录："跟K.P.第二次长谈。5月19日星期四开始了等待时间。"[114] 卡蒂娅离开了慕尼黑，而且差不多整个假期都外出了。在她出行前发生了什么事情，我们可以从一封7月14日托马斯写给库尔特·马滕斯的信中知晓：

> 而后，在她要出行的头一天下午，那位可爱的双胞胎兄弟还让我跟她独处了半小时。这真是一次无以言说的甜蜜又折磨人的告别，告别直到现在还压着我的神经和感官，但这次告别还是没有积极的结果。不可能。她不能，不能"想这件事情"，不能下决心。只要这个决定还没有直接摆在她面前，用她本人的话来说，对她而言一切都是轻松的、自然的和理所应当的，但是只要一说起这件事，她望着我就像是一只受了惊的小鹿那样，完全神不守舍……赛夫博士，这位神经科医生和很棒的心理学家，他反正就像世界上所有的神经科医生一样，都有特定的导向，我就这件事跟他进行了深入的交谈，他向我证实，（我早就一直这样猜测）这种恐婚状况真的是有些臭名昭著的病态成分在内。他说，如果我不更为机智圆滑和小心谨慎地进行这件事情，那么据他的经验来看，订婚很可能就

---

[1]　即奥古斯特·斯特林堡（August Strindberg, 1849—1912），瑞典现代文学奠基人，世界现代戏剧之父。他在很多社会问题上是激进的，但在妇女解放问题上却很保守。

算到头了，不会再有什么进展。星期二早上，我在火车边上，给她送花，因为小克劳斯[1]令我感动地用了很长时间去付钱给行李工，我还找到了机会对她说，我现在心里多么悲伤。她也难过吗？有那么一点，是的。她说得很小心。但跟我握手的时间很长，火车从车站月台大厅驶出时，她只看着我一个人。我简直可以死过去了。这次分别不知道什么时候才能再相见。

她的恐婚其实是可以理解的。他一定是催婚催得很厉害，他将她的迟疑视为病态并且为此去咨询了一位神经科医生，这证明了他令人遗憾地缺少自我批评以及移情能力。在这位 19 岁的女孩后来写的回顾中，这一段读起来让人感到相当大的疏远感。"我那时候 20 岁，而且我对我自己本来的样子觉得很舒适，很开心，对上大学、对哥哥们、对网球俱乐部和所有的一切都很满意，我其实根本就没弄明白，我为什么应该这么快离开这些。但是托马斯·曼有着很强烈的意愿，一定要跟我结婚。很明显，他非常想要结婚，简直就是不管不顾了。"115 这段等待时间里写的一些信，他抄写下来了，以便用在小说《王子殿下》中。这些抄写下来的信保留了下来，原初的信件反而丢失了。所以读这些信时无法确定，保留下来的是否只是可以用于文学写作的那一部分，而那些由衷而又率性的话就没有留下来。因为，虽然卡蒂娅觉得这些信"就他的情况而言"已经十分热情洋溢了，但是读着还是相当的拿腔拿调。没有迹象表明，他曾经有过失态的时候，虽然他声称自己曾有过这样的时候："我了解我自己，我在深爱而又绝望于这种情感没有得到回应时，我失去了冷静。"116 他追求人的方式其实一点也不吸引人。从某些角度上看，简直有些强人所难。他用尽了一切极端的直抒胸臆以及甜腻腻的修辞手法：

　　——我大概很清楚地意识到，我不是那种能够引起简单且直接就确定的情感的男人……谁如果从未能引发怀疑，从未能引起陌

---

[1]　卡蒂娅的双胞胎兄弟。

生，从未能引起一点畏惧，**请原谅我用了这个字眼**，[1] 谁如果简简单单地只是被爱，那他就是个白痴，是个光明形象，是一个反讽人物。在这个方向上，我可没有野心。——

……是我的错。因而我有着按捺不住的需要，在您面前把我自己说清楚，解释清楚，为我自己辩解一下。也有可能，这种需要是完全多余的。您很聪明，您的举止出于善良而和您的洞察力——当然也有一些是出于好感。您知道，我这个人在个性上，在人性上的发展可能与其他年轻人不同，我有作为吸血鬼的才华；会让人觉得在吸血，在吸收。您知道，我多年来过着一种多么冷漠的、贫瘠的、纯粹表演型的、纯粹给人看的存在；您知道，我几年来，很重要的几年来，作为一个人并未期望被人关注，而只是想作为艺术家受人重视……您也理解，这不是一种轻松愉快的，不是一种欢快的生活，即便在外部世界的强烈关切下，也不会收获一种从容而大胆的自我信任。要从这种黏附在我身上给人看的——艺术家的生存中，从这种缺乏无关紧要的对我自己的性格和人性的信任中疗救出来，只有一点可以做得到：那就是通过幸福；通过您，我的聪明的、可爱的、善良的、亲爱的小女王！……我向您请求的，希望的，渴求的东西，就是信任，是一种毫不怀疑地坚定地站在我这边，即便是面对整个世界，面对我自己，是一种近似信仰的东西，简单说——就是爱情……这种请求和渴望……您就成为对我的肯定，我的辩解，我的完善，我的拯救者，我的——妻子吧！[117]

尽管如此，事情还是没有进展。"现在用男人的能量，"几天后（6月11日）托马斯写给马滕斯的一封信中这样诉苦道，"将这个姑娘置于选择面前，对她而言，就是让她挤出一个不字，这真是让我们两个都痛苦不堪。"事情就暂时停留在这类咬文嚼字的信件上。总体上看，事情的发展经过近似于小说《王子殿下》里面的情况，克劳斯·亨利希，此

---

[1] 原文为拉丁语：*sit venia verbo*。

人跟托马斯·曼一样过着一种给人看的存在，坚忍不拔而又颇有章法地追求着亿万富翁的女儿伊玛·斯别尔曼。这位作家一点也不发怵，把自己本人的信件几乎逐字逐句地用在小说中。这个追求时期的笔记，一部分已经大致进行了文学化，可以在为这部小说收集到的材料中找到。有几条笔记如下：

> 梦见（多次），我双手捧着 K. 的信。有一次信很长，而且折叠得很奇妙，使我无法找到信的开头。

> 她真是非常天真，她又那么自信且气场强大，让人默不作声。—— 这个陌生的、善意的而又自私的、不由自主地礼貌十足的犹太小姑娘！我几乎不敢奢望，"好的"这个词能从她的芳唇吐出。（神经质的对决断的恐慌。）

> 一封信，喷过香水，用她那小孩子的笔迹写的。因为窗子是开着的，信上的香气和清新的空气混合在一起，这封信因而有了一种奇特生动的、她的身体在场的意味。把信纸贴向面部，那气息就如同一个干净清爽、非常注重护理的人刚刚从外面进来，从风和清凉处来到房间里时带来的香气。

> ……"美妙的梦境"：她吓唬着把某人赶跑了，同时指着我宣布，她爱我。梦醒后感到痛苦的失望。但这个梦还一直左右着我的情绪。

> 在她的房间里出现第一个爱情场景，她经过男爵夫人许可把"她的书给他看"。——后来场景在花园里。[118]

到了 8 月底，转机看来总算是有些眉目了。托尼奥·克勒格尔热爱"生活"，但是生活不爱他。现在，"某种绝对而又难以置信的新体验"[119]

165

朝着他迎面而来。他甚至建议要一起"笨"如蓝眼睛的生活那样：

> "精明"也就是某种全面俗鄙的东西。"聪明"就是，某人每天只吃两个小面包，谨慎地生活，谨慎地爱，而且过于谨慎，以至于不能下决心将他的生活与他的爱情相联系。而"笨"是一切天真的、高贵的且信任的东西，一切勇敢地将自己托付于世间的心态。我们都要"笨"，——我的卡琪娅！——[120]

尽管存在着种种通过修辞隐隐约约传递出来的真正动情，但是算计的内容还在里面。仅在心这条战线上获胜，肯定是不够的。他也得在社会上获得一席之地。虽然普林斯海姆一家的金钱与文化的组合非常中他的意，但这种组合并没有使他自惭形秽。他本人不也是一个非同凡响的人物吗？他解释给卡蒂娅听，为什么她是个公主，而他是个王子。无论是从他的出身，还是从他本人的价值来看，他都不算高攀。如果有那么一天，她在全世界面前握住那只恳求地向她伸出的手，她也"完全没有下嫁，完全没有进行施舍"。[121] 就像《小孩子的歌曲》中唱的那样，一个男人"追求心爱的女人，以出众的成绩为底气"。[122] 他觉得自己就是这个档次的人，即便自己没有纯金的香烟盒。但是另一方也这么看他吗？

166

王子与代数

"伊玛的脾气有点大，"卡蒂娅在老年时纠正过，"而我当年其实可没有这样。我当然有时多少会让自己的优越感闪现出来，但在我看来，伊玛也太夸张了吧——但我对自己也没有那么了解。"[123] 这并不意味着，这种关系的本质内核没有在小说中表达出来。无论如何，小说提供了一个内视场景，补充了围绕着这些最本质观点的少之又少的其他资料。

小说中，克劳斯·亨利希王子送了一朵灿烂的玫瑰花给伊玛·斯别尔曼，但这朵花闻着有些霉味。这朵花形象地表明，文学怎么杀死了生活。它"没有灵魂"。[124] 稍后，伊玛给王子看她的书，就像卡蒂娅当初给托马斯看她的书那样。[125] 她看到了那只平日里小心翼翼地掩藏起来的有些残疾的胳膊——在托马斯·曼笔下，艺术家们总是多少有些残疾——他一下子失去了自我控制，倒在她面前，拥抱她，喃喃地说道："我的小妹妹……"——而她吻着他的残缺，他的障碍，就是那只有残疾的手。很明显，她爱他的缺陷，而不爱他那种隐藏自己缺陷的能力。接下来进行了一场非常有成效的谈话，这场谈话无论在现实中是否真的发生过，都非常能够体现托马斯·曼的心灵状态。我们读到，克劳斯·亨利希非常努力地争取，让伊玛勇敢地走出她那种冰冷纯粹的高处不胜寒的气氛，走出代数和语言嘲弄的气氛，而"步入那个陌生的地域，那个更为温暖的，湿润的，更为丰饶的，那个他为她展示的地方"。但她再次为此表示遗憾，当时他们在展示那些书时，两人都失去了自制力。他当时觉得很开心，但她的嘲笑很尖刻，她说她存在的目的，并不是为了让他这个王子在当臣子当得非常气闷的时候，可以到她这里来透一口气。那种王子的生存方式是一种空洞的、只是形式上的、只是做作的生存方式，跟艺术家的生存方式没有什么不同。"您是做做样子去上学读书，做做样子去上大学，做做样子去当兵，还一直穿着军装做做样子；您做做样子召见他人，做做样子进行防卫，老天知道，还都有些什么；您简直就是来这个世界上做做样子的，那么现在我凭什么要突然间相信您，您这里还会有任何认真的事情？"他要求她信任他。她说："不，克劳斯·亨利希王子，这我做不到。"只要她仔细打量他，她就会觉得冷和害怕。"您觉得您自己是正直的，而且还提些问题，但并不是出于关心，您根本就不在意问题的内容，不，任何事情跟您都没有关系，因为您的心里根本就没装着什么。我经常看见，——您在说话，您在表达意见，但您也可能完全就另外一件事情这样表达，因为实际上您根本就没有观点，也没有信仰，对您而言，只有王子的姿态最重要，其他的根本就完全无所谓……一个人又怎么可能对您产生信任呢？不，您在别人的心里注入的从来就不是信任，而是冷漠和偏见，而且哪怕我真的下功夫努力地试着接近您，您这种偏见和不知所以的方式也会阻止我这么做。"他虽然继续劝她，而且也再三地劝她，但他称之为惧怕做出决断的这种情况，还一直存在："对离开她那个冰凉且嘲弄的王国以及全身心地跟着他的那种惧怕。"

小说中出现的转机跟生活中的有些不一样。克劳斯·亨利希王子开始认真地对待某件事情，也就是开始认真对待国家的财政状况，他带着一脸热忱跟伊玛一起去研读国民经济方面的书。他抬起头时，"遇见了伊玛·斯别尔曼的眼睛，那双大大的、闪着火焰的眼睛，目不转睛地盯着他，隔着桌子流畅地说着隐晦的话"。不久后，两人订婚了。"小妹妹，"他在跳舞的时候对她说，还有"小新娘……"

订婚与结婚

我们不清楚，最后到底是什么说服了卡蒂娅。1904 年的 9 月，她终于同意了，10 月 4 日他们订婚了。根本没法忽略的是，这一切进行得多么缺乏"水到渠成"，多么勉强费力。引用黑格尔的话说，通往婚姻最为道德的道路是，先决定要缔结婚姻，接下来才发现彼此倾心，这一点通过他自己的生平经历得到了证实。但情况并没有因为订婚而有根本性的好转。先前特别能说会道，而且又那么动情地要求信任的那一位，在 1904 年秋天写下了如下笔记：

> 我当然还不能对她说我的全部内心。她一定会受不了我的愁闷，我的痛苦。但要是没有这个沟壑，我可能不会这般爱她。我不爱跟我一样的，或者哪怕仅是理解我的。[126]

第五章　通往婚姻之路

在结婚后没多久，也就是 1905 年 3 月，席勒研究——《艰难的时刻》付梓成书。席勒在那里端详着熟睡的夫人。[127]"一绺黑色的头发卷曲在面颊上，面颊发出珍珠般的柔光。"他在劝说自己，掩盖着自己深重的疑虑： ¹⁶⁸

> 我的女人！我的爱人！你要追随着我的渴望，走向我，成为我的幸福吗？你就是这个人，安静吧！睡吧！别为了看我而打开这甜美的，投下长长影子的睫毛，这又大又黑的眸子，有时就像是你在问我，在寻找我！上帝啊，上帝啊，我多么爱你！只是有时我不能找准自己的情感，因为我由于苦闷、由于竭力完成我给自己设立的任务而常常觉得疲惫不堪。而且因为我的使命，不能完完全全成为你的，不能在你这里找到全然的幸福……

订婚本身的诸项具体细节都不清楚了，但随后前往柏林的蒂尔加滕拜见卡蒂娅的亲友的旅行倒是留下了不少细节。在 1904 年 12 月 23 日写给亨利希的一封信中，几乎又都是些如何辛苦的话。他写道：要紧的是持续地保持自己笔挺笔挺的姿态，把牙关咬得紧紧的，然后时不时吐出"幸福"这两个字。"追求的后半场——除了灵魂的极度疲劳什么也没有。订婚——可真不是闹着玩的，你只管信我。"各种社交义务，见上百个人，到处亮相，注意自己的言谈举止。在此期间，"每天都要有毫无成果的、损精耗神的狂喜，这在这个荒谬的订婚期里是最为典型的"——姑且不管他对订婚这件事在说些什么吧。

两个家庭的会面在总体上自然是积极的。除了那位从事妇女运动的外祖母，其他人都赞同这个婚事，于是婚礼就定在了 1905 年的 2 月 11 日。富有的岳父准备好了新房，还给装好了电话。托马斯·曼此前的家具他一样也看不上眼，"这都是些什么破烂东西"，斯别尔曼先生非常瞧不起地说道。[128]普林斯海姆爸爸不容许女婿参与置家一事。托马斯·曼的母亲尤丽娅抱怨着："在这个家里简直就不能当一家之主啦。"[129]在一封写给大儿子的信中，她相当详细地描述了婚礼的过程。也没有什么太

多可写的。做发型，去婚姻登记处，中午在普林斯海姆家里有个招待
会，也就只请了 15 个人（亨利希和卡拉也没去），不多的几段简短讲话
和祝酒词——普林斯海姆父亲最希望在极小的范围内完成这件事情。大
169 约晚上 6 点，这对新人出发前往奥格斯堡，从那里踏上去苏黎世的蜜月
旅行，他们订了巴尔拉克酒店 [1]，过得相当阔绰。但当时的笔记本中记
下了两名苏黎世神经科医生和一位催眠师的地址……130

　　没有举办教堂婚礼。如果要举办的话，那必定是一个天主教的教堂
婚礼。"新教的婚礼根本就不具备美的价值。"那位创作出来的人物阿伦
霍尔德先生这么说，此人跟萨穆埃尔·斯别尔曼一样，都是阿尔弗雷
德·普林斯海姆的肖像画。托马斯其实是想举办教堂婚礼的，他之前给
亨利希写信时说过，他好歹也是个基督徒，而且来自体面的家庭。132

　　缺少一个真正喜庆的开端，这在后来有时会让他觉得有点心痛。在
生活中没能实现的，托马斯就在小说里面让自己经历一下。克劳斯·亨
利希和伊玛在全体民众面前，在宫廷教堂里举办了隆重的婚礼，大教
区委员会主席韦斯利策努斯博士用"他们要存活，示巴的金子要奉给
他"[2]来进行布道。133 但是在 1905 年 2 月的灰暗现实中，母亲尤丽娅·曼
有理由进行抱怨。她被请去，也不过就是跟这对新人吃吃饭，什么别
的仪式也没有。她觉得，托马斯应当在大家面前说几句话："不，我这
么爱卡蒂娅，我要忠诚于我的父母和我的祖父母的传统，我要求举办一
场教会婚礼！"但严重的地方在于，新娘跟她的父亲——他可是不信教
的——完全一致，不坚持要求举办一场教堂婚礼。"唉，亨利希，"她叹
气说，"我从来就没有同意过这个选择。"她还有点怀疑卡蒂娅的爱情，
她觉得她太冷淡。

　　幸福，就是工作和义务，是一种"严厉的幸福"，《王子殿下》中的
公式就是这样说的。在写给亨利希的一封辩解信中，他认为，幸福可不

---

[1]　巴尔拉克酒店（Hotel Baur au Lac）：创立于 1844 年，依湖而建，可以远眺阿尔
卑斯山，是当时欧洲贵族争相前往的度假胜地。
[2]　出自《圣经·诗篇》72：15。示巴是《旧约圣经》和《古兰经》中提到的一个南
方的王国，即赛伯伊王国，最强盛时甚至统治了整个阿拉伯半岛的南部。

是砸到他脑袋上的，他自己"扛住了幸福，出于一种义务感，出于一种道德，一种与生俱来的命令律"。[135] 换言之：生活就是一部作品。"对我而言，难道生活和作品不一直是一体的吗？"《小孩子的歌曲》中这样问，接下来的词是："艺术对我来说不是编写，只是一种认真的生活；/但生活也是作品，——我从来就不知道进行区分。"

前提没有这么简单，并不是那么最有利的。先决定结婚，接下来才有好感，这差不多就是个小奇迹。这个婚姻一直有问题，但并非不幸福。在后面的某一章中，我们会详细谈。

卡蒂娅，文学的

他马上就在文学上用了她，而且一再用。早在 1904 年 5 月，那篇施瓦宾小说《在预言家屋里》就出现了一位小说家，也就是几乎没有戴上面具的托马斯·曼，他去参加一个孤傲绝世的诗人预言家达尼埃尔的诵读会，虽然小说家"跟生活有着一定的联系"。[1] [136] 他与生活有这种联系，是因为他觉得，自从他追求卡蒂娅·普林斯海姆以来，他就不再是那种来自冰冷的精神和艺术氛围的施瓦宾文学人物了。她以"松娅小姐"的形象出现，并且在小说中也是有些奇怪的非个人化的："是个令人难以置信的才女，是个有全面教养的奇迹，是个难得一见的文化理想。"[2] 她的母亲也出现在小说中。她的豪华仕所外面有"古色古香门框"[3]；我们可以从一封信里得知，普林斯海姆家的门框就是这样的。[137]托马斯·曼要用这篇小说与施瓦宾的放浪文学家氛围划清界限，这样才

---

[1] 《在预言家屋里》，第 260 页。
[2] 《在预言家屋里》，第 257 页。
[3] 《在预言家屋里》，第 256 页。原文为意大利语：Giallo antico。

可以进入市民阶层的沙龙。在与"普林斯海姆太太"的聊天过程中，小说家展开了他的理论，阐述以达尼埃尔为代表的施瓦宾艺术家们到底少点什么："可是缺什么呢？也许是人性？一点儿情感、渴望和爱？"一目了然的是，他在进行自我推销。尽管如此，他其实又能比那些施瓦宾艺术家们强到哪儿去呢？现在这个"生活"还只是规划，他除了是个文人，其他什么也不是。

文人"去经历，是为了表达出来"，曼后来在一篇论文中这样写道。[138] 这位年轻的丈夫如何马上把他的妻子安置在 1905 年 3 月的席勒小说《艰难的时刻》中，前面已经说过了。他接着又把他的整个新婚期都用在了一部长篇小说《王子殿下》中（1903 年开始构思，写于 1906 至 1909 年），我们前面也同样提过了，虽然远非所有由生活搬到作品中的细节都值得在这里详细地列出来进行一番评述，父亲的"老虎直觉"[139] 没提过，他的黄金香烟盒也没提过，伊玛的印第安人的血脉（这里用卡蒂娅的犹太血脉来替代了）也没怎么提，同样在小说中变成了骑马外出的出游，卡蒂娅·优胜者还是骑车出游也没有被提及。

有点难堪的是，他随即又把他新的生活世界里其他更多细节吐露了出来，并且让财富、柏林蒂尔加滕、说话声音嘎嘎响的父亲、一张北极熊的皮子和一对犹太双胞胎西格蒙德和西格琳德都出现在他的作品中。这发生在写于 1905 年夏天的《孪生兄妹》（*Wälsungenblut*）[1]。小说以兄妹在北极熊皮上乱伦结束。小说讲的是一个勉勉强强的订婚。西格琳德应当嫁给一个一本正经的德国公务员，但她对自己的兄妹窝非常满意，对那位冯·贝克拉特先生根本就没有什么兴趣。但"最后，西格琳德在向他说够了'不爱他'的话之后也开始审视他，满怀期望和无声地打量他，炯炯发亮的严肃目光像动物的目光那样茫然，最后终于答应了"。[2] [140]

171

---

[1] 《孪生兄妹》是托马斯·曼的一部中篇小说，创作于 1906 年，但是直到 1921 年才出版。它通过描写富有的犹太双胞胎西格蒙德和西格琳德附庸风雅的自我爱恋和乱伦关系，讽刺了理查德·瓦格纳的乐剧《女武神》，小说中也出现了《女武神》的相关剧情。
[2] 《孪生兄妹》，黄谦译，出自《托马斯·曼中短篇小说全编》，吴裕康等译，漓江出版社，2002 年，第 278 页。本书涉及《孪生兄妹》的所有引文都出自该译本，以下不再一一注明。

第五章　通往婚姻之路

托马斯·曼在其他情况下并不是贝克拉特。小说只在这一点上跟他的现实多少有点关系。有可能是，他在这里刻画出了他的恐惧，他从来没有真正地被这个陌生的家庭接受，他担心，卡蒂娅有可能跟她那一家子发生乱伦，滚床单，而且在任何时候都阻止他这位陌生人了解最内在的秘密。

但就算没有这些，他也做得很过分了。后来还有个不那么准确但一点也不令人惊讶的谣言传播开来，据称他写了一部极端反犹的小说，这部小说还极为可怕地诋毁了他妻子的家庭，[141]他只得让人停止印刷这篇故事。许多年之后，它才得以出版。"一种不自由的感觉从这个时期起就一直伴随着我，在那个患疑心病的时刻，这种感觉尤其令人压抑，"托马斯给亨利希写信时说，"你肯定会称我为一名胆小的市民。"他当初和家乡闹翻了，在意大利无所顾忌地使用他吕贝克的亲属们作为创作材料；但他现在又怎么就能够认为，他同样可以不管不顾地使用他的新家庭作为创作材料？那些他或真实或误解的人物速写给其他人造成了不少痛苦，而他一生都缺乏对这种痛苦的起码理解。现在，他也以一篇极端的美学辩护文章对别人伤害他所坚持的艺术创作自由做出了反应，这也是他的第一篇重要杂文，标题是《比尔泽和我》，写于1905年12月到1906年1月。"作家用来为其目的服务的现实可以是他的日常世界，可能是他的亲人和最为亲近的人；他可能对现实给定的细节服服帖帖，他可能如饥似渴而又老老实实地将细枝末节用到作品当中，但是对他——世人也应该一样——而言，现实世界和他的作品之间终究还是存在天壤之别：由于这一本质差别，现实世界和艺术世界永远天各一方。"[1][142]

很久以后，卡蒂娅又以更为间接的方式出现在文学作品中，确切说在《约瑟和他的兄弟们》及《浮士德博士》中。在《约瑟和他的兄弟们》中，拉结，也就是雅各的情人，有卡蒂娅的轮廓，令人动情的消瘦且纤弱的肩膀，黑色的头发，可爱的脸庞，尤其是那双眼睛，"可爱的黑色""一个深邃、流动、能言、令人陶醉、友好的深夜，满是严肃与

---

[1] 《比尔泽和我》，第7页。

嘲弄"。[143] 另外，托马斯·曼还将女儿艾丽卡的难产也加载在她身上，将这次生产作为约瑟的出生；在她第二胎生便雅悯时，甚至让她难产而死。[144] 她还有个姐姐利亚，她虽然眼窝深陷，但非常能生育，生了六个儿子和一个女儿。拉结是可爱的，利亚是身体的。然后出现了双重婚礼。雅各为娶到拉结服侍了七年，但在新婚之夜，趁着漆黑的夜色暗暗塞给他的却是利亚。"利亚是现实性，但众议倾向于娶拉结。"[145]

如果试着把作品往回翻译成他所经历的事情，那么会有两种解释。根据描写的方式，拉结是可爱的，拉结是卡蒂娅，这一点没有什么可争论。但利亚也是卡蒂娅，如果考虑到她是六个孩子的母亲并且在生活中非常能干的话。她虽然在外表上与她不同，但从人物周遭环境的配置上，她却是跟她的那位土豪父亲拉班一样，是最适应这个社会的人物，因为都是家中最大的孩子，这一点被不厌其烦地强调着。我们继续推导出不确定的事情。与利亚和拉结的一夫二妻的婚姻是《圣经》里面给定的框架。但总还可以将自己本人的生活材料写入这种陌生的模式中去。利亚难道不是卡蒂娅，体现着义务？拉结难道不是保罗·埃伦贝格，体现着忘却义务的倾心恋情？这种双重婚礼表达了，感官总是受到不能传宗接代的、毫无责任感的、同性恋情的梦想的扰乱，而现实则是生儿育女的、社会的以及性的。在生活中，多少有点男孩子气的卡蒂娅大概有这种能力，能够提供这两种倾向，因而能够多少满足同性情欲的欲求。但是，这种冲突继续惹祸。在《约瑟和他的兄弟们》中，雅各被惩罚，因为他自己以对利亚的义务为代价，排他地只是全身心地与拉结继续着爱情生活。拉结，这个可爱的人儿，死在路途中，就地被草草掩埋。她继续生活在雅各的记忆中，即便没有埃及式的美化艺术。而到了雅各将死之际，他不愿意被埋葬在埃及，而要葬在他的家乡，但不是葬在拉结的身边，她终归只是情人，而是要葬在祖坟，在亚伯拉罕和撒拉，在以撒和利百加身边，而且他明确地说，要葬在利亚，这位能生养六个孩子的母亲的身边。这是一个对义务的选择，放弃了爱情。

我爱过她，我太爱她了，但事情不是依照感情进行的，不是依照丰富柔软的心进行的，而是根据成就，遵循顺从进行的。我躺在路上非常不合适，雅各应当和他的祖先们躺在一起，和利亚，他的第一个女人躺在一起，子孙后代皆是由她而出。[146]

这可以重新被诠释成富有责任感地离开奢侈的恋情，离开同性恋情，而回归婚姻和市民义务。

"她有着一双全世界最美丽的黑眼睛，这是我首先要说的，黑得犹如黑玉、犹如焦油、犹如欧洲黑莓"[1][147]：这只能是卡蒂娅的眼睛。在《浮士德博士》中，这双眼睛给了玛丽·戈多，阿德里安·莱韦屈恩曾一度有意与之缔结姻缘。事情发生的时间顺序对解码生平事件具有绝对性的意义。他与鲁迪·施维尔特费格两人开始互相用你称呼之后，就想结婚了。叙述者很高兴，这个计划很可能就意味着从他"同施维尔特费格之间那种鬼鬼祟祟的关系"中解脱出来，他倾向于将婚姻计划理解成"为此而有意识地采取的手段"。这很容易让人想起曼的相应计划。他对鲁迪有很多不切实际的期待，（大约对保罗也是这样）做出种种努力，"用值得惊异的耐心"把这位孤独者"争取到人性这边"，[2]并让他皈依"你"，其实只不过是"练就人性的过程"和婚姻的"预备阶段"。"阿德里安和鲁道夫·施维尔特费格之间所发生的事情，以及事情的整个经过，我都是知道的。"塞雷奴斯·蔡特布罗姆说，"也许有人会无数次地提出异议，说我不可能知道，因为我当时没有'在场'。"[3]他知道，是因为他在场，他亲自在场，当时是1903年。

1903年和1904年间做出决断的情景是十分复杂的。他具体期待些什么？又会有什么样的结果呢？他的艺术建构还能够挺住吗，或者会坍塌？他自己也不清楚。他根据自己的情绪状态试着进行这样或那样尝试性的叙述。小说《在预言家屋里》中有较为乐观的可能性，这种可能性

---

[1] 《浮士德博士》，第478页。下两处引文皆出自第482页。

[2] 《浮士德博士》，第498页。本句余下引文皆出自该页。

[3] 《浮士德博士》，第495页。

强调了已经做出的婚姻决定快乐且充满希望。在《王子殿下》中，这种可能性被加工成宏伟的童话般的场景，而且还向上推到了艺术家与人生以及与民众达成的和解。在这两种情况中，为了保障大团圆的结局，将一部分问题给撇开了。《艰难的时刻》刻画了作为丈夫的艺术家暗自有所保留，《孪生兄妹》则表达了他的恐惧，即到头来还是不能获得挤入市民社会的内在权利。拉结和利亚再现了分裂以及勇敢的合成，在这个生命中尽可能过的生活。在《浮士德博士》中，最终再次表达了灾难性的情况，艺术家的孤独未能得到拯救，"生活"没有走进这种孤独，它注定只能成为对所有鲜活之人的谋杀者。这是古老的冲突。"艺术很坚硬，但是我们的心很柔软。"[148]

第六章

充满抱负的计划

结婚后很快接二连三地有了最初的四个孩子：艾丽卡出生于 1905
年 11 月 9 日，克劳斯出生于 1906 年 11 月 18 日，戈洛出生于 1909 年
3 月 27 日，莫妮卡出生于 1910 年 7 月 7 日。间隔了几年之后，又有
一对孩子出生，伊丽莎白出生于 1918 年 4 月 24 日，米夏埃尔出生于
1919 年 4 月 21 日。1910 年 7 月 30 日，妹妹卡拉在母亲位于珀灵的公
寓中自尽。1905 至 1914 年是一个相对有声望而且富足殷实的时期，托
马斯·曼经常受邀作巡回报告，疗养，还有休假，除了经历过一次火车
事故之外，没有什么特别让人注意的外在事件。1908 年，托马斯·曼
在巴特特尔茨建了一幢壮观的避暑别墅。接着又在慕尼黑博根豪森区 [1]
的波申格尔大街 1 号（现在是托马斯·曼大街 10 号）建了一所大宅，
于 1914 年 1 月 5 日迁入。从 1912 年至 1913 年，托马斯·曼是巴伐利
亚王家警察总局的审查顾问。

这个时期完成的文学作品主要有戏剧《翡冷翠》（1905），短篇小
说《孪生兄妹》（1905）和《艰难的时刻》（1905），长篇小说《王子殿
下》（1909）以及短篇小说《死于威尼斯》（1912）。在这个时期就打算
写，但是从来没能写出来的有一部关于腓特烈大帝的长篇小说，一部
讲述慕尼黑社会生活的长篇小说（标题是《幻》或者《情人》）以及一
部短篇小说《一个可悲的人》（*Ein Elender*）[2]。开始创作的有《大骗子菲
利克斯·克鲁尔的自白》（1910 年开始动笔）和《魔山》（1913 年开始
动笔）。这个时期最重要的杂文有《比尔泽和我》（1906）、《试论戏剧》
（*Versuch über das Theater*）（1907）、《甜美的酣睡！》（1909）以及《与
瓦格纳论争》（*Auseinandersetzung mit Wagner*）（1911）。最重要的杂文

---

[1] 至今仍是慕尼黑的一个高档街区，安静、富裕，有高标准的别墅群。
[2] 黄燎宇译本将书名译作《可怜虫》，从对该书的内容介绍来看，译者认为译作
《一个可悲的人》更恰当。下文出现该书名之处，包括对引用他人的译本，均作《一个
可悲的人》处理，以下不再一一作注。

写作计划是《精神与艺术》(*Geist und Kunst*)；一大堆未定型的札记材料经过各个时代保留了下来，其中的大部分写于 1909 年。

伟　大!

"在抱负面前我时而会倒胃口，"托马斯·曼早在 1901 年 6 月 11 日给奥托·格劳托夫的信中写过这样句子。"荣誉看来并不想完全拒绝我，虽说我一直渴望它。"曼当时在创作《翡冷翠》，这是他最具有抱负的作品之一。"痛苦总不能白受吧。它必须给我带来荣誉！"萨沃纳罗拉在这部剧本中说。[1]"什么？我们应该白白受苦吗？难道应该让痛苦流失，不用艺术把它保留起来？……它不可以给艺术家带来荣誉吗？雄心如是说。所有的雄心壮志都如此为自己辩解……"[1]2

　　紧张焦虑是空前的。每天上午只写一个"地方"，写不了更多。在这个写作速度下，还没有丢盔弃甲，还要把开了头的东西写完，托马斯·曼在 1907 年确定地说，这需要一份耐心，一种咬紧牙关的执拗，一种对意志的自我奴役，在这种奴役中，神经常常紧绷到要让人失声叫喊的程度。3自我爱恋和自我憎恶在跟他玩着游戏。在他看来，写出来的东西时而"新颖且美好，以至于我自己在心里笑开了花——有时又如此蠢笨不堪，以至于我会一屁股跌坐在长沙发上，简直想要去死"。自我爱恋对于稳定一个紧张焦虑到极点的自我具有性命攸关的重要性。与托马斯·曼极为相似的席勒在《艰难的时刻》里说起了那种"他对自我的激情，在他内心深处永不熄灭地燃烧……有时，他只需细看自己的手就对自己充满了一种兴奋的柔情"。[2]4

---

[1] 《比尔泽和我》，第 12 页。
[2] 《艰难的时刻》，第 265 页。

除了自恋意识之外，第二种对生命的帮助是荣誉，是读者群的褒奖赞叹。"到处露露面真是让我十分开心。"托马斯给亨利希写信说。他好好穿戴一番，艾丽卡后来说："但他无论穿什么到底还是要被纠正一下，因为他分不清绿色和蓝色。"[5] 随着一次又一次地出场，他变得越来越有把握。"报纸上带来了一些可亲的个人描写，我的精神头这么好而且稳重地坐在主席台上。"[6]

对他而言，仅有荣誉是远远不够的。此外，他还想要深受爱戴。当库尔特·马滕斯向他预言，相比于衷心的爱，他将会受到更大的尊重和敬畏时，他提到《布登勃洛克一家》和《托尼奥·克勒格尔》来驳回这一点。德国人为什么不能够爱戴他呢？"他们对我的人性的一面会有什么非难呢？我是一个安静的、有礼貌的人，通过自己双手的工作达到了多少有些殷实的程度，娶妻生子，看看首演，是个好德国人，我从来无法忍受自己在国外待上超过 4 个星期。难道我一定要打过保龄球还有喝得酩酊大醉吗？"[7]

178

雄心抱负最大的敌人是身体上的筋疲力尽。现在，因为他已从精神上的海盗式掠夺进入了某种法制和中产阶级的关系，有了妻子和儿女，"这时，他却感到疲惫不堪和精疲力竭了"[1]，《艰难的时刻》里面的席勒就是这样的。那个已经见过的想法在这里也出现了："痛苦难道就应该白费吗？它会使我伟大！"[8]

席勒在倾力写作《华伦斯坦》。托马斯·曼也有完成艰难作品的意愿，他也在寻找那个时代值得为之一战的创作对象。结婚之前的那些年是他非常重要的发展阶段。[9] 接下来的时期将带来收获。通过娶得富家女子再次与父亲的世界相连接，这使得他有义务获得成功。但在这样极度的压力之下，不容易有好作品产生。直至 1914 年的这十年，从创作的角度来看，是一个危机时期。其他的时期我们不会看到这么多搁置下来的、不再完成的作品。"严厉的"幸福是一种费劲的幸福。丈夫一

---

[1]《艰难的时刻》，第 263 页。下一处引文见第 265 页。

定要伟大。他要成为具有代表意义的国民诗人[1]，就像他笔下的古斯塔夫·冯·阿申巴赫一样，小说[2]中称，教育部门把他的某些篇章定为中小学课堂范本。10 这个梦想也最终要实现。阿申巴赫在他个人 50 岁生日时被封为贵族，然而由于德意志帝国的覆灭，托马斯·曼未能得到这一头衔。1919 年的第一个荣誉博士是替代品，他马上很骄傲地使用了："在通报时第一次用上了博士头衔。"11

翡冷翠

《翡冷翠》，"一个关于伟大和灵魂力量的梦想"，12 一个"声望的情色"的案例，13 一个"青春年少时就少年得志的人对声望的兴致、对声望的恐惧"的产物，14 是在结婚前的种种痛苦中完成的。最后一场戏是在阿默尔湖边上的乌廷写的，只有他妈妈在身边，他觉得自己棒极了，而且结尾部分处理得很好，他在日记里面专门记上了一笔，而且还用上了"紫色墨水"，这些是我们从 1919 年 12 月 6 日他本人的日记中得知的。但我们没法判断真假，因为托马斯·曼后来在加利福尼亚把 1904—1905 年的日记烧毁了。不管怎么说，他为这个剧本非常自豪，一再关注这出戏的上演，但这戏的演出情况成绩平平。1929 年在卡托维茨南边的比利茨[3]小镇，他的女儿艾丽卡一定也扮演过菲奥蕾这个角色。但是，这或许不是个好主意。

托马斯·曼写戏剧，"尝试用更高的调子创作一首歌"，15 首先表明

179

[1]　诗歌是文学之母，对诗歌的崇敬也体现在德语词语"Dichter"（诗人）中，因而德语中但凡是大作家，不管他是否写诗，均称为"诗人"。
[2]　该小说为《死于威尼斯》，下一句引自第 19 页。
[3]　现属于波兰，位于其南部，比利茨（Bielitz）为德语名，波兰语名为别尔斯科（Bielsko）。

他有很大的进取心，因为当时古典主义晚期的主流品位依旧将戏剧奉为最高的文学类型。在《试论戏剧》（1907）中，他与这种观点展开了针锋相对的辩论，这也是受到他的进取心的遣使，因为他当然要把他自己最擅长的文学类型，也就是小说，推送到文学的最高位置上去。这篇《试论戏剧》实际上是一篇"反对戏剧"的文章。[16]

尽管如此，他作为作者还是备受打击，阿尔弗雷德·克尔，就是那位著名的批评家用非常尖酸刻薄的笔触嘲笑了他的剧本。"作者是一棵纤巧的、多少有点单薄的灵魂小苗苗，整天趴窝不动的小苗苗才能惬意舒适地扎根。"[17]这话写得一点也不留情面，恶意刻薄，偏偏又在最深处一针见血地说出了些正确的东西。所以这就更严重了。克尔还戏弄了几句"被卡住了并且蛰伏起来了"——有可能是得到了消息，以此影射作者与卡蒂娅·普林斯海姆的结合，卡蒂娅当初回绝了克尔。托马斯·曼想让他别太过分，别不识相。他给一位对他颇有好感的批评家尤利乌斯·巴卜[1]去信写道："您知道，为什么克尔从来就不知道什么是伟大吗？因为他从来就没有写过一部大作品。"[18]这有可能是对的吧，但克尔影射暗示的东西也同样有道理，一个扮演着伟大的演员本人并不就是伟大的，托马斯·曼当年所要的伟大比他本人真实的情况要多得多。无论如何，这一位很清楚地知道，至少要把当时的状况变成一个话题，并且在知识上从这种状况中获取最大的好处。"不应当去占有。"他笔下的洛伦佐·德·美第奇说，不要去占有财富、声望和成就。"渴望是一种巨大无比的力量；但占有让人去势！"[19]

被卡住了并且蛰伏起来了：克尔察觉到了，托马斯·曼一定为自己施加了多么大的压力。一个并非自愿的、并非自主的精神化的人，而是由于他的欲望被迫走向精神的人，就是他笔下的圣马可修道院的院长萨沃纳罗拉。托马斯·曼自己在对《翡冷翠》进行解读时，始终压下了很多与他生平有关的东西。最初的屈辱场景，在这里又出现了，旁人对渴

---

[1]　尤利乌斯·巴卜（Julius Bab, 1880—1955）：德国戏剧评论家和文学史家，柏林现代派的剧作家，德意志犹太人文化联盟的创建者之一。

180　求的东西进行嘲笑，被生活排斥，由冰冷的强迫驱往精神世界。著名交际花菲奥蕾说，修道院院长爱上了她。[20] 她为突如其来的权力感到欣欣然，这种权力是他那阴郁因爱带给她的。出于好奇，她让人安排了见面，某一天，他在天将黑的时候与她独处一室。

> 他悲叹着，挨近我，絮絮低语，泣不成声，承认……因为我神态十分很诡异，指出他的行为失当，他陷入狂暴的怒气之中，失去控制，简直不像个人，而后他喘着粗气凑近我，恳求我，哀求我，让我属于他。我感到深深的厌恶和震惊，把他推开了——很有可能，我打了他，因为他贪婪地紧紧抱住我不放手。我打他时，他猛然跃起，狂喊一声，声音嘶哑而无从听清他的话，他向前跌倒了，两只拳头紧紧地攥着在眼前。

生活有两种梦想，爱情之梦和权力之梦。在爱情不可得到的时候，还有权力。菲奥蕾羞辱了萨沃纳罗拉，他没能征服这个女子，却征服了佛罗伦萨。

英雄气概：腓特烈大帝

"我现在 30 岁了。是时候来构思一个伟大的作品了。"[21] 他的豪情壮志在燃烧。写一部有关一位重要的、在威廉皇帝时代深受重视和爱戴的普鲁士国王的小说，意味着向公众推荐自己是一名国民诗人。尽管对英雄的崇敬多少受到尼采心理学的一个元素的影响，有些不连续——"人性地、太人性地去描绘一位英雄，带着点怀疑，带着点恨意，带着点心理学上的极端主义，尽管如此还是积极的，抒情的，从自己的经历而来的"——人物的"伟大"才是真正的关键。"决定的东西是材料，我选的材料一定要能让我坚持用上几年，它本身，作为创作对象，必须具有某种尊严……这让人在承受时有一份骄傲，给人支撑，让人坚持下来……”[22] 这个大胆行动的不知天高地厚之处显然在于，“我，诗人，在塑造伟大。这需要了解伟大，对伟大有经验和体验……我有这些吗？”在回顾时，他称《翡冷翠》和《艰难的时刻》是了解伟大这个题目的预热阶段。接着，他非常自恋而且自鸣得意地说下去：“但如果我在写伟大的事情上成功了，就像我听说，我在写小事情上已经成功了一样：把伟大变得可感可知，亲密且生动地塑造出了伟大，——那么我的自豪可是无边无际的。”

　　他没有成功。留下的只是一堆笔记和摘录，主要是 1906 年上半年　　181
做的。这些笔记中的一条暗示着选择材料时隐藏的一个个人因素：

　　　　腓特烈后期具有同性恋倾向。可以很平静地表现出来，从年龄
　　和从巨大的优越感产生出一种对年轻帅气而又微不足道的男子的情
　　欲关系，这种关系就如同男人对女人的关系。[23]

　　这个创作计划他从来就没有执行过。1914 年，曼虽然写过一篇与战争契合的杂文《腓特烈与大联合》（*Friedrich und die große Koalition*），但这篇文章绝大部分采用的是其他的资料来源，原来的创作意图只采用了很少的一点。

　　这个原初的创作意图跟托马斯·曼的婚姻也有些关系，而且是在恶意的方面，从两封信就可以看出来这一点。托马斯在 1910 年 1 月 26 日给亨利希写信说，谁早在写《王子殿下》之前就已经计划写《腓特烈》，那么他在内心深处肯定从来没有相信过真的会有“严厉的婚姻幸福”这回事。但“这并不妨碍，此人在实践中有可能相信”。两天后，一封写给恩斯特·贝尔特拉姆[1] 的信表达得更为精确，谁要写《腓特烈》，基

---

[1]　恩斯特·贝尔特拉姆（Ernst Bertram, 1884—1957）：德国文学史家、作家、尼采专家。

本上不会相信陛下和幸福是能够合二为一的。人们完全可以推断出，"腓特烈"是一个在私人生活中相当不幸，被生活排斥的统治者，他这个人具有与生俱来的同性恋倾向，视妻子和家庭为令人生厌的义务操作，希望将这些东西推得尽可能离自己远一些，而且他很孤傲，身边团团围着漂亮的灵缇犬。托马斯当年也有一只跑得很快的狗，一只有点疯疯癫癫的名贵柯利牧羊犬，取名莫茨，它顶着佩尔西法尔之名在《王子殿下》中出现。婚姻小说还可以实现，但《腓特烈》确实还是太宏大和太大胆了一些，所以就搁置下来了。

不成功的比尔泽稿件及其他尝试

　　《比尔泽和我》是早期最重要的诗学上的自我反思。它为唯美主义辩护，驳斥有人指责《布登勃洛克一家》只不过是照着吕贝克的市民世界描画下来的。因此，在这篇文章中有很多非常重要的句子。只是它的调子有一些不同。这篇文章的基调高傲到了不合适的程度，它进一步证明了，托马斯·曼在野心勃勃的那些年里内心非常不确定，他的野心非常宏大，但在最内核处却漫无目标。"有一天我听一个作家说"，他自己这样声称——而后心安理得地引用了自己笔下的人物托尼奥·克勒格尔。[1] 24 "在我看来，这个文人似乎用忧伤而俏皮的方式表达了我想说的意思。""但是我觉得作家还容易面临又一个问题。"就算这是个反讽吧，但它是一个硬憋出来的、不成功的、有些缺乏自主的反讽。

　　人们会把有些句子看作极端的唯美主义，觉得它们非常了不得，如下面这个句子：一个真正热爱文字的人，宁愿与世人为敌也不肯牺牲一

---

[1]　《比尔泽和我》，第 10 页。这一段另两处引文分别出自第 10、11 页。

个字眼 [1] 25。但这种话只是说得好听。从传记上看，托马斯·曼在这段时间里牺牲掉的不仅是细微差别，而且还有已经完成的短篇小说（《孪生兄妹》）和宏大的创作计划（《腓特烈》）。《比尔泽和我》这篇文章十分费力地宣扬了一个立场，而作者却根本不能够坚守这个立场。如果妻子卡蒂娅后来针对其实没什么要紧话的《小孩子的歌曲》表现出"对描述私密的东西非常抵触"，强烈要求托米删除了两行诗句，"而若没有这两行诗句，这个地方就显得非常弱"，26 那么在《王子殿下》中他的顾虑会更多。自从结婚后，更是有了分寸方面的问题。他不能再像写作《布登勃洛克一家》时那样诚实而不必顾及其他了，他要展示，要缄默，还要机智圆滑。这位作者在一封信中承认：小说有少许为了获取读者而捏造的地方。27 实际上也是这样。《比尔泽和我》那篇文章特别着重地引用了弗里德里希·施莱格尔的话："不把自我整个奉献出来的艺术家，是无用的艺术家。"[2] 28 可是托马斯·曼把他自己完全奉献出来了吗？"但我不能向她完全倾诉自己。"他在 1904 年的一条笔记中这样写过。29

　　与此相反，他在 1905 年觉得有必要向公众传播这么一条建议，就是让公众一定要把他看作一位"会被载入文学史的人"30。这话虽然应验了，但是有必要这么吹牛吗？托马斯·曼打笔战的斗志十分旺盛，但他并不总是这么做，如果他斗志昂扬起来，那一定是选好了打笔战的契机。阿图尔·霍利切尔 [3] 说的话也不是一点道理都没有，因为托马斯·曼在《特里斯坦》中给他绘制的肖像让他觉得受了很大的伤害，他才这么说。当时根本就没有必要把这个过程再一次展现在公众面前，并且在《比尔泽和我》这篇文章中把这位反正已经受到了伤害的人称作一个虚弱的和不自由的人。如果有人为托马斯·曼画一幅肖像画，那么他本人真的就能有他自己一再宣称的那么有主见？31 这是基本上不可能

---

[1] 《比尔泽和我》，第 12 页。

[2] 《比尔泽和我》，第 12 页。

[3] 　阿图尔·霍利切尔（Arthur Holitscher，1869—1941）：匈牙利左翼游记作家、散文家、小说家和剧作家，创作的多卷本旅外游记（如《动荡的亚洲》）成为欧洲新写实主义漫游叙事的典范。

183 的。他很敏感。他那些年里时常一触即发以及易于激动的片面性可以用灵魂上过度紧张来解释和谅解，是他把自己弄到这样的紧张状态中去的。

"我再没有兴趣，整天拖着一位这样幼稚可笑的朋友"：[32] 文学家理查德·冯·绍卡尔当年也收到过一封这样郑重其事写的信，落款日期是1905年10月14日。此前他曾夸了托马斯·曼好些年。但后来他竟然胆敢认为《翡冷翠》写得不怎么样，更为严重的是，他觉得这个剧本不忍卒读。托马斯·曼在这些年里名气大了起来，他不再那么需要绍卡尔了，所以用富有表达力的语言向他告别。"我宣布我们的关系亟须搁置一段时间。我建议，我们暂时忘掉彼此吧。"[33]

灵魂上承受重压的托马斯·曼在1901年也跟文化哲学家特奥多尔·莱辛[1]呛了起来，他缺乏明显能与恨意相匹配的对象。《莱辛博士》(Der Doktor Lessing) 一文用一种非常不得体的方式撂倒了一名抨击过托马斯·曼的批评家。曼这个自认为有意愿承担艰难的人，在此处挑了一个比较容易解决的受害者。他在心里还不满意，遂将自己卷入了一场低劣的争吵中。他自己承认，能跟莱辛吵起来，根本上是由于"不知所措的行动冲动"。[34]"秘密在于，我不能把《大骗子菲利克斯·克鲁尔的自白》开个好头，因为不知做什么而心里苦闷，所以就出手了。"《大骗子菲利克斯·克鲁尔的自白》的第一个创作时期在1910年到1913年之间，虽然这部作品也不是一个值得匹配的对象，但多少还算是比较有料，自恋、做戏特性和对貌美少年的喜好都如愿以偿地在书中得到了表达。虽然这部作品在当时未能完成，但也还算得上是一部幸运的残书，后来它成为托马斯·曼最有成就并且最受欢迎的著作之一。

倘若《精神与艺术》这篇杂文能够达到伟大这一标准，那么它应该与席勒的论文《论素朴的诗与感伤的诗》(Über naive und sentimentalische Dichtung) 是一个档次的，但前者探讨的"论述对象导致了不确定性，作者的杂文原则不足以对这个对象进行很好的构思。所

---

[1] 特奥多尔·莱辛（Theodor Lessing, 1872—1933）：德国犹太哲学家、政论家。

以这项计划只停留在未成型的笔记材料阶段"。[35] 这些笔记保留了下来，材料很丰富，但在很多方面相互矛盾。他究竟是该将自己视为分析型的欧洲文学家，还是更倾向于综合型的德国作家，这位还在孜孜探寻的人在那个阶段还完全不清楚。

中篇小说《一个可悲的人》与莱辛以及克尔相关，旨在表达道德上 184
的坚定操守，但这个创作计划搁浅了，一直未能履行。或许这样就很好——他很可能缺乏那种伟大，虽然说他不缺乏完成小说的意志。

第一次世界大战的爆发结束了不确定和过于焦虑紧张的时期。他没能从自己的内在出发创造出来的"伟大"，现在历史迎面给他送来了"伟大"。托马斯·曼马上认识到这是他的机会。他立刻把战争变成了他的事情。虽然后来证明他做错了，但他这么做还是有助于他从创作危机中走出来。

工作日常与酒精

在那个充满抱负的时期，他至少学会了工作。"每个上午完成一小步，每个上午完成一个'地方'，——这就是我工作的方式，而这有其必要性。"[36] 如果每天写的字数不到 30 行，他就非常不满意。[37] 此前，他作为自由散漫的艺术家有时候会一直睡到中午，有时候甚至会睡到下午 3 点钟。[38] 现在这个丈夫尽可能有规律地，即便是在星期天，即便是在度假中，他从上午 9 点到 12 点，有时甚至到 12 点 30 分，都坐在书桌前写作，然后才是去散步、吃午饭、休息、写信、研读资料、吃晚饭、社交、偶尔朗读，另外就是听听音乐、阅读和记日记。太多社交活动让人心烦；看戏、品葡萄酒和一直交谈到深夜都很令人兴奋，但到了第二天，这种兴奋就会受到处罚——"就用上帝的名义处罚吧！说到底道德的家庭里面也有罪过。"[39] 从一些日记的记录来看，无论是自己希望的还是不情愿的夜间遗精，都会影响第二天的工作。如果夜间的梦境让他流出生命的汁液，他醒来时会很生气，之后在接下来的整个珍贵的上午都写不出东西来。

为了灵魂的安宁，工作是非常必要的，[40] 不工作就是一种罪过，而且还会有"一种很糟糕的感觉"，因为不去工作那就不是生活。[41] "一个人只有在做点什么事情的时候，才能够真正地感受到自己，才能真正地了解自己。不工作的时间段是令人厌恶的。"[42] 令人厌恶的还有危机时段，那时工作停滞不前了。然后对工作日常也就要求得不那么严格了，这种时候睡觉的时间会长一些，在大白天的上午去购物或者去剪头发。他如果没法将工作继续下去，就会把自己的极端恶劣情绪传染给周边的其他人。[43] 如果某个作品完成了，那么他一点也不休息，通常在第二天就开始为下一部作品做一些准备工作。通过这样不知疲倦地工作，他在一生的过程中完成了很多工作，每天包括信件和日记在内共写满 5 页纸，每年大约有 1800 页，在 60 年的创作生涯中一共写满了十几万页纸——这真简直会让人惊掉下巴。这其中有很大数量的信件，每天平均三到四封信，用手写的，很细致，信件大部分亲切体贴，后期才有一些信是口授让人记录的，有的时候一天可以写到十封信。收到的来信，如果非常重要，他一般在第二天或者第三天就予以回复。其他的信件搁置的时间会稍微久一些，但几乎所有写给托马斯·曼的信，都能够得到一封回信。写信是他对身处远方的人们表达爱意的方式，也是突破自己的孤独，同时让自己远离陌生人的纠缠的方式。"把您的东西给这个世界，同时还能够很好地在这个世界面前保全自己是一种很重要的技巧，是必须要学的技巧活儿。"[44]

能够让他进入工作状态的，不是焦虑、压力或者精神兴奋和工作瘾，而是睡得好和清醒，"纯净的空气、人少、好书、安宁、安宁……"[45] 他除了抽点烟之外，过着非常有健康意识的生活，避免各类过度纵情。"我从来就不是一个运动型的人，但还是要保持步行运动，开着敞篷车驶过空旷的乡野，让我特别开心快乐。"[46] 早年在慕尼黑，骑车出去郊游也在他的生活中起着重要作用。他甚至还骑过马，在前往米特巴德的途中："我骑上了一匹战马，这种战马的体态和身体结构都棒极了，但是脾气就像骡子一般，而且有着没睡醒的毛驴的情绪。"[47]他的胃过于敏感，所以只能吃一些较为温和的食物和一些温和的饮料。咖啡他喝着不舒服，与之相反，甜食、利口酒和白兰地他倒是很喜欢。喝含有酒精的酒并不会给他带来灵感，只能舒缓他的压力。吃晚饭的时候，喝上一杯啤酒，会给人一种犹如躺在靠背椅上的舒适感，一种"今天完工了"[48]的心情。吸烟和抽雪茄则不一样，它们有益于写作。"在写作时我吸烟。"[49]空旷自由的天空只对放飞思绪和构思有用，真正执行写作时还是需要房间屋顶的保护。

　　长篇小说、短篇小说、戏剧、杂文、讲演、信件、日记——他的写作业绩真是庞大惊人。他不是为了生活而活着，他是为了写作而活着。"他不像有的人那样为了生活而工作，而是像一个除了工作就别无所求的人，因为他认为自己作为生活着的人并无价值，只是希望能成为一个创造者。"[1][50]

186

我为什么要结婚啊？

　　托马斯·曼从来不相信卡蒂娅会欺骗他，也没有人对他喋喋不休地说这个。但他还是心存恐惧，担心什么时候他们之间会出现下列的场景：

　　　　想想以下这一文学描述吧。一个男人，气质高贵，充满激情，但是不知怎么注定命运多舛，就其心灵来看他是那些中规中矩者、是"我们民族众多的卷发宠儿"中的一个沉郁的例外；作为例外者

---

[1]《托尼奥·克勒格尔》，第200页。

是高雅的，但是作为受苦者就不高雅了，他孤身一人，与幸福隔绝，与幸福的悠闲散漫无缘，为了取得成就而疲于奔命。这一切都是极好的条件，可以让他超越那些无需成就的"宠儿们"；极好的条件，让他可以走向不凡。在一种艰苦、严酷、沉重的生活中他变得不凡，制造出了在公众中备受赞誉的东西，以其功劳而荣誉加身，——但就其心灵而言，他依然是一个沉郁的例外，作为成就斐然者而万分骄傲，对于自己作为人的那一部分却满腹疑虑，从不相信会有人爱他。这时有一位年轻女子走入了他的生活，一个明朗、甜美、高雅的生灵。她因为他所做之事所受之苦而爱他，她鄙夷所有的卷发宠儿，而选择了他。他尚带犹豫的喜悦化为了信任。她成了他的妻子，而他在婚姻中毫无猜忌。"她选择了我是有眼光的。"她是他与世界的和解，为他辩护，让他完满。她是他身上的高贵人性所在。现在由于一些魔鬼般的流言蜚语，这个男人渐渐被猜疑所毒蚀，认为他妻子背着他和某个平凡无奇的小子在厮混。渐渐地，猜疑伴着百般苦痛撕碎了他的骄傲，他才拥有不久的对幸福的信仰。他无法克服这猜疑，他丧失了稳定感，他心中顿生苦涩的了悟，他这样的人绝不会有稳定感，他绝不可以将自己的生活建立在幸福与爱之上，对这爱之幸福的信仰一旦破碎，他的生活也随之毁灭了。"我为什么要结婚？"[1] 51

187 　　托马斯·曼在说什么呢？一直"……就我而言，就我而论……"，那篇《比尔泽和我》就清楚这一点。52 每一个词都是为他自己打造的——虽然他这里本来要说的是莎士比亚戏剧《奥赛罗》的情节，这真是位双重语义大师。

---

[1] 《试论戏剧》，李双志译，出自《托马斯·曼散文》，黄燎宇等译，人民文学出版社，2014年，第49-50页。本书涉及《试论戏剧》的所有引文都出自该译本，以下不再——注明。

幻

《幻》(*Maja*) 是计划写成一部社会小说的。为什么后来没有成稿呢？托马斯当年给亨利希写信说，他认为《腓特烈》具备伟大，但担心自己没有足够的耐心和谦逊，"在两到三年的时间里心头上压着随便一本现代小说到处奔波"。[53] 由此可以看出，当年他并不关注社会小说这类文本形式，而且这其实是亨利希的工作领域。此外，大约还有私人的以及最为私人方面的顾虑。如果要写这么一本小说，那就必须画一幅慕尼黑社会的肖像画。但这里或许对一些东西还不免顾虑重重。最为私人的莫过于必须采用一些材料，因为《幻》的核心内容要述及与保罗·埃伦贝格的关系。这个创作计划未能执行下去，相关的笔迹材料却被细心地保管了起来。几十年以后，这些材料的主要部分才出现在长篇小说《浮士德博士》中。随着时间的流逝，当初在慕尼黑时的那些顾虑已经烟消云散了，是的，批判地勾勒出慕尼黑社会的"法西斯主义的预热历史"的结构线条，看来甚至是符合期望的。而且现在无论是托马斯·曼，还是他的妻子，面对埃伦贝格事情产生的顾虑，也都比结婚伊始时大度得多。对公众而言，这些背景反正也看不透，因为他们并不能接触到这些生平资料。

火车事故

1906 年 5 月 1 日，托马斯·曼经历了一次名副其实的火车事故。他在晚上 19 点登上了从慕尼黑开往德累斯顿的 D21 次夜间快车，他本应该在列车运行近 12 小时后于早上 6 点 50 分到达目的地。晚上 9 点 30 分左右，在离雷根斯堡不远的雷根斯陶夫小镇，突然出现一声巨响，因为这辆高档长途列车由于道岔故障把一辆停着的货运列车从铁轨上撞了下去。有好几个人受了伤，财产损失严重。作家坐在火车较为靠后的车厢里，那里只要消化车身猛然的左右晃动和一次强烈的撞击。但行李车厢紧连着火车头，所以损坏最为严重。[54]

如果一个人是文学家，一次这样的事件简直就是天上掉下来的馅饼。放着这样的事件不用，那可不是托马斯·曼的方式，他马上动手做起了笔记，在两年半以后以此为基础，扩展出了一篇短篇小说。在这篇小说中，火车事故只是在前台的故事。更为深层的是上进心和展现自己，是声望和恐惧。唯一能让这位旅行者着急的是他的手稿的命运——"我的工作蜂房，我的艺术之网，我的精巧狐穴，我的自豪与艰辛。"[1][55]大概是一大卷稿子。放在箱子里面，而箱子在行李车里面。

小说的主人公在前往一次诵读会的路上。他喜欢参加这种诵读会。"应酬交际，抛头露面，向喝彩的人群炫耀一番。"他准备之后去度假，在度假时也写一点东西。所以他带上了手稿。但是从火车的前端传来了很糟糕的消息。那里应该是一堆残骸，所有的东西都乱成一团，撕得粉碎，挤得稀烂。接着应该进行清理工作——对他的手稿进行清理工作！"那些已经写出、已经配置和成形、已经有了生命并发出声响的东西，我全都没留副本——更不要说我的那些笔记和习作，多年来我搜集到、买到、听到、弄到和碰到的一大堆宝贵资料啦。"

1906年5月，托马斯·曼刚刚开始《王子殿下》的写作。工作蜂房和狐狸穴在现实中其实根本就不存在，更不用说"结结实实的一大卷稿子"了，他当初放在行李中的东西，肯定不是一部已经完成的小说的手稿。托马斯·曼显然想把自己作为具有这么一大卷手稿的人展现给大家。他在小说里把自己塑造成一位目的明确且坚定地进行创作的作家。这在当年是他最大的梦想。他把自己艺术加工成一名非常具有自我把握

---

[1]《火车事故》，出自《托马斯·曼中短篇小说全编》，吴裕康等译，漓江出版社，2002年，第300页。本书涉及《火车事故》的所有引文都出自该译本，以下不再一一注明。下面三处引文分别出自第295、300-301、297页。

和成就卓著的人，就算是发生了诸如火车事故这样一些不可抗拒的事情，也不能让他脱离轨道。他要展现自己是一个真正的男人——与那位戴着单片眼镜、穿着高筒皮靴的傲慢绅士不同，此人之前还"仗着自己在生活中的特权"把列车员骂作兔崽子，而发生了事故时自己却又吓得跟孩子一样，战战兢兢地在呼救。

国家，我们的慈父，一位开明君主 189

> 你就瞅瞅这位系着皮肩带的检票员吧。他蓄着浓密的警官式大胡子，目光严厉和警觉。你瞧，他怎样训斥那个披着破旧黑披肩的老太太，就因为她差一点儿错上了二等车厢！他代表了国家、我们的慈父以及权威和安全。人们不乐意跟他打交道，因为他态度严厉甚至粗暴，但是他很可靠，完全可以信赖他，你的箱子就像是放在亚伯拉罕的怀里一样。[1]

托马斯·曼在小说《火车事故》（*Eisenbahnunglück*）中把自己刻画为"威廉二世的臣仆"，这可不仅是反讽。他不仅在法律上，而且也在内心的信念上都是臣仆。他保守。因为很少有明确说出这一点的缘由，所以他保守这个事实一直到了1914年才进入公众意识中。

他知道对保守的国家结构的理念及其表现形式进行区分。那位穿着高筒皮靴对着列车员骂骂咧咧的"主人"被作为一个负面的例子加以漫画式的嘲弄，这是为那些在威廉皇帝治下有话语权的阶层写的。托马斯·曼对那些自以为高人一等的人物十分不以为然，但他很看重那种被

---

[1]《火车事故》，第296页。"放在亚伯拉罕的怀里"意指"万无一失"，参见《新约圣经》路加福音第16章。

不动声色地行使的、公事公办的权威。手稿后来没事，"国家，我们的慈父，又恢复了沉着与威望"。[1] 但这个事故一瞬间却把一切都抹平了，就如同克莱斯特在《智利地震》（*Erdbeben in Chili*）里描写的那样。一辆特别列车驶来，把乘客们都载上。在这辆特别列车中，特权不管用了。所有的人都首先向头等厢涌去。那些真的有头等厢车票的人，例如托马斯·曼和那位穿着长筒皮靴的先生，束手无策。"您有得坐就该高兴啦！"他们只能听从来自一般人的这个劝告。先前那个披着破旧披肩被赶出二等车厢的小老太太，现在开开心心地坐在了头等车厢里。

克莱斯特的小说里写着，就好像"这个巨大的普遍灾难，让一切能够逃脱它的人，成了一大家子"。[56] 各个阶层的人混合在一起，相互分享着他们从那个大灾难中抢出来的东西。在《火车事故》中也提及了"共产主义"。那个穿长筒皮靴的先生试着"反抗在灾祸面前的人人平等"。国家，我们的慈父虽然又逐渐恢复了旧有的秩序，但在这么一个时刻显而易见的是，维护形式、礼数以及各个阶层的区别只能是一种徒劳的努力，这时候的事物的本质是混乱、无秩序，是共有共享的，这种状况亟须控制住。但这种状态又会不断地出现，例如在战争中。在1914年，也出现了某种类型的共产主义。战争对托马斯·曼而言是一种"闻所未闻的、强有力且满怀激情的民族团结，一致做好准备来接受最为深刻的考验"，富有的人要奉献出他们财富的十分之九，形成"一个德国公社，自愿而有秩序，这样德国才能够屹立"。[57]

从政治上来看，长篇小说《王子殿下》也是一部非常保守的书。一个腐朽堕落的王朝在经济上得到了盘活，而这是由于一位美国亿万富翁注入了资本强心针才得以实现的。王子与那位亿万富翁千金的联姻获得了这一剂经济强心针。但这里并不是为资本主义的资产阶级共和国说话，而是为重农主义的改良君主制进行辩护。改革自上而下。民众不愿参与治理，而是更愿意让君王夫妇代表自己，"愿意见到他灵魂一类的东西由他的君主展现出来——他的钱包除外"，要看到自己被"骄傲而

---

[1]《火车事故》，第 301 页。下一处引文出自第 302 页。

伟岸"地展现出来。[58] 尽管有些评论认为，这部小说具有某种民主倾向，但再清楚不过的是，这种民主也是在《一个不问政治者的观察》里所谈到的那个意义上的民主。"民主……自上而下，而不是由下而上。"[59] 托马斯·曼的政治梦想是开明的绝对君权的国家模式。权力与精神的联盟必须位于国家之巅，这样才可以把一切都管理好。他虽然对现存的德意志帝国有些批评，而且也不喜欢威廉二世，但有一个事实是无法掩盖的，即这个国家在本质上与他的政治和经济设想相吻合。

小说的保守思想也有助于他的雄心大志。作者因其婚姻进入了最上层，他也愿意属于这个层次，在写下《王子殿下》的头几行时，他就曾经说过，有朝一日光芒会从这里向四处放射。[60] 如果是一个反对派人士，他一定会有一些其他的愿望。曼当年也给马滕斯写信，别指望将来能从他这里看到"民主的"著作。[61] "就我现在所能够展望到的未来创作而言，它跟民主哪怕是一丁点关系都没有。"

书报审查官和反审查者

托马斯·曼从 1912 年 4 月到 1913 年 5 月在巴伐利亚王家警察局担任书报审查顾问处的审查官，这非常符合他那种忠诚于国家的观念。"保卫德国作家联合会"的一份决定，强制他离开书报审查顾问处，这时他才不得不离开，因为他也是"保卫德国作家联合会"的成员。作家联合会中有人认为审查顾问处成员与联合会成员不相容，而且也完全与一个作家的尊严不相容。"我真觉得这件事情太别扭了"，曼在 1913年 5 月 16 日给库尔特·马滕斯写信，宣称他要从这个保卫联合会退出，然后又说，他当然也会放弃他在审查处的职位；"因为我可不想听那些亲切友好的说三道四，说我反对精神、反对自由、反对同行情谊，而坚持要站到警察一边。其实我觉得还不如做一个没有任何职位、不属于任何组织的人最自在惬意"。然而在 1918 年底，他还是经人游说成了"电影审查顾问处"的一员。

虽如此，还是不能对托马斯·曼产生一种错觉。托马斯·曼在这些事情上是个自由派人士。他其实是带着这么一种意图去当审查官的，"提醒那些官方秩序的守护者不要干预具有一定档次的著作"。[62] 早在 1907 年他就公开说，审查是一个阻碍文化的因素。[63]1911 年，他在一份反对警察禁止弗兰克·魏德金德作品的呼吁书上签字。他在为魏德金德的作品《露露》（Lulu）写的鉴定上建议，这部有争议的作品无须删节即可放行。魏德金德误解了这一审查行为，还跟托马斯·曼争吵，直到曼离开了这个警察机构才跟他和解。虽然如此，《露露》还是被禁止上演了，托马斯·曼是少数派。

警察对魏德金德监察的着眼点始终在性这方面，对不起说错了，始终在风化方面。但禁欲者托马斯·曼并不是一个伪君子。在一次针对淫秽作品的官司中，他作为鉴定人员指出，艺术是一件深刻且危险的事情，"不能用对民众进行风化教育的价值判断进行处理"。性是艺术的根源之一。艺术从来就是不知疲倦地处理这个题材：以高尚优雅的以及荒诞或淫荡的方式来进行；但就算是有一种淫荡的艺术——不道德的、没教养的艺术是不存在的，因为艺术在本质上就是一种教化，它始终是人类精神的一种积极的道德发散，我可以这么说吧，没教养的东西会被它道德地吸收了"。[66]

192

雅佩和埃斯科瓦尔斗殴

有人说，随着《死于威尼斯》的撰写，同性恋情又回到了日常状态。准确地说，这开始得还要早一些。在 1910 年 11 月和 12 月，托马斯·曼应约稿写了一篇小说《雅佩和埃斯科瓦尔斗殴》（*Wie Jappe und*

Do Escobar sich prügelten）。故事发生在儿童和青少年时期特拉沃明德的海滩。一位"我"出场，这个我和托马斯·曼足够相似。另外还有两位朋友，其中一位是约尼·毕朔普，在真实的生活中是中学同学约尼·埃克霍夫（Johnny Eckhoff）。

　　约尼和布拉特施特略姆全身赤裸地仰面朝天躺着，而我觉得用浴巾裹住臀部舒服一些。布拉特施特略姆问我干吗这么做，因为我不知怎么回答才合适，约尼就露出讨人喜欢的可爱笑容说，大概是因为我个子太大，不好再赤条条地躺着了。确实，我比他和布拉特施特略姆个子高，发育得快，也比他们年纪大一点，已经差不多13岁了。因此，我就默认了约尼的解释，尽管这里面包含着对我的某种侮辱。因为与约尼做伴儿，要是不像他那么瘦小、伶俐以及孩子气，而这一切他都相当突出，那就很容易给人有点儿古怪的印象。于是，他就会用漂亮的、蓝色的、既友好又嘲讽地含笑的姑娘式眼睛打量你，那表情好像说："你已经是个大个子粗野家伙了！"男子汉气概以及穿长裤的理想一到他身边就消失了，而当时，正是战后不久的时候，力量、勇气和各式各样的粗鲁美德都在我们少年人当中备受推崇，各种可能的情况都会被视为软弱无能。[1]67

　　约尼保留了他的孩子气和女孩子气。这一点一定很让托米喜欢。"他看上去就像一个又瘦又小的爱神，躺在那儿，扬着胳臂，把长着柔软拳曲的金发、漂亮而略显长形的英国人脑袋枕在细长的手上。"他着衣很优雅，"也就是说，穿着真正的英国水兵服，有蓝色的半纹亚麻布衣领、水手结和丝带，胸前口袋里装着个银哨子，在鼓起的、于手腕处收窄的袖口上绣有一个锚"。

---

[1] 《雅佩和埃斯科瓦尔斗殴》，出自《托马斯·曼中短篇小说全编》，吴裕康等译，漓江出版社，2002年，第303页。本书涉及《雅佩和埃斯科瓦尔斗殴》的所有引文都出自该译本，以下不再一一注明。下一段两处引文分别出自第304、303-304页。

193　　托马斯·曼虽然在后来的一封信里写过："至于同性恋情，您好像有点操之过急了吧。但在写那个小约尼·毕朔普的时候，我可真的是半点也没有想歪了啊。"[68] 不过我们至少可以确定，对约尼·毕朔普的描写与对《死于威尼斯》里面的塔齐奥的描写相似度非常大。"看得出是柔情与娇惯决定了他的生活。别人都不敢用剪子去剪他的漂亮的头发……他穿着英国水兵服，鼓起的衣袖向下收窄，只是勉强地遮住了还是孩子般细长的双手的纤弱手腕。衣服上的丝带、网眼和刺绣使得这个柔弱的身子显出几分富态和娇气。"[1]

　　打斗本身发生在年龄更大一些的两个男孩之间，"两个人都已经是结实的莽汉了"[70]。打架的过程没有那么重要，因为真正的主要人物是两位观众，一位是"我"这个角色，出于简单起见，我们就叫他托米吧，还有就是那位约尼·毕朔普。这俩人可都不是斗士。托米觉得自己"不好斗、不果断"，虽然他畏惧去那种男人竞技场斗胆比试比试，但觉得自己有义务当观众。约尼显得更为深思熟虑一些，虽然孩子气重，但更像个男子汉。在去斗殴场地的路上，他哼着一首正流行的小巷歌曲，"用的是一种不雅的变体，那是由早熟的年轻人发明的，因为他就是这样：虽然还很天真，却已经懂得了一些事，不太忸怩，经常把这支歌挂在嘴上"。当斗殴不疼不痒地结束之后，约尼扭头就走了。"他来到这儿是因为想看到某种以流血收场的真实东西。既然事情变成了嬉戏，于是他就走了。"

死于威尼斯

　　《死于威尼斯》是这里所讨论的战前时期唯一的一部既成功又伟大的作品，讲的是一个具有代表意义的国民诗人的故事。他的举止言行、

---

[1] 《死于威尼斯》，陶英智、田涛译，出自《托马斯·曼中短篇小说全编》，吴裕康等译，漓江出版社，2002年，第333-334页。下一段三处引文分别出自第306、307、314页。

形象和生活艺术建构全都毁于对一位美貌少年塔齐奥的爱恋。那些个陈
芝麻烂谷子又出现了，那种曾经把弗里德曼推入水中的灾祸又出现了。
《死于威尼斯》的成功要归功于再次启用了被压制的同性恋题材，这一
点并非不可能。一种痉挛被舒缓开来。先前的那些画面再次出现，那些
来自吕贝克中学时代的画面。"昔日的情感和青年时期甜蜜的内心痛苦
已从他兢兢业业的生活中销声匿迹，现在却莫名其妙地涌上心头。他带
着茫然而惊异的微笑，品味这旧有的情丝。"[1]71 阿申巴赫在海滩就如当
初托马斯·曼那般沉思着，梦想着，"嘴边慢慢吐出一个名字"，阿明或
者维尔利的名字来。

　　这可不是一部具有责任意识的婚姻小说，而是讲述了一个发生在一
位身心疲惫的慕尼黑作家身上的忘却责任爱上少年的事件。托马斯·曼
在实际生活中也去过威尼斯。在 1911 年，托马斯·曼来到海滩，跟他
笔下的阿申巴赫一样，下榻于德班大酒店，观察过海滩上的一位来自波
兰的贵族少年。这位瓦迪斯瓦夫·默斯男爵（Baron Wladyslaw Moes）
的重要性虽然远远比不上那些属于"画廊里"的成员（从阿明·马滕斯
到弗朗茨·韦斯特迈尔），但不管怎么说，他是真实存在过的。72

　　古斯塔夫·阿申巴赫的作品及创作心理的各种细节也都是从作者
自己的生活中取来的。托马斯·曼推出的阿申巴赫是他自己没写出来的
著作的作者，即"描写普鲁士腓特烈大帝生平的那部明白晓畅而又颇具
影响的散文体史诗"的作者，是艺术家，创作了那部"形象丰富的、把
各种人的命运集中于一个主题的长篇小说，书名为《幻》"，是短篇小说
《一个可悲的人》的创作者，"给整个青年一代展示了超然于深刻认识之
外而在道德上保持坚定的可能性"，是《精神与艺术》这篇论著的作者，
"该文缜密的思维和滔滔的雄辩迫使严肃的评论家拿他和论述素朴与感
伤的诗的席勒相提并论"。[2]73 另外，他还让阿申巴赫成为他自己作品中
一些人物的创造者，这虽然有些隐晦，但还是看得出来。这些人物是托

194

---

[1] 《死于威尼斯》，黄燎宇译，第 71 页。下一处引文见同页。

[2] 《死于威尼斯》，黄燎宇译，第 11 页。此句所有引文均出自此页。

马斯·布登勃洛克（"凭借高贵的自我克制力，自始至终在世人面前掩饰着内心的崩溃和生理的衰退"）、洛伦佐·美第奇（"因为外表丑陋而愤世嫉俗，他备受压抑的胸膛里面燃起熊熊烈火"）、萨沃纳罗拉（"本是文弱书生，从沸腾的精神深渊所汲取的力量让他变得无比强大，竟使一个自负的民族拜倒在十字架前，拜倒在他的脚下"）、克劳斯·亨利希王子（"在履行形式化的空洞而刻板的职责中表现得风度翩翩"）和（很可能是）菲利克斯·克鲁尔（"天生的骗子，过着虚假而危险的生活，他的渴望和他的艺术使他疲惫不堪"）。[1] 74 那些有关创作心理的言论则更为直接地从他自己的担忧中取材。阿申巴赫的作品从来都不是一气呵成的，而是"靠日复一日的积累，靠成百上千、星星点点的灵感汇集成篇的"，[2] 75 这不仅是对尼采的怀念，尼采将瓦格纳反讽地称为精雕细刻大师，76 而且是托马斯·曼坐在桌边时的真实情况。伟大这个字眼也再次出现了。古斯塔夫·冯·阿申巴赫并不伟大，但他跟尼采笔下的瓦格纳一样，懂得怎么去创造出伟大的效果来。他是"刻画下面这一类人的作家；他们在崩溃的边缘坚持工作，他们重担在身，他们被压得腰弯背驼却依然勉力支撑，他们是唯成就论者；他们体弱而拮据，但他们有顽强的意志，而且会精打细算，所以至少能够在一段时间内维持体面"。[3] 77 这些大约是对托马斯·曼那些年里内心状况的精准的肖像描绘吧。

除了加诸他身上的这些著作和创作心理，托马斯·曼还将自己最深层的欲望和最深处的恐惧特别赋予了古斯塔夫·冯·阿申巴赫。那个陌生的神会把他的艺术建构一扫而空吗？得救的前景看起来十分渺茫。真理，"无论它多么苦涩"，最终还是要求一种坦诚的吐露，"针对永恒及自然的东西时，所有精神和思想的东西都十分艰难地、几近无法持续地抵达他人"。78 谁用眼睛看见了美，他就已经把自己交付给了死神。"阿申巴赫惊奇地发现，这个男孩长得秀美绝伦。"[4] 79 接下来是一些细节描

---

[1] 《死于威尼斯》，黄燎宇译，第 15-16 页。

[2] 《死于威尼斯》，黄燎宇译，第 14 页。

[3] 《死于威尼斯》，黄燎宇译，第 16 页。

[4] 《死于威尼斯》，黄燎宇译，第 37 页。下面几处译文分别出自第 68、75、80、97、99-100 页。

写。"这只能怪这个上了年纪的艺术家不想清醒,怪他过于珍惜他的迷狂状态。""他背靠着长凳,双臂下垂。他浑身酥软,阵阵战栗。这时,他喃喃低语,冒出了一句表达渴望的口头禅。在此时此刻,这句话显然是不合适的,荒唐的,该谴责的,可笑的,然而又是神圣的,而且也正因为有这样的背景而令人肃然起敬。他说的是:'我爱你!'""他头脑发热,心旌摇荡,他的脚步只听命于那个以践踏人的理性和尊严为乐的魔鬼。""和浑水摸鱼的收获相比,艺术和美德又能给他带来什么?""他在内心深处津津有味地品尝着沉沦之中的放纵和疯狂。"

托马斯·曼没有他的阿申巴赫那样离谱,他或许没有那么陶醉地把额头倚在默斯的门把手上,而是在沙滩上仔细看看那个青春的身体线条,大概就心满意足了。他声称:"老实说,我真的不知该怎么对这位塔齐奥下手。"[80] 但是他知道自己的危险,很清楚,他扮演的角色可以在任何时候被席卷而来的激情彻底摧毁。阿申巴赫说出了这一点:"我们的大师风范是谎言,是骗人的把戏,我们的名誉和地位是一场闹剧,大众对我们的信赖滑稽透顶,若用艺术来教育民众,教育青年,那无异于玩火之举,必须予以取缔。"[1] 这是一种苦涩的认识,执着于真理,虽说也不一定对。因为那种用于表现大师风范的勇气本身也具有几分真理,完完全全地将自己托付于激情并不比推却激情更加真实。

死于珀灵

魏尔海姆边上的珀灵是一个画家集聚地。[81] 乡村的清静,但多少又有些艺术家的气息,这吸引着在奥格斯堡生活了几年的托马斯·曼的母亲尤丽娅·曼,她先是暂时搬到这里来,大约 1906 年以后就完全在珀

---

[1] 《死于威尼斯》,黄燎宇译,第 105 页。

灵定居了。这个地方最具特色的是从前留下的一片庞大的修道院设施。修道院教堂气派的凝灰岩大门上方刻有"慷慨巴伐利亚"[1]几个字。

她的孩子们经常去那里看她。1904年7月，托马斯和亨利希有一段时间一同在珀灵；《追蜂逐蝶》的最后几页就是在那里写的。对维克多来说，珀灵是一个被诸多回忆美化了的地方，他多次在那里度过假期，还做了一年农业实习。他是个淘气的男孩，喜欢挂在修道院的大钟绳子上荡秋千。[82]女儿们有时也来。1910年女儿卡拉在她的眼皮子底下自杀后，她有一段时间回到了慕尼黑，但在1913年又返回了珀灵。1923年，当恶性通货膨胀使她的财产化为乌有时，她在离韦斯灵不远处去世。她的三个儿子全都守护在她的临终床前。[83]托马斯·曼非常悲恸。"我不认为，在我的生命中我曾经这样悲伤过。"[84]尤丽娅·曼在慕尼黑的森林公墓，在女儿卡拉身边找到了最后的安息之地。艾丽卡说，三兄弟都哭了，每个人哭的时刻都不一样。[85]

十三年前卡拉自尽身亡，让母亲和其他兄弟姐妹深感震惊。我们从母亲给亨利希·曼写的信中，从亨利希·曼的报告《卡拉》(Carla)中，从维克多·曼在《我们曾是五个人》(Wir waren fünf)里的描写中，从托马斯·曼在《生活概要》的陈述中，可以了解到这件事情的过程。这个过程被搬进了小说《浮士德博士》，并且得到了最为详尽的描述，普菲弗尔林作为珀灵，克拉丽莎作为卡拉在书中重现。因为大概没有人能把事情讲得比在那里更好，接下来我们就根据这部小说第三十五章的部分地方进行复述，并且不再具体标明每一个出处。[2]如果必须了解来自其他信息源的材料，我们会加以补充。[87]

198　　　　卡拉是一名演员，而且很有雄心，但是她并没有取得任何像样的成绩。她的艺术生涯始终停滞在小地方。作为女人，她整日里浓妆艳抹，抽着香烟，戴着大阔边的帽子，爱把自己装扮得精致漂亮，妩媚诱人，同时她又以冷嘲热讽、冷淡和贞洁的态度拒男性于千里之外。她只被征

---

[1]　原文为拉丁语：*Liberalitas Bavarica*。

[2]　以下内容根据罗炜译本的《浮士德博士》改编而成。

服过一次，这一次恰恰是未能敌过一个好色之徒和小地方的花花公子例行公事般的老道，成为他的囊中之物，此人内衣精致考究，两只手上长满密密麻麻的黑毛，但是从此她对他的欲求一概加以拒绝，不过始终令她惶恐不安的是，他总有一天会把她曾经做过他情人的事情张扬出去。

就在她对职业备感失望的时候，能够让她得到解脱的美好前景呈现在了她的面前。向她提供这样的前景的人是阿图尔·吉博（Arthur Gibo），一个来自阿尔萨斯的年轻实业家，他爱上了这个喜欢冷嘲热讽的金发女郎。他答应把她从目前所从事的错误职业中解救出来，娶她为妻，为她提供一种有保障的生活。他的家人反对他跟这个女演员，还偏偏是个"德国鬼子"[1]在一起，他希望能够消除这一阻力。

卡拉很高兴。就在这时，她过去生活中的那个幽灵冒了出来，将她逼上了死路。那个双手长满黑毛的流氓利用他所有过的唯一的一次胜利来讹诈她。他说，如果她再不答应委身于他的话，就把他和她的关系告诉给阿图尔的家人，甚至阿图尔本人。在他和他的牺牲品之间相比上演了一幕幕绝望的场景。他毫不讳言地表示，他永远也不会放过她。她将不得不过着一种与人通奸的生活，这将是对她的被他称之为胆怯地跑到资产阶级那里藏身的行径所进行的正义的惩罚。

一封用第三人称写的有关卡拉情人的匿名信在吉博家中掀起了波澜。阿图尔来到珀灵，想要让他的未婚妻给出个解释。他是个小心眼的人。跟他吵了一架以后，不幸的女人带着一脸仓促、迷惘和茫然的微笑，同母亲擦肩而过，一头扎进她的房间，将自己锁在了里面。从她那里传来的最后的声响是她用水漱口的声音，她这样做是为了缓解毒药在她的咽腔里造成的损害。之后她还有时间，让自己躺到贵妃椅上去。她漂亮的双手和脸上的乌紫的瘀斑表明，死亡的原因是一种迅速的窒息，由足以杀死一个连士兵剂量的氰化物所导致的呼吸中枢瘫痪所引起。桌子上放着一张草草地用铅笔写给他未婚夫的字条："我爱你，我骗过你

199

---

[1]　原文为法语: boche, 是一句骂人的话，尤指第一次世界大战期间法国人对德国人的称呼。

一次，但我爱你。"[1]那一天是 1910 年 7 月 30 日。

托马斯当时在巴特特尔茨住着，当晚从电话里听到了这个消息，第二天一大早，他就乘车前往珀灵。阿图尔·吉博痛不欲生。他认为，他对她的爱那么深，他能够原谅她。这一切本来是可以有个好结局的，他说。是的吧——曼一家认为，如果他不是这么一个脑子不清爽的妈宝男的话，如果他能让卡拉觉得在他这里可以寻得一个可靠的支撑的话，那还是有这个可能的。"唉！如果他是个真的男人，如果他至少能让她镇定下来，因为这所有的不幸正是他本人一手造成的，而且只有他什么都知道！"[88]他对她的回忆也没有多少敬意。据说他后来声称，她根本就没有爱过他。[89]阿图尔的母亲更是气急败坏。"这个悍妇吉博是个骨骼粗大、眼睛阴暗的女人，从前她是个工厂女工和牛奶场女工！！！而且只想要一位年轻的百万女富翁当儿媳；她根本就不看家庭门第。"尤丽娅·曼这么写信给亨利希，把吉博太太作为靶子提供给亨利希的讽刺弹药库。

家庭意识，瞬间记录

"我的亨利希，我一个人的时候，我止不住在哭：我不是在抱怨卡拉给我带来什么样的痛苦，而是因为她就这样，一声不吭，把所有的沉重都独自背负起来，而且没有任何人支撑她，就这样选择了去死。"[90]母亲承受着最深重的痛苦。她受到了深深的震撼，她多么愿意当时能帮上她。

亨利希特别爱卡拉。他觉得她的死亡充满神秘。[91]他当时在蒂罗尔南部。他坚信，在卡拉告别人世的时刻，他听到了她的声音。"大概中

---

[1]　原文为法语: Je t´aime. Une fois je t´ai trompé, mai je t´aime。

午的时候，我在光秃秃的花园里散步……然后有人喊我：我是说，有人从屋里喊我。我马上意识到有人在喊我的名，我没料到这里有人会这样喊我。这里没有人用名来喊我啊。那天晚些时候，一份电报带来了那个消息。"亨利希不愿意停留在各种解释上，但他还是一直在提一个问题，一个这样的讯息到底能采用什么样的途径，在那一刻，"发出信息的人忙着进行其生命中最强烈的一个行动，决定去死"。接下来就是对上帝的问询。"我不清楚，"他思索着，"我不清楚。我放弃了——马上远离所有秘密和它们的世俗化。就我的回忆所及，我在我的文字中从未提过上帝的名号。出于畏惧？为了避免对未知事物负责？或许是为了迎合时代的某种规范。或者，与此相反，是作为对这种懒惰的不由自主的抗议。" 200

维克多·曼的描述很明显地取材于《浮士德博士》的第三十五章，就像这部小说从根本上给了他最为必要的导向，使他能够去写他的生平记录《我们曾是五个人》。他在个人性格上非常坚强，不是个当文学家的料。他是农民、学生联谊会会员、军官和马匹爱好者，金发碧眼同时也很普通，在内心上与曼家其他的孩子们那种细腻敏感有很大的距离；只有这样他才有可能，作为被剥夺公民权的多位家族成员的兄弟以及晚辈们的叔叔和舅舅，毫发无损地留在德国，在第三帝国幸存下来。对于卡拉之死，他的反应一定是深受触动，但也有些令人难堪地不合适。"你还有四个孩子，我们还都在你身边。"他结结巴巴地说着，想以此安慰自己的母亲。[92]

什么触动了卢拉（卡拉的姐姐尤丽娅·勒尔）？卡拉下葬的时候她才来。我们按照《浮士德博士》里面的描写可以知道，她以柔和的尊严接受了他人的致哀。托米在跟她谈话的时候其实有个印象，她对卡拉的羡慕甚至多于哀悼。她后来，在1927年的夏天，也通过自己的手结束了自己的生命。她选的是绳子。她的死令托米深感惊惧。他感受这次死亡是一道霹雳，直接照着他劈下来。[93]卡拉对亨利希的意义，就像卢拉对托马斯的意义一样：卢拉是他的"女性副本自我"，[94]在对生活畏惧这一点上与他的灵魂相通。她倾向于服用吗啡，她向他承认过这一点，这是因为她觉得丈夫恶心，"那个银行家常常问她要求的东西，她如果不服用这种令人解脱的毒药就没法提供给他"。现在她很悲哀地失败了，托米自身灵魂的一部分也随之失败。这是灵魂里的那个蕴含着艺术建构以及渴求秩序与家庭的那个部分。"我妹妹她本人就是规范的化身，"亨利希在1927年时这样说过卢拉，"有一点她看得比别的任何东西都要重：不要招人耳目，只有在不得不露面的时候才露面。而她正是死于此。"[95]

亨利希见了卢拉要绕道走。托米却一定要把整个家庭拢在一起。他恳求亨利希："根据我的见解，如果你觉得我们中的一个是个令人厌恶的庸人，那么你在自我尊重方面是有过失的。"[96]问题极有可能在于，"你和卢拉之间的破裂跟卡拉的死那样有一些决绝的意思，跟卡拉的死有些非常相似的地方"。后来也到了这一步。加之在第一次世界大战中托马斯与亨利希之间兄弟反目，倒也不失为一系列有违家庭意义的行为。"痛苦？还好吧。一个人变得坚强而且迟钝。自从卡拉自杀，你这辈子都不打算跟卢拉说话，在我们这个共同体中，永久分离根本就不是什么新鲜事情了。"（1918年1月3日致亨利希。）

卢拉之死深深地触动了托马斯·曼的内心，但他对卡拉之死的反应是一种抗议。卡拉不该这么做啊。

> 我那种兄弟姐妹的团结一体的情感让我觉得，卡拉的行为让我们的生存也面临问题，我们锚定的基础开始晃动，一开始我在不断地自言自语："我们中的一员！"我现在才明白，我到底想说什么。卡拉没有想到任何人，而你说："竟然还要说这种话！"但我不得不说出我自己感受到的，卡拉不应该和我们分开。她在做这件事情的时候，没有团结一体的感觉，没有感觉到我们是同命运的。她的行为可以说是违反了一种缄默不言的约定。

这是托马斯在1910年8月4日写给亨利希的信。一直到20年以后，卡拉的自杀在他看起来还是如同"对我们这个手足共同体的一种背叛"，就像是对一个团结体的放弃退出。他"觉得这种团结最终以反讽的方式高置于生活实际之上，就我的感觉而言妹妹在自杀时忘记了这一点"。[97]

反讽能够拯救生活吗？只有来自一个强大的家庭的人，才能有这种感觉，在最深重的生活污物中始终坚持是一个特别的人。而骄傲的那个人不仅要获取，还要给予。为了能够确立自我，面对自我，一个人必须能够满足家族对他提出的要求，这就是说，要完成一些特别的东西。但卡拉和尤丽娅都没能将自己从平庸大众的泥淖中拔出来。她们死去了，并不是因为她们缺乏对家庭的团结意识，而是因为她们无法满足家族提出的要求。

因而托米的抗议肯定是不合适的。他说这些是以个人的动机为底色的：对威胁性的畏惧，对毁灭生活的灾祸的惧怕。他对他自己和他的家庭殷殷地呼喊着：把这个正在分崩离析的世界扶起来！你们也都看见了，不然会发生什么！在这个家庭中灾祸还真不少！保持镇定的态度并不容易。后来他的儿子克劳斯自杀时，他用相似的话来排解这件事情，就像以此让自己从妹妹卡拉的自杀中走出来那样。

202

如果没有人看着，他的反应也完全不同。妈妈寄来了怀念卡拉的一些物件，她还是小女孩时的一缕头发。他受到了触动："我下午在花园里仔细地看着那缕头发，想起我在珀灵与死者的告别，在棺材盖起来之前，我和她单独在那间屋子里，我吻了她的额头。"[98]

铲除自我的计划

亨利希和托马斯各自以他们的方式满足着家庭的要求。"我心中的吕贝克参议员儿子的固有偏见是，"托马斯在1904年1月8日给亨利希写信道，"跟我们相比，其他的一切其实根本不值一提。"这话是半开玩笑说的，但有助于抵抗这个世界。这样一个人就不会那样轻易自杀。当年还是20岁青年的他很有些自杀情结。[99]他了解"抑郁真正糟糕的情况，十足认真地想过除掉自己的各种计划"。他对死亡的渴望也并不感到陌生："我在根本上觉得，得上一场结结实实的伤寒，而后有一个令人满意的结局，其实是一件再好不过的事情。"[100] 然而亨利希却说，自从《布登勃洛克一家》获得了成就之后，他就再也没看到他弟弟在生活上又受过什么苦。[101] 这虽然含着一点点恶意而且还是错的，想想老年抑郁症就能明白。但自杀？这已经不再考虑了。托马斯·曼现在不允许各类自杀。自杀是一种违背义务的、对我们每个人都需要的仁慈宽厚的伤害。自杀撕开了一个深渊，而我们所有人的任务就是用严格守纪的生活艺术来消除这个深渊。如果其他人精神崩溃，无论这些人是卡拉还是尤丽娅，无论是克劳斯·曼还是恩斯特·托勒尔 [1]，无论在文学上是《王子殿下》里的劳乌尔·宇博拜因还是《魔山》里面的莱奥·纳夫塔，这时候更为重要的是，更好地控制住自己，别受到这些人的传染。"他真的不应该让他们去承受这些。"托马斯·曼在 1949 年 5 月 2 日的日记里面写道。"他"就是他的长子克劳斯，"他们"指的是卡蒂娅和艾丽卡，她们为此痛哭。而托马斯没哭，相反更加挺直了腰板。他以这种方式来排解和对付突如其来的生活恐慌。

203 　　克劳斯在生前就一再赞美死亡。他认为，死亡一定是一种非常辉煌的现象，是最美好的瞬间，是伟大的从自己本身中迈出来。[102] 他对死亡的认识有时到了轻浮的程度。"我有可能会在柏林自杀，"克劳斯给埃里希·埃贝迈尔（Erich Ebermayer）的信里这样说，"另外一方面这让我感到非常刺激。"[103]

---

[1] 恩斯特·托勒尔（Ernst Toller, 1893—1939）：20 世纪 20 年代最出名的德国剧作家之一，德国表现主义戏剧的重要代表人物。纳粹上台流亡美国以后，由于语言隔阂，其作品在美国没有观众，加上婚姻失败，于 1939 年自杀身亡。

第七章

犹太人

孪生兄妹与沙美特博士

"他的夫人干脆是个难看、矮小的犹太女人，穿着一件并不雅致的灰色长裙。"[1]1 这些人物确实出现在托马斯·曼的笔下。犹太人很明显是重要的一个类型。男爵小姐阿达就是上面刚提到的那位很难看的小矮个犹太女人，她是这样出场的：

> 脸上的嘴唇浑圆而湿润，鼻子丰满，乌黑的眼睛上弯起浓而软的眉毛。这张脸虽然让人对她至少有部分闪米特人的血统不会产生丝毫的怀疑，但是仍显出了非凡的美丽。

上面的引文出自短篇小说《追求幸福的意志》（写于1895年12月）。这类写法并不仅局限于早期作品；犹太人出现在托马斯·曼几乎每一个稍微有点篇幅的作品中。就仿佛他要用些陈词滥调似的，在他的作品中有犹太医生、犹太银行家、犹太艺术品商和犹太音乐经纪人。他们几乎所有人都带着非常典型的身体和精神上的特征。《孪生兄妹》中的犹太双胞胎西格蒙德和西格琳德，他们在西格琳德马上就要举办基督教婚礼之前进行了一次乱伦，他们这是出于报复，因为别人竟然因为贝克拉特这个基督徒蠢货让西格琳德皈依基督教，因而对这个作品进行反犹的阐释并没有遇到太大的阻力。尤其在结尾的那段中，西格蒙德在回答西格琳德"他怎么办"这个问题时，给出了一个暗示，即 时间"他这种人的标记在脸上鲜明地显现出来了"[2]。原先的回答应当是："我们给他戴绿帽子了，——那个非犹太人。"在毛校样时小说结尾还是这样的。这

---

[1] 《追求幸福的意志》，出自《托马斯·曼中短篇小说全编》，吴裕康等译，漓江出版社，2002年，第34页。本书涉及《追求幸福的意志》的所有引文都出自该译本，以下不再一一注明。下一处引文同样出自此页。
[2] 《孪生兄妹》，第290页。下一处引文见同页。

篇小说原计划于 1906 年初在《新评论》(*Neue Rundschau*) 上发表。但《新评论》的编辑奥斯卡·比耶 (Oscar Bie) 对结尾表示不满，所以作者只好把它改得不那么刺眼，换成了这样的句子："从现在起，他就要过一种不那么平庸的生活。"然后托马斯·曼在他的岳父母家里朗读了这篇小说，大家都觉得小说写得很棒。尽管如此，不久以后在慕尼黑传播起了这样一个谣言，说他写了一篇极其反犹的小说，在小说中还很特别过分地败坏了他妻子娘家的名声。[2] 有人把这件事情视为一种报复行为，而且在一定程度上认为托马斯·曼扮演了书中贝克拉特的角色，他写这篇小说就是为了报复这个高贵的犹太家庭强加给他的羞辱。这虽然是无稽之谈，但托马斯·曼还是马上让人停止印刷。"我又能做些什么呢？小说浮现在我的脑海里，我觉得，这篇小说以其无辜和独立性恰恰不适合用于把这些谣言给压下去。"

托马斯事先跟亨利希讨论过"独立性"。亨利希觉得小说原来的结尾是正确的。托马斯在结尾上做出了妥协，这个妥协只适用于在《新评论》上发表，不会用于将来收入书中出版，他为此进行了辩解。[3]

> 比耶在这一点上说的是对的，那几句关于犹太人的表达多少跟整篇的风格不搭，而就结尾的精彩而言，当然不能不管三七二十一就说这样不行，但是也要尽可能避免。你说的：媚俗就是将最具特色的事物献祭给温文尔雅。但人们也可以这么说：艺术恰恰是要极度具有特色的，同时又不损害风格上的灵敏感受。"戴绿帽子"打破了风格特征，这是必须要承认的。以前是避开这些的，换个表达，遮掩起来。"犹太人，犹太的"这个字眼基本不出现。只是很有分寸感地暗示过几次犹太调子。说起阿伦霍尔德先生时，也只是说他"在东部的一个犄角旮旯里出生"。"戴绿帽子"与这种方式的反讽分寸感非常不相称，虽然从心理学上说这里用这样的词是完全有道理的。但风格对我来说，以不道德的方式，几乎要比心理还要重要得多。我说这一大堆主要是想解释一下，我对《新评论》的主编比耶让步了。出书时，你那么赞成的版本才会印行。

第七章　犹太人

这里是从美学的角度进行了论证，而不是从种族的角度。要紧的是特色和风格上的一致性。托马斯·曼把这篇小说收回去，倒不是因为他本人觉得这篇小说有些反犹的意味，而是他根本就不想因此引发任何争论。顾及自己的家庭，他牺牲的不是什么反犹主义立场，而是在美学效果方面做出了让步。"我必须承认一点，我在人性和社会上不再那么自由了。"他给亨利希的信中这样说。一开始他还多少有些愤怒，总是要去回应，但现在他已经完全心平气和了。这篇小说特别好的地方是对环境氛围的描写，他觉得这是全新的，而且以后在别的地方还能够用得上。但接下来便是那几句现今非常著名的表达他十分于心不安的句子，因为他出于社会的考虑牺牲了艺术自由： 208

> 当然，从那时起我就没法摆脱一种不自在的情感，这种情感在充满疑虑的时刻变得非常压抑，而你肯定会说我是一个胆怯的市民。但你说得倒是轻巧。你是绝对的。与此相反，我停下，让我自己心绪稳定一些。[4]

这种顾虑持续了一生。《孪生兄妹》在托马斯·曼生前只出过一个豪华限量版（1921）以及一个法文版。豪华版最早的30本还带着一个附页，附页上印着最初的结局。

结婚初期作品中的另外一个犹太人形象是《王子殿下》中的医生沙美特博士。"他那只鼻子，过于平缓地垂向他的髭须，这就点出了他的出身。"[5]适逢王子克劳斯·亨利希出生，他当时表现得非常能干。大公爵与他还聊了起来：

> "您是犹太人？"大公爵问他，把头往后仰了一下，眯上了眼睛……
>
> "是的，陛下。"
>
> "哎。——您能不能再回答我几个问题……您有没有觉得您的出身成为您生活道路上的障碍，成为您职业竞争中的劣势？我作为

一邦之君问这个问题，我对个人生活中的、不仅仅是行使职务时的无条件的对等原则之施行特别关心。"

"这个大公国里的每一个人，"沙美特博士回答，"都有权利工作。"但他还说了更多的一些话，他开始有些迟疑，可以听见犹疑不决地嘟囔了一些什么，他用那种笨拙的充满激情的方式像煽着短小翅膀那样抖动着自己的胳膊肘，压低嗓子，但用满是内在激情的、有些逼迫人的声音加上了几句："请允许我这么表达一下看法吧，没有哪个平等的原则能够真正阻止在一个共同的社会生活中保留下一些特例情况和特殊形式。这些特例在一种崇高的或臭名昭著的意义上，相对于市民阶层的规则而言显得极为不凡。如果这些特例的人不去问他们何以获得这些特殊地位，而是在这种特别对待中看到本质的东西并且至少从中推导出自己应该承担的非同寻常的义务，他们将对大家真正有益。这样一个人在面对那些通常的因此也是随波逐流的大多数时，并不处于劣势中，而是处于优势中，因为与这些普通人比，他就多了一个理由，去做出不俗的贡献。是的。是的。"沙美特博士重复着。这就是他给出的回答，他还用了两个"是的"来强调。

这也是托马斯·曼的回答，至少在 1914 年以前是这样。这种回答所认知的犹太人是局外人，但它于此看到了一种优势。这个回答大约并不反对在法律上的平等对待，但是它的兴趣点并不在这里。着眼点是通过受难而获得了优待。只要有人从这种论据中推导出，受难是如此有用，那么为什么还要反对受难呢？这个论据就会被滥用。但要点并不在此。这里要说的是事实上的受难，无法排除的受难。要说的是歧视这一事实，没有人为歧视辩护，但歧视无从否认地存在着，歧视也会让人变得高贵，至少在相应的有天赋的情况中是这样。

这种论证方式对于第一次世界大战前的托马斯·曼是极其典型的。他在 1907 年的一篇小杂文《犹太人问题的解决》（*Die Lösung der Judenfrage*）中又重复了这个观点。在那篇文章中，他在"认认真真地"

开始讨论问题之前，"作为一名艺术家"[1]说了一些话。他是这样展开的，"一名艺术家就其自身天性而言大约不希望那种普通人性的在冲突与距离之间的平衡"，因为他是靠着那些具有特征的事物、靠那些特殊性和贵族式的例外而存在的。所以他更倾向于"把所有这些人都视作他的兄弟，对于这些人，民众们则认为必须要强调的是，这些人'无论如何——毕竟也还是'人。鉴于这样的亲缘关系他热爱他们，希望他们为他们的命运骄傲，爱他们的命运，而他对这样的爱也充满自觉"。[6]

反犹主义？

"毫无疑义，曼是犹太人的亲密朋友。"1934 年那份要求剥夺托马斯·曼德国国籍的国家社会主义申请书非常不满地这样评论道。[7]托马斯·曼在 1913 年就证实过，他被视为犹太人的同道者，吹嘘赞美种族混血。[8]可是当今，托马斯·曼却越来越多地被指责至少下意识里存在反犹倾向。这类论证大多是相当支离破碎的，就是去数数出现在他的文学著作中的犹太人形象，从纳夫塔到曹尔·费特尔贝格，瞎扯一通《浮士德博士》中对种族大屠杀的描写，引用一下日记里东一处西一处出现的零星的口无遮拦的言论以及杂文中被误读的言语。在奥斯威辛之后才形成的语言感觉中，这些"段落"当然会持续地产生某种冒犯。托马斯·曼在 1907 年的夏天写了杂文《犹太人问题的解决》，这就让当今的读者不可避免地联想起最终的解决方案和万湖会议[2]。可当年不过是就事论事地讨论了当时存在的问题：怎么能够理性地解决与犹太人这个少

210

---

[1]　原文为法语：en artiste。
[2]　万湖会议（Wannsee-Konferenz）：1942 年 1 月 20 日在柏林近郊万湖湖畔一座别墅里举行的关于"犹太人问题的最终解决办法"的会议，与会者为纳粹德国 14 个部门的高级官员，落实了对犹太人系统性的大屠杀。

数族群之间的冲突问题。托马斯·曼的回答是：继续进行同化，让犹太人欧洲化，支持犹太文化，优待受洗和通婚。要把这些建议统统贴上反犹主义的标签，那些后出生的人还真需要相当大程度的道貌岸然的自以为是，而这些人从来都未面临托马斯·曼当初作出抉择的环境。

托马斯·曼却做出了选择，而且选择支持犹太人。他与犹太女子结婚，融入了犹太家庭，他这一生的著作都在一家犹太人经营的出版社出版发行，始终信任犹太审稿人的建议。他有很多犹太朋友和通信友人，从萨穆埃尔·卢布林斯基（Samuel Lublinski）和马克斯·布罗德（Max Brod），马克西米利安·哈登（Maximilian Harden）和尤利乌斯·巴卜，赫尔曼·布洛赫（Hermann Broch），弗朗茨·韦费尔（Franz Werfel）和阿图尔·施尼茨勒（Arthur Schnitzler）直到布鲁诺·瓦尔特（Bruno Walter），特奥多尔·W.阿多诺（Theodor W. Adorno）和西格蒙德·弗洛伊德（Sigmund Freud）。因为他自己就是个局外人，他从很早就觉得犹太人是兄弟。犹太人与艺术家一样，比那些坐地户的市民要优越得多，犹太人更为目光如炬，忍苦受痛而且也更富于表达。

另外《犹太人问题的解决》这个标题其实根本不是托马斯·曼起的。这个标题其实是尤利乌斯·莫泽斯（Julius Moses）组织的一次问卷调查的集合标题，调查对象为一百位知名人士，其中也有不少犹太人。那时候还从来没有谁觉得这个标题有什么冒犯之处。当时人们就这个问题给出过三个建议答案：一、通过通婚和受洗来对犹太人进行同化。二、犹太人不再继续以一个种族发展下去，而只是作为一种宗教教派继续发展。三、在犹太人聚居的国家建立高度自治的行政管理，或者在巴勒斯坦建立一个犹太国家。这几条建议的任何一条都不反犹。托马斯·曼无论是在理论上，还是在实践上都支持一条建议，即同化。他自己说，他是"一名坚定的以及毫无疑问的'闪族[1]热爱者'"，而且坚信，如果犹太人大规模移民离开，那将是我们欧洲所能遇到的最大的不幸。他接着说：

---

[1] 犹太人是闪族人的一支。

在我看来，今天还在喋喋不休地用一种含着敌意的、排斥的基调讨论这个目前不可或缺的欧洲文化激励因素，这种激励因素叫作犹太特质，尤其是德国还非常需要它，这种讨论简直是粗暴而毫无品位，我觉得对这种讨论哪怕只说一个字都是非常不合适的。[9]

211

也就是说，他是一位闪族热爱者。还有一个更为微妙的论证方式是，他在公开场合压制住了他的反犹主义倾向，就像他压抑同性恋倾向一样，是为了在暗地里由此获得更多的快感。如果托马斯·曼生活在我们的年代，这有可能是对的吧，在我们这个时代和社会中，反犹主义是上不得台面的。但那个时代，完全没有必要去压抑自己的反犹冲动。与此相反，如果作者反犹，倒更容易受到平均线上的德国人欢迎，而作者当年却因智性主义和国际主义而在大众眼中声名不佳。而且，被压抑的同性恋倾向在他的作品的表面之下随处可见，在他自传的字里行间，在写出来的部分，在日记中，在各种拐弯抹角的信息渠道，但若是寻找反犹主义的内容，却毫无结果。至于有些"段落"，始终处于特定的语境中，不能将其简单地拔高上升为普遍化的东西。

犹太小姑娘

1904 年夏天，一张充满渴望的小纸条上写着："这个异于众人的、善意的而又自私的、不由自主地礼貌十足的犹太小姑娘！我近乎喜出望外，'好的'这个词能从她的芳唇吐出。"[10] 年轻的诗人当然十分清楚卡蒂娅的犹太人家世，但这对他来说根本就不是障碍，而是一种魅力。她的父亲阿尔弗雷德·普林斯海姆和她的母亲黑德维希·多姆（Hedwig Dohm）的家庭都是犹太人。但自好几代人以来，他们生活得殷实富足且有文化品位。[11] 托马斯·曼有关"犹太人问题的解决"的思考，就是在卡蒂娅的父母的家中进行的：同化，文化上的提升，受洗。接下来为什么就不能够是通婚呢？"在面对这些人的时候，根本就没有什么犹太特性这种想法，除了文化别无所感。"托马斯在1904年2月27日写信给亨利希时这样说。有文化的犹太特性是出众的，就是这样。刚刚出生的女儿艾丽卡将来一定会出落得很美丽。"现在我相信，有那么一点点的犹太特性显现出来了，这让我每一次都感到非常开心。"[12]

212　　　卡蒂娅在小说中的对标人物伊玛·斯别尔曼的家世不是犹太的，而是印第安的。在库尔特·马滕斯对此不屑一顾地表示轻视时，托米可不跟他开玩笑："如果你不是本人缺少进行理解的良好意愿的话，你就不可能称呼她为一个更为劣等（？）种族的、放肆的、举手投足都很可笑的小人物。很可惜，因为我不能把你的书扣起来不给我的妻子看，而且——我们本来是可以很愉快地交往的。但是你知道，你这么做了。"[13]

　　他不仅仅因为卡蒂娅生别人的气。他觉得自己的血管里面也流淌着那么一些印第安人的血液，这是他出生在巴西的原始森林里的母亲带来的，他为此感到非常自豪。混血通婚对他来说根本就不是问题。他的第一个孙子，出生时是美国人，有德国、巴西、犹太和瑞士的血统，他觉得这一点值得在日记里面记上一笔。[14]

托马斯·曼——他不是犹太人吗？

　　在20世纪五六十年代，还是时常能听到这样的问题。不仅是剥夺国籍、国际主义和文人特性给作者戴上了犹太人的帽子，而且还有一些来自右翼的目标明确的举动。早在1907年，反犹文学史家阿道夫·巴特尔斯（Adolf Bartels）就写过，为什么颓废文学理所当然是由犹太人代表的，随后他列出了一份名单，名单上就有亨利希和托马斯·曼——尽管他加上了一个限制性的句子，他们作为吕贝克市一名参议员的儿子当然不可能是纯粹的犹太人。有人矫正他，他将这解释成谎言，并且在 1910 年认为，曼的"有犹太混血"这一论点并没有被最终驳倒。另外，对他而言，托马斯·曼这一情况是不取决于生物学鉴定结果的，他简单粗暴地下了这样的结论，非常肯定地说："文学上他怎么说也属于犹太人一类。"[16] 即便是这个细微的区别，在接下来的时间里也常常一再被抹掉。1912 年 12 月 1 日在一份莫名其妙的柏林的《国家公民报》（*Staatsbürger-Zeitung*）上登载过一个名单，标题是《S. 菲舍尔出版社的犹太作家》（*Die jüdischen Autoren des S. Fischer Verlags*），上面也有托马斯·曼的名字。托马斯·曼还就此辟谣过："如果我是个犹太人的话，那么我希望我的精神强大到足以不因为我自己的族裔感到羞愧；因为我并不是犹太人——而且我的血液中没有一滴犹太血液——我就不希望，别人把我视为一位犹太人。"[17] 但这家报纸却在印出这个辟谣信息时加上了一段——曼与一位来自犹太族裔、有着犹太血统的女士婚配，而后出言不逊地推测："这类种族通婚在生物性的血缘上必将偏向犹太方面。"托马斯·曼再次辟谣，主要因为在下文要刻画的那位特奥多尔·莱辛在此期间将巴特尔斯的论点又推进了一些。

213

> 我的妻子是慕尼黑大学数学系正教授阿尔弗雷德·普林斯海姆的女儿，在母系那边是著名的女作家黑德维希·多姆的外孙女。说我结婚结错了，本人敬谢不敏，无从理解。同样我做梦也无法想到的是，我通过这个婚姻变成了犹太人，尤其是我的作品现在"从生物学角度更加偏向犹太方面"。[18]

托马斯·曼当然对诸如血缘族裔等这类范畴毫不在意，这一点也可以从这篇辟谣文章结尾部分的考虑看出来：

> 我平静而坚定地反驳时不时出现的以为我是犹太族裔的这类错误，我这么做，不是因为我觉得这对我的本性进行了真正的篡改，而是因为，如果我被视为犹太人，那么我的所有的作品都将获得一

张不同的、错误的面孔。如果这样，那本让我成名的书，那本长篇小说《布登勃洛克一家》，如果它出自一个犹太人笔下，又会是什么呢？一本附庸风雅的书。……

巴特尔斯教授作为一名研究者在我和我哥哥的作品中寻得了一些异乎寻常的东西，很可能，至少有一部分，要溯源到那个拉丁族裔（葡萄牙）的混血，我们确实对其进行过描述。如果他把理查德·德默尔 [1] 称作一名"斯拉夫族的大师"，那么他应当把我们称为"罗曼族的艺术家"。反正我们不是犹太人。

对那些右翼的人来说，这些话显然没有任何用。阿道夫·巴特尔斯做出判断，就是葡萄牙的混血也是"相当成问题的"，"因为在欧洲所有的种族里面，葡萄牙人在种族意义上是最差的：请比较一下《迈耶百科词典》[2]，那里专门把与阿拉伯人、犹太人、印度人和黑鬼的混合突出强调了一下"。《准屈尔施讷》[3] 是反犹人士的工具书，它在详细地复述了整个讨论的过程后，引用了这样的字眼。[19] 接下来还有一些充满恶意的东西，例如，马克斯·奥本海默 [4] 的肖像铜版画把"混血脸上的犹太痕迹很明确地"刻画了出来，在《死于威尼斯》中，"鸡奸"是"令人作呕的，违反自然的"，换句话说：是犹太人的。另外在这部词典中，接在"曼，托马斯"之后的词条是"月亮上的男人"[5]，而且文中含有一个判断："据一个科隆的传说是个犹太人。"

214

---

[1] 理查德·德默尔（Richard Dehmel, 1863—1920）：德国印象派、自然派诗人。

[2] 德国学者迈耶出版的一部百科全书，是德国历史上除了《布罗克豪斯百科全书》（*Brockhaus Enzyklopädie*）以外在文化知识阶层传播最广、最具影响力的百科全书。

[3] 《准屈尔施讷》（*Semi-Kürschner*）：由菲利普·施陶夫（Philipp Stauff, 1876—1923）编纂的一部文学词典，主要针对的是 1813 年至 1913 年活跃于或闻名于德国的犹太族以及与犹太人结婚的作家、诗人、艺术家、音乐家等等。书名中的"屈尔施讷"是对约瑟夫·屈尔施讷（Joseph Kürschner, 1853—1902）的致敬，此人自 1897 年起编辑出版了《德意志文学年历》，这套丛书在专业圈子里被称作《屈尔施讷》。

[4] 马克斯·奥本海默（Max Oppenheimer, 1826—1921）：奥地利表现主义和先锋派画家的代表人物。

[5] 托马斯·曼的姓氏"曼"在德语中的意思即"男人"。

这个主题附体了那位龌龊的巴特尔斯。"来自吕贝克的亨利希和托马斯·曼两兄弟已经转向了犹太特性，"在他的第 18 版的《德国文学史》（*Geschichte der deutschen Literatur*）中这样写道，两个人的母亲是葡萄牙人，"也就是说，有可能并非不含有犹太血统和黑人血统，两个人也都各自娶了犹太女人。"巴特尔斯称《王子殿下》为一部"为犹太人祷告"[1]之作。有关亨利希·曼的段落的精髓是："他现在当然在黑名单上。"有关托马斯·曼的段落里有一个洋洋得意的总结："他在 1936 年 12 月被驱赶出了德国人民共同体，跟在此之前他的哥哥亨利希、他的女儿艾丽卡和他的儿子克劳斯一样被赶走。"

哈登诉讼案

政治时评作家马克西米利安·哈登[2]、阿尔弗雷德·克尔和特奥多尔·莱辛作为犹太人到底是闻名天下还是臭名昭著，这要看说话的人在哪座城市。他们并未形成一个小团体，与此相反，他们彼此憎恶。他们与一切人之间都存在着个人的以及极为个人的关系。哈登是《未来》（*Zukunft*）杂志的主编，该杂志是当年文学生活的一个权力中枢，在德皇时代的作用可以跟《明镜周刊》（*Spiegel*）在当今的作用相比。托马斯·曼在 1905 年说："我对时政评论家马克西米利安·哈登的兴趣简直可以跟我对他的景仰相仿了。"21 "毫无疑问，他是德国所产生的最重要的，

---

[1]　原文为拉丁语：*oratio pro populo iudaico*。

[2]　马克西米利安·哈登（Maximilian Harden, 1861—1927），先锋杂志《未来》的编辑，在该周刊上以讥讽的笔调曝光了德皇威廉二世同奥伊伦堡亲王和库诺·冯·毛奇伯爵的同性情色秘闻，丑闻不断发酵，毛奇伯爵忍无可忍，向法院提出控诉，指控哈登造谣诽谤。1907 年 10 月 29 日，经过一周庭审，最终判决哈登无罪，这也就是著名的第一次哈登－毛奇诉讼案。此后又发起了两次哈登－毛奇诉讼，最终两败俱伤。

也是最有意思的时政评论家。"他后来对一位美国的博士生这么说。[22]
他在寻求哈登的认可，在 1906 年的文章《比尔泽和我》中夸赞哈登为
毫不妥协的真正热爱文字的人，他宁愿与全世界为敌，也不肯牺牲一个
字眼的细微差别，[23] 有时还跟他写一些相互认可的信件。1916 年 1 月，
他还写了一篇对禁止《未来》杂志表示抗议的文章，但当时顾及书报审
215　查没有印行。[24] 不久后，哈登公开宣布完成了从反民主的扫罗到为民主
辩护的文明文人保罗这个 180 度的大转弯 [1]，哈登一开始还是支持战争
的，《一个不问政治者的观察》中还隐晦地影射过这一转变。[25] 他就此
成了政治上的敌人。托马斯·曼为此还写过一篇非常犀利的文章回应，
但这篇文章始终没有刊印出来。[26]

　　1907 年到 1909 年，哈登被卷入了三场非常引人注目的官司中。[27]
他从非常可靠的信息源，也就是被罢黜的帝国首相俾斯麦那里获悉了有
关威廉二世皇帝的亲信菲利普·奥伊伦堡亲王是同性恋者的信息。他在
《未来》杂志上长时间深入且尖锐地使用了这个信息，直到他被带上法
庭。他赢得了第一场官司，因为奥伊伦堡的同性恋恋情得到了证人的证
实；他输掉了第二场官司，因为奥伊伦堡发誓作了伪证；他再次赢得了
第三场官司，因为这场官司"揭露"了奥伊伦堡。这一切要在当时的历
史背景下去看，当时普遍认为同性恋是"违背自然的淫乱行为"，是要
被判刑关进监狱里去的。但德国人不愿意见到皇帝周边的人受到这样的
怀疑与指控。哈登让自己变得非常不受欢迎，虽然他在这件事情上赢得
了官司。托马斯给亨利希写信说，因为这件事情，《未来》杂志的订阅
数量从 18000 册跌到了 2000 册。[28]

　　卡蒂娅的母亲，普林斯海姆夫人是哈登的好朋友。当两位订婚的年
轻人在柏林被介绍给亲属时，哈登可能对她说过，看着两位年轻漂亮的
人儿，真是开心。托马斯·曼还觉得多少有点被人看不起了。哈登的辩

---

[1]　这一说法源于《圣经》，指"扫罗悔改转变归主，成为使徒保罗"。现常用"从扫
罗到保罗"（von Saulus zum Paulus）这一格言表示"在人们的生活中，观点和行为会发
生 180 度的大转变"。

护律师是马克斯·伯恩斯坦。伯恩斯坦一家人也跟普林斯海姆一家人很熟悉。据说在 1903 年还是 1904 年的时候，伯恩斯坦夫人还把卡蒂娅和托马斯·曼邀请到了一起。由此，托马斯·曼对奥伊伦堡诉讼案的了解都来自第一手资料。他一直觉得此人是一名哈登的忠实追随者。现在看来，他当年的感觉没有告诉过他，总有比采用告密手段毁掉一名同性恋者更加体面的事情可做。此外，恰恰他是最不合适去捍卫这种羞辱打击同性恋的行动的。关于"伯恩斯坦对我说的有关诉讼案件的具体细节"，我们从一封他于 1908 年 2 月 6 日写给亨利希的信中知道少许信息，这封信提到的是（输掉的）第二场官司。"至少这个总体趋势是毫无羞耻之意的。伯恩斯坦问的问题中，每两个问题就有一个被法庭主席以'诱导性问题'为由挡了回来。"那些证人被吓唬过，检察官威胁鉴定专家马格努斯·希施费尔德（Magnus Hirschfeld），而专家自己也是同性恋者，哈登那么棒的结束陈词让报纸糟蹋得不成样子了。

216

这里可以看得非常清楚，托马斯·曼是站在哪一方的，也就是站在犹太人哈登这一方。据他说，最严重的是，哈登的对手们在一个名为"薇尔丹蒂协会"[1] 的团伙里联合了起来，"很遗憾，瓦格纳的女婿，枢密顾问托德还是这个团伙的头儿，而且在最初的某次呼吁中，这个团伙打着啤酒嗝儿加强语气、用不可思议的德语来捍卫艺术中的健康和德意志情怀。这是一个人能想到的最恶心的事情了"。[30]

公开对阵战线被一个秘密的阵线挫败了。托马斯·曼站在犹太人一方，这一方在迫害一位同性恋者，这一方抗议德国民族的反犹主义者，后者觉得哈登是非德意志的、肮脏的，但并不因此就是捍卫同性恋权利的人。托马斯·曼没有站出来反对告发同性恋者，这一点与后来不一样，[31] 可能与他自己当时的处境有关系。他刚刚才给了自己一个"状态"。他用了很大的努力建立承担起了自己的婚姻，自觉自愿地把自己

---

[1]　薇尔丹蒂协会（Werdandi-Bund）：1907 年由画家赫尔曼·亨德里希（Hermann Hendrich）创办，旨在通过艺术政治计划复兴德意志文化。协会的名字取自北欧神话，"薇尔丹蒂"是北欧神话中掌管命运的三大女神之一，司掌"现在"。

的同性恋倾向关到了情绪的地下室中，因而他或许更倾向于要求别人也做出这样的努力。再加上和伯恩斯坦一家的友谊，他们本身也属于普林斯海姆家庭的朋友圈子，所以出于家庭的考虑站在哈登和伯恩斯坦一方也是非常必要的。无论如何，托马斯·曼当年肯定不是一名为同性恋交往的自由化而努力的战士。但他也不是一个反犹主义者，因为要灭掉一个犹太人，在他这里是再简单不过的事情了，比其他任何地方都轻而易举。

阿尔弗雷德·克尔

托马斯·曼在 1943 年 4 月 6 日给维利·施特恩费尔德（Willy Sternfeld）写信说，阿尔弗雷德·克尔"是一个人品不错的仇恨者——我已经亲自试过了。如果事情能按照他所希望的发展，那我在文学上早就不复存在了"。[32] 这句话听着有些戏剧性。克尔是那个时代最著名的明星批评家。他写作时就像是一根绷得过紧的琴弦，夸人时大唱颂歌，批判时先举得很高而后重重地掼个粉碎。他是个艺术家，他具备特有的方式，他的姿态凌厉，是表现主义风格的先驱，正好是"印象主义者"

217 　托马斯·曼的对立者。曼在年仅 21 岁的时候，就随手在一篇小论文中点缀上了对克尔嘲弄式的攻击。此前克尔曾收到被他批评过的一位诗人发起的决斗挑战。托马斯·曼觉得这太不可思议了，一个批评家竟然能头脑发热地说出这么过分的话，甚至伤透了他所批评的作者。一个批评家又不是一位法官，而是一位启蒙者，他的任务其实是，"把他者的个性吸收到自己的内心来，让自己融入他者的个性之中，用他者的个性来看这个世界"。[33] 克尔的看法显然与此不同。

　在第七本笔记中，我们发现了下一个痕迹，落款时间是 1902 年。那里写着，"纯洁的人容易相信"，一切有所保留的都基于不纯洁以及有沾染，此外在括号中又加上了一句话："克尔针对我。"[34]无从知晓当时克尔是否写下过什么针对托马斯·曼的书面的东西，但很可能会有一些口头上的东西。我们至少可以得出结论，克尔当时对这位年轻的作家曾有过恶言恶语，而托马斯·曼由此推断出其人的"不纯粹"。这种"不纯粹"就其本身来说是与保罗·埃伦贝格的事情相对立的，因为当时保罗是可信赖的和纯洁的。可以这样推测，在涉及友谊时，克尔站在保罗的对立面。

不仅在保罗的事情上，就是在卡蒂娅那里，克尔也很碍事。在笔记本中有一封信的草稿，上面的日期是 1903 年 8 月 29 日，这个草稿上请求格劳托夫，不要把他的一个不解释的观察告诉给"K-r"[1]。从卡蒂娅的《未写就的回忆》（*Ungeschriebenen Memoiren*）中，我们了解到，克尔想跟她结婚，而她却不想跟他结婚。[35]为此他这辈子都对托马斯·曼非常愤愤不平。也就是说这里或许有过非常私人性质的动机，去恨，去嫉妒。

下一次接触的记录日期是 1905 年 9 月。托马斯·曼公开表达了他与文学批评的积极关系，而且他还在这个语境下提到，他从克尔博士那里获得了很多有深度的开心逗乐的事情，如果当众跟批评家作对，那简直就是不知好歹。[36]这听起来非常反讽，实际上也是反讽的，虽然托马斯·曼在这个场合维护了批评，包括那些毫无敬意的批评。他声称，一个人如果不是真正的批评家，肯定也不会是真正的艺术家。如果说他有些反感克尔，那么是因为他们太接近了，因为他本人就是一位批评家，必然会出于某种兄弟仇恨。实际上很多与克尔的龃龉都跟他反对哥哥的情况相似。不管怎样，这些事情都不是由反犹主义思想主导的，而是由美学或者个人动机决定的。

通过弗兰克·魏德金德的介绍，托马斯·曼在 1905 年 10 月 19 日 218
把他的剧作《翡冷翠》寄给了克尔。"这个不成样的剧本，本身实在没有什么；但它有点什么的地方，或许还值得让您的慧眼扫一下，并请提

---

[1] 克尔（Kerr）姓氏的缩写。

及一下剧名。"[37] 他在这里把姿态放得很低，但是那位受到馈赠的人却默不作声，也不感谢他。几年后，他又试了一次，而且还在弗兰克·魏德金德给克尔的明信片上也签下了自己的名字：

> 非常尊敬的阿尔弗雷德·克尔先生：
> 某个您恨着的人想向您致以问候。我很高兴转达

> 弗兰克·魏德金德
> 托马斯·曼 [38]

两个月之后，他在《比尔泽和我》中再次拉起了联络之线。以"X博士"之名对克尔进行了加密，又提起了那个"有深度的开心逗乐"的地方。我们能听得出来，这个地方当初让克尔受到了多么大的伤害。作家又想出些新词儿特地为他开脱，这大概并不会让他感到多少安慰：

> 我得到了理由相信，那位批评家因"有深度的开心逗乐"这个表述而对我非常生气，他觉得我在讥讽他，因而跟我现在已经不共戴天了。为什么会这样？是由于一种准确性。如果我当时用的是一个似是而非的字眼，诸如"真正的提升"或者"少有的享受"一类的，那么他很可能还会对我保持亲切友好；因为我试着用一个中规中矩的词做到更为准确的达意，他就恼怒不已。他不希望成为一个开心逗乐的人，他希望得到他人认真严肃的对待。但是我会觉得，一种开心逗乐，又具有"深度"，一定是一种非常严肃的开心逗乐。我觉得在语言的整个范围内，没有哪个语言结构比得上"深度"和"开心逗乐"这两个词的组合更能够刻画他那种风趣分析的效果，他那种近乎恶作剧的效果……但一切都没用，这个词伤人。仅仅是因为这个词很好，而且准确。[39]

克尔回击了。下一幕是对小说《王子殿下》絮絮叨叨贬损性的评

论。[40]接着他又不点名地进行旁敲侧击，托马斯·曼觉得这些旁敲侧击就是说自己。他在1910年1月10日写给亨利希的信中愤愤不平地说起，正是克尔把下列这些句子塞进了《新评论》里：

> 他没有像一个平庸的小说微雕师傅那样天天吹牛。每一位可笑　219
> 的神经衰弱的伙计和疗养院客户，如果有朝一日拿起笔来写小说的
> 话，肯定会舞文弄墨地描述自己很高的社会地位，而把自己的阿喀
> 琉斯之破绽[1]隐藏起来等等。[41]

"神经衰弱"和"疗养院"两个词可以让人推导出精确的个人信息，"很高的社会地位"实际上大概指的就是《王子殿下》里面的题材范畴。托马斯·曼写道，他整整一天都不舒服。"我在内心受不了一个敌对的人，而且还带着这么一种恶心的敌意，我没准备好对付这些。"然而他还是宣告要进行报复式回击，以防克尔在什么时候拉开阵势，以大家都能看得懂的方式来攻击他。

攻击如期而至。克尔在1913年初，在《翡冷翠》上演时，拉开了阵势。托马斯·曼称，1913年1月5日这位著名的批评家在柏林的《日报》（Tag）上说的话是一种"喷毒的叽叽歪歪"，最为毫不知情的人也感觉到了其中厮杀的快感。[42]"作者是一棵纤巧的、多少有点单薄的灵魂小苗苗，整天趴窝不动，小苗苗才能惬意舒适地扎根。"在报上可以读到这样的句子，还有："坐着能憋出来的东西，他已经全都憋出来了。"他还说：菲奥蕾这个人物形象的刻画是语言学家干出来的活儿。在部王了小说里，曼在刻画女性人物时也表现出一定程度上的阳痿状态。此外还指证他有一些障碍的、跪舔的、贫血的和平胸的东西，有一种"未老先衰的退化"，在夏天到来之前，冬天就捷足先登了。[43]

---

[1]　原文故意将"Achillesferse"（阿喀琉斯之踵）拼成了Achillesverse。阿喀琉斯是古希腊神话中的英雄，全身刀剑不入，唯独脚后跟是他的致命之处，现用"阿喀琉斯之踵"这一典故代指"致命的弱点，要害"。这里的Achillesverse大约是指托马斯·曼文章的破绽。

　　"这人究竟是个什么东西！"曼写信给霍夫曼斯塔尔，"只有很少几个人知道，在这里张口评论的人究竟是个什么东西……"这里在暗指什么呢？批评的基调不知不觉地指向了一些个人的东西。托马斯·曼极其成功地压抑了他的欲望，是这类评论的基调。曼给巴卜写信道，克尔扯上了病态理论，"因为极端主义一般总是扯到性才止步，它认为，没法再往下走了"。[44]克尔只对早期的短篇小说《衣橱》说过几句好话，在这部小说里，一个裸体姑娘出现在衣橱中，与欲望的渴求玩起了猫抓老鼠的游戏。与此相反，菲奥蕾则逼迫她的情人禁欲。克尔又知道多少有关曼的禁欲情况，知道多少他压抑下来的同性恋倾向呢？曼担心的很可能是这些。相对而言，托马斯·曼就这个事件说了不少话，如果涉及的是一些其他内容，那么他很可能表达得更清楚一些。起码克尔曾对其对手的男性能力有所怀疑。这么个"缺乏男人味"的男人在卡蒂娅那里赶跑了他，或许是因为这个？这位评论《翡冷翠》的作者对他一直怀有一种"早就承认的私人恨意"，曼在一封信里面这样说，"如果向您揭示这种恨意的根源，这对我来说有些过分，但这种恨意给他整个性格和他的人性都开具了一张最为不堪的证明"。[45]而他本人，自读了那些丑陋不堪、荒谬可笑的东西之后，就一直有一种难以忍受的被拖入泥淖的感觉。

　　他请求批评家尤利乌斯·巴卜去读一下洛伦佐对菲奥蕾说过的那段话"你，——就是甜美、唯一、荣誉、光环、爱情和权力，是渴求的目标"，读后再对他说，《翡冷翠》究竟是不是"语言学家干出来的活儿"。批评家还应该去读一下《死于威尼斯》这部作品。[46]在克尔评论之后，有好几天时间，他都觉得自己只是"一只勤奋的文学小虫儿"。但在下一封写给巴卜的信中，他承认，"这个女性的譬喻"，也就是伟大的交际花菲奥蕾的形象，他自己也是半信半疑的。而且他这条文学小虫儿对这类女人，这类强大且风情万种的女人，其实没有任何体验，这一点是对的。克尔也不是完全错的；谁真的说到点子上了，伤起人来才够狠。

　　但曼很可能跟那位波兰少年在海滩还真有体验。克尔也很快对《死于威尼斯》做出了几句评论。[47]一开始克尔还觉得来自曼的亲人们的评论很有趣，因为无论是他妻子的外祖母黑德维希·多姆，还是亨利希·曼都对《死于威尼斯》做出过评论。可供他支配的反讽的材料太多了。"看吧，如果兄弟敦睦地住在一起，那是一幅多么其乐融融的情景啊。"接下来有些棘手。"外婆说——我发现这里有一个裹得很严实的媚俗之人，有一个不去展现自我，而只是展示姿态的人。"尖锐的批评劈头盖脸而来：静悄悄地去铺陈着品位，而没有诗人的创造力。一切都是捏造拼凑的。情欲方面从没有真正地体验过："那个男人对少年的情感自始至终没有轮廓，是一个未经探寻的地区。"一切禁止的东西都不够劲爆：在进行创作时，他参考了古代经典的作品。"不管怎样，这里把男人间的情色关系处理到了受过教育的中产阶层都能够接受的程度。"

托马斯·曼在这样的言论中看到了"恶毒的攻击"，[48]这并非没有道理。他在 1913 年 4 月 20 日致信汉斯·冯·许尔森（Hans von Hülsen）时满腔愤怒地说：

> 您到底还想指责创作者些什么呢？想说他虚伪欺骗，肮脏下流，简直就是道德败坏吗？但他确实清楚，这是他的一切，他就是要这样。他位于正派和不正派这类概念之外……您为一个坏行为愤怒不已，但他是"狂魔一般"的。您想怎么地吧！[49]

接下来的声明涉及他的小说创作计划《一个可悲的人》，但是很可惜的是，这个计划一直未能实现——不然我们一定会知道得更多：

> 我自己跟他说或许会更好些，等哪天我下定决心，去写一个故事，——一个有关我和他的故事，这个故事将会被轻轻松松地和盘托出，这也会是个很不错的故事。但是这一点也不着急，不像您目前可能认为的那样。此人永远如幽灵般伴我左右。

这是个谜一般的暗示。这个不着急跟那个永远的幽灵陪伴者有什么关系？托马斯·曼到底何以那么肯定地说"永远"？克尔知道了些什么

221

吗，他是否在什么方面能够拿得住托马斯·曼？就是出于这个原因，曼从来不公开地报复他吗？上面说过的一张 1903 年的纸条表明，克尔跟格劳托夫很可能相识。而格劳托夫肯定知道，托马斯·曼要隐藏些什么。会不会是格劳托夫的嘴不够紧呢？

在第一次世界大战期间以及战后，克尔时不时地来几句旁敲侧击的话，抨击托马斯·曼赞成战争。其时他正坐在玻璃房里[1]，因为他自己在 1914 年时也写过爱国诗。[50] 在 1919 年 3 月 16 日的日记里，记录了一次对《不问政治者的观察》的诋毁。1919 年 7 月 6 日的一条记录显示，他猜测，克尔可能会对他入选柏林艺术科学院一事暗中下绊子。几乎所有的接触都充满了敌意。"克尔，顺便弱弱地说一句，又在我后面吐口水，我觉得是这样。真正伤人的其实并不是那种（迟钝的）侮辱，而是想侮辱人的意图。"（1920 年 9 月 4 日）

仇恨一直持续着，但后来恐惧稍微少了一些。1921 年，在那篇即将印行又撤回去的稿子《关于犹太问题》中提到了克尔，这次是作为一个积极的例证，用来说明在文学上犹太人绝对不会仅仅推崇犹太人，克尔热忱地夸赞格哈特·豪普特曼，但猛烈批判卡尔·施特恩海姆[2]的作品。[3] 在对狭隘民族主义的教授阿道夫·巴特尔斯进行抨击时，曼把克尔搬出来作为一个论据，让克尔也扮演了一下积极的角色。这种情况时而会继续出现。1926 年，两人碰巧同时去巴黎，在那里两人还见过面。滑稽的是，毫不知情的德国右翼阵线竟然还以为，这两人是坐在同一条船上的。汉斯·约斯特[4]在 1926 年宣称，就是那个犹太人克尔，他跟"他的年轻男人，那位轻信的托马斯"，两人一起溜到巴黎去了。[51] 托马

---

[1] "坐在玻璃房里"出自德语俗语"谁自己坐在玻璃房里，就别乱扔石头了"，意思是"自己有这样的缺点或者行为，就不要指责别人"。

[2] 卡尔·施特恩海姆（Carl Sternheim, 1878—1942）：出生于富裕的犹太银行家家庭，是德国表现主义戏剧的代表人物之一，早期作品属于新浪漫派。他的某些剧作因"有伤风化"受到攻击，本人也不得不流亡国外。

[3] 克尔和施特恩海姆都是犹太人，豪普特曼不是。

[4] 汉斯·约斯特（Hanns Johst, 1890—1978）：德国诗人和剧作家，从 1933 年开始就为纳粹政权效力，后来成为帝国文学协会的主席。

斯·曼这时候才觉得有必要出面辟谣。他将巴黎之行称为一次运气不佳的巧合，他在巴黎停留的时段恰好与克尔在巴黎的日子大致重合。[52] 在这个回复中，自然没有反犹的论据，相反慕尼黑的保守论者受到了猛烈的攻击。而后在他的游记《巴黎情况说明》（*Pariser Rechenschaft*）中，曼声称，他特别欣赏克尔，是因为克尔出众的批评才能；但这或许只是言不由衷的外交辞令，因为同时他漫不经心地提到，克尔"有五六次试图杀了"他。[53] 克尔否认了这一点，带着几分不无咬牙切齿的兴致。[54]

不久之后，克尔发表了一首讥讽诗《托马斯·底儿掉》[1]，这首诗大概早就写好了，可能是在 1913 年。这诗没什么用，却再次击中了那些伤口。下面是这首诗的头三段（一共六段）：

I

作为一个小男孩我已经裹足不前；
由于天资平平，整天气咻咻。
后来用市民和城市贵族的废话，
来给文学钻洞。
总是自豪无比，到处去说
我的祖辈们的失败。

II

我不写作——我在拼凑。
我不做梦——我勤奋码字。
我让词语去爬行，
那些词闻起来像油灯。
我是个有韧劲的小伙计。

---

[1] 克尔用诗名《托马斯·底儿掉》（*Thomas Bodenbruch*）玩了个文字游戏，实际是对托马斯·曼进行暗讽，"底儿掉"（Bodenbruch）与"布登勃洛克"（Buddenbrook）谐音，托马斯·布登勃洛克则为《布登勃洛克一家》中的主要人物。

我不知道什么闪电，
不知道灼热的火光。
我用坐垫来写呀写，
人们本该坐在垫子上面。

我根本就不坏——
只是有些淋巴肿大。

III

满是拖后腿的左思右想
还有迟疑不决的绽放，
我把我的病态
加工成"姿态"。[55]

不久后，在1928年，托马斯·曼在一篇关于布鲁诺·弗兰克[1]的文章中，夹带了一处小小的含沙射影。[56] 来自布雷斯劳的阿尔弗雷德·克尔，一位重要的副刊写手——他是最后一个有可能否定的人，因为他肯定觉得味道不错，吃得开心：

就是那个批评家克尔，开心畅快，感伤而大胆，简单说，一个令人爽心悦目、一锤定音的个性化人物，把我的几本书用恣意挥洒、心花怒放的小篇章，不管三七二十一地给灭掉了。

但即便是使用了大量这类反讽的针芒，争端至少还是停留在公事公办的层面上。自1933年起又可以读到的日记却提供了大量令人不快的地方。在1933年4月2日，曼直接表达了他对一个国家的厌恶，这

---

[1]　布鲁诺·弗兰克（Bruno Frank, 1887—1945）：德国小说家和剧作家，1937年逃离纳粹德国，移民美国。

个国家"不仅强迫克尔和图霍夫斯基[1]，而且还有如我这样的人及精神代表，离开这个国家"。与流亡移民团结一致，这一点托马斯·曼后来才慢慢学会，而且不无内心的抵抗和不情愿。真正严重的记录只有唯一的一条笔记，一句私底下说的话：1933年4月10日写在日记里的记录。这里要事先说一下，最后提出的那个充满疑虑的问题，这件事情是否具有两面性，在接下来的时间里被非常明确地给予了否定回答。尽管曼的脑子里也飘过下列这样的想法，也不应该对他那坚定一致的反法西斯主义的立场有任何怀疑：

> 那些犹太人……克尔自高自大、喷着毒对尼采的篡改要被排除在外，这归根结底不能算不幸；对司法部门进行去犹太化，也不是什么不幸。——秘密的、移动不定的、苦思冥想的思想。令人厌恶并充满敌意的、下流的、非德意志的，这些（指责）在更高的意义上，无论如何也能站得住。但我开始疑心，到达那一步的过程很可能一直是在那些人的档次上，那些有两面性的人……

克尔当时必须离开柏林，他已经生活在巴黎了，在流亡中。对"尼采进行篡改"：这有其完全私人的一面，在那篇名声不好的《翡冷翠》的批评文章中，克尔把托马斯·曼嘲弄成一位"尼采小崽儿"[57]。就连"毒化"这个词也出于这个犄角旮旯。旧仇并没有因为流亡这个共同的命运而减轻。与此相反，克尔又成了幽灵般的陪伴者，又是他的敌对的兄弟了，他总也没法摆脱他。这个人，"不幸并未使其高贵"，1934年10月28日的日记里面这样写着。关于克尔的《拉特瑙》（*Rathenau*）一书，作家指出，这是那位不幸的、高等犹太附庸风雅之徒的心理肖像画，这当然说得一语中的，"但人们不会去感谢肖像画的画师，再加上他不那么令人愉快"。[58]"旧日的毒蜘蛛"，托马斯·曼在1936年3月19

224

---

[1]　即库尔特·图霍夫斯基（Kurt Tucholsky, 1890—1935），德国魏玛共和国时期重要的政论家、文学评论家和诗人。

日记录了下来，再次开启"旧日的仇恨战斗"。"我知道，在流亡者中有很多有害的奴才，他就是其中一位。"这种敌意在 1940 年 4 月 20 日和 1945 年 8 月 25 日的记录中还可以感觉到。1948 年 10 月 22 日的日记里记录了克尔去世，但未加任何评论。

特奥多尔·莱辛

另外一段敌对故事可以从那些充满激动痉挛和豪情壮志的岁月中得到解释，托马斯·曼在这段敌对故事中留下的形象可不怎么样。跟克尔的仇视一样，这个对立的起源大家也都不明就里。真的可以就此写一部扣人心弦的小说，肯定值得去写。

托马斯·曼认识特奥多尔·莱辛这位文化哲学家、数学家和医务人员，此人是全才、立志改天换地者、反噪音协会创建者、被同化的犹太人，而且在一段时间里是身为犹太人的反犹主义者，但同时也是这一现象的分析者，如 1930 年所著的《犹太人的自我仇视》(*Der jüdische Selbsthaß*)——托马斯·曼在他来到慕尼黑最初的那段日子，在狮牌啤酒馆[1] 举办的一次狂欢节舞会上，就认识了这位在各个方面都呼呼地往外冒着才气的人。59 莱辛在 1895 年至 1901 年间一直生活在施瓦宾，此后也经常来慕尼黑。他有可能从两个渠道了解托马斯·曼更多的情况，而且显然还有一些隐私情况。他在卡蒂娅·普林斯海姆还是个小姑娘时，就认识她了，听到过"在一些日子里的悄悄话，在那些日子里，年轻女子的青春情绪变幻无常，失望的、苦闷的、不公的感受都会不吐不快"。60 莱辛还用街头顺口溜的风格把这件事情写成了下面的诗行："他

---

[1] 狮牌啤酒馆 (Löwenbräukeller)：开业于 1883 年，慕尼黑最著名的、历史最悠久的啤酒馆之一，狮牌啤酒是慕尼黑六大著名啤酒品牌之一，商标为一只狮子。

那小娇妻向我吐露心思，/ 但我在此坚决保守秘密。"第二个渠道是托马斯·曼的妹妹卡拉，有一段时间莱辛天天见到她。她在哥廷根演戏，而莱辛于 1906 年至 1907 年间在哥廷根跟着埃德蒙德·胡塞尔学哲学，时而也写一些剧评。"跟托米的妹妹也到了莱纳河河谷 [1]，/ 当年我跟卡拉手挽着手向前走……/ 她忘记了这个……'穷鬼'和'憨猪'还有'恶棍'/ 让人贬损我……'我不认识这人。'"莱辛非常犀利地把她刻画为一位"年轻的女演员，成天用她那英雄般的对百万富翁的渴望、用精心修饰保养她美丽的双手、用阅读无数小说来填充她那绝望的贵妃椅上的生存"。他们之间一定有过多次谈话，从我们所知道的所有信息可以推导出，这些谈话获得了相应的结论："我觉得能够很好地、透彻地全面了解托马斯·曼。就算这是个错觉，那我了解他，也比他了解我要多得多。"

225

　　莱辛能够自由进入普林斯海姆家要比托马斯·曼早得多。他得到了那家人的资助和提携，其中普林斯海姆父亲帮他在汉诺威找到一份大学编外教师的工作。[61] 在闹翻之前，他们之间还通过信，莱辛提起过，在 1902 年至 1910 年间他从曼及其亲属那里大致一共收到过 40 封信。[62] 这些信中的大部分可能都是卡拉写的。而托马斯·曼写给莱辛的信现在仅存一封原件，另外一封莱辛公开印出来了。保留下来的那封信写于 1906 年 2 月 27 日，夸赞了一本莱辛写的书，这件事导致莱辛产生一个有可能正确的猜测，他认为托马斯·曼在《比尔泽和我》这篇文章中从他那里挪用了一些概念（很可能是"认知抒情诗人"这个词）。[63]

　　1901 年至 1904 年间，莱辛是图林根州豪宾达的乡村寄宿学校的老师。他的妻子玛丽亚·施塔赫·冯·戈尔茨海姆（Maria Stach von Goltzheim）是贵族血脉，金发碧眼，美貌动人，而且不是犹太人，她当时已经跟一个名叫布鲁诺·弗兰克的男生发生了关系，此人后来也成了作家，而且跟托马斯·曼成为好朋友。1904 年，她跟弗兰克走了。

---

[1]　莱纳河（Leine）是阿勒尔河（Aller）的支流，全长 281 公里，哥廷根坐落在该河沿岸。

莱辛大概容忍了这个关系，甚至还推进了这个关系，反正对这个关系有详细了解的托马斯·曼是这么认为的，他想把这件事情用在文学上。在《浮士德博士》中，赫尔穆特·英斯提托利斯半带着欲念，半受着伤害观望他的妻子与鲁迪·施维尔特费格通奸。[64] 在这个事件之后，莱辛方面则转向了女权主义，成了各类风化协会中的一个非常受欢迎的演说家。

在 1910 年彻底吵翻之前，实际上已经有成堆的不睦和反感之处了，只是这些还未浮到表面上来。特奥多尔·莱辛写了一篇相当没有廉耻的针对文学批评家萨穆埃尔·卢布林斯基的讽刺文章，在文中他谩骂卢布林斯基为一座"肥腻腻的犹太小教堂"，是神神叨叨的犹太人，是文学饶舌者，还有很多其他骂名。托马斯·曼本应当在一封微弱的反对者声明上签字，但他后来决定，还是自己动手来处理这件事情，给"这位不知羞耻的侏儒一个狠狠的反击"。[65] 他做这件事情的动因有两个。一个是曼觉得对卢布林斯基有这个义务，因为此人对《布登勃洛克一家》赞不绝口，把他称为现代最重要的小说作家。[66] 另外一个是这个争论有助于他把自己的工作动力引到其他的轨道上，因为《大骗子菲利克斯·克鲁尔的自白》写作进展不顺利，他在 1910 年写给亨利希的信中承认过这一点。

曼在《不问政治者的观察》中说过，如果事关精神与文字之战，事关批判与笔战，那么残忍甚至卑鄙完全算不得什么禁用的或者是不名誉的手段。[67] 犀利尖刻的言辞如狂风暴雨冰雹闪电般劈头盖脸地朝着可怜的莱辛砸了下来，所用词语中不乏诸如令人愤慨、毫无才华、不知羞、臭不要脸等等，词组有"无下限的下流"和"发臭的废话"之类，最严重的却是下面这一段话，它把犹太人莱辛投向犹太人卢布林斯基的长矛直接掉转了方向：

> 卢布林斯基先生不是个美男子，他是个犹太人。但我也认识莱辛先生（谁又能为自己认识什么人负责呢！），我说的只有这么多，那就是，如果谁声称在他身上看到了美丽精灵或者看到了雅利安男

性的原型，那么这一定要归咎于他得了花痴病。

虽然从可以获得的照片来看，莱辛长得的确还说得过去，曼还是一番穷追猛打，并且含沙射影地提及布鲁诺·弗兰克事件：

> 如果一个人在面对自己时不愿将屈辱的生活经验当作一种武器来使用，那么就其自身缺乏肉体的吸引力这一点而言，那些经验会让此人变得非常具有利他主义倾向，而且一想起那个丑陋的传闻，据说有一次他跟施瓦宾区其他神魂颠倒的男男女女完全光着身子围着一团火堆狂舞，我自身的舒适感受就不可能不遭到严重的侵害。有一句谚语告诉我们，谁在玻璃房子里面坐着，就别乱扔石头。而且谁本人作为糟糕的犹太种族中的吓人例证像瘪三似的活着，那么透露出来的东西远不只不明智，还透露出一些肮脏的自我蔑视，尤其当他因讽刺文章获取酬劳时，这些文章的惯用语是"欺诈"。

谁用变得肆无忌惮的地区小报专栏副刊的风格对"神神叨叨的犹太 227
人"类型进行嘲讽，那人完全挂相了，那人只能在整个世界上把自己设想成这个类型中最衰弱、最破败的一例，而本来其实这个类型的一些情况还是值得赞赏的。[68]

托马斯·曼照着莱辛就狠狠地抡下来的劈头盖脸的一顿胖揍，其凌厉程度与起因完全不相称，只有更深的积怨才能解释得过去。他功成名就之后，就抛弃掉了很多早期亲近的人，例如奥托·格劳托夫。莱辛很可能也属于这些人，他们知道得太多，而曼必须要与这些人保持距离，否则他们很可能会危及他那费尽心思树立起来的外表人设。这只是一个猜测。但人们至少可以看一看，莱辛是怎么看托马斯·曼的，他知道曼的一些什么事情。这里说一下围绕着"男性气质"这个主题精选出来的一小部分材料。

莱辛半心半意地要求跟他的对手决斗，而后者拒绝了他的这个打算。莱辛觉得曼这种做法很不男人。他又再次在他那街头顺口溜似的前言中嘲笑道，托米会不会是个二尾子啊，而且还写了几句押韵的话："在大街上他听到一声名字曼，他的小短腿儿就发抖完蛋。"之后他还把这个写成了散文形式。"托米，这个雌儿"会气得不行，因为他原则上总是躲开每一个表现他那英雄气概的机会，"卡蒂娅，她的丈夫，一再向我保证这一点"。[69]

> 这是一个多么优雅的、苍白的市民小王子！一个安静的、迟到而镶金边的灵魂，简直不是女人生的；大概是那位在韦特海姆的亲爱的妈妈在"优雅艺术行当的稀罕物部门"既廉价又有品位地购置的旧物…………
>
> 在大型的生活节庆上，他不跟着一起跳舞。他蔑视地用饥饿并渴求家的目光扫视着这个对他无比艳羡的世界，他那么年轻已经头戴桂冠了，整天用良好的形式来遮掩自己的哭哭啼啼。对于我来说，他简直成了灵魂事物的叙述报道员了，我这个未被拯救的人还在受灵魂之苦呢。但他不受苦，不后悔，也不同情。他十分忧伤地在反射中品尝着自己那痛苦的小情感。我从来没觉得他被卷入强大的生活。他从来不在生活之中陶醉，而只是为生活而陶醉。他站在生活之外，贫瘠地被百般呵护并唯美着。

莱辛这里说的是《图比亚斯·明德尼克尔》(*Tobias Mindernickel*)，曼那篇早期的短篇小说，小说中一位残障人把他的狗打死，就因为这只狗开开心心活蹦乱跳。正是尼采的权力意志的心理学，让莱辛对此深信不疑，但后来他把这个也用在了这个小故事的创作者身上。[70]

> 羡慕其他生物的快乐，因为一个人觉得自己缺乏快乐；想看着别人情绪压抑，因为一个人自己没有足够的力量，将幸福送出去，这是那种患病的权力意志的本质……假如弗里德里希·尼采今天还活着，并且需要为他的英雄般的旧道德情绪的心理学找一些例

证，——为他那因过于人性的缺点产生的敏感同情、由恶意的愤懑而过分强调道德、因暴君欲望的无力感形成的狂吠不已且不可一世的要求诸如种种的来源，……德国当今没有第二位作家能够向尼采提供这么明确的证明，像这位典型的女人，一贯在美学的借口之下反射着颓废的道德……托马斯·曼在私底下是一个"道德主义者"，更为私底下是一个非伦理的灵魂；同时还是颇为自以为是的并且哭哭啼啼地利他主义的，同时又是以自我为中心的和极度感伤的！

这很贴切。"可悲的人用伦理来装腔作势。"曼在 1914 年会这样回应。[71] 古斯塔夫·冯·阿申巴赫的生活是男人的，勇敢的，他会这样强调。[72] 当彼得·阿尔滕贝格（Peter Altenberg）在一个名为《男人的信件》（*Männlicher Brief*）的副刊栏目里说他有些女里女气时，托马斯在 1918 年还想起了莱辛。阿尔滕贝格就"跟犹太人克尔和莱辛一样，天生就是我的敌人，这是一个必不可少的轻视者，或曰轻视我的存在的人"。但还加上了一句："如果我自己身上并不存在这些对我的天性进行批评的前提，那我大概不会觉得被'说中'了。"[73]

如果他的性别荣誉受到攻击，就会特别击中曼的敏感神经。天生具有同性恋倾向的人士有一种耻辱标记，就是人们把他们视为女性化的。如果仔细看看莱辛进行攻击时所采用的风格，他应该不会害怕打出同性恋这张牌来。很有可能他对此并不知道什么更为具体的东西。他跟克尔一样，都在这些内情的前院来回踱步，在堆满作家最精心呵护的易碎瓷器的前院中踱步。

托马斯·曼在心里一直放不下这些。当莱辛被纳粹恶徒杀害时，他全无心肝地给儿子克劳斯写信说："他一直是一位伪殉道者。"[74] 更为丑陋的东西出现在他的日记本里，他在 1933 年 9 月 1 日写道："这样的结局令我毛骨悚然，并不是因为结局是这个样子，而是因为它如此可悲，这种结局可能跟莱辛很般配，跟我则不行。"让一个可悲的人可悲地死去，这样就可以吗？但是一向在这类事情上记性很好的命运女神，却没有对这样的恶意进行报复，他自己的死亡将是柔和并有尊严的。 229

一个可悲的人

　　最后我们要试着弄清楚，小说《一个可悲的人》的创作计划能否给克尔和莱辛这两个人的相关事情中尚存的不明确之处带来一丝光线。笔记本中的记录能提供的东西很少。只有三条，落款日期在 1912 年至 1913 年间。[75] 一条记录把《一个可悲的人》列在了"小说，要写出来"这一栏目下。另外一条记录写着："《一个可悲的人》。埃德欣·克罗科夫斯基来自波森省平讷附近的林德小镇。"这里给出的地名"平讷"和"波森"出自莱辛针对卢布林斯基的笔战，[76] 而且就此指向与特奥多尔·莱辛的关系，或许也表明了与东部犹太人这一题材的关系。"克罗科夫斯基"这个名字在《魔山》中可以再次遇到。那里有个多少有点令人狐疑的心理分析学家，他滔滔不绝地讲着爱情具有形成疾病的力量。第三条记录是"关于'《一个可悲的人》'：S. 克尔关于 W. 拉特瑙，'Pan'II 第 44 号"。这里标注好的、打算阅读的克尔所绘的拉特瑙的肖像，却不像是一个在《死于威尼斯》中提到的"肮脏的心理阐释倾向"的模式，而是为可悲者这个人物形象提供了一些特性。曼想把克尔的观察利用起来。拉特瑙这位"工业田园诗作者"是 AEG[1] 的头儿，克尔认为，他有一颗充满着动摇性的柔弱的灵魂，是一个好为大言而不去实施的人。"如果谁在公开场所抱怨对世界实行机械化，那么她（如果用他后果太严重）就应该去阻止，——一个工业家只能在秘密情况下做的事情。"这一点克尔大概是对的。他所指责拉特瑙的东西和曼想要用于"可悲的人"的东西，是意志力缺乏，更为严重的是那种对做决定的空洞的追求。"一个人要折磨自己，——而后却过早地停止成为一名强者。"这是一个优雅、软弱又言而不实的人，满脑子想法，却没有意志力量。[77]

---

[1]　AEG 全称"德国通用电气公司"，由拉特瑙于 1887 年创立于德国柏林，是全球最早的电器公司，领导并推动了整个欧洲的电气化运动。

第七章　犹太人

　　第二个能够采用的重要来源是通信中提及这个创作计划的地方。1913 年 1 月 13 日写给恩斯特·贝尔特拉姆的信是最有收获的。"正派作为薄弱的意愿"对他而言很久以来一直是个问题，早就成了一个题目，在信里面是这样说的。关于一个"可悲的人"的故事有朝一日会写出来，是有非常大的可能性的。"我已经进行了研究！！很有可能写成一篇非常好的'个性'小说。"从那篇对《翡冷翠》的批评发表的时间点来看，这些"研究"相当明确地指向克尔。

230

　　在小说《死于威尼斯》中有最为详细的提示，托马斯·曼计划做些什么。在写《死于威尼斯》时，无论是克尔的拉特瑙批评，还是他对《翡冷翠》的贬低，在那个时候还都未问世。就此而论，克尔作为一种材料源要比莱辛晚一个班次。因为在《死于威尼斯》中出现的很多细节，都直接指向莱辛。古斯塔夫·冯·阿申巴赫在这篇小说中被称为"那篇很有感染力的短篇小说的创作者"，"小说题为《一个可悲的人》，向一代满心感激的年轻人展示了如何在最深刻的认识彼岸树立起坚定的伦理信念"。这大概就是透露出来的信息。我们马上就知道小说的内容：

　　　　如果不是为了发泄对当时盛行肮脏的心理阐释倾向的厌恶，他写那篇题为《一个可悲的人》的著名短篇又是为了什么？作者的思想体现在一个软弱而且乏味的准流氓形象上。主人公由于软弱和卑鄙，由于在道德方面心有余而力不足，把自己的老婆推入一个唇上无毛的年轻人的怀抱。他还相信，只要有深刻的思想，他就有资格做卑鄙的事情。他便如是铸造了他的命运。小说用铿锵有力的言辞抨击了必须予以抨击的一切，表明作者否定了逡巡不定的伦理态度和对深渊的同情，表明作者拒绝了理解即宽恕这一怜悯定律所体现的懒散态度。这篇小说所酝酿或者说业已完成的，是"返璞归真的奇迹"。这也成为他此后不久完成的一个剧本里的一段对话的主题，意思明确又不乏深奥寓意。[1]

---

[1]《死于威尼斯》，第 17-18 页。

　　我们肯定不能以十足的把握把这一切都转换回他曾经历过的事情，但是几个契合点还是存在的。那个"软弱而且乏味的准流氓"，基本上能够确定，就是从特奥多尔·莱辛身上找到的灵感，他的妻子跟一个名叫布鲁诺·弗兰克的学生发生关系，这就是那位"唇上无毛的年轻人"。对这种关系能够忍得下去，甚至还去鼓励这种关系，这个可悲之人的动机是不言而喻的，只能来自"道德方面的心有余而力不足"和"深刻的思想"。这里是以尼采的颓废心理学为基础的。哪里缺乏英雄时代的悲剧激情，那么颓废的同代人就会补充一些悲剧性，这样才可以模仿英雄性。这里指的是"没有男人气概"的行为方式，它通过艺术加工而显得高大上。

　　这里最令人费解的是"深刻的思想"，尤其是"道德方面的心有余而力不足"。"道德方面的心有余而力不足"一语只不过用来表达强装出来的意愿，就是那种意图，让人看着是个具有意愿的人，就是那种愿望，自己要成为一个有意愿的人，而这人其实就是风中芦苇摇摆不定。托马斯·曼作为心理学家最为细致入微，尤其是当他曾经在自己身上能够观察研究到相关的内心波动时。他还是个 20 岁的青年时，就非常自豪地宣称"理解一切就是宽恕一切"[1]。一个宽松的心理学家，因为他"理解"一切，所以不能对任何事情做出评判，他今天看透这个角色，明天看透那个角色，这种描述用在谁身上还能比用在托马斯·曼身上更好！"我的朋友，谩骂谁都会，"他在 1896 年 1 月 17 日给奥托·格劳托夫的信中说，"更适合一个心理学家去做的事情是，去理解，去解释。进行评判一向是理解无能以及心理学上无能的明证。先生，理解就是微笑。"[2]

　　那么我们假设，这里在进行自我批评。我们继续假设，他用来刻画那个可悲者举止的那种屈辱和缺乏男子气概，其实是他在自己的体验中非常熟悉的。或许他自己甚至还曾经把一位女情人，或者一位男情人未

---

[1] 原文为法语：Tout comprendre c´est tout pardonner。
[2] 原文为法语：Comprendre c´est sourire, Monsieur。

经抗争地、带着理解的微笑，让给了一位情敌？各种"争斗"，这难道不是很可笑吗？美学家的宿命论看穿着，理解着，又苦熬受难着，但是他就是不去抗争。苦熬受难让他成了英雄，而不是去抗争。

当然，托马斯·曼为了得到卡蒂娅还是争斗过。这在他的生命中还是第一次。就我们所见，他坚忍不拔地、系统地对她进行了包抄，同时把克尔这类情敌给赶跑了。这位能理解一切的托马斯·曼当年下定决心拒绝理解即宽恕这一怜悯定律所体现的懒散态度。他坚决地否定了逡巡不定的伦理态度，因为这种逡巡不定的态度没有能力相信自身，也没有能力相信自己的爱情。他彻底脱离"对深渊的同情"，这种做法可以意译为放弃了对同性恋情的同情。他为自己设置了一种心绪。他要成为一名正派的市民。这是他的伦理意愿——但有时可能也不过是一种心有余而力不足。

在"可悲的人"身上，他遇到了一个能让他想起自己早期时候的缺点的人，想起了他想要通过决定结婚来克服的那些东西。指望他就此有可能获得"返璞归真的奇迹"，那只不过是在画饼充饥。我们看得出来，托马斯·曼在那些年里做的事情，是多么的痉挛拘谨和野心勃勃，是多么的步步为营而又费心劳神。上述的奇迹是从《翡冷翠》中摘录出来的，修道院院长将它用在了自己的身上。[80] 跟笔下的阿申巴赫一样，曼先前也放弃了唯美主义的懒散态度。"我恨这种卑劣的正义，这种贪得无厌的理解，这种缺德的容忍对立面！"他在面对唯美者洛伦佐时厉声说着。可此人了解颓废的心理学。因为这个时代是"细微、怀疑及宽容、好奇、铺陈、多元、不受限制"的，所以有一种力量可以起到庞然大物所起的作用，就是那种"面对着普遍怀疑的嗜好而坚定地将自己封闭起来"的力量。可以看出来，古斯塔夫·冯·阿申巴赫就是这种情况，这也是其创作者的意图。把自己对着怀疑嗜好封闭起来并不意味着不想知道，一个人其实知道的事情。"我不想听这个。"在洛伦佐对修道院长进行分析时，后者坚定地说。洛伦佐问，那你能这么做吗？"一个人可以不愿意知道吗？"修道院长声称："我是被选出的那一个。我可以知道，尽管如此也可以愿意知道。因为我必须强大。上帝造出奇迹。

232

你们看着这个返璞归真的奇迹。"

这一点恰好是不真实的。这个修道院院长就跟托马斯·曼本人一样，同样不自在，同样野心勃勃、痉挛拘谨和费力劳心。就是那位古斯塔夫·冯·阿申巴赫也全然不是自由自在的。这篇小说的伟大之处在于，揭开了痉挛和扮演角色的所谓无拘无束的伪装，这种无拘无束在真正激情的冲击下溃不成军。《死于威尼斯》将《一个可悲的人》的结局化为乌有。阿申巴赫就败在了《一个可悲的人》的那套计划上。拒斥心理主义并不会带来体面正派的重生这一结局，而是会造成被压抑被排挤的事物再次出现；放弃对深渊的同情最后终结于深渊，同性恋情终将闯入苦心经营的婚姻中。"我们的大师风范是谎言，是骗人的把戏，我们的名誉和地位是一场闹剧。"[1] 古斯塔夫·冯·阿申巴赫在半醒半睡之际念念有词，摒弃认知与"知晓一切，理解一切，宽恕一切"的认知一样，最终都导向深渊。[81] 这里无路可逃。

托马斯·曼被误解有反犹主义思想，这里的核心隐藏着他那种深深的恐惧，唯恐精神危及生活。他的那些笔战如此尖酸刻薄且不公正，因为他是在与自己本人作战，与他本人的更为准确的认知作战，因为他害怕失去自己的姿态、形式和尊严。而说到底，那种来自不正派的心理机制的威胁其实是被压抑的同性恋情的回归带来的威胁，这一点尤其表现在《死于威尼斯》中。至少他在和莱辛进行笔战之后不久又开始了文学创作表达这种威胁，托马斯·曼在这里透了口气。他将在面对心理分析时也逐渐更自由一些。

战争带来了反复。战争带来了一个机会，让他觉得自己是个"男人"，可以再次阻击那种心理学。"但心理学是最廉价、最可鄙的。世间简直就没有什么不能通过'心理分析'来揭示其中的尘世肮脏的，没有什么是不能拿来孤立的。"[82] 他是怎么明白这一点的，这显然很清楚：从他自身啊。但在战争中盛行的是另外的"更为男性的"法则。这种时候应当让并且可以让那些可悲的人识相些。"可悲的人用伦理来装腔作

---

[1] 《死于威尼斯》，黄燎宇译，第105页，下一处引文见第106页。

势"，[83] 这说的就是莱辛。"正派作为薄弱的意愿"[84] 这个题目刺激着他去进行小说建构，但这里涉及的不仅是莱辛，而且也有萨沃纳罗拉，也有阿申巴赫，还有托马斯·曼本人。他就一定要告发这种正派吗？一直到了 20 世纪 20 年代他才认识到，对深渊的同情意味着在政治上为法西斯效劳。他就不再对那种正派，即便是十分牵强的正派进行口诛笔伐，他将以真正的决心和意志力肩负起那种正派来。[85]

战　争

年谱：1914—1918

1914 年 8 月 1 日，全家都在巴特特尔茨的避暑别墅中。托马斯·曼深受当时普遍的战争兴奋的感染。被善解人意的医生认为不合格而从服兵役义务剔除后，他想至少得在脑子里服一下兵役。他为这个目的努力发奋地写作，在 1914 年 8 月和 9 月便写出了《战争中的思想》（*Gedanken im Kriege*），然后在 9 月或者 10 月写了《优秀前线通信》（*Gute Feldpost*），在 9 月至 12 月间写了《腓特烈与大联合》，在 1915 年 4 月至 5 月间写了《致斯德哥尔摩〈瑞典日报〉的一封信》（*Brief an die Zeitung 'Svenska Dagbaldet', Stockholm*），在 1916 年初写了《致第 10 集团军司令部军报》（*An die Armeezeitung A.O.K. 10*），但最重要的是在 1915 年秋至 1918 年初之间洋洋洒洒地写的巨著《一个不问政治者的观察》。在这段时间里，《魔山》的写作停下来了。战争文论给他带来了众多敌人，首先便是亨利希·曼，他在其杂文集《左拉》（*Zola*）（出版于 1915 年 11 月）中明确地表明自己反对当时的德意志帝国和他弟弟。与学者恩斯特·贝尔特拉姆的来往对托马斯·曼来说一定代替了那些失去的谈话伙伴。

日常生活、伏案写作、看戏、听音乐会、诵读旅行、在巴特特尔茨休假等等在战争中一如往常地进行，但多少受到了经常生病以及在战争的最后一年食物紧张的影响。1917 年巴特特尔茨的避暑别墅卖掉了，卖房的钱投资了战争公债，这些公债在到期偿还前变成了一堆废纸。他在 1918 年 3 月开始写《主人与狗》（*Herr und Hund*），10 月中旬完成。1918 年战争结束和十一月革命在日记中有集中的反映。一个时代结束了。

士兵与战士阿申巴赫

　　"但是一个像托马斯·曼这样的大作家又有什么理由，"威廉·赫尔佐克十分不安，有些凌乱地在 1914 年 12 月问，《布登勃洛克一家》的作者有什么理由，"在战争中表达他的思想，他在和平的时候至少一再地对这些思想缄默不言？"[1] 这么一个风度翩翩的颓废者又有什么理由，恰恰把诸如战争这样不文明的事情称为某种神圣的东西，而且还特别向往着涤荡和解放？在很多方面这是一切问题中的首要问题。曼在战争爆发时的做派和行为属于那些他的传记必须解开的巨大的谜团。通常看来都认为这属于他的一次失足，这一失足后来通过他转向共和进而得以修正，实属一时的趔趄。提供的解释大多都是，当时大部分人都支持战争而曼也同大多数人保持一致。

　　毋庸置疑的是，曼也具备激励出这大部分人行为的那种心灵状态。但起决定作用的并不是大部分人的那些理由，不是冒险兴致，不是民族主义的力量感觉，不是色当胜利的耀武扬威，不是 1813 年莱比锡战役战胜拿破仑的百周年纪念；不是那些理由，而是托马斯·曼的特殊原因在此引起我们的兴趣。1914 年的那种狂醉必须从迄今为止描述的生平中去解释，而不是从普通的历史中去解释。托马斯·曼也自称他根本就不属于这种普通的历史。"我是独立的，"他强调，[2] 他不愿意跟着战争叫嚣消失在民族中，"那些雷霆万钧的词语对我不合适。"他可不要吞噬法国人。在战前他还是一个德法"促进了解"[1] 协会的成员。

　　最重要的回答有六个论点，在此先列出来。第一，战争把他从迷茫中解放出来，又给了生活以意义和目标。第二，战争把他从创作危机中解脱出来。第三，战争为公开的兄弟仇恨给予了许可。第四，战争提供了机会，使他可以满足他那渴求伟大的抱负并且成为国民诗人。第五，战争允许他作为"男人"展现，拂了那些贬低他为女人、宅男以及纤柔

---

[1]　原文为法语：Pour mieux se connaitre。

的镶金边灵魂的人的愿望。第六，战争似乎以一种微妙的方式为一些冲突提供了解决方案，甚至可以解决精神与生活之间、父亲世界与母亲世界之间、婚姻与同性恋情之间、一方面是力量和提升的梦与另一方面是爱情和消融的梦之间的各种冲突——并且不仅仅是解决，而且简直还是一种令人陶醉的结合。

238

《战争中的思想》精神上的前期历史在《死于威尼斯》中。艺术就是战争，这一点古斯塔夫·冯·阿申巴赫就曾声明过，"他也曾经是士兵与战士"。[3] 一位作家同行评论道，在那篇威尼斯小说中有一种"士兵精神"，曼在 8 月 22 日心满意足地记录下来这个评论。[4] 在《战争中的思想》里还悄悄地从《死于威尼斯》中引用了一些东西。在这本书中可以读到有关战前的情况，"一种道德上的反应"出现了，"一种道德的重固"和"一种新的意志，抨击必须抨击的一切，否定对深渊的同情"，另外"通往正直、纯粹和姿态的意志"正在成形。[5] 最为重要的（或许也是唯一的）对这个时代倾向的证明是古斯塔夫·冯·阿申巴赫的计划，他在《一个可悲的人》中抨击必须抨击的一切，他否定了逡巡不定的伦理态度和对深渊的同情，他获得了尊严与严谨以及大师手笔的经典风范。[1][6]

但成为战争景象载体的是第二章里的阿申巴赫，而不是第五章中的他。这种奇思妙想的计划却在激情的冲击下溃败了。姿态与形式，还有大师风范全部坍塌，那些训练有素的战士就"跟女人"一般，[7] 少年塔齐奥作为灵魂引渡者赫尔墨斯[2]将阿申巴赫的灵魂引向冥界，死亡的世界胜利了，这是一个消除界线且模糊的世界，是一个伦理上无所谓且充满着毁灭欲望的世界。

在《死于威尼斯》中失败的事情，应当在 1914 年重生吗？这么一

---

[1] 《死于威尼斯》，黄燎宇译，第 17-18 页。

[2] 灵魂引渡者赫尔墨斯（Hermes Psychopompos）：赫尔墨斯是古希腊神话中众神的使者，荷马史诗《奥德赛》将他定义为"宙斯之子，引路神，施惠神"，这里所谓的引路神，实际上是指人死后灵魂前往冥界的引路人，所以赫尔墨斯常拥有一个特定的后置修饰语、同位语，即 Hermes Psychopompos，Psychopompos 意指"灵魂的引渡者"。

种倒退怎么可能？这是由于 1914 年又有些新东西加入，也就是说真正新的故事加入。在 1912 年时，说的还只是各种心有余而力不足。托马斯·曼甚至承认这一点。他将拒斥颓废的那种意志深藏于心间，"我们说得悲观点吧：对这种拒斥的心有余而力不足"。[8]正直与姿态曾经是态度，纵然有各种激情，这些态度还是缺少一个坚定的问题：何必？眼下的战争令人惊讶地提供了答案。姿态、决定和意志力突然间有了一个内涵。成为国民诗人的愿望现在也不再仅仅是一个需要向自己的妻子证明点什么的男人的追名逐利了，而是真正的历史在奉承他、恳请他。这个民族突然间需要一个大作家。托马斯·曼得以跃上一场伟大的德国运动的最前列。现在他又可以写他的《腓特烈》了，虽然只是作为"那一日和那一刻的概括"，也就是《腓特烈与大联合》首次印刷时的副标题。在战争前他的以及阿申巴赫的雄心抱负必然失败，因为他们只不过是一个精神紧张的角色，很容易被压抑的真实轻而易举地颠覆，1914年一下子为其早期作品的结合之梦以及一统乌托邦提供了一种极具诱惑的实现前景。德国为什么赞成战争？"因为它在战争中认出了它那第三帝国的带来者。——那第三帝国又是什么？——它是力量与精神的结合——这种结合是它的梦想与渴求，它最高的战争目标——并不是加莱或者'奴役其他各个民族'抑或刚果。"[9]"1914"是从《翡冷翠》中重生的无拘无束，是威尼斯小说的新正直，是智识主义与单纯、艺术家与市民、艺术与人生的和解。在那个充满热忱可以为战争的爆发去死的时刻，至少一时间的心境看起来是这样的。阿波罗的父亲的义务世界似乎与泯灭混合一切的狄奥尼索斯的死亡狂欢完美地结合了。

托马斯·曼一直到很晚才意识到，一定是理性把他引导到反战者的一边来的。在现实中战争就是塔齐奥所代表的东西：被压抑的东西重新出现，沉溺于狄奥尼索斯的消融一切之梦，沉溺于死亡渴望。而且他放任自流地投入对哥哥的仇恨中，在大放厥词放声痛骂中获得快感。

从深层次来看，战争与同性情欲也有些关系。要想找到相关的证明材料，脑子必须会转弯才行。《优秀前线通信》这本战争小册子大概写于 1914 年 10 月，提出了与广为传播的针锋相对的论点，流行观点

第八章 战 争

是战争的残酷现实远离所有的精神生活而且对精神生活不友好，他的论点是精神与生活的关系从来没有像眼下这般紧密。[10] 对此的证明是相当私人的。托马斯·曼引用了前线来信。据称，士兵们给他写信说，《死于威尼斯》从来没有像目前在战壕里面这样离他们更近。如果真的有过这样的信件（这些信件没有保留下来），那么写信的人一定既着迷于阿申巴赫的士兵道德，也着迷于它的对立面，即对死亡的渴望。曼将精神和生活之间的爱称为最深刻的原因。世间的一切幸福都封存于其中。

> 精神难道不是正在追求着生命，向它俯身，向它取悦地说，它   240
> 就是美本身吗？然而当生命崇敬地在精神面前鞠躬之时，天性现在
> 笑得多么灿烂——因为精神在生命中重新找到了自己！一些智者与
> 诗人认为，爱神厄洛斯就在这儿，而不是在什么别的地方——就在
> 这个柔和的、欣快的、苦楚的，在这个处在生命与精神之间来来回
> 回的地带。

一些智者与诗人……这个地方有些微妙的幽默，因为所指的只有唯一的一个人，托马斯·曼本人。这段引文出自《死于威尼斯》。古斯塔夫·冯·阿申巴赫梦见苏格拉底在给斐德若[1]上课，又老又丑的人（"精神"）在给美貌少年（"生命"）上课。阿申巴赫的苏格拉底在那里深情地滔滔不绝："如果精神拜倒在美的眼前，天性就会因狂喜而战栗。"他讲到"每当美若天仙的面庞和完美的身躯出现在高贵者眼前时，高贵者如何感到神圣的惶恐，如何因狂喜而战栗，吓得不敢正眼相看，讲述高贵者对貌美的人何等崇拜，如果不是担心他人笑话，他甚至乐意把美貌的人当作神像来顶礼膜拜"。[2] [11]

---

[1] 希腊神话中的河神。

[2] 《死于威尼斯》，黄燎宇译，本段这两处引文及下一段的引文分别出自第 66、65、66 页。"天性就会因狂喜而战栗中"一句中，"天性"（Natur）一词在原译文本译作"自然"，但译者认为"天性"更恰当，故将引文中的"自然"改为"天性"。

这就是那篇《优秀前线通信》引用的内容。在战争中，精神与生命遇到了一块儿，就像苏格拉底与斐德若，就像阿申巴赫与塔齐奥。他们总算是以这样的方式走到一起，因此生命也走向了精神，少年不仅被倾慕，而且还从前线写了信来。因为与《死于威尼斯》中的情形不同，在小说中，"如果精神拜倒在美的眼前，天性就会因狂喜而战栗"，在《优秀前线通信》中写的是:"而如果生命拜倒在精神的眼前，天性现在笑得多么灿烂。"

这当然只是些不靠谱的狂热遐想。"人们进行自我欺骗的能力简直令人吃惊。"[12]战争这个少年与托马斯·曼生活中的所有少年一样都没有露面。《优秀前线通信》写于曼被军队剔除后不久。他没有参战，而只是从遥远的地方对战争进行讴歌。

信件中的1914年

托马斯·曼在7月30日得到了战争动员令的消息。"在我们的有生之年，到不了这一步吧。"他给亨利希写信说，"我很想知道，你的感受。我必须说，由于现实的可怕压力我觉得很震惊，很羞愧。我直到今日还一直很乐观，不敢相信这个——人们的文明心绪太强了，都觉得这样耸人听闻的事情不可能。"这里的基调多少有些受触动，但还是平和的。到了1914年8月7日，托马斯对战争的热情全面展开。他没有察觉到亨利希对这件事情的看法完全不同，直抒胸臆道:

241

> 我还一直觉得自己就像在梦中一样，——以为这完全不可能发生，没看出来这个灾难必然到来，但现在真是觉得应当羞愧啊! 多么大的灾祸啊! ……难道不应当感谢这个完全没有预料到的事件，不应当感谢可以经历这样伟大的事情? 我最主要的感觉是一种极大

的好奇——而且还有，我承认这一点，对这个曾经憎恶的、充满宿命意味的和谜一般之德国最深切的同情。

这位受到搅动的人在 8 月 22 日给萨穆埃尔·菲舍尔写了一封信，[13] 信中包含了几个在《战争中的思想》里面提到的论点：他受够了和平的世界；"一种涤荡、提升、解放"的感觉让他激动不已；发生在德国人身上的事情没有什么能比全世界都起来反对他们更加伟大、幸福了。而且战争还解决了一个艺术上的问题：

> 1914 年的战争必定作为一个解决方案闯入我的"魔山"的堕落氛围，这从战争爆发的那一瞬间就决定了。

亨利希此前显然并没有给出很明确的态度。他只是大致表明，他现在没有什么收入了，因为他创作的作品目前没法变现。托马斯激烈地反驳他，他所用的论据表明，他一直到 1914 年 9 月 18 日还一直都不知道他哥哥到底是怎么想的：

> 你难道真的以为，德国通过这场伟大的，彻底正当的，宏伟庄严的全民战争在文化和道德上会极度倒退，以至于德国会长久地拒斥你的创作？

"宏伟庄严的全民战争"让亨利希警觉起来。他温和而冷静地向弟弟解释，德国将输掉这场战争。[14] 托马斯愤愤不平地走开了。《战争中的思想》发表时，公众就完全清楚了：兄弟两人持完全对立的观点。

9 月 29 日的信中出现了反思的调子。曼要像吕贝克的同行伊达·博伊-埃德（Ida Boy-Ed）表达哀悼。她的儿子在法国阵亡了。在此期间马恩河战役结束了，这场战役让德国军队的进军停滞不前。现在很明确的是，不可能很快获胜。托马斯·曼突然受到了良心的责备，因为他不在前线。"其实唯一值得尊重的地方就是在战壕里面。"[15] 但他自己真的 242

不愿意去那里。在 10 月 28 日写给安妮特·科尔布[1]的信中，他表示无法想象，那些受伤的士兵们坚决要求重返血淌成河的战壕。他端坐在书桌前，觉得一些小不幸其实还是非常具有疗救作用的。"我们的胜利看来是在历史注定的进程里面的。"他说，[16]但"从教育来看"，让人觉得获胜如战争初期看上去那般轻而易举，其实对德国是不利的。[17]

理查德·德默尔从前线寄发的明信片抵达时，托马斯·曼这位战争狂想者觉得非常开心："昨天我在战壕里面读了您有关战争的思想（《新评论》）。我必须说，每一个字说的都是我所想的……这一无声的先锋之作比目前那些战争的喧闹对未来更有益处。"[18]这张明信片让人感觉很好。老朋友和提携者目前在前方战壕里面，而年轻得多的托马斯·曼却不在（"心脏和头脑可能会受不了"），这对他的神经多少形成了一定压力，但德默尔向他确认，为战争提供精神食粮很重要，这让他一下子又振奋起来。他写了一封非常高调的回信：

> 可以感受到，在这个深刻的、巨大的灾难之后，一切都会是全新的，从这个灾祸中走出来的德意志精神将更强、更骄傲、更自由、更幸福。一定是这样。[19]

12 月 15 日写给也在前线作战的妻弟海因茨·普林斯海姆（Heinz Pringsheim）的一封信中，他大谈起了和平谈判及一些奇奇怪怪的计划，其中包括让法国获得比利时的土地作为补偿。[20]托马斯·曼在 1914 年写的最后一封信是库尔特·马滕斯收到的，信的落款日期是 12 月 30 日。这时信中称："战争肯定还会再打很久。"当初的亢奋让位给了更加深刻的思考，而这种思考通向《魔山》。对战争之爱露出的原形是对死亡表示同情，虽然这样的公式还没有出现：

---

[1]　安妮特·科尔布（Annette Kolb, 1870—1967）：德国作家和和平主义者，1955 年获歌德奖。

但我这个人就是这样，我绝对不会遵循这样的告诫，不会作为 243
艺术家为支持生命反对死亡的一派站队。我根本就不会去为任何派
别站队——若这么做了，我会感觉这是对我的个人自由的剥夺。什
么是更为高贵的，生命抑或死亡？我不知道。什么更为令人恶心，
死亡抑或生命？……我觉得，人们应当将这些问题在尊重艺术家自
由以及不受约束的情况下提出来，应当让它们变成活生生的问题，
而不去对它们做出决断。其实说到底，死亡和生命只是在美学上是
对立的，在宗教上它们是一体的——是同一个奥秘。

服兵役

曼早在 1900 年就表现得不热衷去当兵，这一点前面已经说过了。
当时那些吼声、浪费时间和铁一般严格的军容要求令他烦不胜烦。1914
年他面临着被征召入伍。他的弟弟维克多很快当兵去了，他的妻弟海
因茨·普林斯海姆也入伍了。他本人属于尚未服过兵役的战时后备军
中较为年长的那部分人，在 8 月 7 日之前，还什么都不用担心。《优秀
前线通信》（1914 年 9 月 /10 月）是一种防御。"不当兵而过着士兵的
生活"成了这位成天钉坐在书桌前之人的座右铭。[21] 而他又想跟那些人
划清界限，那些人"过于精明"而不肯完全投入去当兵，同时他又嘲
弄地围观在前线的人。10 月 21 日他写信给汉斯·冯·许尔森说，他一
直到现在也没有应征入伍，但他不介意这一点。只有战壕才是有荣誉
感的。[22] "我的军队关系也是您的军队关系，"曼充满惊恐地给菲利
普·维特克普（Philipp Witkop）写信，[23] "只是我根本就不是那种不可
或缺的人，而且如果这事情还要持续很久，看来肯定是短不了的了（我
这里的参谋现在说估计还要搭上两年时间），总有哪天什么时候也会轮
到我的。"尽管如此，他在年底时写给马滕斯的信中说，他以最快的速

度到国民军那里去登记了。"你又是从哪里知道的，我们可能会在 4 月应征入伍？也会轮到我们的，这一点我深信不疑。战争肯定还会持续很久。"

一直没有轮到他。1915 年 10 月 1 日，他给保罗·阿曼（Paul Amann）写信，问服兵役上前线是怎么回事。

> 作为典型的未服过兵役的战时后备军，我与当兵这件事总是维持着一种象征性的关系。战争伊始我去参加的征兵体检实际上存在极大的营私舞弊问题。那位主任医生，一看就知道他是一个非常文明的人，而且还是一位全身心毫不迟疑地献身于美之科学的人，一听到我的名字马上就进入了一种乐于服务的状态，让我征兵体检不合格，"这样我就可以得到安宁了"（原字原句）。一种完全非德意志的通过文学而堕落的情况。

在真实情况中，事情进行得可能并没有这样轻轻松松。埃里希·米萨姆愤愤不平地在他的日记本里写道，托马斯·曼脱得一丝不挂地站在某位少尉前面，必须回答那个人的一堆没受过教育的傲慢自大、拿腔作势的问询。[24] 他又是怎么知道这些事情的，我们就不清楚了。不管怎么说，体检的结果是免于兵役。然而托马斯·曼一直很担心，还会对体检不合格的人进行一次体格复查。虽然 40 岁以上的人暂时免于参加体格复查，"但如果战事一直持续下去，那么我还是会有上战场的风险的。"1916 年 11 月 11 日体格复查的通知来了，他因为肠胃问题和神经质被免于服役。[25]

托马斯·曼在《生活概要》中写道，他只有一次真正地接触到士兵氛围，在被占领的布鲁塞尔，他去那里出席一场《翡冷翠》的演出。就是在那一次，其时已经是 1918 年的 1 月了，他也没有看到一点前线的情况。他的整个战争经历主要是跟胡特将军共进早餐，"在军官的圈子里，那些军容整洁且友好的人，他们胸前都挂着一级铁十字勋章，天知道他们是靠什么功绩获得的"。其中一位后来称呼他为"战友先生"，

"说实话"，托马斯·曼认为，"我跟这些先生们一样觉得战争再艰难也不过如此"。[26]

托马斯·曼与大联合

"性别的秘密是深隐的而且永远不会被公之于众。"[27]在那篇对战争有用的杂文《腓特烈与大联合》中可以找到一些很奇怪的句子——这样的句子给人以缘由，在这一篇起初看着是如此明确的日常政治文本中去搜寻生活的轨迹。而且即便在性别的秘密中，首先也涉及政治。例如法国是一位女人，"这个民族要求有女性的权利"。[28]与此相反，德国是一个如腓特烈这般的男人，即便是玛丽亚·特蕾西亚[1]，这么一个堪称楷模的女人，也只得给腓特烈扣上了"那个恶男人"的帽子。"是的，这就是他，"托马斯·曼加上一句，"而且是又'男'又'恶'。"[29]

当托马斯·曼踏上美国的土地时，他在1938年表示"我在哪里，德国就在哪里"，[30]"德国现在就是腓特烈大帝"，1914年他在《战争中的思想》里这样宣布。腓特烈就是托马斯·曼——这个推断呼之欲出。至少可以先以此做个试验。托马斯·曼肯定在很多地方都这样想过：跟我一样！跟我的情况差不多！这时很可能会有一些自恋的夸张描述掺杂进来，因为虽然一些平行的事件是真实的，但其他有一些只不过是希望的，另外还有一些是担忧的。

当王储的时候，腓特烈是一个女里女气又没精打采的哲学家，虽然也展示出欲望，但暗地里总有些性无能的担忧（在一个引文中是这么写的:因为身体的力量不能很好地匡佐意志的倾向）。[31]而他登上王位之后，

---

[1]　玛丽亚·特蕾西亚（Maria Theresia, 1717—1780）：奥地利大公，匈牙利国王和波西米亚国王，神圣罗马帝国皇帝查理六世之女，神圣罗马帝国皇帝弗朗茨一世的妻子。

却成了一个热忱实意的士兵，这让所有的人大吃一惊。他如此狂热地爱上了自己的工作，因而以常人的感觉都能发现其中有些乏味，有些不人道，有些与生命为敌。他没有亲信，不跟自己的妻子生活在一起。他是个禁欲者，有时还被称为修士。"他从来就没有爱过"，书中说，在这个方面出过一次"意外"，一个手术[1]，"从这个时刻起他的天性中的什么东西被抑制了"，这样"女人在他生命里面的那一点不怎么光彩的小角色也扮演到头了"。

"显然腓特烈的男性气概并不是以寻常的方式受到女性对立面吸引的。"一位舞女曾经有一段时间被认为是国王的情人，而这要归功于伏尔泰的一句嘲弄的评论，她长着一双男人的腿。腓特烈的婚姻是一种表面婚姻。他"仇视女性"而且要求他的军官们也这么做：他们应该通过他们的军刀去获取幸福，而不是通过阴道。

托马斯·曼是否也有过同样的担忧，到了老年时变得像腓特烈那样又干瘪又恶毒，"冷漠、昏乱和令人生厌"，这我们就不知道了。但比较有把握的是，腓特烈被附加上了来自《死于威尼斯》《战争中的思想》和战后杂文《歌德与托尔斯泰》（*Goethe und Tolstoi*）中的一些概念，例如"道德的极端主义"，"坚定性"和"极端怀疑"以及"向着两极的反讽"和一种虚无主义的"业绩狂热"。[33] 此外，能把腓特烈和托马斯·曼联系起来的，还有对"命运的逼迫"以及"历史精神"的相信，对一种超越个人的、狂魔般力量的相信。[34] 有些强力的东西在 1914 年打动了颓废派作家托马斯·曼，所以他从一个镶着金边的灵魂变成了一名士兵和战士，这着实让大家都愕然。同样的力量也让作为王储的腓特烈令众人深为震撼，他从一个软弱的人成了国王。

《腓特烈与大联合》的宣传价值可不容小觑。这篇文章的价值主要在于，为违反国际法入侵中立国比利时找了一个令人振奋的例子，腓特烈当年在七年战争中入侵了中立的萨克森。"在我们战争的形成过程中，

---

[1] 腓特烈的医生约翰·乔治·齐默尔曼透露，腓特烈大婚前曾感染性病，但是尸检却未发现他患过性病的证据。

第八章　战　争

我看到腓特烈的历史又精准地重复了，这简直令人开怀。"[35] 德国有意识形态需求，托马斯·曼非常恰到好处地提供了材料。他毫不怀疑，这里确实涉及违反了法律。腓特烈"必须背负着罪责，这样才能够揭露他的对手们的罪行"。[36] 作为叔本华的信徒，托马斯·曼根本就不相信理性人类的行动能力。他屈从于注定的命数。腓特烈也不是理性之人，而是一位审时度势的人。

> 他的权利就是这个正在崛起的大国的权利，这种权利还有些问题，还不合法，还尚未固定，这种权利还需要通过斗争去争取，去创造……只有通过胜利成就最终表明，他就是命运所托付之人，只有这时候他才拥有权利，而且从此将一直拥有权利。每一项事业，只要是它还当得起事业之名，就是命运的一次考验，是一次创设权利、实现发展及驾驭命数的尝试。[37]

人们只要把"历史的精神"写在他这一方，这就成了。这是一种强有力的掩护。这甚至容忍一些其他时期禁止的事情。非市民的事物又取得了其权利。因为士兵的事物是非市民的。托马斯必须在腓特烈和伏尔泰之间进行选择："伏尔泰和国王：这是理性与狂魔，精神与天才，干巴巴的神圣与云雾缭绕的命运，市民的教化与英雄的义务之间的不同；伏尔泰和国王，这是伟大的平民与伟大的士兵之间的自古以来就有而且持续永远的不同。"[38] 他选择了腓特烈，选择了狂魔与天才，云雾缭绕的命运和英雄的义务。而在十年前他给自己了一种市民的精神状态，选择了理性与精神，选择了干巴巴的神圣和市民的教化。还要经过一段时间，他才能够再次回到伏尔泰。

247

· 283 ·

灾　祸

　　"让作家倍感振奋的是作为灾祸的战争本身。"[39]托马斯·曼一再将战争称为一场灾祸，一场深刻的、巨大的灾祸。这个词属于当初的陈芝麻烂谷子。约瑟小说中说，把他的生活拢在一起的是灾祸这个观念，这个观念是关于"沉醉于破坏和毁灭的力量的，这些力量闯入到一种井井有条的、将全部希望都寄托在尊严与有限的自律幸福之上的生活之中"。托马斯·曼接下来说起了有关表面上安全的和平、说起了将忠诚的艺术建构在狂笑中一扫而空的生活、说起了被压抑的欲望世界在狂喊中凯旋。[40]

　　战争也是一种激情，闯入了通过市民性、婚姻和家庭对外精巧地建构得井井有条的生活。现在扯上了战争，灾祸总算是允许的了。人们不必对此抱怨："人类的朋友看着，他不会因为不恰当表达出来的同情而给人留下一种奇怪的印象。"[41]如果人可以有那么一次随心所欲地生活，总是好的。最终，毁掉市民的安全甚至成了一种近乎值得渴望的事情。"如果战争持续得比较久，我将有相当大的肯定性会成为人们口中的那类'被毁了'的人。以上帝的名义！"[42]托马斯·曼一直暗地里希望脱离社会角色，这个伟大的时代给了他一个很好的掩护。"现在战争开始了，诗人的心马上立于火焰之中！……现在他们像比赛一样歌唱战争，开心欢畅，从内心深处涌出了一声声欢呼——就好像世界上不会有什么更好的、更美的、更幸福的事情发生在他们和人民身上似的，现在他们是人民的声音。"[43]

左　拉

　　一罐强酸噼噼啪啪地泼在了这些美梦上面。兄长发话了。兄长的一

第八章 战 争

篇很长的杂文题为《左拉》，因仇恨笔触有些僵硬，发表于 1915 年 11 月。他在文中做出一副在讨论法国自然主义作家埃米尔·左拉的样子，左拉通过他的《我控诉》在德雷福斯诉讼案中向法国澄清了真相，维护了正义。杂文用非常巧妙的双重含义方式同时探讨了德国和战争，讨论了精神之战和反对野蛮精神及盲从奴役的民主之战。在另外一个更为深层的暗示层面，他最后说起了他自己针对弟弟的战斗。托马斯算到自己头上的一切，无论是有道理还是没道理这么去算（当然大部分是有道理的），人们可以从这位不问政治的观察者自己复述的左拉杂文得到最好的解答，他的复述中夹杂着尖酸刻薄的过头话、喝倒彩和划重点：

> 这些代言人和辩护士——如果他们能负得起责任，他们日后还是去负责任吧——"这一点一开始就是清楚的：他们说得轻巧。他们的思想又不会让他们遭受驱逐和缄默"（驱逐？缄默？），"他们忍受放逐和缄默。与此相反，我们其他人缄默不语且被放逐，他们还从中谋利；人们听到的只是他们，这是对他们最有利的一刻。这简直再人性不过了，如果他们注意到这一刻，并且更加声嘶力竭地一再叫喊着那种装模作样的爱国主义，如果不是以为把我们这些其他人全部忘却的话，他们嚷嚷的声音本来并没有那么大。人们一定要好好看看他们，看他们是不是在其他情况下也是那种能够理解获利这个词的人。那他们难道是战士吗？……什么，如果有人跟他们说，他们实际上亲手一同造就了这个恐怖的庞然大物，也就是现在的现实"（说的是德雷福斯案的判决），"这个最为过分的谎言和可耻之处"（这是在说对那位犹太上尉的审判）——"因为他们以那么优雅的方式举手投足中流露出对如真理和正义这类粗暴的概念的怀疑态度"……"在最为极端的情况下，不，这一点我们不相信，他们在最为极端的情况下有可能会成为叛徒，背叛精神，背叛人类。现在他们就是叛徒。与就此回头、将民众阻挡回去、径直走到民众面前相比，他们更愿意与他们那些最令人厌恶的诱导者一道与民众齐头并进，给民众勇气去行不义之事，诱导民众这么去做。他

们，精神上的随波逐流者，比那些有权有势者，那些虚伪的和违背公义的人的过失更大。"（德雷福斯诉讼案中）对那些有权有势的人来说，他们做的不公的事情，仅仅就是不公；他们不会反对除了他们为这个国家的利益所投入的利益之外的事情。他们虚伪的精神扭曲是非，把有理的变成了没理，而且还肩负使命，尤其恰恰是通过民众发生的，而你们据说就是民众的良心。……"整个民族主义的教义问答，还充斥着头脑混乱和犯罪，——宣扬这些东西的，是你们的野心，说得更鄙陋一些，是你们的虚荣心……想通过各种奋斗在下半辈子成为国民诗人，如果到时候还能够喘气的话；但一定要跟着跑，一直在鼓动，情绪高亢激动不已，对日益逼近的灾难毫不负责，此外对灾难完全无知，完全充耳不闻！"……"现在，是否以完美的姿态反对真相，反对正义，已经不重要了；站在反对这些的立场上，一个人就属于下流，属于蜉蝣之辈。有人已经在瞬间和历史之间进行了选择，已经承认了，此人徒有那么多才华，其实不过只是一只供人消遣的寄生虫。"[45]

托马斯·曼在 1916 年 1 月才看到《左拉》这篇杂文的全文。他感受到的震惊让这篇从 1915 年 9 月开始进行全盘修订的论文膨胀为一本厚厚的书。托马斯·曼用了两年多的时间来逐渐地消化和反驳那些公开的和隐藏的指责。

什么都说

"我要什么都说，——这也正是这本书的意义。"[46]《一个不问政治者的观察》一书首次付梓时有 600 多页。无论这部作品要多么毫无顾忌地吐露心扉，无论它包含着多少闪光的表述和精神认知，但它表达出来的所有内容却只有那么一点点。更确切地说，它自始至终非常严格地把私人生活的内容排除在外。不是以承认告白的方式写的，而是高度讲究修辞的；就是每一刻都在舞台上的感觉。更具有修辞性质的是，它竟然承认自己在做戏。"有些残余的角色扮演、辩护、游戏、艺术表演、置身事外，有些残余的缺乏说服力和有些残余的诗人式的精湛，这让正在开口说话的人说下去，而此处那个开口说话的人就是我本人"，这样的残余显然无处不在，而且也几乎未曾停止过多少有些自知的情况。在他为此书补写的前言中是这样说的。[47]

由此看来，这个"什么都说"并不意味着自我暴露，而是自我防卫。《观察》这本书的任务不是向内的反省，而是对外维持住自己。如果《观察》谈到了私密性，那么它说的就是跟兄长亨利希的冲突。恰恰是这种冲突并没有被坦诚地考虑，而是做戏意味十足地策划了出来。兄长的名字没有出现，从1914年秋天开始兄弟俩之间到底发生了什么，人们最多只能间接地去了解。在《观察》中我们找不到亨利希·曼的真正肖像画。1903年12月的信和1917年到1918年年关之际的信，最能够接近兄弟情谊的低谷，这里可以感觉到他们有意和无意地相互给对方造成的伤口。但这些信里远没有说出一切。兄弟关系属于曼的生命中特有的秘密，属于他那些一再让他迷乱，让他受到刺激，因而也使他富有创造力的幽暗区域。

《观察》中的修辞姿势是自白的姿势，但千万别被它迷惑住；它说到底不过是一个修辞姿势。托马斯·曼自己写道：他的文章具有私人通信之间的那种毫无顾忌。[48]"真实的东西，摆到了光天化日之下。"而且他还引用了奥古斯特·冯·普拉滕的话："世界认识我，是为了原谅我！"这句引文透露了很多。普拉滕生平最大的秘密就是他的同性恋情。"世界认识我"这个句子因而也就属于托马斯·曼的秘密引文。"世界认识我，但是，等都死了以后吧。"时年75岁的人在日记里面这样写着（1950年10月13日）。"到时候他们会有很多开心的发现吧，以上帝的名义。"日记本才会说出"一切"。《观察》只是大张旗鼓地摆出什么都说的姿态。

250

色欲与反讽

不要指望从《观察》中能了解到什么还不知道的私密的事情。人们只能从他的文学作品中把私密的事情还原到生活中来。爱情故事是没有的，就连隐蔽的暗示都没有，但是却有一个令人思路顿开的有关色欲的理论，说的是精神为了有利于生命而进行自我否定。[49] 我们不管三七二十一地把"精神"翻译成"托马斯·曼"，把"生命"翻译成"金发少年"，并且在脑子里要牢牢记住一点，这还并没有尽译。爱上了生命的精神必须否定自身，因为金发少年只有在他们精神匮乏之时，才最有吸引力。

251　　权力的思想属于强大而美好的生命。拥有它的并不是作家，而是天真、普通的对立的一派。自我否定被刻画为"欣喜的、色欲陶醉之下的对'权力'的屈从"。这种屈从"已经不能算是阳性的"，而是——阴性的方式，这里用上了曼在这个地方避免用的词。

也就是说，这种色欲的心理与幸福的屈从密切相关。再次不管三七二十一地用个词，这种心理是有些受虐狂意味的。这种面对"非男性的"受虐狂的精神知识是托马斯·曼的著名反讽理论的生物学和心理学核心。"男性的"统治姿态生存于"看透"之中，这种姿态"解决了"生活。看透之冷酷性是精神因遭受贬低施加的报复。精神之所以被贬低，是因为它爱上了那些被看透的东西，而且绝对不愿意去改变它。他是反讽者，不是讽刺者。生命的概念对托马斯·曼而言在《托尼奥·克勒格尔》中成了色欲反讽，"成了一种因爱而生的肯定，肯定一切不是精神及艺术的事物，肯定一切无辜、健康、正派且无拘无束和纯粹远离精神的东西"。[50]

在《反讽与极端主义》这一章中，接着出现了各种概念的泛滥。[51] 反讽者是保守的，意思是，只有当他不意味着生命声音的时候，生命要求的是其自身，"而意味着精神的声音之时，精神要求的不是其自身，而是生命"。例如，那种不要文学而要战争的精神状态就是反讽的。

曼接着说，"在这其中也有色欲"。色欲肯定一个人，但不看此人的价值。这也是一种受虐狂的决定，因为精神应当不会排除价值，但在那么一些跑堂的小伙子那里却会这么做。接下来就停留在一系列狂想中："因而在他们之间不存在着合一，只存在短暂的、令人陶醉的合一与交流的幻想，一种永恒的紧张却没有解决方案……"

"爱恋中的精神不是狂热的，而是精神丰富的，它是政治的，它在追求，而它的追求是色欲的反讽。对此人们有一个政治术语，这个术语就是'保守主义'。什么是保守主义？精神的色欲反讽。"

兄弟之争

252

托马斯·曼从《翡冷翠》中引用了一个句子："渴望是强大的力量，但拥有却让人去势。"[52] 这是针对他哥哥写的，假定他哥哥追求性欲的满足。亨利希是享受者，而托马斯是禁欲者。

在生活实践中，《观察》里的"亨利希"根本不可能被认为会耽于性享受。文明文人被批判为唯美主义者，这种人只是赞美享受人士的角色和姿态，但自己并没有能力进行享受。唯美主义，据曼说，是"一种对生活、对爱情的千姿百态且富有才华的无力感"。[53] 唯美主义是一种"修辞上坚定的'人类之爱'"，但这只是边缘化的色欲，"在宣称这种色欲的地方，在拿这种色欲吹牛的地方，通常在中心地带都不管用"。接下来试列出相关的三小点来作为例证。

作为意识形态的"爱情"与作为实践的爱情是对立的。亨利希被打造为爱情意识形态者，而他在中心地带不管用。但最致命的地方在于，托马斯所说的那种唯美主义，那种对生活和爱情的无力感和那种边缘化的色欲，所有这一切责备，至少在同等程度上也完全适用于托马斯·曼本人。我们在这里不讨论，这些指责放在亨利希身上是否合适，虽说与跟他弟弟的色欲情况相比较而言，亨利希的色欲并不那么边缘化的可能性还是非常大的。亨利希更有理由来指责弟弟的男性能力干涸及匮乏，而不是反过来由托马斯指责他。"那些早就干涸之人的事情，是早在 20 岁出头时就知道了，还要装作很合乎世界要求地走出来。"他在《左拉》的开端这样写道。托马斯觉得这简直令人忍无可忍。他认为很有必要强调一下他的男性能力。[54]

作为"弟弟"，托马斯·曼在与他一直研究的自身的热望做斗争。他如此生动激烈地攻击的"文明文人"就是他自己，而他也清楚这一点；"我们一家人不说两家话"，他以双重语义记录下这一点。[55]《观察》是一出技艺精湛的太极拳表演。亨利希写的是关于左拉和他的对手的杂文，其实指的是 1914 年的民主积极分子及其反对者，核心是他自己和他的弟弟。托马斯写的关于国际文人群体和内在的德国人，但几乎自始至终指的是亨利希和他自己。他从未明确地点过一次他兄长的名字，但他隐藏在重重修辞的言语后面，一再直接对他的兄长说话："都说了那么多撕破脸的废话之后，你又会怎么站在我面前呢？人、艺术家、兄长？"[56]他甚至还说起过一些谈话，例如他想让这位文明文人对保罗·克洛岱尔[1]感兴趣，但得到的回答是，还有更要紧的事情去做。[57]这次谈话大概发生在战争爆发前不久。尤为过分的是，他怀着恶意并且不具名地引用了亨利希 1910 年到 1917 年间的几乎所有著作。在兄弟的面具下，《观察》隐匿着一切悖逆的、敌意的和痛苦地不理解的东西。人们可以从《左拉》和《观察》中把两人的对话拼在一起，这时就可以再次看到，他们相互指责对方的一些东西正是他们自己害怕成为的或害怕拥有的。

获益者！这就是众多项指责之一。亨利希针对战争的代言人和辩护士写过，他们从中获得益处，"我们其他人缄默不语且被放逐；人们听

253

---

[1] 保罗·克洛岱尔（Paul Claudel, 1868—1955）：法国著名诗人、剧作家和外交官，大部分作品都带有浓厚的宗教色彩和神秘感，在中国任职期间（1894—1899）曾写成散文诗集《认识东方》。

到的只是他们，这是对他们最有利的一刻"。[58] 托马斯·曼回应了，几近失态地赤膊上阵："我的最有利的一刻！蠢货，你难道没看清吗，这是你的最有利的时刻，更是你的时刻？！"[59] 两个人都相信，对方日子过得更容易些。那些通过往上爬成了国民诗人的人，亨利希夹枪带棒地问，"难道他们就是斗士吗？"不，他们只不过是供人消遣的寄生虫。托马斯用一大串恣意挥毫、讲究修辞的排比句，用来嘲弄兄长的战斗不过是歌剧演出般的亮相姿态。[60]

　　一只寄生虫。因为："难道他们是斗士吗？"哦，不，我从来就不是斗士，从来就没当过什么相近的人物！我又没有站在那里，一只手放在心脏前，另一只手高举在空中，然后高声地背诵着《社会契约论》。我又没有高歌，人们必须把管他什么样的"主人"挂到路灯上，我也没有为消除伟大的男人们进行辩护，因为他们压低了水准。我没有声称，真理的理想是共和国，也没有通过哆哆嗦嗦地保证，人类的道路引向"一种非常美好的、欢欣雀跃的境界"，来嘲笑永远背负着痛苦的人类，更没有进一步把那些无法相信这一切的人称为白痴和无赖，同时也没有大声嚷嚷："大家注意我，我在爱！"我记得的是，我跟这一切都拉开距离。因而我并不是一位斗士。因而我是一个获益者。

托马斯在 1903 年 12 月 5 日给亨利希写信说："照我的看法，这就是过于追逐效果而毁了你。"而亨利希在《左拉》中予以回击："但你们在那里根本不是为了尽职，而是为了闪闪发光，为了引人注日。"托马斯回敬道： 254

　　喜剧场景是这么写的，年轻的理想主义者成了革命腔调的大师，而且要告诫他，现在是时候了，关键时刻来到了，现在要站出来行动了。大师将会不顶用……"哦，不，年轻人，您向我要求的东西不对……您设想一下，权力把手伸到我这里来了……不，不，亲爱的朋友，再见啦！您动情地在有关自由和幸福那一页里打断我，我还想把那一页给写完呢，写完了我就去找个温泉休假。您走吧，您走吧，履行您的义务去吧！20来岁的年轻人，你们的职责，就是要幸福啊！[1]" 61

结尾用法语引用了亨利希·曼的杂文《年轻的一代》（*Das junge Geschlecht*）结尾的句子："二十来岁的年轻人，你们的职责，就是要幸福啊！"62 托马斯·曼对这种句子情感上的做作批评得完全对。"革命腔调的大师"确实是一个拿腔拿调的人。托马斯·曼看穿了这个人，因为他了解这类歌剧般亮相姿态的诱惑，他也太了解这种角色扮演、追求效果、追求庞大气势的意愿。他作为"兄弟"看穿的东西，正是他从弗里德里希·尼采揭穿理查德·瓦格纳那里学到的东西。跟尼采笔下的瓦格纳一样，亨利希是（托马斯同样是）一位极力追求效果的唯美主义者，这类人并不认识真正的东西，而作为演员明白怎么去策划出真正的效果来。作品不是生存着的，而是"被制造出来的，被计算出来的，人为的，一个制作品"。63

尽管有自恋的特点，把自身怨气的投射粘贴到兄长身上去，这场争论还是非常有代表意义的。只是人们不应当将这场争论病态化，从而回避争论的事实内容。唯美主义者不兼备具体行动能力的问题、作家不适合严肃政治的问题都确实存在。即便托马斯·曼只是在自己身上认真研究了这一切，他的认识还是值得听的。虽然他把这个世界根据自己的需要进行了任意裁剪，但这对他的言论之认识含义只能有一些相对的削减，并不能绝对地改变认识含义。尽管他偏颇到了把所有的欧洲战争都宣称为兄弟之间的战争，从而变成了他自己内心中的先驱，但在那种无边自恋之外，还是有那么一丁点的真谛。

---

[1] 原文为法语：Votre devoir, jeunes hommes de vingt ans, sera le bonheur。

第八章 战 争

诸多观点

从当今通行的多数派视角的立场来看，《一个不问政治者的观察》是一本反动的书，因为这些观察表达了与此相应的观点，以近乎滑稽的方式为自由左派的陈词滥调提供了批斗材料。比方说可以读到，最正派的和最有人类尊严的生活方式，是庄园主的生活方式。[64]这本书称被多方诟病的极权国家目前是，而且将一直是适合德国人民的、最为恰当的，就其根本而言也是由德国人民自己要求的国家形式。[65]"我就是要君主制"，这位不问政治的观察者特别强调，因为只有君主制能够为政治自由提供保障。[66]生活在任何时候皆是严峻、残酷且恶意的。[67]"幸福"是一种幻觉，个体利益与共同体的和谐永远不会降临，"为什么有的人一直是主人，而其他一些人必须是仆役，这一点你不去向人们解释"。[68]再加上一些民族意义上的过分扭曲。德国的民族性是这个世界上出现过的最完美的道德工具，这个观点他带着内心的赞同引用了。[69]他发明了"战争的奇异的人道性"这个简单明了的表达形式，甚至说出了这样的句子：战争以及数年来每天挨着死神带来的是灵魂的细腻化、提升化、深邃化和高贵化。[70]在个别情况下，这一点甚至可能是对的。战争的惨烈当然更加强烈地戳着今天的观察者的眼睛。

人们一直将《观察》与这类观点来比较，但同时排除了一点，即这同一本书里面在很多地方就存在与观点进行了区分。存在是决定性的，观点不过是一些言论，如果这些观点与存在不相统一的话。在托马斯·曼这种情况中，只有观点是保守的，存在和风格是国际的、智识的、文学的、民主的，这是《观察》的至关重要的基本认识。"保守？我当然不是啦；因为我只是在观点上保守，但据我自己的本性来说还远不能说是保守的，我的本性最终是能够真正起作用的。"[71]没过多久，托马斯·曼对战争的热乎劲儿也就那样了。"战争是苟活，是摧毁，这一点我知道。"[72]

这么看来，这本书中最为刺眼的"观点"也不过是：文学！这些观点的修辞分量在通常情况下远远超过了客观事实部分的分量。托马斯跟亨利希一样，都是文明文人，当然啦，还有些其他的什么东西。他还不是一位靠德国民族主义吃饭的懒汉，无论是谁都不该这么看他，哪怕一瞬间都不应该！实际上他在整个创作中推进了颓废的细腻程度，从未奉行过那种蠢笨粗悍的民族主义规训。他知道这一点，清楚得近乎可笑。他的那些小说不是会危及繁衍的乐趣吗？随着《布登勃洛克一家》的出版发行，德国出现了一次从未有过的出生率下降。这本书是"国民健康下降的一个标记"，他如是评论这本他所有书中起码最为德国的书。[73]他认为德国文学化意味着活力的下降。在曼的创作年代，"德国的散文有了很大的提高；同时对避孕手段的赞美和相关知识一直普及到了最偏远的村庄"。

如果说存在是决定性的，而观点不是，那么托马斯·曼又"是"什么样的存在呢？是一位唯美者主义者和文人，一位毫无疑问的艺术家。但艺术家却没有立场。"观点在艺术王国里又算什么呢？"[74]艺术家是这么一个人，谁正在说话，那就让谁有理吧，哪怕说话的是魔鬼本人。[75]《观察》中那些激动的喊叫是在扮演一个角色。一个不确定的自我在扮演这个角色，为的是变得确定些，为的是看起来确定些。"我曾经摇摇晃晃地抓住了每一只强有力的手……"[76]战争曾经就伸出了那只强有力的手。看起来总算是有可能找到一个固定的位置，成为一个人物。"人物是存在，不是看法观点。"[77]但那个非市民的唯美主义者和从前的浪荡艺术家的不确定性还继续存在，此人失去了父亲，其色欲构成在这个世界上没有位置，他要给自己一个框架。他试着通过《观察》来给自己打造一个政治框架。与他的婚姻不同，这个框架没能持续太久。

和解尝试

1917 年 12 月 27 日的《柏林日报》（*Berliner Tageblatt*）发表了一篇

题为《世界和平？》（*Weltfrieden?*）的文章，里面写有这样的句子：

> "即便是最伟大的情感也会变得渺小，如果这种情感是用大概念涂脂抹粉打扮出来的；人对人的善意要比所有对全人类的爱好得多。"是这样的，只管相信这一点！这种修辞政治上的人类之爱是一种相当边缘的爱的方式，而且习惯于以最为销魂蚀骨的方式叫喊出来，但就其内核而言不管用。最好成为你自己，别那么坚硬，别那么整天觉得自己常有理，在扮演博爱者之前别那么满是进攻性并觉得自己那么正义……一个懂得说漂亮话"我爱上帝！"的人，只管爱怎么成功就怎么成功好了。但如果他同时"恨他的兄弟"，那么根据《约翰福音》，他那对上帝的爱不过是美文学和一缕祭祀的烟，而且是升不起来的烟。[78]

257

亨利希觉得这几句话是写给自己的，这完全有道理。他给他的弟弟写了一封信，这封信还留下了一份底稿，标题是"和解尝试"。亨利希在信中着重对兄弟反目的指责进行了辩护。但这封信并没有发出。他的那种高傲以及高高在上的表达方式根本就不适合去打动弟弟的心。然而对人类的爱是一种理念的爱，亨利希在说教，"但谁要是能把他的心扩展到远方，那么这颗心往往也就能在狭小的范围内得到证实"。亨利希强调，他始终以善意伴随着弟弟的著作，虽然他几乎从未因他的付出得到过任何回报。他看出来他兄弟性格结构中正确的东西："我知道，你为了能够站得稳一些，需要一种对自我的限制，甚至需要抵御他人。"但谁要是想着和解，而又把要和解的对方看得这么透，这可不太好。另外，他还回忆起了旧日伤口。告知他的孩子出生的信息，对方并没有当一回事。而托马斯在他的回答中则说出完全相反的情况，卡蒂娅当初可是柔和地、人性地而且很详细地给亨利希的妻子写了信，但是得到的回答却非常嚣张放肆。[79]亨利希又称这种柔和感觉为一种傲气，而且承认，是他随后口授他的妻子写了这些"嚣张放肆"的话。——这次的和解尝试结束于一种非常有保留的提议。"或许我今天的解释会找到一个更好的听众。如果你针对我的最新抱怨是由痛苦授意的，这是有可能的。那样你应该去了解一下，你完全不必在想到我的时候就只想着我是个敌人。"

所有这一切总的来说是一个自我的宣示，而并不是由衷的一步。这使托马斯·曼拒绝起来很容易。他在这个时间点上反正还没有任何和解的愿望。那本有好几百页是针对亨利希而写的书才刚刚完稿，如果跟亨利希和解了，这本书就没法出版发行了；而且战争也还没有结束。他还需要兄长作为一个对手，亨利希业已正确地认识到了这一点。所以这就导致托马斯的回答进一步加深了对立。这个回答保存了下来，落款日期是 1918 年 1 月 3 日。回答很苦涩："你常常……对我的最简单、最强烈的感受进行百般嘲弄，而我还没来得及回嘴，你就忘记了这事，或者直接不搭理我了。"他认为，在战争中他的做法并不极端，极端的是亨利希的处理方式。他又没有用两年时间去打造一封通篇流露着令人意会的凯旋气息的信，"为了让人看了这封没有一个字不充斥着道德高度自信和自以为是到极点的信，一下子扑到你的胸前去"。托马斯修辞精湛，但受到撕肝裂胆的伤害，他掐断了每一个接近的途径，把兄长来信中最核心的表述毁灭性地推到了一种可笑的境地中。结语很简洁，很精彩，但不留一丝希望。"痛苦？还好吧。人可以变得很坚硬，也很麻木。自从卡拉自杀了以及你说什么也要和卢拉决裂，在我们这个共同体中，老死不相往来也不是什么稀罕事了。我没有创建这个生活。我厌恶这个生活。只要有可能，还是就这样活到底。"

亨利希想回信，但没有把写好的信发出。他的回信底稿很自信，高雅，充满远见和对弟弟的教促。"亲爱的托米，你如此痛苦，我真是无言以对，不得不如被要求的那样，接受'老死不相往来'。但是我不想留什么遗憾。我要尽我自己的力量帮助你，等这一切都过去后，更公正地看待这些事情。"他否认，他的世界体验是一种兄弟体验。"你并不干扰我。"但这一点大概并不全对。"不再把我的生活和行动与你相挂钩，这不是针对你，就算是没有你，我也是用同样的字句。"这一句话，只要想想《左拉》中很有针对性的诋毁，就不那么真诚。但是亨利希比托马斯更早走上了关注社会的道路。所以，他非常有针对性地提出"狂野地捍卫自我的激情"来反对那个极端自以为是的指责，他指责弟弟的这种激情：

你能写出那几部狭隘的但已经完成的作品，应该归功于你的这类激情。此外，出于这种激情，你尤其对你所认为不合适的一切缺乏起码的尊敬，充满着"蔑视"，这种蔑视比他人那里要随意得多，简单说，没有能力去理解别人的生命的真正严肃性。在你的左右尽是些无关紧要的展现"民众"的小人物，就像你的那首对"王子殿下"的高歌。小人物有命运，甚至伦理？……我也错估了一种道德意愿了吗？这个意愿在你看来又是怎么样的呢？在一幅画着喜剧性的吹牛大王和神采奕奕的实干家的画像下吗？你这个可怜的人！

没有能力去认真对待别人的生命，最后只会说一些难以置信的话——那么你就觉得，我那封表达了简单的友好姿态的信里流露着凯旋的气息！我对什么凯旋呢？这一切"横七竖八"的，也就是说世界位于废墟中，一千万尸体躺在地下，对我来说很好吗？这难道不是一个很好的辩护！这不正好让那位意识形态者称心如意！但我不是那样的人，不会把各民族的悲惨和死亡场景按照我的精神爱好加以裁剪，我真不是……

我真心希望，那个时刻很快会到来，到那时你看到的是人，而不是人的影子，到那时你也将会看见我。

这封信的落款时间是 1918 年 1 月 5 日。如果当初这封信真的到了托马斯·曼的手上，他有可能知道怎么回信吗？那个诊断在某些意义上是精准的。科学在后来才提出了一个专业术语：自恋症。光提出一些责难，或者在事后提出要求，是不够的，托马斯·曼当年的言行一定不同。自恋症是他进行创作的一个前提；亨利希非常正确地就此做出了判断，"你的那几个狭隘的，但已经完成的作品"应该归功于这种自恋症。如果没有这种自恋症，那些作品根本就不会产生，或者不会以这样的形

259

式产生。倘若托马斯·曼是一个开朗、友善、合群的人，那么他将会跟大多数人一样融化在这个社会中，他就不可能去写那些作品了。他不能说改就改。他必须先走这条路，只要这条路还行得通。只有等他走到了死胡同的尽头，他才被迫部分调头。只有跟兄长和解了，并且随着这个和解逐渐地转向共和主义，自恋症才会有所减缓。起码到那个时候，他又找到了能够用来帮助稳定他那受到危及的自我感觉到新敌人，也找到了其形式为国家力量的新朋友，这种力量赋予他一种伟大，终于使他成为国民诗人的代表，就是那个他在皇权时代扯着嗓子喊了半天也没能当上的国民诗人。"我要尽我自己的力量帮助你，等这一切都过去后，更公正地看待这些事情。"亨利希·曼这一次说对了。

260

神秘主义

在和平与小康状态中，物质与社会上的满足能够在一定程度上抵消一些意义匮乏。在战争中却不行。这类满足，托马斯·曼丝毫没有份儿，与此相反，他甚至还变得更为贫乏了一点点，在 1914 年到 1918 年间，他既没有获得公开的荣誉，也没有取得文学上的成就。这些年是他的生命中最为艰难的几年。[80]尽管如此，他在自己的生活中第一次表明态度，寻得一个位置，感受到了意义与目标。而这之前又是什么样的呢？回首望时，战前的时光尽管外表上看来热腾喧闹，对这位《魔山》小说的作者来说，却表现得毫无希望、毫无前景，而且还暗藏着张皇失措。[81]如果这个时代，他如是苦思冥想，有意或无意地对所提的关于一切努力与行动之最终的、超出个人的、绝对意义的问题报以空洞的沉默，那么瘫痪就将是结果，灵魂道德的瘫痪，最后甚至是躯体的瘫痪。战争终结了这个空洞的沉默，它并没有像一厢情愿的人类理性更倾向于去做的那样，提供了无意义性，而是提供了意义建构。这一点必须作为事实来接受，所以就这一点我们还是要多说一些。

把这个意义建构的大部分范围揭示为纯粹的意识形态，还是很容易做到的。对外作战自然就会很合乎逻辑地对内和解，共同的困境带来团结，一个强大的敌人会造成一种强大的认同体验。孤独的人突然受到拥抱，孤高的知识分子融入了高亢的民情中。他们将这感受为意义的馈赠，而实际上不过是认同心理学。战争有可能让人轻轻松松就逃避民事和伦理的责任，这也是很多人喜欢的。它把一切都简单化了，无论是一个人可以突破绝望境地或者只是变得无从忍受的无聊状态，冲入这个巨大的冒险中，还是一个人可以把内心所有的恶投射到外部，并且建立一个清晰明朗的好与坏的秩序。对托马斯·曼而言，文明文人也是一个内心的法国人，打倒这个以他哥哥形象出现的内在法国人，在和平的时候他不可能获得这样的许可，而战争总算是给了他这个许可。到目前为止，"意义建构"是很容易被看穿的，也很容易预料到当大厦将倾时，各种鬼哭狼嚎的声音。

但这其中还有一个不那么容易被泄密的深层次。"每个人都感觉到 261 而且也知道，战争蕴含着一种神秘的元素，"这位不问政治的观察者说，"这种元素也是生命的基本力量所特有的，也是创造与死亡、宗教与爱所特有的。"[82] 人们还可以在这里加上艺术、音乐和海洋。由此战争被赋予了托马斯·曼的形而上的基础体验，这种体验在他早年的时候就陪伴着他。这是用 1914 年的日常意识形态所无法解释的。

一种神秘的元素，这到底又是什么呢？通过叔本华，曼理解的神秘主义首先是"永恒的当下"（Nunc stans），是屹立着的现在，是取消时间的那个瞬间，在这个瞬间，开启通往永恒的刹那。从和平时代的缓慢地星移斗转的持续不断的时间流逝中，战争猛然迸发了。它带来了震惊，突兀的体验，这种体验撕裂了时间延续性，就像是撕裂了挂在永恒前的幕布。从叔本华的印度神秘主义角度来看，这个幕布就是幻的面纱，而这种面纱具有欺骗性地给我们一个幻觉，我们似乎是一些分置在时间和空间中的个体，但实际上所有的事物是无时无刻无处不在的。战争只知道瞬间，瞬间比一个漫长的生命更有分量。战争让时间变得没有意义，犹如在迷离恍惚中。这位《魔山》的叙述者知道鸦片梦境，在梦境中，昏昏沉沉的瘾君子一下子度过 30 年或者 60 年，或者甚至能超越所有人类所能感知的时间界限，在那些梦境中，所有的幻象以飞快的速度涌来，就好像从迷离陶醉者的脑中取出了一些东西，犹如从一座坏掉的钟里面取出发条。[83]

一个长久的生命就一定比一个短暂的生命好吗？短暂的生命可以是紧凑而丰富的，漫长的生命可以是空洞的。一个毫无痛苦的人生就一定是最高的目标吗？在这位不问政治的观察者眼中，所有的一切都扯平了。"人类的每一种可能生命形式归根结底是一些可以接受的东西，生命把这个形式填满，就以其本身，以其各种混合，以其痛苦和舒适、快乐和折磨的相对性……"[84] 战争就比和平可怕吗？这听着有点像是对受尽苦难者的背叛，但这是真的，曼真就是这样说的：每一个个体只能死掉他自己的死亡，不能死掉别人的死亡，死亡增加千倍，也不会令他更加恐惧。这是真的，我们所有的人都注定要走向苦涩的死亡，而不仅仅是士兵要走向死亡，寿终正寝与在战场上的随便哪个死亡一样可怕。这也是真的，每一颗心都只能承受有限尺度的恐怖，

262　　　此外一些其他的东西开始了：麻木、狂躁，或者还有一些其他的，没有体验过的人的想象力无法企及的东西，例如自由、一种宗教上的自由和明朗的心境，一种对生命的超脱，一种位于恐惧和希望之外的境地，这一境地毫无疑问地意味着灵魂贬损的对立面，意味着对死亡本身的克服。[85]

这些句子不适合用在要为战争负责的人身上。如果这些句子为战争辩护，那么它们就不再真实，而是意识形态的。只有那些行将被杀戮的人，而不是那些进行杀戮的人可以把这些句子作为情感的表露。而在当时那样的情况下，在面对死亡时，宗教上的自由和明朗的心境却显得更有人类的尊严，相比在面对凶恶的扼杀者时的惶惑惊恐而言，今天这种惶恐看起来只是在知识上是有可能的。

第八章　战　争

教　会

"我是基督徒"，托马斯在 1904 年 2 月 27 日给亨利希的信中这样写道，但这在当时除了合乎特定目的之外什么也不是，那就是他订婚了，他还加上了句"来自本分人家"。小说《衣橱》中的那句"上帝不认识我"或许更加实诚一些。就是在战争中，神秘主义也不意味着他开始参加新教教派的教会活动。托马斯·曼从来不去教堂，他最多只是在儿童时代和少年时代不自愿地去过。他后来的宗教性完全放弃了教会的组织参与。"我更愿意做的事情是，独自去盯着斯芬克斯的眼睛。"[86] 作为膜拜和礼拜仪式，天主教的氛围比他自己出身的新教氛围更让他感兴趣。"谁知道路德教会能往一个人的家里派送些什么呢，如果人们让它派送的话，"他在《小孩子的歌曲》里就他的女儿伊丽莎白 1918 年的洗礼仪式嘲弄道，"大概有一个油乎乎的破罐子，让我觉得一切都滑稽可笑。"[87] 与此相反，在吕贝克时，天主教的修女就让他内心觉得震撼。[88] "新教的修女可不是这样实在的人，"托马斯·布登勃洛克在有人追问他，为什么他觉得天主教的灰衣修女比新教的修女更为亲切，他是这么解释的，"这些修女只要一找到机会就会立马全部嫁人……简单地说，她们世俗、自私、庸俗……天主教修女不为世俗所牵累，因此我相信她们离天国也一定更近些。"[1][89] 维滕贝格 [2] 在曼的生平中没有什么作用，位于罗马的圣彼得大教堂倒是有些作用。在那里，教廷国务卿拉姆波拉枢机在宏大的谦卑中主持弥撒。[90] 在宗教上这其实并不具有什么特别的内涵。早期的托马斯·曼总是以反讽的态度来对待基督教的上帝。"亲爱的上帝，万岁，万岁，万岁。"他在被解除服兵役时这样给亨利希写信。[91]

但这位脱离世界的禁欲者当然和与世隔离的地方，也就是说教堂，

263

---

[1] 《布登勃洛克一家》，第 560 页。
[2] 全称为路德城维滕贝格，是宗教改革的发源地，1517 年 10 月 31 日，基督教新教路德宗创始人马丁·路德在维滕贝格城堡，即诸圣堂公布了《九十五条论纲》，该事件被视为宗教改革的开始。

有着一定的关系。"至于我，我向来就很喜欢待在教堂里面，"他在《观察》中这样思索，"而且，"他说，他还要让自己比那些到教堂里受教育、长见识的游客更高一筹，"是出于一种唯美主义，它与文化学和旅游手册教育都不同，是直指人性的。"教堂是自由的地方，远离政治与社会的自由。

　　离开进步的熙熙攘攘的大街往旁边走两步，一个避难之所围绕着你，那里严肃、静穆、死亡追思位于恰如其分的位置，十字架高高立起供人膜拜。多么令人欣慰！多么令人欣喜！这里既无人谈及政治，也不谈及生意，这里的人是人本身，他具有心灵，而且很明确，这里充满着纯粹的、解放的、非市民的庄严的人性。

　　他完全有可能成为一名极好的神职人员，他当时在一封信里面说过 [93]（这并不令人信服）。下跪的人尤其打动他。在市民的环境中有可能让人觉得非常装腔作势和稀奇古怪的东西，在教堂中就可能被接受，由于这位不问政治的人具有反平民百姓的、时代倒错的、果断的人性特征，这一点很合他的意。"这种态度在其他地方都没有出现过"，但在宗教场所中，"这一极为非同寻常的氛围释放出人性，让它变得异常美丽"。很久以后，他跪在教皇庇护十二世面前，他专门特别注明，这一切在他身上发生得多么容易和自然。[94]

　　他生活在慕尼黑，那里的教堂多是天主教教堂。这关涉了一名新教教徒的唯美怀旧情怀，他实在不知道该怎么跟他自己的教堂打交道。"您由于您的天主教基础和联系特别令人羡慕，"托马斯·曼给赖因霍尔德·施耐德（Reinhold Schneider）写信说，"我缺乏这种安全感，因为我的新教只不过是一种文化，而不是宗教。"[95]艾兴多夫认为，浪漫派是对天主教教会的思乡情结。[96]托马斯·曼当然还没有过分到这一步。

他自己基本不去教堂，但并不希望教堂没落。他与莫里斯·巴雷斯[1]一同担心，认为基督教失去的土壤或许并不会被理性主义文化占领，而是会被异教最为低端的形式占领，诸如魔术、巫术、神智论的昏乱和唯灵论的招摇撞骗。[97]这不是什么新见解：没有神祇的地方，鬼怪在统治，诺瓦利斯早在 1799 年就这么写过。[98]

唯美怀旧情怀不同于宗教信仰，然而托马斯·曼却要求一种虔诚。它针对的是"永恒的、基本的、简而言之人性的东西"，这些东西是人们在某个教堂里所面对的，"摆脱了任何大城市街道上令人嫌恶的忙碌混乱，突然间四周回荡着一片静寂，缭绕着多彩的暮色，散发着几个世纪的气息"。[99]

信 仰

对于那些文明的文人而言，教会必然是迷信的堡垒，而下跪者是人类尊严的叛徒。因为文明文人们什么都懂……悖论的是，这些文明文人对托马斯·曼而言是"信教者"，他们是教条的布道者，正是这些人让他的童年苦涩不堪。他们根本就不知道死亡为何物，就跟当年他父亲临终时的那位兰克牧师一样完全失职。在《观察》中，"信仰"这个概念的语义完全是负面的。"这是那类牧师的傲慢，他们觉得自己由于信仰就成了什么更好的东西，那种传教士和法利赛人[2]自以为是的过分虔诚，与那种对不'信教'的可怜人不停歇的攻击性。"托马斯·曼说这些不是针对教会里面的神职人员，而是针对他的兄长亨利希。[100]他显

---

[1] 莫里斯·巴雷斯（Maurice Barrès, 1862—1923）：法国小说家、散文家。早年受浪漫主义影响，后来逐渐倾向于接受社会和宗教的纪律，对感情有所制约。
[2] 古犹太教一个派别的成员，该派标榜墨守宗教法规，《圣经》中称他们是言行不一的伪善者，表面虔诚的人。

然觉得宗教批判过于蹩脚。他让敌对方去进行宗教批评，在《魔山》里对之进行了漫画式的处理，书中塞塔姆布里尼在圣诞节时絮絮叨叨地说起：

> 木匠的儿子和人类的法师 [1] 来，说人们今天正在幻想中庆祝他的生日。他说耶稣这个人究竟是否存在，谁也说不准。不过他那个时代诞生了一种思想，也开辟了一个胜利的航程，这种航程一直绵延到今天，从不间断——那就是每一个人在精神上都应当保持尊严，而且一律平等；一句话，应当有个人民主。[2] 101

265　　正如他反对民主一样，托马斯·曼在《观察》中也对社会宗教性展开了抨击，这种宗教性要在人世间借助于改良建立起天堂。很肯定的是，这个目标无法实现，更为确切地说，广大民众在追寻这个目标的时候会变得欲求更强、更加不满、更为愚蠢和更缺乏宗教信仰。102 "任何社会宗教性都不能给社会生活带来和解。这一点只有真正的，亦即形而上的宗教才能做得到，它教导人们认识到社会事物最终是从属性的。"103 "基督根本就不关注政治。"据称马丁·路德曾这样说过。104

　　对于宗教性而言，至关重要的是与死亡的关系。"对死亡的同情"是《观察》中的公式，105 这在塞塔姆布里尼和亨利希·曼那里都没有。弗兰克·魏德金德在1918年3月去世，这就是说，他的最后时刻充满着宗教努力，他一直到最后一刻都尽力向上帝靠拢，在对上帝的信仰中长眠了。亨利希致悼词。这是兄弟俩必然会见面的情况中的一种，1917年到1918年岁末年初之时的和解尝试刚刚失败后，两兄弟不得不见面，两人多少都觉得有些难堪，很可能在僵硬的沉默中对对方视而不见。那位文明文人会怎么开口，去原谅寻找上帝者魏德金德呢？"对精神的义务，"他在墓边说，"我们称之为宗教。"他夺走了逝者寻找的尊严，他

---

[1] 这里指耶稣。
[2] 《魔山》，第397页。

第八章 战 争

在这种寻找中强行掺入了日常的对文学、民主和政治的宣传。"当我听到，当我必须去听一位'自由宗教'的星期天传教士的这类高高在上的对概念的胡编乱造，当我不得不去看着这种尝试，试图去把一个在最终困境中伸手去抓住救赎的灵魂用于政治，我就戴上我的帽子，回家了。"[106]

但他到底要干什么呢？在他那单薄的同情通告、他那唯美的怀旧、他那怯懦的关注之上，可以建构起哪一种实践呢？"但如果我说不要政治，而要宗教，那么我不是在吹嘘我拥有宗教。这种做法离我很远。不，我未拥有宗教。"[107]这句话可以认真对待。"我不能说，我信上帝。"即便他信，那么大概要等上很久，他才会把这一点说出来。面对上帝之名时的分寸感由此表达出来，那是余下最后一点来自古老的以色列的神秘的名称畏惧，尤其是一种谦逊、一种意识，用这类词语不能够完全达意，不能说出想说的。这种宗教的分寸感将他与大部分普通的教会人员区分开来，他们的那些出于善意的絮絮叨叨比沉默的怀疑造成更多的损害。

托马斯·曼往自己身上叠加的东西，不是教会、宗教、对上帝的信仰，而是一种战战兢兢的虔诚，可以理解成寻找的自由，理解成开放、柔软、勇于生活和谦卑，理解成尝试、怀疑和迷乱。这是对信仰的怀疑。宗教上的确信令人肥胖，怀疑却不会，"而且在一个没有神祇的世界里坚定并有尊严地生活，要比用一种盲目信仰，如信仰民主，来逃避斯芬克斯深邃而空洞的目光，更加勇敢、更加道德、更加真诚"。曼称这样一种尝试为"对十字架的背叛"。他有些羞愧地就此信奉了并非旨在拯救的宗教，而是信奉了旨在受难的宗教，受难想要得到缓解平息，并非通过各种空话套话。

矛盾还继续存在。托马斯·曼与这个题目的关系还远远没有结束。在他的著作中极少，但是多少还能有那么几次遇到"上帝"这个字眼被用在病态的意义上。德国在1914年觉得自己必定胜利。而后来的情况却完全不同，但这次失败是不是有其意义呢？"因为一个时代结束了"，写于1919年的《小孩子的歌曲》中这样写着："新的人性并不会 / 脱胎于那令人生疑的胜利：它将分娩自 / 毫无荣誉的极端悲苦……一个民族也一定知道，在何种结局上重生，/ 你的德国怎么做，何以如此触动？ / 只有当上帝触动它，它在灵魂中有所感受。"[108] 这个地方后来很可能让托马斯·曼觉得难堪。对上帝的定义构成了另外一极，这种定义由有利于创作的利益主导，把上帝变成了最高美学家——上帝就是歌德。这个定义听起来是根本性的，但切不可将其作为唯一的尺度。它并不比那个病态的定义更管用。

> 但上帝又是什么呢？难道他不是全方位性，不是生动的原则，不是全知的正义性，不是包容一切的爱吗？对上帝的信仰就是对爱、对生命和对艺术的信仰。[109]

战争迫使他对自己的基础进行了全面的审视和修正，而且也让他第一次对基督教进行了一次更为彻底的全面思索。他认识到，他的整个方向其实趋向于跟基督教有一种认同关系。他认识到，他自己的生存要有宗教。他只是还不知道，他该怎么前行，才不会背叛通过尼采学派获得的一种智识。他将接着寻找，先是在《魔山》中，然后主要在那部伟大的《圣经》小说《约瑟和他的兄弟们》中，他最终会寻得一条狭小的路径。

267

第九章

寻找方向的尝试

年谱：1918—1921

关于 1918 年 9 月到 1921 年 12 月这段时间，我们了解的情况非常详尽，因为这段时间的日记没有被焚毁；这些日记被视作研究《浮士德博士》的百宝库。托马斯·曼非常深入地关注这段时间的时事政治，关注十一月革命到停战，关注君主制度灭亡，关注对《凡尔赛和约》的争论，关注慕尼黑苏维埃共和国[1]的悲剧（1919 年 4 月至 5 月），关注卡普政变[2]（1920 年 3 月）以及魏玛共和国的开端。

在文学上，完成了《一个不问政治者的观察》（1918 年 10 月完成，1919 年 4 月出版）及《主人与狗》的工作之后，接下来是完成于 1919 年 3 月的《小孩子的歌曲》（1919 年 4 月 /5 月出版）。1919 年 4 月起，曼在中断了 4 年之后，又开始进行《魔山》的写作，先是对已经写好的部分进行了改写，然后接着写下去。到 1921 年底，这部小说大约完成了三分之二。其间不断有些散文的写作插入，例如撰写《俄罗斯文集》（*Russische Anthologie*）的导言（1921 年 1 月），撰写《歌德与托尔斯泰》（1921 年 6 月至 9 月），文章《关于犹太问题》（1921 年 9 月至 10 月）以及论文《德法关系的问题》（*Das Problem der deutsch-französischen Beziehungen*）（1921 年 12 月）。

1918 年 4 月 24 日，伊丽莎白·曼出生了。一年之后，在 1919 年 4 月 21 日，6 个孩子中最小的孩子米夏埃尔出生了。1919 年 8 月，波恩大学给曼这位当年的留级生颁发了荣誉博士学位。1922 年 1 月初，因为亨利希·曼病重危及生命，兄弟两人之间才达成了和解。

---

[1] 即巴伐利亚苏维埃共和国（Bayerische Räterepublik），首都在慕尼黑，是德国十一月革命期间在巴伐利亚短暂出现的一个政权，由德国独立社会民主党、无政府主义者和巴伐利亚农民联盟成立于 1919 年 4 月 7 日。4 月 13 日，慕尼黑工人在共产党的领导下发动武装起义夺取了政权，5 月 3 日被政府军镇压。
[2] 又称卡普－吕特维茨政变（Kapp-Lüttwitz-Putsch），企图推翻魏玛共和国，导火索是魏玛政府签署《凡尔赛和约》。

亨利希

"我意识到，我过着一种寂寞、隔绝、奇异而又幽暗的生活。与此相反，亨利希的生活现在却充满了阳光。"（1918 年 12 月 19 日的日记）托马斯一定把德国在 1918 年的失败理解成了亨利希这位文明文人的胜利。"那个回忆生动地出现在眼前，在溃败之后，亨利希如何散着步，穿过白杨林荫道，从我家边上路过，他心满意足地而不由自主地微笑着。他'胜利了'。"[1]对兄长的恨意在 1918 年至 1921 年间是一种恒定的情绪。这种恨意简直能保证他的身份认同。如果一个人自己并不清楚道路通向何方，那么当他至少很确定自己的敌人是谁的时候，他的注意力就会在一定程度上停留在这些敌人上。于是《一个不问政治者的观察》的各种陈词滥调也开始在日记中无处不在，对热爱法国文化的批判，对修辞的民主的批判，对社会小说的批判（《臣仆》"写得太平淡无奇了"，1918 年 12 月 23 日），对私人生活极尽奢华而在文学上进行穷人崇拜的批判（"脖子紧贴着裹衣"，1920 年 3 月 14 日），总体上对政治唯美主义的批判。他在反对亨利希时用的词语从来不讲究字斟句酌："放肆、愚蠢、轻佻和喜怒无常"（1918 年 12 月 4 日），"笨脑子"（1919 年 1 月 20 日），"令人震惊"（1919 年 11 月 24 日），"仇恨"（1920 年 4 月 3 日），"仇恨感受"（1920 年 4 月 29 日）。在剧场或者在其他什么地方不巧撞见兄长也会让他的神经受不了。[2]这简直到了产生幻觉的程度。"我觉得在晚上回家的路上在河边一个人从背影上看是亨利希，一时心急飞快地从那人身边走过。其实根本不可能是他。"（1921 年 4 月 18 日）

这种恨意现在还用得着，如果他跟兄长和解了，那么《观察》很可能就没法出版。这种担忧一直追索到他的梦中。在 1918 年 9 月 30 日的日记中他写道：

我梦见，我跟亨利希又非常亲睦地在一起了，我出于好意让他……一个人吃很多糕点、小奶油甜点，还有两大块糕点师做的奶油蛋糕，我放弃了我自己的那部分。有种不知所措的感觉，这种兄弟情谊与《观察》出书怎么能协调起来。这根本就行不通，这是一种完全不可能的局面。醒来后顿感轻松，那是个梦。

敌意虽然一直被苦心经营着，但它不会损坏更为深层的东西，不会损害那种亲兄弟的意识。亨利希的成就让托马斯感到恼火，但他没有什么损人的话，他甚至还带着一丝感动记录下了他自己的不成功。他需要的是，亨利希依然很重要，这样他的恨意也会变得很重要。"奇怪的是亨利希这种情况。他的好时候已经过去了，虽然他在音乐厅广场上就艾斯纳[1]发表了演讲。"（1919 年 7 月 6 日）"亨利希的地位，目前看起来很光鲜，其实在其根本上已经通过各种事件和经历被掏空了。他倾向西方、崇拜法国人、他的威尔逊主义等等其实早就过时和枯萎了。"（1920年 3 月 3 日）

此外还是有一些真正团结一致的证明。在《臣仆》遭受宵小围攻之时，托马斯·曼向他提示档次问题（1919 年 4 月 19 日）。一些呼吁信上同时出现兄弟俩的共同签名，3 而且有时他们对一些问卷调查的回答也肩并肩地出现。4 在论及入选艺术科学院[2]一事时，托马斯·曼甚至考虑，是否要在亨利希也一同入选的条件下才接受（1919 年 7 月 6 日）。当有谣传说他是诺贝尔文学奖的热门候选人时，他记录道："如果能把这个奖在我们之间分，那可是再好不过的事情了。"（1921 年 5 月 21 日）他非常赞同地引用埃贡·弗里德尔（Egon Friedell）一篇文章中的句子："有这么两个家伙，大家应该觉得非常高兴才是。"（1919 年 3 月 17 日）歌德在回答涉及他与席勒的关系问题时，两人大致也做出了相似的反

272

[1]　指库尔特·艾斯纳（Kurt Eisner, 1867—1919），犹太人，德国政治家、记者和作家，在慕尼黑领导了 1918 年的十一月革命，11 月 8 日夜间宣布建立"巴伐利亚自由邦"，废黜巴伐利亚王国维特尔斯巴赫王朝，他本人被选为第一任总理，直到 1919 年 2 月 21日被暗杀。
[2]　这里指柏林艺术科学院。

应。[5]弗里德尔宣称，尽管种种，托马斯爱着他的兄长，而且还将一直爱他，爱他的伟大的兄弟般的对宫星座[1]。[6]另外他们两人还有一些共同的朋友，例如路德维希·艾维尔斯，托马斯·曼给此人写信，人们应当带着敬意对待像他们兄弟间这样的嫌隙，不应该剥夺这种嫌隙的极端严肃的基调。"可能我们分开时，一个人更是另外一个人的兄弟，这一点远胜于我们坐在一张共同的宴会餐桌上时。"（1921年4月6日）

政治：理论和实践

有谣传说，托马斯·曼在1922年拥护共和国。而实际情况要复杂得多。在1918年至1921年的日记中，他讨论了很多政治化的话题，尤其是在1918年和1919年这样激动人心的年份。表达出来的观点的光谱广泛而色彩斑斓。《观察》中从第一页到最后一页的众多观点依旧有效，从"我不后悔任何一句话"（1918年月16日）到"《观察》的修改清样
273 送来了；我问心无愧地读着，还常常给自己鼓掌"（1921年12月1日）。这位不问政治的人把德国的投降视为羞辱和自我放弃，投降引起了愤怒和震动。保守的德国特征丧失了。"这个思想倾向的灾难和世界陨落，同情尚在，这也是我的同情。"（1918年10月5日）国家的架构看来在那一伙无主人的臣仆喋喋不休的讨论中解体了。[7]

接下来的是对诸多立场的各种实践。君主制、社会民主、苏维埃共和国、共产主义还有各式各样的极端保守的尝试：我们可以找到对这一切表示赞同或反对的言论。也有对刚刚发生的事情的评论，即便刚刚发

---

[1] 对宫星座指星座之间的一种关系，是天宫图上处于180度对立角度的星座。对宫星座性格的本质是一样的，发展却是相反的，二者能够在发展中相辅相成，互相督促，补给对方。

生的是一场革命。他表现得比较冷淡而并没有其他更多的不愿意。多场革命来临，是因为它们并没有遇到抵抗——这就是革命是完全有理由的明证。"其实我是带着极大的欣喜和某种同情旁观这一系列事件的。"（1918 年 11 月 9 日）"我热烈欢迎'新世界'。"（1918 年 11 月 10 日）

曼对很多人物的同情也并未形成某种一致的图式。曼带着反讽意味的同情谈论起那位指望克虏伯的工人们付出无以言说的辛劳汗水的德国皇帝（"每一个人都有其义务和重担，你在你的车床前，我在我的皇座上！"），他记录下了"牧师的修辞才华"和"席勒般的病态"（1918 年 9 月 12 日），但也表示赞同：对德国人民用这样的调子说话可能最容易。不久后他却又觉得，帝制实际上不过是浪漫的残留物，实际上是完全多余的（1918 年 11 月 10 日）。托马斯对菲利普·谢德曼（Philipp Scheidemann）（1918 年 9 月 21 日），尤其是弗里德里希·艾伯特（Friedrich Ebert）（1919 年 2 月 12 日）表达了敬意，与此相反，他对卡尔·李卜克内西（Karl Liebknecht）和罗莎·卢森堡（Rosa Luxemburg）表达了轻蔑（1919 年 1 月 6 日）。恩斯特·托勒尔（"他给我们寄过一次鸡蛋"，1919 年 4 月 9 日）引起了一定的同情，相反对当年的同学埃里希·米萨姆表达出了仇恨，这人的"充满俚语的政治家做派"令人恶心（1919 年 7 月 9 日）。古斯塔夫·兰道尔（Gustav Landauer）因为他的《呼吁走向社会主义》（*Aufruf zum Sozialismus*）一文受到称赞（1919 年 2 月 22 日 /23 日），相反卡普遭到厌弃（1920 年 3 月 13 日），他的暴动在政治上不受欢迎（1920 年 3 月 20 日）。奥斯瓦尔德·斯宾格勒（Oswald Spengler）获得了溢美之词，曼在 1919 年 6 月至 7 月间阅读过他的著作《西方的没落》（*Untergang des Abendlandes*），对其印象极为深刻。赫尔曼·凯泽林伯爵（Hermann Graf Keyserling）得到了曼的很多赞同（1919 年 5 月 18 日）。"真理与生命"属于格奥尔格圈子[1]，他在 1921 年 8 月 1 日记录了这一点。"俄罗斯犹太人、世界运动的领导者、　274

---

[1]　以德国著名诗人施特凡·格奥尔格为中心形成的圈子，别称"秘密的德意志"，宗旨是通过创造严格的诗的美来振兴德国的文明。

犹太知识分子极端主义与斯拉夫族基督狂热这一炸药般混合物的那种类型"遇到了断然拒绝："一个还拥有自我保留本能的世界，必须以所有能召集起来的能量和雷厉风行的决断来对付这一类型的人。"（1919年5月2日）只有《小孩子的歌曲》还多少传播着希望。我们已经听过，新的人性显然不是打算由胜利，而是由毫无荣誉的极端苦悲来分娩。[8]

曼当年的政治观点可以让人无限地引用。但是这些观点真的就这么重要吗？因为如果人们看看政治事件，那么就会出现一幅完全不同的场景。我们只是按照托马斯的引导往前走："在国民事物中，一个人的看法和言论分量很轻，更具有决定性的是存在和行动。"[9]政治的思想试验完全缺乏立足的土壤。这类试验只是些毫无干系的胡思乱想，可以与漫无边际的"俄罗斯"讨论相比，实际上也毫无结果，如同《魔山》中的纳夫塔和塞塔姆布里尼的争论。作为（巴伐利亚的国民议会[1]）的选举者，托马斯·曼虽然在1919年1月12日投了追求民族自由主义的德国人民党（DVP）[2]一票，但是这个德国人民党并不能指望他，1920年6月6日的国会选举就遇上了他这位坚定的拒绝投票者。虽然卡蒂娅的看法完全不同："卡蒂娅要说服我，在即将举行的国会选举投上我的一票，而且还要投给民主派，以支持市民阶级。我如果去投票的话，最多只能把票投给德国人民党。"（1920年5月25日）但他后来连这个也没有去做。有一些谣传，说他（还有亨利希）参加了德国独立社会民主党（USPD）[3]（1919年3月12日）。曼进行了澄清（在1919年3月8日）[10]，但在同月的22日又写了一条记录，这个谣言倒也不是没有意义的。当然这也没有任何真实的根据。他与右翼极端政党的建党尝试更为明确地拉开距离。虽然可以找到不少出自这段时间的言论，它们后来都可

---

[1]　即魏玛国民议会，是1919年2月6日至1920年6月6日德国的制宪会议和事实上的议会。

[2]　1918年12月成立，代表了德国实业家的利益，在政治立场上是中间偏右派的政党。

[3]　1917年4月成立，中间派领袖领导的工人党，主张放弃阶级斗争，反对暴力革命和无产阶级专政，主张通过议会斗争和平进入社会主义。

以归入国家社会党人的观念宝库中，但曼在面对这类政治时的接触畏惧，还是显而易见和无从克服的。在实践中，他与这类人也没有任何关系。

虽然种种政治化，他实际上还是一个不问政治的人。而不问政治的人如何言行正确？他们对当时现存的东西表现出忠诚。因而托马斯·曼，在知识上做出那么坚定地反对共和制的姿态，但在实际上立刻为共和国效力。"一个共和制下的职位！"他很骄傲地记下一笔，当时有人邀请他参加"电影审查顾问处"（1918 年 12 月 25 日）。他接受了这个职位，在接下来的时间里也尽心尽力地履职；[11] 这个职位为他的良好的电影史知识奠定了基础。不久之后，在 1919 年 1 月 11 日，"帝国服务家乡总部"（今天"联邦政治教育中心"的前身机构）敦请他为新德国写一下他的基本立场，这位不问政治的人很乐意地写道："目前在我们这里正在稳固的社会民族国家完全位于通往德意志发展的道路上。"[12] 又过了些时候，"帝国经济复原局（Reichsamt für wirtschaftliche Demobilisation）"[1] 请求他为避免经济崩溃出面鼓励德国人民要有理性，为新国家工作。曼顺从地写了一篇《激励》（Zuspruch），刊登在 1919 年 2 月 14 日的《法兰克福报》（Frankfurter Zeitung）上。[13] 他在文中写的所有东西都是以《观察》的精神写的，要反战者和那位文明文人为德国的国内状况担负起责任，但文章结尾还是非常明确地要求民众忠诚地积极参与：

275

> 德国工人好好想想吧。革命的日子当然是节日。可以理解，如果谁上午去攻占巴士底狱，下午的时候可能就不再做什么像样的工作了。但现在蜜月的时间已经够长了！是时候来展现，德意志人民知道怎么自由地过着有荣誉感的婚姻日子了。

---

[1]　第一次世界大战结束后立即成立的处理德意志帝国经济问题的中央机构，旨在引导国民经济从战时状态转化为和平状态，1919 年 5 月解散。

1919 年 5 月，在巴伐利亚苏维埃共和国被扑灭以后，托马斯·曼（同亨利希一道）共同在一份面向市民的呼吁书上签字，要求市民阶层"认识到他们与劳作大众的命运共同体"。[14] 不久后又有一封请愿书向巴伐利亚政府呼吁，政府应当对那些受到严刑峻法处置的苏维埃共和国的领导人物，网开一面，施以宽容。[15]

从左翼甚至传来了一些指责，他真是过于乖巧地以这种方式想再次接上轨。（1918 年 12 月 1 日）托马斯·曼觉得这种看法很过分。但他毕竟赞同过一份世界主义的声明，这从他在 1918 年 11 月 16 日的日记中可以看出来。由于《观察》，他一直被视为民族主义者，而他一定曾以某种方式表达出世界主义的以及跟其他民族知识分子和解的意愿，这让他自嘲地摇头："我对自己都觉得奇怪……再次觉得自己奇怪。"

276

当然他对新政权的忠诚止步于这个政权的财政部门——"要去报税，而且我们就算是避开了很多税，大概还是会被征收掉大约两万马克。"（1920 年 5 月 25 日）

巴伐利亚苏维埃共和国

在《浮士德博士》中，塞雷奴斯·蔡特布罗姆说起了他在世界大战之后参加某些"精神工作者委员会"在慕尼黑的各家宾馆大堂里举行的集会时所获得的一些令他十分尴尬的印象：

> 假如我是一部小说的叙述者，我就要把这样的一个会议，在这个会议上，比如说，会冒出个把纯文学作家来，不无优美地，甚至是一笑就露出两个小酒窝地大谈"革命和人类之爱"这样的主题，从而以此煽动起一场自由的，太过自由的，杂乱和混乱的，以最为罕见的、只在遇到这样的机会时才会出来露一小会儿脸的那类

人，小丑、癫狂症患者、幽灵、不怀好意的破坏分子和末流哲学家们为参与主体的讨论——假如我是一部小说的叙述者，我就要，也就是说，把这样一个茫然不知所措的和无可救药的委员会集会，通过我费死力地拼命回忆，向读者作一个尽可能形象清晰的描绘。我记得，当时与会的人们纷纷发言支持和反对人类之爱，支持和反对军官，支持和反对人民。一个小姑娘朗诵了一首诗；一个穿军灰色军装的士兵好不容易才接受了劝阻，没有继续把他的一份稿子念到底，这份稿子以"亲爱的男女公民们"开头，如果听之任之的话，无疑会占用一整夜的时间；一个恶毒的候选人无情地谴责所有在他前面发言的人，认为这次集会没有提出一个真正有价值的意见——等等。听众喜欢用叫喊声打断台上的发言，他们的表现是闹哄哄的、幼稚的和粗野的，主持人则是无能的，现场气氛则是可怕的，结果为负数。我环顾四周，一再地问自己，是不是只有我一个人感到难受，最后，我终于因为能够离开会场，来到空旷的马路上而感到高兴，而这时的马路上，有轨电车已经收班好几个小时，偶尔会有几声枪响在冬夜里回荡，也不知是从哪里来的，很是莫名其妙。[1] 16

这个场景的底稿我们可以在 1918 年 12 月 10 日的日记里面读到。　277
它说的是"精神工作者政治委员会"的第一次公开集会：

> 跟卡蒂娅一起去阿西斯街参加一个茶会，在那里与卡蒂娅的母亲汇合后一起去巴伐利亚宫廷酒店 [2] 参加一个"委员会"的聚会。法兰克的讲话不无优雅，但自我沉醉，动不动就露出两个小酒窝。整个讨论与普遍情况一样简直不忍卒听，十分折磨人；说得最好的

---

[1] 《浮士德博士》，第 387 页。
[2] 德国最著名的酒店之一，位于慕尼黑市中心，最初设想来自巴伐利亚国王路德维希一世，1841 年正式开业。

是一名睥睨一切而机敏的矮个子犹太学生，他系着个挂铁十字勋章的带子。弗里登塔尔、米哈尔斯基、斯坎佐尼、考夫曼也先后发言，一位莱茵地区的来自非精神圈子的小伙子为军官们辩护，施蒂克葛德简直就是小丑，是一个恶意参选者的幽灵，他跟前面所有的发言人都杠上了，等等。空气污浊不堪，简直可怕。集会的人的举止十分暴躁、幼稚而且粗野。主持无能。结果为负数。

托马斯·曼的反应是审美主义的；他接着说："但可以见识到不同种类的人，他们在作为参加讨论的发言人时，自我表现比在其他任何场合都要生动得多。我一定要好好地利用这段时间的激情，更为经常地去参加各类集会。"在这种境况下，没过几天，在 1918 年 12 月 13 日便考虑进行某种文学化，这种情况在日记中其实很少出现，而这个文学化要一直到几十年以后才真正进行：

> 我今天想着，要从那个"委员会"集会的材料中写点什么出来，但可能不会去做。人性的东西真是吸引人：法兰克本人，然后是考夫曼、弗里登塔尔、施蒂克葛德，还有那个发言反对人民的莱茵地区的人，那个读诗的小姑娘，那个穿灰军装的老兵，他开始朗读自己的长文（"亲爱的市民同胞们！"），那位满是恶意的参选者，那位社会民主党人，学者，他自己从前也是工人而且有过很好的成绩，还有斯坎佐尼（反对人类之爱），米哈尔斯基，最后就是听众……[17]

1918 年底在国家层面上各种委员会暂时完结了，一个议会体系已经形成。1919 年 2 月 11 日在魏玛召开了国民议会，选举了弗里德里希·艾伯特为国家总统。托马斯·曼十足满意地记录着："看起来让人觉得，就像是崩溃之后试着走出的第一步，就像是尊严和自尊要回归了。"（1919 年 2 月 12 日）

但这个委员会制度在慕尼黑还有一个续集，那就是巴伐利亚苏维埃共和国，它成立于 1919 年 4 月初，在 1919 年 5 月初被扑灭，它那短暂的存在几乎就在托马斯·曼的家门前展开。至于他关于整个过程的判断，呈现出一个相当让人惊讶的清晰的发展过程，在只有四周的时间里，从积极热诚的赞同转变为坚定不移的拒斥。在 4 月 7 日他印象深刻地了解到苏维埃政府的最初策略，还据此推测，整个国家都以巴伐利亚为榜样，而如果极端的社会主义在德国获得可持续的形式，那协约国的无产者除了这样做之外也就没有什么其他选择了。"人们必须认识到这一点，资本主义已经确定方向了。"但到了 4 月 13 日，曼就用一个很有趣的论断评论了一条传闻，据传苏维埃共和国被推翻了，他称，他仇恨"那些不负责任的实现什么理想的人，他们败坏了精神，就像这次彻底垮掉的年轻人一样"。他是按照这个模式反应的：理念不错，只是那些人太差劲。很遗憾，他接着说下去："如果人们把他们当作害人精通通枪毙掉，我一点也不反对。"他还说了很多这类话，但还是要公正地补充一句，托马斯·曼没过多久就在前面提及的要求对委员会成员和追随者进行宽大处理的请愿信上签名了。[18] 他也努力为托勒尔开脱。[19] 4 月17 日的言论，很有特点地将理论和利益之间的差别加以强调突出："我对这类事情的言行十分不确定，但我个人的愿望还是希望'白军'进驻并且创建出市民的秩序来。"但结果最后还是超出了这个愿望。"慕尼黑的共产主义插曲过去了……我也没摆脱那种自由和欢畅的感觉。"（1919年 5 月 1 日）但在慕尼黑好几天里都枪声不断。"炮声和机关枪的嗒嗒响声还很猛烈而且没完没了。我很为这件事情的结局担心。就件事情来看，毕竟军队的明确胜利对个人生命具有必不可少性。而与此相反的结局将会是一个无法想象的灾难。"（1919 年 5 月 2 日）当这个"可怖的闹剧"（1919 年 5 月 4 日）结束时，我们的大作家似乎已经站在了完全右侧的阵营里面了（1919 年 5 月 5 日）：

　　我心满意足地看到，城里那些红旗全都消失了，军乐"德国，德国高于一切"从王宫、战争部等地方一直奏响到凯旋门附近。埃普[1]的军团在巨大的欢呼声中军容整齐地进城了。卡蒂娅的妈妈又再次变得过于倾向"军队"，但我完全赞同，而且觉得，在这种军事独裁下呼吸要比在无耻之徒的统治下舒畅自由多了。

与真正的历史近距离的接触迫使托马斯·曼虽然有这样或者那样的观点，最后还是站在了市民这一边，这里或许也有卡蒂娅的影响，她十分疑惑地看着她丈夫这些政治上不切实际的空想，同时想办法让他能成功地"接地气"。慕尼黑革命没有接地气，当这位大作家作为审美者，而不是作为进行政治思考的个人加以判断时，也是知道的。"我觉得巴伐利亚真是好笑得很，我看这件事情也不比瞎闹强多少。"他这样进行了记录（1919 年 4 月 5 日）。先前他也嘲笑了巴伐利亚自由邦总理艾斯纳的一次乡村之行。革命只是大城市的事情，是慕尼黑、奥格斯堡、纽伦堡这类城市的事情。"就其本性来说，巴伐利亚根本就不是个工人共和国，当然也不是一个犹太文人统治的地区。艾斯纳到了乡村。他竟然说，世界上没有任何力量能再把他给带走。"（1919 年 1 月 10 日）

曼一家人时而也担心会发生抢劫，这些担心更多地发生在革命的第一个阶段。"卡蒂娅和孩子们把食品储藏室清空了，把四分之三的食物分别藏在家里的几个不同的地方。"（1918 年 11 月 8 日）"如果事态发展比较极端，我因为在战争中的言行被枪杀，也不是不可能的。"（1918 年 11 月 11 日）托马斯·曼还打算，如果有人上门来抢劫，就先往他们手里塞上两百马克："分了两百马克，就不要再把我的东西和我的书都撕碎了。"（1918 年 11 月 19 日）1919 年 4 月，他又为精美的衣物担心（4 月 17 日），然而托马斯·曼在苏维埃共和国的统治者中有太多朋友了，因此怎么也不会真正地危及他的房子。当那些"白军"进驻时，家里甚至担心因为有人告密而发生逮捕的情况，但实际情况却完全不同，三名

---

[1] 即弗朗茨·里特尔·冯·埃普（Franz Ritter von Epp, 1868—1946），巴伐利亚陆军将领，后来领导了对巴伐利亚苏维埃共和国的进攻，他还是杀害古斯塔夫·兰道尔的幕后主使。

士兵来到家门口，自我介绍说是保卫局的成员，说了一个地方，万一发
生抢劫可以到这个地方求助（1919 年 5 月 2 日）。

俄国革命

  兄弟的世界体验把一切东西都涂上了个人特有的色彩，对十月革命
的态度也同样。在《一个不问政治者的观察》中，托马斯·曼第一次成
功地把他自己的观念系统地整理出了一定的秩序。那是个敌友对立的秩
序：这里是德国，那里是法国；这里是内在性，那里是政治；这里是托
马斯，那里是亨利希。肯定有一个无法预测的事件把这个系统的性能毫
不容情地进行了考验，如俄国革命。这场革命先是在李沃夫公爵（Fürst
Lwow）和亚历山大·克伦斯基（Alexander Kerenski）的领导下作为资
产阶级革命发生于 1917 年 2 月—3 月间，而后在 9 月作为社会变革的
革命，继而在 11 月（按照公历）在列宁领导下的社会主义革命。托马
斯·曼当年没有能力对一个历史现象多少客观地从其自身前提出发加以
理解把握。他把一切都同自己联系起来。朋友还是敌人？要去理解，那
就意味着要纳入《观察》的对立链条中去，也就意味着，倘若用兄长
亨利希进行笔战时所用过的语言的话，将民族的惨苦与死亡裁剪得适合
他那种精神嗜好。[21] 革命究竟是西方的文明文学的或是东方的不问政治
的？它是以亨利希·曼的精神爆发的或是以陀思妥耶夫斯基的精神爆发
的？革命带来的是确认还是伤害？

  对于俄国革命的资产阶级阶段，托马斯·曼的反应最初是很迷茫
的。"俄国的那些事情简直让我脑子发涨。"他在 1917 年 3 月 25 日写信
给保罗·阿曼时说。俄国的一场资产阶级革命？这怎么可能发生呢？
"那里根本就没有资产阶级啊！"紧接着提到了那位对曼的革命判断起
到决定性影响的作家："陀思妥耶夫斯基会怎么看这一切呢，又会说些

什么呢？"

《观察》中有关革命的第一个痕迹是 1917 年 4 月在政治一章中写下来的一句评论。言语间带着讥讽，"直到 1917 年，俄国在这一年将自己提升为民主共和国"，俄国被普遍视为一个特别需要在政治和社会方面进行自我批评的国家。[22] 俄国的自我批评——表现在果戈理、龚夏若夫、屠格涅夫这些人那里的——对托马斯·曼具有一些榜样性的东西。它的对立面是文明文人自以为是的讽刺，这种讽刺只是在谩骂别人，却将自己置于批评之外。现在俄国作为"民主共和国"看来是跑到文明文人那一头去了，那里根本就不知道自我批判为何物，这极大干扰了曼的论证过程。俄罗斯的雅各宾主义根本就不合乎托马斯·曼那种热爱俄罗斯的系统。因而，雅各宾主义首先被忽略或者边缘化了。

下一个痕迹在一个大约写于 1917 年 6 月的段落里。他认为，马克思主义不是俄国的[23]。过了没多久，在一处复杂思考的上下文中进行了这么一个假设，这场"俄国革命"对那位文明文人来说一定是期待已久的。对他来说，"极大程度的上下搅动、拆散国家、持续的民众起义、革命"才是决定性的。[24]

下面这一段话写于 1917 年 8 月，它几乎近似于一个定义，在结尾处影射了 9 月 17 日克伦斯基宣告共和国成立。[25]

> "陀思妥耶夫斯基在俄国是不会被遗忘的。"战前一个俄国人对我说过。现在，革命证明了这一点，——这种令人绝望的民主的资产阶级的法国主义与无政府的托尔斯泰主义之间的无聊打斗。但我们知道，"遗忘"是一种非常肤浅的心理过程，而且没有人能欺骗我们，俄国即将宣告成立的民主社会共和国跟俄罗斯民族有什么重大的关系。

文明文人热爱法国和西方，托马斯·曼热爱俄国和东方。所以，在同一个地方写道："俄国和德国休戚相关。"到目前为止，托马斯·曼将革命和共和国认定为法国和西方的现象；它们属于亨利希的世界，跟俄罗斯民族根本没有什么值得称道的关系。但陀思妥耶夫斯基跟俄罗斯民族有着非常真切的关系。托马斯·曼对俄国的总体印象来自19世纪的俄国文学。如果要进行一场资产阶级革命，那么俄国人一定是把陀思妥耶夫斯基给忘记了。

1917年10月底，托马斯·曼在《论信仰》（*Vom Glauben*）这一章中再次对俄国发生的事件发表看法。[26] 因为十月革命按照公历实际上在11月初才发生，那么下面这一段话说的实际上还是克伦斯基的独裁。曼再一次站在陀思妥耶夫斯基的视野进行判断，在判断前引用了好几页陀思妥耶夫斯基的话。这位俄国人早就预言了西方资本主义的崩溃（"所有银行、科学和犹太人，所有这些都将在瞬间化为乌有"），预言了第四阶级的革命："无产者将向欧洲猛烈进攻，将永远摧毁一切旧事物。"但在俄国，这个浪涌将被击得粉碎，事情将会展现出俄国的机制与欧洲的各种机制区别有多么大。

陀思妥耶夫斯基的分析基本上是错误的，这一点托马斯·曼也必须承认，但他不去面对这个认识，而是寻找着各种可能性，把错误进行最小化处理，这样他就可以在最深的层面继续停留在陀思妥耶夫斯基的分析上。他写道：

> 以另外一种不同于陀思妥耶夫斯基思考的方式来看，事实表明，俄国的民族机制有不同于欧洲各种民族机制的另外一种特性，因为俄国爆发了革命，而西欧各国还没有……随着市民总统而至的是一个天才的独裁者。

这位"市民总统"是李沃夫，"天才的独裁者"是克伦斯基。"以另外一种方式"，陀思妥耶夫斯基是对的。但在此处首次暗示了要对革命进行评估。这种革命真的就是俄国所特有的吗？将一个政治上的领导人刻画为一名"天才的独裁者"与资产阶级民主派文明文人的格式不相符。它在托马斯·曼当年的思维中与其说是一种负面的标记，不如说是一种正面的标记。1917年夏天，他梦想着在兴登堡的领导下出现一个有着独裁领导的领袖国家。[27] 而列宁被托马斯·曼刻画为一名"卓越的领导者"[28]，此外不容忽视地从《魔山》中的纳夫塔那里获得了灵感，他还被描绘为一个"理念的伟大教皇"。[1][29]

俄国在 1917 年还和法国结盟来对抗德国。1917 年 12 月初，托马斯·曼结束了《观察》的最后一章。虽然受到革命的干扰，这本书的结尾再次表现得热爱俄国。他谈起了与俄国的停战协议和一个一直揣在心间的愿望："愿俄国和平！首先与俄国达成和平！"令这位不问政治的观察家特别高兴的是，现在阵线又对头了，因为那种不自然的俄法联盟，"那种心中的民主与俗套的、学术资产阶级的革命宏词大论的民主之间别扭的结盟"，总算是破裂了：

> 而战争，如果它继续下去，将会仅仅指向西方，指向"三个自由的国家"[2]，指向"文明"，指向"文学"、政治、那位言辞上的资产者。[31]

从 1918 年 9 月开始可以在日记中跟踪到对俄国事态的判断。德国的十一月革命和慕尼黑苏维埃共和国虽然让他一再摇摆不定，但只要是涉及精神上的东西，他在基调上还是积极的。但在实践中还是有所不同。最为明显的是 1918 年 11 月 19 日日记里的表述：

> 无政府状态简直让我觉得触目惊心，这种暴民的统治，这种大众的独裁及其种种俄国式的五花八门的伴随现象和后果。但我对得意扬扬的口头资产者的憎恶必然会让我希望德国接着俄国的路走。

后来托马斯·曼把这种赞同态度赋予了他笔下的人物塞雷奴斯·蔡

---

[1] 《魔山》，第 569 页。
[2] 原文为法语: trois pays libres。

特布罗姆:"俄国革命让我深受震撼,它的原则之于那些迫使我们就范的大国的原则所具有的历史优越性在我看来是毋庸置疑的。"[1]32 而反对态度几乎只在涉及新政权的文化独裁时出现,例如驱逐德米特里·梅勒什科夫斯基[2](1919 年 1 月 20 日的日记),此人必须逃离俄国。根据言论的数量以及这些言论所涉及的情绪状况来看,赞同的态度所占的比重要大很多。"现在根本就没有什么可怀疑的,作为理念,未来是属于社会主义的理念,还有那个共产主义的理念的。"(1918 年 11 月 29 日)"我对斯巴达主义、共产主义和布尔什维克主义中那些健康的、人性的、民族的、反协约国的、反政治的内容的关注与日俱增。"(1919 年 3 月 22日)"人们必须认识到这一点,资本主义已经确定方向了。"(1919 年 4月 7 日)他觉得,他所赞成的将战胜他所反对的,托马斯·曼在 1919年 4 月 30 日记录下自己的想法:"俄国的新思想拥有协约国的敌意这种无上的优势,因此怎么可能不带着瓶瓶罐罐等全部身家投奔它呢? 它具有胡作非为的性格以及文化上的霍屯督人特性[3],但在德国,这种特性很难长久地存在下去。"

后来在日记里,他对俄国革命的兴趣大幅度下降。但在 1919 年 6月 11 日又有一次记录,一本关于布尔什维克主义的著作给他留下了印象,"在我把自己完全调整到文化立场上来一段时间以后"。由于孟什维克们的经历,两年之后托马斯·曼觉得很羞愧。"文化立场"胜了:"家里讨论起布尔什维克主义。事后深感羞愧。"(1921 年 7 月 17 日)被意见之争弄得身心疲惫,他更愿意去散步。"抬头看看天空,低头看看纤细而柔软的树叶摇曳,神经就会平静下来,严肃和沉静重新回到心绪中。"33 对资本主义的批判也大量消失了。在写于 1921 年 3 月 21 日的《精

284

[1]《浮士德博士》,第 386 页。

[2]　德米特里·梅勒什科夫斯基 (Dmitri Mereschkowski, 1865—1941):俄国现代主义文学先驱,象征主义文学的代表人物,也是"白银时代"重要的哲学家、宗教思想家,其反理性和反西方的立场对托马斯·曼产生了深刻影响。

[3]　指蛮夷特性。霍屯督人源于殖民时代对生活在非洲南部和纳米比亚的一个古老的混血民族的称呼,这一荷兰语名称自引入以来,主要以贬义用于种族主义和歧视,此外也转用到被认为属于低等文化且缺少智识的人。

神与金钱》(*Geist und Geld*) 中，曼谈及了因父亲的遗产他每个月可获得的息金，他毫不扭捏地进行判断："至少我个人是从老早开始就必须感谢资本主义的世界秩序，所以我觉得，如此这般赶时髦[1]地朝它吐口水，对我来说永远都极不合适。"[34]

虽然如此，对俄国的希望并没有消失。俄国和德国"应该手挽手地共同迈向未来"。[35]曼在 1921 年 12 月写道，"在东方开始了"对西方文明的抵御和反击；因而通往未来的德国道路也始于十月革命。他现在看清楚了，革命至少跟亨利希的西方的雅各宾主义没有任何关系。在这场革命中，俄国将它的面孔再次转向了东方：

> 可怜的尼古拉沙皇成了欧洲进步观念的牺牲品，谁要是给这种观点以存在的空间，那么他就大错特错了。在尼古拉身上，彼得大帝被扼杀了，而尼古拉沙皇的倒台并没有为俄国的民族性打开通往欧洲的道路，而是铺平了通往亚细亚的返乡之路。[37]

1922 年，托马斯·曼跟他的兄长亨利希和解了，在接下来的几年
285 中，他越来越接近他长久以来深恶痛绝的西方共和主义的立场。只要俄国革命是"亚细亚"的，那么他现在就要抵抗这一革命，就如他笔下的汉斯·卡斯托尔普要学会抗拒普里比斯拉夫·希佩和肖夏太太"吉尔吉斯人式的眼睛"。在他的内心深处，他当然还是一名俄国人。"东方是心灵最深处的故乡"，他在《小孩子的歌曲》中这样做诗。[38]

从长久来看，托马斯·曼认为法西斯主义是正在向着他走来的敌人。在他长寿一生中的接下来的岁月里，他在说起俄国时，言论从总体上看还是相对友好的。在第二次世界大战中苏联和美国联手，总算是满足了他那颗渴求结合的心灵。瓦尼娅和山姆看来都跟他有亲缘关系，因为二者都有一定程度上的开心快乐的原始性质。[39]在托马斯·曼的意识形态布局图中，苏联就此又悄悄地滑向"西方"，而当初在陀思妥耶夫

---

[1] "赶时髦"原文为法语: à la mode。

斯基的魅力下受到如此尊崇的亚细亚主义，是《约瑟和他的兄弟们》16年斗争的对象。

保守的革命

"德国的真正任务是，在布尔什维克主义和西方的财阀统治之间'在政治上另辟蹊径'。"（1918 年 12 月 3 日的日记）源自尼采、已经在《观察》中出现的简要表述"在政治上另辟蹊径"被更进一步具体化为右派和左派的综合。"我其实在根本上是赞同那些'委员会'的，只要它们能够免除身体的辛苦。"1919 年 3 月 3 日曼在日记本里写下了自己心里的悄悄话，但在不久后公开发表言论时却说，委员会要扩充为各阶层代表大会。[41] 从一个革命的苏维埃[1]国家到一个保守的等级制国家，对他来说只不过是一小步。"我不可能希望完完全全的议会制度。最要紧的恰恰是'在政治上另辟蹊径'，而且是某种德国式的。"（1919 年 3 月 3 日）这种新的东西就是保守革命的思想。在德国，托马斯·曼大概是最早使用这个悖论语式的人之一，他将其用在了写于 1921 年 1 月的一本俄国小说选的导言里。书中还说起了"第三类帝国"，它的综合理念几十年来崛起在世界的边缘，是有关保守主义与革命相结合的理念。尼采本人就是"保守革命"本身。[42]

众所周知，最为差异化的保守革命的思想构成了一个观念库，后来国家社会主义者也从中取用了不少观念。在这些年中存在着一定程度观念重叠的区域，这一点其实并不奇怪。托马斯·曼也用过诸如"德国的共产主义"和"民族的社会主义"等等这类套话，[43]而且就像在 1914年那样，热切期盼着"依我看以共产主义形式"出现的民族崛起（1919

286

---

[1] 苏维埃在俄语中即"委员会"或"代表会议"的意思。

年 3 月 24 日），期盼着将马克思主义的阶级和社会主义进行精神化而成为民族共同体，[44] 兴致很高地欢迎奥斯瓦尔德·斯宾格勒的著作《普鲁士特性和社会主义》(*Preußentum und Sozialismus*)，[45] 常常而且非常乐意地阅读最新的保守杂志《良心》(*Das Gewissen*)，想要将德国的保守主义与社会主义结盟（1920 年 1 月 19 日）并且要求在荷尔德林和马克思间达成一种联盟（1925）。[46]

这一切都十分含糊不清而且相互矛盾，但并不妨碍这位《一个不问政治者的观察》的作者有很多朋友和夸赞过一些后来追随了德意志民族社会主义工人党（NSDAP）或者相近的右翼极端倾向团体的作家。这种情况适用于恩斯特·贝尔特拉姆和汉斯·普菲茨纳（Hans Pfitzner），也适用于汉斯·约斯特和恩斯特·克里克（Ernst Krieck），同样适用于阿尔弗雷德·博伊姆勒（Alfred Baeumler）和奥斯瓦尔德·斯宾格勒。他甚至有一次还深表赞同地阅读希特勒的启迪者迪特里希·埃卡特（Dietrich Eckart）参与出版的一份杂志（1918 年 12 月 8 日）。

但托马斯·曼因此就是法西斯主义的先驱了吗？不管怎么说，他一向避开与正在形成的极右翼政治运动的具体接触。他很早，早在 1921 年夏天就注意到了正在形成的纳粹运动，并认为这是"万字符的荒唐剧"而撇到一边。[47] 早在 1925 年，当希特勒刚刚从兰茨贝格监狱被释放出来时，托马斯就因其文化上的野蛮断然给"德国法西斯主义"一个更为详尽的、坚定的、人人都可以看见的拒绝。[48]

关于犹太问题

"卡蒂娅的反对。情绪恶劣和激动。"[49] 虽然很气恼，但托马斯·曼还是很听话地把已经排好版的文章《关于犹太问题》撤下来了。"这篇文章一方面有些过于轻率，另一方面又有个人经历上的一些极端主义，我往往倾向于这种极端主义，它甚至还有可能是我的一种强项，但在这样一篇文章中，这种主义显得有些放错了地方，很可能会招致愤慨。"[50]

谣言马上就传播开了，说托马斯·曼写了一篇反犹文章。无论是当年还是现在总有那么一些人，"如果有人不能对明显如犹太现象的状况视而不见，并且没法把这个现象从世间给直接否定掉，那些人在这样的事实中就足以看到反犹主义了"。[51]这篇文章中的每一行都在批评反犹主义。曼在这个方面甚至嘲弄地与理查德·瓦格纳保持距离。在他看来，反犹的观点简直就等同于一种忘恩负义，"一种极度的忘恩负义，这种忘恩负义充其量算得到瓦格纳头上，但跟我没关系"。生平经历中的极端事情就是，承认从孩童时代起就有很多要感谢犹太人的地方。在学校里面的时候，拉比的儿子埃弗拉伊姆·加莱巴赫（Ephraim Garlebach）又漂亮又聪明，向托马斯·曼这位留级生口传心授了太多的窍门。还有犹太姑娘卡蒂娅，对她的描写常常被人从《小孩子的歌曲》中引用。最后还有一个开诚布公的坦白，在他世界各地的诵读旅行中，"几乎毫无例外地都是犹太人接待我，提供食宿，而且对我呵护有加"。如果那篇文章发表，那些民族主义者（实际上就是纳粹！）肯定会恶意地抓住不放。当时有小心为上的告诫，就把那篇文章撤回来了，在这一点上卡蒂娅是正确的。但在今天看来，还真是应当为此感到遗憾。

《一个不问政治者的观察》，虽然一向被视为十分"右倾"，但并没有给那些反犹主义的鹰犬提供任何养料。虽然这本书里的权威人士中有不少反犹主义者，例如陀思妥耶夫斯基或者理查德·瓦格纳、休斯顿·斯图尔特·张伯伦[1]或者汉斯·布吕厄[2]，但托马斯·曼在这一点上并未曾去他们的反犹弹药库里面取用过什么。相反他赞同这样的观点，

---

[1]　休斯顿·斯图尔特·张伯伦（Houston Stewart Chamberlain，1855—1927）：英裔德国政治哲学家、自然科学家及瓦格纳传记作家，他创作的《十九世纪的基础》成为20世纪泛德意志运动的重要文献，也是后来纳粹种族政策的重要文献来源。

[2]　汉斯·布吕厄（Hans Blüher, 1888—1955）：德国作家和哲学家，倡导同性恋和所谓的"男性联盟"，其思想曾经在某种程度上充当过纳粹上台的意识形态基础。

德国只有通过在其躯体中吸收消化犹太元素，才能够经历一种教育，才能够将其民族性格发展为这个世界从未见过的最完善的道德工具。[52]

当然人们也可以在他的日记中一再找到那些"段落"。"巴伐利亚，被犹太文人统治着……像赫尔佐克那样油腻腻的文学老油条，多少年来一直被一位电影女明星包养，一个弄钱老手和精神上的生意人，具有大城市里犹太顽童特有的驴屎蛋子的光鲜，他只肯在音乐厅酒吧里吃午餐，却不肯支付切科尼（曼的牙医）为修补他那下水道口般的牙齿而产生的部分账单。这就是革命！这种事情差不多只有犹太人做得出来。"（1918 年 11 月 8 日）这样的地方与大量另外一种声音的言论相峙而立。我们还是停留在已经很熟悉的思想画面中。毫无疑问，对托马斯·曼来说，"犹太的"本身是一个范畴。他对这个范畴的态度几乎总是正面的，同时也是廉价的，但这是在面对一个复杂的现象时，曼偶尔也有一些批评的态度。他的思考与冯塔纳的很相似，冯塔纳有时候还真是想生犹太人的气，要不是因为"基督教元素的寒碜劲儿还远比不上犹太人的"。[53]

很久以后，在 1945 年 10 月 27 日的日记中，托马斯·曼又拾起了我们今天的问题。在读了一本"或许是过于理性的关于犹太问题的书"之后，书中否认，能够把犹太人看成一个"民族"或是"种族"，他写了以下这段笔记：

> 那应该怎么称呼他们呢？因为他们终归有些不一样，而且还不只是像地中海地区的人那样的不一样。这是一种反犹的体验吗？海涅、克尔、哈登、克劳斯[1]直至那位法西斯类型的戈尔德贝格——这就是一种血脉啊。荷尔德林或者艾兴多夫有可能是犹太人吗？莱

---

[1] 即卡尔·克劳斯（Karl Kraus, 1874—1936）：20 世纪上半叶奥地利最著名的德语作家和语言大师之一。

辛[1]也不是，虽然当时有门德尔松[2]。"

　　这是有色眼镜，这一点毫无疑问，是德国民族主义造成目光变形的残留，是民族类型学造成的一种思维变形的残留，这种思维有其危险。但在这个思考的框架中，这一点是不应当被否认的，托马斯·曼对犹太人赞赏有加，跟德国人比他更赞赏犹太人。纳粹上台以后，他的位置就在犹太人这一边。"反犹主义是每一个受过教育的人，是每一个关注文化的人的耻辱。"54

仆　佣

　　托马斯·曼在《一个不问政治者的观察》中就已经不相信"民众"的自主裁断能力了。"我的上帝，民众！姑且先不论理性，民众有荣誉、骄傲吗？……除了与暴力相关的无知、愚昧和不公正之外，民众什么也没有。"55对这位不问政治的观察者来说，跟普通"民众"最密切的接触要数跟他自己家中那些仆佣的接触了。当年曼的家中通常情况下似乎雇用了三名员工：一名厨娘、一名看孩子的保姆和一名做家务的姑娘。"我对整整三名仆佣姑娘和一只苏格兰牧羊犬发号施令。"56他在1907年含着几分反讽的自豪感写下这一句。1930年左右，家中甚至有五名仆佣——又加上了一位姑娘和一位司机。57但仆佣的真实情况和从前相比早就不可同日而语了。"仆佣问题的解决到现在还完全一筹莫展。"58据曼说，文明文人在政治上的博爱主义已经把高贵贴心的服务本能彻底

289

---

[1]　这里指戈特霍尔德·埃弗拉伊姆·莱辛（Gotthold Ephraim Lessing, 1729—1781）：德国启蒙运动的杰出代表，德国民族文学的奠基人，著名的批评家、剧作家、美学家。
[2]　这里指摩西·门德尔松（Moses Mendelssohn, 1729—1786）：德国犹太哲学家，18世纪德国启蒙运动领导人，被称为"德国的苏格拉底"。

毁掉了。"从前服侍阶层以及施令阶层同样都有其荣誉、尊严和美，现如今在全世界，伺候人越来越被认为缺乏人的尊严……忠诚、对主家的依恋都不复存在；主家被视为可剥削的客体，如果出现了法庭上的争端，被社会主义吓破了胆的司法会通过它的判决来认可这种看法。"

当时还真上了法庭，大概是在1917年。保姆约瑟法·克莱因居特尔（Josepha Kleinsgütl），昵称阿法，为这个家庭服务了十多年，她最终被证明有盗窃癖。在她的房间中发现了大家一直找而找不到最后只好认为是丢失了的所有东西。克劳斯·曼讲述了这个颇有戏剧性的故事，讲起他父亲如何在阿法的房间里面找到了三瓶他最喜欢的勃艮第红葡萄酒，内心非常激动，而阿法则放声痛哭着坚称，那明明是她的葡萄酒，以及她如何为了争夺葡萄酒甚至伸手向作家扑过去。[59]

> 是的，闻所未闻的事情发生了：她握紧拳头朝着他打过去，如果他不是以令人惊讶的高度精神警觉往边上一跳，差点就有可能打断他的鼻梁骨。她至少还是打着了他的左肩膀，随后，根据所有编年史家一致认同的报告，他发出了人人都听得见的"噢！"的一声喊叫。有几位历史学家还想知道，他在进行了短暂的思考之后是不是还加上了一句话："一切就此都拉倒了吧！"

后来打了一场官司，阿法赢了官司。克劳斯·曼以极大的惬意描写了这个场景，大概他本人当时不在场，写的时候带着一些想象：

> 她代表的是受压迫阶级，无产阶级；撒起谎来绘声绘色，具有极大的说服力。整个法庭都被她那种粗野的风趣，她那种民间特有的伶牙俐齿迷住了。她控制着整个庭审现场，闪闪发光而且斗志昂扬。在阿法开始说起勃艮第葡萄酒的时候，小甜心和魔术师[1]恨不能钻到地底下去。她以令人感动的巧言善辩的能力描述了一番，有

---

[1] 托马斯·曼一家大多都有昵称，小甜心指卡蒂娅，魔术师指托马斯·曼。

人如何试着去抢走她的红葡萄酒：

"只有这么三小瓶——这是我同父异母的哥哥留给我的唯一纪念，他已经走了，他活着的时候是舰队里的一名船长。然后这些普鲁士佬就来了，这些剥削者，这些肥头肥脑的家伙，还硬要把我这三瓶酒也给拿走。他们自己有满满一整个酒窖的香槟酒、烧酒，还有一些其他可以喝得烂醉的东西……"听众席中传来了厌恶和抗议的喊声。可怜的父母越是缩作一团，阿法就越是散发出胜利的光芒。

还是回到《观察》吧。尽管种种，托马斯·曼接着一开始时写的那一段话这样写道，服侍意愿是一种不朽的事物。民众觉得有贵族气息。主人和仆人，托马斯·曼笔下的歌德后来这样说，"是上帝创造的不同阶层，每一个阶层都有其特有的尊严，主人对那个他不属于的阶层有着敬重，亦即对仆人这一上帝创造的阶层怀有敬重"。[60]与之相应的是托马斯·曼在第一次世界大战中众所周知的将庄园主的生活标注为"所有生活方式中最正派和最有人类尊严的生活方式"。[61]然而也应该考虑到，这些话有可能是自嘲。

但保守的观点其实并不是对现存关系的简单认同，这些保守观点更确切地说也有可能意味着对统治者的犀利的批判，这一点在同一个地方表达得十分明确。如果阶层秩序是任意且毫无依据的，服侍意愿的本能便不再能得到满足。"一家现代酒店的大堂里，侍者周到地给一位闲散地坐在皮沙发上的人端上茶水，而不是他自己坐在沙发上接受对方周到的服务，这其实只不过是最为纯粹的偶然。"菲利克斯·克鲁尔也认为，在很多情况下侍者其实也完全可以成为主人，而那些将香烟叼在嘴角、瘫坐在深深的藤椅中的人，其中一些也完全有可能成为跑堂的。[62]这位不问政治的观察者又说，民众懂得以那种完全非民主的确定性来区分一个真止的主人和一个只不过是运气好的人。"在那些还有可能带着信念来进行服务的地方，民众乐意服务，而不会感觉这对人的尊严有哪怕一丁点的损害。民众为商务顾问迈尔太太服务时就没有信念，服务很糟糕，不忠诚，明确地表达出不情愿，而且只是为了获取好处，这一点并不奇怪。"

如果可以从不情愿不顺从的仆佣反向推导出他们遇上了恶劣的主人，那么曼家里发生的情况一定跟商务顾问家一样。在1918年至1921年的日记中找不到一点点有关乐于服侍的家族仆人的提示，说这些仆人出自贵族的本能很清楚地了解等级秩序。他们服务的这位敏感的主人，是一位真正的主人，而不是运气太好冒出来的新贵，他们要么不知道这一点，要么更有可能的是，托马斯·曼或许没有让他们意识到这一点。因为他何时关注过家中仆佣的什么事情呢？他指责卡蒂娅，"因为她对待仆佣态度软弱，尤其是对那位整天只知道偷懒而且偷窃的'小姐'，她还不敢（在阿法官司后这一点可以理解）将这位小姐解雇"。（1918年10月12日）"对约瑟法这个姑娘发火了，她明显不情愿将接生婆的用具搬回其住所去，一时找不到男仆才让她帮忙的。"（1919年4月21日）"又在卡蒂娅的母亲面前气呼呼地说起了孩子们和那些女仆闹的事情。"（1919年5月1日）"对女佣们的那些糟心事感到恼火。"（1919年7月4日）"卡蒂娅总是处于女佣造成的一团糟中。"（1919年10月31日）"卡蒂娅去了相关机构，因为突然解雇了那个骂骂咧咧还会动粗的疯厨娘，要赶快找到帮手。"（1919年11月22日）"那个粗鄙的、手脚不干净的临时厨娘做了一顿难吃的午餐，她今天又走了。"（1921年3月14日）"家中状况真是令人别扭；厨娘不正派，做家务的女佣简直聋了。"（1919年4月6日）"非常疲劳，神经质，孩子们七嘴八舌地说的老套的废话以及那个无趣的保姆的喋喋不休都让人心烦。"（1921年6月6日）"再一次把所有的帮佣全部解雇了。对这些不名一文的奴仆真是感到又恶心又厌恶。"（1921年6月15日）

战争结束、革命和共和国为收入最低的阶层带来了工资改善，而中产阶层却必须为此买单。这是日记里最后一条谈及帮佣这个话题时的社会背景（1921年6月21日）：

卡蒂娅跟"帮手们"进行了商谈。正在考虑一位枢密顾问的妻子。陷入贫困的中产阶层对这样的职位几乎不加挑剔地乐意接受，而且实际上看来也比民众更为可行，民众的法律意识及人性与社会主义的启蒙并不相匹配。

后来的情况也正是这样。她们，后来被改头换面写进了一部小说，是两位欣特霍费尔女士，一对早年属于资产阶级的姐妹，现在担任了厨娘和负责家务的保姆，"维护住了她们当年作为第三阶级成员的尊严"。[63] 庄园主式的关于民众热衷伺候人的理论在战后大城市实践的地平线上显然成了一堆废话。这位一家之主怀着深切的遗憾最终认识到这一现实状况。"那种家庭宠物般的与仆人及使女的关系，"他在 1925 年写道，"在城市里面完全瓦解了，分化为对社会良心批判的氛围，分化为解放与消散。每个人都看得明白，使用仆佣这种状况实际上是父系社会遗留到这个时代的一种残存状态，而由于人的那种大大咧咧的不明智，这种仆佣状态早就在大家的内心变得不可能了，但是没有人看得清楚，这种状态将来会怎么样，会如何结束。"[64]

托马斯·曼虽然具有许多对布尔什维克的理论上的同情，但在实际生活中，他显然不是无产阶级的朋友。克劳斯·曼对阿法的那种反讽式的同情（"我开始有些敬慕阿法了，能弄出这么多道德败坏的事情，这简直令人印象深刻"），在托马斯·曼那里完全缺席。他对家里雇工的状况没有表现出任何理解。他有可能只要多付一些工钱，就能提升他们的服侍意愿？他没这么做，他做的却是去说这些人"大大咧咧的不明智"，要向他们宣讲他们的权利。

在做这些时，他隐藏起自己的良心不安。"晚间我又穿起了裘衣，"他在 1918 年 11 月 21 日记录下来，"大概中午在乘坐有轨电车时就穿了，我多少觉得有些难堪，穿得这么阔绰让人看见，这阔绰可能会引起些许反感，甚至会让人肝火旺起来，尤其是在这些'社会的时刻'。"不要堕入贫困，这是他在战争结束时表达的愿意（1918 年 10 月 21 日）。几十年后他将会考虑是否去购置一片私人海滩……[65]

如果一个敏感的、身着裘衣的人遇上一位无产者，那么会发生什么呢？这种情况托马斯·曼在他的一篇早期小说中写过。戴特列夫，一位具有真知灼见的人，像托尼奥·克勒格尔那样不幸地爱上了生活，深感失望而又未得到满足地离开了一个喧腾的庆典。然后他遇上了一位被社会抛弃的人，有着"一张邋遢、干瘪和长着红胡子的脸"：

> 他的目光掠过戴特列夫的整个脸，掠过他的皮大衣，从挂在大衣外面的观剧望远镜往下一直打量到他的漆皮鞋，随后，又以这种渴求和好奇的目光盯住他的眼睛。此人只是用鼻子短促而轻蔑地哼了一声……[1]

戴特列夫意欲对他说：我们是兄弟呀，我们两个都是被生活抛弃的人，我们两个都是忍饥挨饿的人。他甚至还责备此人是一名典型的艺术家，说他这个人故意把自己的惨状摆出来给大家看，这样才能给他留下印象。对这件事情上的社会的东西，戴特列夫毫无知觉，他只对美学的和人性的东西有所感觉。他的那种自己也十分不幸的意识，成了对穷人无法理解他的一种责难。戴特列夫想要弄明白，但他意识到，他向马车夫招手，从银质烟盒里取出香烟，俨然给人以富足的派头。他默默地登上了马车，"不知所措，很恼火自己不知怎么把话说清楚"。66 托马斯·曼与他家里的佣人之间的情况大概也很相似。他们没法向他，他也没法向他们进行任何解释。

一个安慰：狗子

至于我个人，我觉得"尊重最末等的乞丐身上的那个人"这个

---

[1] 《饥饿的人们》，第183页。以下几处引文也出自同一页。

要求，是在所有的理所应当之外的，是非常自以为是的，满是含混的人性论，说得好听但无稽荒唐。我不了解人类特性的贵族气质，我也"尊重"我的狗子。我的好狗跟我打招呼，把它的前爪子放在我胸前，还把它虎头虎脑的头也放上来，我拍拍它那消瘦的肩，我觉得我跟它之间的距离要比跟某些"人类"成员之间的距离近得多。[67]

　　他觉得他的狗更能理解他一些。他这一生都在养狗，有一段时间还同时养了三只狗。[68] 它们似乎很尊重他的那种庄园主倾向。对宝珊来说，尤其如此，宝珊在 1916 年夏天到 1920 年 1 月跟他同住在一幢房子里。在颇具自传色彩的短篇小说《主人与狗》中，我们可以读到这样的句子，一种古已有之的父系本能决定了它"把男主人，也就是一家之长无条件地视为其主人，种群的保护者，发号施令者，而且加以敬重，对他保持着一种忠顺奴仆的特别关系，从而体现出自己的尊严"。[1][69] 现实中的民众所缺少的，宝珊悉数具备。它那种农民式粗犷的、忠心耿耿且质朴简单的、有韧劲且与自然交融的性格表现出的"民众"，才是曼热爱的。

　　宝珊的前任是一只苏格兰柯利牧羊犬，取名莫茨，1905 年购买的，1915 年因得了无法治愈的疾病被击毙。[70] 这只狗在《主人与狗》和先前的《王子殿下》中都出现过，名字是佩尔西法尔。这只狗被归入了田园社会这一范畴中，但跟宝珊不一样，它扮演的角色不是"民众"，而是"贵族"。佩尔西法尔虽然有点疯，但它是个贵族。跟高贵者往来，这才是同类之间的交往，因为这名艺术家也觉得自己是贵族，更为准确地说，是有点疯的贵族。佩尔西法尔是作家的一贯的自我，"精神"，相反，宝珊则是反向的那一极，"生活"。

294

---

[1]《主人与狗》，鄢容、刘恕译，出自《托马斯·曼中短篇小说全编》，吴裕康等译，漓江出版社，2002 年，第 383 页。本书涉及《主人与狗》的所有引文都出自该译本，以下不再一一注明。

由此，宝珊也不是一名唯美主义者。"比如，我不要求它表演特技，因为那只是白费力气。它不是学者，不是市场奇才，不是滑稽可笑的仆从；它是个精力旺盛的猎手，而不是教授。"[1]71 它是个出色的跳跃好手，虽然能跃过所有的障碍，但那必须是一个真正的障碍，也就是说，不可能从底下跑过去或者钻过去。"一堵墙、一条沟、一道栅栏、一个没有缺口的篱笆，就是这样的障碍。一根横放的竹竿，一根向前伸出的手杖，就不是这样的障碍。总之，如果不想同自己以及别的事物陷入愚蠢的矛盾之中，就不能从上面跳过去。宝珊拒绝这么做……无论你迎合它还是狠狠揍它——因为这是对纯粹耍把戏的一种理智的抗拒，你是无法制伏它的。"它跟小说《错乱与早痛》中的家仆克萨韦尔·克莱因居特尔一样，都是民众，是一个"很可爱的布尔什维克"，只有在他觉得合适的场合，他才十分殷勤周到，但别想让他去完成一些其他的义务，"就像叫某只狗跃过横竿时那样"。这么做显然有违他的天性，这位布尔什维克的同情者息事宁人地这么认为，"让人无可奈何，只好听之任之"。[2]72

宝珊虽然不是艺术家，但它是生活，可以由艺术家建构的生活。说出来的，就已经完结了，托尼奥·克勒格尔这么说。艺术家扼杀了他揽入其词语范围之内的东西。所以在反讽地使用这个思想的意义上，托马斯·曼要为宝珊的死负责。"严重的犬瘟，再加上化脓性肺炎，很快就掳走了它，非常快，在我跟一些人说过它之后……有时候我甚至没法压住一种想法，我对这个可怜的生灵做的事情跟它走有点关系，我做得不好，甚至有罪。"73 在日记的记载中说到宝珊的长眠时，也讨论到了艺术与死亡之间的关系。艺术家引用了奥古斯特·冯·普拉滕的一首诗中的几句诗，向这只狗致以最后的敬意：

---

[1] 《主人与狗》，第 391 页。下一处引文见同页。

[2] 《错乱与早痛》，苏廉译，出自《托马斯·曼中短篇小说全编》，吴裕康等译，漓江出版社，2002 年，第 460 页。本书涉及《错乱与早痛》的所有引文都出自该译本，以下不再——注明。

就连幸运也向它展现出美妙的一面，

因为一个生灵死得更为美好，一首永不过时的曲子

在其生命中为它歌唱。[74]

　　宝珊的继任者是一只牧羊犬，取名卢克斯或者卢赫斯，后来被称为卢卡斯，购买于 1920 年 3 月 23 日，这只狗显然不适合用来进行文学化。它不适合任何现有的套话，如"民众""贵族""精神""生活"，而只不过是一只简单的看护犬。"卢赫斯是一只天资平平、低三下四、不那么感伤的动物，不怎么惹人怜爱；但会跃过横竿。"（1920 年 4 月 13 日）"跟卢赫斯散步了一个小时，它最糟糕的特征就是发臭。它特别喜欢到脏地方去打滚，这样谁都不许动手摸它。"（1920 年 4 月 23 日）甚至大师有时都要亲自拿起抹布："晚上我和这只动物一起在我的房间里，但它乱拉，我只好去洗了。"（1920 年 4 月 8 日）在把名字换成了"卢卡斯"之后，负面的记载都消失了；看来大家还是相互习惯了起来。

家庭，也不轻松

年谱：1918—1933

从战争结束到流亡的这段时间里，在他们稳定的婚姻中，只对几件事情有所记录，最重要的是对克劳斯·霍伊泽尔的爱恋（1927）以及1930年的银婚纪念。这段时间里，这对夫妇主要忙的事情是文学事件和孩子们。家庭生活相对直接地在《主人与狗》（写于1918）、《小孩子的歌曲》（1918/1919）、《错乱与早痛》（1925）以及《马里奥与魔术师》（*Mario und Zauberer*）（1926年经历，1929年写就）中有所描述。除了大量的杂文，长篇巨著的写作占满了时间（《魔山》写至1924年，从1926年起创作《约瑟和他的兄弟们》）。1929年获得诺贝尔文学奖，托马斯·曼达到了他声望的巅峰。

两个大孩子的生活为这个家庭带来了不少生动与紧张。艾丽卡出生于1905年，1924年完成了高中毕业考，她多次转学后，去了柏林当演员，1925年到了不来梅，随后不久又去了汉堡。她相当有成就，不仅仅在她弟弟写的剧本中饰演角色（《安雅和埃斯特》，1925年在汉堡和慕尼黑首演），演出虽然遭受了很多批评，却让曼家的孩子们走到整个共和国的公众面前。艾丽卡在1926年嫁给了演员古斯塔夫·格林德根斯（Gustaf Gründgens），此人后来成了一位大明星。但这两个性格乖张的人只有在戏剧中能够相互理解，他们只在一起生活了很短的时间。1927/1928年艾丽卡和克劳斯一同去环游世界，在为旅行筹措资金方面父亲的声望十分有用。1929年，艾丽卡与格林德根斯的婚姻结束了，二人离婚。在职业上，她的工作重点由舞台转向了新闻。1930年去非洲旅游带来了吸食毒品的体验。艾丽卡接受了汽车修理工的培训，在1931年参加了一次接力赛，十天之内行驶了一万公里。在流亡前夕，她成立了卡巴莱剧团胡椒碾子，这个剧团将会成为文学流亡中最有成就的活动之一。

克劳斯出生于1906年，在1915年差点儿死于一次盲肠穿孔。他读过的中小学比他姐姐读过的还要多，先是在慕尼黑的一所私人学校，然后去了公立学校，一所文理中学，接着又（同艾丽卡一起）进了寄宿学校霍赫瓦尔德豪森（从 1922 年初到同年夏天），再后来又去了奥登瓦尔德学校 [1]（1922/1923），此后又再次接受私人授课，最终在 1924 年，他彻底拒绝接受继续上课，也没参加高中毕业考。在乡村中学中，他了解了青年运动的精神并且结下了一些非常重要的友谊，其中也有一些同性恋的友情，这将影响他的整个生活（埃尔马和乌托）。尽管如此，他在 18 岁时与帕梅拉·魏德金德（Pamela Wedekind）订了婚，大作家的儿子与大作家的女儿订婚。当年法律上的成年是 21 岁，他还不能结婚。他去了海德堡，在柏林成了剧评人，去汉堡和各处旅行，有时候也回趟家。1927/1928 年的环球旅行结束了这次订婚。帕梅拉后来嫁给了年纪大她很多的作家卡尔·施特恩海姆，克劳斯根本无法理解这件事情。他不停地写作，至 1932 年，已经出版了十几本书，其中一本就是他的自传《这个时代的孩子》（*Kind dieser Zeit*）。他的剧作引发了不少丑闻，但在汉堡、柏林、维也纳和慕尼黑的大剧院中都上演过。他跟姐姐艾丽卡一样，也被纳粹盯上很久了，在 1933 年 3 月不得不离开德国。

戈洛跟他的哥哥姐姐不同，他出生于 1909 年，是个相当规规矩矩的学生。他的小学时代也是在一所规模较小的私立学校里度过的，1918 年转学到慕尼黑的威廉文理中学，1922 年进入了博登湖畔于贝尔林根镇上的扎勒姆城堡寄宿学校，他于 1926 年在这所学校完成了高中毕业考。从 1927 年至 1932 年，他在慕尼黑、柏林和海德堡上大学，专业是历史、社会学（师从阿尔弗雷德·韦伯 [2]）和哲学（师从卡尔·雅斯贝尔斯 [3]）。他才刚满 23 岁，就获得了哲学博士学位。1933 年夏天他也开始了流亡生涯，先是逃往法国，1940 年逃往美国。大部分时间他作为

---

[1] 由保罗·格赫布偕妻子成立于 1910 年，是当时德国最著名的乡村寄宿学校，推崇革新教育。随着纳粹势力的抬头，这所国际性、跨宗教学校日渐受迫，不得不关闭。

[2] 阿尔弗雷德·韦伯（Alfred Weber, 1868—1958）：德国著名经济学家、社会学家和文化理论家，创立了工业区位理论。

[3] 卡尔·雅斯贝尔斯（Karl Jaspers, 1883—1969）：德国存在主义哲学家、神学家、精神病学家。

历史学教授从事工作。1958年返回德国，自1964年起成为自由作家，住在位于基尔希贝格的父母的故居里，1994年在勒沃库森去世。

莫妮卡是第四个孩子，1910年出生，成了一名作家，1939年与一位匈牙利的艺术史学家耶诺·拉尼（Jenö Lányi）结婚，他于1940年在她的视线内溺水身亡，她再次跟父母生活了一段时间，后来从1953年至1988年生活在卡普里岛。她于1992年去世。伊丽莎白是第五个孩子，1918年出生，1939年跟文学研究家朱塞佩·安东尼·博尔杰塞（Giuseppe Antonie Borgese）结婚，1952年她丈夫去世以后，她在加拿大成为一名政治评论家、海洋研究者和政治学教授。米夏埃尔是最小的孩子，出生于1919年，先是成为一名音乐家（中提琴手），父亲去世后在美国成为一名德语文学研究者，1939年与一名苏黎世女子格蕾特·莫泽（Gret Moser）结婚，共有三个孩子，1977年去世。

可怜的小卡蒂娅

与新婚时期不同的是，托马斯的整个婚姻本身几乎没有进行过文学化，这是出于显而易见的原因。这样的话，作品就很少涉及两个人的共同生活。从那些杂文作品中，我们能得到的信息也几乎为零。到了年事已高时，卡蒂娅·曼在《未写就的回忆》中讲述了一些，但这个回忆录却不喜欢写婚姻中的问题，只是展示了这个婚姻中经过修饰的向外一面。从孩子们的回忆中可以获得的信息还会多一些。例如我们从戈洛·曼那里看到这句话："事实上，托马斯·曼有些招架不住母亲那种一向在场的、运用逻辑和法律的智力。"[1] 她（卡蒂娅）称他为"狍子"，或者是"一副傻狍子的温顺模样"[2]——这我们是从义丽卡那里知道的；"撰写者狍子"，在合适的时候，他也会这样签名。[3] "小甜心很注重实际，但有些不讲条理；魔术师根本就是一副不食人间烟火的样子，耽于梦想；

但他的井井有条简直到了有些死板的程度"——这是克劳斯说的。[4]莫妮卡很清楚："理论上他是一家之主，实际上他是个孩子。"[5]卡蒂娅，而不是托马斯，去考了驾照；她开车飞快并且有些漫不经心。[6]

1918 年到 1921 年间的日记是最为重要的窥视孔。想要了解相关情况的人心里一定充满感激：托马斯·曼与其他人不同，他把他的生活都记录了下来，这么多的材料都保留了下来，还有版权继承者充满理解地允许我们对这个独特的作家灵魂进行深入的研究。因为从托马斯·曼本人这里了解到的东西几乎不比从他最好的朋友们那里知道的少。

婚姻的最初几年对于托马斯·曼夫人（她自己这么称呼自己，这个称呼印在她信笺的抬头上）来说是极度艰辛的。这种"严厉的幸福"要求处处有纪律。14 年里生了六个孩子（还有两胎流产）[7]、战争、革命和通货膨胀、一位不易相处的丈夫以及紧绷绷的情感关系：这一切叠加起来可不是小事。所以一再谈起病痛、一再谈起去疗养，这就一点也不奇怪了，例如 1912 年要去达沃斯疗养六个月是记载在日记中的。卡蒂娅当年的肺部 X 光片恰巧保留了下来，片子上根本就没有任何肺结核的迹象，现在的专家们这样评述。[8]我们应当将创作《魔山》的动因归功于一次误诊——因为当时托马斯·曼去探望他的妻子，只打算在那里"停留三个星期"，就像他笔下的主人公汉斯·卡斯托尔普一样，在此期间产生了创作一部"疗养院小说"的想法。在 1918 至 1921 年的日记中也常常说到卡蒂娅过于劳累，受病痛困扰，亟须休养，等等。但她那尽职的意识在大多数情况下还是把她留在了家中。"为卡蒂娅感到绝望，她现在到底还是要去科尔格鲁布。"她的丈夫在多次的来来回回犹豫之后，1920 年 5 月 13 日记下了这么一条，"真实情况是，她根本就不愿意去。"一名医生确定，这就跟在《魔山》中一样，"右上方"可以听到一些杂音（1920 年 4 月 9 日），建议她去黑森林疗养。她后来却只去了科尔格鲁布（1920 年 5 月 27 日），这个地方位于慕尼黑的西南方，搭火车只需要一个半小时。

1925 年写的一篇涉及婚姻的杂文[9]中，托马斯·曼不无道理地评论道：通过妇女平权和文化差异，"把两个人牢不可破地拴在一起过一辈

302

子"变得十分艰难了，而上述情况实际上"只有在古老父系的心绪、感知、神经的简单状况下"才可能。如果想要过好一个幸福的婚姻，与较为原始的时代相比，现在需要完全不同程度上的眷顾、分寸、手腕、温存、善意、大度、自我控制和相处艺术。当然易感性比从前增加了许多，虽然现在分房睡和不同的兴趣活动让可以引发冲突的范围缩减了不少。"尽管如此，丈夫声音中有种莫名其妙不耐烦的抖动，即便在人群中也出现这种抖动——这表明，那种积累得相当多的烦躁痛苦和让人绝望之极的被激怒的情绪随时会令人羞惭地爆发出来。"斯特林堡的回忆表达了在大多数婚姻中很容易就能观察到的情况，"地狱般的回忆"。据曼说，一个人很容易得到这样的印象，90% 的婚姻都是不幸的。

1919 年 9 月 21 日，曼用反讽或者起码用了几个思考点来结束了日记的记录："卡蒂娅说，她弟弟彼得在家里说，我们拥有的是一种'理想婚姻'……"根本就没有这样简单。那么多本日记至少知道那种一触即发的情绪以及那种烦躁痛苦到要爆发的状况。动因大多是没有恶意的。用几道聚光光束可以让我们了解一下这个家庭的日常生活："今天下午在喝茶的时候，我很遗憾地因为卡蒂娅对仆人太软弱而神经崩溃地向她发火了。"（1918 年 10 月 12 日）"饭后跟卡蒂娅闹不愉快了，双方都有'错'。我非常累了，刚刚在椅子上安宁片刻，她就来烦我，我没能掩饰住自己的恼怒，很遗憾。"（1919 年 3 月 30 日）"早餐时跟卡蒂娅又闹不开心了，因为黄油的消耗量太大。真是没必要，心里很后悔。但是很明显的是，只要我多少有些累了，控制不住情绪，就会这样易怒，所以这样的情况一再发生。"（1919 年 4 月 1 日）"卡蒂娅和我之间又产生了极度紧张的气氛。"（1919 年 10 月 25 日）也出现过这样的情况，卡蒂娅"发了很大的火"（1919 年 11 月 6 日），因为她丈夫在经济问题上一点数也没有，而同时也是"由她那脆弱的神经状态决定的"。"饭后跟卡蒂娅很不愉快，她把过道火炉的炭火往我屋里的火炉里面搬，一些炭块掉在了地毯上，她用让人不快的激烈态度对待我，因为我想要把炭火踩灭，而不是捡起来。"（1920 年 1 月 18 日）"在家里又生卡蒂娅的气了，因为她一点儿晚餐也没准备。"（1920 年 3 月 2 日）

303

但是所有的生气都持续不久。"晚上就跟卡蒂娅和好了，她非常可爱。"（1919 年 10 月 25 日）卡蒂娅接受了她作为家庭主妇的角色，或者更确切地说，没有任何异议地接受了一大家子的女主理的角色。他的生活成了她的生活。她"现在真的成了他的附庸了"，她没有任何愤懑情绪地这样写道。[10] 她还常常作为校对员和书写员为她丈夫工作。而且在需要说英文的时候，他总是把她推到前台，"我妻子，她的英语说得比我好"[1]。（1921 年 6 月 8 日）他想起克莱斯特写的关于约翰·塞巴斯蒂安·巴赫的轶事时，不免心领神会地一笑："他早就习惯了，让他的妻子为他解决生活中的一切事物（跟我一样），在她的葬礼上，人们向他请示指令时，他抽泣着说：'您去问问我的妻子！'"（1920 年 4 月 11日）卡蒂娅外出旅行时，好像就发生了这样的事情，他必须借钱度日，因为他根本就不清楚，他的钱到底存在哪一家银行。[11]

他不是一个权威型的丈夫。他不乏对她的角色的各种困难的理解，"我的可怜的小卡蒂娅，我爱她"（1919 年 7 月 24 日）。他常常流露出为她操心，十分怜惜她的意思。"这些天里为卡蒂娅担心，她看起来不太好，而且常常感觉非常虚弱……她要是死了，我会悲伤得不能自持，她也知道这一点，而且还说出来了。"（1918 年 10 月 11 日）"非常为卡蒂娅担心，为她捏一把汗，她非常虚弱。"（1918 年 11 月 3 日）"但是卡蒂娅的神经扛不住了，她哭着说'我没法过下去了'，前一段时间里家庭妇女的和其他什么的悲哀让她崩溃了整整一小时。我心里对她充满怜惜。"（1919 年 11 月 2 日）启程出发让人精神不安，卡蒂娅很晚才开始收拾行囊，准备去奥伯斯特多夫疗养："习以为常的状态。同情她，她要离开了有些感伤，但也希望她能增强体质，而我能获得一些安宁。"（1920 年 9 月 3 日）

尽管存在着种种紧张，但这看起来并不像一个不幸的婚姻的样子。忘记了结婚纪念日，并不一定就是一个不好的迹象，而是婚姻状态稳固的一种理所应当的心态的证明。"今天是我们的第 15 个结婚纪念

---

[1] 原文中这句话为英语：My wife, who speaks English better than I。

日，——我在吃晚饭的时候才想到这一点，这是因为卡蒂娅在准备潘趣酒 [1]……还在费尔达时，我就专门注意这个日期了，可是后来又忘记了。深受感动、充满柔情地对待卡蒂娅。"（1920 年 2 月 11 日）

至于情欲方面，处理好关系当然有些棘手。日记本里面虽然有不少记载："与卡蒂娅同床共枕。"12 更为稀少的是直接提及感官的过程："晚饭后在卡蒂娅那里，她让我用手触摸她的身体、肋骨和胸部，这非常刺激我的感官。"（1920 年 3 月 12 日）"几个星期以来，我与卡蒂娅的关系是非常性感的。"（1921 年 10 月 12 日）但不能否定的是，谈及问题的表述还是占多数。有时这类表述是以非常微妙的区分开始的："晚上与卡蒂娅一同散步，她非常爱我，我对此有无限的感激。"（1919 年 8 月 15 日）为什么要感激呢？诸多原因之一是"拥抱卡蒂娅。我感谢她言行中对我的性问题表达出来的善意，深深地充满暖意地感激她"。（1921 年 5 月 13 日）还有一次表达："感谢卡蒂娅，因为她从来不曾对自己的爱情有过丝毫迷茫和动摇，当她没法让我有任何兴致时，当躺在她的身边没法让我进入一种能让她感到有兴致的状态时，就是说让她得到最终的性快感，她以安宁、爱与平淡如水接受了这一切，这真是值得赞叹，这样我也就不必为此觉得震惊了。"（1920 年 10 月 17 日）看来一直是由于卡蒂娅方面需要外出滞留，这时两人就不会同床共枕。同性恋的本性在所有这一切中起着一个决定性的作用，这不仅是显而易见的，而且还在一条日记记录中对此进行了反思（1920 年 7 月 14 日）：

> 我对我自己在这个方面的状况并不十分清楚。其实不能说是真正的性无能，更确切地说是一种关于我的"性生活"方面的习以为常的迷乱和不可靠性。毫无疑问，由于某种愿望而易于激发的弱点是存在的，而这些愿望走向另外一个方向。倘若"眼前"是个男孩，那又会怎么样呢？如果我因一次失败而沮丧，失败的原因对我来说又不是什么新鲜事儿，无论如何都是非常不理性的。不谨慎、

---

[1] 潘趣酒是用果汁、香料、砂糖和茶混合制成的一种热饮料。

脾气坏、漠不关心、自我意识早就因此成了正确的行为方式，因为它们是最好的"疗救手段"。

几天之后，托马斯·曼在火车上跟一位让他很有好感的身着白色裤装的年轻人聊了起来，聊天很有启发，他记录下来（虽然带着问号）："对这件事情很开心。看起来，我大概跟女人彻底了结了？"（1920 年 7 月 25 日）这后来虽然没有兑现。但性在这个婚姻中成了一种情感上的走钢丝绳的行为，这从日记上能够毫无疑问地看出来。不过这个领域中的困难通过其他领域的强项被平衡过来。指责卡蒂娅牺牲了她自己的生活，指责托马斯·曼滥用她来作为自己的掩护，这只能切合真相的一小部分。托马斯·曼很清楚地知道，他在什么地方对不起她，至少在他的良心深处是如此，"在灵魂那个无需借口的地方"。[13] 把所有的各种情况都考虑上，两个人一起走过的这条路，大概是他们所能选择的最好的路。如果他们这条路是一条错误的路，那么，"只是因为条条道路中根本就没有一条正确的道路"。[14]

孤　独

他有自己的秘密。就我们所知，当年任何人都不许去翻阅他的日记本。就连卡蒂娅也不行。他通常都在夜深时分写日记。这样写日记的方式，必须分房睡才有可能。他的关于隐私的压力应该不会大到既无法保证写作时间，又不能保证安全，即违背他的意愿被人知道。

"关于孤独以及'女人和孩子'，还是有一些东西可说的。"[15] 他很孤独，即便是在家中，在人群中也一样，但他也不追求什么别的东西。"对孤独和安宁的渴求就像是身体的饥渴一样。"他与自己本身以及与驻留在自身的回忆和幻想，这些都能给他提供足够的陪伴。"如果一个人有深度，那么孤独和不孤独之间的区别并不是很大，区别只是外在的。"谁有深度，那么他总是一个人。这样就不存在他被社会彻底吸收的危险。虽然这样让他看起来有点像个怯懦市民。"决定性的斟酌和安全保留在我这里，我根据我的天性浑然隐于市民之中，而不必经历市民化。"

　　他没法对其他人好好说明，至少没法说明他灵魂中的沟壑。他让人群远离他，确实，这让人觉得他清高，仿佛他根本不需要他们似的。但不也存在着一种拒人千里的态度，实际上就是一种请求别人接近吗？一种请求，以令人讶异的对人性的耐心赢得这个无辜冰冻起来的人，当初保罗·埃伦贝格不就做到了这一点？跟他都到了彼此用你称呼的程度，与库尔特·马滕斯也一样，当时新世纪刚刚开始。托马斯·曼作为人夫再一次将自己在他人面前冰冻了起来。他的兄长是个危险，他没有真正的朋友。

　　他从来就不吐露真心。几乎所有的人都只看到了他市民性的表面，认为他就像一个公务员般的中规中矩的凡人，而且对他这个人写的书并没有表现出太大的惊讶。如果这些人是恶意的，他们也会觉得这些书里充满着向上爬的野心。从外部看他的生活从容自如，因此没有任何人同情他。而他却痛苦不堪！我们从他的日记中知道，他有多么痛苦。有人高高在上地进行判断，他的那些痛苦滑稽可笑，并且为此引用了他对内衣的抱怨。（"我在灵魂上和身体上都痛苦不堪，4号内衣对我来说太小了，而5号内衣又太大了。"）[16] 他有成就，这是肯定的。但他也需要成就，这样才能够扛得住加在他灵魂上的痛苦。

　　这种孤独的痛苦很容易被荡得很高。托马斯·曼就是一只正在挨冻的刺猬，他要在别的刺猬那里寻得温暖，但是双方都有刺来阻止对方挨得太近。一只刺猬要经过一定的距离到达另外一只正在逃逸中的刺猬，而距离越来越大。一个人需要在自己的周边有越来越多的空地，如果他不想有挤迫感。但如果与此相反，周边的空地越来越小，如果所有的人都越来越急于自己一定要说点什么，而那位较慢的、距离较远的人说个上话，那么结果就是沉默不语。在缄默不语中有一丝苦涩，但也有善意和舍弃；在缄默不语中也有一种理解，其他人不能给予这么多的空间，其他人理所应当地要将空间用自我需求来填满，不能再向其他人要求什么。无论托马斯·曼在公众场合多么善于高谈阔论，在私下里他是个极度拘谨的人，由于特别负责任而拘谨（那么人们真就能够道出个中缘由吗？），因为他觉得自己都受不了自己，至少在忧郁的时刻是如此。

六个孩子的父亲

一些细致的文学叙事出自作为父亲的托马斯·曼笔下，通常都进行了美化。在《大骗子菲利克斯·克鲁尔的自白》中有一位库库克[1]教授，他从"星际"[2]遥望着年轻人在折腾，看着他的女儿跟菲利克斯调情。[17]在那部大型的《圣经》小说《约瑟和他的兄弟们》中，雅各是十二个儿子和一个女儿的父亲，他是在庄园主的全部含义上的父亲身份的原型，他是一家之主，是妻子和孩子们、男仆们和女仆们、畜群的主人。他到最后是原型的原型，一切父亲身份都由此引发出来，包括圣父本人。[18]托马斯·曼在这部小说中添加了很多家庭的东西。拉结的原型是卡蒂娅，雅各为了娶到她服务了七年之久。她生第一个孩子，就是生女儿艾丽卡时，用了整整36个小时，人们不难在约瑟的难产过程中再看出故事的原型来。拉结的第二个孩子便雅悯，雅各最小的孩子，在很多地方实际上有米夏埃尔·曼的影子，也就是托马斯·曼和卡蒂娅的六个孩子中最小的那个孩子的影子。就连父亲的偏爱也是有生平经历为基础的。有特别受宠的孩子，例如克劳斯、艾丽卡和伊丽莎白，对应小说中的约瑟、便雅悯、流便和犹大，还有不那么受宠的孩子，就是戈洛、莫妮卡、米夏埃尔，对应小说中利亚的其他几个儿子和女仆生的儿子

---

[1] 库库克为"Kuckuck"的音译，意译是"布谷鸟"，意指怪诞之人。
[2] 《大骗子菲利克斯·克鲁尔的自白》，第382页。

们。从教育孩子的角度来看，这种偏爱实际上是一种短处。那些不受宠的孩子会觉得这是一种不公正，但又不得不接受与高贵和优待相连的这种情况。由于雅各不是一名斗士，而是一个善于苦思冥想的人和一个讲故事的人，他的儿子们虽然对他极富表现力的言辞和各种手势有一定的敬畏，但还是背着他做了不少事，因为他们知道，他根本就没法抵御。而且他也自认为比较衰弱，例如跟亚伯拉罕相比较。

　　更为接近自己的生活与体验的是在 1925 年春天写的小说《错乱与早痛》。小说里的故事发生在 1923 年秋天，在通货膨胀的高峰期，而且"事情经过就是这样发生的"。[19] 德国道德沦丧，在灵魂上毫无节操，"市场上的一个女贩子，用干巴巴的语气要把一枚鸡蛋卖到'100 万亿'马克，她那时候已经忘记何为惊讶了"。[20] 曼一家的日子也过得急转直下，虽然他们还有些美元收入。从这篇小说中可以看出当时曼家的内部状况，因为小说中的人物也只是进行了非常肤浅的化装。阿贝尔·柯尔内柳斯，历史学教授，居住的环境跟托马斯·曼的一样，也有一个不堪重负的妻子（"因为家务繁重拖垮了身体，显得憔悴"[1][21]），还有四个孩子，也就是 18 岁的英格丽德，相对应的是 1905 年出生的艾丽卡，17 岁的贝尔特，他扮演的角色是 1906 年出生的克劳斯，还有 5 岁的洛尔欣（即伊丽莎白，"小孩儿"）和 4 岁的爱咬人者（即米夏埃尔）。戈洛和莫妮卡没有用于小说中。仆人克萨韦尔·克莱因居特尔也被证实有现实生活中的人物作为原型，在现实中就是那位"随风倒的路德维希"[22]，在小说中是"轻松时刻的孩子和开心果，是他那一代人的一个真正的榜样，一个革命的仆人，一个和蔼可亲的布尔什维克"。[23] 大概没有什么能够反对这样的估计，就是余下的仆人或多或少都取样于当时家中的实际情况，即看护孩子的安娜和两位从市民阶层跌落下来的欣特霍费尔姐妹，姐妹俩分别担任了厨娘和操持家务的女佣的职务，而且一直为她们的社会地位下降而痛苦不已。

　　"我最小的女儿骑着木马，如果木马的鼻子向上翘，她就喊一声

308

---

[1] 《错乱与早痛》，第 444 页。

'美元上涨了！'"[24] 这个通货膨胀的闹剧也不可避免地冲昏了其他孩子的脑子，"最受尊重的专家们也对各种有关通货膨胀的玩世不恭的笑话趋之若鹜，这一切都让青少年们心气很高、耽于享受而且怀疑一切"。那些来参加英格丽德和贝尔特的聚会的年轻人是各式各样的，有演员和投机客，文理中学的女学生和从事工艺品行当的女士，还有参加青年运动的人和身着燕尾服者。传统的社会的联系解除了。"蔑视早已有之的各种规则，成了一种优势和时髦。"人们普遍以你来相互称呼，而无论是在《魔山》中，还是在托马斯·曼的家中，用你称呼都是十分没规矩的做法，卡蒂娅一辈子都用您来称呼她的大伯子亨利希。他在《错乱与早痛》这部小说中表达出了一种大度的敬意，曼在许多年后这么写道[26]——虽然他非常喜欢井井有条。实际上在那篇小说中，父亲也像年轻人一样摇摆于新旧之间。历史学教授柯尔内柳斯的反讽的文化保守主义并无任何战斗力，因为他自己在暗地里已经对新事物非常有好感了。尽管如此，他还是把自己的儿子贝尔特跟马柯斯·赫格塞尔相比，贝尔特是一名滑稽演员，同时又想成为一名舞者或者卡巴莱演员，或者到开罗去当一名跑堂，而马克斯·赫格塞尔想当一名工程师，他还把儿子跟默勒尔相比，默勒尔是一名银行职员，而且作为一名民歌手还真能够成点气候。"他希望自己公正，就试着对自己说，贝尔特不管怎样也是个好青年，或许比这个有成就的默勒尔根基更深，说不定将来会成为诗人之类呢，他那个蹦蹦跳跳当侍者的计划只不过是一种孩子气的、受时代困扰的鬼迷心窍而已。可是，他做父亲的那种充满嫉妒的悲观主义却越发厉害了。"[1][27]

作为父亲，托马斯·曼大概没有多少权威，跟小说中的柯尔内柳斯大致相同，因为他仅仅在很少的几点上能够真正具有必要的决断力。他太过于频繁地对自己的角色进行反讽，比方说他朗读一首关于冯·韦尔布斯特先生的诗歌，此人自行教育他的儿子们，而后来他们双方都淹死了。[28] 他对孩子们的出格行为表现出极大的理解。在小说《马里奥与魔

---

[1] 《错乱与早痛》，第 459 页。

术师》里面也是这样，小说中的父母都太软弱了，没法强行带着孩子们离开那个魔术师的乖张表演。这个故事就其核心来说也是一场自身的经历。[29]故事是以1926年9月在维亚雷焦附近的马尔米堡度假为基础的。当时真的有那位魔术师。在小说中出现的两个不具名的孩子，一个8岁的小姑娘和一个男孩，显然是伊丽莎白和米夏埃尔。书中也有父亲，他对那乖张的表演做出让步，一直待到午夜过后很久。"孩子们这时候都醒了。我一提到他们就心里感到惭愧。待在这里对他们至少是不好的，而我们却依然没带他们退场。我只能用受到了当时普遍的放纵情绪的某种传染来解释。在这深夜时分，我们也被这种放纵情绪感染了。现在，反正都一样了。"[1][30]

　　在外面时，可以戴上市民阶层的面具，而且能够以此来瞒骗社会几小时。但在数年的日常生活中对孩子们进行教育时，面具是没有力量的。孩子们知道得很清楚，那个整个世界只知道他穿着精心裁剪的西装的样子的人，在家时跟浪荡艺术家一样穿着一件磨破了边的外套，还围着一条围巾。[31]只有真实的存在才能被认同。这意味着托马斯·曼在这个情况中，在面对自己的孩子们时根本就没法坚持一种传统的市民阶层的教育，因为他本人就对那些非市民阶层的事物具有非常多艺术家的同情。他穿着燕尾服，戴着大礼帽和一副白痴的面具出席狂欢节聚会。[32]他是一位表演能力相当不错的演员，这一点他的孩子们都能说出很多来，尤其当他们夸赞他的朗读时。

　　所以这些孩子中没有一人成为十分规矩的市民。这位父亲对外时有可能躲躲闪闪要遮掩的一些东西，在他们面前就完全暴露出来了。这是一个艺术家的家庭，在这个家里所有权威式的东西都化解在反讽这种万能的溶解剂中了。小闺女伊丽莎白称她的父亲为"托米"。[33]小说《错乱与早痛》的开始部分展现的家庭状况中家长的权威性就相当弱，但表

310

---

[1]《马里奥与魔术师》，孟德、赵士陆译，出自《托马斯·曼中短篇小说全编》，吴裕康等译，漓江出版社，2002年，第501页。本书涉及《马里奥与魔术师》的所有引文都出自该译本，以下不再——注明。

现出对家庭每个成员在美学上自我展现的普遍尊重：

> 大孩子们称自己的父母为"老人家"，不是在背后喊，是当面这样称呼，而且十分亲昵，尽管柯尔内柳斯才47岁，他的夫人更是比他年轻8岁。"可敬的老爷子！"他们说，"正直的老太太！"教授自己的父母亲在家乡闲度老年人提心吊胆的晚年，在他们的嘴里就是"老祖宗"了。至于"小家伙"嘛，指的是洛尔欣和爱咬人者，他们跟因为脸色发青而被称为"蓝安娜"的保姆一起在楼上用餐。他们模仿母亲对父亲直呼名字，也就是干脆叫他阿贝尔。他们这么叫他时显得过分亲昵，听起来非常滑稽，尤其在5岁的洛尔欣的甜润嗓音中。她看上去就跟柯尔内柳斯太太小时候的相片一模一样，教授疼爱她如同掌上明珠。

> "老爷子！"英格丽德说，把大而秀气的手按到父亲手上。父亲按照中产阶级并非矫揉造作的习惯坐在家庭餐桌上首，而她坐在父亲的左边，母亲的对面。"父亲大人，让我提醒你一下，因为你肯定已经忘记了。今天下午，我们要举行一个小小的联欢会，要像一群鹅那样乱蹦一起，还要加上鲱鱼色拉，也就是说，你得保持克制，别灰头土脸的。我们一到九点钟就散场。" [1] 34

在关涉故事的主要冲突时，小说中的父亲也显得无能为力。聚会开始了，那个名字是马柯斯·赫格塞尔的帅气年轻人开着玩笑跟5岁的洛尔欣跳起舞来，然后又把她撂在一边，洛尔欣不管不顾地放声大哭。在井井有条的生活中又破坏性地闯入了一个爱之恶魔。并不是那位教授出来救了洛尔欣，教授那颗慈父之心"被它撕碎了，被这种无法无天、无药可治的激情的令人羞愧的恐惧撕碎了"，[2] 35 而是家中的仆人克萨韦尔把马柯斯·赫格塞尔请到了她的小床边上。说了几句半哄半骗的话之

---

[1] 《错乱与早痛》，第442页。
[2] 《错乱与早痛》，第467页。

311

后，洛尔欣睡着了，"在她那徐缓的呼吸中，还能不时地听到一声迟到的抽泣"。[1] 36

艾丽卡

"我喜欢艾丽卡和克劳斯，我很确定，我特别偏爱这六个孩子中的三个，这两个大孩子还有小伊丽莎白，我以少有的坚定这样偏疼他们。"37 艾丽卡属于被选中的孩子，作为家中长女，她就是家中的"女王储"。38 托马斯·曼就敢给自己特别偏爱的孩子不公正的优待，还要振振有词地对这种做法进行反讽式宣扬。艾丽卡讲过一个故事，在第一次世界大战结束后，大家都挨饿的日子里，所有吃的东西总是非常严格地在孩子们中间平均分配。有一天只剩下了一个无花果，毫无疑问，这个无花果要在当时的四个孩子中平分，孩子们的母亲也是这个意见。

> 但我父亲做了什么呢？他把这个无花果给了我一个人，然后说："诺，艾丽，吃吧。"我当然马上就开始狼吞虎咽地吃掉了这个无花果，其他三个弟弟妹妹全都惊呆了，我父亲很有哲理地强调道："应该让孩子们从小就熟悉不公平的现象。"

在艾丽卡写的回顾文章中，父亲处于一种被美化的光环中。在日常生活中，他多少有些力不从心，但他很幽默，也很善意。他亲她的时候，小胡子——当时比晚年时的胡子要茂密得多——刺挠着她。40 他很认真地对待自己的孩子，给他们非常大的自由空间，他在平日里虽然不多管教，但在有十分重要的缘由时，他总是会做一些非常有效的事情，

---

[1]《错乱与早痛》，第 469 页。

说一些非常有用的话。圣诞节的时候，他亲自动手去搭造旧马厩，用上那些美妙的小蜡人。[41]1919 年初，孩子们在艾丽卡和克劳斯的带领下，在家中上演了一出戏剧，他就此写了一篇妙趣横生的剧评。"克劳斯先生饰演的路易斯展现了很多老实巴交的特点。"这篇剧评上署名是"绵羊头博士"，签名中的字母 a、字母 k 和字母 o 都用一个小叉来替代。[42]他很愿意为孩子们朗读点什么，先是读一些童话，后来读他自己的作品，他总是对大家的反应充满了好奇。"如果我们大笑起来，有的地方确实很好笑，他就会乐不可支，如果我们听得泪水盈眶，他就感到特别幸福。"[43]有时孩子们笑得差点从椅子上跌下来。[44]只有在听父亲朗读时，才可以走入那间素日里锁得严严实实的书房。所有的孩子都能回忆起那种特有的混合着皮货、墨水、烟味和古龙水的气味来。[45]与大女儿的通信很早就开始了，信件的语调是关爱而诙谐的。"亲爱的艾丽孩儿，请接受我对你的生日的衷心祝福，求你原谅我，在无边无际的草率中把你给带到了这个世界上！这样的事情不会再次发生了，终究我们也没能比这样更好些呀。"[46]

还是个孩子的时候，艾丽卡属于赫尔佐克公园的孩子团伙，这个团伙经常在博根豪森一带闹腾。"我们当年是一大群常常瞎闹、坏点子特别多的孩子……我们神神道道，撒谎，骗人时信誓旦旦，信手拈来，这一点简直让人羡慕……我们代马克西米利安·哈登跟大学校长约了喝下午茶，过后不久又替他取消了这次预约，给出的理由是他的一只胳膊被有轨电车碾断了；为了想出这一切馊主意，为了证明自己的胆子特别大，我们专门在大酒店的大堂里面聚头。"15 岁时，艾丽卡回答一个问卷调查时说，她父亲全心全意地扑在山地齐特尔琴的演奏上。[48]她（更准确地说是她的肖像英格丽德）能够"用既高又颤、叽叽喳喳的声音装作一个女店员。声称她有一个私生子，一个天性暴虐的儿子，最近，在乡下竟难以置信地折磨一头乳牛，简直让基督徒无法容忍"。[1][49]她常常瞎扯，撒谎，充满幻想，耽于梦境，是个戏要游戏的人。父母在教育上对

---

[1]《错乱与早痛》，第 445 页。

她根本就无能为力，因此只能在 1922 年把她和克劳斯一同送到勒恩山区的霍赫瓦尔德豪森山间寄宿学校去，这是一所改革式的教育机构，并不是一个兵营。但那里的人们拿这两个孩子也没什么办法。仅仅过了 4 个月，艾丽卡又回到了慕尼黑，1924 年她在慕尼黑连滚带爬地通过了高中毕业考。

这个孩子将来到底能干什么呢？"艾丽卡的职业看来是操持家务和在别人家学习料理家务。"（1918 年 11 月 29 日）她当时 13 岁。"今天为我们烤了蛋糕作为晚餐。围着做家务的围裙的样子非常可爱，常常有着别样的美丽。"在她的弟弟米夏埃尔出生时，她也证明了自己很能干。"艾丽卡成了临时的家庭主妇，很棒。"（1919 年 4 月 21 日）她越长越漂亮，这给他以深刻的印象。"爱着艾丽卡，她显然爱我，我对她好些她就特别高兴。"（1920 年 6 月 9 日）

但她并没有成为家庭妇女，而是成了一名演员、卡巴莱演员、充满激情的车手、儿童读物作家，还是一名积极主动的反希特勒者。她在 1933 年就不得不开始流亡。她的私人生活也困难重重。她爱她的弟弟克劳斯，先后两次结婚，都嫁给了同性恋者。第一次婚姻，嫁给古斯塔夫·格林德根斯（"艾丽卡知道如何悦耳地说出'我愿意'"）50，这段婚姻很快就以离婚告终；第二段婚姻，嫁给了威斯坦·休·奥登[1]，这次只是为了护照而结婚。艾丽卡·曼游离于同性倾向以及多数情况下必须抵御的情郎之间。毒品也起着一定的作用。她的生活里能最终留存下来并给她支撑的，一再是她的父母。在美国的那段时间里，她完全回到了父母家中，继卡蒂娅之后，成为她父亲最重要的助手。

313

---

[1]　威斯坦·休·奥登（Wystan Hugh Auden, 1907—1973）：20 世纪中叶最有影响的诗人之一。1935 年，他与艾丽卡·曼结婚，这场婚姻并没有持续下去，因为他只是为了帮助艾丽卡获得英国国籍，使其不会沦为纳粹德国的牺牲品。

克劳斯

作为父亲，托马斯·曼并不是一个面目可憎的怪物，有不少人想把他看成这样的怪物。他其实也非常不容易，哪个孩子都不让他省心，所有的孩子都不走寻常的路，而且成年了还常常伸手从他的兜里面掏钱。他对克劳斯也充满理解，而且并不是一个不好接近的父亲，不妨想想，在这么非同寻常的情况下对一个人的要求会有多高。克劳斯很开心地回忆道，例如他具有一种特殊的"能力，拿着浇花的软管朝草坪上的我们泚水，他的这种能力简直能让他当上这个行业里面的大师"。[51] 他爱动手打人。这一点也由父亲的日记证实了（"这要非常感激他们"，1919年6月15日）。他不是一个令人害怕的人，相反他是能将恐惧驱赶走的人。"回家来吧，如果你觉得很惨苦。"父亲对克劳斯这样说过。[52] 甚至连一些恶灵在他面前也恭恭敬敬。有一段时间，克劳斯常常梦见一个人，此人将头颅夹在胳膊下向他走来。父亲建议他，对这个人说："你快给我滚！有多远滚多远。我爸爸明令禁止你来找我。"克劳斯照做了，这个鬼就此消失了。[53] 卡蒂娅有一次偶然看到了克劳斯打开的日记，她深受触动失声痛哭，因为克劳斯的日记里处处流露出冷漠、毫无爱意、忘恩负义、粗野没教养和扭曲不真实，但魔术师却保持着平静，他在意识中早就有所预感。"我永远不会去扮演暴跳如雷的父亲角色。这个男孩不必为他的天性负责，天性不过是一个产品。"（1920年5月5日的日记）

每天的日记里虽然也记录下了一些大发雷霆的情况（1919年9月27日，1921年4月16日），有一次克劳斯甚至被结结实实地揍了一顿（1919年4月12日），但是更能说明问题的是他的自嘲式评论，这种评论让人觉得那种教育上必要的强势是做做样子的。"并非出于自我保护而彻底放弃发怒这类不愉快的情绪，终究是一种义务。"（1921年4月4日）克劳斯的各种胡闹给整个家庭的名声带来不小的负面影响。他常常偷偷地溜进父亲的书房，在那里读魏德金德的作品，这个事情姑且就算

314

了吧。更为严重的事情是，他的学业一再失败、撒谎、动不动自行出门旅游、乱花钱、背着父母跟家庭的一些名流朋友直接联系。尽管如此，父母还总是很快表示愿意谅解，"他们总以最美好和最聪明的方式为我们提供帮助"。[54]

克劳斯觉得自己的使命就是当一名舞者，[55] 而且有一阵子还觉得自己应当成为男高音歌唱家。[56] 当然他还是一名天生的作家。但就是作为一名作家，他一开始也造成了不少困难。奥登瓦尔德寄宿学校的校长保罗·格赫布（Paul Geheeb）曾经向托马斯·曼诉苦过，克劳斯对他进行了非常无赖且具有污蔑性的肖像描述，曼这位父亲还为儿子的做法辩护，称这是儿子的"艺术家特有的纯真质朴"。[57] 这个帅气的年轻人在20 年代过着光鲜的生活，他不仅仅将其归功于他的天资，而且还归功于他父亲的名望，他非常知道怎去利用这种名望。从父亲的巨大身影中走出来一定很困难，几乎就不可能，但克劳斯从来也没有认认真真地尝试走出来，或者说他太晚才开始尝试。父亲送给他一本《魔山》，里面写着父亲的赠言："赠给可敬重的同行——他的充满希望的父亲。"克劳斯就做不到把父亲的勉励保留给自己一个人，而是要向所有的媒体宣告这一赠言。[58] 尽管如此，父亲还是站在他这一边，而且公开地站队。有些报纸又再次借他的口认为，父亲觉得他的儿子的作品过于"伤风败俗"，托马斯很明确地说："我又不是个修道院的修女小姐。我不清楚，谁炮制出了这个瞎话，说我对待这个男孩的态度是满脸尊严而且缺乏理解；无论如何，我最后还是要专门指出，这是一个瞎话。"[59] 他也很清楚，这股风在政治上是从哪个角落里吹来的。"一开始我就觉得《安雅和埃斯特》（*Anja und Esther*）这部作品没有那么糟，不像某个剧评家对这个剧本做出的评论那样糟，那个评论从国民强健的角度来评判年轻的新文学。"克劳斯·曼当年只有19 岁。在当今文坛上要寻找一个19 岁就有这样创作能力的人，基本是徒劳吧。

曼家里的孩子们，尤其是如果把帕梅拉·魏德金德和古斯塔夫·格林德根斯也算到他们当中，总是出现在街头小报充满恶意的标题中，这类小报把他们归类为堕落的小果实，用来平息他们的那点小怒气，而他

315

们真正想指责的那位父亲看来是无可指责的。他们是黄金 20 年代 [1] 最可以拿得出手的类型，装饰着不少画报的封面。大城市中那类附庸风雅的人士很乐意将自己代入他们的生活中去，而那些克勤克俭老老实实的市民则不然。对纳粹而言，他们就是些颓废的泥淖之花。他们过着十分轻巧的日子，相当多的人都持这种看法。但克劳斯和艾丽卡身上还有更多可贵的东西，而这一点要在他们被驱逐出这个国家时才表现出来，在这个国家中他们曾经享受过一个自由洒脱、无拘无束的美好青春。

戈　洛

安格卢斯·戈特弗里德（Angelus Gottfried），他在孩提时代的昵称"戈洛"一直保留了下来，属于家中不受宠的孩子。他一定常常听到有人说他长得难看，这种并不给他带来幸运的看法和评论，甚至深深地嵌在他的内心。[60] 在那些面容姣好、引人注目、魅力四射的哥哥姐姐面前，他一定也觉得这种看法十分有道理。他几乎没有任何机会能够与举世闻名的父亲、勤勉能干的母亲和天资聪颖而大胆放肆的克劳斯和艾丽卡分庭抗礼。这一点直接把他驱入一种荒谬的境地。还是孩子的时候，他就为自己找了一个在幽暗中默默做事情的地精角色，而这个角色很快就被丝毫不怜惜他的环境证实了，这个角色适合列入这个环境的各种角色之中。克劳斯很准确地给他弟弟进行了素描："具备一种古怪的严肃认真，他既可以诡计多端，又可以即刻跪服。他可以抢着干活，也可以在暗地里充满攻击性；同时又很有尊严，俨然一副地精之王的模样。"[61] 在父亲的日记本中，他被骂成"撒谎精、不纯净而且歇斯底里"（1920 年 1

---

[1]　指 20 世纪 20 年代，美国和欧洲社会刚刚从第一次世界大战中恢复，经济、民主、艺术和文化等等再次复苏。

月 24 日）。"因为戈洛而大发脾气"（1921 年 7 月 16 日），这种情况也
并不少见，因为这个挨骂的孩子在他的回忆中证实了这一点。父亲会发 316
泄他的情绪，或沉默，或严厉，或神经质，抑或愤怒。"吃饭时的场景，
我记得实在太清楚了，突然大发雷霆和厉声呵斥，是针对我哥哥克劳斯
的，但也让我流下了眼泪。"[62]

戈洛可不是个什么都做不好的人。他也被送去了寄宿学校，这大概
是由父母的经验所致，他们觉得小男孩在那里可以更加不受干扰地得到
充分发展，这一点要强于在这个乱糟糟而狂乱的家中。在扎勒姆的寄宿
学校的这段时间一方面确实带来了父母所希望的效果，但另一方面并且
合乎逻辑的是，这个男孩与父母彻底地疏远了。他在那里还结交了重要
的友情。跟克劳斯不一样，戈洛对待自己的同性恋倾向非常低调谨慎。
在小心翼翼地对待性事造成的氛围中，戈洛可能觉得自己不会被完全接
受，而这种氛围正是托马斯和卡蒂娅两人之间的微妙平衡制造出来的。
然而他们却知道这一切。在扎勒姆也存在这个方面的问题。在学校领导
库尔特·哈恩（Kurt Hahn）身上，戈洛认识了一种性格的侧面，这至
少在某一点上与他父亲性格中的某个侧面很相似。"库尔特·哈恩几乎
对性和性教育一无所知。而造成这种情况的主要原因在于，他对自身的
某种性倾向，亦即同性恋的倾向，在道德上完全不认可，而且以一种让
我觉得完全不可思议的意志上的努力掐灭了自己的这种同性恋倾向。"[63]

戈洛后来在晚年时猜测，他其实是自从克劳斯"消失"之后，才
可以认真地说他成了一名作家。[64]他是命中注定要当一名作家的，这一
点他隐瞒了很长时间，"大概是因为在无意识之间，我不想妨碍我的哥
哥克劳斯，而且我还想等着我父亲辞世"。[65]克劳斯去世时，他 40 岁，
他父亲去世时，他 46 岁。他还要等很长时间。直到很晚，他的创作才
开始形成一道宽阔的洪流，随后著写了《德国十九世纪和二十世纪历
史》（*Deutsche Geschichte des 19. und 20. Jahrhunderts*）和《华伦斯坦》
（*Wallenstein*），这是他作为历史作家的主要著作。他的风格是坚定的，
侃侃而谈的，而且非常中肯，与他父亲的写作风格迥然相异。他赞同托
马斯·曼是个了不起的大作家这一说法，但觉得他作为政治家太幼稚。

在戈洛自我解放的历史中，有很多并不是由于他的过错造成的沉痛倒退。1933 年他还曾试着在德国生活了几个月，后来很快又回到了家庭的怀抱。如果他不回归家庭，就很容易成为让纳粹大喜过望的人质，估计很快就会被捕。他的回忆录提供了 1933 年 6 月 3 日刚刚到达法国南部时写在日记里的一条记录："现在家是留给我的唯一的东西了，这种情况肯定不会好……"[66] 接下来就是对爸爸下了一个严格的评判："昨天晚上跟亨利希在海边漫步；他让我感到非常惋惜，他带着尊严承受自己的命运，甚至还带有一些魅力，而不是像家里的老头儿那样没完没了地叨叨自己的痛苦，就像全世界都对不起他一样。"戈洛从来不用"魔术师"这个其他家人对托马斯·曼的昵称。他总写成"托曼"（TM）或者"老头儿"。但他接受了流亡迫使他必须扛起的义务，作为编辑帮助父亲出他的杂志《尺度与价值》（*Maß und Wert*），时而也按照他的部署写一些文章。父亲去世后，尤其在卡蒂娅去世后，他成了一名很棒的托马斯·曼版权的管理者，虽然他觉得实在是够了，因为总是有人问他关于他父亲的事情。他对 TM 的恨意随着年龄的增长与日俱增，以至于他的妹妹伊丽莎白觉得很有必要提醒他一下："*如果你已经过了 30 岁，你应该停止因为你的现状而责备你的父母。*"[1][67]

应该责骂这位父亲吗？他大概是没法改变自己的天性吧，很多事情都在折磨着他。就算是他当初能够努力地获得更多的理解，但是那种局面，对他这位家中第三个出生的孩子来说，还是十分致命的，而且不可能有什么原则上的大改变。戈洛最终找到了一条令人十分敬重的道路。与克劳斯不一样，没有人成天把他跟父亲进行比较。他受到敬重是因为他本人，虽然他的心路历程也饱受艰辛。

---

[1] 原文为英语: When you get past the age of thirty, you should stop blaming your parents for what you are。

第十章　家庭，也不轻松

莫妮卡

下一位不受宠的孩子是莫妮卡。"受到责备了，因为我连孩子们的出生年份都没记住"（1919年4月23日的日记）——这里指的就是她和戈洛的出生年份。关于莫妮卡，托马斯·曼的日记里面几乎就没有什么发自内心的记录。因为她在慕尼黑的女子文理中学待得不开心，也被送到了扎勒姆的寄宿学校。她后来试着从事与工艺品和音乐有关的工作。她用自己那些层出不穷的新梦想和新恋情没完没了地给父母制造烦恼。父亲的日记在说起她时，词汇摇摆在执拗顽强（1934年9月13日），神经质和忧郁沮丧（1936年12月24日），动辄受冒犯（1941年8月7日），要命的（1937年3月9日），毫无品位（1939年1月29日）和不祥的（1942年2月10日）之间。他为她感到恼怒，称与她闹翻是不可避免的，"只要把这个孩子当作完全意义上的成年人来对待"（1941年9月25日）。她并没有回敬过任何话。在她的回忆录中没有说过一句父亲的坏话，但有很多充满疑虑的话。"长久以来父亲本性的标志始终是一种对于平稳均衡及平心静气的意识，这种意识是温和而非凡的。所以我那种孩子般的或说是精灵般的热情洋溢可能会让他觉得恼火。"在父亲的光环下，生活究竟是一种诅咒还是一种幸运，她不清楚。"他就像一名指挥，但他根本不需要动他的指挥棒，仅仅通过自己在场就能够驾驭整个乐队。"[68]

318

她后来终于在婚姻中找到了灵魂的平衡。所以当一艘德国潜水艇朝着她与她丈夫乘坐的前往加拿大的船只发射鱼雷时，她一定更加不知所措。前来救援的船只沉没了，"我们互相喊着，我听到了他的喊声，三声喊声，然后就什么也听不到了。我的周围全都是死人，四处是一片完全漆黑的夜"，她紧紧地抓住一艘漏水的小船的边缘，一直到第二天下午4点钟英国战舰把她接走。她在父母身边，在不同的地方又度过了几个充满危机的年头。1953年，她在父母身边过够了，搬到卡普里岛，在那里爱上了一位渔民，她与这位渔民一直生活到他1985年去世，他

· 365 ·

们共同建立了一个避开这个世界的共同体。

如果有人问起她父亲的著作，她就躲在一种假装不了解的样子的背后。"我觉得我在这类谈话中被变得很笨，而且在'根子'上受到了攻击。"父亲把自己的《浮士德博士》送给她，上面有父亲的赠词"给小莫妮卡，她以后会读得懂的"。她的反应是有双重意义的："这里有种敷衍的、已经了结的轻视，即刻取而代之地出现了一种信任。"

她也写一些有点像诗歌的短文。我们当然也愿意对此说些什么，但是这些文字确实很无关紧要。这些短文中的一篇标题是《父亲》(Der Vater)，里面有这样的句子："当阴影掠过这张明亮的少年般的脸庞，就会让人觉得受到感动，受到震撼——这是在提醒，他是一家的首脑，他必须养活这个家，任何时候都要为这个家尽责。"[69]

伊丽莎白

1997 年 11 月 23 日在法兰克福举办的"托马斯·曼在 S. 菲舍尔出版社出书 100 周年"纪念会上，她对这些年一则流传很久的谣言正面地发表了自己的看法。谣言说，她的父母非常差劲。伊丽莎白·曼－博尔杰塞这位极有天赋的女士是一名钢琴家、记者、政治学家和海洋生物学家，她说她的父亲是一名非常慈爱的父亲。她父亲在高龄时还称她为"亲爱的小囡囡"，这个称呼出现在写给她的为数不多、现在还可以读到的几封信中，落款则是"你的阿爹"。[70]他对她疼爱有加。"在花园里为小伊丽莎白烤了一只直桶形的松软蛋糕。"(1921 年 5 月 21 日的日记)在《小孩子的歌曲》中为她建立了第一座文学纪念碑，接下来在《错乱与早痛》《马里奥与魔术师》中也写了她。在她来到世上的那个瞬间，他那颗心就属于这个小孩儿了，她用那双眼睛直接擒住了他，"那双眼睛当时像天空一样蓝，反射着明亮的白天"。[71]他从"第一天开始就更爱她，甚于对其他那四个孩子的爱加起来"，他写信给保罗·阿曼时这样说——"我也不清楚为什么"。[72]

戈洛·曼在 1933 年把伊丽莎白带到了瑞士。她年仅 21 岁就嫁给了意大利的反法西斯斗士和文学研究者朱塞佩·安东尼·博尔杰塞，在年龄上他都可以当她的父亲了。他当年 57 岁了，去世的时候 70 岁。婚后生了两个女儿。伊丽莎白在她的大量书和论文中，一直避免谈论孩子的父亲。在她的著作《女子的崛起》（*Aufstieg der Frau*）中，尽管有些地方近乎要说起他，他还是就跟没有出现一样，虽然这本书的主题非常明确地是从她自己的生平中演发出来的。在她那吸收了柏拉图的思想的对未来的愿景中，男人要比女人年纪大，而且经验要比女人丰富。当他们去世之后或者不论怎么回事消失之后，"女人们成熟到具有男性毅力的时刻才到来……大约 45 岁时一个女人完成了她的女性生活，她将孩子带大，从深爱她的男人那里学到了作为学生可以学习的东西。如果现在她自己有能力'传授智慧和美德'，那么她就会觉得自己完全自然地受到一位年轻女性的吸引，这位年轻女性'努力去掌握这些智慧和美德'。她就会成长进入男性的角色，她就会成为一个男人"。[73] 这些句子发表时，伊丽莎白·曼－博尔杰塞 45 岁。倚仗大海的庇护她获得的认可比她对柏拉图乌托邦进行继续遐想获得的认可要多。

米夏埃尔

320

米夏埃尔·曼是一个十分奇特的人，高度紧张而且过度紧张，态度生硬而且不易动容，天资极高，涉猎很广，是个有些驼背的小男人，他什么都十个成，虽然他想要把一切都做好。1976 年我在苏黎世遇见过他。他走路有些瘸腿，像卡西莫多一样，原则上他没法就事论事地谈论一件事情，并且大声地对世界政治夸夸其谈，这时他与他的哥哥戈洛一样，表达出的观点总是相反的。他是最早阅读他父亲日记的人之一，因为他要编辑这些日记。他原先想要删减掉很多东西。"很有必要好好选选：这位曼知道，为什么他退回到形式上去。"[74] 据一位同事称，米夏埃尔在整理父亲日记的工作中丢失了自我。"他父亲的这些日记简直要让他发疯了，简直要杀害了他。"其实有可能没那么严重。虽然他一定会读到，当时父母考虑过，把他这个胎儿打掉（1918 年 9 月 26 日），但父母最后的决定还是反对打掉胎儿："我很满意，现在我很期盼新生命的到来。"（1918 年 9 月 30 日）日记里虽然很早就开始说起了对最小孩子的"陌生、冷漠，还有厌烦"（1920 年 2 月 13 日）。"米沙[1] 与通常情况一样，多少有点白痴似的在椅子里面晃来晃去"（1920 年 5 月 3 日）——这也不怎么友善。"比比[2] 谁要说他点什么，他就会立刻做出非常不逊的反应。他从不知道试着去说些安静和解释的话，本来可以开开心心地把这些事情说明白的，但他会马上变得执拗、无理和粗暴。"（1934 年 7 月 10 日）但米夏埃尔作为音乐家还是让父亲信服的。"我非常高兴比比能坚持不懈地练习，这些练习并不会让我迷乱，因为我感觉这是严肃的工作。"（1933 年 6 月 16 日）业绩和态度同样重要，在曼的家中与在其他地方一样。

日记证实了在《错乱与早痛》（1925）中已经写到的东西，米夏埃尔一直为他作为"爱咬人者"的肖像画而感到愤愤不平，现在看了日记终于实打实地得到了证实。爱咬人者，小说里面是这样写的，通过举止和尝试给他的声音一种更深沉更实诚的调子来强调他仅四岁的男性尊严。但这样的男性魅力更多是憋出来的，而不是真实地存在于他的天性之中，"因为，在一个混乱而失序的时代怀胎和出生，他本身就获得了一套相当脆弱和易怒的神经系统，他深受生活的不协调和不一致之苦，脾气急，容易动怒，生气时直跺脚，会因为每一丁点儿小事就气得绝望并流下激愤的泪水……他容易后悔，由于经常暴怒，他觉得自己是

---

[1] 米沙（Mischa）是米夏埃尔（Michael）的另一种拼法。

[2] 比比（Bibi）是米夏埃尔在家人中的昵称。

个大罪人，他也深信，他这样是进不了天堂的，只能进入'洞穴'"。[1]
75 这个非常不确定，但比约瑟小说中的便雅悯和善得多的肖像并不能平
息米夏埃尔的情绪。父亲雅各失去了约瑟，选择便雅悯作为替代。"他
爱最幼小的孩子，远远不及爱约瑟"，尽管如此，"他紧紧地把他搂在怀
里"。76

　　米夏埃尔也服用过毒品和药品，服用的还不少。他工作用的小箱子
里还装上了一个威士忌小酒吧。他于 1977 年新年那一天死于过量服用
巴比妥酸盐[2]，与酒精混合服用。"不是每个人都知道那是自杀，但那确
实是自杀。"77 在两天之前他还情绪特别好地给我写信，说他很快就要
回德国了。78 他的骨灰被移葬到了基尔希贝格的家族墓地中。

---

[1]　这里的洞穴指的是地狱，托马斯·曼在小说中玩了个文字游戏，Höhle（洞穴）
是 Hölle（地狱）的谐音。
[2]　一种镇静剂，在 20 世纪初逐渐成为主要的安眠药物，其应用范围可以从轻度镇
静到完全麻醉。

第十一章

在魔山上

　　《死于威尼斯》还没有完全写完，托马斯·曼就在 1912 年 5 月前往达沃斯，去陪伴妻子几个星期，因为医生给她开了一张从 5 月到 9 月在那里疗养的处方。完成古斯塔夫·冯·阿申巴赫悲惨地丧失尊严的故事以后，写一出嘲讽的羊人剧[1] 的想法逐渐成形，这直接导致了《大骗子菲利克斯·克鲁尔的自白》一书的写作工作再次停下来——事后证明，这一停就是几十年。长篇小说《魔山》的头几章产生于 1913 年 7 月至战争爆发初期。第二个较为短暂的写作期是 1915 年春天。当时这本书写到了《希佩》这一章节。但战争年代的问题灼烧着这位小说作家的指尖，他先插着写了《一个不问政治者的观察》，后来又写了《主人与狗》和《小孩子的歌曲》，直到 1919 年 4 月 9 日，才总算又把《魔山》的材料拿了出来，在 4 月 20 日再次开始了写作，而且是从头开始，把以前写过的部分又重新改写一遍。其间不断被杂文写作和四处旅行打断，其中包括《歌德与托尔斯泰》（1921 年第一稿）和《灵异体验》（*Okkulte Erlebnissse*）（1923），作者一直到 1924 年底都以他一贯的坚韧劲头在编织着他那上千页的小说地毯。11 月底《魔山》就投向市场，即刻引起了巨大的反响。

我们这些路上的身影　　　　325

　　语调也透露出不少东西。在《魔山》完稿前不久，他的态度还一直是嘲弄和游戏的，反讽和超然的。叙述者完全置身事外。他笔下的主人

---

[1]　古希腊的一种轻松的滑稽戏，大多以牧羊人的故事和英雄传说为题材。

公身上发生了什么，他都觉得无关痛痒。但战争来了，所有的反讽都结束了。语调现在变得十分关切和惶恐，阴暗甚至是病态。叙述者直接喊出来："哦，我们这种可耻的影子般的安全感！"[1]现在，在形势变得非常严峻之时，他要参与了。叙述者与托马斯·曼本人一样，都因为自己不是个士兵而羞愧。他从来没有流过一滴眼泪，整整七年里都没流过泪，但现在，现在主人公参战了，他用指尖轻轻地擦拭去眼角的泪花。他离开了那个反讽的沙发，走向了展示情感的场所。擦拭眼泪是塞塔姆布里尼先生的一种姿态，在与汉斯·卡斯托尔普告别时，他的双眼也湿润了。[2]

现在我们也没有理由倚在沙发上。我们只是些路边的怯懦的影子。我们的目光斜着从下往上看。我们看着托马斯·曼，就像他看着自己笔下的汉斯·卡斯托尔普上战场一样，汉斯必须随着那一大群情绪激昂的大男孩一同参战了。当那些死者畅所欲言时，我们屏住呼吸。他们比停留在光明中，比还能够感受痛苦的时候说得更为自由。叙述的痛苦不再是经历过的痛苦。这种痛苦没有形体，跟一切被看穿的事物一样，像 X 光片一样透明，并且冷凝为艺术。现在甚至连悲剧性的事物也能给人带来享受。这些并不打扰死者。

但是叙述，要比去体验这一切，去承受这一切的痛苦容易得多！哦，我们这种可耻的影子般的安全感！并非我们必须要承受这一切，这个充满痛苦和光芒的人生。我们这些自身处于安全中的人，与那些时常跟死者打交道的所有晚辈一样自以为无所不知，自以为处处正确。我们虽然真的在一些地方知道得更多，时而也有道理，但我们只是暂时被容忍在冥河中逗留。我们不容许对灵魂进行审核，我们只是在回忆中伴随着那灵魂的翱翔。死者是自由的，人们还要把什么在他们的面前再演示一遍呢？这位不问政治的观察者说，不必去咒骂他人，不必去对他人横加指责，而是应该骂自己，批判自己。[3]托马斯·曼被视为自恋狂，但他对自我批评也不是一无所知。"如果有个小地精蹲在一个人的脖颈上，告诉他该写些什么，那么这样的一个人会是个令人愉快的同类吗？"他带着几分惊惧、几分骄傲地这样问。[4]今天，他一般被评判为一个冷漠而彬彬有礼的人，一个把人当作素材使用的人，戴着面具，有些拘谨——一个让人着迷的怪物。从影子的角度来看，这是一种派系之争。　326
在永恒的视角下，形形色色的人是否喜欢过一个人，其实是完全无足轻重的。在死者世界里，有一条有效的准则：理解一切就是宽恕一切。[1]
或者甚至是，就像托米在他年轻气盛的时候教导中学同学时说过的话：
先生，理解就是微笑！[2] 用德语来说就是（在同一个地方）："我的朋友，谩骂谁都会。更适合一个心理学家去做的事情是，去理解，去解释。进行评判一向是理解无能以及心理学上无能的明证。"5

　　托马斯·曼作为一个人已经打上封印了，他不会再让任何人深入他的内心。他以一种极度高超的纪律维护好生活的表层，若无这个表层，他会认为活着难以忍受。只有在作品中他才感到自由，只有在这里他才能对自己说话，对自己说他的秘密，那些受到不缄默的艺术缄默保护的秘密。他心灵的那些经历施了魔法一般出现在他的作品中。有时一些真正经历过的东西在作品中可以毫无疑义地得到证实，有时只能让人相信这些事情发生过，却无从给予明确的证明。读者是否跟从，由他自行决定。虽然虚构与科学之间的界线应该存留可见，但时而会出现越界的情况，切切记住，恰恰在生命的诸多范围内，这些范围依照其特性不可能留下任何记录文献，在这种地方，进行阐释是最为迫切地需要的。

金字塔

　　《魔山》是一部非常越轨的书。这座山就像是一个置于顶尖上的三角形。每一章都比前一章要长一些。最后一章简直成了一种笔意酣畅的

---

[1]　原文为法语：Tout comprendre c'est tout pardonner。

[2]　原文为法语：Comprendre c'est sourire, Monsieur。

恣意发泄。这本书只能以一道晴天霹雳结尾。否则它永远都结束不了。

当一种人生形式被叙述到头时，这种人生形式就消失了。[6]一名艺术家死亡了，当他的生活素材用尽之时。小说《魔山》完稿时，托马斯·曼即将过他的 50 岁生日。他已经很明显地度过了他人生岁月的中段。人生的下半场逐渐地被著作消耗。晚期的著作必须就着越来越少的生活素材写成，所以对语言材料的收集越来越多。

托马斯·曼从所经历的较少的东西创造出了很多。最重要的印象来源于童年、青少年和最初成年的那些岁月。因而对这个生命的描述在基部必须比较宽广。金字塔的基部就是非常宽厚的。每新垒一层都会狭窄一圈。越来越少的内心东西可供叙述，不管作家往里面堆砌多少语言材料，也不管宏大历史向作家劈头盖脸地倒下来多少事件。与跨界越轨的《魔山》不同，《魔山》想要汇入一种伫立中的无休止性，在对生命的描写中，沙粒在接近终点时越来越快地穿过狭窄之处，上端的楼层比下端的要更为快速地垒好。

《魔山》的种子就是维利拉姆·廷佩的故事。这个故事在讲述托马斯·曼的中小学时代时就讲过了。现在我们很怀念这个故事。《约瑟和他的兄弟们》和《浮士德博士》也经历过相似的情况，它们一直在消化保罗·埃伦贝格的故事。我们下面要说起的《魔山》的生平部分，也只不过是一些生活中的鸡毛蒜皮。最初的陈芝麻烂谷子读者早就了解了。

拖　网

小说的故事情节可以三下五除二地讲完。汉堡的商人之子汉斯·卡斯托尔普在开始他的工程师学业之前要去休假疗养一番。因而他前往位于崇山峻岭中的达沃斯的一家疗养院，去探望他的表兄约阿希姆·齐姆森，想在那里待上三个星期。疗养院世界的魔力把他深深地擒住了。他在那里爱上了克拉芙吉亚·肖夏，与纳夫塔和塞塔姆布里尼进行了争论，对明希尔·皮佩尔科尔恩十分崇敬。原计划的三周逗留被拉长到七年。直到1914年战争爆发才让这个年轻人猛然回到了平原。他作为士兵离开了我们的视线，消失在战场的纷乱中。

就这么一点点故事情节，竟让托马斯·曼写了上千页。1925年伊达·赫茨（Ida Herz）为托马斯·曼整理工作图书室时，对创作《魔山》时留下的巨量素材的边角料惊讶不已。[7]这些边角料在1933年留在了波申格尔大街，丢失了，现在只能十分费力而且不完全地对其进行重构。能够从日记、笔记本、信件和原始资料研究得出的全面印象是相当杂乱的。医学的、生平经历中的、心理分析的、哲学的、神学的及政治的材料，一部分由非常严谨的著作，一部分由相当莫名其妙的文字材料被写入了小说中。有时候曼进行了非常彻底的研究，但他也常常满足于偶然间随手得到的材料。当他的脑子里在构思一部作品时，他什么都用得上。他穿过自己的世界犹如穿过一个捕鱼用的拖网，网上挂着的所有能用的东西。曼的秘诀还不仅仅是勤奋，而是这种吸收一切的能力。

托马斯·曼为什么需要这么巨大数量的原材料呢？在此之前他虽然也进行过研究，为《翡冷翠》做过历史研究，为《王子殿下》进行过经济学研究，为《死于威尼斯》进行过神话学研究，但他从来没有进行过这样大规模的研究。他现在不知道该写什么了吗？某种程度上可以说确实如此。将自己的生活作为创作源泉，这个源泉越是枯竭，其他源泉就越为重要。如果自我的故事说尽了，那么这个自我就需要扩充一下。因而就大规模地使用上了他人的经历。然而这些他人的经历并不具备自身分量，而是屈从于世界经验的网格模式，认知总是打上了这种网格模式的烙印。

对主题的打造也是这样进行的。鉴于找来的语言材料并不具备自身分量，因而这些材料只能用来证实某个关系网络。卡斯托尔普的祖父佩戴着一个硬挺的领圈，这并不是作为一种实物细节出现，而是作为一种主题出现；面对死亡时下巴抖动会带来危险，人们需要一个这样的领圈。生平经历的种子所需要的文本空间越少，那么通过阅读获得的东西所填

328

充的空间就越大，主题的打造也就会消耗更多的地方来把寻得之物放置在特定的位置，鉴于此也就有更高的艺术要求。虽然托马斯·曼还是从他的陈芝麻烂谷子说起，但现在更为间接了。艺术变得越发重大，大批巨量的材料与原初那么一丁点经历的核心建立起了关系。欢笑、吸烟、体温计和 X 光片：没有任何东西能够逃脱这个整理着全世界的目光，一切都在证实着什么东西，并且在否定着另外一些东西。

事情的核心是，一位汉堡城市公民的宝贝儿子面对着死亡与情欲带来的灾祸，这当然属于最早的陈芝麻烂谷子。但在诸多细节上只有很少的自传的痕迹。《布登勃洛克一家》中已经把资产者的遗产变现过一次了，新婚宴尔在《王子殿下》中也用过了，《死于威尼斯》中用了同性恋题材。留给《魔山》的材料有些不够了，但其实也并不需要那么多材料。汉斯·卡斯托尔普受洗时被抱持着置于洗礼盆上方，跟托马斯·曼当初一样；他最喜欢把黄油剜成一个小球来享用，他有良好的家教，学会了坐得笔直、不咬指甲、不摔门，他的这一切都来自他的作者，他也是一位享有一笔 40 万马克遗产的继承人。但在他成长的过程中没有母亲，也就是说没有那个能够打造艺术气质的元素。他只有衣着文化及饮食文化，没有艺术创作的力量。与他的作者的不同之处在于，他完成了高中毕业考。他学习的专业是工程学，而托马斯·曼对此一无所知，上大学的城市是但泽、不伦瑞克[1]和卡尔斯鲁厄，这几座城市都不为托马斯·曼所钟爱。他根本就是作者的另外一个自我。这座被施加了魔法的山上的其他居住者的情况看起来也大致相似。对于那位文明文人塞塔姆布里尼，亨利希·曼虽然若隐若现地出现在背景上，但这个人物在实质上是托马斯·曼没有经历过的，是建构出来的，是他从各种读过的材料中组装起来的，而那位犹太人、共产主义者、耶稣会[2]会士莱奥·纳夫塔在更大程度上也是这样形成的。明希尔·皮佩尔科尔恩这个人物身上

[1]《魔山》钱鸿嘉译本中将该城市译作"布劳恩施魏克"。
[2]耶稣会是天主教的一个派别，创立于1534年，1540年经罗马教皇批准。该会强调顺从教皇，成立数月后即向国外传教。耶稣会会士主要从事各项教育工作。

虽然有几分格哈特·豪普特曼的特点，但再往深处，这些根本就不够。对于克拉芙吉亚·肖夏这个人物，在生活中没有什么人作为她的重要原型，尽管存在某位长着斜视眼睛的舞女，[8] 尽管会让人隐隐约约地想起卡蒂娅，啃指甲这种恶习，她一定并不陌生。重要的仅仅是在这位美丽的俄国女郎背后与维利拉姆·廷佩的千丝万缕的联系。作为文理中学学生的托马斯·曼的廷佩经历是这部小说采用的最为重要的生平经历元素。但在小说中，这段生平经历运用得十分克制。如果仅仅用这么点事情，也不可能填满上千页小说。

　　让一名才智平平的工程学专业的大学生去面对爱情和死亡，而不是像《死于威尼斯》那样，让一位高度自觉的艺术家去面对，这个想法最初是作为一种滑稽的想法出现的。汉斯·卡斯托尔普的抵抗是微乎其微的。"他亲自作一番尝试，让自己放松身子屈着背坐在餐桌旁，这时他就觉得骨盆肌肉松弛得多了。"[1][9] 因为他懒，他愿意把自己向死神敞开，他也心甘情愿地迎接爱情，而且还乐衷于为此冒险。直至战争"解放"了他——也是为了能够真正地祸害他。而这里作为幽默的诱惑故事开始的事情，却最终以灾难结束。在战争中，色欲与死亡欲望都能够达到其真正的目的，即将个体充满快乐或是充满恐惧地消融在腐朽和泥淖之中。这部小说是一个强有力的划界想象，对逃离正确姿态及市民阶层的形式充满了快感，但同时又对此充满震惊。但在最为核心的地方，未能充分体验的同性恋倾向所造成的伤口正在化脓。汉斯·卡斯托尔普深感震撼地喊出"我的天哪"，[10] 就跟托马斯·曼在保罗·埃伦贝格时期喊的一样，当克拉芙吉亚毫无顾忌地冲着他微笑，当他在梦中一般想着她的嘴儿和她的颧骨，或者想着"她的眼睛，她那眼睛的色彩、形状和在他心灵深处所占的位置，还有她那松软的背部，她脑袋的姿势，她那短上衣领圈那儿的颈椎，以及那层薄薄的轻纱衬映得光洁动人的玉臂"。[2] 她是我们都熟知的那类女人，双腿修长，臀部并不宽，胸部很

330

---

[1] 《魔山》，第315页。
[2] 《魔山》，第282页。

小。[11] 皮佩尔科尔恩热衷的女人类型与此相反，他称生命为"一个伸手伸脚躺着的女人，有两只靠得很近的丰满乳房，在凸出的臀部之间有一个大而柔软的腹部"。[1] 12

柔若无骨

这部小说中没什么无关紧要之处。所有的东西都导向某个地方。约阿希姆·齐姆森学俄语。这里就不可能让他去学意大利语，因为俄语是一个密语，它代表着一切诱惑。这个病人爱着玛鲁莎，那个漂亮的俄国女人乳峰耸得高高的，可内部是被病菌蛀蚀了的乳房，[2] 她笑起来总是从来不知控制一下。俄语被标识为一种柔软的、不鲜明的，仿佛是一种柔若无骨的语言。[13] "柔若无骨"这个主题搭建起一座通往那位骑手无骨的咳嗽声，"这是一种奄奄无生气的咳嗽，它不是阵发性的，而像有某种有机溶液的稠黏物质一阵阵无力而令人憎嫌地泛上来，发出咯咯的声音"。[3] 14 汉斯·卡斯托尔普对此评论道："听了咳声，似乎恨不得亲眼去瞧瞧这个人究竟是怎么副样儿——似乎全是黏滞滞的痰液。"[4] 卡斯托尔普看到的，是对的。那个人的内部已经完全烂掉了。骨头将这一堆腐烂的东西支撑起来。形式和美只能是那层薄薄的皮囊和钟爱的幻想。

旁边住着一对俄国夫妇。汉斯·卡斯托尔普听到了一些来自这个房间的动静，"这是一种挣扎声、吃吃的笑声和喘气声；对年轻人来说，尽管他出于好心，一开始就尽力把这个看作是无伤大雅的，但它们令人

---

[1] 《魔山》，第 803 页。
[2] 《魔山》，第 197 页。
[3] 《魔山》，第 16 页。
[4] 《魔山》，第 17 页。

作呕的本质可隐藏不了多久"。[1] 15 他的脸色"一本正经，阴沉沉的"，
是他听到这些的直接后果，"仿佛他不愿也不该知道他所听到的一切"。

但是跟通常一样，没法排斥和压抑的东西捕获住他。面色阴沉也
没有什么用，虽然十分一本正经。他在 X 光室中坐着的时候，这种一
本正经又出现在他的脸上，他的前面是克拉芙吉亚·肖夏接受透视检
查[2]，就是那位他爱着的后背圆润的俄国女人。X 光透视到人的内脏，透
视到昏暗的肉体组织，骨骼则明晰地彰显出来，这样的透视目光简直十
分不得体，汉斯·卡斯托尔普先是把头扭到一边去，再次流露出"一本
正经、阴沉沉的脸色"。16 但只是把头扭开。他那柔软的部分早就无可
救药地深陷于那双吉尔吉斯人式的双眸中。

X 光片十分具象地表达了爱情与死亡。表达死亡，是因为它展现了
骨骼；表达爱情，是因为投向软体和浆液的目光只对爱着的人具有吸引
力，他要将自己交融于其中，要销魂蚀骨地溶化，这一切以姿态和形式
为代价。汉斯·卡斯托尔普要抱住透视机器，将胸口贴上去，就好像是
他的幸福感受与此相连一般——医生这样发出指令。17

我写过的最为性感的文字

"魔山将是我写过的东西中最为性感的，然而风格十分冷峻。"
（1920 年 3 月 12 日的日记）最性感的？ 这位卡斯托尔普的那个物件简
直就是石膏做的，罗伯特·穆齐尔这样嘲弄过。18 整整 7 年时间里，只
考虑给了他一个激情之夜，而且我们对这一夜的了解只是来自一些充满

---

[1] 《魔山》，第 51 页。下一处引文见同页。
[2] 根据《魔山》原文，克拉芙吉亚·肖夏是在汉斯·卡斯托尔普之后进行的 X 光
透视。

谜团的暗示，诸如他把一支铅笔还回去了，为此他还得到了一些其他什么东西。[19] 这个回赠将以最为简单的方式完成。[20]

托马斯·曼在唯一的一处稍微写得过头了一些，在那场用法语进行的对话中，汉斯·卡斯托尔普向克拉芙吉亚倾诉了他的爱情。"我爱你。"[1] 他喃喃地说道，在她面前跪下，把头缩进脖子里，而后闭上双眼继续说下去。[21] 整整一页的篇幅，汉斯·卡斯托尔普都在歌颂人类的肉体，不是某个特定的肉体，也不是某个特别的女性或者男性的肉体，而干脆就是在歌颂肉体。法语在这里不过是一种掩护，借助这个掩护托马斯·曼容许自己进行了一些细节化的描述，对于这些细节，他在任何地方都不会用德语写得那么集中。汉斯对脊椎骨、肩胛骨唱起了赞歌，肩胛骨在背部的皮肤下微微凸起，肚脐眼在柔软的肚皮上，花朵般盛开的乳头，还有血管、两条大腿之间暗黑色的生殖区域。他对胳肢窝、腿窝以及两瓣屁股倾心不已，"Quelle fête immense de les caresser ces endroits délicieux du corps humain!"能够爱抚人体中这些甜美的所在，真是其乐无穷！——"Fête à mourir sans plainte après!"这样的欢乐死而无憾。[2]

"然而风格十分冷峻。"激情被医学上的半吊子学问压抑住了，这些医学上的学问还是汉斯·卡斯托尔普在与顾问大夫贝伦斯的聊天中以及在《探索》一章中现学的。这种半吊子学问给整个场景一种荒诞的滑稽感。"Laisse-moi toucher devotement de ma bouche l'Arteria femoralis"，就让我全身心地亲亲你大腿上的主动脉血管吧。[3] 汉斯当然也赞美皮肤上细细的绒毛，赞美淋巴结，贝伦斯告诉过他，这些淋巴结主要长在"脖子、腋窝、肘关节、腘窝以及其他类似私密和柔软之处"。[22] 情欲的吸引力被厌恶感毁尽了，由毫无幻想空间的自然科学的目光引发的厌恶感。就准确的观察而言，生命是令人厌恶的。例如生命最核心的事件是

---

[1] 原文为法语: Je t'aime。

[2] 原文中这两处引文均为法语，紧跟在后面的是德语注释，其译文出自《魔山》，第 479 页。

[3] 原文中这处引文为法语，紧跟在后面的是德语注释，《魔山》钱鸿嘉译本中将这句话译作"就让我闻闻你那膝头皮肤的气息吧"。

造人："自然界不爱对这一固定的过程有所改变，看来也没有什么荒唐可笑的地方。"[1]23 想到纯净性，这种与动物性太过接近的事情让这个精神之人受不了。人类的胚胎，就是那种增厚的胎膜黏液，简直是对人性的一种亵渎，它不成形地蜷缩在母体的盆腔中，"盘起身子，尾部朝上，同母猪胎中的猪仔毫无区别，腹茎很长，四肢残缺而尚未成形，不伦不类的脸儿伏在胀起的肚子上"。它的成长过程对一门学科来说，似乎是对动物学系统发生学的重复，这门学科就其真理而言并不那么令人开心，而且十分阴郁。

曼没略过躯体部分，没有对此隐忍不发，这一点属于阅读《魔山》时的基本体验。很多读者因此早早地把这本书抛在一边。从个人的角度，托马斯·曼与血液、肉体、黏膜、胶质等等关系并不好，但人就是由这些东西构成的。这些对他来说就是一团糊糊。作为一个精神的人，他更愿意站在天使这一边，天使却对帅气的约瑟毫无疑义地讲解清楚了肉体的所有内在可憎之处：

> 我要说的并不是，这个带有毛孔和汗毛的皮肤和空壳是最合人胃口的；但只要把它划破一点点，殷红色的咸咸的浆汁就会流出来，而在更为内部的地方就愈加可怖，里面尽是些内脏杂碎和臭味。24

托马斯·曼不想排斥这种知识。在这一点上，他是一个叔本华主义者。他让汉斯·卡斯托尔普在《雪》这一章节中梦想着人类的中心点，这个点绝不可能仅是精神或者理性。只有在"寂静中凝视着血腥的飨宴"25 时才存在。一个人只有了解肉体的深渊，才能够踏上那座摇摇摆摆的桥梁，通往位于另一端的精神。但这并不是一种精神与肉体的和解，最多不过是一个艰难的二者间的停火协议。我们的曼并不要心平气和地与臭味和内脏杂碎交朋友。

333

---

[1] 《魔山》，第384页。下一处引文见第385页。

吸　烟

人为什么要吸烟？出于快感和对死神的热爱。托马斯·曼一生都吸烟，吸香烟和雪茄。他还是中学生的时候，嘴唇间就叼着一支博斯坦约格洛进行自我介绍，[26] 而且直到他去世前几个星期，《吕贝克新闻报》（*Lübecker Nachrichten*）还观察到，他跟“往常一样”一支接着一支地吸烟。报道记者认为，这是“唯一的毫无节制”。[27] 每天的吸烟量通常为 12 支香烟和两支轻雪茄。[28] 托马斯·曼是个非常知名的吸烟者，1925 年，哈格多恩和泽内有限公司（Hagedorn & Söhne）甚至觉得很有必要考虑一下，出一种品牌为托马斯·曼的雪茄。[29]

抽烟是可有可无的。这意味着，针对资产阶级社会的理性训练专门做一些不理性的事情。对于那些虽然同意跟着资产阶级社会的游戏规则走，但为了忍受它，需要允许自己得到补偿的人来说，吸烟就是一种吸毒。托马斯·布登勃洛克沉迷于一种短小而呛人的雪茄，“他成盒地吸，而且还有一种坏习惯，一直把烟吸到肺里，说话的时候再袅袅地喷出来”。[1] [30] 对于这种行为的毁灭性特性，他自然十分清楚，但他的反抗意愿不起作用。医生禁止他抽烟，但他从来就没想过要戒掉这种令人麻醉的享受，而且他还很绝望地知道，他的健康状态急转直下。[31]

汉斯·卡斯托尔普在饭后也要吸一支（当然是）俄国的香烟，然后再点上一支品牌为玛丽亚·曼奇尼的雪茄。他不喜欢市民工作，因为这些工作“阻碍他不受干扰地享受玛丽亚·曼奇尼雪茄”。[32] 他认为，如果你手上有一支好雪茄，“你就安如泰山，万事大吉。这好比你躺在海滩上，你不是在海滩上躺过吗？那时你什么都不要，既不想工作，也不想娱乐……”[2] [33] 大海是一种形而上的范畴，是时空的无限、时空的消解的象征。《海滩上的漫步》这一章节中这样写道，时间只是一种错觉，

334

---

[1] 《布登勃洛克一家》，第 114 页。
[2] 《魔山》，第 63-64 页。

而事物的真正本质，却寓于一种常驻的现在之中。"他是不是在海边漫步，这位首先感受到这一想法的学者，当时，他的嘴唇上隐约感到对于永恒的痛苦？"[1] 34 谁躺在海边，他就品尝到了永恒。吸烟是一种宗教行为，是自我奉献，是对物质性的消解，是对自我实施的魔法，是飘入无垠中去。吸烟是精神化。在烟雾中，作家的幻景开始成形。35 "我写作时吸烟"36，《布登勃洛克一家》产生于"由无数 3 分钱一支的香烟形成的烟团中"。37 在他的工作室的雪茄香味中，曼家的孩子们闻到了魔术师的精神。38

反对派、非市民阶层的疏懒、麻醉、宗教——只差性，就可以把一系列非市民阶层的力量集齐了。玛丽亚·曼奇尼可以说是一位女士。路易十四的少年时代的情妇就叫这个名字。"那个黄棕色的美人儿是什么牌子？"[2] 顾问大夫贝伦斯就此问过汉斯·卡斯托尔普。雪茄附加上了各种性联想。一支接着一支点燃雪茄，"这在透支着男性力量"，贝伦斯随意地聊着，讲了一则趣闻，两支短小的亨利·克雷牌雪茄是如何差点让他一命呜呼的。当时倒是真快活，虽然同时也很害怕。"可是每个人都知道，恐惧和快乐是并不相互排斥的。小伙子头一回搂住姑娘，心头很害怕，姑娘也是一样，但结果在快乐面前融为一体了。我当时也几乎融化了，心里波涛起伏，恨不得跳起舞来。"39

保罗·埃伦贝格不抽烟。确切地说，他虽然有时候吸几口烟，但只是借此来表达自己当时身心愉快的状态。"实际上，吸烟在一定程度上与他的意愿是相违背的。"40 "生命"是不吸烟的，只有生命的陨落在吸烟。那位活力四射的明希尔·皮佩尔科尔恩也不吸烟，41 他与肖夏太太不同，这位女士在说话时让烟雾从嘴里涌出来，就跟托马斯·布登勃洛克一样，另外那位魔术师西帕拉也是这样。"他深深地吸入一口烟雾，接着又吐出来，扮了个傲慢的鬼脸，把双唇向后抿，同时用一只脚轻轻

---

[1] 《魔山》，第 775 页。
[2] 《魔山》，第 348 页。下一处引文见第 350 页。

335 点地，让灰色的烟团从已经磨损的尖牙之间喷出来。"[1]42 他们所有人都临渊而生，这些所有的人，但他们都对深渊有深切的同情。

国王不识反讽

究竟谁是魏玛共和国的主要人物，是托马斯·曼还是格哈特·豪普特曼？谁才是当今的在世歌德？尽管托马斯·曼能拿出很多东西来给大家看，但他肯定还是有过一些自不如人的感觉。偏偏是格哈特·豪普特曼建议将诺贝尔文学奖授予他，43 这并没有让他的感觉更好些。托马斯·曼最不想欠人情的人就是他了。而当豪普特曼还想跟他用你来称呼时（就像皮佩尔科尔恩要对汉斯·卡斯托尔普用你来称呼），他首先要做的就是，不管以什么方式马上从友谊的索套中溜出来。44

格哈特·豪普特曼以其投身社会的早期作品完全可以将自己视为共和国的某种国王，托马斯·曼在这个意义上也要对他致以敬意。45 其他所有的人，布莱希特、穆齐尔、德布林、里尔克、格奥尔格、霍夫曼斯塔尔、图霍夫斯基和克斯特纳，只要往豪普特曼身边一站，就立马变成侏儒，就像是纳夫塔和塞塔姆布里尼站在皮佩尔科尔恩身边一样。虽然后者并不是一个以文字立命的人，而是一个有着宏大姿态的人，虽然他不把任何句子说完，但他也没有必要说完句子，无论如何他有着一颗威严的脑袋，满头火焰般的白发，额际线有力坚韧。简单说，他就是一个国王。由此，他独自屹立于市民阶级社会之外或者之上。国王是不会乘电梯的。46 他也不是一个知识分子。"国王不识反讽。"47 一个反讽者当不了国王。

到了紧要时刻，反讽没什么用，托马斯·曼知道这一点。反讽不是

---

[1] 《马里奥与魔术师》，第 482 页。

最高的东西。它能削弱伟大的事物，但它本身并不伟大。托马斯·曼在寻求那种伟大的情感，但没有什么东西在伟大的同时还能够让他马上笑起来。他渴望有机会能够让他动容而说不出话来。他在《约瑟和他的兄弟们》中描述拉结之死，在《浮士德博士》中描述回响，他只要能够骗过自己对感伤情绪的判断，并且让眼泪真正地流下来，就会觉得十分自豪。即便在《魔山》中，在托马斯·曼这部最深刻的反讽作品中，叙述者在最后为自己的安全感到羞愧，放弃了反讽，给予阴郁的激情一定的空间。"如今，在全世界死神乱舞的日子里，从点燃雨夜天空的一股阴惨而无比激烈的欲火中，难道也能滋生情爱吗？"[1] 48 但他在用这些句子时，良心上总是觉得不安。

皮佩尔科尔恩这一形象同时表达了敬意和漫画式的夸张。直到豪普特曼向希特勒表达了效忠，托马斯·曼才不再有竞争的恐惧。他现在清楚了：我立足的地方，就是德国。而不是豪普特曼立足的地方。托马斯·曼成了流亡中的皇帝。当豪普特曼留在第三帝国，万字旗升起，他就已经退位了。这样，一切都清楚了。"我憎恶这类圈套，我曾经还试过帮助美化它，而且它还那样大手笔地将牺牲从自己身边撤开，我知道我生来并不是要去牺牲的，但我的精神尊严却不可避免地呼唤我去牺牲。"（1933 年 5 月 9 日的日记）

极其可疑的问题

接下来这一章是让人难堪的一章。我们不理解，我们也不赞同。这件事情令人难以置信，但是优雅而风度翩翩的市民托马斯·曼偷偷参

---

[1]《魔山》，第 1017 页。

加神秘主义的降神会[1]，而且一再在黑暗中紧紧地握住灵媒[2]的双手，一再呆滞地盯着红光，而后在光亮处，爪子般的鬼手拿着一块可笑的手巾飘过房间。他与这类心理玄学的关系，远比通过最初的表面现象所能推测到的深得多。如果这只是为了创作作品时的需要，例如是为了写《魔山》营造一些场景的气氛，那就好了！但他要得更多，他在那里认认真真地寻找未知力量的作用。早在1894年在慕尼黑写的第一本笔记里就包含赞同神秘教的评论。[49] 短篇小说《衣橱》（1898年写成）在某些方面就是尝试见鬼神——如果引用叔本华的话，就是如此。叔本华是这类事物的担保人，他在他那一方面将灵异、梦游、传心术等等类似的现象视为"实践的形而上学"、视为他的哲学的经验证明，而托马斯·曼则一心一意地紧紧跟随。1900年11月，库尔特·马滕斯邀请他去参加一个降神会。马滕斯后来在他写的《毫无顾忌的生命年谱》（*Schonungslose Lebenschronik*）中说起这件事情："我有机会邀请到获得八方传颂的'花朵灵媒'安娜·罗特（Anna Rothe）就她的精神现象进行一场私人表演。托马斯·曼是我邀请的第一位朋友，但他坚决不愿前往，用的理由让人一听就知道他找借口不去。"马滕斯的报告把安娜·罗特描述为一个女骗子，对此做法，托马斯·曼以一种方式进行了回答，他非常明显地让人认识到他的愿望，即希望这个实践的形而上学是站得住的："您的有关降神会的报告真的让我心情很糟！那个骗术就真的了不得吗？那么我差不多要为我不在场感到高兴了。"[51] 人们只能对这么一个事实听之任之，即曼与这个圈子的关系在很多年里跟一个信徒与这个圈子的关系差不多了。安娜·罗特在1901年因为诈骗被捕，1902年被法院判刑。[52]

当时最著名的心理玄学家阿尔伯特·冯·施伦克 - 诺青男爵（Freiherr Albert von Schrenck-Notzing）（1862—1929）的地址，早在1899

---

[1] 降神会（Séance）是一种和死者沟通的尝试，主持者是灵媒。通常，灵媒貌似处于精神恍惚的状态，并声称死者可以通过自己和活人交流。

[2] 宗教学上指一些能够通神、通灵、通鬼的人。

年就出现在第三本笔记本中。[53] 但托马斯·曼当时眼中的施伦克是"神经疾病专家"和"性病理学家"。[54] 这个被严行禁止的渴望折磨得痛苦不堪的人对一些治疗方式很感兴趣，希望这些方法能够改变天生的性取向。施伦克早期虽然已经做过一些心理玄学的研究，但他是因为其他一些事情出名的。他的多篇论文讨论的问题是"反向性感受"。他在这个时期最重要的书的标题是《性感知的病态现象之暗示疗法》(*Die Suggestionstherapie der krankhaften Erscheinungen des Geschlechtssinnes*)。[55] 他在南锡和巴黎进行了一些催眠研究（有段时间跟西格蒙德·弗洛伊德一道），在 19 世纪 90 年代被视为治疗同性恋的专家。他的传记作者约瑟夫·彼得（Josef Peter）写道："他成功地通过催眠暗示疗法遏制了性感受的病态困扰，并就此引进一种新的方法，吸引了大量病人。"[56]

后来，施伦克才作为心理玄学家获得了一定的知名度。1909 年至1913 年间他主要进行一些实验，后来在 1914 年初，他将这些实验在引起广泛关注的著作《物质化现象》(*Materialisations-Phänomene*) 中进行了描述，并留下了照片记录。[57] 一场吵吵闹闹，伴随着嘲笑的讨论爆发了。"劈头盖脸的抗议来自正式的学者世界，"托马斯·曼对此这样说，[58] "反对如此之多的迷乱、轻信、半瓶子醋和欺骗。观众们……都在捧腹大笑。而且说真的，这本书对我们的严肃认真进行了严格的考验，无论是通过文字，还是通过所附的图片、照片都是如此，那些照片看着非常怪诞、想象古怪而且十分可笑。"但这位《魔山》的作者并不在嘲笑者的行列中。在论及神秘主义问题时，他这一生"在理论上站队相当'左倾'"——在这方面，他理解的"右倾"是保守僵硬的否定，而"左倾"是"一种极端的推翻一切的观念"，这个观念认为各种各样的事物皆有可能。他明明白白地给施伦克写信道："有关实在性，有关这些现象的神秘真实性，对我来说不再存留怀疑的阴影。"[59]

战争来临了，随着战争来临的还有"从未梦想过的翻天覆地和各种冒险"，因此《物质化现象》在 1923 年出第二版时，面临的是彻底变化了的氛围。"人们接受了如此众多闻所未闻的东西，听任在自己身上发生一些极端的事情，因此右翼的兴起引不起任何愤怒，即便现在有人费了九牛二虎之力想煽动起愤怒情绪。"[60]战争让人乐衷于接受神秘教的世界。在枪林弹雨之中可以获得一些超感官的经验。在《一个不问政治者的观察》中，托马斯·曼把士兵直面死亡那种无法估量的优势时的状况描写为一种自由的和解脱的状况，把士兵的凝视描写为"一个陶醉中的、心醉神迷的人"的凝视。[61]所以士兵约阿希姆·齐姆森在《魔山》中向降神会宣誓，这并不是随便写写的。

在临终的时刻，齐姆森有个非常独特的动作。他反复摆动右手，

> 先摸摸臀部，然后摸摸床单，伸回来时又把那只手稍稍抬起，再用"刮"和"耙"的动作伸向床单，仿佛采集什么东西似的。[1][62]

灵媒爱伦·布兰特从迷醉中苏醒过来时，也重复着同样的动作姿态：

> 有几分钟工夫，她的手掌在臀部附近摸来摸去——后来又把手挪开，过一会再放回原处，做着汲水或搔耙的动作，仿佛要把什么东西收集进去。[2][63]

杂文《灵异体验》给出了一个解释，这篇杂文证明了托马斯·曼是从哪里弄来的这个动作姿态，就是从他与灵媒维利·施耐德（Willi Schneider）的一次体验中得来的：

> 在开启白光时，人们给灵媒一定的时间，让他回过神来。他做了很棒的准备，主要是手和胳膊在侧身做出划动的动作来，这些动作，至少在他的设想中是这样，是用于收回已经送出，但还没有达到足以宣示的程度的那种有机力量。[64]

339

---

[1] 《魔山》，第761页。
[2] 《魔山》，第963页。

濒死的约阿希姆同样在回收那种力量，那些在他的生命中没能达到宣示程度的力量。死去是一种苏醒，是从一场梦境中回归。生命发送出能够形象生动地体现自身的那些理念。散发理念者在临终时将体现他的理念收回来。在死亡之中他将无时无处不在，彻底自由，不再受限于空间和时间的限制。这其实才是托马斯·曼对通灵神秘论的希冀。

人们了解自己。1919 年 1 月 12 日的一则日记里的记录提到，施伦克在晚餐时也在场。"我接待了他，大概也附带着提到了参加降神会的愿望。"杂文《灵异体验》中这样说道。[65]"晚间去了匈牙利通灵术士 X 的降神会。"（1919 年 1 月 27 日的日记）"这些实验一开始就让我高度兴奋，完全令人信服而且十分奇妙。"他的女儿莫妮卡说，他一周两次驱车去这样的聚会。[66]经过证实，托马斯·曼在施伦克那里参加过三次这类集会，分别在 1922 年 12 月 20 日、1923 年 1 月 6 日和同年 1 月 23 日。他就此还写过三篇报道，这三篇报道与其他大量表示笃信的言论（其中包括路德维希·克拉格斯[1]和阿尔弗雷德·舒勒[2]这样的名流），由施伦克收录到一本文集中，于 1924 年编辑出版。[67]在杂文《灵异体验》中，他将三次集会总结概括成一次。尽管这篇杂文显而易见是一个十分痴迷的信徒的作品，但托马斯·曼在文中还是把自己多少隐藏了起来，他铺陈地使用了各种各样的修辞，借助于反讽的语义模糊，以便使人认真或不认真对待这件事都行。

这整个前期故事最后汇入了小说《魔山》的《极其可疑的问题》这一章节中。文中，汉斯·卡斯托尔普在结尾处猛地打开了灯，光亮如白昼。在场之人无不震惊，整场聚会因此而中断。曼在施伦克那里经历过一次类似的情节，但做这个事情的人并不是他自己。一份他人写的报告碰巧记录下了这个过程。"尽管主人先前多次叮嘱，一个满心疑虑的参

---

[1]　路德维希·克拉格斯（Ludwig Klages, 1872—1956）：德国生命哲学家、心理学家、现代笔迹学（笔迹分析）的创始人。

[2]　阿尔弗雷德·舒勒（Alfred Schuler, 1854—1923）：世纪之交时慕尼黑神秘的新异教行为的主要倡导者，也是现代主义文学的先驱之一，影响了施特凡·格奥尔格、里尔克和瓦尔特·本雅明等作家。

会者突然打开手电筒，满满一束光照在灵媒身上，他抽搐着缩成一团，不断地摆动身体，口中冒出白沫，陷入了抽搐性的痉挛中。"[68] 汉斯·卡斯托尔普一下子打开了白光，他以此扮演了那个怀疑者的角色，托马斯·曼在事后大概也很想扮演这个角色。但他还完全没有脱离这个奇特的魔力的牵制。是否应当再去一次施伦克那里，杂文的结束部分小心翼翼地纠结于这个问题。"不，我不会再去冯·施伦克－诺青先生那里了……那我还是试着再去一次冯·施伦克－诺青先生那里吧，也许两次或三次，不能再多去了……我还是不必再去那个地方两次或者三次了，只去一次就够了，然后就永远不再去了……"[69] 但事后好像并没有这样去做。一封在 1925 年 4 月 21 日写给约瑟夫·蓬滕（Josef Ponten）的信表明他想继续。"如我根据最近的经验预期的那样，施伦克在今晚就圆满了。集会将在大概三个月之后再次开始。"

下一个可以明确查到的对神秘主义感兴趣的痕迹出现在短篇小说《马里奥与魔术师》（1930）中。催眠师西帕拉钻研的各种业务也包括"'磁性'传播"，[1] 即钻研施伦克把戏的远程作用，在这种远程作用中，"指令是通过莫名其妙的路径从一个机体传给另一个机体的"。叙述者对此保持相当距离地进行评述，但终归多少有些拘谨，每一个人都"隐隐感到了这种玄妙活动的暧昧、不清不白与无法弄清的特点，都是既新奇又轻蔑地摇摇头。在表演者的演出中，这种玄妙活动总是很容易跟欺骗令人恼火地混在一起，而且辅之以作弊。但是，这种特点却又无法否定那可疑的混合物中其他成分的真实性"。[70]

因此在作者的作品中一再出现鬼神，《死于威尼斯》中那个令人悚然的贡多拉船夫，《约瑟和他的兄弟们》中的那个田野中的男人，《绿蒂在魏玛》的结尾处，歌德出现在了马车上，还有《浮士德博士》中的那个鬼。这鬼现身于朦胧之中，而此处的鬼用的是托马斯·曼曾经在帕莱斯特里纳注意到的那个在沙发角上打盹的男人，之前这个男人形象还用在了克利斯蒂安·布登勃洛克那里。[71] 或许一个作家必须能够看见鬼神，

---

[1] 《马里奥与魔术师》，第 492 页。以下两处译文出自同页。

或许倘若不具备产生幻觉的能力，就不能够拥有想象力。

　　从《三篇有关神秘主义集会的报告》(*Drei Berichten über okkultistische Sitzungen*)（写于 1922 年 12 月至 1923 年 1 月，每篇报告都是参加完集会的第二天写的），到杂文《灵异体验》（写于 1923 年 1 月 /2 月），再到《魔山》中的《极其可疑的问题》这一章节（大约写于 1924 年 8 月），在这个发展过程中，真正的经历越来越少，虚构的成分越来越多。集会报告的核心部分是集会的记录，还有就是添加很少的解释。《灵异体验》是一篇杂文，将三个集会合成为一个，体验是经过运思撰写、提炼和典型化处理的，并且添加上了很丰富的理论考量。《极其可疑的问题》将《灵异体验》一文嵌入，形成了长达 40 页的一个章节，这一章节由理论开始，由灵媒爱伦·布兰特的出现以及对她的特殊能力的一个场景描述推进到秘密谋划的移动玻璃杯的游戏，塞塔姆布里尼直接针对上述事情大声斥责，以相反的立场发声："同时他还简单扼要地宣称，那个小爱莉是一个奸诈的女骗子。"[1][72] 从这一刻开始，汉斯·卡斯托尔普就老老实实地远离这一切，因而他对接下来发生的通灵实验只能是听别人说的，而这样的实验也恰恰是托马斯·曼个人所经历过的实验，比方托起手帕的实验和其他可以用施伦克的理论进行解释的物质化现象。接下来的最后一部分才是为死去的约阿希姆·齐姆森招魂，这是一个超越了自我体验的事件，而且与施伦克的理论也不一致，施伦克很仔细地在神秘主义和招魂术之间进行了区分，把招魂师视为江湖术士。[73] 但对招魂活动的全套准备却又是完全来自他自己的生平经历——实验的先后步骤、黑暗、如何手拉手连成一串儿等等，尤其是汉斯·卡斯托尔普必须如何把持住并监护灵媒。

　　三篇报告的第一篇中说道，这个场景有些神秘，唯一的原因是这个挣扎着工作、在推操下东倒西歪、压低嗓音说话、飞速地喘着气和呻吟着的灵媒，他的状态和行动"十分瞩目、明确无疑并且断然地令人想起分娩的场景"。"性的基本元素是如此之明显，以至于当我后来听说有时

341

---

[1] 《魔山》，第 947 页。爱莉是灵媒爱伦·布兰特的昵称。

候会主动导致勃起甚至射精的时候，也不感到奇怪，这些行为是伴随着年轻人的心理和生理活动产生的。"[74] 在杂文和小说中，精液都消失了，这大概是追随这样一种想法，即这个过程有可能要么是一种分娩场景，要么是一种性交场景，不可能二者皆是。但分娩场景这一主题被加强了，而且进行了总结："闪烁着红光的黑暗中的一个男人的产房，伴随着各种瞎聊、叮叮当当的音乐和欢快的呼唤声！"[75]

342　　《极其可疑的问题》这一章节又向前迈出了一步，额外又用自己身为父亲的经历为分娩主题提供了基础。"我们男人"，这里是暗指女儿艾丽卡出生时的难产：

> 如果不想逃避做人的责任，根据某种生活经验就会了解到这种强烈的难以忍受的怜悯心……我们胸口中会迸发出一句愤怒的"够了！"……读者诸君想必了解，我们这里说的是丈夫和父亲之道，说的是分娩过程，它同爱莉的挣扎毫无二致，即使没有此项生活经验的人也一定认识到。年轻的汉斯·卡斯托尔普也是这样，他没有规避生活，因而看到爱莉眼前的姿态，也联想起充满有机体神秘性的分娩过程。可爱莉是怎么样的一种姿态呀！……看到了这个红灯映照下的闹哄哄的分娩室里触目惊心的具体景象——一方面，年轻的产妇穿着飘飘然的睡衣，露出了手腕；另一方面，留声机里一刻不停地放送着放荡不羁的音乐……——看到了这幅景象，谁都不能不说这样的事叫人十分反感。我们在这里也一点不想把"丈夫"的为人和地位排除在外——如果我们应当把汉斯·卡斯托尔普看成是怀有这样愿望的丈夫的话——这样的丈夫用自己的膝盖夹住"做母亲的"膝盖，而且把她的手紧握在自己手里。[1][76]

在这里，那位阵痛中的灵媒维利·施耐德和杂文中那个"男人的产房"变成了有父亲、母亲和孩子的家庭组合，在这个组合中，"母亲"

---

[1] 《魔山》，第961-962页。

是灵媒爱伦·布兰特，"父亲"是汉斯·卡斯托尔普，"孩子"是约阿希姆·齐姆森。决定性的新颖之处自然在于，曼在《魔山》中把灵媒变成了一个年轻女子，而在施伦克那里，他好几小时握着一个年轻男人的手，并将手紧紧控制在他的双膝之间。"这种寓于'教育'之中的色欲，"晚年重读这个场景时，他写下了这样的笔记，"最终还是相当清楚地显露了出来。"77

一场婚礼要举办在一次正常的分娩之前。爱莉被问到，她今天是否能让人看到一位已经去世的人。她回答这个问题时用了耳语，她"贴近汉斯·卡斯托尔普的耳朵，悄声说出一个热情的字：'能！'"[1] 78 结果是汉斯感到一种迷惘的同情和震撼，"这种情感是由于某种困惑和某种幻觉的景象而产生的，也就是说，有一个他握住手的年轻人，刚才在他耳畔吐出了一个'能'字"。

这种把桌子搬来搬去、让手帕在空中升起的原本滑稽可笑的神秘主义陷入了与生命中生平经历的、历史的、哲学的基本问题的关联之中，与同性恋情、和卡蒂娅的婚姻、艾丽卡的出生、战争、死亡还有生命哲学都产生了关系。它获得了很重的分量。从维利到爱莉：这一发展投射着曼自身的道路。它投射着他在婚姻和父亲角色上的问题，投射着他的感觉，即什么事情都不完全到位；投射着他对造人、出生和死亡的惧怕。作为一个人，他勇敢地直面这些恐惧，他笔下的汉斯则与之保持距离。他不愿意跟那位他与爱莉一同创造出来的战士[2] 对话。他直接打开了灯。 343

由生活到著作

由所经历的事情到《魔山》，由生活到著作这条道路是复杂的。总

---

[1]　《魔山》，第 959 页。下一处引文见同页。

[2]　即死去的约阿希姆·齐姆森。

的看来关涉掩饰和揭示的双重过程。掩饰：在这部小说中说起了廷佩和施伦克，虽然从传统的角度来看，涉及的题材多少有些令人尴尬，不怎么适合展现给公众，这指向了一种深藏于内心的愿望，恰恰因为如此，才要把这些说出来。小说提供了一种可能性，可以将一些在其他情况下不能用语言说出来的禁忌的东西表达出来。突破缄默束缚、松开自我控制、展示自己，令人十分畅快。

揭示之所以有可能，是因为小说这种形式本身也允许进行掩饰。掩饰是艺术的业绩。因为体验经历过的东西成了艺术构思的一部分，读者就不会再将其算到托马斯·曼这个个体的头上。从生活的混乱变成了艺术的秩序。艺术的秩序要求干预所经历的内容。因此，15岁的廷佩被写成了13岁的希佩，整个故事成了另外一个故事的梦幻般的前奏，而且织进了一个主题结构之中，在这样的结构中，读者不再把"吉尔吉斯人式的眼睛"视为作家的私人经历，而是将其识别为俄罗斯和亚洲整个主题的一部分。但其中存在着一种双重视角。我们可以想象到，托马斯·曼自以为他的秘密是安全的，想到读者在阅读希佩这一段时一无所知，如何流露出会意的微笑。但我们也看到了今日的读者，自从知道了这些东西，他并不是有些大失所望地说"呵！是这样，说的是当年的那位廷佩"，而是会去赞叹构思的精巧，这样的构思才看着不起眼的生活升格为高贵的做派。《死于威尼斯》的叙述者这样说："世人只知道作品如何美，他们不知道作品产生的地点和背景。这当然是一件好事，因为一旦了解艺术家获得灵感的源泉，他们常常会陷入困惑，会大惊失色，作品的美就会丧失。"[1] 79 在后一点上，托马斯·曼有些迷乱。有关资料源的知识并不一定会吓退读者，而有可能提升感动和同情。今天，托马斯·曼不用再去躲躲藏藏了。

344

---

[1] 《死于威尼斯》，黄燎宇译，第67页。

共和国的政治

年谱：1922—1933

　　1922 年 1 月，托马斯·曼跟他的兄长亨利希和好了。转而认同共和政体，并筹备于接下来的几个月，以《论德意志共和国》（*Von deutscher Republik*）（1922 年 10 月）这篇报告公布于众。媒体的反响相当热烈，大报的反响很积极，右翼报纸的反响是嘲弄。然而在接下来一段时间的巡回报告中，在举办诸多文学著作的诵读会的同时，报告主题多是《歌德与托尔斯泰》以及《灵异体验》，而不是有关共和政体的讲演。托马斯·曼在 20 年代和 30 年代早期经常发表公开讲演，也在欧洲其他国家讲演。随着 1924 年《魔山》的出版和 1929 年获得诺贝尔文学奖，他的世界声誉达到了一个新高度。他成为国际笔会成员，后来又加入了扶轮社 [1]。他不仅作为作家，也作为时政评论家，一直活跃在公众视野中。1922 年出版了杂文集《讲演与回答》（*Rede und Anwort*），1925 年《努力》（*Bemühungen*），1930 年《时政的要求》（*Die Forderung des Tages*）。1925 年将长篇杂文《歌德与托尔斯泰》进行了大幅改动。来自《德国通信》（*German Letters*）的美元稿费收入帮助他在经济上度过了 1922/1923 年的通货膨胀，《德国通信》共包含 8 篇写给美国一份杂志的有关德国当代精神生活的报道（1922—1928）。1925 年 6 月 6 日，在慕尼黑市政厅的大厅以高度官方的形式庆祝了 50 岁生日，出席者包括慕尼黑市长和大量社会名流。

　　1925 年 1 月，托马斯·曼作为某种非官方的德国文化大使前往巴黎，并在《巴黎情况说明》中记录了这一次服务于民族谅解的巴黎之行。同年他在吕贝克建城 700 周年的庆典上做了题为《作为精神生活形式的吕贝克》（*Lübeck als geistige Lebensform*）的庆祝演说。该城参议会因此以教授头衔敬称他。这位当年留级三次的留级生由此被授予学术殊

---

[1] 扶轮社（Rotary Club）是扶轮国际（Rotary International）的分支机构。扶轮国际是一个全球性的由商人和职业人员组织的慈善团体，进行一些人道援助项目。

荣，此前波恩大学哲学系在 1919 年已经授予了他荣誉博士学位。作为成立委员会的成员，托马斯·曼在筹建普鲁士艺术科学院（Preußische Akademie der Künste）文学艺术部的过程中也起着领头作用，这个艺术部于 1926 年 11 月正式成立。他在委员会中属于左派。从《文化与社会主义》（*Kultur und Sozialismus*）一文开始，他与德意志民族主义者和国家社会主义者的争端日益增加。这篇文章是对种种责备的一个辩护性回应，有人责备说，他事后将《一个不问政治者的观察》改得顺应民主的时代精神了。整个时政评论越来越受制于日常的政治斗争，例如《关于莱辛的演讲》（*Die Rede über Lessing*）（1929）、报告《弗洛伊德在现代精神史上的地位》（*Die Stellung Freuds in der modernen Geistesgeschichte*）（1929），还包括 1932 年的歌德系列讲座《歌德作为市民时代的代表》（*Goethe als Repräsentant des bürgerlichen Zeitalters*）和《歌德的作家生涯》（*Goethes Laufbahn als Schriftsteller*）。最不同凡响的政治露面是 1930 年 10 月在柏林宣读《德意志致辞》（*Deutsche Ansprache*），其间不断受到右翼制造骚乱人物的干扰。最为明确清晰的反对国家社会主义的演讲还有《致维也纳工人》（*Rede vor Arbeitern in Wien*）（1932）和《拥护社会主义》（*Bekenntnis zum Sozialismus*）（1933 年 1 月 /2 月）。1933 年 2 月不得已的流亡一下子切断了托马斯·曼与出版机构的关系，也结束了他进行讲演的可能性，因而他的政治思想在一段时间内不得不退回到日记的世界里面，当然个别情况除外。

与亨利希和好以及转向共和政体

我们在前文有些地方已经看到，托马斯·曼在实践中虽然有很多布尔什维克和民族保守的思考梦想，但在战争结束后，他很快就成为一名忠诚的共和派人士。德国成了共和国，德国处于不幸之中，他照样热爱德国。"荷兰是一个很值得一看的国家,"他在 1922 年 11 月 4 日写信给恩斯特·贝尔特拉姆时说道,"但我真心高兴,又回德国了。这种赝足和完美无缺都让我们这样的人烦躁不已。"此外作为一名历史决定论者,他与进行坚持的力量站在一起。而坚持中的力量在当时就是共和国,因此在这个视角下,托马斯·曼在 1922 年公开认同共和国这一点也就毫不令人惊讶了。"仿佛现在并不是'共和国',而一直还是德意志帝国似的。"他在 1922 年 7 月 8 日写信给贝尔特拉姆。就此而论,这个"转向"并没有那么深刻,也不是这位不问政治的观察者生活中的一个什么无从解释的断裂。

在反正已成事实的情况公开之前,必须先整理清楚托马斯跟兄长的关系。死神的威胁为此铺平了道路。托马斯可不想在还没来得及跟亨利希和好的情况下,亨利希就死去了。死神是一个巨大的力量,它超越一切观点。具体的细节可以从 1922 年 2 月 2 日致恩斯特·贝尔特拉姆的信中了解到:

> 我的哥哥(我在更高一层的意义上只有这么一个兄弟;另外一个弟弟维克多是一个不错的小伙子,跟他绝不可能结仇)几天前病得很重:流感、盲肠炎和腹膜炎,动了支气管黏膜手术,现在担心有可能出现肺部并发症。而且心脏也出现了危险,整整三四天的时间里情况都非常严峻。您肯定能够想到,这一切让大家感到多么不安。我妻子去看了他的妻子。有人告诉他,我有多么忧心,我每天都在问他的情况,而且还告诉了我,他知道我关心他,感到很高兴。我一知道不可能再有什么妨碍,就给他送去一束鲜花表达问候并且附上几行文字,据说这时他因此开心达到了极点,附言中写道:先前的那些日子很艰难,但是现在我们已经挺过来了,以后我们会更好地前行——我们一道,如果他的心是这样想的,跟我的心一样。他让人向我表示感谢而且——管他来来去去的不同意见呢——我们"永远不要再失去对方"。

　　后来真的就是这样。差不多持续了8年的兄弟笔战状态就此停火了，而且也没有对那些争论的焦点再次交换意见以做出澄清。这其中也有一些相当尴尬的地方。在持续了这么久的声势浩大的原则性争论之后，真的就能够再次肩并肩地出现在公众面前？尤其是面对贝尔特拉姆，他在世界大战期间帮过不少忙，托马斯·曼有必要进行辩解和说明。与亨利希和好，其实意味着某种不自在，这一点也可以从那封信里的一些过于夸张的病态的用词上看出来（"时光将我打造成了一个硬汉"）。这封信接下来的部分是：

　　　　我现在虽说是开心地受到触动，简直觉得如冒险一般的震撼，但新恢复起来的关系的柔弱和困难，我还是不抱有太大的幻想。这将会是一种合乎人性且正当的生活方式，将来就是朝着这个方向进行的。真正的友情是无法想象的。我们纠纷中的那些重要节点将一直继续存在，——另外有人很确定地对我说，他从来就没有翻阅过《一个不问政治者的观察》。这样很好——但也很不好；因为如果这样，他对我内心经历过的东西一无所知。那颗心将会回到我的身边，我听说，他读了《柏林日报》上面我写的几句话之后，拿着报纸坐下，哭了起来，我在那些句子中不过说起一些人，他们在宣扬上帝之爱的同时恨他们自己的兄弟。但为善良和血脉战斗多年，这让我没有时间去流泪，我在进行战斗时身体还要忍受着营养不良。对时光如何把我打造成一位硬汉，对我在这个过程中的成长，对我给予其他人的帮助和引领，对我的这一切，他全都一无所知。但如果我们又凑到一起，他或许能多少感觉到一些。现在他还不能见任何人。

　　　　在这些年里，他一定变得更加柔和善意了吧。他的观念不可能不接受某些修正吧。或许可以说得上是某种相向发展：我一想到，目前真正支配着我的思想是以崭新的方式亲自实现人道主义观念这一想法——与卢梭的人道主义世界截然相反——我就会有这种感觉。这个月末，我将在法兰克福歌剧院《魔笛》开演前聊一下这点，也就是在"歌德周"的时候，歌德周的日程您肯定会看到。这将要公布的。德国总统已经表示要参加了。

"这将要公布的"：这里可以再次看到，托马斯·曼在明确认同共和国之前就已经成为这个共和国的一块招牌了。德国总统弗里德里希·艾伯特也按照日程出现了。托马斯·曼在 1918 年至 1921 年的日记中给予艾伯特的通常都是正面评判，他当时已经认识艾伯特本人了；至少在 1922 年 2 月 19 日的信中，他随口提过一句，他将在晚间在俱乐部里看见他。[1] 2 月 28 日，曼在法兰克福的"歌德周"上以杂文《歌德与托尔斯泰》中的部分内容作主题报告时，艾伯特也在场。

浪漫主义的克服者

接下来相应的思想工作有一定的迟滞。托马斯·曼并没有不假思索地纵身跃入他并不熟悉的思想传统中去，也没有不管不顾地直接投靠到亨利希的麾下，更没有直截了当地引用这个阵营中的权威人士、法国人、启蒙思想家和民主派人士的言论。为了能与自身保持一致，他先从自己的传统中寻找模式。所以他的报告《论德意志共和国》还要在"保守的革命"的军械库中寻找论证所用的装备。那时，人们曾把 1914 年对战争的兴奋作为民族的再生来庆贺。现在曼试着将这股洪流引到共和国的磨坊来。1914 年，那个充满荣誉的、热诚地愿意赴死的爆发时刻，才是共和国的诞生时刻，而非 1918 年。[2] 共和国应当建立宗教人道的"第三帝国"。[3] 托马斯·曼明确地以保守者[4]的身份为新国家说话。汉斯·布吕厄的有关同性恋情具有构筑国家的力量的这一理论，被应用在这个语境之中，[5] 尼采的"天父之爱"也被投入到论证中，[6] 施特凡·格奥尔格被用上了，[7] 浪漫派作家诺瓦利斯也一再被使用——所有这些人都不是民主派人士。

托马斯·曼一生都对这篇共和国讲稿的道德必要性坚定不移，但对讲稿在美学上和思想上的质量，他却一直相当轻视，这有一定的道理。《一个不问政治者的观察》作为文学作品，比那篇慈父般对共和国的鼓励有用得多，这一点他后来在《文化与社会主义》（1927）里面公开承认过。[8] 在这时候，他还不能完全相信自己说的话，他还试着用修辞上的各种花样让自己看起来知道得很多。他暂时还只是一名理性的共和主义者，其更深层的同情在根本上还继续属于过去的力量。

351

随着时间的推移，他为自己的思想变化找到了更具备承载力的模式，比诺瓦利斯、布吕厄和格奥尔格都管用的模式。"没有哪个精神变化对我们来说还能比这样的变化更为熟悉了，"他在认同共和国的报告结尾部分这样说，"就是那种一开始对死亡充满同情，而在结尾却坚定地为生命服务的精神变化。"[9] 这种精神变化，他是从尼采那里熟知的。如果这篇共和国报告被设计构思为尼采报告，或许会更为成功。因为尼采为托马斯·曼提供了理想的预先具象化的转变模式。尼采撤开理查德·瓦格纳的过程是一个决定性的榜样。托马斯·曼在1929年声称，当前的精神政治上的争端，其实不过是新闻媒体对尼采与瓦格纳斗争的利用。[10] 托马斯·曼这位新出炉的共和派人士写道，现在正在形成的新事物，承继的"是德国思想史上最值得英雄般赞叹的事件和大戏，是尼采本身以及通过尼采对浪漫派的自我克服"。[11] 托马斯·曼也觉得自己是这么一位克服者，他克服了自己心中对死亡的热爱，对过去的热爱，对非政治的集权国家的热爱。突然改变主意、叛变或者叛变自我都不足以准确地表达出他的这次转向，在这方面对他起到帮助作用的是尼采这个榜样。"即便是尼采那个伟大而又具有代表性的自我克服，即脱离瓦格纳，看起来也是叛变"，[12] 但在实际上他并不是犹大，而是约翰，后者成了"大地和人类一个新联盟的传送福音者"。

他，就跟瓦格纳，跟这个他以自身的良心判断与其脱钩，但一直到死都爱着的人一样，从他的精神源泉来看，是浪漫派一个姗姗来迟的儿子。但瓦格纳是一个强有力的且运气极佳的自吹自擂之人以及自我完善者，与此相反，尼采是一名革命性的自我克服者，这种情况造成了前者只是一个时代的最后一名荣耀者和无限的令人着魔的完善者，而后者则成为人类未来的先知和领袖。

他对我们而言：是生命中的一个知己、一位拥有更高人性的先知、一个通向未来的领袖、一位使我们克服一切违背我们生命和未来事物的导师，就是说克服一切浪漫的事物。因为浪漫的事物是一首回溯往昔的思乡之歌，是死亡的魔力之歌；尼采如此无尽地钟爱过的，而其主导思想又必须克服的理查德·瓦格纳现象，不是什么别的东西，而是征服尘世的沉浸于死亡的那种悖论且又永恒束缚的现象。

352

在尼采身上建立起未来，保守革命者也想这样做，国家社会主义者同样想这样做。这个时候，托马斯·曼的知识分子的共和主义看着像是装在旧瓶里面的新酒，还不怎么让人相信，而且很容易一下子回到其反面。还有很多地方会引起他人的不信任。民主在特定的意义上其实更是一个障碍，托马斯·曼 1926 年在巴黎很轻率地承认了这一点。"当今欧洲最为缺乏的，其实是受过启蒙的专制制度。"[13] 他自始至终根本就不愿意站队。他在 1906 年便写道，他太自由自在了，以至于不能去说教。[14] 而且他在 1952 年还写过，他觉得四处宣讲民主的布道者是个十分可笑的角色。[15] 站队是个非历史的做法，历史性的只有正义，他让他的柯尔内柳斯教授进行了这样的思索。[16]

万亿马克的蛋

历史学教授柯尔内柳斯的保留意识在通货膨胀期间受到了严峻的考

验，通货膨胀在经济上和道德上撼动了所有的人。对他的孩子们来说虽然最开心的事情是，分别顶着各种化名走进商店，用 6000 马克去买每家每周配给的 5 枚鸡蛋，这样就至少可以给全家搞到 20 枚鸡蛋；但是在道义上，他们遭受了损失，因为他们很早就了解到了，在这样一个世界中，重要的只有狡黠的伪装，而非真实的存在。"那些先前用塔勒、古尔登和库兰特马克[1]，后来又用俾斯麦的非常坚挺的帝国马克算账的人，现在一大把岁数了，还能对付得了百亿亿和亿亿亿这些数值？"托马斯曼 1942 年在他的《德国通货膨胀记忆》(*Erinnerungen aus der deutschen Inflation*) 中发出了这样的疑问。[17] 他本人也承受了重大的损失。他的祖辈们的财富直接化为乌有，他自己的积蓄也遭到了同样的命运，他购买的战争公债成为一堆废纸，普林斯海姆的百万家产只剩下艺术收藏还值些钱（岳父戏谑地说，他是依靠家里的墙壁才有饭吃[2]）。[18] 此外，托马斯·曼还遭受了欺骗：

> 我在战争期间给一位朋友的度假别墅投了一万马克，我喜欢到那里去做客，而且可以说那个别墅也有我的一份……到了 1923 年初，这位朋友很遗憾地告知我，现在的状况迫使他不得不出售这幢别墅，然后他把那一万马克还给我；是的，他还微笑着补充了一句，这还是我在 1917 年时帮助他的那一万马克，这些年里它们始终存放在保险箱里，一动也没动。我站在那里，手上拿着那一沓干干净净、几乎是全新的、图案精美得可以进博物馆的钞票，觉得有一些难以置信，有一些尴尬，还没弄明白到底是怎么回事。

这位朋友的名字是格奥尔格·马丁·里希特（Georg Martin

---

[1] 塔勒（Taler）是直到 18 世纪中叶在德国使用的银币；古尔登（Gulden）是从 14 世纪至 19 世纪主要在德国流通的金币，晚期也有银币；库兰特马克（Kurantmark）是 18 世纪至 19 世纪主要在德国北部汉萨城市圈使用的一种银币。

[2] 此处原文是：von der Wand in den Mund Leben，意指要靠变卖挂在墙上的名画过日子。这里套用了德语俗语"von der Hand in den Mund leben"（手停口停）。

Richter)。1923 年 12 月，他把自己的这幢房子卖了 2000 万亿马克。[19]

托马斯·曼没法接受这件事情。他有幢房子、有准时付版税的出版社，另外还有外汇收入。其他人的日子过得艰难得多："我现在还能回忆起那张骄傲而无助的脸，我们的保姆有一天就用这样的表情对我们说，她打算不久后就回去了，要靠自己的一点积蓄过日子。"她在银行的户头上有几千马克。而现在，这些马克甚至连一枚鸡蛋都买不到。这类犯罪直接烙在人的内心深处。托马斯·曼后来对此有了更为深刻的认识：

从德国通货膨胀的疯狂到第三帝国的疯狂是一条笔直发展的道路。德国人眼睁睁地看着他们的货币单位上涨到百万，到万亿，再到百亿亿，然后货币体系彻底炸裂。他们也同样眼睁睁地看着他们的国家膨胀成所有德意志人的帝国，成为生活空间，成为欧洲秩序，成为世界霸权，他们也将看着这一切彻底炸裂。市场上的女贩子用干巴巴的语调，一枚鸡蛋叫价"一百万亿"，当时她已经失去了对此表示惊讶的能力；而且从那时候开始，也没有什么还能疯狂和残酷到让人为之惊讶的事情了，人人见怪不怪了。也正是在通货膨胀中，德国人忘记了将生活建立在自己，建立在个体的基础之上，而学会了向"政治"、向"国家"、向"命运"要求所有的东西。他们已经习惯了，将生命视为一种疯狂的冒险，生命的结局不是由自己的工作，而是由一无所知的邪恶力量决定的。成千上万受到欺骗的工人和省吃俭用的人构成了当时真正的"大众"，戈培尔博士后来正是跟这样的大众打交道。通货膨胀是一出戏，它让所有人都变得愤世嫉俗，心肠坚硬，玩世不恭。德国人被剥夺了一切，由此成了一个强盗的民族。

反法西斯斗争

但这一切是事后诸葛亮。当年在 20 年代时还几乎没有人认识到事态将往哪一个方向发展。如果考虑到共和国演讲中云遮雾罩的精神性，那么从这类热气球中还能产生出严重的政治后果，这足以让人惊掉下巴。1922 年与后来将要来临的一切相比较，只不过是做了一次小小的修正，后来进行的才是广泛展开的、坚忍不拔以及不屈不挠的与政治上的非理性主义和国家社会主义所做的斗争。据格奥尔格·波滕帕（Georg Potempa）的统计，托马斯·曼在 1922 年 10 月到 1923 年 1 月期间一共发表了 375 篇政论性的文章和著述，其中不少著述的印数巨大。几乎没有一篇不具有政治相关性；即便是文学论述，也几乎都在为这种庞大的精神思想斗争服务。不管托马斯·曼在心里面是怎么想的：他在这些年中成了一名魏玛民主的坚定捍卫者。

"太晚了，而且说得太少"，这是曾经有过的一种对托马斯·曼的政治化过程的判断，这一判断的出笼充满了自高自大，而且它的流传甚广，很多人鹦鹉学舌地重复。[20] 说太晚，在德国的作家中到底还有哪一位早在 1921 年就已经跟法西斯主义公开叫板了？从 1923 年起频率越来越高，越来越坚定？说太少，其他还有谁如此经常、如此明白、如此响亮地表明反对国家社会主义的立场？也许有人会说还有亨利希·曼，大概也有可能举出库尔特·图霍夫斯基——不管怎么说，反法西斯荣誉还有的是。相比之下，曼最为重要的文学上的劲敌贝托尔特·布莱希特在 1933 年之前只有相对很少的反对希特勒的动员性言论。无论人们如何从托马斯·曼的论证中剥离出他那留存下来的不问政治的内容，这些内容在经济上及强权政治上的论证不怎么接地气，是无可争议的保守基底，这位作家 20 年的政治道路是十分令人惊讶和值得称颂的。那些在第一次世界大战期间和战后像托马斯·曼一样背离了自己原有立场的人，往往最后成了一名国家社会主义者，当初他的同路人中有很多都是这样，例如恩斯特·贝尔特拉姆、汉斯·普菲茨纳、约瑟夫·蓬滕和阿

第十二章　共和国的政治

尔弗雷德·博伊姆勒。

　　但托马斯·曼没有。如果说他在 1921 年还想着在罗马和莫斯科之间、在启蒙和亚洲主义之间、在西方和东方之间走"第三条道路"，那么他在写于 1925 年的论文《德国与民主》(*Deutsche und die Demokratie*) 中就已经明确宣布坚定地靠近西方了。文章写道，现如今，服务于生命就是服务于民主。[21] 德国的"法西斯主义[1]"（托马斯·曼当时习惯于将这个词拼写成"Fascismus"），是一种蒙昧主义的倒退，是"浪漫式的野蛮"。在这篇文章中，甚至连尼采都被列入了民主人士的队伍中去，这当然费了曼不少劲儿。尼采的精神能够建构某种德意志民主的意识形态基础，这只是一种非常表面的非现实性。"难道不正是他把民主解释为新贵族的先决条件吗？"托马斯·曼问道，而且难道他不正是"尘世和人类的新联盟的先知吗？"这显然是走偏了的道路。

　　当然不能仅仅停留在这种泛泛而谈的模糊表态中。托马斯·曼也越来越经常地参与到非常具体的日常政治的讨论中。1925 年在弗里德里希·艾伯特去世后，他以《拯救民主！》(*Rettet die Demokratie!*) 的呼吁明确地表达了反对保罗·冯·兴登堡的当选，他直接称此人为"远古的勇士"。[22] 他为此至少得与自己先前对此人的所有好感告别。在《一个不问政治者的观察》中，他还说兴登堡是一个具有德国特色的伟人，他应当成为国家总理。[23] 在写给保罗·阿曼的一封信里面，曼还说过，兴登堡这种类型的领袖，"这类伟大的忠诚且细致的领袖"，有着只有德国人才有可能具备的品格。[24]

　　而现在要与这一切告别了。托马斯·曼在 1925 年 4 月 23 日一封致尤利乌斯·巴卜的信中直接引用了《魔山》中的段落，将这位当初德国军队最高统帅去参选解释为"菩提树"，与此相应作为对死亡的同情与好感。[2][25] 投票给兴登堡的人错过了尼采和托马斯·曼之前经历过的对浪漫主义的自我克服。

---

[1]　"法西斯主义"在德语中正确的拼写方式是"Faschismus"。
[2]　《魔山》，第 925-927 页。

　　而当兴登堡在 1932 年春天在中左翼政党的支持下与希特勒竞争，竞选下一任德国总统时，托马斯·曼公开地支持这位"远古的勇士"再次当选。有人问他，是否要为兴登堡的竞选进行助威讲演。[26] 他虽然拒绝了，但在纳粹方面却有人认为，他属于大张旗鼓地聚集在一起竭力为那位老迈的帝国元帅再次当选进行宣传造势并拉选票的那些圈子，[27] 有人还恶意地把他在 1925 年反对兴登堡的呼吁重新印刷出来，充满嘲讽地说起这位"无比自高自大的文人"的所谓的"冷言恶语的自大狂特质"。那个声明其实是很简单的。要是跟希特勒比，兴登堡看起来还真是个小得多的祸害，两害相权取其轻。

　　具体的政治活动 [28] 还包括很多呼吁和论争性的文章，反对死刑、反对对主编弗里茨·劳（Fritz Rau）的判决、反对右翼的《柏林晚报》（*Berliner Nachtausgabe*）、反对对卡尔·冯·奥西茨基[1]的判决，支持战俘组织"红色救济会[2]"、支持恩斯特·托勒尔以及支持大赦还在羁押中的巴伐利亚苏维埃共和国的领导人物、支持在普鲁士艺术科学院成立一个文学艺术部。曼多次为"帝国旗帜黑红金"（Reichsbanner Schwarz-Rot-Gold）奔波，这是一个倾向于社会民主党和共和国的组织，与国家社会主义的武装团体诸如"钢盔社"（Stahlhelm）针锋相对。在共和国的最后几年中，他的社会民主主义的立场越来越坚定。《德意志致辞》（柏林，1930）直截了当地说，"德国市民阶级的政治立场如今在社会民主派一边"。[29] 他在《对不投票党人的呼吁书》（*Wahlaufruf an die Partei der Nichtwähler*）（1930 年 9 月）上签名。[30] 1932 年 10 月，曼在维也纳向工人群体做了一次支持社会主义的演讲。1933 年 1 月初，曼写了一篇纲领性的文章《拥护社会主义》，当时希特勒已经成为德国总

---

[1]　卡尔·冯·奥西茨基（Carl von Ossietzky, 1889—1938），魏玛共和国及纳粹时期的作家、政论家和记者，著名的反法西斯斗士，1933 年被纳粹囚禁于集中营，1935 年获诺贝尔和平奖。

[2]　全称"德国红色救济会"（Rote Hilfe Deutschlands），是国际红色援助组织（International Red Aid）的德国分支机构，存在于 1924 年至 1936 年间，在形式上是个无党派组织，但与德国共产党一直保持着密切的联系。

理。1933 年 2 月 19 日，由普鲁士文化部部长阿道夫·格里姆（Adolf Grimme）宣读了文章，在媒体的一体化前夕，这篇文章在德国引发了媒体热烈的反响。

此外还有很多一再出现的大大小小的笔战，直接针对德意志民族社会主义工人党（纳粹党）。在《我们必须要求的事物》（*Was wir verlangen müssen*）（1932）一文中，巴本[1]政府要求，坚定地与纳粹的恐怖活动做斗争。《德意志谨慎性的胜利》（*Sieg deutscher Besonnenheit*）是为 1932 年 4 月 24 日举行的普鲁士州议会选举所写的一个竞选呼吁，其中有很多段落可以表明托马斯·曼反法西斯立场毋庸置疑的明确性和坚定性，这里选取能够代表其他许多段落的文字展示一下：

由此我憎恶这种浑浊的混合体，就是这个自称为"国家社会主义"的混合体，这种伪装成新事物的东西，因其内部缺乏头脑和没有目标，这种混合体除了带来混乱和不幸，不可能带来什么别的东西，这种可悲的混合物由散发着腐朽气息的灵魂叫嚣和大众喧闹构成，在这种混合物面前，教授日耳曼语言学的资深教师对"民族运动"卑躬屈膝点头哈腰，而实际上这是一种前所未有的对民众的欺骗和对青少年的毒害，在革命中四处招摇撞骗。

国家社会主义给那些小资产阶级的人物类型，给那些事实上是过去时代的囚徒的人，一个机会，让他们觉得自己就像是"革命者"，这一点实际上是国家社会主义最重要的吸引力之一。另外一个重要吸引力在于其慷慨的承诺，会对每一次不满，同时也对每一类不满，无论是有道理的还是没道理的，都信口开河地给出它的承诺——这是迄今为止尝试过的最无头脑的对选票的猎取。不计成本地获得权力，不问途径，用尽每一种辅助：这就是国家社会主义的"理念"——权力，国家社会主义以其阴暗的愚蠢为德国做出的概

357

---

[1]　弗朗茨·冯·巴本（Franz von Papen, 1879—1969），1932 年 6 月被任命为德国总理，同年 11 月辞职。

念，现在他们要用这权力把德国拉回到这个概念上。它对德国人民的爱实际上是一种恨，是一种目露凶光、贪婪地等待着自己的时机到来的仇恨，仇恨的对象正是这个民族的四分之三的人群，而这些人，跟它一样，不愿意接受一个政党的棍棒统治，因为他们甚至根本就不是政党，而是一个由最为异质的追求、困苦、贪婪和其他各种念头混合起来的大杂烩。

任何自由的人，任何德国人，如果他还对其民族的伟大精神传统有所眷念，根本就无法在这种奴役统治下呼吸，哪怕是一天时间——另外，很可能有人不让他呼吸，因为他有可能被活活打死。这个"全民运动"的脑门上就写着乱棒打死几个大字。大家一定要阻止，别让他们那种为所欲为的灵魂找到机会，去实施暴行。为此，大家同时还要阻止那些愤怒的反抗行为，因为这种愤怒的反抗行为会不可避免地招致他们的统治，并由此引发内战，内战很可能会直接导致国家的四分五裂。当下最为紧要的是，去争取时间，为年轻的德国民主争取时间来巩固自己，净化自己，将它演进为真正具有社会性的事物，为欧洲赢得时间，从困境中走向理性，跟过去告别，并且从一个时代进入另外一个时代，进入新的生活形式，同时不要发生流血的灾祸。最后还要给所谓的国家社会主义一些时间，让它分散化解为上千个怀有恶意的元素，而且不再受到不幸的滋养与助益，让它回归到故乡的乌有之中去。[31]

托马斯·曼令人惊讶的政治化的七个原因

如此大力地投身政治，到底是为了什么呢？在和亨利希和好之后，专心致志地从事文学创作，而不再过问政治，难道不是更好吗？

《约瑟和他的兄弟们》的叙述者就约瑟的禁欲说了七个原因。[32] 其中一个，也就是第五个原因，是对父亲雅各的敬重，雅各厌恶母权的黑暗之处。对父亲的敬重也是托马斯·曼的七大原因的基石。政治属于父系社会。父亲是参议员，是一个负有公众责任的男子汉，现在这位儿子想要在这方面与他比肩。

与之相应的是第二个原因，就跟《约瑟和他的兄弟们》中写的一样，要抵御倒退回母权制，亦即抵御倒退回文明社会之前的动物祭祀和巴力崇拜的阶段，而不是抵御一神论的发达的人道主义。对于托马斯·曼而言，法西斯主义就是这样的倒退。他曾经不得不在小范围和自己的内心进行这样的斗争，现在将在更大的范围和外部世界重复进行。他将生平经历中的问题转嫁到政治事件中去。他曾经学会了建立起市民阶层的防护体系来抵御对母亲的依恋、乱伦愿望、波希米亚式放荡不羁的艺术家生活及同性恋情而造成的对自身内在的威胁，现在整个德国应该也要同样地行动起来。

第三个原因也可以转接入政治领域，因为这位《观察》的作者对与夜幕下的母亲王国相对应的政治观点，亦即对过去的爱、对不问政治、对非理性等等都再熟悉不过了。对法西斯主义的斗争就是对政治蒙昧主义自身的吸引力的斗争，是对与死神调情而带来的政治后果所进行的斗争。

他如果没有完成思想上的转变，就有可能陷入什么样的社交氛围中，这大概是第四个原因。他已经对贝尔特拉姆和蓬滕，还有普菲茨纳感到相当厌恶了，也早就开始回避斯宾格勒了，那些右翼人士的所作所为，越来越让他觉得恐怖。法西斯主义显然散发出一种文化野蛮。在《战争中的思想》里，他还持类观点，即文化完全应当包括"谕示、魔术、鸡奸、维齐洛波奇特利[1]、人祭、放纵的膜拜祭祀形式、宗教裁判、火刑、舞蹈病、女巫审判、毒杀的盛行以及各式各样的暴行"，[33]　　　359
然而当这些野蛮的东西顶着文化的名头很具体地向着他的人身逼近时，

---

[1]　阿兹特克神话中的战神、太阳神和特诺奇蒂特兰城的守护神，因形象可怖在德语中代指"令人恐惧的鬼怪"。

他还是直截了当地做出了市民应有的反应，他要求有国家法制和文明的交往方式。他不接受纳粹们对他们的种种暴行做出的宗教狂热及文化方面的解释。

他在 1922 年转向共和，搅动了反共和派的思想沉淀，有人煽动"处于阴暗中的歹徒"对他个人进行要命的威胁，在此之后他就越发不能接受这一解释了。反对派人士使托马斯·曼越战越勇。他毕竟也是一名很强大的辩论家。他曾在《观察》中跟左派打了一场大战。现在事实证明，他那锋利的刀刃杀向右派时，效果也十分显著。战斗士气、论辩作为一种艺术、精准地用词带来的进攻快感，这是第五个原因。

第六个原因：对手加强他的认同感。谁要是还没有完全弄清楚，他到底在赞同什么，那么弄明白他在反对什么，他现在的行动一定是非常有益的。这位政治上并不坚定的审美者通过反法西斯斗争在政治上稳定了起来。很久之后，托马斯·曼说道，那些与希特勒做斗争的年头是一段好时光，在道德上，因为当时已经很清楚，什么是好的，什么是不好的了。[34] 而在 1921 年，纯粹的相对主义还占据优势。什么是不好的，什么是恶的？作家当年问道。我们目前只是在试水，并无定论。"但所有的东西都同时兼具好与坏，上帝就是这样创造它们的，人可能会为了应急而步入歧途，是因为对他来说根本就没有一条正确的路？"[35] 但与希特勒做斗争，现在这位试水者却毫不怀疑自己走在正确的路上了。

第七个要说出来的原因是，魏玛共和国通过高级别的邀请，给了他积极参与斗争以很高的荣誉。共和国让他扮演了这个国家文化代表人物的角色，在这一点上比德皇帝国时期要好得多。这个角色必须要有人执行下去。托马斯·曼在决定流亡的时候说，我生来就更像是个代表人物，而不是什么烈士。[36] 对他来说，被人从这个国家赶出去，从而失去了"德意志之师"（Praeceptor Germaniae）的角色，是十分苦涩的体验。但他在内心深处从未放弃过这个位置。1938 年踏上美利坚大地时，他倔强地宣布：我在哪里，德国就在哪里。[37]

约斯特、许布舍尔和蠢货飞行员　　　　360

"我非常热爱您，"托马斯·曼在 1920 年 9 月 16 日给汉斯·约斯特的一封信中这样写道，"您把青春描绘出来，还写出了果敢、极端主义、最强烈的当下。"[38] 但这样的激情应当会冷淡下来的。表现主义者约斯特起初活跃在保守革命的圈子里，后来日益坚定地站在了希特勒一边。他在 1933 年时最为重要的讲坛是"德意志文化战斗联盟"（Kampfbund für Deutsche Kultur），这个论坛实际上是文化上改头换面的冲锋队（SA）。在纳粹统治时期，约斯特在职场如同坐了火箭一般，迅速蹿升成帝国作家协会（Reichsschrifttumskammer）的主席和党卫队的头目。

托马斯·曼转向共和国，促使约斯特发了一篇火冒三丈的绝交文，文中为右翼极端青年进行辩解："利剑于我们而言是神圣的，就像您和您那类人手中的笔杆子。"[39] 从这个时候开始，常常可以在慕尼黑的曼的反对者中见到约斯特。后来托马斯·曼不假思索地随手写了一个十分大胆的句子：德意志人民倾向于在母牛身上看到女性的典范，在亡命徒身上发现男人的榜样；约斯特则忙着为亡命徒辩护：他们是这个民族中最有活力的那一部分，如果没有他们，那么既没有波茨坦也没有魏玛。[40] 约斯特一再写些尖刻的文章——《托马斯·曼作为搁浅在 30 只棺材岛上的漂浮物》（*Thomas Mann als Strandgut auf der Insel der dreißig Särge*）就是其中的一篇。[41] 最后，他在 1933 年 10 月 10 日写给海因里希·希姆莱（Heinrich Himmler）的一封信中，建议把曼关到达豪集中营去。[42]

从日记上读到，托马斯·曼在 1921 年 9 月 11 日到 20 日之间，也就是跟亨利希·曼和好之前，把《一个不问政治者的观察》的第二版删减了 30 多页。删除的部分主要是考虑到缓解当初跟亨利希·曼和罗曼·罗兰打过的笔战，另外还删除了好几页有关德国的保守主义的文字，以及有关战争人性的较为偏激的几个段落。公众在很久之后才意识到这些删减，因而这些删减看起来一定像是这本书为了配合托马斯·曼的新立场事后所做的举措。这样的攻击主要来自青年保守派的角落，也就是说来自那些因为托马斯·曼的转向而受到最大震撼的群体，曼通过《观察》一书给了他们一本皇皇巨著，他们可不愿意失去这么一本书。研究叔本华的学者阿图尔·许布舍尔（Arthur Hübscher）当年跟约斯特一样，都十分年轻，他在 1927 年 8 月 23 日的《慕尼黑最新消息报》（*Münchener Neueste Nachrichten*）上带着十足的恶意说："对于想买托马斯·曼这本最不民主的书的读者，不应当默不作声地悄悄塞上一本民主的修订版。"[43]

托马斯·曼捍卫自己，同时也捍卫《观察》这本书。他以非常复杂的方式捍卫二者。"我透露了他们的观点。他们的认识却无可辩驳的正确。"[44] 谁又能弄懂这个呢？他摆脱了《观察》中的民族的概念，而转向了社会主义——虽然只是"在伦理上有意为之，而不是依照他或许存在的富有浪漫色彩的与死亡相联系的本质"。[45] 这种表述对当时群情激昂的政治氛围而言，过于细腻微妙了。而许布舍尔的立场显得非常明了。在公众的意识中，他一直是胜利者。在接下来的几年里面，一再有人指责托马斯·曼将《观察》修订得更适合于时代精神。这种所谓的修订在卷宗中也起着很重要的作用，这一卷宗是慕尼黑的政治警察们自 20 世纪20 年代后几年起特别为曼设立的，而且它后来为革除曼的公民权和拒绝给他颁发护照提供了弹药。[46] 就这点而言，这些争端不仅仅是报纸副刊中的争论。约斯特和许布舍尔在有关托马斯·曼的事情上做了恶事。

许布舍尔当年是那家《慕尼黑最新消息报》的编辑，托马斯·曼家每天都要读这份报纸。这份报纸虽然进行了上面提到的攻击，同时又在竭力招揽这位著名作家合作。但这位作家不接受招揽，他给许布舍尔写信说：

> 我的智力和我的性格与贵刊特定的鼠目寸光以及恶意完全背道而驰。我直截了当地说吧，我不屑于跟那些在拉特瑙被暗杀时大喊"棒极了，又少了一个！"（还是慕尼黑的大学教授呢！）的人有任何交集，而且我觉得慕尼黑的市民报纸十分可怕可憎。我就跟您就事论事地谈论眼下吧，就在我给您写信的这一天，我们这座良好但受到误导的城市为了向两位蠢货飞行员致敬，简直表演起了民族主

义的拿大顶，因此我也要即刻承认，我觉得这样的性质看起来比
《容尼奏乐》[1]要严重得多。

这几句话说的是两名德国飞行员京特·冯·许纳费尔德（Günther
von Hühnefeld）和赫尔曼·科尔（Hermann Kohl），他们与伊伦·菲茨
莫里斯一起（Iren Fitzmaurice）在 1928 年 4 月 12 日从东向西穿越了大
西洋。《容尼奏乐》是一出由恩斯特·克热内克（Ernst Křenek）创作的   362
爵士乐歌剧，这部歌剧引起了反动势力的不满。而飞行员则被追捧成了
民族英雄。

许布舍尔及其编辑部的同事保罗·尼古拉斯·科斯曼（Paul
Nikolaus Cossmann）因为一个小小的招揽合作者失败的记录，未经许可
就公开刊印了上面的引文。托马斯·曼以论战文章《飞行员、科斯曼、
我》（*Flieger, Cossmann, ich*）进行了回应，针对科斯曼声称的他必须洗
清自己，笔战很有必要强调指出：

> 因为每一个小孩子都可以看清楚，他把我的信件公开发表了，
> 并不是为了洗清自己（我的老天爷啊！），而是因为他以那种一贯
> 下贱的做法在这些信件中的一封里面看到了一个轻率的词，如果把
> 这个词张扬开，就一定能够煽动起德国民族主义派的报纸的厄里倪
> 厄斯[2]直接朝我扑过来要我的命。47

这里所指的就是"蠢货飞行员"这个词。对于右翼报纸而言，这真
是一个求之不得的对托马斯·曼进行攻击的好机会。这个事件轰动一
时，反响非常巨大。48《人民观察家报》（*Völkische Beobachter*）在 1928
年 8 月 3 日的报纸中十分畅快地谩骂这位"别墅拥有者"、"克劳斯·曼

---

[1] 《容尼奏乐》（*Jonny spielt auf*）是克热内克的成名作，轰动一时。
[2] 厄里倪厄斯是希腊神话中的三位复仇女神的统称。

的亲爹"和"囚犯马克斯·霍尔茨[1]的朋友"，而且还故意用虚荣心来恶心他。汉斯·约斯特也再次出现在这一幕中。他写道，如果人们把人性、生命智慧和人类的善意作为前提，就会错看托马斯·曼。[49]他只关注"他那最钟爱的自我"。在国家社会主义机构申请革除托马斯·曼德国国籍的申请书上，"蠢货飞行员"这个词被再次引用，作为他对真正贡献的道德价值缺乏任何敬意的证明。[50]

约斯特、许布舍尔和科斯曼就其自身而言只不过是些蚊子叮的包。但引用的文字却属于一整个充满仇恨的毒蛇窝，这种仇恨紧紧围绕着慕尼黑的反动势力蔓延。托马斯·曼在1923年就把慕尼黑称为"德意志法西斯首脑人物希特勒之城、万字符之城"。[51]现在万字符以其天下皆知的毫不手软的方式回击了。

尽管如此，这里无须讳言，另一面也有其悲剧之处。交锋过程并不遵循当今的反法西斯正统说教。科斯曼，《慕尼黑最新消息报》的政治编辑部主任，本人就是犹太人。他在思想上右倾，要求在审判中重判那些苏维埃共和国的政治犯，并且在20世纪20年代旗帜鲜明地支持德意志民族主义倾向并为之大声呼吁。他所做的这一切于他并无助益。1933年他就被国家社会主义者逮捕了，1942年被杀害于特雷津集中营[2]。

穿着礼服的冲锋队

从表现主义出发，延伸出来的道路通往极端左翼和极端右翼。阿

---

[1] 马克斯·霍尔茨（Max Hölz, 1889—1933）：德国共产党人，他率领游击队强行没收富人财产分发给工人和失业者，并且因其大胆的行为被称作"红色罗宾汉"。
[2] 特雷津集中营（Theresienstadt）：纳粹德国集中营之一，位于今天捷克共和国的特雷津小镇。先后关押15.3万人，其中5.8万人在该处遇害，其余大多送往奥斯威辛灭绝营。

诺尔特·布隆内（Arnolt Bronnen）是一位非常有天赋的作家，这两条路他都走过。他的起点是成就卓著的表现主义剧作家，并且跟贝托尔特·布莱希特交好。几年之后，人们就在约瑟夫·戈培尔的身边发现了他。因为他被视为民族的布尔什维克主义者，所以纳粹顶尖高层在攫取政权之后不久，对他的兴趣就有所减弱。有些人甚至还认为他是个犹太人。布隆内开始进行了一种内心流亡。再后来他又经历了一个 180度的大转弯，在乌布利希[1]领导下的德意志民主共和国度过了他生命的最后几年。他的自传《阿诺尔特·布隆内纪要》（*arnolt bronnen gibt zu protokoll*）[2]于 1954 年在罗沃尔特出版社（Rowohlt Verlag）出版。

布隆内在 1930 年针对一部戏写过一篇充满嘲讽的棒杀剧评，这部戏宣扬的是在执行刑罚的过程中要有基督教式的温和。托马斯·曼觉得自己有必要在这里勇敢地插一竿子。他著文强调"基督教过去是，现在也还是一种伟大的表现形式，展现出精神良心的抗拒，抗拒除一团糟糕之外别无他物"。[52]他在布隆内身上，在"这只铁云雀的发声"中，看到了这种"糟糕"的体现，云雀正在抨击着"正义的幻觉"，而这种幻觉只不过是对德国力量的仇恨。"这种动物是如此胆大妄为而又生性多疑"，曼毫不容情地做出了判断，他谈到断头台及坟墓军国主义，谈到了满口谎话的大嘴家伙，这人眼睛上戴着单片眼镜，嘴里尽是些讨好权力的阿谀之词，同时针对人性的正派性喋喋不休地说着侮辱性的话。

这位戴着单片眼镜的人不久之后就找到了回击的机会。我们沿着他的记录回顾。1930 年 10 月 17 日托马斯·曼在柏林的贝多芬大厅进行演讲，题目为《德意志致辞》，告诫德国市民阶层注意德意志民族社会主义工人党（纳粹）的动态，并且引导他们站在社会民主党一边。布隆内听说了这件事情，马上跟几个在观念上跟他臭味相投的人约好，其中就有恩斯特·云格尔和弗里德里希·格奥尔格·云格尔（Friedrich

---

[1]　即瓦尔特·乌布利希（Walter Ulbricht, 1893—1973）：德国共产党人，首位民主德国领导人（统一社会党总书记）。

[2]　人名用小写，是表现主义风格。

Georg Jünger)，一同去参加这次集会，而且准备在那里，按照他自己的说法是，"引发一场讨论"。[53]

364　　　　在讲演会开始前几小时我接到一个电话，说是戈培尔要派 20 名冲锋队员来贝多芬大厅支持我。我有些懵了，我根本就没有对戈培尔提过这件事情，因为我根本就不认为他对文学大人物能有这么多兴趣，我请求这位纳粹党大区领袖的副官——大区领袖本人不是我能联系上的——取消这一匪夷所思的措施。但席梅尔曼伯爵向我解释说，这是一项党的命令，而且票都已经买好了，还为那 20 名冲锋队员付了押金，借了 20 套礼服出来。

布隆内这伙人通过大声呼喊打断演讲，一下子让大厅里面的气氛白热化起来。一声洪亮的"哟嗬！"让一场骚乱爆发，警察开始干预，到处都是挥舞着的拳头和橡皮棍。"预料到要出些很严重的事情，我平心静气地在大庭广众之下把我的单片眼镜换成了一副普通的、带着若隐若现的蓝色调的滑雪眼镜——后来传说我用一副硕大无比的蓝色眼镜来伪装自己，大概就是由此而来的吧。"布隆内先是被推搡了出去，然后又让他回到大厅。在此期间，大厅内的吵闹声一下子数倍于先前，

所有的人都在针对所有的人吵来吵去，只有那 20 人安安静静地坐在那里：讲演者托马斯·曼站在那里，就像是在一场火灾中不知该往哪里去一样。那 20 名冲锋队员穿着借来的礼服坐在那里，他们非常担心把礼服弄脏了，因为事先肯定有人多次用可怕的威胁的口吻告诫他们，只能动脑子，不能动手。

托马斯·曼在熟悉场地的布鲁诺·瓦尔特的带路下，通过隐蔽的通道和一个侧门离开了大厅。在瓦尔特的回忆中，过程大概是这样的，布隆内在那里指挥着行动，"通过一副巨大的黑眼镜让人几乎都认不出他来"。[54]虽然媒体报道的内容有一部分是不同的，但冲锋队当时却真

的因为保护礼服而没有轻举妄动，混乱完全是布隆内和他的朋友们造成的。

恩斯特·云格尔

　　在这些朋友中就有恩斯特·云格尔。"他怎么能受得了这些？"[55]托马斯·曼后来问。只有当曼把云格尔视为一个具有水准的人，这个问题才有意义，云格尔跟那些当时围绕着他的亲信们其实并不合拍。

　　就目前所知，那些印刷出来的有一定分量的反对托马斯·曼的文字，也没有出自恩斯特·云格尔笔下的。他并未参与布隆内那伙人造成的混乱，[56]但他默不作声地赞同了，亚历山大·米切利希[1]当时也在场，他是这样回忆的。[57]当时给人的印象似乎是，云格尔见了这位作家就绕道走，而作家的《死于威尼斯》《一个不问政治者的观察》和《浮士德博士》对云格尔来说在精神上距离可能并不遥远，此人和他一样都穿行于尼采派的思想中，都经历过欧洲的颓废主义，也和他一样都尝试过自然主义和保守革命。即便是在他的民族革命阶段，如果要反对托马斯·曼，他也会把别人推到前台来。他的弟弟弗里德里希·格奥尔格·云格尔在 1928 年甩出过几个非常大胆唐突的句子。[58]"托马斯·曼，这位人类状况颓败过程的精准描述者，要不是他从那座密不透风严严实实的魔山探出身来，用他那支破笔在德意志民族主义上戳戳点点的话，他对我们来说是完全无所谓的。"托马斯·曼在他的论战文章《反对柏林"晚报"》（*Gegen die Berliner "Nachtausgabe"*）中这么做过。[59]跟他的兄长一样，这位年轻的民族主义者为他这一代人的原初体验，即战

---

[1]　亚历山大·米切利希（Alexander Mitscherlich, 1908—1982）：德国社会心理学家、精神分析学家。

争，感到自豪。他称其为"深层暴力的一声军号，这些暴力不容忍任何支离破碎的、任何令人疑惑的东西，它们将崩溃的道德主义清理干净，穿过所有的废墟为人类打开一条宇宙通道"。那些人的"脑子里面一定有把舒服的沙发，就为了今天还能躺在已经消逝时代的词句上面休息"。他这里所指的就是托马斯·曼，这些话说得既放肆又盲目。

所以恩斯特·云格尔的沉默就更加引人瞩目。鉴于托马斯·曼的无法忽略性，鉴于一个持续了80年的文学创作过程，其中也包括数千页的日记，而且在此期间云格尔完全可以毫无顾忌地对此发表看法，这种沉默就尤其有解释的必要了。这里是心高气傲吗，就像在格奥尔格圈子中那样，那里人们只管引用奥古斯丁、歌德、康德或者尼采，但是千万
366 别引用托马斯·曼？还是说，这里有一种不知所措呢？或者说，这里有一种更为深层的知识，人们虽然在观点上处于不同的一方，但在实际存在中不管怎么样都有些亲缘相近？直到年事已高，云格尔才在访谈中偶尔东一句西一句，但并不很健谈地流露出一些看法。在第二次世界大战中，云格尔一定偶尔通过英国广播公司的广播得知托马斯·曼的消息。他的反应是负面的。每当又有一座德国城市在火焰中被焚毁，他就会很生气，"而托马斯·曼则就此发表演讲"。但云格尔加上这样的评论，他钦佩托马斯·曼是一位极其不同寻常的文体学家。"他是少数几位表现出对德语语言高度负责的人之一。"[60] 此外，不同于大多数德国人，云格尔认为流亡并非意味着与托马斯·曼分离开来，而是同他建立起联系："自从托马斯·曼，被卷入这个悲剧性的过程中，对我来说，他又变得可亲起来了。"[61]

卡尔·施米特[1]认为这两个人坐在同一条小舟上。"恩斯特·云格尔……威廉时代的搁浅的漂流物；托马斯·曼也是如此。"有人将这个说法告诉了这位百岁老人，他引用了这个说法，讨论了它，但即便在如此被人挑衅逼迫的情况下，他也对托马斯·曼不置一词。[62]

从托马斯·曼这方面来说，虽然在克劳斯和艾丽卡的影响下，他

---

[1]　卡尔·施米特（Carl Schmitt, 1888—1985）：德国著名法学家和政治思想家。

止不住在书信和日记中大吐酸水——有一次他称云格尔为"野蛮的浪荡子"[63]——但在公众场合非常克制，大概也是因为他没有真正地阅读过云格尔的东西。[64]偶尔他会关注一些二手的东西，例如在1933年，当时他酝酿浮士德项目有一阵子了，他看到了一篇关于《工人》（*Arbeiter*）的文章。[65]他不正可以很好地把云格尔用在《浮士德博士》中，不正好可以把此人安排在扫除野蛮的那群精神铺路人中吗？云格尔这类人没有出现在那里，看起来又像是一种留白。当托马斯·曼在战后第一次多少较为详细地关注云格尔，但也是又一次仅仅基于二手文献，而且只是在日记里面说，结果并不是仇恨，而是一种疑问的思忖。

"这两位先生或许总是彼此保持尊重，保持距离。"[66]这两个人都在避免直面对方。他们相互之间有一种畏惧。或许他们都感受到了来自另外一方的危险。或许他们担心被质疑。无论如何，两人中没有任何一位就对方说过一句断言。

第十三章

生命中段的同性色欲

迟疑不决的出柜

对于托马斯·曼日记本里面的这句言论"看起来我跟女人们的关系真的彻底结束了吗？"（1920 年 7 月 25 日），不存在进行过度评价的缘由，因为在这样的言论之后，他又说了很多下面这一类型的话——"我和卡蒂娅的关系长达几个星期都很感性"（1921 年 10 月 12 日）。叔本华在《性爱之形而上学》（*Metaphysik der Geschlechtsliebe*）的附录中说，性倒错的倾向在上了岁数之后会有所增加，而创造强壮和健康孩子的能力有所下降。"自然就是这样设定的。"[1] 为了阻止后代弱小无力，在过了 50 岁之后，自然让男人对女人无动于衷，甚至对女人的厌恶与日俱增，这样就造成了"男人的造人能力越衰退，其反自然的倾向也就越坚决。——与此相应，我们觉得性倒错完全是老男人的一种常见的罪孽"。

以此对普遍情况一如既往地进行了泛泛而论。具体到托马斯·曼个人，至少还是有些明确的提示表明，在 20 世纪 20 年代里他对同性色欲的兴趣有所增强。就公开发表的相关言论的数量和清晰程度而言，几乎可以说是一种小心翼翼的出柜。《一个不问政治者的观察》虽然把话说得很满，把一切和盘托出是这些观察的意义，[2] 但是这些观察说了半天"认清你自己！"[3] 时，并未谈及同性恋情。在战后时期的日记里，托马斯·曼才清楚地认识到，《观察》这本书"也"是他性倒错的一种表达（1919 年 9 月 17 日）。这个有意思的判断是通过阅读了汉斯·布吕厄的著作《男性社会中的色欲作用》（*Die Rolle der Erotik in der männlichen Gesellschaft*）第二卷后有感而发的。[4]《观察》中曾经引用过 1917 年出版的第一卷，书中说起了"性倒错类型"，[5] 也就是说起了同性色欲中的男人类型，但在引用时没有指出作者。人们将厄洛斯确定为"在排除一个人的价值的情况下，对这个人的肯定"。[6] 在布吕厄那里可以读到，为什么书上的这个地方跟托马斯·曼有关。必须在"排除一个人的价值"的情况下肯定这个人，这可一点也不好玩。厄洛斯是一位很严肃、很可怖的天神，一位灾祸之神，可不是爱神阿莫尔[1]那样的小男孩。要将一个人从所有的价值关系中剥离出来，"必须对一个人无条件地进行肯定，而此人除了对某人有意义之外，对其他人或许没有意义"，这可不是玩闹或者消遣时光。布吕厄的诊断正好描述了托马斯·曼的情况：虽然感觉他那爱情的对象，随便哪些帅气的跑堂小伙儿，都毫无价值，但听任他摆布。"一个爱中的人，也就是，被厄洛斯俘获的人，"布吕厄以宏大的激情展开论述，"处于一个圣洁的相互关系中，这种关系无法再推理得出，而且其观念是从人性的深渊中升腾出来的。他常常站在那里，怀着一颗流血的心，完成着自己的命运。"这句话尤其适用于男男之间的爱欲。"价值问题在此几乎总是毁掉厄洛斯的宁静，这一切是与男人的天性密切相关的。"

在一封写于 1920 年的信中，曼又一次反讽地从道德主义者的角度对布吕厄书中的这个段落进行了评论："这真是一个很好的肯定呀，这个肯定'排除掉了价值'。我谢谢啦！"[7]如果除了字面的东西什么也不了解，就没办法理解这个句子。只有了解其来源是布吕厄，才能够发掘出，这到底在此人的生命中意味着什么，就此可以获得有关托马斯·曼在涉及同性恋者时采用的隐晦的写作方式最重要的认识之一。如果他承认用了"双重视角"，也就是说用了一种让最粗放及最细腻的人都能读懂的风格，那么这也是用于掩护的。对粗放的人来说有一个足够让人理解的外部世界。对细腻的人来说，在极端情况下只是对他自己本人而言（因为肯定有足够多的地方，要解开这些地方的秘密意义总是不可能的），有一个深度的意义层，这层意义只是为极少数知情人写的。

在 20 年代，对文字的自我审查有所放松。托马斯·曼在 1922 年的《论德意志共和国》中写道，社会开始"松开了对位于现象表面的臭名昭著及诽谤的惩戒，以更为强大的安宁注视着这些，从人性的角度进行多重意思的解释"。[8]究竟是我们作者内心的发展起到了更大的作用，还

---

[1] 阿莫尔（Amor）是古罗马神话中的爱神，等同于古希腊神话中的司性爱的原始神厄洛斯（Eros）。

是那种宽泛的文化上的自由化和性解放起到的作用更大——无论怎样，与他其他任何一个生命阶段相比，在1920年到1933年间从他的笔头流出了更多的有关这个题目的公开言论。阅读布吕厄的著作或许有助于他减轻进行排解的压力，将这个禁忌的领域变得能够进入人们的意识范围中，并赋予它一种语言表述。在我们开始观察托马斯·曼的相关公开言论之前，还是先看看他写于1918年至1921年间的日记，这样才能先将所经历的付诸语言，再谈所思所忖。

男孩们1918—1921

　　如果我们将随口提及的一些表述，诸如"大学生特鲁姆勒，帅气的男孩"（1918年12月4日）或者"吉兰达约[1]的一幅圣母画上有一名非常妩媚的青春圣者令我十分倾心"（1918年12月22日）[9]搁置一旁，而专注于更为感情充沛的记载，那么我们就会发现三段值得说一说的关系。第一段关系是一个短小的故事，发生于1918年12月20日。"一位优雅的年轻人吸引了我的注意力，他长着一张柔和的傻乎乎的大男孩脸，金发，细腻的德意志小伙，甚至有些嫩，让人想起雷夸特，他的外貌毫无疑问给我留下了印象……我本人很乐意承认，大概会发生点什么。""我想，用非常冒险的方式，再次遇到昨天那位年轻人。"（1918年12月21日）"由于情欲想象，夜间睡得十分不安。""昨天太累了，都忘了记录一下，那位长得跟赫尔墨斯一般的年轻优雅的男孩，就是几个星期前给我留下深刻印象的那位，也在报告会现场。他那张脸，有些小伙子的稚嫩，因为美貌和傻气，显出几分古典色彩，'神一般的轮

---

[1]　这里指多米尼克·吉兰达约（Domenico Ghirlandajo, 1449—1494），意大利画家，米开朗琪罗的老师。

廓'。我并不知道他叫什么名字，而且，他叫什么其实都一样。"（1919年3月30日）

　　第二段关系给他留下的印象更深，此人是年轻的奥斯瓦尔德·基尔斯滕（Oswald Kirsten），一个船东的儿子，曼在1919年7月15日到8月6日期间在格吕克斯堡度假时对他十分着迷。整个事情的气氛是很让人熟悉的：波罗的海的空气、色彩、气味、语言、人的类型，一切都跟当年一样。"托尼奥·克勒格尔，托尼奥·克勒格尔。每一次都是同样的东西，深受感动。这个来自汉堡的船运家族基尔斯滕，有两个穿着宽大裤子的儿子，其中一个长着肖似阿明·马滕斯的脑壳。——"（1924年7月24日）对阿明·马斯滕，这位在《托尼奥·克勒格尔》中以汉斯·汉森之名复活的青年时代的朋友的回忆，立即被引入一条通往小说《魔山》的线索中：在同一天的日记里写下了"基尔斯滕＝汉斯·卡斯托尔普"。"基尔斯滕一家在这里有庞大的产业，我带着很大的好感持续地关注他们。今天看见年轻人们在公园里面玩球。"（7月31日）到了8月1日，托马斯·曼写得就更加具体了。这个段落向我们展示，汉斯·卡斯托尔普在他的创作者当年的心目中看起来是什么模样。

371　　　　到了晚上，我们就看着，基尔斯滕家两位年轻的小伙子怎么帮忙把小舟推到水里去。那个金发碧眼、让我想起A.M.[1]的大男孩，后来还和我们一起到了桥上……他的双腿有些弯，身材虽然苗条，但有往敦实发展的倾向，步态有些像船工走路时那样摆动。蓝色的眼睛，眼窝深陷，两眼间的距离很近……鼻子有些向上翘，但实际上并不是狮子鼻，肤色不那么洁净。头发颜色和头型都跟A.M.十分像，他的体型也让我想起了他。这个回忆触动了我。青春的情调和青春的痛苦。

　　与托尼奥·克勒格尔一样，托马斯·曼也在他倾慕的人跳舞时观察

---

[1] A.M.是阿明·马滕斯名字的缩写。

着他。"在那些年轻人中，'我的这位'比另外一位更为柔和与细腻，另外那位完全是船工型的。在跳舞时，他的右手不是掌心放在腰上，而是手的边缘。"（8 月 3 日）最后一条记录（8 月 5 日）是最为重要的：

> 年轻的基尔斯滕昨天多次给我留下了更加直接的印象。他在邻桌展现了几张照片，我能听见他说话，声音比较低沉，带着浓重的汉堡地区口音，我能看见他的手。他的脸帅气且细腻，除了鼻子的形状有些奇怪。他看似不怎么合群，而且喜欢安安静静地坐着（坐在网球场旁边）。如果我没记错的话，我听到他提起过奥斯瓦尔德。他从来没有看向我，即便是从我身边走过。在我看来，他是因为比较审慎所以才刻意避免。在这里，将会与格吕克斯堡一起"亲密地分枝"、"永不衰老的东西"或许就是那必定的"韶华"，那仅绽放了一半——（一半？）——的韶华。

曼的心里激荡着如此之多的情感，而且是对一个显然他是第一次从近距离见到的人！将其列入永不衰老的行列，这赋予了这场内心经历一种崇高的尊严。这是一种先驱者的尊严，奥古斯特·冯·普拉滕式的尊严，此人在威尼斯经历过一次类似的、让人透不过气的爱情，而且将爱情以一首十四行诗化为永恒，托马斯·曼日记的记录中隐射了这首诗的开端：

> 因为彼处，美好统御着，爱在统御着，
> 那么不应有人表现出讶异，
> 如果我没法做到完全沉默，不去道出，
> 你的爱如何将我的灵魂劈开。
>
> 我知道，这份情感于我永不衰老，
> 因为它与威尼斯一起亲密地分枝
> 我的胸内总是升起一声叹息

372

渴求那个韶华，那仅绽放了一半的韶华。

格吕克斯堡是曼的威尼斯，至少有几天时间是这样。这位普拉滕的效仿者在离开后十分忙碌，然而没过多久他便自嘲地记录下："博士，你就一点也想不起来奥斯瓦尔德·基尔斯滕了吗？"（8月12日）此前他已经获得了波恩大学的荣誉博士学位，受到很多纷扰，也跟"卡蒂娅同过房（过于轻率，但愿不会受到惩罚）"[10]——很长一段时间都在担心受孕。奥斯瓦尔德·基尔斯滕再也没有被提起过。但在离开格吕克斯堡后不久，《魔山》中的希佩段落就写出来了（8月15日）；奥斯瓦尔德·基尔斯滕的经历对写出这一段故事有间接的帮助。

托马斯·曼耽于色欲的第三个对象是他自己的儿子克劳斯。在他12岁时，父亲的心里第一次涌起一个念头，这个孩子或许会有些不寻常。儿童房里面的灯光还亮着：

> 事实上，艾希[1]在有灯光的房间里，躺在他的床上，以奇思妙想的方式裸露着身体。他对很多问题还没有答案。是青春期游戏，还是我们在泰根湖的时候就已经察觉到的梦游行为倾向？或许二者兼有之。这个男孩的生活将会怎样进行呢？像我这样的人当然是不"应当"将孩子带到这个世界上的。但这"应当"值得加上引号。活着的，因其活着，要的不仅自己，而且正因其活着，也曾经要过自己。（1918年9月20日）

日记中带着关注记录了长大成人过程中的身体特征（1918年9月19日）。日记里有时也写道："克劳斯非常英气逼人"（1919年4月20日），"我特别高兴有这么个美貌少年当我的儿子"（1918年12月24日）。从1920年5月到6月，与这位进入青春期的儿子的关系主要是一种十分怜爱的调子。"我对艾丽卡很温柔，我觉得她健康阳光，棕色头

---

[1] 艾希（Eissi）是克劳斯在家人中的昵称。

发，也很漂亮。我让克劳斯注意到我的疼爱，我抚摸着他，情绪饱满地鼓励他，尽管生活'并不总是那么简单'。我推测，成长为一个真正的男人这个过程可够他受的。"（1920 年 5 月 25 日）5 月 27 日，卡蒂娅出门旅行了，去巴特科尔格鲁布疗养。"吃过饭后，对艾希非常温柔亲切。"（6 月 14 日）"克劳斯，我觉得最近非常受他的吸引。"（6 月 22 日）在这一背景之下，展开了"有关男男色欲的对话"，曼就这个题目给卡尔·玛丽亚·韦伯（Carl Maria Weber）写了一封很长的信，而日记里面透露出："这些天爱上了克劳斯。"（7 月 5 日）"艾希，现在让我着迷。"（7 月 11 日）"艾希真是魅力四射，在澡盆子里简直漂亮极了。我觉得很自然，我爱上了我自己的儿子……艾希光着上身躺在床上读书，让我觉得有几分慌乱。"（7 月 25 日）"昨天晚上读了一篇艾希写的悲世悯己充满撕裂感的小说，在他的床边上对这篇小说进行了批评，给了他很多柔情，我觉得，他对此很开心。"（7 月 27 日）"我听到男孩子房间里的闹腾声，猛然进去，吓了艾希一跳，他全身赤裸正在戈洛的床前胡闹。他那还没完全发育、发着光的身子给我留下了很深刻的印象。震惊。"（1920 年 10 月 17 日）除了这种无声的震惊，这位父亲当然不可能做出其他任何什么事情来，就是连这一点，他最终也禁止了自己。后来岁月中的种种文字记录又回到了父亲的德行及日常的秩序中来。

373

韦伯、维内肯、维克斯多夫

1920 年 7 月 4 日，就是在他爱上克劳斯的那段时间里，托马斯·曼给卡尔·玛丽亚·韦伯写了一封很长且十分详尽的有关同性恋情的信。为什么偏偏要写给他呢？到底谁又是这位卡尔·玛丽亚·韦伯呢？在 1920 年 7 月 5 日的日记中，托马斯·曼用了此人的笔名"奥拉夫（Olaf）"来称呼他。早在第一次世界大战之前，韦伯还在波恩读大学的时候，他就想方设法地接近诗人，并且邀请他来举办诵读会。在一家高校报纸上，他写过一篇极力赞扬《死于威尼斯》的评论。[11] 他这一生都与托马斯·曼保持着一种较为松弛的通信关系。[12] 保留下来的信件却大多十分无足轻重，所以当其中一封信特别重要时，也就显得十分惹眼。韦伯是一位和平主义者，也是一位表现主义作家，这一点让他当时在政治上站在了托马斯·曼的对手一方。韦伯还和这些对手中的一位，也就是表现主义积极分子库尔特·希勒（Kurt Hiller）成了好朋友。但这种对手的关系显然只是体现在观点上。"这种特别具有情色意味的立场，"托马斯·曼在写给韦伯的那封长信中这样说道，"在世界观方面显然是无所谓的，就跟对于美学及文化漠不关心一样。"换而言之：人们可以是政治和美学上的敌人，但基于共同的情欲倾向就可以是朋友。

374 　　改革教育学（Reformpädagogik）建立起另外一座桥梁。韦伯是教师，在 1921 年加入了由古斯塔夫·维内肯（Gustav Wyneken）建立和领导的维克斯多夫自由学校社区（Freie Schulgemeinde Wickersdorf）。托马斯·曼此前也是认识维内肯本人的。[13] 总的说来，他跟乡村学校运动及学校改革运动都维持着良好的关系，他的孩子们反正已经在霍赫瓦尔德豪森、奥登瓦尔德和扎勒姆城堡的寄宿学校惹了不少祸。那么为什么不跟当时的第四所著名的学校建立起好关系呢？为什么不选维克斯多夫呢？为了艺术建构。孩子们要享受良好的市民阶层的教育，他们不同寻常的某种倾向要受到纪律约束，就像这位父亲也曾对他自己的倾向进行过纪律约束那样。从克劳斯和戈洛的自述中我们可以得知，在扎勒姆和奥登瓦尔德寄宿学校，性方面是过分拘谨的。在维克斯多夫则相反，古希腊的男童之爱得到了彻底的宣讲并被付诸实践。"这可真是个非常古怪的反讽，"学校的创建者戏谑地说，"我们培养教育青年的地方还一直被称为'Gymnasien'（文理中学）。而'Gymnos'的意思是赤身裸体，'Gymnasion'则指的是人们必须赤身裸体地进行身体训练的场所。"[14] 在赫尔曼·利茨（Hermann Lietz）、保罗·格赫布和古斯塔夫·维内肯这些教育领域的领军人物之中，维内肯在这一点上是最为彻底的。他毫不讳言，男孩子就应当体验一下与古老的对青少年的评判不同的教育。

他应当"被他那受到爱戴的导师的爱意包围着、推进着、激励着，从而在他的灵魂中再也不会想起那种古老的见解，即认为年轻人就是教育者实施教育的客体和材料"。身体也属于教育纲领的范畴。维内肯承认，他拥抱过裸体的男生，但否认有过更进一步的动作。

他因此也两次丢掉过他所建立的学校或者受到他的启发而建立的学校的领导位置，第一次是在1910年，第二次是在1920年底。针对那些有关他跟未成年人和尚未独立的人行不轨之事的指责，他以一篇充满情绪的辩解文章《厄洛斯》（*Eros*）进行回应。"有可能，"他非常自信地宣称，"如果一个人从未满怀激情地爱过一位高贵的男孩子，从未体验过'打开希腊人心扉'的那种幸福，那么他最好还是带着谦逊和敬畏在对他封闭的神圣事物面前闭嘴吧，请不要偏偏将那些长着厄洛斯两只翅膀的人视为堕落及残废的人。"

卡尔·玛丽亚·韦伯在旅行途中通过两个人共同的朋友作家维利·塞德尔（Willy Seidel）给托马斯·曼寄了一本薄薄的抒情诗集，这直接促使托马斯·曼写下那封长信。诗集的标题是《戴着花冠的西伦。来自充满慰藉的岸边》（*Der bekränzte Silen. Verse von einem tröstlichen Ufer*）（汉诺威：施特格曼出版社，1919），那些诗歌是以"奥拉夫"的笔名发表的，托马斯·曼在1920年7月5日的日记中自己把这个名字翻译成了"C.M.韦伯"。对于有在这方面受过训练的目光的人来说，很快就能够从这些诗歌上明确地识别出其作者的同性恋倾向，这很可能给了曼一个动因，向不那么熟悉的熟人，而不是向比较亲近的熟人如此开诚布公地袒露心声。"我多么希望，"他在信里引入话题时写道，"您当时也参加了我最近参加的一次谈话，在一个漫长的夜晚，跟维利·塞德尔和第三位艺术同行库尔特·马滕斯的谈话，讨论这类事情"。据日记记载，这场谈话发生在1920年7月1日（"M.从他的自传中朗读了一些有关寄宿学校中的一些奇事。谈话就男色欲展开，由于这些问题，讨论一直进行到很晚。"）——"因为我极其不希望，会给您，或是其他人，留下一个印象，那就是我否定了某种我自己十分敬重的情感方式，我敬重它是因为它几近必须地——至少比'通常的'情感方式更为必

375

须——具有精神，或者我也不希望让人以为，我想否认这种情感方式，只要我可以触及它——姑且让我这么说吧，于我而言它是以近乎不设限的方式。"[15] 这个句子说得虽隐晦，但核心内容很明确，"近乎不设限的方式"完全可以翻译成"无条件的"——就是说他一定要达到的那种情感方式。出于保险起见，韦伯再次盯着问了这个问题，回答还是一如既往的转弯抹角，而且拗口，但最终不再会产生误解了：

> "近乎不设限的"，这就是说：几乎是无条件的。您没有理解这一点，并且以为我有移情能力而夸赞我。但事情不是这样的；如果没有一次个人的情感冒险，从那部歌德小说就不可能写出《死于威尼斯》。[16]

376   这封摆在眼前的信多少有些掩盖，但对这位行家而言，从小说《死于威尼斯》开始就已经非常明确地进行了相关解释，这篇小说具有"颂歌般的源泉"，而且它以"一段个人的抒情般的旅行经历"为基础，这段旅行经历决定了他会通过引入"禁忌之爱"这个主题将这些事情推到比较尖锐的位置。接下来托马斯·曼从《观察》这本书的反讽那一章里引用了一段话并且得出结论："您告诉我，一个人是否还能够更好地'泄露'自己。"他将下面这一段对生活和精神关系的分析视为这个意义上的泄露："在它们之间不存在联合体，而只有对联合与谅解的短暂且令人陶醉的幻觉，一个永恒的张力而不存在解决方案……"[17] 托马斯·曼认为这是一个典型的同性恋的场景。在将这个思想延续下去时，通过这个源泉也释放出同性恋的意义。在引用于《观察》的那个段落里，这位一向小心谨慎的作者这样写道，他的情欲经历完全地表达出来了。此处是将一首爱情诗诠释成散文，也就是将一首诗翻译成散文，这首诗结尾的一段是这样开始的："谁铭记着最深的事，他必爱着最鲜活的。"这个诗句来自弗里德里希·荷尔德林的诗《苏格拉底和阿尔西比亚德斯》（*Sokrates und Alcibiades*），这首诗为男人之间的关系进行了辩护：

"你，神圣的苏格拉底，为什么始终崇敬着
这位少年郎？你不知晓更伟大的事情？
为什么带着爱，
如看着神祇一般，你的眼睛凝视他？"

谁铭记着最深的事，他必爱着最鲜活的，
崇高的青春理解，谁看着这个世界，
明智者最终弓身
往往向着美好者。

托马斯·曼接着评论道，这首美妙无比的诗蕴含着"对所谈及的情感方向的整个辩解，并且包含一个声明，这其实也是我的声明"。

这里用了一种暗语进行沟通，要读懂它需要非常仔细地阅读。这种语言只有局内人和有同样倾向的人才能看得懂。这些人因为禁忌压力而凑到了一起，所以在托马斯·曼的有生之年从未进行过有关其性观念的公开讨论。这个秘密被保守住了，虽然有卡尔·玛丽亚·韦伯、库尔特·希勒、库尔特·马滕斯和维利·塞德尔这样的知情者。

极端淫乱

"昨天读了出版商施特格曼寄送来的魏尔伦[1]写的'女人'和'男人'的诗歌，很震惊。极端淫乱。"（1920年8月11日的日记）《女

---

[1]　这里指保尔·魏尔伦（Paul Verlaine, 1844—1896）：法国象征派诗歌的代表人物之一。

人》（*Frauen*）出版于 1919 年，《男人》（*Männer*）出版于 1920 年，均
为德法双语版，是汉诺威的保罗·施特格曼出版社（Paul Steegemann
Verlag）为订书者出的私人版本。出版商请求托马斯·曼提点小意见。
托马斯·曼同意了，这很令人惊讶。然而，原来计划刊登他意见的那家
小众杂志却停刊了。

　　在《致一位出版商的信》（*Brief an einen Verleger*）这个读起来十分
中性的标题之下，托马斯·曼虽然谈到了淫乱与滥情，但尽力避免使
用任何一个可能会指出那些诗具有同性恋本性的词，由是，这篇文章后
来得以在论文集《讲演与回复》（*Rede und Antwort*）中付梓。[18]这些诗
中的淫乱内容让他深感震惊，这一点每个人都可以在文章中读到，但
这些诗本身却没有什么人读过。只要有某个同性恋体验危及并撼动托马
斯·曼的市民安全感，"震惊"这个表达总会在他的笔下如约出现。这
一次涉及的是有着大量赤裸裸肉体描写的诗歌，这些诗在当时只能悄悄
地出版，直至今天几乎无法再读到了。保尔·魏尔伦写得十分放荡不
羁。托马斯·曼阅读时觉得"淫乱"的地方，大概可以用《男人》这本
诗集第一首诗的头三段（共九段）来举例：

> 哦，诗人啊，别再恶言恶语了；动脑想想吧！
> 躺在女人身边，往往非常美好，
> 紧贴着她们柔软的肉体；
> 有时这样的幸福也令我欣喜。
>
> 她的臀是美好的爱之窝！
> 我跪着让舌在其间戏耍，
> 同时让手指在另一个深穴翻腾，
> 就像小猪在它们的食盆中乱拱。
>
> 只是，谁想将你与男人的臀部相比，
> 这将证实更大的极致快感，

作为快乐花朵和美丽符号

受到被战胜者和服从者的颂扬。

汉斯·卡斯托尔普也对人的身体大唱颂歌，[19] 过了那么多年之后，霍普甫勒夫人同样对帅气的菲利克斯的躯体赞美不已。[20] "颂歌般的"，我们从这封给韦伯的信中可以得知，也是一个暗语，指的是同性恋情的强烈情感，跟"震撼"，跟惊呼"我的上帝啊！"相同。

性无能

378

《水井边的女人》（*Die Weiber am Brunnen*）是曼在 1921 年 12 月针对克努特·汉姆生 [1] 的一部长篇小说写的评论，小说虽然没有直接涉及同性恋，但说的是一个相近的题目，小说呈现了无法实现的男性的性欲。禁止性实践遵循同性恋的倾向，这一不容更改的禁令对于托马斯·曼来说，与性无能的问题非常接近。不允许的意思，以极端的方式理解的话，就是无法进行。汉姆生笔下的主人公奥利弗在截肢时失去了男人的性能力。他的妻子对他不离不弃，但以非常奇妙的方式生了一个又一个孩子。尽管如此，他知道怎么保守住他的秘密。"或许他在其中也找到了他那一丝丝幸福，至少他没有别的幸福。这纯粹是技艺？除了技艺什么也不是。"[21] 汉姆生写的这些句子是托马斯·曼有所保留的判断的心痛的背景，小说论及的"是作为留住生命力量的技艺，是作为技艺、作为技艺的协助的生活……"——这些无论如何是他的"善意反讽的观念"。

---

[1]　克努特·汉姆生（Knut Hamsun, 1859—1952），挪威小说家、戏剧家和诗人，获 1920 年诺贝尔文学奖。

那位由于男性能力受损而充满悲喜剧色彩的阉人，尽管可笑，还是屹立于广大公众面前，是一个认同式的形象。托马斯·曼笔下的艺术家的男性能力总是在一定程度上受到过损伤。这种性无能的艺术家会受到女人充满同情慈爱的爱恋；也就是说，同时受到女人的崇拜和欺骗。托马斯·曼是不是也被女人欺骗过，这一点虽然不能在自传生平中画出等号，但是有一点还是可以说的，就是性无能这个主题对他来说还是有些威胁性的。艺术家到底是不是个男人，托尼奥·克勒格尔问，或者他只是更像那些教皇身边的阉人歌手，他们虽然把歌唱得优美动听，然而——[22]

厄洛斯作为政治家

对同性恋情的辩解也延伸到了共和国。战争加强了男人与男人之间的厄洛斯。曼在《论德意志共和国》里这么写道，厄洛斯构成君主制的联盟的秘密黏合剂，甚至右翼的恐怖也建立在古典时期的友情与爱情的基础上。[23]据曼说，"厄洛斯作为政治家"是一个从古希腊罗马时期以来常见的想象，在我们今日——这里暗指的是汉斯·布吕厄的著作《男性社会中的色欲作用》——也还非常有思想地宣传这一点。与布吕厄不同，曼想要做的事情是，将同性恋这汪水引到民主的床上去。想要将君主制的复辟变成厄洛斯的事情，根本就是瞎闹。在《观察》中，民主被认作是女性的，而现在，曼在美国诗人和同性恋者沃尔特·惠特曼（Walt Whitman）身上找到了一个作家，此人教会了他把民主理解成一种男性的联盟。但他从来没有想过就此将女人从民主中排除出去，在这个意义上他面对的是那个时代特有的对民主的各种扭曲。在惠特曼那里可以看到一种"充满欲念地拥抱一切的民族主义"，它通过"同仁之间的爱，通过同仁之间的男性之爱"将这片大陆变得不可分割。

关于婚姻

　　题为《过渡时期的婚姻》(*Die Ehe im Übergang*) 的论文，后来标题被改成不那么尖锐的《关于婚姻》(*Über die Ehe*)，将所有这类想法组织起来。就像托马斯·曼朝着女儿艾丽卡心领神会地眨眨眼写的那样，它包含"一个有关同性恋的原则性讨论，哎哎"。[24] 延续下来的家庭的父系结构即将解体。两性之间的平权正在形成中，这将使男人女人化，女人男人化。其中人类原初的、自然的双性恋现象更加凸显。托马斯·曼又是通过布吕厄知道这种天性的。[25] 他本人就具有双性恋倾向，所以他对这个过程的看法比较积极，并不以文化保守的态度将其视为一种堕落，而判断其为值得期许的最基本的天性本然的释放。接下来他将这种双性恋倾向作为一种婚姻和同性恋理论进行展开。他十分明白怎么把这个理论纳入他的那个知名的对立模式中去：

同性恋情	婚姻
艺术	人生
死亡	生命
艺术特性	市民性
美学	伦理，道德
不孕不育，无孩	能生养，造人
吉卜赛人特性，放荡	生活的市民性，忠诚
个人主义的	社会的
不负责任	生活的指令
悲观主义	肯定生活，循规蹈矩
放纵的自由	有所拘束，义务

380

　　这样看来，与死亡相联系的艺术家特性由同性恋情的世界成长而来，而与生命相联系的市民义务来自婚姻的世界。作家通过霍普甫勒夫人的口说出，男孩之爱是"un amour tragique, irraisonable，得不到公认，不切实际，既不是为了共同生活，也不是为了结婚"。[1] 26 那种激昂伟大的、酒神般令人陶醉的、冲破一切市民阶层关联的爱之激情是同性恋情。相反，婚姻则完全不由色欲定义，而是由对家庭的义务来定义。因而婚姻的缔结是通过决定进行的，同性恋激情则是作为一种更高的事件猛然闯入。

反对刑法第175条

甚至具体的政治行动也产生于20世纪20年代时的谨小慎微的出柜。早在1922年，托马斯·曼就在一份由性学家马格努斯·赫希菲尔德（Magnus Hirschfeld）27 发起并向帝国议会递交的要求废除刑法典第175条的请愿书上签字，这一条款自1871年起规定了同性恋行为的刑事责任，1935年再次加大刑罚力度，其法律效力一直持续到1969年。不久前还无人知晓的是，托马斯·曼本人也亲自写过一份呼吁书，1930年发表在同性恋运动杂志《自己人的共同体》（Gemeinschaft der Eigenen）上。28 呼吁书中没有任何个人的东西，仅是因为托马斯·曼，就他本人而言，早就不再想着去身体力行这种"违反自然的淫乱"了。但他毫无歧义地明确呼吁允许这样的行为：

> 两个成年人之间相互给予对方以性的柔情蜜意，而且是在某种情感的基础之上，这种情感的历史非常悠久，就跟人类的历史一样久……这样的"举动"，与他人并无丝毫关系，却以没有教养且毫

---

[1] 《大骗子菲利克斯·克鲁尔的自白》，第189页。文中这句法语的意思是"一种悲剧性的爱情，是很不理智的"。

不得体的方式对此进行偷窥监视，用监禁来威胁，让这类胁迫……有好日子过——在我看来，是一种有些笨拙地表明自己有道德情怀的方式。

这个条款必须废止。

克劳斯·霍伊泽尔和安菲特律翁 381

"根据人性的推算，这是我的最后一次激情——它是最幸福的激情。"这记载在 1933 年 9 月 22 日的日记里。这里说的是从当时算已经过去六年的对克劳斯·霍伊泽尔的爱恋，托马斯·曼于 1927 年 8 月在叙尔特岛的坎彭镇上认识了这位当年 17 岁的少年。[29] 告别时他送给少年一本《布登勃洛克一家》，"作为在海边共同度过几周的纪念"。[30] 他差点在旅店的客人登记簿上泄露了自己的身份。"在这震撼的大海边我尽情地生活过。"[31] 几周的度假之后，这位年轻人在 1927 年 10 月到了作家位于慕尼黑的家中做客，逗留了两周时间，接下来这位被迷得五迷三道的作家也去杜塞尔多夫造访了几次。"我用你来称呼他，在告别的时候经过他明确同意，把他紧紧拥抱在胸前。"托马斯·曼在 1927 年 10 月 19 日给克劳斯和艾丽卡写信时说。他带着几分淘气和神秘接着说道："艾希（克劳斯），务必自愿地退回去，不要扰乱我的圈子。我已经老了，而且有些名气，为什么只有你们可以在这方面胡作非为？"当这个年轻男孩离开时，托马斯·曼问戈洛："现在，你开心吗，他已经走了，这个小家伙儿？"[32]"这个小家伙儿！他走了吗？"在歌德的《浮士德》中，梅菲斯特这样问。[33] 克劳斯·霍伊泽尔扮演着格蕾辛，托马斯·曼同时扮演浮士德和梅菲斯特。

1927 年的几本日记都找不到了。从它们中一定可以找出很丰富的内容："昨晚上读了很久 1927 年的日记，来自我跟那个男孩克劳斯·H

的激情时期的日记。"（1937 年 3 月 21 日）后来的很多文字记录却保留了这个经历的诸多痕迹。K.H. 属于"画廊"（1950 年 7 月 11 日），也就是说属于那个"重大"体验的行列中，这一行列始于阿明·马滕斯和维尔利·廷佩，再到保罗·埃伦贝格，现在又到了他，1950 年时，弗朗茨·韦斯特迈尔还将被收录于其中。与此相应的是激情与震撼，是长时间的回味。1934 年 1 月 24 日的日记里有这样几句话：

> 昨天晚上读 1927/1928 年那本旧日记一直到很晚，这些日记是在 K.H. 到我们家做客和我到杜塞尔多夫探访时期记录下来的。在回顾这段经历时，我的内心如同掀起了千层浪，深受感动，情不自禁，在我今天看来，这像是属于另外一个更为强大的生命时期，我带着骄傲和感恩保留着这段经历，因为它出乎意料地满足了生命的渴求，这种"幸福"，就像是在人生之书中写的那样，尽管它不是本通常之书，也因为对此的回忆意味着"我也经历过"。尤其让我印象深刻的是，看我如何在获得这样的满足之后回忆最早的体验，回忆 A.M. 和他之后的那几位，看我如何觉得所有这些个例都可归入后来的且令人惊讶的满足中，通过他们得以圆满、和解以及做得很好。

为了《约瑟和他的兄弟们》的写作，托马斯·曼沉浸在保罗·埃伦贝格时期的记录中，并且将那些记录与克劳斯·霍伊泽尔时期的进行比较。"我，就算当年已经是这样，"关于 P.E.（保罗·埃伦贝格）是这么写的，"但在 20 年之后，在更高的程度上，"这里说的就是 K.H.（克劳斯·霍伊泽尔）了，"甚至很幸福，而且真正可以将我内心渴求的揽入怀中。"（1934 年 5 月 6 日）接下去是这样的句子：

> 这个 K.H. 体验更加成熟、更加优越，也更加幸福。一种情感上的折服，如 P.E. 时代特定的记录语调所流露的，就是这句"我爱你——我的上帝——我爱你！"——一种情迷痴狂，在诗歌断片中

第十三章　生命中段的同性色欲

已经有所提示："啊！听，音乐！在我的耳畔吹过动人心魄的一阵声响——"只有过一次——大概理应如此——出现在我的生命中。与此相比，早年的A.M.体验和W.T.体验远远要孩子气得多，K.H.的体验是晚来的幸福，具有使生命中的仁善完满的特质，却没有了青春时代情感的那种猛烈，是我25年来至关紧要的心灵经历欢呼声震天宇和深深震撼的体验。在人性上这样或许是符合常规的，借助这样的正常性，我可以感受到我的生命被更为强烈地归入规矩中，比借助婚姻和孩子们更甚。——[1]

当年与K.H.至少还有书信往来。"给克劳斯·霍伊泽尔写了封信，此前我在纽约从他那里得到了一张票。"（1934年6月12日）这些信件都丢失了。[34]一年之后，他们甚至还再次见了一面（1935年9月21日）：

> 其间由于克劳斯·霍伊泽尔的来访中断了，他旅行经过苏黎世，有10分钟时间见我。他没变，或者说变化很小，都24岁了，还是那么柔和，像大男孩一般，眼睛还是那样。我仔细地端详着他的脸，心里说"我的上帝"。非常奇怪的是，在这里我不久前还想起他来，带着感恩之意想起他，在他面前，我再次感受到了这种对当年的感恩之意。他等着我吻他，但我没有这么做，而只是在离别前说了些动情的话。时间过得很快，他马上就要离开了。

许多年之后，托马斯·曼再次读了一遍他自己所经历的事情：

> 把克劳斯·霍伊泽尔那个时期的旧日记本拿出来读了很长时间，那时候我是个幸福的情郎。最美好和最令人感动的是在慕尼黑的告别，那时我第一次一下子"跃入梦境"之中，他的太阳穴靠着我的。是的——生活过并且爱过。黑色的眼睛，为我流眼泪，我吻

383

---

[1] "我爱你！我的上帝……我爱你！"这一节同样引用了该引文。

过的可爱的嘴唇——这个经历就在那儿，我也拥有过它，在我将死之时，我会对自己这样说。

384　　他们最后一次见面是在 1954 年 9 月，克劳斯·霍伊泽尔在离开 18 年之后，从中国回来了。托马斯·曼记录下来："他一直未娶妻。"艾丽卡嘲弄说："因为他得不到 Z.（魔术师，即托马斯·曼），所以干脆就这么过了。"[35] 现在说话的调子变得多么缓和！

　　卡尔·维尔纳·伯姆（Karl Werner Böhm）在 1986 年与克劳斯·霍伊泽尔进行了一次谈话，从这次谈话中可以知道，克劳斯还是个年轻人的时候，几乎没有意识到，托马斯·曼赋予他多么大的重要性。他坚定地否认了亲吻和其他进一步的事情。"我当时肯定，以完全天真无邪的方式，对他友好和表现善意，但再没有更多了。这就是全部的'满足'。"[36] 1927 年 10 月在慕尼黑度过的 14 天，托马斯·曼在上面提及的给克劳斯和艾丽卡的那封信里这么写道是这位 17 岁男孩生命中最美好的时光之一，这是他从男孩的书信中得知的。克劳斯·霍伊泽尔对此的看法完全不同，至少在他上了岁数的时候。"下午他有时候会喊我去他的书房，当时我可能正跟孩子们在花园里面玩耍，他就是要念一段他刚刚写出来的东西给我听。念完后，会问问我对此的看法。——怎么说呢，其实我对那些东西并不怎么感兴趣。也有可能，我根本就没有好好地听他念了什么。我坐在那儿，坐在我的那张椅子中，脑子里面只有一个想法：让我赶快出去，到花园里面去，跟孩子们一起玩。"除了文学，曼似乎从来没有想过谈些其他的东西，这样看来，这个经历也证明了那个古老的、令人痛苦的精神与生活之间的巨大分歧：精神充满渴望地爱上了生活，但生活并不需要他。"秘密且近乎无声的生活冒险，是最为伟大的。"在他的同一封信中这么写道。实际上，克劳斯·霍伊泽尔很可能并不知道，他对这位作家意味着什么，他可能也不知道被作家描述为事实的那些事情，尽管它们都只发生在他的内心："我用你来称呼他"——克劳斯·霍伊泽尔也否认了这一点——"在告别的时候经过他明确同意，把他紧紧拥抱在胸前"。

但克劳斯·霍伊泽尔也许不得不把这件或者那件事情排解掉。曾经被托马斯·曼爱过，真的就是一个好事情？属于他的金发碧眼的男孩系列呢？

这次的 K.H. 经历也具备了文学形象。"给我带来最多满足的克劳斯·H，安菲特律翁这篇杂文的引言部分属于他。"[37] 在纪念亨利希·冯·克莱斯特诞生 150 周年之际，托马斯·曼在 1927 年秋天写了一份简短的研究报告，题为《一次重新征服——论克莱斯特的〈安菲特律翁〉》（*Kleists Amphitryon. Eine Wiedereroberung*），并于 10 月 10 日在慕尼黑以此做了报告，克劳斯·霍伊泽尔也在现场。托马斯·曼私下告诉他的两个大孩子克劳斯和艾丽卡，他做报告时最精彩的地方是那些"他"多少能够有些影响的地方。这里说的是哪些地方呢？报告的全文登载在报上，并保留了下来。[38] 克莱斯特的《安菲特律翁》（*Amphitryon*）以一个相当劲爆的神祇故事为创作对象，恋爱中的朱庇特以军队将领安菲特律翁的形象出现在他的妻子阿尔克墨涅面前。但就在此时，安菲特律翁本尊也回家了。阿尔克墨涅站在人和神之间，脑子里面一头雾水，她在弄清楚了情况之后，却让朱庇特回归神性。识别构成的线索的走向是非常明确的。托马斯·曼在朱庇特这个角色中找到了自己，神是不容许让人真正地爱上他的。他不仅要作为神受到敬重，也就是说作为著名艺术家受到广泛的爱戴和尊敬，而且还要作为他自己、作为人被接受，可以摆脱他的内心孤独。在这个意义上，他将朱庇特理解为"孤独的艺术家精神"，它追求生活，却被生活打回了原形，而且这种精神作为"一名高歌猛进中的舍弃者"，学着以自己的神性为消遣。阿尔克墨涅"就是"克劳斯·霍伊泽尔，他向神祇表现出了应有的尊敬，但更愿意跟人在一起，也就是说，跟孩子们一起玩。

朱庇特跟阿尔克墨涅度过了一夜，而托马斯·曼跟 K.H. 并没有。这是区别。人世间受到限制的爱情永远不能与神的伟大爱情相提并论。安菲特律翁（卡蒂娅）在朱庇特跟阿尔克墨涅共度春宵之后，就变得（大概也会变得）没有竞争力。托马斯·曼一方面视自己扮演着放弃者的角色，另一方面他作为恋爱中的对爱恋关系的想入非非者是十分幸福的，他相信，在他所经历过的那些并不多的事情中，他"生活过并且爱过"了。[39]

前面提过的 1950 年 7 月 16 日的日记记录确定了，安菲特律翁杂文的"引言部分"是特别属于克劳斯·霍伊泽尔的。这里说的只是一个段落，它在做报告时没有被读出来，而只是在更为详尽的杂文印刷版本中可以找到。这个段落以多重语义又深不可测地说起了一种一向是古老而又新鲜的欲求的幸福和悲惨：

386

什么是忠诚？它是爱，毋庸相见，是对被仇视的遗忘的胜利。我们遇到一副我们爱着的容颜，我们将在看了几眼之后，在我们的情感稳固之时，再次与之分离。遗忘是肯定的，所有离别的痛苦只是因注定的遗忘而产生的痛苦。我们的感性想象力，我们的回忆能力都比我们愿意相信的要弱得多。我们将不再看见，将停止去爱。能留给我们的，只是一种确定性，我们的天性与这种生命现象的每一次新会面肯定会激活我们的情感，将让我们再次，或者其实一直还在，爱它。这种有关我们天性法则的知识和紧紧握持住它，就是忠诚。它是爱，是必须忘却为什么的爱；是宁信其有的爱，可以说出来，就好像它附着在生命上一样，因为它确定，一当它看见，便会立刻且合乎规律地再次获得生命。[40]

开诚布公的拥护者

托马斯·曼明确地在那篇有关婚姻的杂文中写道，在此期间同性恋情享受到某种时代气候的善待。他接着写道，在法国，该国一位一流文学家站出来为这种感受氛围写了热情洋溢的辩护，这绝非偶然。[41]这里说的是安德烈·纪德写了《田园牧人》（Corydon），发表于 1924 年。纪德读了《魔山》，跟托马斯·曼就这本书展开了书信往来，两人之间就此建立起了私人联系。1925 年，克劳斯·曼认识了安德烈·纪德："有一次在慕尼黑，我们也在我父母的餐桌上一起用餐。"[42] 父亲不在家。直到 1931 年 5 月 11 日，托马斯·曼才与纪德本人见面。[43] 另外一次会面发生在同年的 7 月。

　　1929 年 10 月初，托马斯·曼撰文评论了纪德的自传《如果种子不死》（*Si le grain ne meurt*），1930 年，这本自传的德语版以《死而转生》（*Stirb und werde*）为书名出版发行。法语的书名暗示着耶稣的话："一粒麦子不落在地里死了，仍旧是一粒。若是死了，就结出许多籽粒来。"（《圣经·约翰福音》12:24）德语书名将它变为对歌德的诗歌《天福的向往》（*Selige Sehnsucht*）的影射："如果你一天不能理解，/ 这就是：死而转生！/ 你只是个郁郁的寄居者，/ 在这黑暗的凡尘。"[1] 这两种情况说的都是死亡和再生，说的是一种复活。它是支持同性恋者出柜的一种暗语。纪德深深地感动于在阿尔及利亚与棕色皮肤的男孩相爱的时刻，他动情地写下（曼带着理解和同情引用过）："我带来我复活的秘密，同时带着一种内心的焦虑，当年的拉撒路[2]，那位逃脱了死亡的人，大概知道这种焦虑。所有的一切，让我为之忙碌的一切，目前在我看来都干瘪而毫无意义……我觉得我从根本上完成了脱胎换骨。"[44]

　　托马斯·曼半是嫉妒、半是战栗地说起一个敢于和盘托出的人。他说起了社会性的孤独化，极端地拥护认同会造成这样的后果。而在另外一方面，纪德也结婚了并且将抛头露面称赞为必不可少的。他跟这个男子合不来。他跟纪德本人一样，都觉得不可能去写一部完完全全诚实的自传。"尽管有强烈的说真话的意愿，"他引用纪德的话，"谁描写自己的人生，都只能做到一半的正直，所有一切都比能够表达出来的东西复杂得多。"[45] 尽管如此，他声称："您的自传给我留下了深刻的印象。"[46]

387

---

[1] 《歌德诗集（下）》，钱春绮译，上海译文出版社，1982 年，第 339 页。
[2] 《圣经·约翰福音》中记载的人物，拉撒路病危时未等到耶稣的救治便去世了，耶稣却让他死而复活了。

对某种类型的作家来说，这种经过艺术加工并且披上了象征外衣的供述，长期来看是不够的，"自从读了您的书，我做梦都比以前更加确定了，梦见我自己的生活叙述"。在现实中，他不赞成这种直接性。"对他没好感，是因为他对青年人表现出在性方面过于直接的攻击性态度，没有对他们的尊重和敬意，从来不因自己的年纪感到羞愧，没有灵魂，其实毫无爱意。"（1951 年 10 月 6 日的日记）

1930 年写的《生活概要》没有一丝一毫纪德的极端性。他交出了一份，如果用尼采的话来说，"聪明"的传记，[47] 但不是真实的。有关同性恋这个论题，在那里只字未提。托马斯·曼从来没有出具过一个真正的生活描述。他希望对《死而转生》第一部分结尾处的问题给出肯定的回答："能够想象吗，一个人有可能在小说中比在自传中更为接近真实？"

一位爱情的堂吉诃德

在其他情况下，托马斯·曼都赞成说明白话，只是在他自己这里不
388 行。出于不了解情况以及业已过时的分寸感，文学史试图"围绕冯·普拉滕生存状态的基本事实展开荒谬的胡说八道：围绕他那种相当不合群的同性恋天性的至关重要的事实"。[48] 曼在 1930 年 9 月写的一篇关于普拉滕的文章中，有这样的句子。这篇杂文要结束那种拒斥。普拉滕清楚这种他自己的最深切的冲动，而且一再认识到这一点。他将此阐释为这是他作为诗人通往更为崇高的事物的典礼，是通过美而形成的神圣桎梏，却又对此感到迷茫，他的爱并不是什么更高的，而是跟其他爱完全一样，虽然这种爱，至少在那个时代，获得幸福的可能性很小。托马斯·曼把普拉滕对形式的膜拜全部归因于其同性恋倾向。"尼采说，'一个人性取向的程度和方式，一直达到他精神特质的顶端'。"诗歌是世俗化了的祈祷文，在诗歌中内心的杂乱通过美丽的秩序得以驯服。[49] 正如

同在普拉滕那里有严格的诗歌形式，如加扎勒诗体 [1]、十四行诗、颂歌等，在曼那里就是叙述的形式，有关这些作品形式可以说，它们的特征"与他的厄洛斯具有一定艺术心理的相似性"。

普拉滕是一位堂吉诃德，此人信誓旦旦地宣称，"来自托波索的杜尔西内娅是太阳底下最美丽的女子，虽然她只是个农家使女；说得更准确些，普拉滕是随便某个名字为施米特莱茵或者格尔曼的蠢学生"。就是这样，充满尊严感同时又十分可笑，托马斯·曼感觉也是这样。像普拉滕那样的"一位爱情的堂吉诃德"，他也把"那些除了长得挺拔别无其他美的平庸年轻男孩"改头换面到了大有深意的文学作品中。他也熟知"他那种爱的堂吉诃德式的行为将他带入令人悚然而又让人心酸的可笑场景"，他只要开始为随便哪个小伙子头脑发热就会这样。但他还是知道对这种深陷而造成的屈辱进行执拗的抵抗，他深知"爱的自我牺牲相对于所爱对象的优越性，柏拉图式的反讽是，上帝在施爱者一方，而不是在被爱者一方等"。他说的恰恰是被普拉滕引用的话，但他以此来描述自己，也通过"求爱者比被爱者更为神圣"[2] 这一说法可以看出，该说法直接援引于《死于威尼斯》。[50] 他在晚年再次阅读普拉滕的书信和日记时，一再想到自己本人。"在那不勒斯，'男人们之间的爱情是如此盛行，就是提出最为匪夷所思的要求也不会有被拒绝的危险'。但他不提任何要求。"[51] 他跟普拉滕一样，把情人们的名字进行缩写，这种做法也可以用他曾经说过的话来描述："语文学把他们所有人都用第一个字母来进行识别。"

关于魏尔伦、克莱斯特、纪德和普拉滕的文章都是某种方式的遮 389
掩，是诉说自己以及自己的困境的一种可能性，但同时也是一种缄默。双重视角，对局内人而言是大胆的承认，对局外人而言是值得尊敬的正确的东西。

---

[1] 加扎勒（Ghasel）这个词的意思是"情诗"，它是抒情诗的一种形式，产生于阿拉伯地区，后经波斯人发扬光大，形式为对句，由只有一个韵文与副歌的抒情诗句组成。
[2] 《死于威尼斯》，黄燎宇译，第 66 页。

第十四章

在关注与流放中

年谱：1933—1936

1933 年 1 月 30 日，阿道夫·希特勒被任命为德国总理，这还没有让托马斯·曼想到流亡，生活继续。2 月 10 日，他还在慕尼黑大学的大礼堂里为纪念理查德·瓦格纳 50 周年忌辰作了一个报告《多难而伟大的理查德·瓦格纳》（*Leiden und Größe Richard Wagners*）。2 月 11 日，他揣着这份报告文稿前往阿姆斯特丹、布鲁塞尔和巴黎。接下来在阿罗萨度假，之后被迫去了伦策海德和卢加诺（直到 4 月底）[1]。在阿罗萨，托马斯·曼得知了发生在慕尼黑的逮捕和过激行为，这促使他决定，暂时先不回家。3 月他就退出了很多协会和团体，尤其是被迫一体化 [2] 的艺术科学院的文学艺术部，没过多久，他就被其他组织赶了出来，例如扶轮社。

一个慕尼黑的告发行为把警察的注意力引向了他。4 月 16 日，出现了一份由慕尼黑的许多德高望重者共同签字的反对曼的瓦格纳报告的《来自理查德·瓦格纳的城市慕尼黑的抗议书》（*Protest der Richard-Wagner-Stadt München*）。接下来是抄家和违法地拖走汽车。托马斯·曼的一封致巴伐利亚的帝国地方长官弗朗茨·冯·埃普骑士（Franz Ritter von Epp）的申诉信引来了莱因哈德·海德里希 [3] 的介入，他将埃普撇开，5 月底没收了值钱物件，6 月签发了一份保护性拘留令。倘若托马斯·曼回家，他真的会被拘捕起来。在此期间，他到了法国南部，在邦多勒住了几个星期的酒店，之后在滨海萨纳里租了一幢房子，一家人在这里从 1933 年 6 月住到 9 月。下一个居住地是苏黎世湖畔的屈斯纳赫特（直到 1938 年）。

---

[1] 阿罗萨、伦策海德和卢加诺均坐落在瑞士，为疗养或度假胜地。

[2] 此处的"一体化"是纳粹用语，指"强迫组织、机构、人的思想一致"。

[3] 莱因哈德·海德里希（Reinhard Heydrich, 1904—1942）：德国纳粹党卫队的重要成员之一，地位仅次于希姆莱，行事极其残酷，希特勒有意将其培养为自己的接班人。

1933 年 8 月，位于慕尼黑波申格尔大街的家庭住房在没有任何法律依据的情况下被没收，并且转租出去。虽然缴纳了高达 97000 帝国马克的帝国逃亡税，索回房子和财产的诉讼并没有进展。对托马斯·曼公民权的革除是由慕尼黑政治警察推进的，而柏林方面自称目前对此一无所知。1934 年 1 月，这位受到欺凌的作家因此写了一封很详尽的信给帝国内政部长威廉·弗利克（Wilhelm Frick），向其寻求帮助。经过较长时间的犹疑，弗利克虽然在 1935 年 5 月表态支持不再扣押房产和财产，但又一次因海德里希而失败，此人坚持剥夺托马斯·曼的公民权，并再次没收了财产。1936 年 11 月，托马斯·曼成为捷克斯洛伐克的国家公民，虽然他在 1936 年 12 月初被剥夺了德国的国家公民权，但这并未能把他变成无国籍的人。

文学上，曼从 1933 年到 1936 年致力于《约瑟在埃及》的写作，这是 1936 年在维也纳出版的《约瑟》四部曲中的第三卷，四部曲中第一卷《雅各的故事》（*Die Geschichten Jaakobs*）于 1933 年，第二卷《年轻的约瑟》（*Der junge Joseph*）于 1934 年在柏林出版。第四卷也就是最后一卷于 1943 年面世，那时候 S. 菲舍尔出版社的社址在斯德哥尔摩。前三卷在德国的销售情况不错，而第四卷只能够面向很少的一部分国外的德语读者群。托马斯·曼在 1933 年到 1938 年间没有通过表明政治立场来刺激纳粹当局，一个重要原因是，他想让他的声音能够在德国继续传播。在流亡的头三年，他虽然并没有完全保持缄默，但还是非常小心。他一再推延一个计划好的"政治事件"。由此，他与文学流亡者群体还发生过一些冲突。他自己的孩子艾丽卡和克劳斯敦促他更为坚定地表示拒绝。一直到 1936 年 2 月初，托马斯曼总算是通过一封致爱德华·科罗迪（Eduard Korrodi）的公开信回绝了这个事件。从那时开始，托马斯·曼又常常并且坚定地对公众表明反法西斯的立场。

希特勒和弗里德曼

关于那些年里的政治和历史进程，已经有很多人很准确地介绍过了。所以这里只是对此做一下简要的概述。我们还是要集中到灵魂上。失去了家乡、房子和财产是一个极为沉重的打击。现在它真正地崩溃了，这座用人生的勤奋建立起来的艺术建筑，不是从内部崩溃，而是从外部崩溃了。相对而言这并不算是最严重的，因为外部的东西可替换。流亡的第一年忙碌奔波于种种努力之中，将幸福的废墟再建立起来，将家庭团聚起来，找到一幢房子，买一辆汽车，不管用什么方式从慕尼黑尽可能多地弄出些钱、家具和书。

在阐释的层面上，那个最原初的弗里德曼式的打击的重复出现在1933 年。生活的路径被切断了（1934 年 2 月 13 日的日记），身份认同被摧毁，在德国的名望失去了，成了被社会抛弃者的代表人物。最底部的东西被翻搅上来，被排解掉的又出现了。最原初的那种恐惧是对的。参议员坐在污秽中，就像临死前的托马斯·布登勃洛克；就像弗里德曼先生在河边；就像克劳斯·亨利希王子在市民舞会上。"让他下来！"制皂匠翁施利特的女儿和她的同伴们在《王子殿下》中克制着并且断断续续地不由自主念叨出来那个喊声，[1] 现在狂野而又无耻地从无数个喉咙发出。母亲法则中的混乱战胜了父亲法则中的秩序，来自被压抑的性欲世界的暴徒般的狂吼战胜了市民的理性。托马斯·曼成为理性共和派人士已经有十年了，他现在必须认识到，他失败了。那些力量第二次获胜了，托马斯·曼 1914 年曾经为之陶醉的那些力量，当时在他看来具有生命力和历史影响力的力量。"这些东西在 1914 年不是都出现过一次吗？"这个受到极大震撼的人在日记里面问（1934 年 3 月 18 日）。"1933"产生于对"1914"的渴望。"当年的那个时刻太过于令人享受了，过后如此痛苦地为这个时刻赎罪。这整个'革命'的目的在于，重现这个时刻。"事实上雷克拉姆出版社（Reclam-Verlag）要再版《战争中的思想》（1934 年 3 月 17 日的日记）。

395　　但无论多么激情澎湃，1914年对托马斯·曼来说也就是书桌边的体验。他根本不必出去参加战争。这一次他在外面，而其他人，那些十分振奋的人，他们在里面。在那个时代，他还可以坐在书桌边上廉价地大肆鼓吹混乱。现在种种可怖的事情直接朝着他碾压过来。他根本就不想离这些事情那么近。所以他的回答不是带着欣喜跃入混乱之中，而是要强化市民阶层的选项、理性与尊严、坚守和维护艺术建构来对抗这个要横扫他那艺术建构的人生。

　　托马斯·曼将1933年的经验置于他最为原初的坐标体系的中心，置于所有更为精确的法西斯主义理论之外。他的各种描述带着明显的厌恶情绪，刻画出了这些说谎成性、残忍无比、愚蠢、一贯低等的、毫不迟疑地扑向低廉本能的情况。底层的到了上层。纳粹的顶级人物是“最低等种类的歹徒”。[2] 希特勒，“舞动着歇斯底里者的爪子的畜生”，[3] 是“受到各种积怨愤恨折磨的中下层的”代表，[4] 一个不知所措白费劲的画匠学生和可悲的家伙，他弄混了歇斯底里和艺术家特质、支离破碎的想法片段和思想家特质的区别，是“一个仅受过低等教育的中下层市民的头面人物，而又以低等教育来进行哲学思考”，[5] 是一个极度过分且毫无廉耻的暴发户。德国的法西斯主义是一种“倒退”，[6]“回到从前的状态中”，[7] 是再度野蛮化和强力简单化，[8] 针对的是那种托马斯·曼在《一个家族的没落》（Verfall einer Familie）中就已经描述过的精美化和生命力的缺点。它是对颓废的粗暴回应，是“被简化者针对细微的愤怒”。它是一个带着强大这种面具的卑小。“用‘斧头’来替代……断头台。这就是成就！”[9] 颓废者热爱残暴，这是尼采曾经主张的。[10]

　　对托马斯·曼本人而言，克服颓废也是他的一个关注点。返回到质朴、天真幼稚和健康，也一直吸引着他的关注，但他总是揭露这些品质实际上是退化。“生命是多么强大而美好！”——那些弱者一再这么呼喊。[11] 圣马可修道院院长对重生的无拘无束的称叹与古斯塔夫·冯·阿申巴赫的心平气和一样，都不具备说服力。人为的天真幼稚是注定要失败的，这是托马斯·曼的信条。就国家社会主义这种情况中，这个信条也是正确的。而真正的淳朴简单则能够存活——冬妮·布登勃洛克的情

况就是这样，她一辈子都没能理解，到底在她身上发生了什么，但她与
跟她同类的塞色密·卫希布洛特一同记住了这部小说的最后一句话。

从颓废分析中推导出法西斯主义，这么做也解释了为什么托马斯·曼在日记本里为数不多的几个地方试着去理解这个他所痛恨的现象。"我现在开始猜测，这个诉讼毕竟从参与者的档次来说很可能是那些具有两面性的人……"（1933 年 4 月 10 日）"反对犹太特性的骚乱在一定程度上有可能会获得我的理解……"（1933 年 4 月 20 日）"但是人们还是要在这一点上弄清楚，从国家历史的层面来看，德国的进程应当受到正面的评价。"（1933 年 5 月 12 日）1938 年，他将写一篇题为《希特勒老兄》（*Bruder Hitler*）的杂文。我们当然不应当从中读出什么好感同情来。相反：没有任何恨比得过兄弟之间的恨。

箱　子

"恐怖的，要人命的事情也会发生。"（1933 年 4 月 30 日）一只黑色的沉重的手提箱，1933 年 4 月 10 日在慕尼黑被托运，但没有送达瑞士。"司机是汉斯，时间久了慢慢发现这人是犹大。"（1933 年 4 月 28 日）戈洛·曼回忆道：

> 托马斯·曼在一封信中请求我，将几捆笔记和一些放在他书房里某某地方的油布面笔记本都放在一个手提箱中，作为货物托运到卢加诺去。"我相信你知道分寸，不会去读这些东西。"这是一个告诫，我很认真地听从了，我去包装这些文件时，还专门把自己锁在了他的书房里面。我拿着箱子出来，准备送往火车站时，门口站着忠诚的汉斯：他很乐意效劳，帮我做这件琐碎的工作。这样很棒啊，为什么不让他去做呢？但是那只箱子没有送到，三个星期过去了还

是没有送到；我父亲日益不安起来，最后简直都绝望了。[12]

姑且不论汉斯是否就此向政治警察通风报信了：反正林道的边境检查官，此人名为内布，认为应当把箱子打开。他在里面看见托马斯·曼的出版社合同就放在最上面，他别有用心地将它们寄往慕尼黑，以便让警察和税务部门知晓情况，因为合同上面的金额很高，他等到这些材料被寄回来，而后重新又把它们装进箱子，几个星期之后继续寄往卢加诺。箱子里面还有些其他什么东西，这个箱子起码重 38 公斤，他觉得大概都是文学写作的手稿。实际上，《约瑟和他的兄弟们》的打字稿也在其中。这些东西官方机构并不感兴趣。真应当感谢他们的有眼无珠！尽管——我们实际上并不知道，边境检查官内布是否真的有眼无珠。或许他也是一个很冷静理性的人，他在看了那些纸片之后认定，边境警察跟这些纸片没有什么关系，没有把所有的东西都寄往慕尼黑，而只是寄去了出版社的合同。不管怎样，箱子总算在 5 月 19 日到达了邦多勒。它看上去似乎没有被人动过，但就是给人彻底翻过了的印象（1933 年 5 月 20 日的日记）。托马斯·曼完全放下了一颗悬着的心。[13]

我们现在知道了，为什么德国的税务部门在接下来几个月和几年里对托马斯·曼盯得那么紧。但真正让我们的作家在那几个星期里坐立不安、处于高度神经质状态中的，并不是这个原因。出版社的合同并不是他整个生命中最大的秘密。

卡蒂娅也不知道，究竟是什么东西让她丈夫如此寝食难安，她隐隐地也猜出了个八九不离十。"她大概也差不多理解我对那个箱子里面东西的担忧。"（1933 年 4 月 30 日）但也只是差不多。就连她也绝对不允许去读那些让这个箱子变得十分劲爆的东西：日记，大概有 50 来本日记，有一部分捆起来了，另外一部分是黑色油布面的笔记本，记录了从 1896 年到 1933 年初的所有日记。这些东西要是落到那个犹如猎狗般追寻托马斯·曼踪迹的海德里希的手上，他们就有了足够的运作材料，最大程度地抹黑这位诺贝尔奖获得者的公众形象，在当年怎么也能做到。"恐怖的，要人命的"事情当时完全有可能发生。今天我们很愿意读这些文件。我们也能够更好地理解，这个受到迫害的人将他的生活建构在什么样的深渊之上。

世界知道我

恐惧还继续令人发抖了很久。艾丽卡·曼说，她的父亲旋即烧掉了一大堆纸。[14] 其实是在很久之后，几经犹豫才烧掉的。1942 年 2 月 8 日，那些日记记录还都在："我把旧日记本拿到了身边，它们让我头皮发麻。"1944 年 6 月 20 日托马斯·曼才简要写道："开始销毁那些旧日记本。"但是这个打算被打断了。又过了几乎一年。"然后销毁旧日记本，要完成早就要进行的一个计划。在外面的火炉里面烧毁。"（1945 年 5 月 21 日）托马斯·曼把这些能毁掉他名誉的日记本随身携带，整整 12 年，这是段充满危险的流亡岁月。他要这些日记本做什么？他又究竟为什么要写日记？

398

> 我喜欢，将飞逝的一天留住，根据这一天感性的和暗示的方式，也根据其进行生活和内容来记载，这倒不是为了进行回忆或者再次阅读，而是要给自己拉一个清单，进行回顾，有意识地面对和负责任地监督……（1934 年 2 月 11 日）

每天的记录给生活一个支撑。在担惊受怕的日子里，例如在 1933 年，写日记特别深入详尽。日记甚至取代了文学创作，因为对生活的担心不允许他继续进行文学创作了。他不再是临睡前写上几笔，而是在大白天的上午写日记。

但是拉一个清单，进行回顾，有意识地面对和负责任地监督：这都只是些道德上正确的回答，调子与歌德看齐，内容上是新教徒式的。其实并非总是这样按部就班守规矩地进行。也有一些"日记写作的佯谬、有害和诋毁"（1942 年 2 月 8 日）。面对性方面的进攻，"日记中祷告一般的信息"提供了保护（1919 年 7 月 31 日）。"我为什么要写这一切？"在弗朗茨尔时期，托马斯·曼在日记本里面问自己，"是为了在我死去之前还要忙着毁掉它们吗？还是说愿意让世界来了解我？"（1950 年 8 月 25 日）这是普拉滕式的"世界了解我"——这或许就是原因了吧。他希望能够被理解，不必在有生之年，这太危险了，但是总可以在他死后的什么时候吧。他们最终会爱戴他。世界会知道，他为什么要以这样完美的形式来掩饰自己。那些曾经认为他富有、优渥和冷淡的人，应当会认识到他是个多难的人。因为受难让人高贵。弗里德里希·尼采向我们解释过——这些话听起来，仿佛他认识托马斯·曼那样：

> 每个罹受过深重苦难的——能够罹受深重到何等地步的苦难，这差不多确定了人的等级顺序——，他在精神上的高傲与恶心，那种把他彻底浸染了的毛骨悚然的确知，确知自己因为苦难而知道更多，多于那些最聪明和最明智者所能知道的，确知自己熟悉许多遥远而恐怖的世界，并且一度以这些"你们一无所知"的世界为"家"……罹受苦难者这种精神上的默默的高傲，经遴选而得认识者、"入室受传者"、近乎被牺牲者的这种自负，认为必须极尽一切伪装的形式，以保护自己，挡开那些纠缠的同情之手，归根到底是挡开所有不像他们那样疼痛的东西。深重的苦难造就高尚；它在区分。[1] 16

1944 年到 1945 年间到底烧掉了些什么，烧掉了多少，为什么烧，这一切我们都不知道。毕竟托马斯·曼又接着写日记了，而且没有任何征兆表明，他在焚毁之后写日记的方式有所不同，或者写起来更小心谨

---

[1] 《善恶的彼岸》，出自《尼采著作全集》（第 5 卷），赵千帆译，商务印书馆，2015 年，第 283 页。本书涉及《善恶的彼岸》的所有引文都出自该译本，以下不再一一注明。

慎一些。在焚烧时，他未将 1918 年至 1921 年的日记一同付之一炬，那是因为他写作《浮士德博士》需要用这些日记，这个做法表明，对创作有帮助是他写日记和保留日记的动机，尽管这个动机是次要的。如果他要塑造什么，就会一再地去翻阅自己的日记——通常情况下是写爱情故事的时候。也有可能，他烧毁那些日记，是因为他认为，这些日记里面的内容在文学作品中已经尽情彻底地使用过了。但还有可能，他就有关焚毁和保留的问题给出了不同的回答，因为他的心绪在为共同生活的人担心和为争取后世对他的爱之间摇摆不定。

房子、海因斯、海德里希

如果纳粹在 1933 年初就剥夺了托马斯·曼的国籍，没收了他的家产，禁止了他的书，那么一切事情就简单多了。但在当时，剥夺国籍、返还扣留财产和在德国销售他的图书，这一切都悬而未决。情况简直令人绝望。托马斯·曼觉得自己在政治上不得不非常小心谨慎，一方面是他对自己的状况合法化还心存一丝幻想。另一方面，倘若当时对他坚定地宣战，也有可能帮助他下定决心摆脱他的别扭境地。他本人其实正等待这样一次宣战，以便进行卓有成效的抗议。宣战终于来了，在 1936 年 12 月以革除他德国国籍的形式来了，他马上明确而坚定地做出了反应。如果他更早些，在纳粹还没有完全陷入非正义的时候，在较量中主动掷下挑战的手套，取得的效果或许不会那么强烈。现在当然可以说说这类轻巧话：他要是更早、更有勇气地公开远离纳粹就好了。但当时的处境不能这样做。他在各种错综复杂的根系网中跌跌撞撞，我们这些后辈才能够识别出这整片鬼影重重的森林。

这是坚韧的小战争，因为剥夺国籍或者护照延期，为了房子和汽车，还有钱和出版社。怎么让艾丽卡和戈洛·曼、伊达·赫茨、玛

400

丽·库尔茨和其他朋友们一点一点慢慢地通过迂回的途径，利用假地址从慕尼黑取出手稿、书、家具、留声机、银质餐具、烛台和书桌来，让这位写日记的人忙了整整一年。[17]他在1934年4月2日写给勒内·席克勒[1]的信中说："我越来越不明白，我怎么就会因为这些白痴，被排除在德国之外，也不明白，为什么我还要把我的财物、房子和一切都留给这群白痴。我才不会放弃尝试，我要从这伙人手中夺回我的财产。"其中也有一些家族中贵重的、深受喜爱的传家宝，例如那只洗礼时用的盆。难道他为了表明政治态度就要放弃这一切吗？

尽管如此，他远远不能救回他的所有财物。大多数家具和各种各样的小物件都留在了房子里，它们被强行拍卖，要么佚失了，要么毁坏了；其他物品，尤其是一些旧手稿，到了律师瓦伦丁·海因斯（Valentin Heins）手中，最后可能在一次夜间空袭中毁于兵燹——如果这些物品没有事先交给盖世太保的话。[18]朋友汉斯·法伊斯特（Hans Feist）保留着一些其他东西（贵重的书），它们被没收了，有个官员干脆把自己的名字写了上去，[19]此后这些东西也都飘零四散了。政治警察把另外一些书交给了慕尼黑的市图书馆，这些书在1949年返还了。[20]两辆汽车，"一辆霍悉豪华轿车，一辆别克法厄同"，[2]还有戈洛的小奇迹（DKW），被人直接从车库里面开走，没有任何法律依据——"并不是扣押，而是干脆归他们使用，从那以后这车就由慕尼黑的冲锋队员驾驶。[21]——尽管帝国的内政部长对此一再抱怨。

由于征收了帝国逃亡税，封查了他的银行账户以及产生了其他的流亡花费，托马斯·曼损失了一半财产。[22]但这在具体细节上是一个暗箱操作的过程，没有数字。德国的官僚制度以其坚韧的严丝合缝的方式运

401

---

[1] 勒内·席克勒（René Schickele, 1883—1940）：作家、记者、翻译家及和平主义者，出生于阿尔萨斯，父亲是德国人，母亲是法国人，他个人经历的国家间冲突使他的作品强烈呼吁和平与谅解。

[2] Phaeton，希腊神话中太阳神赫利俄斯与克吕墨涅之子，是光明之神，后驾车坠亡。别克、福特和大众都推出过法厄同商标的汽车。下文的小奇迹也为汽车型号。首辆车面世于1928年，在20世纪30年代，小奇迹为汽车的普及做出了重要贡献，奥迪四环徽标中的一环就是指小奇迹汽车。

转着。慕尼黑的政治警察还要求为他们的"行政作为"支付5000帝国马克。[23]

尽管如此，这个家庭在流亡中过得也不错。1933年5月3日，在巴塞尔城最贵的三圣王酒店里，对阶层跌落的惊恐猛然袭向托马斯·曼的心头，而在这座酒店里，一杯啤酒的价格与转角处一杯香槟酒的价格相当。他之前在瑞士存了一些钱，诺贝尔文学奖奖金的一半，这个奖当初给他带来了20万帝国马克的收入。戈洛·曼还算及时地取出了6万帝国马克，这笔钱是通过法国大使馆从德国带出来的。戈特弗里德·贝尔曼·菲舍尔（Gottfried Bermann Fischer）付款还是一贯大方且准时，一些国外的收入也继续汇入。完全谈不上物质方面会有什么捉襟见肘的地方。很快一切生活所需又凑起来了，一幢别墅，虽说不过是租来的，一辆汽车（一辆菲亚特，"我对这个牌子有信任感，因为我们的第一辆车就是这个牌子的。"[24]），另外还养了两条狗，穆什和比尔。但后者是一条顽劣的狗。"'比尔'咬伤了孩子们，被弄走了。"（1935年8月29日）

看起来一再让人心生希望，认为留在波申格尔大街的房子里面的财产还有救。卡蒂娅虽然早在1933年4月29日就建议，在内心放弃这幢房子和财产。但是凭什么要放弃呢？在最初的几个月中，那幢别墅还可以随意进出，没有人监管，也没有铅封或者是被贴封条。曼一家甚至还可以出租这幢别墅，在1933年6月24日租给了一个美国家庭，月租金是600马克。当然女管家玛丽·库尔茨去把图书和瓷器装入诸多箱子时，证实了"女租客那种危险的火暴脾气"。（1933年8月11日）

1933年8月25日，对这幢房子的没收查封才确定下来，并且真正生效。律师海因斯着手处理这件事情，进行了一项又一项的登记，甚至在接近两年的时间里托马斯·曼还抱有希望，虽然这幢房子被政治警察转租了出去。但这件事情拖了下来。当1935年5月27日真的做出了返还决定时，托马斯·曼早就对此不相信了！帝国内政部长威廉·弗利克给巴伐利亚州的内政部写信道：

因而我不考虑，宣布托马斯·曼失去德国国籍。我诚挚地敦

402　　请，解除由巴伐利亚政治警察宣布的对曼一家财产的没收令，并希望就这件事情在两个星期内进行汇报。[25]

这件事看上去似乎是胜利了，但这个胜利并没有带来所希望的结果。因为几个星期过去了，海因斯先是写信说这件事情拖延了。[26]到了9月4日，大家要进行庆祝的时候，真实情况才见了天日。

在家里，晚饭之前，突然戏剧性地响起了海因斯的合伙人布曼的电话：遵照柏林的指令，对家产进行了再次没收，革除国籍的请示也正在柏林重新审核。海因斯被这个消息弄得十分沮丧，而这个消息与我的猜测和整体感觉十分吻合。我也觉得很失望，因为如果真能救出些东西来，我肯定会很开心的。但现在，救出财物已经变得不可能了（没收很有可能直接从巴伐利亚州方面进行，就算是不革除国籍，也会进行），而我的主要愿望是，贝尔曼最终能够离开国家，这样我就会获得独立，——只要我的书还能够进入德国，这当然也不会是一种完全的独立。

遵照柏林的指令？但至此为止，柏林人不是一直在慕尼黑强盗面前试着保护托马斯·曼吗？弗利克没有想到海德里希如此不依不饶。这人那种坚定不移的仇恨从哪里来，真是令人费解。显然他将托马斯·曼这个案子视为他必须亲力亲为的事情。他在这段时间里被调往柏林，成为德国盖世太保头目海因里希·希姆莱的得力助手。他以希姆莱的名义在1935年7月17日再次签署革除托马斯·曼国籍的请示。[27]他再次并且更强烈地提出剥夺曼国籍的请求，在阿道夫·希特勒本人亲自表达赞同之后，这一请示最终于1936年12月获准。位于波申格尔大街上的房产在1937年交付"生命之泉"[1]基金会使用，这个基金会以培养纯粹血统

---

[1]　生命之泉（Lebensborn）是纳粹德国推行的一项罪恶的人种繁殖计划，鼓励德国妇女通过与精心挑选的纳粹党卫军成员通婚，批量生产"纯种"后代，企图以此实现人种净化，最终达到雅利安人对世界的统治。

的雅利安人为宗旨。[28] 据说希姆莱本人曾经在那里住过一次，[29] 那里也举行过异教的洗礼。[30] 著名的原业主在那些种族纯粹者眼中大概只能算是犹太人。1940 年这幢房子被切分为公寓出租，1944 年被空投炸弹击中。1957 年在旧墙基之上修建了新房子。

补偿程序（对房屋与财产损失的补偿）在同一年结束，支付给继承人卡蒂娅·曼总共 2399 马克。"德意志民族可真是一个正派体面的民族，是热爱权利和手脚干净的民族。'公正的'是这个民族的诗人在思忖时尤其喜欢使用的词。"[31]

403

恨从何而来？

他的《布登勃洛克一家》被视为国民之书，他在 1914 年和德国人一起欢呼战争爆发，在战争中写了《一个不问政治者的观察》一书，之后还说了一些有可能让国家社会主义觉得很不错的东西。难道他就不能像格哈特·豪普特曼那样在第三帝国待下去了吗？难道他的书不能再像赫尔曼·黑塞的书那样在第三帝国继续受到尊崇了吗？在纳粹德国，很多人都这样想，但这样想并不够。对托马斯·曼的仇恨情绪有很多源泉。有人称他是犹太的，马克思主义的，知识分子的，颓废的，一个附庸风雅的半吊子，一个冷血的能干者。对这些特性有一个总的词语，那就是：非德意志的。德国人在托马斯·曼身上追寻他们自己本身就拥有但却认为不应该拥有的一切。托马斯·曼成了替罪羊，那只代表罪过被赶入荒漠的替罪羊。[1] 他们相信，有了这个"牺牲品"，自己便可以洗

---

[1] "替罪羊"这一典故源于《圣经·利未记》，古犹太人每年"赎罪日"举行的赎罪祭奠仪式上，大祭司象征性地将这个民族在全年犯下的所有罪过转移到一只羊身上，然后把羊赶入旷野，意指把人的罪过都带入无人之境。

涤一清。他们焚烧掉了自己的一部分，那个颓废的部分，那个最具人性的部分。

开始驱逐托马斯·曼是由理查德·瓦格纳开始，以这位最为典型的颓废艺术家为由头。《来自理查德·瓦格纳的城市慕尼黑的抗议书》（1933 年 4 月）直接质疑托马斯·曼这位非德意志的附庸风雅人士"对价值观坚定的德意志精神巨匠进行批评的权利"。[32]五六十位慕尼黑的文化界名流在这份"抗议书"上签了自己的名字，其中包括汉斯·克纳佩兹布什[1]、汉斯·普菲茨纳[2]、理查德·施特劳斯[3]、西格蒙德·冯·豪塞格[4]和奥拉夫·居尔布兰松[5]，在此之前这些人中的一部分都被视为同行，有些人在一段时间内几乎就是曼的朋友。他们大概并没有意识到，或者最多仅是隐隐约约地有点预感，他们的"抗议"正好契合了政治警察的计划，正中他们的下怀，而保护性拘留令、没收、拒绝护照延期将会成为这个抗议的直接后果。这些人实际上自己犯下了罪行。克纳佩兹布什和居尔布兰松不久后就对此十分后悔，至少在他们的日记本中记下了这类信息。与此相反，普菲茨纳固执己见，豪塞格也同样。后者抱怨"将艺术创作还原到低等本能上"[33]。他引用了曼的句子作为例证："心理分析想要知道，爱情由诸多纯粹的变态行为合成。因此它才会是爱，是世上最为神性的现象。现在可以相比的是，理查德·瓦格纳的天才由纯粹的半吊子附庸风雅做派组成。"豪塞格愿意拥有的艺术不是病态感官刺激的产物，而是"人类精神的最具创造的原初力量……，能够将我们从兽性的原始冲动的状态提升到康德意义上的自由状态"。他要艺术洁净且充满精神，而不是兽性的原始冲动。这些话听起来不错，但当然

---

[1]　汉斯·克纳佩兹布什（Hans Knappertsbusch, 1888—1965）：著名指挥家，1922 年任慕尼黑巴伐利亚国家歌剧院终身指挥。

[2]　汉斯·普菲茨纳（Hans Pfitzner, 1869—1949）：德国作曲家、指挥家、钢琴家、音乐学家，德奥末期浪漫乐派代表人。

[3]　理查德·施特劳斯（Richard Strauss, 1864—1949）：德国浪漫派晚期最后一位伟大的作曲家，同时也是杰出的指挥家，代表作《莎乐美》《玫瑰骑士》。

[4]　西格蒙德·冯·豪塞格（Siegmund von Hausegger, 1872—1948）：作曲家、指挥家。

[5]　奥拉夫·居尔布兰松（Olaf Gulbransson, 1873—1958）：当代最杰出的漫画家之一。

不是真实的。托马斯·曼被作为批斗对象，因为他向这些洁净信徒展示了他们对欲望的压抑。从本身的自我中被压抑排斥的东西以对其他人犯罪的方式重新回来。这样就造成了托马斯·曼在被驱逐的过程中将德国人的罪负在自己肩上。

　　1933 年的狂热给德国人这么一种美好的感觉，即他们是有信仰的。他们的生活看起来似乎具有某种意义。而这时候来了一个人，他表示怀疑，此人是文人，是"性无能的审美者"，[34] 他的《魔山》"以冰冷的智识进行撰写、构思和建构，但是并未在任何阶段进行过感受、体验和夺得"，[35] 是那些毫无信仰和目标的，那些"无力更新以及无力焕发青春的分子之一"，这些分子退缩到了瑞士，这是他们在颓废的欧洲所拥有的最后一个角落了。[36] "您从来没给我们指出过一条道路，从来没有能力向我们展示出对民族和上帝的信仰！"日耳曼学者和党卫队高级军官卡尔·尤斯图斯·奥贝瑙尔（Karl Justus Obenauer）这样抱怨道。[37] 信仰和想要信仰完全不是一回事。国家社会主义的信仰要把阻碍它的一切事物都一扫而空。出于对虚无主义的深切恐惧，产生了一种盲目的信仰欲求，而希特勒十分清楚如何利用这种欲求。在托马斯·曼的反讽目光前，没有任何一种激情能够站得稳脚跟，更不用说那些虚伪的激情了。他本人已经经历过一切了。对他的恨意是兄弟之恨。恨的是这个背叛了自己信仰的人。

遗世独立

　　为什么他被迫上了橹舰[1]，其他人却不必？为什么格哈特·豪普特

---

[1]　意指"受苦受罪"，橹舰是中世纪让奴隶、战俘等做划手的帆桨大战船，在橹舰上做苦役是中世纪的一种处罚。

405　　曼，"这位仿冒者"，[38] 能够留下来并且升起了万字符旗帜，而《魔山》作者的精神尊严呼唤他去牺牲受难？他生下来可不是为了受苦的！他的内心对流亡充满了抵触，简直可以说是充满了恶心。他可是一位歌德呀，而歌德从来就不必背井离乡去流亡！他那幢慕尼黑的房子不就应当像那幢位于弗劳恩普兰的房子[1]那样！"我身不由己地从这样的生存中撕出来，这简直是我生命的一种严重的风格及命运的错误。看来，我必须徒劳无功地试着对这种状态善罢甘休。"[39] 一种风格错误：生命作为美好的乐曲受到了威胁。一种命运错误：他可一直是一个幸运儿啊，他又不是绿色大篷车中的吉卜赛人。"内心对牺牲受难的拒斥以及自身能力有所不逮的感受一再涌向心头。"

　　"受难者"这个宏大的词语——人们有可能一直这么说，其实并没有那么严重。外表上看来肯定没有那么严重。再次将房子、庭院和狗子多多少少地凑齐之后，曼的内心深处甚至生出几分得意之情来，得意于在慕尼黑的那伙人拿他根本就没辙："我们生活在自由中，住在一幢漂亮的房子里面，我们就算是没有护照，也照样能够去美国等。"（1934年4月27日）但在内心，一切却十分脆弱。情绪失常、失态、痉挛痛哭、呼吸困难、抑郁等症状一再向这个被甩出了正常生活轨道的人袭来。"痛苦不堪，深陷痛苦而毫无希望的状况，令人难以承受，这是一种灵魂上的牙周炎，在非常清楚它的来历之后，还一再袭来。"（1933年11月4日）大量服用药片是这种状况的后果。他没法在固执抵御和屈从之间做出决断。他不知道该往哪里去。尼斯、苏黎世、巴塞尔、维也纳、布拉格，这几个城市都在讨论之列。不合常规让他精神疲惫，心烦不已。如果在和平的时候就离开那个国家，会不会好些呢（1933年5月31日）？合法地出境（1934年3月16日）？"平和地脱离德国、将我的财物返还给我、把财产清单上的东西转运到苏黎世的房子里，做到这些才可能在很大程度上让我的心境安宁。"（1934年2月28日）他难道不是应该最好再回到慕尼黑吗？"其实用不着像豪普特曼和施特劳

---

[1]　指魏玛城弗劳恩普兰大街的巴洛克式歌德故居，歌德曾在那里居住了近50年。

斯那样的行为做派，而是可以保留一种严肃的、拒绝任何抛头露面的孤立。"（1933年11月20日）但是，"我的理性对此十分清楚"，回去是完全被排除在外的、不可能的、荒谬的、荒唐的，对于自由和生命来说充满了最极端的危险（1933年7月20日）。恐怖的消息使这种担忧日益加重。一想到羞辱、想到监狱的院子、犯人号衣、毒打和污秽，他就头皮发麻。"我的下场会是悲惨的吗？"（1933年9月25日）可能会落入残害了特奥多尔·莱辛和埃里希·米萨姆的那些人手中，这个念头唤起他长久盘踞在心里的恐惧，这个念头甚至还剥去了他最后一丝对他人的同情。这样死去对一个名叫莱辛的人或许还说得过去，但我可不能这样死（1933年9月1日）。这些句子是他那内心恐惧借他的手写下来的，而不是他这个人写的。

406

　　他一向避免与德国真正分道扬镳、彻底一刀两断。[40]"如果德国当权者要求我做出不可能的表态，由此把我逼入流亡者的阵营，我倒宁愿相信这是他们的一个失误所致。"[41]他不肯承认，他本人实际上已经在流亡这个阵营中了。由此，他不可避免地陷入一个十分别扭的境地。如果纳粹再呼唤他回德国去，他大概会觉得这个姿态不错。他们可以呼唤，但他不必去理睬这样的呼唤啊。"我清楚，在柏林有人对我的滞留在外国有些遗憾。我要助长这种遗憾并且让他们把遗憾说出来，这样就有可能引发一个让我回国的行动，这就可以让慕尼黑的那帮蠢货干瞪眼了。"[42]事后看起来，这可真是个相当疯狂的想法。这个想法带来的唯一的东西，就是那些共同流亡者的失望，甚至愤恨不满，而托马斯·曼早就拒绝跟他们同呼吸共患难了。我跟其他那些流亡在外的人可不一样，他的内心一直在这样喊着，我又不是犹太人、共产主义者，不是沥青文人[1]。我可不愿意，这些人现在成为我最亲近的人！我又不是非德国人。我是独一无二的，别把我和任何人混淆起来！我的地位是唯一

---

[1]　在纳粹用语中，"沥青"（Asphalt）一词成为一切（尤其是大都市里的）被臆断为颓废堕落和腐朽的事物的隐喻。所有进步的、不以国家社会主义意识形态为导向的艺术、文化和文明领域，都会被冠以"沥青"的字眼加以歧视，如沥青民主、沥青文化等。戈培尔在1933年4月6日的一次演讲中使用了"沥青文人"（Asphaltliterat）一词。

的，[43] 我必须在流亡者们歇斯底里的受伤害状态和德国那些纳粹追随者之间找出一条自己的路来，[44] 必须跟那些怨恨文学以及绝望文学保持一定距离，我来到世上，可不是为了在仇恨中毁掉我自己。[45]

他对自己的心灵平衡产生了恐慌性担忧，这使他对同患难的流亡者们的苦难视而不见。深深的伤害迫使他做出一些很过头的事情。承受的巨大痛苦需要极大的安慰。雅各在受到男孩以利法痛打后深感受辱，[1] 曼觉得自己受到的羞辱至少如雅各一般，因此他现在也在做着一个能够扬眉吐气、昂首挺胸的好梦。难道他不是一个更高尚时代的最后一名幸存者？时代的水准一降再降，而他的水准一直在提升。"在平庸化越来越严重的情况下，我这样的人在道德上和文化上具备了一种遗世独立的风骨。"（1935 年 1 月 31 日）他被直接推上高峰。"天才的感觉。"（1935 年 2 月 15 日）

巨大的失望

这位遗世独立者被迫做出了一个不利于自己儿子的决定。"我们又能指望谁，"克劳斯·曼在 1933 年 9 月 15 日给斯蒂芬·茨威格的信中写道，"如果我们最熟悉的那些人置我们于不顾，只是出于对一个'德国图书市场'的考虑？"[46] 托马斯·曼这时候正在全神贯注地忙于他的《约瑟和他的兄弟们》的出版发行。克劳斯提醒他说："一个让人充满厌恶之情离开的国家，根本就不值得让人把最美好的东西托付给它。"[47] 他看不到给父亲出书的出版社有任何机会。"菲舍尔的境况毫无希望；

---

[1]　源于以色列古卷《雅煞珥书》，雅各的哥哥以扫恨雅各夺取了自己的祝福，吩咐儿子以利法去杀死雅各，耶和华令雅各在以利法和他带领的人眼中蒙恩，他们夺走了雅各携带的所有财物，留下了他的性命。

它要么更为极端地完成与纳粹的一体化，要么将被彻底铲除。"这件事情的演进后来虽然有所不同，这家出版社流亡至国外，但是在原则上克劳斯还是对的，持久地妥协是不可能的。

　　1933 年 9 月，在阿姆斯特丹的克里多出版社（Querido Verlag），克劳斯·曼主编的杂志《聚集》（Die Sammlung）的第一期出版。虽然策划的初衷是文学杂志，但这份杂志一开始就非常明显地表明，它要赋予文学一种政治使命。这份杂志第一期的一则启事中提到了几位同意为其撰稿的作家的名字，托马斯·曼的名字也列于其中。他认可这种做法。"我完全不反对列在你们的名单上（你们的广告相当吊胃口）。"[48]他甚至说要写一篇文章，关于勇敢的神学家卡尔·巴特[1]（"这个人现在还没有被抓起来，这简直让人啧啧称奇"）。[49]当戈特弗里德·贝尔曼·菲舍尔收到《聚集》杂志第一期时，却是震惊不已，他要求托马斯·曼来电报说明，而且也收到了一份含糊地表示敬而远之的电报，"这封电报写得不失体面"。（1933 年 9 月 6 日）。贝尔曼觉得这样含混不清是不够的。"令人发指的敲诈"，曼气呼呼地记了一笔（1933 年 9 月 12 日），但随后还是发去了一份措辞更为明晰的电报，"写这封电报，我已经很没面子了，就这样可能还不会让他满意"。他给克劳斯写了一封信，在信中为自己和贝尔曼辩护。[50]大家的看法分歧很大。还留在德国的人大概采用与在国外的人完全不同的标准，"有一些完全斩断了所有退路的人就要靠着这样的标准过活，生活在另外一个世界中，那些不能这样做的人可不一样"。贝尔曼想通过出版《约瑟和他的兄弟们》试探一下，看看他在德国还能把这件事情操作到什么程度。在第三帝国中还有很多有坚持和有渴望的人。好几千人预订了这部小说。

　　我可没有什么不切实际的幻想；但对这个尝试将如何进行充满了好奇，这也是人之常情吧，并非任何一种对这类尝试的好奇都是

408

---

[1]　卡尔·巴特（Karl Barth, 1886—1968）：新教神学家，新正统神学的代表人物之一，被视为基督新教 20 世纪最伟大的神学家。

毫无意义、毫不光彩的。如果成功了，如果德国读者群让这本被贬斥者的著作、让一本在内容方面唱反调的著作成功，而当权者却不敢加以阻止，——那么就应该承认，相对于一大堆流亡者笔战，这件事情更正确，更有意思，更让那些当权者恼怒，是一场更为令人瞩目的压倒他们的胜利。

他将《聚集》杂志归入"流亡者笔战"这个层次中，这就可以很清楚地看出他当时的评价。他希望"你们这些骄傲的反对机会主义者"对他宽容一些。克劳斯给予了宽容。当年还没有出生的那些人却对此皱眉。

贝尔曼在这个时期并没有将这份电文（以及勒内·席克勒、斯蒂芬·茨威格和阿尔弗雷德·德布林[1]的类似声明）公之于众。但在10月10日，已与纳粹精神一体化的《德国书业讯息报》（*Börsenblatt für den deutschen Buchhandel*）上刊印了一则对《聚集》的警告，他才觉得，为了保护自己的出版社，有必要向官方机构做出这样的说明：他的作者们对那份杂志的性质不甚了解，受到了蒙蔽，他们拒绝与那份杂志有任何共同之处。然后他提供了那些电报作为证明材料。所有这一切都在《德国书业讯息报》上刊登了出来，不可避免地被视为托马斯·曼第一次公开表明对希特勒德国的态度。他知道，这很不好。"克劳斯从阿姆斯特丹打来电话，来自德国的消息已经在那里传开了。他在准备一份克里多出版社的针对性声明，我觉得这个很应当。"（1933 年 10 月 14 日）

在克劳斯方面，无论他怎样失望，他的反应很理智，至少避免了跟父亲断绝关系。"悲伤和迷茫"是他在日记里面记录下的第一个反应[51]（9 月 15 日），后来"寒心"一词出现的次数很多。他其实更生贝尔曼的气，生德布林、席克勒和茨威格的气，当然也对穆齐尔不满（"罗伯

---

[1] 阿尔弗雷德·德布林（Alfred Döblin, 1878—1957）：德国表现主义时期左派作家，影响了多次文学运动，是德国现代主义文学最重要的代表之一，代表作《王伦三跳》《柏林，亚历山大广场》等。

特·穆齐尔寄来了挂号信，他很遗憾地表示迫不得已，必须撤回合作意愿"，10月24日），而没有那么生他父亲的气，他跟父亲谈过许多次。他勇敢地将杂志办下去。

12月初，因为另外一件事情，父子俩在交谈中都动了气。克劳斯·曼记录道，他父亲面临一个问题，是否要加入德意志作家帝国联合会（Reichsverband deutscher Schriftsteller）（后来扩大为帝国作家协会）。"他会加入的。真是可悲之极。"（12月7日）他不再对父亲有多少指望了。一天之后，一件事情似乎验证了他的想法。"跟魔术师吵翻了，因为我想让他注意一下这个德国组织的章程。他不想听、不想了解，一副急急忙忙逃避的做派。"父亲的日记（12月8日）也记录下了一场激烈的争吵，"因为被要求报名加入这个柏林的强制性组织"，——"我真的考虑加入它"，他特别执拗地加了一句，"我才不管那些表格和它的条件呢"。他尝试着拯救自己的荣誉，并且给作家联合会当时的主席汉斯·弗里德里希·布伦克（Hans Friedrich Blunck）寄去了以下这段心高气傲的文字：

> 作为现已并入帝国联合会的德国作家保护协会（Schutzverband Deutscher Schriftsteller）的荣誉会员，本人姑且推断，本人及本人的作品一如既往地被视为属于德国文学，故本人这种情况大约无须其他手续了吧。[52]

但是他错了。12月22日有人寄来了表格和声明，表格必须签字。"我不会签字的，"这位受到作践的人在日记里面坚定地这样写道，"这大概就是彻底破裂，还有结束了。"但真正到结束还有一段时间，因为那位多少还心存善意的布伦克没有让他非签不可，但克劳斯、艾丽卡、戈洛和卡蒂娅都对他这位一家之长很不满意，他们的批评劝谏还是起到了一点作用，并且促使他更好地认清实际情况，虽然一开始他并未把这个过程公开。

政治事件

至于在公开场合，他决定让自己先当一下堂吉诃德。整整三年，他一直要写点什么反纳粹，但又一再没有真正着笔。"昨天晚上我有些激动，情绪不好，因为克劳斯在暗示，戈洛，当然还有他的兄弟姐妹们，都满心希望能从我这里听到几句反对希特勒德国的言论。"（1933 年 9 月 11 日）"我这些天一直有个想法，以一种心平气和的严肃口吻向德国发出警告……但是除了天生的慵懒，还有一般性的倦怠，简直弄不懂这种倦怠是怎么回事。"（1933 年 11 月 10 日）"与赖西格 [1] 聊起了那种令人软弱无力的障碍，这些障碍让人无法在文学上对德国犯罪进行批判，并且在这些障碍中，恐惧和蔑视起着重要的作用。我根本就不情愿提及那个已经'载入史册'的、被美化为成就的傀儡的名字。又该怎么去和奥拉宁堡 [2] 的集中营里的石制立棺争论呢？"（1934 年 2 月 11 日）

1934 年 7 月 31 日他再次下定决心，涤荡一下灵魂并且在致《泰晤士报》（Times）的公开信中向世界和英国发誓，"彻底地与柏林的耻辱政权决裂"。此前，卡蒂娅也再次希望他能发表抗议德国暴行的言论，而获得内心的解脱，彻底结束半遮半掩的态度、不独立的状态和毫无尊严地被牵着鼻子走的境况（1934 年 8 月 5 日）。但在 8 月 11 日，他就把"政治事件的材料"再次推到一旁，开始为一家报纸的副刊写《堂吉诃德航海记》（Meerfahrt mit Don Quijote）。政治事件自然让他不得安宁，从 8 月 17 日到 28 日，它又占了主导。8 月 30 日终于再次下定决心写堂吉诃德。但他的良心让他静不下来。"我时而感到有些羞愧，我还在瞎胡闹。"（1934 年 9 月 2 日）

这种来回摇摆的状态持续下去。1933 年 4 月 19 日，他重新计划了

---

[1] 即汉斯·赖西格（Hans Reisiger, 1884—1968）：德国作家和翻译家。

[2] 奥拉宁堡（Oranienburg）位于柏林以北 10 公里左右，1933 年纳粹在那里建起了第一个集中营"萨克森豪森集中营"。

一个"政治事件"，"一份告德国人民书或是致德国人民的备忘录，在其中向德国人民解释一下世界的情感，必须以一种温暖真诚的方式告诫德国人民，他们正面临成为人类公敌的命运。这可是要再次进行政治上的灵魂拯救，而我始终在寻找正确而合适的拯救方式"。

他倒是愿意更有勇气一些，而且他逐渐地更有勇气了。1935年3月，他为国际联盟某个委员会的会议写了一份发言稿《当心，欧洲！》（*Achtung, Europa!*）。发言稿手稿上的标题是《公开话》（*Offene Worte*），而且以呼吁意志力为结尾，呼吁"有说是和不的勇气——我呼吁要有这样的勇气，在一个混乱而迷茫的世界里，精神的权威只能产生于此"。[53]但他本人尚不具备这样的勇气。在发言稿的印行版中，最后一段话并没有出现。这次会议于1935年4月初在尼斯召开。托马斯·曼在他的出版商的压力下，放弃了出席这次会议，出版商担心与德国政府的关系会出现麻烦。贝尔曼声称，在这个节骨眼上，在柏林一切都对他最为有利，他的财产将会在14天之内返还给他，纳粹宣传部有人打包票了，而《法兰克福报》还想从他的一本杂文集中刊印点什么（1935年3月26日至28日）。托马斯·曼再次屈从了，但是在这些天中，彻底决裂的愿望却更加强烈了。"应当希望和期待的是，不久后跟贝尔曼也结束吧，杂文集《大师们的伟大与受难》（*Leiden und Größe der Meister*）就别在他家出版了。"（1935年3月23日）艾丽卡一定会很高兴的。她始终反对贝尔曼，希望把父亲引荐到克里多出版社。

但戈特弗里德·贝尔曼·菲舍尔的境况也并不容易。他虽然在1935年春天还表现得比较乐观，但也逐渐地认识到，从长远来看，犹太人萨穆埃尔·菲舍尔的这家著名出版社在这个国家是没有什么指望了。从1935年夏天起，他就开始加快了将整个出版社迁往国外的步伐。他终于在1936年4月将不为纳粹所需要的部分，其中包括托马斯·曼和斯蒂芬·茨威格的作品，合法地挪到维也纳，同时在德国还留下获得纳粹许可的作家，其中包括赫尔曼·黑塞和格哈特·豪普特曼。通过这样的分割，避开了那种难以忍受的模棱两可的状态，而且也减轻了托马斯·曼的一个负担。在此之前，整个出版社还是命悬于托马斯·曼的决定。托马斯·曼只要发表一个反对德国当局的声明，就很可能会将整个出版社置于危险之境。只要想一想托马斯·曼面对的所有胁迫，想一想从 1933 年初到 1936 年初所有那些悬而未决的程序和处理过程，就可以理解他的行为了。出于许多原因，他被束缚住了，完全动弹不得。他必须虑及方方面面。在这种情况下，他无法成就大家一致期待的"政治事件"，是非常有眼光的判断。他没有这样做的自由。如果他过早地硬性要求自己那样做，很有可能就不会有好结果。直到他准备好放弃房子、金钱和护照，直到贝尔曼决定将出版社迁往国外，直到他学会做到没有德国市场也能够生活下去，直到他内心深处也成为流亡者，这时候才能够产生一份胸有成竹、充满勇气的宣言。

412   摆　脱

　　"有什么东西把他的两手两脚缚住，使他动弹不得，他想挣脱感到十分困难。不过他想摆脱束缚的愿望更加强烈了。"[1] 54 又到了要进行改变的时候了。这一次不是克劳斯对父亲进行劝告，而是女儿艾丽卡。这种劝告并不那么省事省心，它简直就是一场大卫跟歌利亚的战斗 [2]，但艾丽卡比克劳斯遇到了一个更为运气的时机。在巴黎的流亡者杂志《新日记》1936 年 1 月那一期中，戈特弗里德·贝尔曼·菲舍尔被列奥波尔德·施瓦茨席尔德 [3] 称为"国家社会主义图书生意的受保护的犹太人"。托马斯·曼对此在《新苏黎世报》(Neue Zürcher Zeitung) 上发表

---

[1] 《魔山》，第 703 页。

[2] 出自《圣经·撒母耳记》，歌利亚是一个巨人，他身形巨大，比大卫健硕、高大得多，但最终被大卫杀死。"大卫对战歌利亚"即指"以弱战强、强弱悬殊"。

[3] 列奥波尔德·施瓦茨席尔德 (Leopold Schwarzschild, 1891—1950)：德国作家、记者。从 1927 年起任杂志《日记》(Tage-Buch) 的编辑，1933 年以后，他在巴黎流亡期间继续编辑出版该杂志，更名为《新日记》(das Neue Tage-Buch)，直至 1940 年。

抗议。[55] 艾丽卡就这件事情给他写了一封十分痛苦，但是很机敏而又动情的信：

> 就我所知，贝尔曼博士是第一位，自第三帝国发迹以来，在你看来，受到不公平对待而你公开为之说话的公众人物。迄今为止，你没有为其他任何人做过这件事情。……得出的结论是：从你的嘴里说出的第一个"支持"，是落在贝尔曼博士头上的；第一个"反对"——自第三帝国成立以来你的第一次正式"抗议"是针对施瓦茨席尔德以及《新日记》的（而且在《新苏黎世报》上！！！）……
>
> 你与贝尔曼博士及其出版社的关系是坚不可摧的，你似乎愿意为这个关系做出一切牺牲。我会渐渐地，但必然坚定地与你渐行渐远，但凡你觉得这对你而言是一种牺牲，而且将这个牺牲归入别的范畴。对我来说，这是很悲伤、很可怕的。
>
> 我是
> 你的孩子 E.（艾丽卡）[56]

母亲卡蒂娅·曼最先做出了反应，说出了一些纠偏、解释的话和有所顾虑的情况，从这些情况中，人们能够再次了解到整个境况盘根错节的复杂性。她首先反对这种说法，出版社建立国外分社是对戈培尔言听计从，基本上只能对流亡者不利。此外她还说了一些触及灵魂的话。卡蒂娅为她的托米，为魔术师辩护。"除了我和梅迪[1]之外，你是魔术师最牵肠挂肚的人，你的来信深深地伤害了他，让他痛苦极了。"偏偏是艾丽卡威胁着要和父亲断绝关系，她完全无法接受。"至于我，我也是他的一部分啊，这也非常残酷。"

父亲也以很强的自我意识回信了。"我写完了致艾丽卡的长达 12 页的信，是为她写的，也是为了后世写的。"（1936 年 1 月 24 日）他除了

413

---

[1]　梅迪（Medi）是伊丽莎白·曼在家人中的昵称。

就事论事地为贝尔曼辩护以及批评了施瓦茨席尔德几句之外，还倾诉了一下个人的情感。他不相信，在未来艾丽卡会拒绝继续爱他。"我由此感到相当安慰。在一定程度上，要抛弃掉什么必须有两个人同时进行才可以，而在我看来，我对你的情感绝对不会让我这样做。每当我想到，我朗读给你们听时，你有时会如何大笑，如何眼含泪水……你是我最亲近的孩子艾丽[1]，你即便对我充满了愤怒，也是我的孩子……其实你冲着我发怒，在我看来带着孩子气；这种怒气可以算是我自身的优柔寡断和种种疑虑的客体化。"

这说的是真话。这封信已经表明，"我因为自己的良心以及你的怒气必须去做些什么"，也就是说要明确地表明对流亡的态度。他提到，在他这种情况下，这么表态需要几近赴死的意愿。艾丽卡回信了，在这件事情上丝毫没有商量的余地，有些地方写得还很生硬和愤怒。"我没有认错你那态度中煎肋排配小面包式的元素。"她伶牙俐齿地嘲笑着。她认为，父亲想要的是一家高雅、出色的出版社，宁愿在一家差不多已经跟纳粹统一思想的伪流亡者出版社出版作品，也不愿意跟形形色色三教九流的人一同坐在一家明确无疑的流亡者出版社里。

这封信太长了，现在已经是夜里三点了，我担心，我从前并没有找到能够真正让你听得进去的调子。让我再次请求你吧：你好好掂量一下。别在《新苏黎世报》用一个可怖的回答毁了那位并不客气柔和的施瓦茨席尔德——你要好好想想你应当承担的责任，在整整三年克制不语之后，如果你做的第一件事情就是把流亡的毁灭以及流亡的那种微弱的一致性都算在你的账上——然后还要来这么一出戏，我们在"内心"上演。你可饶了我吧，——

饶了我吧：

E.

---

[1] 艾丽（Eri）是艾丽卡的昵称。

你说得对：所有这一切从根本上并不会破坏我对你的依附感，但正是因此只会使整件事情变得令人难以忍受。

难道这就能说服托马斯·曼？"计划给科罗迪写一封公开信；K. 上 414 午起草了信件。"（1 月 27 日）在此期间情形更加极端化了。施瓦茨席尔德写道，德国文学几乎全部都移到了外国。《新苏黎世报》文学副刊的主编爱德华·科罗迪回答道，施瓦茨席尔德大概弄混了德国文学和犹太文学，而且还专门指向托马斯·曼说，曼的作品还正在德国印刷出版。科罗迪用这样的言论在托马斯·曼和流亡中间插入了一个厚重的楔子。现在必须针锋相对地说点什么。艾丽卡的信送到时，已经确定要写致科罗迪的公开信了。在这个时间点上，信里面大概都写了些什么，我们却不甚了然；走这一步后果会有多么严重，考虑到这一点，就可以理解日记中为何对此异乎寻常地说得不多。1 月 29 日艾丽卡来看他。"亲切可爱，"魔术师写道，"和她讨论了这些事情。"就是到了这个时候，公开信中的内容似乎也还没有完全确定下来。艾丽卡在看望父亲之后，又写了一封信给父亲，担心、感动而且有些咬牙切齿。她又怎么能够坐在父亲对面，激情洋溢地否定他说的每一个词？她还不清楚，下一步将会出现的是什么。"我向我们的所有神灵祈祷，你的'回答'很相宜。"

这个回答果然如此，超出了常规。艾丽卡很开心，心情轻松地从布拉格发来电报："谢谢！祝福！一切安好！"他已经寻得了"强烈而决断的句子"——1 月 31 日撰写日记的托马斯·曼非常清楚地意识到："我很清楚地意识到今天走出的这一步牵涉面会有多么广。在三年的彷徨和犹豫之后，我要让我的良知以及我的坚定信念发言。我的话不会不留下印象。"

2 月 3 日，在《新苏黎世报》上印着这样大胆而充满自信的句子：

我有一个铭心刻骨的确信，一个由日复一日大量人性、道德和美学的细微观察与印象所支撑和滋养的确信：从当前的德国政府不会产生任何善意的事物，对德国不会，对世界也不会——这种确信让我避开这个国家，我更深入地根植于这个国家的精神传统，比那些人要深入得多，那些人三年以来一直举棋不定于是否在全世界面前剥夺我作为德国人的权利。在我的良知最深层之处，我坚定不移地相信，我把自己归入可以用一位真正高贵的德国诗人的诗句恰如其分地描写的那些人的行列中，这样做无论在当世还是后世面前都是正确的：

> 谁若全心全意地憎恨邪恶，
> 也将被邪恶从家乡驱逐。
> 如果奴仆的民族敬仰邪恶。
> 离开祖国，远比在尚未开蒙
> 的民众中忍受着暴民盲目
> 仇恨之枷锁，要明智得多。[57]

这个真正高贵的人是奥古斯特·冯·普拉滕。许多年来托马斯·曼一直把他的诗句随身携带，[58] 为了在机会合适之时能够用上。新的生活阶段会受到普拉滕这位被驱逐者和流亡者的影响，而非受到弗劳恩普兰大街那位歌德的影响吗？

第十五章

约瑟和他的兄弟们

年谱：1924—1943

　　重新讨论《圣经》中约瑟故事的念头，大概最早还是形成于1924年4月，艺术画家赫尔曼·埃贝斯（Hermann Ebers）请求托马斯·曼给一套有关约瑟传说的图片集写一段说明文字。[1] 托马斯·曼为此读了家庭《圣经》中的故事，感觉受到启发，要将这个故事详细而生动地描写出来。[2] 1925年3月的地中海之旅并没有带来多少有用的东西，虽然开罗、金字塔、卢克索、卡纳克和底比斯的王陵让他深受触动。托马斯·曼无论如何坚信，自己见到了埃赫那顿本人——"阿蒙霍特普四世[1]，我深受感动地长时间站在他那具置于嵌着玻璃盖板的斑岩石棺中的木乃伊前"[3]；他说，虽然是阿蒙霍特普四世，但这并不会影响我受到的感动。在1925年，以及尤其是1926年里，进行了大量的准备工作。在1926年6月，这个项目还顶着"中篇小说"的名头进行，从1926年8月起，开始说起写一部比较短的长篇小说。在这个阶段，这部小说的名字是《约瑟在埃及》。1926年12月初写出了前奏的头几行文字。小说的宏大篇幅日渐呈现出来。两年多之后（其间不停被写作杂文、演讲以及旅行打断），大概已经完成了400多页。1930年2月至4月，作者第二次前往埃及旅行考察，获得了不少观点和动力。此后写作进展相当顺利。1932年6月，小说的头两卷《雅各的故事》和《年轻的约瑟》已经完成，这两卷于1933年和1934年在柏林出版。真正触及整个项目核心的《约瑟在埃及》是小说的第三卷，在1932年10月已经写到了《约瑟在金字塔》一章，这时他停下了笔，先去准备瓦格纳报告的讲话稿，随后又忙于流亡，写作中断了许多个月。

　　从1933年起，就可以在日记中看到小说的准确进展。结束了自1933年5月以来的那些烦扰的努力之后，从8月起写作才多多少少地继续下去，这个时期在进行约瑟来到波提法家中这个场景的创作。尽

---

[1]　古埃及第十八王朝法老，后改名埃赫那顿。

管写作一再中断，其中也包括 1934 年和 1935 年的美国之行，小说第三卷在 1936 年 8 月总算完成，同年 10 月就已经出版（通过位于维也纳的贝尔曼－菲舍尔出版社）。小说再次大幅拓展了许多维度，由此看来创作小说的第四卷《赡养者约瑟》(Joseph der Ernährer) 变得很有必要。在真正开始写作第四卷之前，托马斯·曼写了另外一部作品缓解一下：一部有关歌德的小说《绿蒂在魏玛》。一开始的计划是写一部中篇小说（通常都是这样），这个项目也拉长到三年时间，从 1936 年 11 月到 1939 年 10 月，此后接着做了一些其他工作，又完成了很多杂文和讲稿，另外还有一篇印度小说《换错的脑袋》(Die vertauschten Köpfe)，直到 1940 年 8 月才再次开始《约瑟》小说的写作。1943 年 1 月，历经近 19 个时事多艰的年头，这部伟大的作品终于完成。"我心潮起伏，又有几分悲伤。但作品完成了，好也罢，坏也罢。与其把这部作品看作艺术和思想的里程碑，我更愿意将它视为我生命的里程碑，一座坚韧的里程碑。"（1943 年 1 月 4 日）"我更早地写完了《约瑟和他的兄弟们》，那时法西斯在世上还没完结。"（1943 年 1 月 28 日）接下来的是一出终场戏，有关摩西的中篇小说《律法》(Das Gesetz)。1943 年 3 月，全部神话和东方题材的材料才终于被收拾好并且清理出来。

反对比尔泽？

他一直只是在捡拾，从不虚构杜撰，《布登勃洛克一家》的作者当年在《比尔泽和我》中这样声称：作家之为作家，不在于虚构的天赋，而在于注入灵魂的天赋。[1] 4 从他的中年时期开始，他的看法不一样了。只有写作新手才去写自己的生平经历，专业作家能写的更多。在空旷自

---

[1] 《比尔泽和我》，第 6 页。

由的空间中展开一篇杰作，比去说自己的生活，那要厉害得多。尤其是有关自己的生活素材，说过的其实已经太多了。以迄今为止的创造来衡量，他采用了一些完全陌生的异域题材。要塑造约旦河畔的游牧民族和3000多年前尼罗河畔的高度文明，在吕贝克和慕尼黑，在萨纳里、屈斯纳赫特和普林斯顿几乎找不到可用的直观材料。

很多人物都缺乏合适的原型，但所有这些人物都获得了一个不易混淆的面貌。读过约瑟小说的人，都觉得雅各就应该是褐色眼睛，有隐隐的眼袋；流便只能是一个好脾气的高挑身材的人，声音又尖又细；拉班又矮又胖接地气，总是垂着眼睑。还有很多在《圣经》中根本没有出现，或者只是很普通的人物，例如那个年迈的米奈人、管家蒙特－卡乌、侏儒迪都和戈特利布兴或是狱吏迈－萨赫莫，都不再是装饰性的譬喻式人物，而是活灵活现、有血有肉地站在我们面前。主要人物雅各、拉结、利亚、约瑟，兄弟们（尤其是流便、犹大和便雅悯），此外还有波提法、姆特－埃姆－埃内特、泰伊以及埃赫那顿：与《圣经》中的简略描述相比较，所有这些人都获得了一个丰富的、具有一定功能的灵魂生活。一切都"准确"得值得人们惊讶。他究竟是怎么写出这些来的？《约瑟》是他的第一部没有人的"模型"的作品，托马斯·曼确实让我们惊讶，[5]与他以前依赖于观照现实的情况相反，这些人物性格完全是虚构出来的。

但是虚构，这到底是什么意思呢？虚构虽然是可以被激发出来的，可以创造条件让它产生，但不能去制造它，更不能去强求它。"灵感一现"是决定性的。灵感可来，也可以不来。它常常不在写作时来，而是突如其来，在半睡半醒间，在散步的时候，在身体放松的状况下。它如一颗流星般突然降临。一个人在什么时候忽然想到什么东西，其实还是有一定规律性的。周围的气氛也是这种规律性的一部分。当托马斯·曼在他自己的书桌前坐下时，他周围的世界必须沉静下来，只有这样，另外一个充满魔幻的世界才能够登场。他愉悦于论及绝对遥远的、从未经历过的事物，呈现牧人的生存和放牧羊群，描绘沙漠中的骆驼和泉水，刻画侏儒、埃及的司库大臣和长着长颅骨的法老的女儿们，而且是以轻松自如的精准展示出来，"犹如从前真实的样子。"[6]这项工作将他从现

421

实的高压中释放出来。从混乱的现实中走出来，潜心进入文学上已经安排得井井有条的父权社会时代，这样做能给处于混乱时代的人一种自我价值感和依靠。托马斯·曼在影射《圣经·诗篇》第二十三篇时这样写道，在失去家乡的时候，小说就是"杖和竿"。[7]在德国沉沦的时候，他只能紧紧地抱住小说。每天都有最扰人、最出格的烦心事冲击着曼的心灵和大脑，而他写出了"七万行不慌不忙、荡气回肠的句子"。对现实的憎恶激发他幻想出来一个与现实相对立的世界。创作年代的不安定和这部伟大著作散发出的安宁互为因果条件。

约瑟的世界是与 20 世纪德国相对立的世界。我们进入约瑟的世界是通过霍勒太太的井 [1]，是金玛丽为了把她的纺锤捞上来，径直跳入的那口井。"跳下去，别犹豫！"序幕《地狱之行》结束时这样鼓励我们。这口井深达 3000 米。到了井底一看，这里的一切并没有那么陌生。山峰与河谷、城市、街道和遍布葡萄藤的山坡、一条浑浊而急匆匆奔流而去的河流——那位姑娘见到的井底河滩向我们展现了一个已经相当文明开化、与我们的世界并没有太大不同的世界。我们将看到，在这里（在托马斯·曼这本书中），人们的心理状态几乎同我们的心理状态一样。所以很多东西是能够寻得的，不必所有的事物都要去虚构杜撰。第二眼，也就是通过更加仔细端详的目光，才让我们看到，即便是这里的世界，也是有来路和原型的。

为了划定虚构的范围，我们先列出他寻得的所有材料。那么首先就是出自《摩西第一卷书》[2]的《圣经》文本。人名、主要人物、故事情节走向和初步的心理特征都已经存在于其中了，这一点与以前的小说都不同。

---

[1]　出自收录于《格林童话》中的《霍勒太太》。漂亮姑娘金玛丽不得不为继母和继母的女儿辛苦劳作，一天她在水井边纺线时不慎把纺锤掉入井里，她跳进井里捞纺锤却进入了霍勒太太的领地，一个美丽的世界，她为霍勒太太做工操持家务，霍勒太太非常满意。作为对她勤劳的报酬，当她回家时，霍勒太太让天上下起了金雨，金子沾满了她全身。

[2]　即《圣经》第一卷《创世记》。《圣经》首五卷书普遍称为《摩西五经》或《摩西五书》。

第二层是非《圣经》的材料来源。这里包括来自其他古代东方材料来源的约瑟故事的版本、犹太传说、巴比伦神话、埃及文学。在这个范围内筛选出能够与《旧约》相吻合的内容。这里也只是涉及寻得的材料，而不是虚构的材料。在阅读时发现的细节材料就会被放到最合适的位置上去。这部伟大著作的奇妙之处在于，各个主题以及诸条叙述线往往隔着好几百页还能够相互连接上，尽管对各个开端进行事后的加工实际上是无法进行了，因为小说的头两卷已经出版，而第三卷和第四卷还在创作中。

第三层材料来源是绘画。小说的埃及部分使用了无数的绘画资料。波提法的各种性格特征是由他的形象发展出来的，那个王子黑蒙的巨型坐像，它有着聪慧且精巧的头部以及肥壮的肢体，为了配合这样一个形象，托马斯·曼虚构出了一副阉人的心理状态。托马斯·曼一直是一位艺术大师，他总能从躯体引导出精神状态来。类似的杰作就是对埃赫那顿，那位颓废的法老的成功塑造，流传下来他的面部线条会让人想起"一位出自人丁凋零的贵族家庭的年轻、高贵的英国人的面部线条"。[8]

就此已经解释了大部分的来源。虚构撩开面纱，最后还是一种寻得。此外，作为最后的灵感层面，还有一些来自生活的材料。这在选择材料时就已经起到了一定的影响，因为"贞洁的约瑟"的故事自然会博得对贞洁的托马斯的直接兴趣。更进一步说，这蕴含在思想的基础观念之中，因为这部宏大的小说必须论证自己撇开对死亡的同情是合理合法的。政治在其中也起着一定的作用。与《魔山》不同，这部小说在威廉皇帝时期就开始构思了，《约瑟》则是一部共和时代的构思。约瑟不仅应当抵御住欲望本能，还应当展现出一位艺术家的道路，这条路从热爱暗夜、热爱月光的自恋式心高气傲通向对日常政治负责的态度——也就是托马斯·曼本人所走过的路。

除了这些一般性的材料之外，还有大量的自己生活的脚印。大多数印迹并不深，但形成了一些十分独特的锦上添花，就像是奶油蛋糕上面的奶油花。添加这些内容一再让他时而内心窃喜，时而眼里充满泪花。小说的结尾是一个矩阵，它左右着用哪一个突如其来的念头，决定着在小说中采用哪些读过的或者经历过的事情，但就其本质来说都是同样的东西，所以我们早在"陈芝麻烂谷子"那一节就可以把约瑟小说中的一段引文作为中心内容。实际上是再次用了"一直用的同样的东西"，又一次是扰乱一切、毁灭一切的力量侵入了一个已经决定按部就班过日子的人生，再次唱起了那首看似安稳的和平以及笑着拱手让出珍贵的艺术建构的人生之歌。[9]

423

奶油花

便雅悯是 12 个孩子中最小的那个，因此不言自明地与托马斯·曼最小的孩子米夏埃尔有着一些边边角角的关联。家中老幺的身份，结结实实的小短腿儿，还有头盔般的浓密头发都属于这种联系。

年迈的米奈人或是米甸人，就是从兄长们手中买下约瑟并且把他带到埃及的那个人，经过他的手指打磨，一件物品的价值便可按照一丝一毫来计算。他是出版商萨穆埃尔·菲舍尔的远祖，菲舍尔对一本书的文学价值及商业价值的精准感觉令整个行业都赞叹艳羡不已。[10] 约瑟一厢情愿地以为，米奈人会引领他，而此人却不过是十分随意地带上这个年轻人。托马斯·曼自然牢牢掌控着如何将这些关系朝着有利于他自己的方向进行塑造。在约瑟被带到目的地时，商人的活就干完了。"米甸的以实玛利人已经完成了他们的人生目标……不再需要他们了。"[11] 这背后隐隐地透出托马斯·曼与他的出版商之间的关系，有那么些反讽的意味。萨穆埃尔·菲舍尔让托马斯·曼成了大作家——但托马斯·曼难道不也成就了他吗？无论如何，大作家对约瑟的认同很有兴致，这兴致在于，感觉自己是一种非常有价值的商品，被米奈人带到了市场上，卖出了一个惊人的高价。这是一个小游戏，没有什么更多的内容了，这不是一个具有承载能力的关系。托马斯·曼一再闹玩似的躲在他创造的某个

第十五章　约瑟和他的兄弟们

人物身后。他狡黠地对读者眨着眼睛，而且鼓励读者做同样的事情，找出那些人物来，在这些人物后面他藏下了他的欢乐和悲伤，但他同时也能够公开这些，只要人物原型能够放松那些对难堪的封锁，将一种克服了羞惭的语言赋予这些欢乐和悲伤，将它从无处可藏的隐私提升到具有代表意义的层面。

迪都和戈特利布兴，坏侏儒和好侏儒，一个要将约瑟推入不幸之中，一个是告诫者和帮忙者，一个是阳具崇拜的尊严十足的矮人，一个是可爱的干瘪小人儿：这些人不就是莱辛和卢布林斯基，那些犹太批评家吗？[12]特奥多尔·莱辛，那个可悲的人，他在伦理上唱高调，在现实中对罪孽具有恶意的嗜好？萨穆埃尔·卢布林斯基，不就是那位帮忙者，他曾经先知般地夸赞了《布登勃洛克一家》？有时候托马斯·曼就是这样感觉的。一个想把他拽下来，另一个把他捧在手心上。别买他，迪都说，别买这个希伯来人，因为他很可疑，虽然他知道说着好听的话。"买吧，蒙特－卡乌，"干瘪小人儿提着相反的建议，"他是受到祝福的人，也会成为一个家的福祉。"[13]吹嘘自己雄风颇健的迪都有一个身材高大的妻子。而小个子莱辛不是也以他的方式娶了一个身材高大的女人，就是一个金发的德国贵族女人吗？这个女人后来跟一个年轻的金发学生有染，欺骗了他，这是不是反过来可以说明"迪都"的雄风还是没有处于最佳状态？活该他遇到这些事情，这个恶毒的侏儒！就他这样还想奚落我缺乏男性气概呢！对莱辛的憎恶让托马斯·曼也具有了一些令人生厌的东西，损害了他那在其他时候完全无可挑剔的品位。不过我们并不想对此进行过多的遐想。迪都和戈特利布兴，莱辛和卢布林斯基——这只是些若隐若现的痕迹，绝对不是什么实锤的东西。身材高大的女人用一张埃及的图片资料完全可以解释得通，[14]这对秉性相反的侏儒可以从精神与欲望的对立来阐释。自从1933年8月10日起，托马斯·曼就在写《侏儒》这一章。这段时间里，他猛然想起了莱辛，因为莱辛被杀害了，他毫无怜悯之意，依旧充满憎恶地评论莱辛惨遭残杀。"我的老朋友莱辛被杀害了。他一直是一位伪殉道者。"[15]这可能会影响到小说，但不必这样。

424

·491·

一直有新人物出场，一直需要新的面孔、新的性格。这些都不能凭空产生。曼把家中常客马丁·贡佩特[1]的面部轮廓和性情都给了狱吏迈－萨赫莫，圆圆的眼睛，小嘴巴和安静的、不会一惊一乍的性情。他还让此人客串过医生和作家——马丁·贡佩特本来也是一位写作的医生。"治病救人和舞文弄墨相辅相成，互相借鉴智慧之光。"[16]贡佩特在1940年8月31日前来做客几个星期。来得正巧。他几乎立马就被"用上了"。从9月20日起，托马斯·曼开始撰写《监狱》一章。

迈－萨赫莫因其持久的不幸的恋情令人感动，还是小男孩的时候，他爱上了一位高贵的姑娘，然后作为成年男人爱上了从前情人的女儿，大概上了岁数之后，他第三次爱上了她的孙女。这个人的整个生活真的就只有爱情的不幸。因为马丁·贡佩特爱艾丽卡·曼，想跟她结婚，而她虽然温柔地把他的复活节早餐蛋给藏了起来，[17]但与他保持距离，最后把他甩了。

悄悄地说说自己，很令人满意。小说一再提供这样的机会。法老有句话"日子过得苦，也要好好过"，[18]曼也用这句话让自己好过一些，因为他把自己算作那些非常艰难的人。"我们正在见证历史，一个极棒的历史。"约瑟对迈－萨赫莫说，托马斯·曼也要对他周围的人这样说，那些人应该为能够成为他的同时代人而感到高兴。"你也在这个故事里面，因为我把你拉到我身边，纳入这个故事里了。"[19]夏绿蒂·克斯特纳，娘家姓布甫，应该感到高兴，因为歌德把她纳入他的故事里面了。如果谁不懂这一点，那他就该像奥托·格劳托夫那样遭到拒斥，格劳托夫是曼充满苦恼和欢乐的少年时代的密友，他似乎并不清楚"他只属于我的生活"，而是像蠢货一般"自己想成就点什么"。[20]

托马斯·曼与叙述者时而一同坐在老人长椅上。他们思索着爱情这类事情。"人们知道一切。"他们点着头，相互保证着。[21]"为了再次引起我们老人的这种感觉，"雅各、叙述者和托马斯·曼异口同声地说到，

[1]　马丁·贡佩特（Martin Gumpert，1897—1955）：德裔美籍作家、医生，代表作《乐园中的地狱》。

"一定会有些非常特别的事情到来。"[22]如果放眼未来，想到作者将陷入弗朗茨·韦斯特迈尔的漂亮眼睛、大腿和身材而不可自拔："人们想的或许是，都75岁了，就算是有言听计从、卑躬屈膝的奉献乐趣，大概也不会那么严重吧，但这可就大错特错了。这种情绪会持续到他喘出的最后一口气。"[23]

他玛和阿格尼丝·迈耶

"他玛下了一个坚定的决心，不管付出多大的代价，也一定要通过她的女性魅力投入世界历史进程中。"[24]她坚定不移、野心勃勃、努力向上，不想与芸芸众生一样站在一旁吵吵嚷嚷，而要步入历史的主要轨迹中。她，从未受到过一丝一毫的关注，对充满历史厚重感的雅各佩服得五体投地，而且结合种种迹象得以推断出，犹大这个部族将产生救世主。她因而渴望犹大，并不是因为肉体，而是因为理念，因为这个部族将由他而兴起，从这个部族中有朝一日将出现救世主。而年迈的雅各多少有些爱她。

阿格尼丝·E.迈耶下了一个坚定的决心，不管付出多大的代价，也一定要通过她的女性魅力投入世界历史进程中。毕竟托马斯·曼是这样看的。她佩服他，佩服这个充满历史厚重感的人，在精神上爱上了他，虽然不是在肉体上，因为这个受人景仰的人可不想知道什么肉体。她将和他一同拥有一个能够拯救世界的孩子，就是文学。她坚定不移、野心勃勃、努力向上地为这个孩子在美国铺好了路，在经济上资助他，为他写了很有帮助的推荐信，还非常巧妙地将其翻译成了英文。

他玛是《圣经》中一个的人物，而且并非由于阿格尼丝·迈耶才被引入小说。小心翼翼地暗示一下他富有的美国女资助人自然也属于那些宠一下自己的奶油花，托马斯·曼时常顺便使用这种奶油花来犒劳一下自己。他对他玛和阿格尼丝的雄心壮志的赞赏，对任何人都不如对他本人有利。因为如果他玛的志向指向即将出现的救世主，那么阿格尼丝·迈耶的志向至少也应该指向一个同样重要的目标吧！他是她的上帝。"我喜欢，与宏大的事情打交道。"他向阿格尼丝透露过。[25]她在 1942 年 1月 16 日回信，当时他玛的故事正好写完：

> 您说过的关于伟大事物的话很奇妙地触动了我——"我热爱同伟大的事物打交道，而且在某种信任的基础上与这些事物共同生活。"您肯定没有想到，相对艺术而论，这一点更适合我的生活。

她与伟大打交道，她扯得很远。她在同年的 4 月 7 日问道，在雅各和上帝之间存在着某种旨在相互圣化而成立的同盟，在纯粹的人类交往中是否也能够有类似的东西存在，哪怕是两个人中一个人比另外一人要优越得多？她真的把他看成神一般的存在——这并不意味着，她觉得自己很卑微。这个联盟的宗旨是相互圣化。所以她也有一个任务。她要的是，由女人编织的灵魂纽带，这纽带"对男人来说，不是一张网，而是一种解放"。说得很明智。但即便她如此自由自在，却没有成功地解放托马斯·曼，因为他根本就不愿意在她所规划的意义上被解放。

427

自 1942 年 3 月 29 日到 4 月 4 日，阿格尼丝一直伴随在托马斯·曼的左右，在圣莫尼卡[1]时，他们每天都能相遇。他将《他玛》读给她听，这是特别成功的一章。他称之为"一个段落，'您没有打扰过的一段'"。[26]这是多么奇特的表达！她显然一定在其他段落的写作过程中打扰过作家。即便是她在圣莫尼卡的最后一天，托马斯·曼也必须出现在她面前——没有卡蒂娅的陪同。"在迈耶的大房子里。读完了《他玛》一章。在此期间，尤金时而进来。"（尤金是她的丈夫）"与她共进午餐。尴尬场景遇到了理解无能。"[27]她非要谈谈爱情不可，一再要谈，她真是有一种不管不顾的直接劲头。她最喜欢的对象是他的灵魂生活。她认

---

[1] 美国加利福尼亚州最负盛名的海滨小城。

为，托马斯·曼没有与人的关系，他完全不动声色、不动情地进行写作。他更知道是怎么回事。"所有的一切都可以用来说明，为什么我没有跟她开始情感关系。但是'他玛'起码证明了，她'没有打扰'过。"

不，她在总体上没有打扰过，她帮过托马斯·曼大忙。她在经济上支持他和他的孩子们，或者通过她的关系来支持，她为他在普林斯顿找到了一个薪水颇丰的职位，作为"人文学科的讲师"。也是通过她，他才成为华盛顿的"德国文学顾问"，这是个挂名的闲职（年收入 5000 美元），通过她或者她丈夫的关系，曼认识了美国总统罗斯福。跟她断交，他很可能根本就断不起，虽然他有时候会觉得她让人烦透了。在她来访之后，他写给她的感谢信中使用了不少讨好的套话："就我而言，多么由衷地希望来访能够长久一些，我不想否认这一点。"这是信口瞎说的。她总算又走了，他特别高兴。这封信里接着漫不经心地写道："但现在，事情已经过去了，每个人必须再次靠自己的双腿生活，做他应该做的事情——借助那些好日子的荫蔽。"日记里面的话还是更为真挚一些。日记保留下来的主要是那些日子里的一些难堪之情，"关于我们"的闲话（3 月 30 日），那些"难忍的聊天"（3 月 31 日），"一些令人发指的、秘而不宣的事情"（4 月 3 日），"尴尬的场面"（4 月 4 日）。当"这一切都接近尾声了"的前景出现时（4 月 2 日），他很高兴。在信中他友善地称呼着"亲爱的阿格尼丝"，在日记中始终只把她称为"那位迈耶"。

阿格尼丝具有使命意识和开拓精神。"*我在我自己心灵中的那些未*428*知领域旅行。*"[1] 28 她相信，曼与她一样，具有一个心灵相通的手足灵魂，而他只是不知道这一点。她毫无畏惧地接近这个拘谨内向、固执的人。她以为，他没有爱。29 他当然知道：我也生活过并且爱过。30 只是这可不能让别人知道。她并不知道他如此内敛的秘密何在。她缺乏对他禁欲的理解。他究竟为什么要抵御她呢？因为她想要触及他内心最深处。"她想要教育、掌控、改善并且拯救我。"31 就是这么回事。她的目的在于，她直接这么写信告诉他，当一名诱惑者，将他从对女性的恐惧中

---

[1]　原文为英语: I was traveling undiscovered regions of my own mind。

解放出来。但愿他不会被这种莽撞无理的感受激怒。毫无疑问，德国的禁欲要比法国式陷于罪孽高尚得多，那位天赋异禀的兰波就是被这些罪孽给毁了，但是，她这样继续写下去，"还有一种更有爱的、更高的洞见，在那里恐惧会彻底消失并引向完全的拯救"。[32] 但他可不要从他的禁欲之中被拯救出来，更不用说由这位迈耶来拯救了。描写他玛的话，她很美丽，尽管是以一种严厉并拒人千里的方式，充满诱惑力、令人着迷、有魔力[33]——所有这些词，托马斯·曼从未用在亲爱的阿格尼丝身上。她当时已经 50 多岁了。她根本就不是他喜欢的类型，既不是精神上的，也不是肉体上的。他根本就不害怕她。他完全不必当个坐怀不乱的柳下惠[34]，就可以把她拦在一定距离之外。他根本就不爱她。他觉得她是朱诺[1]和女武神的混合体。[35] 很遗憾，人们一定会猜测，懒散方便、有用以及义务把托马斯·曼拴在她周围那么久。他扮演着一个几乎有意识地算计好的角色。"勇敢地坚持下来"，他夸自己在扮演角色时的纪律（1940 年 1 月 13 日）。因为这在大多数情况下是很累人的。"说着空洞无聊的话，还要装作全神贯注，实际上思想早就开小差了，长此以往深受其害。"（1951 年 3 月 21 日）只有在极少数情况下，他还能感受到一些乐趣。"差点把一封矫情的新年祝福信发给那位迈耶了。"（1947 年 12 月 31 日）他试着给了她一些他所能给的东西，很多长信、很多尊敬、很多谢意。但是他从来都没有动过真心。几年之后她看穿了他。戈洛提起过，托马斯的一篇日记中这样写道："迈耶说，从我的信件中可以看出，我非常嫌恶她。因为这些信中满是恭敬、赞叹、谢意、嘘寒问暖，甚至还有各种殷勤，如此看来，这是非常有智慧的观察。"（1944 年 2 月 14 日）"托尼奥，您想让人疼的时候，您就像石块一样坚硬。"大约在差不多一年前的一次争吵后，阿格尼丝这样写过。[36]

---

[1] 罗马神话中的天后，婚姻和母性之神，朱庇特之妻。

父亲和母亲，卡蒂娅和保罗

我们在小说中心遇到的内容可要比奶油花多得太多，小说的核心部分在纷乱的古代东方的面具之下，托马斯·曼的各种原初冲突以隐蔽的方式呈现出来：父亲与母亲的决定性之争、婚姻与同性恋情之间的对立、对灾祸和突如其来的变故的恐惧。生活的镜像多层次地交织出现在这部伟大的作品之中。贞洁的约瑟往往就是贞洁的托马斯。但约瑟同时也是跟他演对手戏的人，一位托马斯·曼深爱的美貌少年，一位托马斯·曼作为叙述者多年来每天都怀着柔情重新回忆追念的少年。"查阅了……《年轻的约瑟》中的《有关美貌》这一章。对我内心最深处的事物开了一下玩笑。"[37] 什么是最深处的事物？那就是对"无可比拟的、世上所有的事物都无法逾越的男性青春的魅力"的激情。

那个嘴角弯起、充满诱惑力的姆特－埃姆－埃内特，波提法的妻子，也"是"托马斯·曼。他驯服着自己的心魔，在这个女人形象中写入自己灵魂的创伤，如果激情也将他生活的艺术建构彻底连根拔起，那又会是一种什么情形。姆特也早已为作为贞洁的月之修女过着禁欲生活做好了思想准备，这时约瑟进入她家，而她，被内心的欲求折磨得发狂，逐渐变成巫婆、变成山里的维纳斯、变成长胡子的伊什塔尔[1]。完全服从自己的欲望虽然能够带来快感，让自己在某些方面释放，但在自己理性的目光前、在热衷于嘲讽的周围世界的注视下，更多的是让自己跌份并受辱。

叙述者告诫不要轻信地去推测，这个人只是对维持他的小心翼翼地树立起来的生命建构感兴趣，"无法一一列举的经验表明，他其实只是心无旁骛地关注他的福祉和败落，他决不会对阻止他去这么做的人心怀

[1] 伊什塔尔是巴比伦神话中的母神、农业神，同时也是司爱情、生育及战争的女神。但在有些传说中，她被形容得邪恶、无情，故意杀死自己的丈夫或情人。约瑟后来将姆特－埃姆－埃内特称为"长胡子的伊什塔尔"，因为她追求他，就像"长胡子的男人追求温柔的少女"。

哪怕是一丝一毫的感激"。³⁸ 他又是从哪儿知道这些的呢？他的恐惧出卖了他。他要塑造姆特－埃姆－埃内特的堕落时，不仅在古代东方的文献资料中去找寻。他进一步地深入³⁹那些笔记中，他爱恋保罗·埃伦贝格的那段时间里自己所写的日记。那段时间的激情将为他描述他的女主人公那种慌乱无措地受到困扰的感觉提供词语。他深受感动。那段逝去
430时光中的激情与忧郁非常熟悉而又充满悲伤地迎面向他涌来。距此已经过了30多年。"是啊，我生活过并且爱过，我以我的方式'痛彻地经历了人性的酸甜苦辣'。"这就是他最伟大的爱情，尽管有并且恰恰因为有那么多的放弃，那么多的失望：

> 一种情感上的折服，如 P.E. 时代特定的记录语调所流露的，就是这句"我爱你——我的上帝——我爱你！"——一种情迷痴狂，在诗歌断片中已经有所提示："啊！听，音乐！在我的耳畔吹过动人心魄的一阵声响——"只有过一次——大概理应如此——出现在我的生命中。

"爱情迷乱而绽放的逻辑。"约瑟小说就此评述道。⁴⁰"人们清楚这一切。"而姆特－埃姆－埃内特又在轻声诉说些什么呢？"啊！听，音乐"等。作者当年只是为了自己开心，今天也为了让我们开心，针对性明确地补充说："大家都清楚这个。"因为这一切托马斯·曼本人都经历过了，也遭受过了，也包括那些爱的狂热夜晚，"那是一系列纯粹简短的梦，在梦中另外那个人一直在那里，表现得十分冷淡并可疑，而且总是一脸嫌弃地转过身去"，在一连串不幸的相遇中转身离去。可他曾经咒骂过他吗，咒骂过这一系列痛苦梦境的始作俑者吗，姆特－埃姆－埃内特咒骂他了吗？

> 绝对没有。当清晨将她从折磨中解救出来，她精疲力竭地坐在床边上，从自己的所在向着他的所在喃喃地说着这样的话：
> "我感谢你，我的福祉！我的幸福！我的星辰！"

由于这种对极端受难的回应，这个善意之人摇摇头；他觉得自己有些迷乱。通过她，他觉得自己的怜悯慈悲多少有些可笑。

"我的福祉！我的幸福！我的星辰！"与"啊，听！音乐"还有"我爱你"同样都出于那首写给保罗·埃伦贝格的诗，这首诗一再通过托马斯·曼的作品，隐约曲折地透露出来。

多年之后，许可的时刻终于到来，约瑟可以结婚了，身份认同再次改变了。托马斯·曼又一次得益于躲在约瑟的面具后面，他斟酌着，将来是否能允许一些现在禁止的东西，也就是性。不应当在保罗这里发生的事情，必须在卡蒂娅那里发生。就像约瑟、亚当一样，"他也是在事先区分了善恶之后，才认识了女人：从一条蛇那里知道的，这条蛇愿意以生命为代价来教他，这当然是一件很好的事情，但是充满恶意。他却抵抗着她，他有一种技巧来等待，直到事情好转，恶意消失"。[41]

431

卡蒂娅与亚西纳[1]一样，是"处女中的处女"，是"姑娘这个概念的体现"，她并不想着放弃姑娘家的身份。但是"那种神性淡漠的封闭性和异常泰然处之的倾向，以及忍受着接受她那女人命运的态度"，这种奇异的组合使得皮肤黝黑的新郎有机会迎娶她，虽然她将双手伸向苍天，"求救，仿佛有人抓住她那柔细的躯干，将她拉入一架抢亲的车辆中"。这些听起来恰恰不那么像爱情，而更像是一个由两人组成的、精心筹划好的义务共同体，只能希望这两个人在彼此间找到爱情。亚西纳和约瑟、卡蒂娅和托马斯——他们经营的婚姻就是这样，先是决定要结婚，而后才彼此倾慕。

童贞与童贞相匹配。在他们的新婚之夜，说的并不是愉悦地融化为一体，不是销魂蚀骨的伊什塔尔的气息，而是困难的"撕裂过程"中的血与疼痛。

这不也让人又笑又哭吗？身体的天然情况以其通常模式让人类

---

[1]　约瑟之妻。

去做的事情, 使人们能够完成爱情, 或者在国家联姻的情况下, 还要学着去爱? 这种可笑与崇高的事物于新婚之夜在灯光的摇曳里如阴影般漂浮、融为一体, 在那里童贞与童贞相会, 头冠与面纱被撕毁。[42]

"我很开心地读着这一段, 因为这就是我以前的情况。"托马斯·曼在一篇有关婚姻的杂文中这么写道,[43]当然是在一个多少有些不同的语境中, 但与此并不会相差太多。

充满威胁的姆特－埃姆－埃内特有一个女性祖先的名字[1]。她是母神。托马斯·曼以双性恋的方式经历了同性恋。约瑟说: "如女人和男人般美好, 从两个性别来看都是美的。"[44]双性的主题对他而言是神秘而又神性的。这一主题让他想起了长期以来一直让他十分着迷的普拉滕的诗。"他那种充满精神性的和超越情色的激情融入了我的血液, 我热爱这种激情!"他在 1934 年 2 月 25 日的日记中引用了这首诗:

432
对你而言, 我就像女人之于男人, 就像男人之于女人。
对你而言, 我就像肉体之于精神, 就像精神之于肉体。
此外你还能爱上谁呢, 因为我从唇边
以永恒之吻将死神从你那里驱离?

这种双性恋威胁着父亲世界, 父亲世界建立在明确的区分之上, 但它本身拥有最原初的整体的诱惑力, 所以最为糟糕的东西也是最为美好的。生命之树最初一定是双性的, 约瑟对波提法这样解释, 是同时具有男性和女性的。"你看, 现在世界被撕裂为不同性别, 所以我们现在说男性的和女性的……但世界的基础和生命之树既不是男性的, 也不是女性的, 而是二者合一。"[45]

---

[1] "姆特－埃姆－埃内特"意思是"荒漠山谷中的姆特"。"姆特"是埃及神话中的女神, 阿蒙神的妻子, 司掌战争, 这个名字在埃及文中意指"母亲"。

　　姆特－埃姆－埃内特是一个令人不舒适的人物。这个人物的母性不是包容安全的，而是吞噬一切的，就像长胡子的伊什塔尔，[46] 那位司生育的双性女神的母性，这位女神使得吉尔伽美什逃亡[1]，因为他，如约瑟一样，"不愿意因某位女主子男人方式的追求而委屈自己沦至女性层面，他不愿意成为欲望的目的，而只愿意当欲望之箭"。[47] 在这部小说的整体秩序中，同性恋情和母性世界是在一起的。属于母性王国的是充满欲望的暴虐、乱伦、同性恋行为和淫乱。

　　有关幸福的梦有两个。如果一个梦向你敞开，那么另外一个梦就向你关闭了。你可以梦想母亲或者梦想父亲。有关母亲的梦是杂乱混合的梦。它想要消除身体的界限，它要让你消散四溢，要使你奔腾进入陶醉之中，与一切鲜活事物成为一体。它让你在空洞的空间自由漂游，忘却时空、毫无顾虑，如同姆特－埃姆－埃内特一样不计后果地拥抱爱人，"闭上双眼，嘴对着嘴"，[48] 就像那位愿意在克拉芙吉亚/普里比斯拉夫的拥抱中死去的汉斯·卡斯托尔普一样："让我的嘴唇贴着你的嘴唇，在人世间消失吧。"[2] [49] 同样的主题持续了很长时间。《魔山》中的嘴与《约瑟》中的嘴一样，是感官及五脏六腑交融的工具（是整个消化道的上端出口，弗洛伊德在某个地方十分不堪地如此极端表达过），而眼睛则是观看与认知的工具。[50]

　　因为眼睛是父亲的。第二个梦，父性之梦是提升的梦。它是垂直进行的，与母性的梦是水平的不同。他要从感性中腾空而出进入精神领域，要离开黑暗跃入光明，离开群体成为个体，从混合中出来达到个体化。在约瑟的肉体已经奋起反抗他的精神的关键时刻，他的眼前出现了父亲的面容，他很关切地注视着，棕色的眼睛下有隐隐的眼袋。早逝的父亲对托马斯·曼一直有着巨大的影响力。《约瑟》这部小说塑造着、证实着并且强调着倾向于父亲的决定，而这种决定在《魔山》一书中还

433

---

[1]　史诗《吉尔伽美什》提到，伊什塔尔向苏美尔国王吉尔伽美什求爱，遭到拒绝后因爱生恨，吉尔伽美什被诅咒不得永生。为了寻求逃避死亡的秘诀，他踏上了漫长且艰辛的旅途，结果什么也没有得到。

[2]　《魔山》，第 480 页。原文为法语: laisse-moi périr, mes lèvres aux tiennes。

是很有争议的，因为汉斯·卡斯托尔普一再退回到那个混合迷乱的世界中，最后在泥淖、战争和死亡中结束。

父性世界在小说中得到多重表现。首先表现在雅各这个人物上，但书中也有垂老的米奈人、蒙特－卡乌和波提法。这些人对约瑟而言都是父辈，所有人对那个混乱交杂的世界充满敌意，所有人都必须秉持忠诚，因为所有人都不容易。父亲们尤其艰辛。他们需要晚安问候来减轻生活的艰辛感，约瑟对垂老的米奈人道晚安，他用晚安问候将蒙特－卡乌送入长眠。约瑟与蒙特－卡乌为了波提法建立同盟，这样他就永远不会出卖这位被去势的男人。因而他在历数禁欲的种种原因时，不仅想到了雅各的面孔，还有波提法那善良的嗓音。

这并不是说，父性世界就没有受到威胁。理性之光是微弱的，需要特别呵护。在《魔山》中，理性仅居于人的头脑中，而死亡却居于人的心中。因而思想是毫无力量的。直到《约瑟》这部小说中，父系权力才真正地走向胜利。直到这里，理性之光才成功地做到，让更为深处的力量服服帖帖地尽职。脱离对死亡的同情成为约瑟鲜活的实践。

> 死亡的意义独自创造了僵硬和黑暗；生命的意义独自创造了平庸的习惯性，它并不具备诙谐与智性。而恰恰智性和同情仅出现在虔信奏响死神之歌的时候，在虔信受到生命友善的温暖之时，友善因虔信而变得更为深切和更有价值。这是约瑟的情况，这也是他的智性和他的友善。

丘吉尔与《圣经》

反宗教的思想非常有进攻性地控制着年轻的温斯顿·丘吉尔（Winston Churchill）——至少他当时是这么觉得的。当他作为年轻的中

尉在印度的战火中面临生命危险时，他毫不犹豫地祈求上帝的庇护，当　434
危险完全过去后，就全心全意地感谢上帝。

托马斯·曼由这样的经历推导出一定的思考，即《关于万书之书和约瑟》（*Vom Buch der Bücher und Joseph*）（1944）。[51]科学的世界观和《圣经》的世界观之间存在着矛盾，这一点也没有困扰到他。他的出发点跟丘吉尔的一样，心灵有足够的原因，而理性对这些原因毫无所知。他对《圣经》批评的判断完完全全是宗教上的。他对这类汗牛充栋的文字的态度是"它们是由成千上万传说中的、匿名的、用了假托之名的，还有或多或少以历史为视角的作者作为一整个群体自行炮制的，因而完全有权将神称为其作者"，这与年轻的英国中尉丘吉尔在印度的行为完全一致。这是实用的，而非教条的。"从理性角度来看，《圣经》又是什么呢？它由诸多非常不同的并且无法否认价值且不同的犹太教及早期基督教的文学创作成果组成：神话、传说、奇异事件记载、颂歌及其他的诗作、历史记录、论述文章、格言集和法律典章。这些文章的成文或者说形成书面文字经历了一个相当长的时期，分散在从基督纪元前五世纪到纪元后二世纪。还有一部分就其组成内容的来源而言，甚至还要回溯到比这个时期更加遥远的时代：那些是灰暗的远古的残留物和碎片，它们就跟巨大的漂浮物一样随意散落在这本书中。"他丝毫没有要质疑这本书的地位之意，这样的生成过程更是赋予这本书以价值。"训示和安慰日历、讲道书、往复出现的节庆的书，它那宏大的、不容混淆的基调我们能够在人类生活的所有阶段，在洗礼、婚礼、葬礼上听见，这本宏伟的书满是人类世世代代特征中流露出的恭敬、虔诚的依托、探究式的恭顺和充满敬畏的爱，是心灵的财富，任何理性批判都无法离间，也无法触及。"

托马斯·曼理解的神学要点在于：他并不要求神启具备任何超越时代的真理的东西，而是满足于将《圣经》视作由历史文化经验凝聚而成的证物，由此并不是贬低《圣经》，而是赋予它一个虽说不是绝对的，但很崇高的地位。《圣经》的影响史本身成就了《圣经》。所以他毫无疑虑地在《圣经》的基础上继续创作，以幽默的方式对它进行纠正，将　435

《圣经》进行现代化处理，以一种轻松戏谑的科学性来对它的不准确之处进行语言学上的阐释，在心理学上将其变得更加可信。于他而言，比纯粹的白色之光更为重要的是在历史的尘埃中被折射成的彩色之光。他对神学家朋友、曾经为他的孩子洗礼的牧师库诺·菲德勒提出过异议，他认为纯粹的耶稣身上所蕴含的讯息与教会完全不相容。[52] 从宗教对人类提供慰藉的历史角度来看，一个教会需要的是经过分散折射的光，需要的是"一个多种教条的大楼和与宗教神话相联系的原初广为流传的传统"。耶稣真正是什么，其实根本就无关紧要，关键的是，通过耶稣能够做些什么事情。托马斯·曼站在陀思妥耶夫斯基的"宗教大法官"[1]这一边，他或会追问将再次降临的耶稣基督：你来究竟算什么呢，要烦扰我们吗？

圣父和天使兽

"我相信上帝，相信美利坚合众国，相信棒球。"[2] 对贝比·鲁斯（Babe Ruth）这位当年的棒球明星而言，世界就是这么简单。[53] "我们今天在谈论上帝和宗教，我想宣布的是，我就算是很努力了，也依旧无法明确说明，我信仰或者不信仰宗教。"1941 年在圣诞节前一天，托马斯·曼在致阿格尼丝·迈耶的信中这样说。他接着写道，脑子里大概回响着伏尔泰的"碾碎贱民"[3]（但这并不是教会的想法，而是希特勒的意

---

[1] 陀思妥耶夫斯基在其扛鼎之作《卡拉马佐夫兄弟》中对其一生的思想进行了总结，其中《宗教大法官》一章涵盖了他最主要的创作思想和宗教意识，表达了他宗教思想的核心：如何去理解基督教的本质。

[2] 原文为英语：I believe in God, in the United States of America and in Baseball。

[3] 原文为法语：Écrasez l'infâme!，是伏尔泰的战斗口号，也是启蒙运动最重要的口号之一。

图）："我现在时而有种揣度，我相信，如果没有一种信仰，大概不会像这样憎恶'贱民'，我承认我有这样的憎恶。"

也就是说，从憎恶之中生长出了信仰。这种信仰首先具有伦理和实践上的动因。托马斯·曼相信，是因为他需要信仰。他只能相信一个能够用得着的上帝。常规的上帝让他有些无所适从。对于一个至高无上的神，一个让人类除了谦卑地顶礼膜拜之外而不必真正做任何事情的全能且完美的神，他不知还有什么可说的。"好吧，主做完了一切。"他的叙述者的反光影像不以为然地对此进行了讥讽式的评论。[54] 如果上帝是这样的，那么上帝完全可以想怎么创造世界，就怎么创造世界，根本无需人类。所以托马斯·曼思考出了一个有所需求的上帝。能够用得着的上帝必定是有所需求的上帝。托马斯·曼用极大的激励来应对传统上宗教对人类的贬损（"便说，人算什么，你竟顾念他？世人算什么，你竟眷顾他？"《圣经·诗篇》8:4）如果人类都不铭记上帝，那么上帝又是什么呢？他充分相信，上帝不会怪罪他的嬉闹。"我坚信，上帝理解这个玩笑。"[55]

他认为，上帝与人类相互需要。他们相互交替地提升。"把神性纯粹化，你便将人类纯粹化。"[56]上帝的观念对于人类而言是一根永不疲劳的弹簧，它将人类的渴求向上绷紧，这样人类就不会持久地跌入兽性之中。反过来说，人对上帝而言也是必不可少的，这样上帝才不会觉得无聊。人是"上帝对自身的好奇心的产物"。[57]由此，为上帝开启了一种十分着迷的娱乐——"只要想着施以仁慈和怜悯便可，想着去校准去纠正，想着纷至沓来的功绩和罪孽、奖赏或者处罚"。[58]相对于一个只观照自身且独来独往的至高无上的上帝，更受欢迎的可能是一个略微不那么崇高的神，他愿意进入时间，进入世界和纷乱杂陈之中，如果看起来有必要的话，甚至愿意获得肉身。因为上帝可以降临，从最为纯粹的理念直至世间所有阶梯枝权上的仆从都可寻得他，所以只有他能够帮助人类，而在人类这一方面应当向上提升，要在人类最为杰出的样板中走到最前列。人类可以达到"小神"的程度，例如那位约瑟，当他在做天堂之梦时，他在天使们的抗议声中被举得越来越高，天使们抱怨的是，

436

竟然允许一个诞生自白色精子的人达到了最高的天庭。但是上帝就是要这么夸张一把，要将这个男孩变得无边高大，比其他神祇都要高大，而且称他为"那个小神"。[59] 这只是在梦中，你懂的。

在现实中，要达到这个阶段并没有那么容易。我们必须充满艰辛地从一个枝权爬到另外一个枝权，或许大多数情况都是向上迈进，但也经常跌落至深处，而我们在生命的尽头时是否会比我们在生命的开端站得更高，则很难说。停留在一根枝权上比向上攀登要轻松一些。世间的浊重将我们向下拉。"我越来越领悟到，基督所意味的'世界'为何物。真心话，必须当个男人[1]，才能不管世界是什么样子都能走向'上帝'。"[60] 托马斯·曼，他是个男人——他很喜欢拿自己的名字玩文字游戏。

437　　上帝只是一个拟人化的映射，宗教批判家们这么说，是我们不足之处的对立面。托马斯·曼赞同这一观点，但他把"只"字给删除掉。映射可是一个很大的说法！他在小说中让亚伯拉罕去"发现"上帝，而且把上帝从能够明确识别的利益中"想出来"，但他没有呼喊：你们看吧，他并不真正地存在，而是与此相反，我们所有人一起来，让我们一起发现上帝，共同绘制上帝的形象。人类需要上帝，"他们一向只是模仿神祇，就如同他们为自己创造的神祇形象那般，他们按照这个形象来工作"。[61] 上帝需要人，这样他才能够被创造得伟大，而不是低端和卑劣。上帝也需要帮助，这一点赋予小说的宗教性一种夺目的创造特性，一种积极的、鼓励的特征。

托马斯·曼的"上帝"就是最为典型的父亲。他具有雅各的特征，也就是父亲的特征，[62] 他憎恶猴子般虚荣愚蠢的埃及王国，这个国家作为母权制的阴暗世界而存在着。在受到诱惑的时刻，眼前浮现的父亲面庞拯救了约瑟。这也是"上帝"的面庞。毫无疑问，上帝看起来如人一般——人恰恰是根据他的形象创造出来的。对于托马斯·曼来说，"上帝"就是父亲的形象，不会以任何其他的形象向他显现。

––––––––––––

[1] 托马斯·曼的姓"曼"（Mann）有"男人"的意思。

第十五章　约瑟和他的兄弟们

没有人见过上帝。我们谈论起上帝时总是以形象来论及他。就是在教会神学中，也是这样。在个别细节上被教条地视为真理的东西，如此看来就会逐渐失去绝对性，因为它永远不会等同于本真的东西。如果人们理解的"信仰"不是一套成系统的词句，而是实际上在创造意义的生命的基础，并非一种意谓，而是一种存在，那么自以为坐在正确的小舟上的虔信的基督徒和"不信教者"之间的差异方能相对化。

托马斯·曼作为尼采的信徒，首先是一位哲学上的虚无主义者。"能够信仰，是灵魂的一种极大的快乐。而不能信仰，简直比信仰还要快乐得多"——他让他笔下的埃赫那顿欢呼雀跃地说出这样的话来。[63]他是一位不断探寻中的不信教者。他想要弄明白，一个人如何在无从避免的信仰缺失的情况下还能够生活得充满意义。他是一位信仰的实用主义者。他在理论上是一位虚无主义者，但就其实践而言，他将宗教从其圈养的卫道士那些令人窒息的陈词滥调中解放出来，那些人的学说就如同被人遗弃的空空如也的房屋一般，"它们还矗立在那里，还没倒塌，但是已经没有人住在里面了"。[64]他们的行为让上帝觉得无聊。在阅读约瑟小说时，上帝却吻着自己的手指，喊出让天使们暗自烦闷的话来："简直令人难以置信，地球上的这个人对我认识得多么透彻！我现在该不会是开始通过这个人而声名远播了吧？"[65]

这让天使很不高兴：他们视这种"天使兽"[66]（人类）为怪胎。为什么上帝要让自己介入肉体和躯体以及时间和死亡？有什么必要让纯粹精神与这些兽性的东西相混合？托马斯·曼反讽地借用天使提出了这些最为古老的问题，即探究创世的意义之问题，以及世界上的苦难从何而来、有何必要的问题。但真实情况是，他的思考方向是相反的。我们遇见的人类是介于天使和兽类之间的混合体。人类知道最崇高的是什么，但有时会做些最为卑下的事情。怎样才能够帮助人类呢？通过将上帝交给人类，上帝将人类向上提升，人类也将上帝向上提升。通过迫使人类去进行"创造神性的工作"。[67]

托马斯·曼笔下的"上帝"也有倒退的时候。"上帝跟不上步伐了。"雅各在他以为他心爱的约瑟被野兽撕得粉碎时，曾经这样抱怨过，他甚至称上帝为一个恶棍。[68]虽说他在这件事情上弄错了，因为被撕碎不过是约瑟再生和提升的前提，而且上帝完全知道他想要什么，但这种恶棍的品性也是"上帝"本质的一部分，他本身是以沙漠中小小的一个恶魔起家的。亚伯拉罕和雅各虽然帮助他朝着崇高和纯粹青云直上，但那些内在最原初的东西时而也会窜出来，他和他的子女们一样也会出现返祖的情况。然后他就夺走某个人的情人或是儿子。"这是荒漠性格的残余，你还是就这么去解释吧。"[69]托马斯·曼的上帝不是"公正的"，而是会拉帮结派的，他想要谁，就选择谁出来，他有时也会精神涣散，漫不经心。

"他并不是善，而是整体。"[70]因而他也是黑暗，是恶，是无从预料的令人悚然之物——"还有地震、震耳欲聋的雷电、遮天蔽日的蝗虫、那七种恶风、沙漠风暴阿布布、大黄蜂和蛇也来自上帝"。[71]"因为上帝是整体，所以他也是魔鬼。"歌德小说中的里默尔博士很尖刻地说。[72]因为上帝是整体，所以上帝的事情就是能够包容一切的反讽。

他根本就不关注个体。他对妨碍着大计划的任何事物都没有些许怜悯。一旦他不再需要年迈的米奈人，他就让他离得远远的——虽然我们已经慢慢喜欢上他。发生在波提法的管家蒙特-卡乌身上的事情则更为严重，他直接被清除了，上帝亲自处理的此事，因为上帝要把蒙特-卡乌的位置为约瑟腾出来。"当约瑟认识到上帝的意图时，受到很大的惊吓。"[73]上帝也不可能公平，因为对一个人有益的事情，通常会损害到这个世界上其他某个人的利益。如果上帝赐福给一个人，同时诅咒另外一个人，这大多与被诅咒者在道德上是否有缺陷毫无瓜葛，这就仿佛上帝也完全可以采取别的做法似的。赐福与诅咒只是证实事先已经被赐福的人，事先已经被诅咒的人。[74]个人并无选择。他只能接受既定事实，如果他能够领悟这个，那当然很好。为了展现善，必须有恶存在。必须有人扮演该隐的角色，同样还有以扫、以实玛利或者是膳长的角色。托马斯·曼在此处一点也没有对我们进行矫饰。他的宗教性容不得半点廉价的慰藉。膳长将会死得异常惨烈。他的慰藉仅仅在于，他的角色是绝对必要的，就像那个得到赦免的酒政的角色一样。上帝不是善，而是整体：

但是你，膳长，不要绝望！因为我相信，你和恶共谋了，因为你觉得恶就是被规定为很有尊严的，而且你把它和善弄混了，姑且不论这究竟是怎么发生的。你看，在神还处于低位时，你就是神的一部分，而当神处于高位时，你的同伴就是神的一部分。但你们二者都是神的一部分，抬起头来就是抬起头来，无论是在十字架还是刑讯架上。[75]

上帝和我们一样都位于梯子中间的枝杈上。他要把事情做好，但不一定总能做好。他用亚当的肋骨创造出夏娃，并且觉得这件事情做得很好，而小说则嘲弄般地评论这件事情："他是非常善意地做这件事情的。"[76] 但是这件事情的结果并不好。爱情总是与痛苦相伴。上帝也是孤独的。[77] 他想要被爱。出于这个原因，他也会嫉妒。[78] 他不容许软弱，不容许挑三拣四的多愁善感，雅各正是怀有这种多愁善感，将拉结选为他至高无上的女神，而上帝却因此责罚了他。一个人对另外一个人的毫无节制的情感泛滥实际上是一种偶像崇拜。上帝为此惩罚了雅各，并且教导约瑟禁欲。

小说中的"上帝"是父亲，他自己本身也有一个父亲，那就是亚伯拉罕，亚伯拉罕看到了他，构想过他的未来，因此可以摆出架势来跟他进行争论。人可以跟上帝吵架，这可是《旧约》中很强的地方，托马斯·曼没有将这些地方进行基督徒式的平滑处理，而是特别突出了它的锋利棱角。"你听听，主，"亚伯拉罕当时非常不客气地甩出这些话来，"你到底要什么？""如果你想要一个世界，那你就不能要求权利；但如果你在意的是权利，那么就别提什么世界。"[79] 当上帝因为该隐杀害了亚伯而责备他时，该隐很巧妙地抱怨："到底是谁把我造就成我现在的样子呢……？是谁把行凶的恶毒冲动给予我，让我止不住去行凶？"[80]

尼采曾经写过，人们需要一个恶毒的上帝，就如同人们需要一个善良的上帝一样。[81] 他热爱《旧约》。"在这本书中我找到了伟大的人，一个英雄的场景，还有目前世间最为罕见的一些东西，即无可比拟的强大之心的纯真；更甚者，我找到了一个民族。与此相反，在《新约》中只

440

有些小里小气的教派经济，彻头彻尾的灵魂洛可可，完完全全的花里胡哨、曲折、奇迹和惊诧，充斥着宗教集会的气息。"[82]

托马斯·曼也觉得《旧约》更为诚实一些。在他的笔下出现一部耶稣小说是十分难以想象的。他无法相信，拯救已经降临，放眼望去的状况表明事实并非如此。人们根本就感受不到任何拯救，不管在哪个地方，我们现在这个时代根本就没有明显地比基督诞生前的时代优越。神学家们用他们钻牛角尖式的"已经"和"尚未"进行的论证如此牵强，一如他们惯常而为的论证。我吃谁的面包，就唱谁的赞歌。冷静地看，耶稣不过就是与生活在他之前时代的众多人中的一位相同，就像是搭模斯[1]，被分裂而后回归；就像是奥西里斯[2]，经历低谷而又重生；就像是阿多尼斯[3]和约瑟以及许许多多还将出现并且像他一样在每一次死亡中都经历重生的人。

"主啊，"雅各在看着拉结死去时呼喊道，"你在做什么啊？"在这种情况下是不会有答案的。[83]但是苦难，即便是最严重的苦难，被钉在十字架上，每一次严刑折磨，约伯的痛苦，雅各的悲叹，所有这些都有一个绝对的界限，超越这个界限，苦难才会转化为拯救。甚至连死亡也有它的优势。[84]生命在任何时候都严酷、凌厉且满是恶意，这位不问政治的观察者这么认为，但是他也知道，每一颗心只能够容纳特定程度的惊吓，在这个程度之外就出现了迟钝，或许出现的是痴狂，或许也有一种宗教的自由和愉悦，这种自由和愉悦意味着超越死亡本身。[85]这部小说中也出现了复活，出现了对死亡的超越，但是这些并不是仅仅跟耶稣相联系。耶稣虽然出现在各种暗指中，对处女生子的暗指[86]，对他在圣殿中说教的暗指，[87]对犹大之吻的暗指，[88]对在十字架上"我渴了"的

---

[1] 搭模斯是巴比伦人崇拜的神祇杜木兹的希伯来语名称，他被奉为植物神，司掌农作物生长和丰收，传说每年8月死，12月复活。他的死将带来作物的枯萎，此时其信徒会为他哭泣，希望以此将他唤醒，从而让大地恢复生机。

[2] 奥西里斯是古埃及神话中的冥王，也是农业之神，被他的弟弟谋杀，后被阿努比斯做成木乃伊复活，成为冥界的主宰和死亡判官。

[3] 本是近东地区的神祇，后被纳入希腊神话，司掌春天的植物，每年死而复生，永远年轻。

暗指[89]和对步行去以马忤斯的暗指[90]，但是搭模斯和奥西里斯出现的次数并不比耶稣少。对于这位雅各称之为示罗、被应许给以色列人的弥赛亚，叙述者却几乎不感兴趣。[91]

魔术师的禁欲

　　一个人性事的程度和方式直接左右其最高的精神活动。[92]托马斯·曼称充满欲念及欲念不能缺失，他以这种缺失来回答他对青年男性之无可比拟的魅力的热情。"这种充满幻觉的、云雾一般飘浮不定无从把握的、不可理解的，却又是受折磨的并最具热忱的"——未能得到满足的激情对于他而言正是"从事艺术活动的基石"。[93]他因为自己的禀赋不得不进行的断念舍弃，在他这里精神化到了一个世界原则的层面。在《托尼奥·克勒格尔》中，他就已将这种断念舍弃提升到现实纯洁性。艺术家是禁欲的。他只是生活的旁观者和塑造者，并不参与生活。他是反讽者，所以并不屈从于任何利益。反讽是对一切和每一件事物的有所保留的态度。用圣保罗的话来说就是：有，要像没有。[1]（《圣经·哥林多前书》7:29）。用马丁·路德的话来说："一个基督教徒是一位超然一切事物的自由的主人，并不臣服于任何人。一个基督教徒是所有事物甘心效命的仆从，是每个人的臣仆。"[94]从一名反讽者的立场来看，世界是虚荣的，是一场风烟，他考虑了世界可能的结局，因此他是自由的，不会受到任何胁迫。他喜欢这个世界，最多只是作为一个整体来喜欢；所有个别的东西对他来说距离同样近或者同样远。他喜欢这个纷乱

---

[1] 原文是："从此以后，那有妻子的，要像没有。"以保罗为首的基督教早期活动家认为，性即为罪，情欲淫行来自肉体，因而肉体本身是恶。至此，灵与肉分离了，并且二者势不相容，这是保罗原则中的"不相容主义"，也是性禁欲主义的基本理论框架。

杂陈的整体，却不喜欢在其中嗡嗡作乱的任何一个人。禁欲成了生活和感知最为基础的原则。禁欲不仅是失落者逆来顺受的避难所。"这里说的不是阴暗－艰难的去势，以便在去势的贫瘠画面上让一种新时代的感官几乎不可避免地看到禁欲。"[95] 禁欲其实更有幽默感、优越性、嘲弄癖。它是欢快的、纵情的，甚至是心高气傲的，因为它觉得自己要比其他事物优越并非完全没有原因。它是明快的父性德行，针对浑浊的母性诱惑。而不禁欲却是一种对父性的亵渎，是乱伦性质的"儿子对父性保留之处的闯入"。[96] 这就好像长着乳房，但同时也晃动着睾丸的双性斯芬克斯将它的爪子从沙地里扬起，将好奇者拽向它的乳房。约瑟做过一个梦，梦中斯芬克斯对他说："我爱你。你到我这来。"他却回答说："我又怎么能做这么一桩丑事，从而对上帝造孽？"[97]

442　　在禁欲中活跃着一种对更崇高的事物的渴望，它对所有世间之物感到羞惭。所以它也是上帝想象的最后并且最崇高的内容。上帝要它。如果人类被束缚在尘世间的激情上，上帝会嫉妒。行割礼的意义在于，将性器典当在上帝那里。它是一种对有所保留的态度的忠实同盟的表达，因为是与上帝订婚的人。[98] 作为已婚者也可以禁欲，作为有多方义务的人和有所束缚的人也可以自由，无所畏惧，因为不可能发生比死亡更为糟糕的事情了，因为对一个在每个坟墓上空看到星光闪烁的人来说，死亡并没有什么可怕的：成为这样的人，是托马斯·曼的愿望，这是他的宗教，为此他需要上帝。他的禁欲是对上帝纯粹的热爱。"通过上帝经由浑浊阴谋通往神圣性的净化，这反向地包括了人的净化，每个人根据上帝的迫切的愿望实现了净化。"[99] 坟陵只是为了复活而存在。

战斗的基督教

浑浊的阴谋是不纯粹的事物。托马斯·曼将法西斯主义归入落后的母性王国，这作为政治理论或许没有多少价值。但这么做给了他力量进行抵抗，那种禁欲的力量。法西斯主义是不纯粹的、不道德的，是吵吵嚷嚷的巴力的愚行、蜗居于繁衍阴暗中的不理性。约瑟父辈们的神却是一个精神之神，这个神跟下作及死亡没有关系。[100] 托马斯·曼用一个父权制的基督教来驳斥法西斯主义。阿尔弗雷德·罗森贝格[1]这样的国家社会主义党人狂妄地宣传的"克服超越基督教"[101] 必然地引起了他的抵御。"我的文化基督教意识，这种意识当然是很合时宜的，即变得'虔信'并且匍匐于神启之下，在最近一段时间里得到了很大的强化。"（1934 年 8 月 23 日的日记）

> 说吧，你们要什么：基督教，这枝犹太教的花一直是西方道德赖以存在的两大支柱之一，另外一个支柱是地中海地区的古典文化。[102]

---

[1]　阿尔弗雷德·罗森贝格（Alfred Rosenberg, 1893—1946）：哲学家、理论家、宗教学者，纳粹党的思想领袖，著作《种族论》成为纳粹德国的经典以及迫害犹太人的理论依据。他排斥基督教，为纳粹德国寻找新的宗教认同，试图建立以雅利安人为主体的所谓的"血缘教"。

第十六章

憎恶希特勒

年谱：1936—1945

1936 年 11 月 19 日，托马斯·曼成为捷克人。他和卡蒂娅·曼在 1944 年 6 月 23 日成为美国公民。在被赶出德国之后，告别欧洲是下一个重大的转折点。"在结束这个为期五年的生活阶段之际，不安且忧心忡忡。"（1938 年 9 月 15 日）

他明确了要流亡的态度，进行大量国际演说的通道再次打开。1936 年 5 月，为了纪念西格蒙德·弗洛伊德的八十寿辰，托马斯·曼在维也纳发表了祝词《弗洛伊德与未来》（*Freud und die Zukunft*）。接下来的 6 月在布达佩斯就《人文学科与人道主义》（*Humaniora und Humanismus*）发表了一场演说。继被剥夺了德国国籍之后，波恩大学也撤回了授予他的博士学位。对波恩大学的这一举动，已经被哈佛大学授予博士学位的托马斯·曼坚定自信地予以回击，这篇回击文章的标题为《信件往来》（*Ein Briefwechsel*），它后来成为整个德国流亡文学中流传最广的反法西斯立场声明。大量登载此文的集子也传入了德意志帝国。

完成了《约瑟在埃及》的创作之后，关于歌德的小说《绿蒂在魏玛》成为他文学创作的主要内容，同时他还继续承担了另外的义务，举办了一次有关《理查德·瓦格纳和〈尼伯龙根的指环〉》（*Richard Wagner und "der Ring des Nibelungen"*）的报告（1937 年 11 月），写了一篇叔本华著作的导论（1938 年 1 月至 5 月）、一篇杂文《希特勒老兄》（*Bruder Hitler*）（1938 年 4 月）和一篇针对《慕尼黑协定》的杂文《这一和平》（*Dicscr Friede*）（1938 年 10 月）。曼创办了一份他自己的反法西斯文化杂志（《尺度与价值》，第一期在 1937 年 9 月出版发行）。1937 年 4 月，他第三次去美国，随后在 1938 年 2 月第四次前往，这次做了《论民主在未来必将胜利》（*Vom zukünftigen Sieg der Demokratie*）的报告，1938 年 9 月，他第五次赴美并且最终在那里定居。他的朋友阿格尼丝·E.迈耶在办理相关入境文件方面给予了他卓有成效的帮助，并且为他在普林斯顿大学谋得了一个"人文讲师"的教席。1938 年至 1940

年，托马斯·曼在那里尝试着以学术型教师的身份开设了多门课程。

1939 年夏天，进行了一次长时间的欧洲之旅（诺德韦克、苏黎世、伦敦、斯德哥尔摩），因为战争爆发（1939 年 9 月 1 日），返程充满了曲折，但还是成功了。杂文《这场战争》（*Dieser Krieg*）（写于 1939 年 11 月至 12 月）再次满足了时事的要求。接下来又另外插入了一篇文学作品的创作，印度题材的中篇小说《换错的脑袋》（写于 1940 年 1 月到 7 月），直到 1940 年 8 月，约瑟小说的写作才终于继续进行。与此同时，他十分活跃地持续进行了一系列政论活动——讲演、诵读旅行、各种方式的表态、前言。在 1937 年至 1945 年这段时间中，他的创作中出现了 300 多篇非文学的文章。其他流亡中的德国作家没有人开展过可与之相比的大量政论活动。从 1940 年 10 月到 1945 年底，托马斯·曼每个月都通过伦敦的英国广播公司将一些讯息传播到德国国内（广播讲话"致德国听众！"）。1940 年 1 月，他前往加拿大做了一场讲演，题目为《自由问题》（*The Problem of Freedom*）。1940 年 2 月，又在美国的十座城市进行了巡回讲演（讲演的内容与加拿大的讲演相同）。1941 年 10 月到 11 月，他又在二十多座美国的大城市进行了巡回讲演，讲演题目为《战争与未来》（*The War and the Future*）（第一稿）。此外还有很多规模较小的同类讲演旅行。他成为美国最为知名的外国作家，要多知名有多知名。甚至美国总统富兰克林·D. 罗斯福都邀请他去白宫做客（1941 年 1 月 13 日到 14 日）。在结束了普林斯顿大学的教职工作之后，1941 年至 1944 年，他担任了华盛顿国会图书馆的"德语文学顾问"。

1941 年春天，托马斯·曼全家从普林斯顿搬到了加利福尼亚洛杉矶地区的太平洋帕利塞德，自 1940 年流亡潮以来，那里有一个大型的德国人聚居区。1941 年至 1942 年，除了一些日常的其他工作之外，《约瑟》小说的沉浸式写作占据了他的绝大多数时间。在 1943 年 1 月完成了这部伟大小说之后，他又写了一篇以摩西为题材的中篇小说《律法》（1943 年 1 月至 3 月），这是一部应邀创作的有关《十诫》的作品，1943 年 5 月开始了《浮士德博士》的创作，在这期间他有过短暂的犹豫，是否要先继续《大骗子菲利克斯·克鲁尔的自白》的写作。1942

年 6 月，他结识了特奥多尔·W. 阿多诺，此人后来成为他创作浮士德小说的最重要的顾问。1943 年 8 月和 10 月，产生了《命运与任务》（*Schicksal und Aufgabe*）的讲演稿，英文题为《战争与未来》（*The War and the Future*），但与 1941 年的同名讲演稿内容相异，在这个讲演稿中，托马斯·曼比从前任何时候都更接近马克思主义立场。最重要的讲演城市包括华盛顿、波士顿、曼彻斯特、纽约、蒙特利尔和芝加哥（1943 年 10 月至 11 月）。但对于左派邀他加入组织的政治尝试，托马斯·曼仍然怀有很大的疑虑。虽然他参加了各种各样的咨询活动，但如果对他的要求超出了某种道义上的支持，他大多会往回缩。1945 年 4 月罗斯福的去世给他以深深的震撼。

1945 年这一年，除了在 2 月和 3 月继续进行《浮士德博士》的写作，还完成了一篇原则性的讲演稿《德意志国与德意志人》（*Deutschland und die Deutschen*），此外在 1945 年 5 月发表了文章《集中营》（*Die Lager*）（一篇揭露德国集中营罪行的文章），这是又能够在德国印行的首篇文章。1945 年 5 月 7 日，德国投降了。几天之后，克劳斯·曼作为美国士兵来到慕尼黑，从慕尼黑向他父亲汇报情况。而这位父亲一时还不想再次见到德国。

我是美国人

在 1940 年的一次电台访谈中，托马斯·曼特别乐意称自己为美国人。[1] 他特别喜欢对人说自己是美国人，却从不试图告诉别人，自己也是捷克人。他心怀感激地接受了很多美国的生活方式。他喜欢吃枫糖浆松饼。[2] 美国以其民主让他那种多少有些僵硬的言谈举止得到了放松。[3] 随着时间的推移，他有了自己最喜欢的香烟牌子（埃奇沃思），有了最喜欢的流行歌曲（诺埃尔·考沃德的《别让你的闺女上舞台》），[4]

还有了最喜欢的喜剧演员（杰克·本尼）。[5]

但是在具有法律效力的入籍美国一事上，他还需要等很长时间。一直到了 1944 年 1 月，他才可以进行入籍考试，移民局考了他整整 50 分钟，考题是有关美国的宪法和历史。这可不是闹着玩的，他跟卡蒂娅不一样，他什么也没学过；他觉得，那位女考官对他展现出来的智慧与无知的混合诧异不已。[6]

托马斯·曼不知道的是：[7]这个考试通常情况下只持续 10 分钟。移民局的女考官丝毫不动声色，没让人察觉出她很清楚面前站的是什么人。她若无其事地耍了小手段，跟著名的托马斯·曼进行了一场详细的谈话。暗地里她简直要笑破了肚子。等到考试结束以后，女考官抽出一本《布登勃洛克一家》，请他为自己在上面题字。托马斯·曼白白地吓出了一身冷汗。

1944 年 6 月 23 日，他终于进行了真正的入籍宣誓。在日记本的日期栏上，这一天格外郑重地添加了一句："美国公民。"

道义上的好时代

希特勒有个很大的优势，能够造成情感的简单化，有时没有丝毫犹豫迟疑，有的是明确而不共戴天的仇恨。与他进行斗争的那些岁月是道义上的好时代。[8]

托马斯·曼这位神经衰弱者从很小的时候起，就是一个情感细腻复杂的人，是一位灵魂剖析师，很渴望有简单的情感，但他一直没有。抵抗希特勒与 1914 年战争爆发有着异曲同工的作用：这种抵抗让情感简单化，将人从颓废中解放了出来。

一种嘹亮且具进攻性的调子充斥着简单化的发言稿和文章。"憎恶

448

第十六章　憎恶希特勒

希特勒，并不优雅。"他这样对自己说（1941 年 1 月 28 日），但他乐于这么做，乐意去战斗，去怒斥。"今天我又一次向德国广播了，我变得异乎寻常地粗暴地反对席克尔格鲁贝[1]（即希特勒）。这让人心情舒畅。"[9]他的论战才华，以前有时候不得不浪费在一些根本就不值当的事物上，现在则背负着划时代战斗的权威之重任。他的檄文向着德意志的妖魔鬼怪劈头盖脸地砸下来。在这些年，他几乎没有任何抑郁感。这位敏感细腻的梦幻者在很大程度上脱离了他的本性，准确地说：这个时代裹挟着他背离了自身。早年高蹈的反讽语言现在让位于一种几乎是狂呼乱砸的风格，叔本华信徒的怀疑式疑虑让位给一种战斗的、目的明确的乐观主义。他极少像杂文《希特勒老兄》中那样表现得像个机会主义者。只有在私下里，从前的那种诚实才会时而流露出来。"上午在写美国讲演稿。民主的理想主义，我真的相信这个吗？我难道不是仅仅在设身处地地思考，就像构想某个角色一样吗？"（1937 年 11 月 27 日）在同一天写给勒内·席克勒的一封信中，简直可以听到这位读过尼采的瓦格纳批评的不问政治的观察者的言语。"您不觉得，这些美学问题其实有趣得多，而且对我们而言比所有的政治更为自然吗？"他说，他很遗憾地要为美国奉行一些政治哲学，还要去写一些有关"未来的（非常遥远的未来的）民主的胜利"的东西。

> 我在切切实实地铺陈民主理想主义的思想世界——我想，这相当不错；我从未研究过这个世界，但事物总归有其内在逻辑——某种政治的礼拜天布道文就这样问世了，如果我能让小说中的某个人物布道，而不必完全靠自己以即兴且梦幻的方式去进行，那我会觉得开心得多。我究竟相信它？相当信！但是大概又没有相信到我可

---

[1] 阿道夫·希特勒的父亲阿洛伊斯·希特勒（Alois Hitler, 1837—1903）原名为阿洛伊斯·席克尔格鲁贝（Alois Schicklgruber），是其母亲玛丽亚·安娜·席克尔格鲁贝（Maria Anna Schicklgruber）婚前所生的私生子，在 39 岁之前一直随母姓。直到 1877 年，他销声匿迹 30 年的父亲约翰·格奥尔格·希德勒（Johann Georg Hiedler）才让他认祖归宗，通过公证承认父子关系，此时，他们的姓氏希德勒已经改为希特勒。

以完全用自己的名义来进行这种布道的程度。说句悄悄话，这只是个角色——我对这个角色的认同也仅限于一名好演员对他扮演的角色所能认同的程度。我为什么要扮演这样的角色？出于对法西斯主义和希特勒的憎恶。难道还要让这些蠢货在我们面前展现他们的思想、扮演他们的角色吗？自由，自由！在政治里是找不到自由的，但关于自由，谈论得很多。

这就是即将到来的一切背后更为深层的真理。他一直还是只以父性的责任意识参与这件事，而并非以自由恣意飘荡的艺术家般的母性之心参与其中。他在内心最深处并不赞同他做的事情。因为与法西斯作战而败坏了自己的血液，这是多么无意义的牺牲！不再是简报服务！不再有表达和回复！有什么必要去惹出仇恨？自由和畅快！人们要争取行使这项权利。[10] 他表现出一副坚信民主必胜的样子，因为当时必须这么做。"我完完全全是被当时的局势推入政治中的，这非常违背我的本性和意愿。"[11] 他非常倾向左翼，但并不是因为他的本性倾向左翼，而是因为漂向右翼的小舟时刻面临倾覆的危险。[12] 战争结束后，他才再次发现，这种巡回民主布道者的角色有些平庸，有些无聊，有些可笑。[13]

对外的战斗将心填充得满满的，以至于内心世界只能腾出地方来。在这段时间里几乎没有什么秘密。在美国的那些年里没有什么桃色故事传出来（除了那位辛西娅）。对从前的回忆也不再起什么大的作用。托马斯·曼活在当下。古老的故乡在遥远的地方。他经历了如此多事情的慕尼黑，现在只能激起他的仇恨，这座城市活该被毁掉，这座愚蠢的城市。他根本就没有任何感伤。"收到了克劳斯从慕尼黑发来的电报：家里那幢房子被轰炸了好几次，只有外部轮廓保留了下来，房子的内部之前就改动了很多，现在完全被炸毁了。——奇怪的印象。还好我在更友好的地方有一幢全新的房子。"（1945 年 5 月 14 日）吕贝克的情况也差不多。英国的一次空袭炸毁了布登勃洛克之屋，这位在圣玛利亚教堂接受洗礼的作家对此几乎无动于衷。这样的废墟并不能吓住一个为了未来，而不是为了过去生活的人。[14] 为了这个新的未来，摧毁德国是无从避免的。

写日记这件事的意义日益减弱就是这种外在化生活的表露。1933年到1934年，每年最多能写350页日记。1935年，大概还写了230页。1936年，在致科罗迪的公开信划清了政治阵线之后，还能写上180页。　450 从1937年起，每年的日记记载大多数情况下只有大概160页，而在1944年和1945年更是降低到只有140页和145页。

谢谢你，希特勒先生！

1933年到1938年的临时故乡瑞士要求这位没有任何证件的客人"识相"。但随后来自美国的呼唤到来了：

> 然后一下子，在这个广阔自由的国家里，没有人说"识相"，除了豁达的、坚定不移的、公开明言的友好意愿之外，不再有任何其他附加条件，友好，毫无保留，在这个常用的标语下："谢谢你，希特勒先生！"[15]

他喜欢在美国生活。他赞美美国的神话，颂扬自由与善意、开放及清新宽广，而不是疲乏的欧洲散发着毒气的逼仄[16]，他极尽华美之词赞扬"灵魂青春中先锋、乐观之处和热诚待人、对人充满信任的地方"，赞扬他的新国家"亲善而充满信心的观念和原则"。[17] 自从他在1922年读了惠特曼，美国对他来说就是一个灵魂康健的国度。他带着赞同呼吸美国的空气，尤其是因为这个国家在他看来是抵挡将他赶出欧洲的黑暗力量的最坚实的大坝。[18] 后来他对美国永远的蓝天感到有点烦，但第一次到访时（1938年去了比弗利山），他很喜欢加利福尼亚。

照亮整个天际的光穿过百叶窗射进来，天空下棕榈树的扇形叶子在摇曳着；橘子树飘香，在同一个时间里繁花盛放、果实累累，马来仆人、菲佣将隔壁房间里的早餐桌收拾干净，我的房间跟这个房间只隔着一扇推拉门……与从前一样。屋里有张书桌，一把靠背软椅，有阅读台灯，墙上的架子上有一排书——我一个人待在这里。究竟是什么造成了我来到"如此之远"的地方？远离什么呢？难道远离我吗？我们的中心在我们之中。我经历了外部安定生活的变动不居。我们在什么地方，我们就"与我们"在一起。什么是丧失故乡？我的故乡在我进行的多种工作中。我沉浸在工作中时，会体验到在家中的所有亲切熟悉感。这些工作是语言，德语语言和思维方式，是我的国度和人民为个人形成的传统。我所在的地方，就是德国。[19]

451

这个男人是我兄弟

"我所在的地方，就是德国"这句话出现在 1938 年的一篇杂文《希特勒老兄》的草稿中。这是一个固执的声言，以此对抗当时更为显而易见的情况：希特勒在的地方，就是德国。

"这位老兄虽然是个祸害，但这并不是将他的性格和命运视为无趣的理由。"[1] 20 这里说话的是一位极端的审美者，他总是对非同寻常的现象着迷，道德对此有什么看法，他根本就无所谓。这句话引起了轰动。戈特弗里德·贝尔曼·菲舍尔专门过问此事，想要知道是否删掉了这个

---

[1] 《希特勒老兄》，胡蔚译，出自《托马斯·曼散文》，黄燎宇等译，人民文学出版社，2014 年，第 211 页。本书涉及《希特勒老兄》的所有引文都出自该译本，以下不再一一注明。

句子，但曼回答他说，关于"老兄这个短句"，他认真考虑过了，还是应该保留这个句子。"从政治上看，在各种闹哄哄过去之后，也就无所谓了，纯粹从风格上来说，那种直截了当相对于多重复杂性来说，还是有些令人耳目一新的价值。"[21]

这篇文章原本应当成为杂文集《当心，欧洲！》退迩闻名的压轴之作。因为这篇文章不想表达恨，而只是想表达理解，所以它比很多反纳粹的战斗檄文更为重要，也比那些年间很多民主的善意显得更加真诚。真正想要理解的人，必须将所恨的东西纳入自己中来。而这样做在政治极度敏感的时代却总是不受欢迎。贝尔曼写信说了些瑞典当局的压力，他们担心，老兄这篇文章会造成更为严厉的迫害。[22] 所以原定要印刷这篇文章的地方不得不作罢。这篇大胆的小短文只出现在两本杂志中。高度关注的纳粹们还是知道了这篇文章。与官方装聋作哑的做法不同，党卫队的杂志《黑色军团》（Das Schwarze Korps）用一篇充满嘲弄调子的文章作为回应。[23] 文中说，托马斯·曼还活着，"虽然他活在流亡者出没的下等酒吧的世界中"，而且"靠着从流亡的犹太人那里获得的相当菲薄的印数过活"。他拼命想要建立起联系，然而却没能成功。他们大段地引用了《希特勒老兄》中的文字，首先是引用了"这位老兄"这个短句，还有紧接在它后面的语句，"这个既无能又荒唐且屡屡失败的家伙、懒惰透顶还一无所长的收容所常客以及被人唾弃的半吊子艺术家那莫名其妙的愤恨和深入骨髓的复仇癖"。[1] 这篇文章发出了这样胜利的狂喊："的确，那些能够被一个悲伤的懒鬼、收容所常客和一无所长的废物逼入困境乃至赶走的人，又能是个什么货色！"

《黑色军团》的这位作者忽略了决定性的东西。托马斯·曼并不是一个懒鬼、收容所常客和一无所长的废物，尽管如此他称希特勒为他的老兄。为什么呢？因为希特勒跟他一样，都是一名艺术家。"艺术家是罪犯和疯子的兄弟"，[2] 魔鬼知道这一点。接下来这句话说的不只是希

452

---

[1] 《希特勒老兄》，第 211 页。
[2] 《浮士德博士》，第 271 页。

特勒：

> 构成艺术家气质的成分一应俱全，不过都以某种可鄙的方式出现了：难以相处、懒惰随意、落魄的早年、整日无所适从，不知道"究竟要干什么？"半疯半傻、动荡不安、波希米亚式的社会交往和精神生活，骨子里却是桀骜不驯、自视甚高，拒绝从事任何理性正当的工作。原因何在？在于此人隐约预感到有一些无法预知的东西正等待着自己，这是一种无法言说的东西，即便勉强可以找到语言表达，一说出口，便会让人笑掉大牙；再加上躁动不安的良心和负罪感，对于社会的仇恨，革命的直觉，潜意识里隐藏着的强烈复仇情绪，以及自我辩护和自我证明的需要，征服和战胜世界的渴望；这个受辱的人做梦都想看到世界拜倒在他脚下，在恐惧、爱、敬畏和屈辱中消亡……[1] 25

托马斯·曼在此毫无疑义地描写了他自己在出名之前那段时间里的种种困难，还有他自身与读者群体的关系。权力意志推动着从事艺术工作，就如推动政治一样。二者心理面对的是欲望问题，与理想主义没什么关系。就算是有了成就，艺术家也不会满意。对此，曼从自身的经验也有所了解：

> 无法餍足其不满，躁动不安的自我膨胀，他获得的成功迅速遭到遗忘，被新的欲望消耗掉。一旦无所作为，他就会陷入空虚和无聊；不把世界折腾得天翻地覆，就会产生幻灭感；内心的欲望使他彻夜难眠，他必须不断重新证明自己……

文中还指出了很多政治与艺术的平行之处。剧本《翡冷翠》（1905）中的圣马可修道院院长其实就是某种希特勒，因为他宣布"再生的无拘

453

---

[1]《希特勒老兄》，第213页。下一段引文见同页。

无束的奇迹"，《死于威尼斯》中的古斯塔夫·冯·阿申巴赫也同样，因为他摒弃了时代的心理分析以及将灵魂简单化的意志。[26] 法西斯主义就是再次天真化——再度出现这个曾经服务于 1914 年宣言的主题。一段日记记载提及"20 年前《死于威尼斯》就预示了'国家社会主义'"。[27]他当年塑造的时代倾向即便在法西斯主义中几乎已经无法识别出来了，但这些时代倾向还是与法西斯主义有关，而且在一定程度上为法西斯主义进行了道义准备。[28]

难道托马斯·曼因此就是一名纳粹？他了解对精神的仇视。精神不是一再地阻碍他分享幸福者的人生吗？为什么别人就该得到他所无法得到的东西？他在自身中，在他早期著作对简单化的渴望中以及敌视精神的倾向中，识别出了一种法西斯主义的潜能，这种渴望和敌视精神的倾向都汇集于《一个不问政治者的观察》里。如果纳粹们今天迫害沥青文人，那么他当时不是也迫害了文明文人吗？这一切他都做过，也都想过，为的是能够撇开这一切，就像尼采摆脱瓦格纳一样。尼采脱离瓦格纳这件事，对他来说仍然是最为重要的榜样。"在搞砸堕落的层面上，瓦格纳式的就是一切"，[29] 这个句子出现在《希特勒老兄》一文中。"瓦格纳身上有很多'希特勒'的影子。"他在二战后这样写道。[30] 但这种类型的"希特勒"也存在于托马斯·曼身上，因为瓦格纳和希特勒，二者都是他的兄弟。

只有将法西斯主义真正理解为灵魂的简单化或者理解为对颓废的回应，《希特勒老兄》一文中的论证才适用。如果这个论题是正确的（这个论题肯定不是完全错误的），那么"法西斯主义的东西"就在 20 世纪的内心生活中占据着一个相当大的份额，因为对颓废进行灵魂简单化的回应来自各个方面，从膜拜自然和膜拜健康到风格特色相差极大的各类原教旨主义。存在于托马斯·曼身上的"法西斯主义的东西"，也存在于我们所有人身上。因为颓废根本就没有被克服，与此相反，法西斯主义仍然是一种快速蔓延的诱惑。认识到这种诱惑比直接去否认它要好得多。行之有效的解药是分析、反讽、理性和市民性。

454

犹太人将存续

他持之以恒地与迫害犹太人、剥夺犹太人权利及消灭犹太人的恶行做斗争。早在 1930 年春天，托马斯·曼就访问了耶路撒冷、特拉维夫和巴勒斯坦的犹太人定居点，他被犹太复国主义鼓舞下的犹太民族的成就和干劲所折服。[31] 他于 1930 年 9 月在《反对反犹主义》(*Gegen den Antisemitismus*) 这份呼吁书上签了字。[32] 在纳粹统治的时代，他通过大量行动充满热情地继续支持犹太人的事业。1936 年，他给布拉格的一份犹太月刊寄去了《犹太人将存续！》(*Die Juden warden dauern!*) 这份声明，作为他发出的强烈宣言。这份声明展现出他从前的思维标准，因而含有一些句子，其中的一些词语在今天听起来多少有点不对劲。他说，在犹太人中他有最好的朋友和最仇视的敌人，由此先是从个人情绪和感受上得出，他对"来自这个血统"的人其实既不愿意说什么好话，也不愿意说坏话。他认为，犹太人之间的差异太大了，因此他不愿意称自己为亲犹主义者。但在他的灵魂深处，他反感和蔑视反犹主义——最简单的宗教情感一向阻止他，对反犹这种恶行给予丝毫的妥协让步。[33] 不久以后（1937 年 3 月），在苏黎世的一次犹太联合会上所做的讲演中，托马斯·曼详细地解释了我们从他先前的立场已经知道的东西：犹太特性与精神密切联系，犹太因素是德意志文化不可或缺的酵素，与德意志的世界历史使命一样，犹太人的世界历史使命也远未完成。反犹主义一向意味着，犹太精神让一些民族觉得在某些糟糕的欲望方面不自在，因为这些民族要做一些邪恶的事情，要有样学样，要进行战争大屠杀。犹太人对曼而言是一个坚韧存活下来的部族，这个部族"以黑亮且聪慧的史前时代的目光望向我们现在的世界，而且以其古老的血缘知识、多灾多难的经历、历经考验的精神性和反讽的理想暗中构成了对我们的激情的一种矫正"。[34] 他描写犹太人如同描写自己一样。因为他们是殉道者，就像他一样。他引用了歌德的话："一位德意志作家——一位德意志殉道者。"

关于集中营，他早在 1933 年到 1934 年间就知道了。[35]1936 年，他给在巴黎召开的一次共产党大会寄去了一份声明《取消集中营》(*Fort mit den Konzentrationlagern*)。[36] 日益增加的暴行使他的态度更加积极。1940 年 3 月 10 日，他在纽约发表了一次反对反犹主义的广播讲话。对犹太人进行系统性种族灭绝的意图，很多人常常声称对此完全不知情，但这根本就没有瞒过他。1942 年 1 月 20 日，万湖会议召开。在 1 月底的"致德国听众"(Deutsche Hörer) 的播报中，他就怒斥了对 400 名年轻的荷兰犹太人进行的"试验性毒气杀害"。[37]1942 年 9 月 17 日，他在日记本中记录道："对欧洲犹太人的残暴罪行的报告。戈培尔：无论德国是胜利还是失败，犹太人都要被灭绝。"下一次的广播讲话对此充满了义愤，这个讲话稿也以《对犹太人的恐怖行动》(*Judenterror*) 为题印行。[38] 托马斯·曼在这篇文章中向世人公开揭露了"彻底灭绝欧洲犹太人群体的疯狂决定"，而且告诉德国人，已经有 70 万犹太人被盖世太保谋杀或者折磨至死了。"你们德国人知道这些吗？你们觉得这怎么样？"1942 年 9 月在加利福尼亚州流亡时，人们都知道详情。对于用毒气杀害犹太人，有很多的证人。"致德国听众"栏目报道了一名逃跑的火车司机，他多次不得不驾驶满载着犹太人的火车，开到开阔的地带，然后将车厢严密地封好，接着注入毒气。

《欧洲犹太人的陨落》(*The Fall of the European Jews*) 是 1943 年 6 月 17 日托马斯·曼在旧金山面对十几万听众所做的一个报告，这个报告再次公开说起"彻底灭绝欧洲犹太人群体的疯狂决定"，并且毫不避讳地谈到数百万的受难者。[39]1944 年做的报告《一个忍受苦难的民族》(*An Enduring People*) 和纪念华沙犹太区起义一周年的　份宣言也有同样的目的。《拯救欧洲的犹太人！》(*Rettet die Juden Europas!*) 是在战争结束几个月后发出的一个呼吁，它包含着一个控诉，即希特勒种下的有毒的种子还无处不在地深深嵌入民众的心绪中，所以犹太人至今还过着一种贱民的生活，还不得不忍受最悲惨的困苦。[40]1948 年有一段时间看起来，美国似乎想方设法要阻挠以色列的建国，这时托马斯·曼写了一份强烈的抗议书，它的标题《1938 年的鬼祟》(*Gespenster von 1938*)

455

暗示着，他觉得这种对犹太人的背叛与当年《慕尼黑协定》对捷克斯洛伐克的背叛同样可耻。那些喜欢称托马斯·曼为反犹主义者的人，真应该去好好想想这一切。

456

无耻，但有吸引力

　　时不时地给他的反对反犹主义带来麻烦的是一个悖论，即犹太人中也存在法西斯主义者。他恨这种犹太人，但不是因为他们是犹太人，而是因为他们是法西斯分子。例如特奥多尔·莱辛对托马斯·曼而言就是一名知识界的法西斯分子，因为他写过一本反对精神的书《世间毁灭于精神》（*Der Untergang der Erde am Geist*）（1924）。他们为什么要杀掉这个人？这个人在思想上其实跟那些杀人者是完全一致的！至少在托马斯·曼看来是这样，如果忽视了必要的区别的话，他在1934年的一则日记中如是认为。[41] 在相同的语境下，也说起了卡尔·沃尔夫斯凯尔[1]和奥斯卡·戈尔德贝格（Oskar Goldberg）：

　　　　想想这个悖谬吧，正是那些在德国被剥夺了权利并被驱逐的犹太人强有力地参与了一些精神上的事物，这些事物在政治体系中有一定程度的表现，当然是以极其丑陋可笑的形式，而且他们当中有相当一部分被视作反自由的转折的铺路人：不仅仅有属于格奥尔格圈子的人，例如沃尔夫斯凯尔，此人，如果让他留下来，一定会非常契合当今的德国。戈尔德贝格和他的书《希伯来人的真实情况》

---

[1]　卡尔·沃尔夫斯凯尔（Karl Wolfskehl, 1869—1948）：德国的犹太作家、翻译家，格奥尔格圈子的核心成员，20世纪最早推崇荷尔德林的人之一。他于1934年离开德国，先后在意大利、瑞士和新西兰生活。

第十六章　憎恶希特勒

与现在占统治地位的时代精神是多么吻合啊：反人道主义、反普世主义、民族主义、宗教技术主义——大卫和所罗门对他而言是自由的堕落。这位作家的内心行为，例如对新国家的态度，一定会是相当困难的。他必定在理论上赞同蔑视这个国家。[42]

为了创作约瑟小说，托马斯·曼读了《希伯来人的真实情况》(Die Wirklichkeit der Hebräer) 这本书，而且在置换了知识符号的情况下，勤奋地提取了有用部分。在《浮士德博士》中，这种类型的犹太法西斯主义者以哈伊姆·布赖萨赫尔博士这位不担任固定职务的学者形象出现，他在大卫王和所罗门王身上看到了"一个苍白褪色的晚期神学的没落代表"[1]，而这种晚期神学不再知道耶和华这个强大且古老的民族之神。"简言之，这早就不再是什么大众和血和宗教现实了，而是人道的清汤寡水……"[2][43]

关于布赖萨赫尔就说到这儿吧。托马斯·曼最初并没有让戈尔德贝格为此付出代价。他并未阻止《尺度与价值》的主编费迪南德·利翁 (Ferdinand Lion) 聘请戈尔德贝格作为托马斯·曼创办的这份杂志的撰稿人。"无耻，但有吸引力。"托马斯·曼如此评价这个令他憎恶的人提供的第一份稿件，一篇名为《希腊诸神》(Die Götter der Griechen) 的文章，文章反对通常古典文明接受中的抽象人文主义，强调将"民众"作为一种具有偶像能力的力量。此人在曼的杂志没干多久。杂志的方向摇摆不定。《尺度与价值》"无聊之极"，他的一位好朋友，勒内·席克勒这样评论道。这份杂志原计划要超越党派，现在它在政治上也陷入了不明不白的状况中，因为它过于明显地想要与其他流亡出版活动保持距离。最后这份杂志终结于利翁不过问政治观点的做法。[45]克劳斯·曼也因此停止了他与杂志的合作。"只要您还继续担任杂志的主编，"他给利翁写信说，"我就不愿再与《尺度与价值》有任何关系。"[46]最后，利翁

457

[1] 《浮士德博士》，第 320 页。
[2] 《浮士德博士》，第 321 页。

只能将他的主编宝座让给了戈洛·曼。

托马斯·曼也让布赖萨赫尔博士在浮士德小说中胡说八道一些以民族及种族的纯净为理由对那些缺乏生存能力的人进行屠杀的话。[47]奥斯卡·戈尔德贝格实际上也说过类似的话。他在自己的书《迈蒙尼德斯》（*Maimonides*）（维也纳，1935）中写道，将犹太人从历史书中划掉，势在必行。"犹太人要么完成他们的义务，要么被清除。没有第三条出路。"[48]

托马斯·曼在1941年9月11日还很友善地为戈尔德贝格写了一封推荐函，[49]但在骇人听闻的种族灭绝带给他冲击以后，他的判断不再有一丝妥协。1942年5月1日，他直言不讳地称《希伯来人的真实情况》为一本"不折不扣的法西斯的书"。[50]在他眼里，戈尔德贝格属于种族屠杀的思想先驱，因为他恰恰于犹太人最吸引托马斯·曼之处发现了犹太人的罪，即犹太人是一种精神、有一种精神。对戈尔德贝格而言，精神化正是对那种古老的、强烈的民族性的背叛———一种能够促成对种族灭绝进行公正惩罚的背叛。

很清楚的是，所有这一切都会遇到一些不容出现的简单化。尽管存在犹太法西斯主义者，但他们在整个进程中的作用十分有限，例如戈尔德贝格和莱辛的书只不过是极小的学者圈子的事情。戈尔德贝格这个所谓的法西斯主义者跟真正的国家社会主义基本挨不上边。他在1932年就已经离开德国了，先是移居意大利和法国，在法国还被当作敌侨拘禁了一阵子，然后流亡到了美国。他不愿意将他的"反犹主义"跟德国人的反犹主义混为一谈。"我的反犹主义是摩西的反犹主义，他摔碎了法板；是先知们的反犹主义，他们将犹太人称为母猪一般的民族，这个民族背叛了它的任务，尤其是背叛了自己的权利。"[51]

托马斯·曼早就料到，人们会因为布赖萨赫尔和费特尔贝格把他称为一个反犹主义者。他为自己辩护。他笔下的那些犹太人简直就是他们时代的产儿。《浮士德博士》中的德国人也没有被刻画得更为可亲一些。"总体来说，这是一个装着末世生物的奇异水族箱！"[52]

在《绿蒂在魏玛》中，他借歌德之口说出他对犹太人的看法。他和

458

歌德一同赞扬这个令人惊奇的种族具有的特殊才智、对音乐的感悟、医学技能和文学才华。即便是才能平常的犹太人，他们的写作风格也大多比土生土长的德国人的写作风格更加纯粹，更加准确。犹太人才是《圣经》的人民，由此可以推断，他们的作为人的品性和道德的信念应该被视作宗教的世俗化形式。其实对他们的厌恶只能跟对德国人的厌恶进行比较，德国人命中注定的角色与犹太人的情况出奇地相似。他承认自己的恐惧，生怕有一天全世界的仇恨联合起来向地球上的另一精华——德意志民族特性——发作，而这种爆发与灭绝犹太人相似。[1] 53

自　恋

今天，这个自我还仅仅被视为舞台，在此舞台上，不同演员上演着时常变更的剧目。"人物个性"、不容混淆的性格、成长小说的成熟结果，在自我看来只是渴望。自我有时想像克利斯蒂安·布登勃洛克一样，是社会的有用一员，但也仅止步于削尖铅笔头，不会再有什么被登记到总账里。自我想像托马斯·布登勃洛克一样充满活力，但也仅止步于带上伪装。这个自我还只是极低的欲求。

"因此，我所知道的一切，只是一大篇自白的断片残简，这本小书是使这个断片残简趋于完整的一个大胆的尝试。"[2] 歌德在《诗与真》（*Dichtung und Wahrheit*）（第二部第七章）中这样承认过。这在当时并不是像今天听起来这般理所应当，直至 18 世纪中叶，文学创作几乎与自白、个人生平没有什么关系。诗人们并不将自己的生活加工成作品，　　459

---

[1]　以上这段非逐字逐句引自《绿蒂在魏玛》，第 364-365 页。
[2]　《歌德文集·第九卷·自传》，魏家国译，河北教育出版社，1999 年，第 260 页。《诗与真》即歌德自传。

而只加工现成的材料、神话、传说、历史故事。18 世纪带来了资产阶级自我连同其自我爱恋心理令人惊讶的提升，随之还带来了原创性美学、原创性天才、不容混淆的个性，由此逐渐出现了自传写作。根据自己的体验进行文学创作始于歌德的《少年维特之烦恼》(*Leiden des jungen Werthers*)。

但这并不意味着，从此在宽广的前沿再也写不出什么别的东西来。歌德本人还写了很多非自传的作品，例如《伊菲格涅亚在陶里斯岛》(*Iphigenie auf Tauris*)。在席勒的著作中，想要人生经历，只能是徒劳。在海因里希·冯·克莱斯特 (Heinrich von Kleist) 那里，文学心理分析费了很大的努力，最终仍无法找出到底是什么滋养了他巨大的创造力。

文学写作从以宗教为动因转移到以个人生平为动因，二者之间的桥梁是使命感，是那个获得灵感的人（那个吸入灵气、受到精神吹拂的人）进行文学创作需要的使命感。一个基本构想是，上帝引导着每一个灵魂。由此产生了现代的自我观察。每天都给灵魂测测温。资产阶级的自我文化应运而生。"自白"并非平白无故地是个宗教词语[1]。这里涉及对生命的辩解，先是在上帝面前，而后越来越多地在自己面前，在社会面前。

文学创作变得自恋。创作有助于重建遭受周边世界质疑的自我，有助于通过建构一个被谱写的自我来治愈变得碎片化的自我，有助于通过一个大码的自身来慰藉一个渺小的自我。"这里说的不是你们，从来不是，放心吧，这里说的是我，是我自己……"[2]54 诗人的动机是：抚平各种创伤（西格蒙德·弗洛伊德），向自恋行为展示自己好的一面（海因茨·科胡特[3]），平衡一种难以平衡的缺陷（雅克·拉康），缓和一种无法满足的渴求。

作为自恋行为的舞台上的自我使用语言来庆祝自己。小说《绿蒂在

---

[1] "自白"(konfession) 有"忏悔、告解"之意。

[2] 《比尔泽和我》，第 12 页。

[3] 海因茨·科胡特 (Heinz Kohut, 1913—1981)：奥地利维也纳人，精神分析自体心理学派创始人。

魏玛》中歌德的秘书里默尔直接说出了这一点。诗虽然在一方面有些宗教的内容，是"一个神秘的东西，是神性的事物的化身"，另一方面诗"以某种方式倾向于自我映射，那方式也使我们想起一幅男孩子的古老的可爱的画，这孩子惊喜若狂地凝视着镜子里他本人迷人的形象，在诗中，语言微笑地观照自己，感情、思想和激情也同样。"[1] 55

生命的历史是永存的

460

　　维特的绿蒂的原型名叫夏绿蒂·克斯特纳，娘家姓布甫，她在63岁的时候，也就是1816年，拜访了步入老年的歌德（67岁）。人们是否乐意再次见到从前的情人？大多数情况下，这样的相见多少有些难堪。歌德冷淡而僵硬地接待了绿蒂，一同吃了一次例行公事似的午餐，直到快要结束的时候才在他的马车里进行了一次秘密会谈，这解释了为什么生活一定要为艺术而牺牲。

　　在托马斯·曼的生活中虽然也有一些不同形式的后来的再度重逢，与保罗·埃伦贝格，与克劳斯·霍伊泽尔，但爱情决计不可能再被唤醒，会面场景以难堪为主，停留在形式的层面上。没有任何一个昔日的情人想要重温旧情，就像绿蒂试着在歌德那里做的一样。这部小说是有关这个主题的基于个人生活的想象，即如果有个昔日情人找上门来，那该怎么办。如果"生活"找上门来，要跟"艺术"算账，那该怎么办。因为绿蒂是生活，歌德是艺术。这里讨论的是，不可避免地要牺牲掉生活，来成全艺术，讨论的是必须针对爱情搭创的艺术建构。"你们可以看到我又重返这一话题——一位功成名就的思想者。面对世人好奇的目

---

[1]　《绿蒂在魏玛》，第100页。

光他总把最真实的自己隐藏在僵硬而又狡猾的面具之下。"[1] 56

歌德是神，托马斯·曼也一样。57 歌德是大码的自身和希望的自我，只要多少有点可能，只要勉强可以与资料来源相符合，托马斯·曼就在歌德身上反映他自己的生活和存在。他甚至可以在歌德的面具下为自己的虚荣和自我中心的行为辩护。他为自己能够融入这个面具之中，以此为掩护说些在其他情况下完全上不得台面的话，感到非常开心。他那些世世代代的先辈的存在，只是为了创造出艺术家这个最后产品。"以自我为中心！要是他不是个以自我为中心的人，知道自己就是大自然的目标、结果、实现和神圣的结局，是大自然经历了最最麻烦的历程后产生的一个最高的、最后的成果。"[2] 58

在歌德的那些爱情故事中都是些女人，这位极度自恋的梦想家觉得无妨。在一封信中他将歌德的性取向挪到了与他本人的性取向相当接近的位置上："我觉得，就我们之间说说这句话吧，他虽然是个伟大的意淫者，但在性事上比较弱（虽然有一段时间人们常常在背后说他'性欲旺盛且淫荡'），他更喜欢接吻而不是性交"——这很可能与他的双性恋有关。59 在小说中，歌德本人也介绍自己是一个雌雄同体的人。[3] 60 他们之间原本就存在着很多可类比之处。歌德在大多数情况下也无法得到满足，在形成固定关系之前就终止过多个关系，然后将这些终止的关系转化为艺术。与弗莉德丽克·布里昂[4]和夏绿蒂·布甫的关系都是这种情况，在高龄的时候与乌尔丽克·冯·莱韦措[5]和玛丽安妮·冯·维勒默[6]的关系也是如此。与托马斯·曼一样，歌德是个审美者和断念舍

461

---

[1] 《关于我自己》，第 264 页。
[2] 《绿蒂在魏玛》，第 285 页。
[3] 参见《绿蒂在魏玛》，第 298 页，原文："我是那位棕色头发的林德海梅尔女士以男性外形出现的人，是子宫和种子，雌雄同体的艺术……"
[4] 弗莉德丽克·布里昂（Friederike Brion）是歌德于 1770 年在斯特拉斯堡大学读书时结识的女友，歌德爱上她，但最终仍离开了她。
[5] 乌尔丽克·冯·莱韦措（Ulrike von Levetzow）是歌德暮年最后一位恋人，他在 74 岁时与这位 19 岁的少女产生了炽热的恋情。
[6] 玛丽安妮·冯·维勒默（Marianne von Willemer）与歌德年纪相差 35 岁，歌德在晚年时爱上了她，为她写下了短诗《二裂银杏叶》。

弃者。

如果出现了晨勃，歌德在老年时期的日记中还常常而且带着几分得意地记录下来。没过几行，他笔下那位睡醒的歌德也注意到这一点："怎么回事，雄风不减啊？好家伙，这么高？棒极了，老家伙！"[1] 61 "好家伙"这个词是托马斯·曼从歌德那首著名的诗歌《日记》中挪用过来的，在这首诗中，一个与歌德极为相似的人描述道，他在返回家的途中，因为马车坏了，只得停下来，在一家旅店中遇到了一位漂亮而又自荐枕席的女跑堂，她在半夜三更来找他，但是，唉，难堪啊，"那话儿"却不顶事，背弃了他，而且那位美女睡着了。他想起了与他妻子共度的良宵，那话儿总是另外一种表现（"我们在当时毫不餍足／再次用起了那个厉害的家伙！"）。在对此进行了回忆之后，发生了出乎意料的事情：

> 但是那话儿脾气古怪
> 不听从命令也不让人轻视，
> 它一下子又来临了，而且完全悄无声息地
> 举起它自己成了一个好家伙；
> 现在它完全可以听从旅行客的意志，
> 不再欲火中烧却要坐怀不乱度良宵。
> 他俯过身去，他要吻那熟睡的女郎，
> 但他止住了，他觉得自己被拉开。

因为唤醒那话儿的毕竟不是那位漂亮的女跑堂，而是对他妻子的回忆。他退缩回去了。因为他不想欺骗熟睡的女郎。

小说中的歌德与托马斯·曼一样热情洋溢地谈论爱情。"年轻人的爱和老年人的精神的爱的力量相比，算得了什么？年轻人的爱是一种何等稚嫩的玩意儿，如果和那可爱的青春所获得的令人头晕目眩的恭维相

---

[1]　原文出自《绿蒂在魏玛》，这一句为译者自己翻译，未引用侯浚吉的译文。

比的话，那是由成熟的年龄和伟大选择"增强的。[1] 62 年长时代的爱情是灾祸，是陈芝麻烂谷子。文学作品"一再为同一件事"喝彩，小说中的歌德也知道，"是在不同阶段上的同一件事，上升到高峰，是生命的重复和净化"。[2] 与此相反，经历过的必须是唯一的一次。"这样的再生，我将再也见不到了。当然，迟早会出现的，但是已经表明，我可能见不到了，这意味着放弃。"新的著作，新的爱情，一再总是相同的。"那位心爱的人儿会回来接受你的亲吻的，她永远年轻，——虽然，一想到她还生活在某个地方，已经老了，她的形体已屈服于时间，这使他不安。" 63

"深爱的嘴唇，我吻着它们——它在那里，我也拥有它，我临终前可以这么对自己说了。"（1942 年 2 月 20 日）吻是在肢体接触方面同性恋情给予托马斯·曼的最高尺度。他为自己创建了一个非常有帮助的理论，以此说明，为什么接吻比上床所能给予的要更多。因为性交只是感官的，而接吻却同时是精神的和感官的，是圣礼的封印，"精神上的，因为依旧是个人的，与其他是完全有区别的……那独一无二的头颅仰倒在你的双手之间，眼睫毛下面是庄重的微笑，和你的微笑融化在一起，你的接吻表明：我爱你，我要你，在上帝创造的世间万物之中，你明显地特别妩媚可爱。至于生育，那是另一回事，无以名状的，生物的，根本没有选择的，包裹在黑暗之中"。[3] 64

由于怀念温克尔曼，文中很明确地回想起了同性恋。"我猜到你的秘密了吗？""歌德"问道，并且引用了这位古希腊雕塑爱好者的话："可以确切地说，只有在短暂的一瞬间，美丽的人类才是美丽的。"[4] 温克尔曼说的是那个无法重复的爱的瞬间，那个短暂、绽放出炽焰的陶醉梦幻的瞬间。"因为你的洞察仅仅应用于男性的青春期，应用于小青年生活中最美的瞬间，它的耐久性只有在大理石中才能取得。"即便是这

---

[1] 《绿蒂在魏玛》，第 256 页。

[2] 《绿蒂在魏玛》，第 280 页。下两处引文见第 281 页。

[3] 《绿蒂在魏玛》，第 279 页。

[4] 《绿蒂在魏玛》，第 314 页。下两处引文见第 314-315 页。

个精巧的伪装，温克尔曼也是从托马斯·曼那里挪用的。"歌德"看穿了这个伪装："你运气好，当我们说'人'的时候，往往是指男人，你可以像你心中渴望的那样，把这种美想象是男性的美。至于我，它是呈现于青年形象中，呈现于女性形象中……也许这还不完全，因我懂得你的花招，我怀着非常愉快的坦率心情想起那位漂亮的金发男服务员，是去年夏天在盖斯贝格的那家小酒店里。"[65]

隐约中形成了一个理论，用自恋行为来解释同性恋。什么是诱惑？"甜蜜的可怕的接触，好似来自天上的神仙加在我们头上的：这是罪孽，是我们无辜地犯了的……这是考验，没有人经受得住，因为它是那样甜蜜……我们没有犯它，我们逃脱了尘世间的审判，但没有逃脱上天的审判，因为在我们的心中已经犯了它……受到自己性别的诱惑，可能是一种报复的现象，是对自己作出的诱惑的一种讽刺性的报应——永远受自己的影子蒙骗的纳基佐斯的迷惑。复仇永远和诱惑联结在一起，永远和那不被成功所压倒的考验联结在一起。"[1][66] 艺术向生活复仇并杀死了它：这是小说《特里斯坦》里的情况。生活向艺术复仇：这是《浮士德博士》中阿德里安·莱韦屈恩的情况。艺术家是不容许去爱的，如果还要去爱，那么他就会受到惩罚。

政治也提供了进行双重语义游戏的多种机会。托马斯·曼说，我在哪里，哪里就是德国。他让自己笔下的歌德说："他们自以为他们是德国，可是，我才是德国。"[2][67] "因为他们的最优秀的人物总是生活在流亡中，处在他们中间，只有在流亡中。"[3] （而歌德根本就没有经历过流亡生活）两位反讽者嘲弄着国家对作家们的迫害："对待一个作家，如果像对待一个小学生那样狠狠地训斥他一顿，那是完全不适当的，是令人难以忍受的。对国家没有什么帮助，对文化却造成了伤害……他会

463

---

[1] 《绿蒂在魏玛》，第315页。"纳基佐斯"（Narkissos）常译作"纳西索斯"，希腊神话中最俊美的男子，他爱上了自己的影子，最终化为以他命名的水仙花。"自恋"（Narzissmus）一词便源于该神话。

[2] 《绿蒂在魏玛》，第291页。

[3] 《绿蒂在魏玛》，第298页。

像以往一样，照旧我行我素，或者会采取冷嘲热讽的手法，面对这种情况，你会完全束手无策。你不懂得知识界人士的办法。你如果略略采取一些措施，强迫他变得文雅些，那只会使他得益，而不是你得到好处。"[1]

在场的还有一位父亲和一位并不整洁的母亲，还有作为艺术品的人生。"你的年龄愈增，老人的幻影愈来愈频繁地在你心中出现，你认出它，向它坦白，这个父亲的形象。你对他愈来愈感到自豪，自觉地执拗地对他忠诚，尊崇他，情感，情感，我相信它，尊重它……但是，在我身上，在灿烂炫目的光辉底下，还留着足够疯狂的特性！如果我没有继承那种维护常规的诀窍，那种谨慎地珍惜自己的窍门，那一整套保护装置——那我该在哪里呢？"[2] 68 绿蒂说，歌德的府邸是一个"艺术之家"，69 但这句话可没有什么积极的含义，而是在僵硬和不自然的意义上这样说的。

这部小说最后以一种牺牲生命的理论结束。绿蒂说得很对，围绕着他的所有人，全都是造成他伟大地位的牺牲品。"人们作为牺牲品向上帝供奉，但到最后，上帝才是牺牲品。"[3] 歌德回答说。急匆匆地扑向火焰的飞蛾，就是这个过程的一个比喻。歌德就是火焰，而其他人都扑向这团火焰，但"那点燃着的蜡烛，牺牲自己的身体，让它燃烧，发出光来"。同时他也是那喝醉了酒似的蝴蝶，掉进火里——"我始终都是一个牺牲品——我又是那把它贡献出来的人。以前我燃烧了你，我永远燃烧你，把你变成精神、变成光……死亡，最后的飞进火中——飞向永恒，那它为什么也不该是变形？亲爱的幻想，你们可以在我平静的心中安息了——等我们以后重新一起醒来时，那将会是个多么快乐的时刻。"[4] 70 结束语引用了歌德的《亲和力》（*Wahlverwandtschaften*）的行为目的（Finis operis）。在死亡中相爱的人才能够最终走到一起，在生

464

---

[1] 《绿蒂在魏玛》，第 266-267 页。

[2] 《绿蒂在魏玛》，第 287-288 页。

[3] 《绿蒂在魏玛》，第 393 页。

[4] 《绿蒂在魏玛》，第 394-395 页。

命中他们的爱注定得不到满足。托马斯·曼要在死亡中与所有人合为一体，在那个永远不消失的最崇高之美的瞬间，温克尔曼热情洋溢谈论的那个瞬间，在那里每一种爱都将得以实现。

"生命的历史是永存的。"[1] 71 歌德这样回答他的儿子奥古斯特提出的问题，儿子问他在写什么，是在写自己的生平经历还是写点其他什么。托马斯·曼也是这样。"生平自传就是一切。"72

哦——真的？？

与一位美国女士和她 16 岁的女儿交上了朋友，女儿正在这里读《魔山》，坐在我身边让她很激动。涌起一股柔情……

那个穿着红外套的小辛西娅，很可爱……

小辛西娅，只是从远远的地方看着。与她父亲一起乘坐电梯。有些乌尔丽克的影子……

那个小女孩，要随着父母离开，前来辞行。真心欢喜。"看着你总是很开心。""哦——真的？？"驶离时她躲了起来，要看看，我会不会找她。我不会忘记这个孩子。

一点时，阿格尼丝·迈耶在楼下……在她面前我缄口不提那个无比可爱的小辛西娅。

（1945 年 6 月 20 日至 25 日的日记）

太好了，总算是可以再次好好地浮夸一下了。他依照艺术的所有规矩把小事吹上了天。他虽然面对阿格尼丝·迈耶闭口不提辛西娅，但是在其他地方简直就是口无遮拦，多次讲述这件事情，说得比日记里面记

---

[1] 《绿蒂在魏玛》，第 318 页。

载的还要多。他要记录下一个有关歌德与乌尔丽克·冯·莱韦措的爱情
故事的暗示，他在库诺·菲德勒面前洋洋得意地这样说，为的是笑盈盈
地满足他的感官对神秘事物的需求。而他热情洋溢地谈到辛西娅，这是
个迷人的女孩，"长着斜视眼睛的口红天使，具有美国式的天真纯朴和
对文化的渴望，情感热烈的小'迷妹'，跟我在一起时，感到做梦一般
快乐"。[73] 而且还由此进行了调情：

> 我对她说："你喜欢我写的书，而我喜欢你，我们俩之间就是
> 这样。"而她暗示说，也会不由自主地产生些对作者的情谊。我在
> 告别时说："再见，辛西娅！我永远不会忘记你。看着你就总是很开
> 心。""哦——真的吗？？"她羞怯不已——而且带着巨大的骄傲去
> 中学进行日常学习。简单说，真是又可爱又美好。我永远也不会忘
> 记她。[1]

他这个一般情况下对爱情这类事情只会在日记里记一笔，此外就守
口如瓶的人，几年后再次而且甚至是公开地将此事拿出来炫耀了一番。
在《浮士德博士的形成：一部小说的小说》（*Die Entstehung des Doktor
Faustus. Roman eines Romans*）中，我们再次了解到一些新的细节。据
他说，辛西娅在读高中的时候就认识到存在（Dasein）是"非常微不足
道"[2] 的。为了寻得心灵慰藉，她读起了《魔山》[3]。

> 看着她拿着书走来走去，觉得她真是可爱极了，尤其是当她穿
> 着一件浅红色的外套时，一件理所当然并且在我看来也是精挑细选
> 受她偏爱的衣服，外套很适合她，彰显了她那轻盈的身材。在这里

---

[1] 引号内文字原文均为英语，分别是：You like my books and I like you, that's how it
is between us；Goodbye, Cynthia! I never shall forget you. It was always a pleasure to look at
you；Oh – really??。

[2] 原文为英语：very insignificant。

[3] 书名为英语：The Magic Mountain，说明读的是英译本。

不期遇到了她这次艰深且恰恰因此提振精神的谈话的发起者，对她来说大概是个极大的惊喜，甚至是一个青春的冒险，她那慈爱的母亲在听晚间音乐期间介绍我们认识时，带着几分歉意地暗示说，辛西娅太激动了。当时她的双手相当冰凉，但后来我们在客厅里或在环绕着整幢房子的屋顶式阳台上进行了亲切友好的谈话时，她的手就不冷了。她或许发现了吧，这个艰深而提振之人柔情的爱慕在她回应的爱慕中得到抚慰，她的爱慕是那美好青春的永恒魅力，而且在看向那双棕色眼睛的最后一瞥中，已经完全无法隐藏她的柔情。"哦，真的吗？！"——[74]

终于来了个女孩儿：这自然是这番炫耀的首要原因。而且是一个《魔山》的迷妹，这很可能是他进行吹嘘的第二个原因，如果没有这个原因，很可能就不会有这次相识。而第三个而且是最重要的原因却是——歌德。托马斯·曼急切地捕捉机会，想要重复歌德与乌尔丽克·冯·莱韦措之间的经历。到目前为止，他总是得将这种故事转换为同性之间的事情，在《死于威尼斯》中他就写过这样的故事，据说这篇小说原本是以歌德的晚年恋情为创作对象的，讲述了"一段诱人的、纯洁的生活激情对一个已登高位的灵魂的羞辱"。[75]唉，他是多么愿意跟辛西娅也经历一次相似的痛苦啊！然而这位小辛西娅虽然甜美可爱，但他那最深切的激情总归是属于同性恋的。因此与乌尔丽克进行比较还是有些过于牵强了。

因为只要去查阅一下托马斯·曼使用过的传记，就可以看出那里说的并不是无关紧要的调情，而是一次深深的伤害。1821年夏天，歌德在马里恩巴德认识了莱韦措夫人及其女儿们，其中就有17岁的乌尔丽克。"老家伙，你还不肯歇歇吗？"他嘲弄着自己，下一个夏天他又来了，而后在下下个夏天，也就是1823年，再次来到这里——"爱情的烈焰从这位老人的内心如老房子着火般一下子蹿了出来。"他，这位74岁的老人，彻夜跳舞，迎来了自己的生日。他要跟她结婚，认认真真的，大公爵本人出面保媒，但乌尔丽克的回答是躲闪的。"骄傲且幸福地偎依着这位毫不掩饰地向她表达好感的著名的优秀男人，容许他柔情蜜意，自己也偶尔回应一下这种柔情，与跟他结婚，还是有着天壤之别的。"告别是痛苦的。歌德将他在过去几周里感受的痛苦和断念写进《马里恩巴德哀歌》(*Marienbader Elegie*) 时，心里还怀有希望。直到1823 年 10 月，他才真正地认清了自己的道路：断念。[76]

托马斯·曼的同性恋激情其实远比那个大学女生更契合这一切。如果事情真到了十分较真的时候，小说往往以断念结束，托马斯·曼在《歌德与托尔斯泰》中这样说。[77] 歌德从来"不曾拥有过绿蒂、弗莉德丽克、莉莉、赫茨莉布、玛丽安妮，最终也不曾拥有过乌尔丽克，就连冯·施泰因夫人也同样未曾拥有"。托马斯·曼也不曾拥有过阿明、维尔利以及保罗、塔齐奥、克劳斯，还有那位弗朗茨尔。当今呈现在全民族眼前的，是一部舍弃断念的著作。

断念是"命运的规定"，是"与生俱来的、每一种德意志精神特性的至高律令"。[1] 断念是敢担责任的元素，是基督教元素在歌德、在托马斯·曼身上的体现。他们的著作是断念的著作，"表现德意志教育者放弃野蛮主义的特殊赠与的作品，骄奢淫逸的瓦格纳接受这一赠予，影响是如此巨大，而随之产生的后果是合乎法则的惩罚，他的种族的和教人纵情享乐的作品每天都得到一群粗野俗众的喝彩"。[2]

467

战争与和平

托马斯·曼的目光十分尖锐。早在《波恩通信》(*Briefwechsels mit Bonn*) 中他就曾经预言，国家社会主义性质的国家的意义与目的在于，

---

[1] 《歌德与托尔斯泰》，朱雁冰译，浙江大学出版社，2013 年，第 83 页。本书涉及《歌德与托尔斯泰》的所有引文均出自该译本，以下不再一一注明。

[2] 《歌德与托尔斯泰》，第 85 页。

第十六章　憎恶希特勒

让德意志民众为即将到来的战争进入战争模式，将他们变为心甘情愿、无怨无悔的战争机器。[78] 与弗朗茨·卡夫卡不同，卡夫卡只是顺便得知了第一次世界大战开战的消息；与玛格丽特·尤瑟纳尔[1] 不同，此人完全沉浸在自己的私人生活之中，差点错过了第二次世界大战的开始；托马斯·曼每天都全神贯注地紧盯着各种政治事件。在希特勒进入奥地利之前，他就警告过西方各国。"民主国家不能通过退让，不能通过软弱避免战争。用这种策略只能推迟灾难。"[79] 他说得完全正确。"战争一定会来的！"当奥地利陷落时，他痛心疾首地记录道："碾碎贱民！[2] 把我们从这个恶心的梦魇中解放出来！简直要窒息了。"（1938 年 3 月 17 日）从维也纳传来的信息骇人听闻。"维也纳——可怕极了。弗洛伊德。弗里德尔跳窗。在上层贵族中进行大肆抓捕、虐待，进行最低级、最胆怯的施虐是家常便饭。逮捕了布鲁诺·瓦尔特的女儿。很清晰地展现出英国和希特勒之间的彼此默契。"（1938 年 3 月 22 日）

他预感到，下一步将会发生什么："会对捷克斯洛伐克动手。"（1938 年 3 月 20 日）1938 年 9 月就走到了这一步。通过《慕尼黑协议》，苏台德地区被割让给了德国。"令人作呕，羞愧，心情恶劣。"（1938 年 9 月 30 日）"这无疑是历史上最大的耻辱之一。"（1938 年 9 月 20 日）毕竟事关他的第二祖国，他当时是个捷克公民。在英国和法国相继背叛之后，他一直担心会发生最严重的事情。"法西斯主义极有可能会蔓延到美国去。"他在纽约麦迪逊广场花园的一次有两万多人参加的大型示威集会上为捷克斯洛伐克呼吁。[80] 他充满义愤地写下文章《这种和平》，第一次印刷时的标题为《这个瞬间的高度》（*Die Höhe des Augenblicks*），这篇文章指责欧洲一些国家的政府，瞒着它们的人民进行了阴谋活动，[81] 帮助那个盖世太保国家获取了这样巨大的成就，彻底摧毁了欧洲东部的民主堡垒，有意识地使其变为国家社会主义没精打采的附庸。在接下来

468

---

[1]　玛格丽特·尤瑟纳尔（Marguerite Yourcenar, 1903—1987）：法国当代著名女作家，第一位入选法兰西学院的女院士。

[2]　原文为法语：Écrasez l'infâme。

的时间里，"慕尼黑"是他的创伤。"通过慕尼黑会议牺牲掉捷克人民，是我生命中最为恐怖、最为屈辱的政治经历。"[82] 不久之后，捷克斯洛伐克的其他地区很快也被占领了，形成了波希米亚和摩拉维亚保护国[1]。"完完全全成了希特勒在东面的成就。占领布拉格，钢铁产区。接下来将会占领罗马尼亚和匈牙利。到黑海边上。石油和粮食。极大加强了实力。英国和法国一点动静也没有。俄国———一个斯芬克斯之谜。"（1939年3月14日）然而，接下来出现的情况完全不同，因为希特勒的这个行动完全终结了绥靖政策。

波兰，1939年8月底。托马斯·曼担心出现一个新的"慕尼黑"，因而希望开战，尽管会有不可预测的恐怖后果。在日记里每天来来回回地推测。1939年9月1日，托马斯·曼在瑞典的萨尔特舍巴登吃早餐时还和贝托尔特·布莱希特及海琳娜·魏格尔[2] 碰杯，预祝事态朝着幸运的方向转换。英国总算是下定了决心，要结束国家社会主义。"现在说的是我们的语言，希特勒被称为一个疯子。晚了，晚了！"（1939年9月2日）他又说对了。"我一直想着那封波恩的信和它的预言。"他对此有几分骄傲，并且在后来创作的一篇战斗檄文《这场战争》中详细地引证了他对战争的预言。[83] 他在这篇文章中呼吁德国人民起来抵抗。"没有哪个民族非要做什么不可。一个要得到自由的民族，在想要自由的瞬间就自由了。"[84] 但是当时大多数德国人并不认为有必要成为坚定的反对派。

---

[1]　波希米亚和摩拉维亚保护国（Reichsprotektorat Böhmen und Mähren）：纳粹德国在捷克斯洛伐克西部建立的傀儡政权，1939年3月15日宣布成立，随着纳粹德国的投降而灭亡。

[2]　海伦娜·魏格尔（Helene Weigel, 1900—1971）：布莱希特的妻子，德国造诣很深、影响很大的电影演员。

贝尔曼和兰茨霍夫

当维也纳陷入希特勒之手时，位于维也纳的 S.菲舍尔出版社被没收了。戈特弗里德·贝尔曼·菲舍尔得以逃脱，但是办公场所和书籍库存都丧失了。移往国外的这个出版社分社看起来不再存在了，并且于 1939 年夏天在法律上正式解散。但贝尔曼在 1936 年把出版权及发行权保留在了瑞士的小城库尔。这样的安排在事后看来具有狡兔三窟的机智。因此，他想要而且能够马上重新开始。但是这时出现了一个情况，托马斯·曼在 1933 年至 1936 年之间就已经只是出于极大的顾虑才留在贝尔曼的出版社，他现在认识到这是一个极好的脱离出版社的机会。在 1938 年 4 月 8 日写给他的出版商的一封信中，他建议此人不要在美国重建出版社。他说，贝尔曼与德国的关系在政治上并没有那么一清二楚，并不像人们目前在美国对他期望的那样。他本来其实是一名外科医生——那么他现在回归这个职业，且在新世界美国作为医生留下来，不是最好的事情吗？在固执己见的第二封信中，作家在持续了长达四十多年的业务关系之后亲自解除了对这家出版社的忠诚（1938 年 4 月 15 日）。贝尔曼深受打击。"您的来信对我来说是毁灭性的。我对一切都做好了心理准备，唯独没有想到这个：恰恰是您在这个时刻，在这个上帝知道有多么艰难的时刻，抛弃了我。"（1938 年 4 月 29 日）但贝尔曼是一只坚韧的猫。他毫不动摇地继续执行他的计划。他成功地做到了，以跟斯德哥尔摩的邦尼尔出版社（Bonnier Verlag）合作的方式让出版社重新开张。托马斯·曼发来电报："我觉得目前没法与您的新出版社绑定在一起。"（1938 年 5 月 11 日）但在日记本里写到："心里五味杂陈"，还有"与兰茨霍夫 [1] 和艾丽卡一起商量了出版社的事宜。认同一点，集中非常必要"。5 月 16 日收到一份"贝尔曼发来的很长的、态

469

---

[1]　即弗里茨·赫尔穆特·兰茨霍夫（Fritz Helmut Landshoff, 1901—1988）：出版商，克里多出版社的创始人之一，克劳斯·曼的好友。

度坚持的电报，电文里有一些错误的论据，这些论据未必要阻碍我继续合作"。不，错误的论据不会阻碍他。"后来又和兰茨霍夫讨论了贝尔曼的电报和如何回应。发出了电报，赞同与兰茨霍夫会面。"这次会面带来了所希望的澄清局面。贝尔曼通过 1938 年 6 月 8 日的信件告诉他的作者与兰茨霍夫所达成的约定。德兰格（de Lange）、克里多和贝尔曼－菲舍尔三家出版社各自保留其名称，但将它们在欧洲的整体销售进行合并。此外，贝尔曼与斯德哥尔摩的邦尼尔出版社进行合作。在美国，三家出版社一同与朗曼格林出版社（Longmans Green）合作，并且共同发起一个廉价书系。在欧洲，托马斯·曼的作品在斯德哥尔摩的贝尔曼－菲舍尔出版社出版；在美国，通过贝尔曼－菲舍尔在朗曼格林出版社出版。这个出版发行结构先是持续了一些时间，虽然贝尔曼在 1940 年 4 月因参与反国家社会主义的活动被瑞典警方拘留并且随后不久便不得不离开了这个国家。一直到战争结束，他都在纽约指挥着出版社。

470

回绝贝尔曼的背后很显然有竞争者弗里茨·H. 兰茨霍夫的身影。他与艾丽卡和克劳斯的关系友好并密切，有一段时间还想跟伊丽莎白结婚，很久以来他一直想争取托马斯·曼成为克里多出版社的签约作家，这家出版社的德语部由他领导。现在，这位著名的作者明显地站在了流亡一方，他觉得自己的机会到了。但贝尔曼狡猾得很。他和这个对手结盟，最终还是自己占据优势。尤其是下一个命运的打击直接击中了兰茨霍夫，因为在 1940 年德国占领荷兰时，克里多出版社彻底毁于一旦，现在兰茨霍夫他自己这一方对贝尔曼十分依赖。1941 年，他们一同在纽约创立了 L.B. 菲舍尔出版公司，这家公司一直运营到 1945 年秋天。战争结束后，兰茨霍夫回到荷兰，虽然他重建了自己原先的公司，但没过多久，这家公司与战后再次新建的 S. 菲舍尔出版社合并了，在合并的过程中，克里多这个具有卓著声誉的名称不复存在了。

第十六章 憎恶希特勒

在白宫

这次访问白宫进行得真是无关紧要。托马斯·曼为此做出了努力，[85]再加上一些有势力的朋友的帮忙，才得以去白宫访问。他喜欢接近权力。此外，为了创作有关约瑟，那位赡养者的小说，他需要这位给穷人带来希望的实行新政的总统。1935 年 6 月 29 日，在接受哈佛大学授予的荣誉博士学位之后与 FDR（富兰克林·德拉诺·罗斯福）共进晚餐，已经是很久以前的事情了。当时的日记留下了"聊天时的印象是他充满活力以及踌躇满志"，还有"对衰败中的民主表现出十分不屑"等记录；他的政府也有几分独裁的特性，托马斯·曼在这次会面后不久写给戈特弗里德·贝尔曼·菲舍尔的信中提及了这一点。[86]

但这一次，他有整整两天时间在白宫做客，也就是 1941 年 1 月 13 日和 14 日。周一早上的 8 点 30 分，与埃莉诺·罗斯福太太共进早餐，这位"率真、热诚和勇敢的女士"，她几乎一整天都在招待他和其他客人。她找来了医生，因为托马斯·曼感冒了。上午没有什么活动，然后是午餐、做报告、午休、音乐会、茶点、晚餐以及与学生一起讨论，这一切都是由总统夫人组织的。"这位女士组织活动事必躬亲。"

一直到周二才与总统会面，总统出现在吃早餐的时候。托马斯·曼的脑子里都是他的小说。只要是对写约瑟小说有用的地方，他就会立马记录下来："纯朴天真、笃信、狡黠、擅长表演、和蔼可亲"——但也夹杂着些怪异的低调："考虑到他的权力和重要性，在他的身边坐着是非常有意思的。"（看来其他情况没什么意思）。接下来又是医生来看病，而后参观参议院，"在一个相当休闲的会议上旁听了会儿"。午休，然后与总统一道出席新闻发布会，剃须并收拾好仪容，接着是最精彩的部分："到总统办公室里去喝鸡尾酒。"尤其得意的是："这种鸡尾酒是应总统的特别指令而专门定制的。"将题写有赠词的作品递交给总统。"致美利坚合众国和一个即将到来的更美好世界的总统富兰克林·D. 罗斯福先

471

生，以此抽笔表达深深的崇敬之情！"[1] 87 在与受邀的不同客人共同参加晚宴时，几乎只有总统一个人在说话。"他和我们一同乘坐电梯上楼，热情诚挚地在他的办公室前面的大厅里与我们话别。"

在接下来写给阿格尼丝·E. 迈耶的信中（1941 年 1 月 24 日），托马斯·曼就这次体验进行了拔高的艺术加工。讲述的调子的隆重程度要高出两层楼，同时更为接近约瑟。这次"褒奖的令人晕眩的巅峰"是在总统办公室里面喝鸡尾酒，

——在其他参加晚宴的宾客们老老实实地在楼下等候之时，我们都已经与"他"共进过今天的第一餐早餐了！"他"再次给我留下了深刻的印象，或者说重新引发了我对他的友好兴趣：很难对这种混合着狡黠、阳光、讲究、开心愉悦和真诚信仰的性格进行描绘，但他身上有那么一种近似于福气的东西，我对他非常有好感，就我而言，比对他的天生对手要有好感得多，那位对手反对必定会到来的事情。这是一位具备现代风格的大众驯服者，他想要做得优秀或是更优秀，或许在这个世界上没有任何其他人能像他一样坚定地与我们站在一起。我又怎么能够不支持他呢？离开他时，我充满了力量。

在一篇支持罗斯福赢得 1944 年总统大选的文章和一次选举讲演中，472 这次会面成了一个"极为浩荡的、永志不忘的经历"。88 罗斯福是一个男人，像蛇一样聪明而且没有鸽子的虚伪，世界精神之意志的本能知晓使他通透，他是一个强有力、坚韧而又机智的人，是善良的伟大政治家。不容忽视的是，托马斯·曼一直认为有必要在民主中保留一些独裁的因素，至少在那些不好的时代需要这样做。

---

[1] 原文为英语: To Franklin D. Roosevelt President of the United States and of a coming better world as a modest sign of deep admiration。

戈洛，克拉斯和艾丽卡

托马斯·曼是一个"集体"，起码在卡蒂娅、艾丽卡和戈洛帮他干活的那些年里是一个集体，他们时而一起、时而轮流地给他提供各种咨询和批评，誊写他的手稿，删减内容并且准备印刷，以他的名义写文章或者书信，经营好他的业务，管理好他的银行账户，为他开车，替他去看房子，找好旅店，组织好搬家等。

戈洛·曼一直到他流亡至法国以后才开始从事教学工作，他常常从法国出发去看望父母，后来又作为《尺度与价值》的主编迁往苏黎世。他本应采用那条途经里斯本的逃亡路线（1940 年 5 月 10 日），但是他的胆子太大了。1940 年 5 月，他作为志愿兵返回法国，准备跟德国人作战。但他未能如愿，因为"那个恶贯满盈的白痴就像是腾云驾雾一般掠过了呆若木鸡的上百万军队，抵达了各个目标"（1940 年 5 月 22 日），也就是说因为希特勒过快地抵达了巴黎。戈洛·曼在安纳西被俘，被关押在莱斯米尔斯集中营里。他试图逃跑，却又再次被俘。[89]父母为他忧心（同时也为亨利希·曼忧心，因为他在这个时候也滞留在法国南部）。他们做了最坏的打算，受刑或者进集中营。"纳粹要求交出激进的流亡者的名字。这些人最起码会军法处决。"（1940 年 6 月 25 日）他们让外交人员介入，努力争取获得离境的可能性。戈洛获得了自由。从马赛（1940 年 7 月 11 日）和勒拉旺杜（7 月 24 日）传来的好消息送到他们这里，接着是来自尼姆的坏消息（8 月 5 日），消息称戈洛大概再次被关起来了，后来这个消息被证实为误传。[90]艾丽卡前往里斯本，阿格尼丝·迈耶请动了最高权威人士（8 月 22 日）。艾丽卡努力找到了一个帮助逃亡的机构（8 月 26 日）。1940 年 9 月 20 日，戈洛和他的伯父亨利希险象环生地逃出法国和西班牙之后，从里斯本发来消息。10 月 13 日，他们抵达纽约，受到了盛大热情的迎接。

接下来的时间里，戈洛是他父亲的一位非常得力的助手。有一些以父亲的名义发表的立场表态是他撰写的，例如《国防储蓄债券》

(Defense Saving Bonds)（1942）。但是没法让他长时间地待在家中。他成了美国士兵，为情报部门工作（1944 年 3 月 28 日），被提升为中士（1945 年 2 月 26 日），作为新闻官前往卢森堡（1945 年 3 月 14 日），也是最早一批派驻德国的新闻官中的一名。"戈洛来信，信中为德国城市难过，被摧毁的程度远远超出了人们的想象。"（1945 年 5 月 17 日）他的父亲相当坚定地认为，德国人必须受到惩罚，而戈洛·曼却在给卡蒂娅写信时表示，这样的毁灭已经让德国人遭受足够的惩罚了。（"如果说这些人还没有受到惩罚，那我就不知道究竟还有谁曾经受到过惩罚了。[1]"）91

戈洛受到了尊重，但没有得到像艾丽卡受到的疼爱。他在父母跟前是有用的，但艾丽卡在跟前会活跃气氛和让人开心。如果她要远行，托马斯·曼的那颗心都跟着走了："告别。悲伤。痛苦。"（1937 年 7 月 17 日）"跟艾丽卡告别，痛苦和悲伤。把她的手贴在我的面颊上，亲吻她的手。"（1939 年 6 月 30 日）"深受触动，痛苦和祝福。"（1941 年 6 月 17 日）而她常常动身离开。希特勒处处得逞，赶着她四处逃亡。她有时会创作出非常感人的作品，依照保罗·格哈特的风格自由创作（"啊耶稣，耶稣／亲手在我内心燃起了火把，／为的是，能让你愉悦的东西／于我明白，知晓。"——基督降临曲的副歌《我应如何迎接你》）：

啊耶稣，耶稣，驱赶
我一直绕着地球，——
无论我到了哪里，
我总是打错了算盘！92

她也拥有令人难以置信的勇气。1940 年夏天，当德国人开始进攻英国时，她先去了里斯本，而后从那里前往伦敦（"为这个孩子揪心而且很想念她"，8 月 12 日），接下来的一段时间里，她常常停留在那里。

---

[1] 原文为英语：if these people have not been punished, I don't know who ever has。

为了获取英国护照，她跟作家威斯坦·休·奥登假结婚，1935 年成了英国公民，因此她没有入境问题。此外她拥有最棒的证件 [1]，因为她为英国情报部门，后来也为美国情报部门工作。她还作为战地记者在伦敦、开罗、巴勒斯坦和其他很多地方工作。在她不得不让胡椒碾子剧团歇业后，父亲的家成为她的生活中心，她从这个中心出发，开展了广泛的反法西斯活动，通过大量的论文、书、旅行演讲、尝试成立组织和举行各种各样的群众性活动。她憎恶和仇恨的能力要远超她的父亲。"别恨得太狠。"那位为了护照而与她假结婚的丈夫告诫她。[93] 只要能够捍卫她父亲，她就坚定不移地捍卫。[94] 她只要在家里，就帮助他。父亲疼爱她，为她担忧，尤其是她的私人生活还没有着落，尽管她有马丁·贡佩特和安妮玛丽·施瓦岑巴赫 [2]、吉泽和其他知己好友。"关于艾丽卡多少有些'轻率'的爱情生活。"（1940 年 11 月 13 日）

　　克劳斯没有参与为父亲进行的各种秘书工作。就他这一方而言，他想让父亲参与他的第二份流亡杂志《抉择》（Decision）的工作。"克劳斯因为《抉择》的融资问题来信，人家提出的融资条件是，我要担任主编。完全拒绝。"（1941 年 4 月 14 日）尽管这样拒绝了，在接下来的几个星期里父亲还是尽心尽力地扶持这家杂志，最后自己捐助了 1500 美元（1941 年 6 月 28 日），后来在这个企业不可避免要进行破产清算时，他也给予了帮助。[95] 另外克劳斯还向他索要稿件，一些是现成的稿子，另一些是新稿子，而且他也得到了索要的稿件——"苦不堪言"，这位父亲却这样记录着（1941 年 6 月 16），"心不甘情不愿地给克劳斯写稿子"以及"整个下午都在弄这件恼人的事情"（6 月 19 日），就是那篇《希特勒覆灭后的德国之路》（Deutschlands Weg nach Hitlers Sturz）。"给克劳斯写信，因为要在《抉择》上选登《约瑟》片段，——无趣。"（1942 年 1 月 26 日）1942 年出版了最后一期杂志。

---

[1] 原文为英语：best papers。
[2] 安妮玛丽·施瓦岑巴赫（Annemarie Schwarzenbach, 1908—1942）：瑞士作家、记者和摄影师。她的著作、雌雄同体的魅力和生活经历使她在死后成为同性恋者的偶像。

1942年5月，克劳斯进行了参军体检，被拒绝了，在9月又再次进行体检，再次被拒绝。12月，又进行了一次，这次最终"通过！[1]"。[96] 1943年1月，他开始了作为美国士兵的基本训练。

"你要是过得太惨了，就回家。"他经常外出，有一次在他出门前，父亲这样对他说。[97]克劳斯常常回家。他知道，自己的家在何方。"我投胎选择家庭的运气不错。"[98]他欠了一屁股债，有同性恋问题，而且还染上了毒瘾。这一切都让父母忧心忡忡。他什么话也听不进去，海洛因这个话题干脆连提都别提。"这孩子在道德和自我批评方面相当不对劲啊。不接受任何权威，却在嘲弄着不忍受权威的权利。"（1937年6月7日）克劳斯当时在布达佩斯，正在接受一次戒毒治疗。至于那些"非市民阶级的东西"，卡蒂娅有时用这个委婉的词语来称呼吗啡[99]和其他克劳斯还会给自己注射的东西，让父母感到绝望。"用药"，有一段时间克劳斯几乎每天都在日记本里这样记录。在大儿子某次崩溃虚脱后，父亲记录道，克劳斯以为，他仍然能够当毒品的主人。"哭泣和痉挛大概会教会他认识到自己的错误。"（1935年11月22日）完全断绝毒品的愿望似乎并不存在。

与他的父亲不一样，克劳斯认同爱情、死亡和毒瘾，他父亲搭创起自己的艺术建构来抵御这一切。"同性情色关系。迷狂陶醉（甚至是对死亡的陶醉）一向是作为生命的提升，感恩地接受这一切，从未作为'诱惑'。"[100]从克劳斯的这些情况来看，托马斯·曼觉得克劳斯成为士兵这件事十分值得敬重。这在他看来，就像是一个艺术建构，值得夸赞。"无论是写作还是爱情，显然都不能对你基本体质的健康状况有任何损害。"[101]他引用了自己笔下的摩西，摩西因为十诫离开了自己钟爱的摩尔女人的胸脯。"现在你们应当看看，所有的民众都该看看，你们的兄弟是否被那个黑色姘头弄得神经衰弱，或者上帝的勇气是否驻在他的心间，比在他人的心间更甚。"[102]

"我觉得新兵训练相当艰难；尤其是我根本就不知道该拿这步枪怎

---

[1] 原文为英语：Accepted。

么办。尽管如此，我还是要以一种夹杂着尊敬和好脾气的反讽态度来应付这一切。"[103] 克劳斯在 1944 年 1 月终于来到了北非，作为"心理战部门"的成员之一参加占领意大利的战斗。1945 年 5 月，他从罗马出发，作为美军报纸《星条旗》(*Stars and Stripes*) 的特别战地记者被派遣回德国，他在那里能以第一手信息向父亲汇报。[104]

亨利希

　　尽管表面上已经和解了，亨利希·曼一直还是《一个不问政治者的观察》中的"文明文人"。下面这段极度不公平的日记表述，不是在慕尼黑，而是在太平洋帕利塞德写的："又一次去想这件事情，通过仅仅在这里积极的文学行动就形成对哥哥的赞美颂扬，这还是在花我的钱的基础上。"（1944 年 6 月 24 日）流亡年间的亲兄弟并肩作战并没有带来什么重要的共同行动。他们目前在书信里面交换的信息，早就没有当年在第一次世界大战前那样深入了。他们相互说着旅行、登台亮相、约见、新出版物，互相表扬，还有就是多少有点政治化的活动。他们共同签署了一系列的宣言。当然也推辞掉不少。托马斯不想参与一份莫斯科杂志，很可能是《国际文学》(*Internationale Literatur*) 的工作，他要考虑到他的寄居国度，而且"无论如何同情，也不想留下任何有关共产主义的确凿表述"。[105] 虽然有这些推辞，老亨利希还是站在他弟弟这一边。根据国籍法，他本人是捷克公民，虽然他在尼斯生活，正是他帮助托马斯成功地入籍捷克。

　　1940 年 9 月，亨利希和他的第二任妻子内莉与利翁和玛尔塔·福伊希特力格夫妇[1]、弗朗茨和阿尔玛·韦费尔夫妇，还有戈洛·曼一同

――――――――――

[1]　利翁·福伊希特万格 (Lion Feuchtwanger, 1884—1958)：德国犹太小说家和剧作家，魏玛共和国时期德国文坛的杰出人物，影响了包括布莱希特在内的许多同时代人。

徒步穿过比利牛斯山脉，来到西班牙，再从那里前往里斯本。这时，托马斯大力帮忙并且动用了自己的各种关系，将一些钱和必要的证件交给亨利希，到纽约去接他，让他在美国落脚时能够轻松一些。在美国度过的第一年，亨利希得到了一份很宽松的合同，为华纳兄弟公司写剧本，之后亨利希越来越穷了。卡蒂娅和托马斯起先还时不时地支持他，后来每个月给他一张支票。亨利希变得日益安静起来，也越来越温和了。"羞愧难当，这让我不再多想我们的天然联系，也不考虑我对上帝的顺从——我还是更愿意用对上帝的顺从这个词，而不是绝望。"[106]他只是很轻声地抱怨，而且很高贵。他很希望能够更经常，也更有实质内容地看见弟弟。他一直在等待着，生活中还会再出现点什么。但是托马斯没有来。托马斯自然是非常忙，他理解：

> 他们让我静静待着，这没什么。只是你那里有些东西错过了，不能再补回，或者说这只是一种不合时宜的想象。有可能，面对面最终比不上种种回忆。并非刻意，而且我也基本上不清楚为什么，我现在突然间开始去读《布登勃洛克一家》了。

让人看着有些心痛的地方是，托马斯虽然给予了他很多实际的团结与支持，但是并没有真正地让他的哥哥参与到他的生活中来。他不再敞开自己。他跟他保持一定的距离。他很正确地，但不再是衷心地待他，不再待他就像同类人对同类人，而是像对待一个很遗憾不得不当了他亲戚的倒霉蛋。亨利希越老，托马斯日记本里面的记录就越尖酸，甚至越刻毒。"亨利希这个大问题，还有他的女护士，我们早就没法负担得起她的费用了，还悬而未决……这个老头举止中有狡猾搞笑之处。他不再到我们这里来，因为他在自己家里吃得一样好。"（1949年9月2日）

这里当然也有跟内莉的问题。卡蒂娅和托马斯都觉得常常喝得烂醉如泥的嫂子令人厌恶、俗鄙和愚蠢，简直是强人所难，是一个"可怕的怪物"（1942年4月29日）。1903年的那场旧争端再次复活了。注重仪表的禁欲者抵御着放任的性自由和邂逅随意。他甚至直接跟亨利希谈了一次，"关于他的现状、他的想法、他的夫人，他根本就毫无可能摆脱这个女人"（1942 年 4 月 29 日）。让托马斯去理解一个喝得醉醺醺的邂逅女人很可能会极大危及他自己的秩序。他的底线就在这里。虽然亨利希常常因为内莉苦恼不堪，但他更为人性，心也更软些。他爱自己的妻子，尽管她在经济上毁了他。1944 年 12 月 17 日，她服用安眠药自杀了——"一个并非仅仅值得惋惜的事件，更确切些说，一个几乎没有什么值得惋惜的事件"，托马斯·曼在信件中止不住要进行这样的评论。[107] 托马斯记录道，亨利希没有"一分钱，因为他那本来很不错的收入被 这个女人的胡作瞎闹，最后折腾成了一个极大的负数"（1944 年 12 月 20 日）。

480

战争结束后，即将八十高龄的亨利希·曼跟东柏林的妓女玛戈·福斯（Margot Voss）互致书信。[108] 他通过寄钱和包裹来资助她。"寄来的那些好东西把我的衬衫都撑开了。"她那么爱他，令人动容。不用问，情色在其中是主导原因，但在一个充满尊重和感激的柔情的意义上，这并不下流。起码她愿意他从遥远的地方也能够共享她的身体。她告诉他，自己目前头发的颜色（"金色一定很不错，但下面也是这个颜色，一定得让一个老手来指导指导"），自己的胸脯（"大了 5 厘米"，因为吃了寄来的包裹里的火腿肥肉），自己的双腿（"我不觉得它们有内莉的腿那么美，但是这双腿也还是很不错的"），而且向他保证，从肚脐往下的部位对很多东西都特别敏感。亨利希的回信，玛戈的继承者或朋友倘若没有把它们保存在什么地方，那么就没有留下来。但他一定有天赋，在她那里用了正确的语调说话（"因为您对我的职业具有这么多的理解……"）。这位年迈的上层市民的儿子能够跟一个来自民间的普通妇人聊天，并不是平易近人，而是平等相待。托马斯大概没有能力这样做。

好几年以来，东柏林一直在争取这位《臣仆》的作者。东柏林认为，他应当成为艺术科学院主席。他虽然想接受这项充满荣誉的邀请，但他的内心中有什么东西在犹疑。托马斯·曼早就希望不必为他哥哥承担责任，建议他接受，当亨利希没有去买船票时，他有些生气。"苏联的钱到了亨利希手中，他声称这些钱是稿酬。而这大概是旅费。"（1949年9月14日）他只能接受无法更改的事情。"亨利希把动身'推迟'到明年春天。再没有什么能改动这个决定了，只能这样了。"（1949年10月17日）

亨利希的去世和葬礼在日记中简短地记录了下来。"昨天下午和卡蒂娅一起在亨利希那里。他的身体给人非常垂老的印象。"（1950年3月10日）"脑死亡，心脏还在微弱地继续跳动。卡蒂娅在那里。离辞世没有多少时间了。自然感到震惊，并无对正在发生事情的抵抗，因为这事情并没有过早来临，而也算是最仁慈的了结。他在晚间听着音乐又拖延了很久……疲惫而感动。五个中坚持到最后的一个。"（3月11日）481 "早上7点钟传来了消息，夜间11点30分心脏停止了跳动。确定死亡，移灵。最仁慈的了结……卡蒂娅说，在死者的书桌里找到了大量下流的绘画。护士知道，他每天都在画，那些肥胖且赤裸的女人。在性方面，我们几个兄妹都有各自的问题，卢拉、卡拉、亨利希还有我。维克[1]看起来简单，当然也经常欺骗他的妻子。"（3月12日）"卡蒂娅去了圣莫尼卡的公墓。"（3月13日）"为参加丧事仔细地收拾好自己……参加葬礼的人并不多。花圈和鲜花看着不错。我的花圈上的题字是'在爱中缅怀我的伟大哥哥'。"（3月14日）

吓人的左派东西

"过后在露台上讨论了很多关于俄国、斯大林等等。有必要拉开距离。亨利希的态度过于积极。"（1937年7月8日）尽管对共产主义有些

---

[1] 维克（Vikko）是维克多·曼的昵称。

模模糊糊的好感，但托马斯·曼绝对不让自己受迷惑。这位经常出门在外旅行的人从来没有去过莫斯科。他在苏联成立20周年之际给苏联作家协会写的信中说，德国的未来"肯定不在共产主义一边"。[109] 尽管如此，他还是被这些或者那些人视为共产主义作家，[110] 纳粹是这么看的，[111] 很遗憾的是，美国联邦调查局（FBI）也这么看，在联邦调查局托马斯·曼的卷宗中提到了他的"共产主义背景"。[112] 但并不是所有的共产主义者都认为他是他们之中的一员。阿尔弗雷德·库莱拉[1] 在一篇题为《托马斯·曼的颓废》（*Die Dekadenz Thomas Manns*）的文章中竟然找到缘由写出了这等令人难以置信的句子，即约瑟小说是"一部将德意志民族引回野蛮的作品"，而且"在经过观念一体化的、受到冲锋队头目控制的位于柏林的S.菲舍尔出版社出版"，此书并不是服务于其他什么人，而恰恰是服务于戈培尔先生及其宣传部。这位无耻的作者还要加上一句"这是德国刽子手精神之精神"。[113]

尽管如此，托马斯·曼还是对产生了陀思妥耶夫斯基的国家充满了善意。他写下了给苏联的新年祝福（1942），[114] 一篇纪念十月革命25周年的文章，一篇对俄国军队的祝福和其他对俄国友好的文章。[115] 他当然不愿意在任何方式上依赖俄国。他内心最深处的担心是，西方可能在什么时候因为害怕共产主义而与希特勒结盟。他要与这种恐惧作战。受到与德国流亡者左翼代表人物商讨的影响（1943年8月1日和2日的日记），他因而说过"吓人的'左派'的东西"，但希望这些东西"通过撒在表面上的很多相当保守主义及传统主义的糖粉能避免引发丑闻般的反响"。[116] 可怜的阿格尼丝·迈耶！她必须翻译这些跟她的政治观念完全相左的东西：必须摧毁由容克贵族、将军集团和重工业集团组成的危及整个世界的联盟；不应当因为恐惧布尔什维克主义而容忍法西斯主义的一切暴行；对共产主义这个词的畏惧是这个时代基本愚蠢之处；

482

---

[1] 阿尔弗雷德·库莱拉（Alfred Kurella, 1895—1975）：德国政治家，作家，笔名贝恩哈德·齐格勒（Bernhard Ziegler），1935年至1955年生活在莫斯科，返回民主德国后，曾任德国统一社会党政治局委员。

很难想象世界的未来不具备一些共产主义特征。[117] 该来的，总归会来。"关于报告，收到迈耶写的一封无耻而让人情绪败坏的信。"（1943 年 9 月 12 日）他友好克制地回了封信，带着点反讽的口吻。有些东西写起来比在口头上说出来要严重得多，"因为我具有着品行端正的市民阶级品格"。[118]

热战结束以及冷战开始后，反对共产主义的战斗日益激烈。"时不时有个愿望，整个欧洲最好作为整体以共产主义的方式组织好，在培养中建设起来。美国如果能够容许这样就好了。"（1949 年 11 月 22 日）

布莱希特

贝托尔特·布莱希特在 1943 年 12 月 1 日的信中抱怨，托马斯·曼没有对德国的希特勒政权和民主力量进行足够的区分。[119] 这个说法在总体上虽然是对的，但对《命运与任务》这篇写了很多左派东西的讲演稿来说，却恰恰不正确。"只有一个愚蠢腐败的上层、一个除了金钱和好处什么也不认的叛国者同盟"跟纳粹们合作，这位品行端正的市民阶级人物在报告里是这么说的。而各族人民拒绝合作。700 万人被抓去强制劳动，接近 200 万人被处决或者杀害，成千上万的人被关押在集中营地狱。一个数以百万计的内部流亡群体正在德国等待着希特勒的结束。[120]

483　　他不久前就将这些内容呈现在公众面前了，这一点让他很容易从他自己的立场来对布莱希特进行指责。当他在纽约作那个报告时，成千上万的人都听见他说什么了，"但是极为令人费解，而又最为德国做派的地方在于，那些当年跟我一同探讨并尝试着与流亡中的反希特勒人士进行联合的先生们中，居然没有一个人听见"。如果他们中有一个人在场听见了，大概就不会出现对他的政治观点的怀疑。他对在那个报告里面说过的内容再次进行了总结（这次可没有加糖粉）："不应当把德国毁灭或者将德国人民灭种，应该摧毁的是犯下罪行的由容克、军队和重工业组成的权力组合，他们必须为两次世界大战负责。所有希望尽在一场真正的肃清的革命，胜利者不应当阻止，而应该促进和推动这一革命。"[121]

托马斯·曼还在慕尼黑时就知道布莱希特和他的戏剧。当年两个人就相当不对付。在流亡中两个人偶尔见面，在 1939 年 9 月 1 日、1943 年 8 月 1 日、1943 年 11 月 26 日、1944 年 5 月 16 日、1945 年 4 月 7 日，还有其他多次相遇。两名联邦调查局的先生来过一次（1943 年 8 月 18 日），向他打听布莱希特和其他共产主义者的情况。托马斯·曼一定很低调，虽然在之前刚刚有过争论。对此，在布莱希特的工作日志中有一段极为敌对的描述："托马斯·曼在上个周日，双手插在怀里，舒服地躺在靠背椅上说：'是的，要在德国杀掉几十万人。'这听着完完全全是畜生的话。是居高临下的人说的。没提到任何斗争，还提出要进行这样的杀戮，要做的是冷酷的惩罚，把清扫干净作为他当畜生的借口，这就是报复（因为这是来自畜生的愤恨）。"[122]

1943 年 7 月，苏联提议建立一个"自由德国"的全民委员会。[123] 38 名流亡中的共产党人，其中包括瓦尔特·乌布利希、威廉·皮克（Wilhelm Pieck）和约翰内斯·R. 贝歇尔（Johannes R. Becher），共同达成了一个宣言，宣言在尽量避免使用过于共产主义口号的情况下，号召德国人起来反对希特勒，开展争取自由的斗争。托马斯·曼的反应是，绕了几个弯才勉强同意。在 1943 年 8 月 1 日那天，一群包括布莱希特、福伊希特万格、亨利希和托马斯·曼在内的德国流亡者要起草一份更进一步的声明。托马斯·曼依旧是很勉强地参加了。"长达几个小时的时间里，一直试着字斟句酌，结果还说得过去。"（1943 年 8 月 1 日）但到了第二天早上，托马斯·曼的心里很不安，决定拒绝这个声明。布莱希特气炸了："今天早上，托马斯·曼给福伊希特万格打电话：他要撤回他的签名，因为他现在'很懊恼和后悔'。他认为，这是个'爱国主义的声明'，这样的签名是在盟军的'背后捅刀子'。他觉得，如果'盟军把德国教训上十年或者二十年'，这并没有什么不妥的地方。这种'文化承载者'毫不迟疑的怯懦卑小再次让我本人瞬间哑口无言了……

484

我甚至在一瞬间思索着，这个'德意志民族'还怎么能辩解分说得明白，这个民族不仅容忍了希特勒政权的暴行，而且还能够忍受得了这位曼先生的种种小说，而后者并没有用二十至三十个党卫军兵团来胁迫他们。"[124]

获奖者和影子总统

类似的情况一再重复着。神学家保罗·蒂利希[1]想在 1943 年秋天和其他一些德国流亡者，其中又有布莱希特，重新建立一个"自由德国委员会"(Free Germany Committee)。这个倡议背后的想法是，在希特勒倒台的时刻要有一个现成的类似影子政府的机构来接管权力。流亡者们觉得他们注定要来组成这个影子政权。道义上他们站在正确的一方，但政治上却在一个缥缈幻想的海市蜃楼中，而此处，最大的问题在于，谁可能会最有手段地来滥用他们的一片好心。托马斯·曼这一次先去美国国务院探了一下虚实，知道美国政府像他预料的那样对此不感兴趣，他就退出了。[125]尽管如此，他必须澄清一个错误的消息："美国国务院没有要求我参加或者请我就任'自由德国委员会'的主席，我不认为目前是建立这样一个机构的合适时机。"[2][126]他甚至本该成为这个组织的主席。他告诉了阿格尼丝·迈耶有关 11 月 26 日咨询的情况："在纽约与政治头面人物的会面当然不会那么愉快，但我还是立场坚定地撑过来了，我为我的自由感到特别开心——尽管蒂利希教授说我说出了'对德国的死亡审判'这种话，另外尽管布莱希特摆出那张充满嘲弄的刻薄脸。这

个人是个依照党派站队的人，如果俄国人让他在德国获得权力，他一定会用所有的恶毒来加害我。"[127]

　　只要他有可能成为什么地方的主席，他当然还是觉得有几分得意。人们称他为精神共和国的现任总统，他很低调地用"怪哉"二字评论了这个消息（1938年12月28日）。他是德国文学流亡群体未经加冕的国王。"克劳斯发觉，流亡者群体就像一个民族，将我视为他们的特别大使。每个人都来找我，好像这是理所应当的事情。"（1940年7月14日）路德维希·马尔库塞[1]证实了这一点："所有德国流亡者的皇帝"就是托马斯·曼，他"尤其是作家这个族群的保护者"。[128]他做的梦越发继续向上飘了。据说报纸上曾经刊登过，他被找到华盛顿去了，已经被指定为德国总统。"理想主义者的梦想是让托马斯·曼成为德意志第二共和国的总统。"[2][129]但他自己清楚底细。"我其实更可能被斯大林，而不是被华盛顿选中。"（1943年2月16日）尽管如此，他乐此不疲地记录着相关消息。"遇到了建筑商X.，他问我，我是否将成为德国总统……"（1944年4月27日）此前就有一名记者对"打败希特勒之后，如何治理德国？"[3]这个问题的回答是，提议他作为即将建立的德意志共和国的总统。[130]除了一小部分忠于君主制的人以及极左派人士，他拥有大多数德国人的信任。撇开在这个时间点出现的一个显然的误会，托马斯·曼对此的回答是拒绝的，他在给阿格尼丝·迈耶的信中更加详细地就此进行了解释：

485

　　　　只有在极端的压力之下我才会勉强同意去扮演一个政治角色，而我很清楚地知道，这将令我做出最沉重的牺牲。但是我觉得，事态变得如此险峻的危险其实很小。而且首先"华盛顿"也肯定会对此有发言权。我们是"早产的反法西斯者[4]"，这个说法令我发

---

[1]　路德维希·马尔库塞（Ludwig Marcuse, 1894—1971）：德国哲学家和犹太裔作家。

[2]　原文为英语：Idealists dream of Th. M. as the president of the second German republic。

[3]　原文为英语：How shall Germany be ruled after Hitler's defeat。

[4]　原文为英语：premature anti-fascists。

笑，但是它被非常正式地作为对一个人的性格及可信度的异议使用了。[131]

是的，这大概是正确的，他没有拥有美国政府的信任。对他们而言，他并非完全那么不可信任，但是不管怎么说，他与布莱希特一样，总有些相似的令人生疑之处。他们两位在政治上都绝无机会。他们本该相处得更为融洽。不过他们两人相互反感对方的原因大概也在政治范畴之外。这位放肆迷人、下三烂而风度翩翩的滥用女性的人不就是想尽情享受生命的渴求吗？！而像我们这样的人总还知道把这种渴望抑制起来。布莱希特充满生命活力，十分好斗，他的靶子是市民阶层的习性，是那种自我克制能力，而托马斯·曼急需这种对他的人生至关重要的自制力。布莱希特没有慧眼，识别不出他的对手在内心世界里根本就不那么遵循市民阶级规范。他只是囿于外表的观察。他培养着自己的仇视，因为他需要这样一位对手。布莱希特为托马斯·曼写了一些才华横溢，但相当无赖的诗。"双手搁在干涸的怀里"，其中一首诗是这样开始的，混淆贞洁与不孕不育，"那位逃窜者要几十万人去死／对于他们的牺牲，他要求／十年惩罚。忍受者／应当受到教训。"[132] 他是这么看这件事情的。"赢得了值几十万美元的名字／为了这个备受折磨的民族的事业／那位写作者穿上了体面的西服／卑躬屈膝地／靠近财主。"

他对曼的文学作品几乎闭口不谈。我们不妨回顾一下他那些嘲弄的评论。相反，托马斯·曼对布莱希特的作品了解得非常清楚，20年代，他常常去看戏，那时就知道布莱希特的作品，在30年代他也读布莱希特的剧作。[133] 他一向觉得此人是"戏剧天才"，但要加上一句："在理论上教条主义混乱得很。"（1950年7月8日）

嫉妒艳羡也起着一个很重要的作用。布莱希特创作力的高峰在20到30年代。在流亡美国期间，他缺少灵感刺激，他没有剧场，好莱坞也不是一个具有同等价值的替代场所。玛格丽特·施德芬[1]离世了，新的缪斯女神又没那么容易再出现。而托马斯·曼则相反，他的创作条件一直位于他的内心。也正是因此他才会说：我所在的地方，就是德国。这让布莱希特一下子就生他的气了。他搬出亨利希来与托马斯叫板："亨利希·曼不像他那个有点小才气的弟弟那样，认为自己在哪儿，德国文化就在哪儿……他70岁时，穿越比利牛斯山脉，为了逃避德国和法国的法西斯分子，他并没有背叛德意志人民，而是背叛了德意志人民的压迫者。"134

　　如果布莱希特知道下面这件事情，他一定会气得够呛：他在1955年5月于莫斯科获得了"加强国际和平"的斯大林国际奖，但他其实只是第二人选。首选的人物是——托马斯·曼，而他拒绝了这个奖项。"有人问询，我是否会接受斯大林和平奖（金质星形奖章和10万卢布），就算我愿意接受，今年也是完全不可能的。为了'自由世界'，还有什么不能抛弃啊。算起来这笔钱大概有30万法郎呢。"（1954年12月6日）　487
在此之前他曾经拒绝过德意志民主共和国的国家奖金（10万民主德国马克），拒绝了两次，1953年和1954年。135 好歹布莱希特在1951年就获得了这个奖。

---

[1]　玛格丽特·施德芬（Margarette Steffin, 1908—1941）：德国女演员和作家，布莱希特最亲密的合作者之一。

浮士德博士

年谱：1943—1949

　　《浮士德博士》的创作基本上是持续进行的。通常每年大概写两百页左右，这还是在有很多其他事情转移他的注意力的情况下。1943年3月到5月，进行材料研究和构思。5月23日开始写稿子。5月31日第一章完成，6月7日第二章，在应邀写完一些杂文稿件后，6月24日完成了第三章，7月7日第四章，7月13日第五章，7月17日第六章，8月2日第七章。接下来的时间里做了一些其他工作，因此较长的第八章，其中包括了文德尔·克雷齐马尔的几个讲座，一直到9月22日才写完。修改工作在后来的时间里面进行，一些修改受到了特奥多尔·W.阿多诺的影响，托马斯·曼在7月初才认识他。

　　10月和11月，托马斯·曼因为在美国各地巡回讲演以及出席其他活动，写作首次中断了较长时间。一直到了12月8日才再次回到太平洋帕利塞德，托马斯·曼在12月21日开始第九章的写作之前，再次修改了第八章。虽然中间不断有其他事情，其中包括一再要为广播讲话"致德国听众！"录制，每个月都能完成一到两章，1944年5月9日完成了第十五章，5月24日第十六章，6月7日第十七章，6月11日第十八章。10月4日第二十二章完结，12月10日第二十四章完成。与魔鬼的谈话在第二十五章中，这一章手写稿长达52页，作者全身投入，写到1945年2月20日才完成。

　　然后又是一个较长时间的停顿，在这段时间里写完了《德意志国与德意志人》的讲演稿。1945年4月12日接着写第二十六章。这一章的写作因为写《集中营》这篇文章以及因战争结束而写的其他几篇文章而中断，第二十七章的写作因为巡回讲演和度假而中断，所以一直到8月8日才开始写第二十八章。尽管有各种原因打断写作，年底完成了第三十三章。

　　1946年开始写第三十四章并且为讲演稿《从我们的体验看尼采哲学》（*Nietzsches Philosophie im Lichte unserer Erfahrung*）做准备工作，

因为经历了一次很严重但是相当成功的肺癌手术，工作中断了很久，直到4月和5月。从6月到年底，极其顺利地完成了第三十五章到第四十六章的写作，1947年1月写完了第四十七章和最后一章附言。2月6日的日记中记载："晚餐和香槟庆祝浮士德完工，朗读了'艾肖'那一章。很明显深受感动。这个孩子的形象毫无疑问是这本书中最好的，也是最富诗意的。接着喝香槟酒。"

出于版权原因，这部小说在纽约起先只印了50册，随即在1947年10月17日在斯德哥尔摩印了14000册。小说首先主要在瑞士产生了影响。在德国，虽然媒体就这部小说进行了讨论，但是直到苏尔坎普出版社（Suhrkamp Verlag）在1948年秋天出版此书，才能在书店买到，甚至很可能（根据一封致彼得·苏尔坎普的信）要到1949年1月才能买得到。

1948年6月底开始撰写一部创作历程总结《浮士德博士的形成：一部小说的小说》，主要是为了致敬特奥多尔·W. 阿多诺的大力帮助和指点，10月底完稿。1949年出版发行。

托马斯·浮士德?

写完约瑟小说的时候，希特勒还没有被扳倒。该做些什么事情呢？托马斯·曼决定，就再给这场战争写一本小说那么长的时间吧。[1] 他一开始想的是再次捡起《大骗子菲利克斯·克鲁尔的自白》的创作。如果结束了一项停止了十年的项目，这很可能会让大家惊奇的！这将是一个多么大的自我证明啊！"一种非常棒的感觉，在停下了32年之后接上当初在写《死于威尼斯》之前中断的地方，那时就是为了写《死于威尼斯》而放下了《大骗子菲利克斯·克鲁尔的自白》。"[2] 在如此疯狂的时代有这样的耐力，有如此之大的跨度，有这样骄傲地呈现的生命整体！

如此抵抗这个世界，不受影响、坚定不移地重新拾起经历了这么多狂风骤雨和辛劳的东西，通过把这些来自已经逝去的帝国时代的轻松愉快的玩闹继续写下去，"给出一个内心愉悦地忠诚于自己的例子，一个在毅力方面嘲弄般高人一等的例子"，这将是一件多么美好的事情啊。

但事情的进程完全不同。时间跨度还要更大一些，跨越的不是 30 年，而是 40 年。"上午沉浸在先前的笔记本里面。找到了 1901 年写的三行《浮士德博士》的创作计划。"（1943 年 3 月 17 日）这是托马斯·曼当时翻阅的第七个笔记本了。他在两个地方提到了《浮士德博士》的创作计划，然而这两个地方不是在 1901 年，而是在 1904 年写下的：

> 关于长篇小说。得了梅毒的艺术家受到内心渴求的驱遣，去接近一个纯洁而甜美的年轻女孩儿，还与这位对此一无所知的姑娘订婚，在迫近婚礼时开枪自尽。

> 中篇小说或者关于《幻》。得了梅毒的艺术家形象：作为浮士德博士出现而且跟魔鬼定约。这种毒药具有迷幻陶醉、刺激物、灵感的作用；他得以在高亢的激奋中创作出天才而美妙的作品，魔鬼向他伸出援手，引导他进行创作。但最终魔鬼带走了他：脑软化。跟纯洁的年轻女孩的故事发生在这之前，他跟女孩的性关系一直维持到婚礼前。[3]

这个计划产生于托马斯·曼订婚期间，也就是说与保罗·埃伦贝格分手的那段时间里。当时托马斯·曼跟一个纯洁的年轻姑娘有关系，一直持续到结婚之前。他虽然没有梅毒，但他觉得自己受到了另外一种方式的传染，传染上了艺术家特征和同性恋情。如果有这么一位艺术家介入生活，那么复仇女神涅墨西斯就会收了他的。他担心，要么是他将新娘拖入深渊，要么作为丈夫很可能会失去艺术家特性。弗里德里希·尼采不是嘲笑过吗，结婚的哲学家属于喜剧。[4]这一点难道不也适用于艺

493

术家吗！灵感肯定不会来源于毫无罪孽的市民阶级的婚姻幸福。灵感只能来源于有罪恶的爱，只能产生于同性恋情。

在1904年还是极为现实的事情，到了1943年却已经习以为常，成为几乎太过常规化的事情了。在此期间，梅毒和瘫痪离他远得很。托马斯·曼不是浮士德。从生平来看，他把这些材料估计得有些高了。他并没有被魔鬼带走，连一丁点迹象都没有。在结婚即将40年之际，他也不可能当真去相信，上帝会因为他过着舒适的资产阶级生活而惩罚他。他害怕同性恋情会猛然闯入他井井有条的生活，虽然这种恐惧肯定没有消失。但经历了与克劳斯·霍伊泽尔一事，他对自己多少能有几分把握，就算是在这一方面他也能够挺过来。他把自己安排得不错。"晚上读了很长时间的普拉滕的日记。比较了一下，有很多理由感恩。"[5] 他用不着跟年轻男子上床，幻想就很令他满足了，是的，他觉得幻想比现实更令他满足。"在同性恋情中，爱的幻想要强烈得多。所有现实都会证实这种感觉是荒谬的。"虽然在40年代，他还到处盯着美貌少年看（偶尔也看看漂亮的少女），但在写作《浮士德博士》期间，没有关于他情事的信息。与这一切保持好距离还是很容易的。浮士德小说虽然充满了自我体验，这是继《布登勃洛克一家》之后其他作品所不具备的，但它同时也是冷静地将自己的经历通过最为精心的谋篇布局用作效果材料的小说。他以商人斤斤计较的废物利用的方式使用了到目前为止尚未使用过的所有生活材料。当然不能说这是一个"无所顾忌的传记"，虽然托马斯·曼倒是愿意这么说。[6] 这本书一方面与他的距离比任何其他书都要近，但在另一方面由于其建构性，也比从前任何一本书都更加紧凑地展现了私人生活。

在1904年时，这些材料还过于触及个人，太过明显，太容易给人造成名誉损害，所以必须搁置起来。但是作家并未忘却这些材料。到了1933年，他就已然清楚，在《约瑟》之后，浮士德博士将是他的下一个主题，[7] 同时也是他"最后的著作"。[8] 在30年代，他将偶尔找到的这个或者那个材料放入文件夹中收集起来，显然当时已经有了目的，要将浮士德与法西斯主义联系起来。当时他也读了那个仅有三行的创作计划

(1934 年 5 月 6 日)。他的脑子里一定自始至终都有这个想法,因为在他将《约瑟》有关的材料整理收拾起来的当天,他就毫不停歇地立刻开始了他的新项目:"想起了中篇小说《浮士德博士》的旧计划。四处寻找阅读材料。"(1943 年 3 月 14 日)

　　为什么是浮士德?在这个材料中一切都汇集在一起:私人的和公共的,对旧伤口的习惯性抚摸和反对希特勒斗争的高昂斗志。陈芝麻烂谷子在这里也出现了,这是首要原因。我们又拥有了一个故事,故事中一位艺术家由于爱情遭殃了,保罗·埃伦贝格和卡蒂娅·普林斯海姆又再次复苏,"我究竟为什么要娶亲?"夹杂着令他羞惭而狡黠的各类隐秘事物。第二个原因是报复慕尼黑。那些把他赶出来的人,现在都被纳入了法西斯主义的前期历史中。出于审慎和其他顾虑,这两方面的内容在从前都不能写,但到了 1943 年就可以了,因为慕尼黑现在远得很,就像他当初在罗马把《布登勃洛克一家》的最初几行字写在纸上时,吕贝克也远得很一样。他事后写道,在写作浮士德小说期间,那些肖像根本就没有再触动过他的意识。"欧洲、德国,还有活在那里或已经逝去的一切——分开、沉陷得太深太远了,太多成了过去和梦境。"9

　　第三个必须写一部浮士德小说的原因是,歌德也写过一部《浮士德》。雄心和对荣誉的渴望起着重要的作用,他有意把民族神话继续写下去,同时也告诫和教育自己的同胞。他的创作目标就是要写就这部整个时代的扛鼎之作,浮士德的故事被改头换面写成了一个艺术家人生的故事。10 这听起来很伟大很棒,实际上也很伟大很棒。第四个原因是有关生命整体的想法。浮士德小说应该是他的最后一部著作。在年轻的时候,他就将这部作品预设为他的封笔之作,成为他的《帕西法尔》。[1]11 之后他就可以长眠了。若真是这样,从生命视角来看堪称完美,但后来的情况不一样了,肺癌手术替代了死亡的来临,此后又写了几部较为重要的作品,在每一座沙丘后面又有新的沙丘,这部小说未必就是一个绝对的终结。生命的主题可以进行任意的变奏。"我即使能活到 120 岁,

495

---

[1]　《帕西法尔》(*Parsifal*) 是瓦格纳的封笔之作。

我也不会缺少想法。只是可惜了那些想法……因为此外还有谁能够处理呢？"[12] 就连那个吸取自瓦格纳的 [1][13]《路德的婚礼》(*Luthers Hochzeit*) 的创作计划，倘若他能够处理完这个修士与修女的婚礼的话，这部小说也属于陈芝麻烂谷子之列，但托马斯·曼在创作这部作品的过程中去世了。他不愿意进入叔本华的角色中，他说叔本华提供的不过是一出老叟的古怪戏，曼"一直到生命的最后一刻，还以极大的忠诚为其青年时代的作品而奔走"。[14]

相比较而言，美国并不能以此将他束缚住。从前的印迹要强大得多。"美国是让人觉得陌生的地方，很少会给人以刻骨铭心的印象。无论如何还是要从过去，从回忆、想象、直觉进行创作。"(1943 年 4 月 11 日)

整　饰

长达数周过去了，时间花在做摘录、计划和笔记上，一直到 1943 年 5 月 23 日，一个星期天的早上，曼在日记中写下了这样的话："上午开始写《浮士德博士》。"[15] 这与塞雷奴斯·蔡特布罗姆在伊萨尔河畔弗莱辛城的一间小小的书屋里坐下来，开始描述他已经作古的朋友阿德里安·莱韦屈恩的生平，是同一个日期。在《浮士德博士的形成》中有进一步的说明：

> 在中学教师蔡特布罗姆开始写作的同一天，我自己本人实际上也把最初的几行字写在稿子上，这对整本书来说是标志性的：对这种特殊的现实特征非常重要，这种特征附着于此书，而且从一方面

---

[1] 托马斯·曼是在尼采的《禁欲主义理想意味着什么？》一文中找到的灵感。

来看，这种特征是一种艺术手法，以嬉戏式的努力准确地、几近奇刻地实现虚构的东西，实现莱韦屈恩的生平和作品，从另外一个方面来看，却是一种从来不曾认识到的、在其想象的机制中持续地让我本人惊愕的无所顾忌的方式，以这种无所顾忌的方式将事实的、历史的、个人的，甚至还有文学的事件……都安装进这部作品中来。这个让我本人持续感到陌生的，甚至觉得多少有些问题的蒙太奇技术恰恰属于整个作品的构思，属于这本书的"观念"，而这观念与一种奇特的、有所控制的灵魂上的放松相关，此书就形成于这种放松中，这种观念也与此书那种转义的同时也是纯粹的直接性，　　496
与这本书作为秘密之作及其人生忏悔的特性相关，只要我还在写此书，这种特性就会让那种要将其变为公共存在的想法远离我。[16]

谁想得到啊，秘密之作和人生忏悔——谁要是期待现在听到对隐秘的私事的坦白，那肯定会失望，托马斯·曼的这个创作历程总结只把各种各样的文学和音乐的资料来源公之于众。《浮士德博士的形成》在多大程度上有意识地将最为个人的东西隐藏起来了，只有把日记和这个总结进行仔细比较，才得以显现。《浮士德博士的形成》一文中讲到，据称是从日记里面引用的：

> "上午翻阅旧笔记本，"在 17 日这一天这样写着，"找到了1901 年写的三行《浮士德博士》的创作计划。触及了托尼奥·克勒格尔那个时期、慕尼黑的那些岁月、从未能够实现的《情人》和《幻》的小说创作计划。'旧日之爱和友谊也随之复生。'[1]再次看到这些青年时代的痛苦，羞愧和感动……"[17]

这里难道不少点什么吗？日记本的原件里面的内容（1943 年 3 月

---

[1] 《浮士德》中原文是"初恋和友谊也随之复生"（Kommt erste Liebe und Freundschaft mit herauf），托马斯·曼对此稍作改动，将初恋（erste Liebe）替换为旧日之爱（alte Liebe）。

17日）似乎有些不一样：

> 上午沉浸在先前的笔记本里面。找到了1901年写的三行《浮士德博士》的创作计划。触及了保罗·埃伦贝格和托尼奥·克勒格尔时期。《情人》和《幻》的写作计划。再次看到这些青年时代的痛苦，羞愧和感动。这是体验过的最强烈的爱了。我终将可以对自己说，我曾经沐浴在这一切之中。难的是让它变得适合艺术呈现。

两个文本间存在很小的，但是重要的差别。《浮士德博士的形成》一文中少了"保罗·埃伦贝格"，还有就是少了曾经沐浴过的东西。在真正触及事情的地方，也就是在说到对保罗·埃伦贝格的爱情时，曼换上了一个歌德的暗示，即日记里缺少的那句引自《浮士德》中《献诗》的"旧日之爱和友谊也随之复生"。这样就能够更好地将自己示之于众了！他又一次把自己的生活用伟大的文学掩护了起来。

可惜赫茨女士来就餐

纳可黛是一个30多岁的老姑娘，她胆怯腼腆，她的脸永远都是红着的，好像每时每刻都在感到羞愧万分似的，不管是自己说话也好，还是听别人说话也好，戴着单片眼镜的她总会拼命友好地眨动一双眼睛，同时还要一边点头，一边皱鼻子。这个女人其实是在乘电车时和阿德里安相识的，他那天正好进城，他们都站在电车前面的平台上，她就站在他旁边，当发现这个情况后，她的脑袋嗡的一下就大了，她飞也似的穿过拥挤的车厢，逃向后面的平台，在那里稍事冷静之后，又赶紧跑回前面去主动与他搭话，叫出他的名字，脸上红一阵白一阵地向他表忠心，顺带也介绍一点她自己的情

况，并且还告诉他说，她认为他的音乐是神圣的，他于是对自己所得知的这一切表示感谢。[1] 18

1924 年在纽伦堡，托马斯·曼自己乘坐有轨电车时，就遇到了同样的事情，对方是书商伊达·赫茨。她的父母开着一家经营肠衣、调味香料和屠夫用具的商店，所以她的性格特性不仅体现在梅塔·纳可黛身上，而且还体现在库尼恭德·罗森施蒂尔身上，后者是一家生产肠衣的企业的执行合伙人，两位忠心耿耿的女性中的第二位。然而罗森施蒂尔的外貌，一头乱蓬蓬的难以收拾的头发，褐色的眼睛里写满那种古老的悲哀，是托马斯·曼从别的地方挪用来的，大概是借鉴了克特·汉布格尔[2]的外貌，她与伊达·赫茨是好朋友。两位女士都能写出用词讲究、表达得体的信件，两人都是犹太人，两人都是处女，而据作家的观点，保持处女是有好处的，"由于人类的匮乏显然是一种先知先觉的源泉，而这种先知先觉的珍贵性也绝对不会因为其源头的如此困苦而有丝毫降低。"[3]

现在人们说起伊达·赫茨时，习惯性地或附庸大师的嘲弄口吻，或抱怨大师的刻薄不友好。但何必采取什么立场呢，反正二者都值得敬重。赫茨是位大气的女子，不会为此生气。她从未觉得自己受到了什么伤害。相反，《浮士德博士》中的描写让她本人弄清楚了在他的生命中她"戏剧性的地位"。[19] 她显然完全赞同自己的"忠心耿耿的女性"这一角色。

1922 年，她第一次见到这位作家，1924 年在有轨电车上主动跟他说话，1925 年整理了他的图书室，从那时候开始，得到他的支持，收集托马斯·曼的或者有关托马斯·曼的印刷品、文章、照片和书，并且历经困难的年岁把它们保留给后世。在 1927 年的狂欢节，受到大师

---

[1] 《浮士德博士》，第 355-356 页。

[2] 克特·汉布格尔（Käte Hamburger, 1896—1992）：著名日耳曼学学者、哲学家，哥廷根大学德语系前面的那条路便以她的名字命名。

[3] 《浮士德博士》，第 355 页。

498 的感染和鼓励，她扮作《魔山》中的没有教养的斯特尔夫人登场。[20] 在希特勒时期，她历尽艰难。她言行不小心谨慎，而且很为自己跟托马斯·曼有来往感到自豪，因此在 1934 年被捕了，七个星期之后被赦免释放，1935 年因为违反《恶意行为法》（*Heimtückegesetz*）再次被人告发（她咒骂了党和国家的领导人），1937 年，在她本人已经离开德国的情况下，被剥夺德国国籍。给出的理由是，她在人种上和认知上都是犹太人，是这个纳粹国家政体的疯狂反对者，曾经大肆污蔑尤利乌斯·施特莱彻[1] 对儿童有品行不端的行为，曾经在她家的使女面前称希特勒为刷墙匠[2]，在纳粹掌权之后仍然丝毫不隐藏她对已被革除德国国籍的作家托马斯·曼的痴迷，还依旧保持着与他进行思想交流。计划再次对她实施逮捕时，她已逃往国外，躲过了此劫。[21]

在国外，托马斯·曼多次对她提供帮助，她更是经常去拜访他。无论他多么敬重她，这都让他有些心烦。"可惜赫茨女士来就餐。"有一段时间他每天都会在日记本里写下这句话。[22] 要是谁还从来没有因为客人来访心烦过，那就带头指责吧。他需要她在一个比较远的对方，而不是近在眼前，但是如果迫不得已的话（在 30 年代确实别无他法），他也能容忍她出现在眼前，他会扮演好自己的角色，不过他会在日记里发泄自己的恨意："这个倒霉的赫茨，她盯着看我的脸色，无法形容她有多么扰人，简直不胜其烦。"（1935 年 4 月 16 日）"这个歇斯底里的老处女没脸没皮地强人所难，真是倒霉催的。我以面无表情、冷淡僵硬来应对，这让我想起了妈妈，她以类似的方法来对付那些不受欢迎且自作多情的人贴近。我好歹一直到最后还多少保留了一些劝解的善意，但已下定决心，下不为例。"（1935 年 4 月 19 日）但是才到了 9 月，她又来了，这回在逃亡途中，因此没法回绝她。她被招待着在家里住下，待了两个多星期。

---

[1]　尤利乌斯·施特莱彻（Julius Streicher, 1885—1946）：纳粹头目之一，反犹刊物《冲锋报》的主编，屠杀犹太人的主谋之一，1946 年 10 月 16 日被纽伦堡国际军事法庭处以绞刑。
[2]　希特勒早年学过绘画，自认为是画家。

她知道，他对她有多么大的帮助。当她85岁读到他的日记时，她写信给克劳斯·W. 约纳斯（Klaus W. Jonas）说，尽管揭示了真相，给她带来一些伤害，但她还是坚持认为她得到过他的友谊。[23] 这是有道理的。因为托马斯·曼不仅是获取，他也奉献。他多次努力且成功率很高地为她谋得职位。30年间，他给她写了350封信件和明信片，这些信件虽然并不是那么发自内心和亲切友好，但一直是就事论事的，不厌其烦的，其中也有些内容详细全面的信件，有着不知疲倦的礼貌。然而，他拒绝她内心最深处的世界。当她想细细诉说她的生活问题，甚至暗示想自杀时，他冷淡地提示她，想自杀她还缺少死亡本能。[24] 当她因为他的"马克思主义"倾向要求他说个明白时，他简单粗暴地用"蠢话"二字告诉她要收敛一点。[25] 她也总是在担忧，是否会打扰到大师，但她又恰恰总是打扰他。"如果我针对您有什么看法的话，我一定会跟您说的。但我除了这句话之外没有什么针对您的。"[26]

她给他寄书和文具，蛋糕和复活节彩蛋——13个复活节彩蛋，他注意到这个数字时，吓了一跳。"我打开包裹，迅速蘸着糖吃了一只生的，以避开对我的这个诅咒。我会自己排解这件事情的。"[27] 他在生前有过这么一位档案员，他欣然听之任之，这类事情比较迎合他的心意。虽然他不会反对耶鲁大学图书馆，也就是约瑟夫·W. 安杰尔（Joseph W. Angell）正在建立曼尼亚纳档案的地方，从她手中买下全部收藏，但并没有买成，因为由于冷战，没有人愿意出这个钱，所以这些物品现在存放在苏黎世。伊达·赫茨60岁生日时，他为她专门写的一封动人的信给她增了不少光彩，此信是以莱韦屈恩的角色写的，戏谑地把有轨电车和肠衣都用上了：

> 我们怎么相识的呢？您，当年是一位肠衣店的店主，在有轨电车上飘来飘去，从一个车厢到另外一个车厢，最后跟我说上了话，我们就这样相识了，然后这个相识持续下来，您一直给我写些用词讲究的信件，您的德语比某些学者的更好，您时不时地到普菲弗尔林探望我，您出现在可怜的小内珀穆克·施耐德魏因的临终床边，

可惜我们不得不将他交给魔鬼，最后当我想从《浮士德博士哀歌》中表演一段时，您又在现场，但事情有些不对头，因而所有的客人全都跑掉了，只有您和那位施魏格施迪尔太太没有跑——这当然是一些遥远的、历历在目而又感人的回忆，在这个值得庆祝的日子里，它们都会浮现在我们两人眼前。[28]

当时他们俩已经相互关注几十年了，他接着写道，一个人参与到另一个人的生活中，她用令人动容的忠诚参与了他的命运，参与了他的写作和各种胡作，他以极大敬意与好感关注着她的生活状态和变化——"因为自从您被赶出德国之后，您的言行举止如故，您生存下来，工作着，您经受了生活考验，这一切都很勇敢和充满荣誉感，这确确实实值得每一份敬重、好感和友谊。"

500

施瓦宾和珀灵，帕莱斯特里纳和太平洋帕利塞德

如果要细数起他对自己特性的每一处加工，那么数起来就没完了。他肯定对自己的心灵创伤进行过加工。只有创伤才具备一种烧灼的回忆清晰度，只有创伤才顺从一种一成不变的社会环境。关于埃伦贝格、调情争吵、极端大胆明晰的情书和激情似火的家庭，我们在前面的一些地方已经说过了，同样也说过一些关于珀灵、母亲，还有关于妹妹卡拉自杀的事情，同样也有关于卡蒂娅和玛丽·戈多。施瓦宾区的浪荡艺术家圈子和慕尼黑的上流圈子也都上场了，例如丹尼尔·楚赫（脱胎于路德维希·德尔勒特[1]）、西克斯图斯·克利德威斯（脱胎于埃米尔·普雷

---

[1] 路德维希·德尔勒特（Ludwig Derleth, 1870—1948）：德国作家，格奥尔格圈子成员。

托瑞斯[1]、列奥·奇恩克（脱胎于弗朗茨·布莱[2]）、哈伊姆·布赖萨赫尔（脱胎于奥斯卡·戈尔德贝格）以及这部小说的很多人物都表明了这一点。不仅对敌人，对朋友们也进行了肖像描绘。吕迪格尔·席尔德克纳普这个形象的背后是惠特曼作品的翻译者汉斯·赖西格，曹尔·费特尔贝格的身后是电影代理商索尔·C.科林（Saul C. Colin），[29]让内特·硕伊尔的背后是安妮特·科尔布。梅塔·纳可黛和库尼恭德·罗森施蒂尔，我们已经知道是谁了。那个臭名远扬的歌剧望远镜再次被拿了出来。小说出版之后产生了一些相应的争论，与阿诺尔德·勋伯格[3]，与汉斯·赖西格，与埃米尔·普雷托瑞斯以及一些其他人进行了争论。托马斯·曼必须要给伊达·赫茨写一封宽慰的信，她可千万别因为书中有些影射香肠的尖头就以为，她就是书中的罗森施蒂尔女士。"如果那样想，那可就是一个极大的幻想了！那可就是得了疑神疑鬼的疑心病了！！假定，那个幻想里面包含一个电子大小的真理呢？那又能怎么样呢？那我们就找到这位守护在小内珀穆克的临终床前极度难过的罗森施蒂尔，您把她比作一个时髦的伦敦女郎，就像我如同海格力斯一般，最后她就像一名护卫那样笔直、忠实地站在即将凋零的莱韦屈恩边上。"

从小说中我们对托马斯·曼的童年的了解十分有限。莱韦屈恩在一座村庄长大，托马斯·曼虽然从珀灵和巴特特尔茨附近择取了一些风景作为这座村庄的原型，但这样做并不够，因此小说中的乡村生活看起来艺术加工的痕迹太重。凯泽斯阿舍恩虽然有几分吕贝克的特点，但这些特点并不能支撑太久，因为来自他的出生城市的童年时代最重要的东西在文学上早就用过了。

501

---

[1]　埃米尔·普雷托瑞斯（Emil Preetorius, 1883—1973）：德国插画家、版画家、艺术品收藏者。

[2]　弗朗茨·布莱（Franz Blei, 1871—1942）：奥地利作家、翻译家、出版人和文学评论家。

[3]　阿诺尔德·勋伯格（Arnold Schönberg, 1874—1951）：美籍奥地利作曲家，音乐教育家和音乐理论家，西方现代主义音乐的代表人物之一。

托马斯·曼早年在意大利居住过，帕莱斯特里纳和罗马这两处场景激发了不少灵感。魔鬼谈话的地点以对1897年夏天的回忆为底色。在帕莱斯特里纳，托马斯·曼确定作家将成为自己的天职。他在那里与文学定下了永久的盟约。魔鬼现身有一缕超自然的玄妙色彩。托马斯·曼声称他本人当年就在沙发上看到过一位相似的先生。那人身材细瘦，眼睫毛微微泛红，脸色苍白，裤子的大小勉强合适，一双黄鞋已经破得不经一擦。[30]托马斯·曼认为他确切地知道，这就是魔鬼本尊，而不是别的什么人。[31]另外他自从动了肺部手术之后，就一直坐在沙发一角写作，用写字夹板来支撑，不再坐到书桌前了。这张沙发现在保存在苏黎世。坐在沙发的右角，可以深陷到沙发里去，能有好的思路。

普菲弗尔林就是珀灵，位于慕尼黑到加米施的铁道线边上的魏尔海姆附近，曼的母亲自1899年去那里度假之后，从大概1906年起，断断续续地在那里一直住到她1923年去世。与从前的施瓦宾区一样，珀灵也是一个艺术家爱选择的地方，是浪荡艺术家圈子里秘而不宣的聚集地，很多画家都生活在那里，或者在那附近，在穆尔瑙和科赫尔。妹妹尤丽娅的未婚夫约瑟夫·勒尔是个银行家，他认识不少画家，带大家进入了这个圈子。珀灵既有田园风光，同时这个地方也带来了创伤，它是一个度假的地方，但也是一个与日渐衰老的母亲见面的地方，是妹妹辞世的地方。在小说里，母亲以市政议员夫人罗德太太的形象出现，丈夫去世后，她从不来梅来到慕尼黑，想感受一下这里的生活活力，想她把女儿们嫁给好人家。两位妹妹尤丽娅和卡拉在小说中是伊涅丝和克拉丽莎·罗德。卡拉于1910年在珀灵自杀，小说将这个事件几乎不加遮掩地纳入了叙述中。

母亲作为市政议员夫人罗德太太以非常冷静的形象出现：

> 她的境况如何，明眼人是不难看出的。一双深色的眼睛，一头褐色的、稍稍泛些灰白的优雅的鬈发，贵妇人的举止，象牙般的肤质，可爱的、依然保养得相当姣好的容颜，她这一辈子，体面风光地出入过城市贵族的社交圈，恪尽职守地打理了一个仆佣成群、义

第十七章 浮士德博士

务繁多的大家庭。然而，自从她的夫君（他的身着工作制服的严肃肖像同样也是装点这间客厅的饰物之一）过世之后，家道便开始严重衰落，往昔的地位在原来的环境中已经很难完全得到维持，正是在这种情况下，对于一种永不枯竭、很有可能永远也无法真正得到满足的生活情趣的种种向往从她的身上释放出来，她渴望在人情较为温暖的地方愉快地度过自己的余生。[1] 32

女儿伊涅丝是托马斯·曼的传声筒，倘若她"对于她的母亲明确而沉默地表示拒绝"。分配给阿德里安的并不是尤丽娅·曼这个类型的母亲，而是一位并非来自生平经历的理想母亲。为了映衬这位亲生母亲，托马斯·曼还把很多母亲的形象引入了小说，主要是伊丽莎白·莱韦屈恩和施魏格施迪尔夫人，"圣殇[2]之母"，人们一直这样称呼她们。她们能够满足在受难中寻求安全感的渴望，现实中的母亲大概无法满足这种渴望。在音乐教师文德尔·克雷齐马尔争取阿德里安时，小说中的描写是，他的母亲"以其特有的方式把坐在她那边的儿子的头揽进她的怀里。她的胳膊似乎在搂着他，但搂的不是他的肩膀，而是他的头部，她的一只手则放在他的额前，而与此同时，她用她那乌黑的眼睛看着克雷齐马尔，用她那好听的声音和他说话，同时让阿德里安的脑袋靠在她的胸前"。[3] 33 在莱韦屈恩瘫倒在地时，施魏格施迪尔太太也相似地托起这位不省人事的艺术家的头，"用母亲般的双臂抱住他的上半身"。[4] 这种给人安全的姿态暗示了退行[5]的愿望，托马斯·曼大概也有过这样的愿望——谁又会没有这样的愿望呢？

---

[1] 《浮士德博士》，第223页。
[2] "圣殇"（Pietà）是基督教艺术的一个创作题材，描绘了圣母玛利亚将刚刚从十字架卸下的耶稣尸体抱在膝上或怀中的情景。
[3] 《浮士德博士》，第146页。
[4] 《浮士德博士》，第574页。
[5] 退行（Regression）是由弗洛伊德提出的心理学术语，是一种心理防御机制，指人们在受到挫折或面临焦虑、应激等状态时，放弃已经学到的比较成熟的适应技巧或方式，回复使用早期幼稚的方法去回避现实，摆脱痛苦。

施瓦宾区是从浪荡艺术家的圈子上升到更为高雅的圈子的地方。皇帝时代的知识界先锋都聚集在这里。1900年左右或者1914年前的经历是叙述内容的核心。后来曼经历过的慕尼黑、1914年战争爆发、苏维埃共和国、1933年之前的法西斯狂热的特征主要是在叙述者塞雷奴斯·蔡特布罗姆的层面上留下痕迹。托马斯·曼让叙述者这个人物生活在弗莱辛，在距离慕尼黑20公里左右的北部。他很可能熟悉弗莱辛的教堂山和诸如亨特普佛特勒尔阁下这样的人。在蔡特布罗姆的家庭范围里，有一位海伦·额尔哈芬[1]和两个法西斯儿子，但这个范围里没有曼自己的观念。

503　　在太平洋帕利塞德，也有一些新思路涌入。那位可爱的内珀穆克·施耐德魏因就是其中之一，小说中，他在1928年，年仅5岁就夭折了，痛苦地死于脑膜炎（在小说的逻辑中：被魔鬼带走了）。他在现实生活中的原型是托马斯·曼的孙子弗里多·曼[2]，弗里多幸免于这样的厄运，在加利福尼亚创作这部小说时，孙子的乖巧可爱让作者特别开心。内珀穆克的夭折是小说结构要求的，在民间故事浮士德中就有这样的情节，民间故事书中浮士德博士与他的情妇海伦娜有个小儿子。

弗里多·曼活着，而他的爷爷在书中让他如此令人印象深刻、令人惊惧痛心地死去。这并不总是一件容易的事情。这就是说，他从此就担心死亡的强大力量。他的身边围绕着一群强大的具有示范效应的生活模型，父亲、祖父，还有伯祖亨利希，伯父及姑姑克劳斯、艾丽卡、戈洛、莫妮卡和伊丽莎白的生活经历都十分不凡，他要找到自己的生活道路，并不是那么容易。他没有学习这些榜样中的任何一位。他从加利福尼亚回到了德国，改宗天主教，学习神学，与沃纳·海森堡[3]的女儿结

---

[1] 蔡特布罗姆的妻子，娘家姓额尔哈芬（Ölhafen），罗炜译本中译作了额尔哈腾。

[2] 弗里多·曼（Frido Mann）是托马斯·曼最疼爱的孙子，米夏埃尔·曼之子。

[3] 沃纳·海森堡（Werner Heisenberg, 1901—1976）：德语音译"维尔纳·海森贝格"，德国著名物理学家，量子力学的主要创始人，哥本哈根学派的代表人物，1932年诺贝尔物理学奖获得者。

婚，参加了"六八"学生运动[1]，再次上大学（主修心理学和医学），在明斯特成为大学教师和心理治疗医生。他在自传体小说《帕西法尔教授》（*Professor Parsifal*）（1985）中描述了他那丰富的，但显然压力颇重的，被许多无法实现的期许包围的人生。

　　另外，流亡于加利福尼亚促成了与特奥多尔·W.阿多诺的相遇，阿多诺不仅把他的很多想法借给了魔鬼，而且还暂时赋予魔鬼现身时的形态：戴着眼镜的音乐界知识分子的形象。流亡时期的一句自我戏嘲也用在了书中。魔鬼在帕莱斯特里纳建议阿德里安·莱韦屈恩说，"我所在的地方，就是凯泽斯阿舍恩"[2] 34，这是对"我所在的地方，就是德国"的戏拟。

　　然而，来自流亡时代的大多数材料都叠加在蔡特布罗姆这个人物身上。他对希特勒时代的判断很多都直接从曼的杂文中引用过来。35 这有时会给人造成一种很奇特的印象，因为今天我们知道，内心流亡者的意识与那些被驱逐到国外的流亡者的意识状况会有多么大的差异。

顾　问

504

　　特奥多尔·W.阿多诺觉得自己仿佛被托马斯·曼从坟墓里进行了诽谤。36 艾丽卡·曼在 1965 年编辑出版了她父亲书信选的第三卷，这个书信集中有一封写给约纳斯·莱塞（Jonas Lesser）的信，阿多诺在这封信里读到，他在聚光灯下以令人极不愉快的方式进行自吹自擂，而这聚光灯是托马斯·曼打在他身上的。这让人多少有些觉得，好像真的是

---

[1]　是一场于 20 世纪 60 年代末在联邦德国发生的一系列带有激进的批判与复杂政治因素的抗议活动。它是同时期美国学运的一部分，首要目标在于人的解放，即带有反权威色彩的对统治关系的反对。

[2]　《浮士德博士》，第 259 页。

他写的《浮士德博士》似的。[37]

这些话说得很重。毫无疑问，托马斯·曼在阿多诺那里"偷"了不少东西——但都是经过他同意的，这一点完全可以改变事态，这种情况下就不能说偷了。《浮士德博士》的作者虽然掌握了音乐的经典曲目及技能的许多方面，但他对 20 世纪音乐却没有真正的接触。从根本上来说，他的音乐品位没有超出瓦格纳的作品。"《尼伯龙根的指环》的三和弦世界"是他的音乐故乡，他对自己是这么说的。[38]《浮士德博士》要解决的问题也来源于尼采的《瓦格纳事件》(Fall Wagner) [1] 一书。尼采确信，在瓦格纳那里一切都是做出来的，算计好的，都是人造的、有效果意识的匠气作品。那么就不能接受，也不能产生一个伟大的作品了吗？一名现代艺术家如何才能克服做作的意识呢？与魔鬼订立盟约，魔鬼要做的是提供做作的灵感。谁不再拥有天然本真的质朴，那就需要模糊自己的意识，就需要某种陶醉痴迷。而魔鬼就以疾病的形态将这种陶醉痴迷出售给他。疾病是"脑的性激素"[2] 39，同时馈赠一些亢奋的时光，在这样的时刻，碍事的理性查验被撂在一边。魔鬼保证："一种真正令人喜悦、令人入迷、深信不疑的灵感，一种没有选择，无须修改和修补的灵感，而遭遇了这种灵感的那个人呢，他把一切都视为极乐的指令，对它们全盘加以接受，他停下脚步，跌倒在地，他浑身上下感到一阵阵崇高的战栗，他幸福得泪如泉涌。"[3] 40

瓦格纳之后的音乐作品应该是什么样子的，无论是总体上，还是具体到个别作品，托马斯·曼都毫无概念。这时候，最好的顾问出现了：特奥多尔·W. 阿多诺。他不仅知道托马斯·曼的问题，而且对于 505 怎么解决这个问题，也很有想法，此外，他对 20 世纪就这个问题在音乐上最为重要的回答也十分了解，也就是阿诺尔德·勋伯格的作曲方法。对以前的任何顾问，托马斯·曼都没有像对待他那样推心置腹。托

---

[1] 尼采在这本书中曾戏谑地说，有些恶意的人会把这个标题理解成《瓦格纳的堕落》。因为在德语中，"Fall"这个词既可以理解成"事件"，也有"堕落"的意思。

[2] 《浮士德博士》，第 284 页。

[3] 《浮士德博士》，第 273 页。

马斯·曼阅读阿多诺的著作，多次在长达几小时的会议上与他会面，最后还把自己的全部手稿都交给他（1945 年 12 月 5 日）。说到音乐部分文字创作的实现，阿多诺完全应当被视为共同作者。在托马斯·曼提出的极为粗略的设想下，阿多诺想出了莱韦屈恩后期所作的几个曲子。按照市民阶层的正义公平观念，其实应该给他一定的经济补偿，如果他真的提过这样的要求的话。但阿多诺觉得能够参与《浮士德博士》的创作工作，是在更高层次上的一种挑战，并没有将其视为一种可付款购买的供应者的业务。他在 1957 年还强调了这一点，当时对他的攻击到了迫使他做出宣誓声明的程度：

> 在进行小说《浮士德博士》的创作工作时，我为托马斯·曼在一切有关音乐的问题上提供了友好的咨询。这部书是在我的眼前产生的。作家从来就没有过这样的念头，即让人产生一种错觉，认为十二音体系是他发明的……
>
> 同样荒谬的是，有人揣测，托马斯·曼以非法的方式使用了我的"精神财富"，仅仅是因为小说音乐部分的建构是在我们二人意见完全一致的情况下进行的……
>
> 最后，我还想特别强调地声明一点，我从来没有从托马斯·曼那里得到过任何物质上的报酬。[41]

　　阿多诺其实远比勋伯格更值得附上一个说明，以便确保他的知识产权，[1] 因为阿德里安·莱韦屈恩的很多表述都是逐字逐句从阿多诺那里搬过来的，每一位阅读过这位伟大音乐理论家的《新音乐的哲学》（*Philosophie der neuen Musik*）和其他著作的人，都可以轻而易举地确认这一点。

---

[1]　参见《浮士德博士》的译序："好在阿多诺是大度的，相比而言，勋伯格则显得小气，他不依不饶，托马斯·曼因此不得不在 1948 年由苏尔坎普出版社被特许授权出版的翻印本末尾附上一份'勋伯格是十二音体系发明人'的声明。"

阿多诺完全可以放心，托马斯·曼的基本观点不会偏离他的基本观点。[42]这并不是因为这两个人衷心地相互爱戴，但是相互推崇还是有的，在阿多诺一方：“我非常惦记他。”[43]托马斯·曼一方也同样：“少有的聪明才智，知识面广博”，“了解世界上的每一个音符”。[44]因为直接植入阿多诺的思想肯定是多少有些尴尬的，[45]托马斯·曼想面对公众把事情明确地说清楚。主要是出于这个原因，他写了《浮士德博士的形成》。他不仅在文中毫不含糊地认可了阿多诺的贡献，而且还对他大加赞赏：

> 在接下来的几周里，我多次带着笔记本和笔来找他，一边喝着自酿的上好的水果利口酒，一边飞快地用……关键词记下要展现的特性细节，这些都是他为清唱剧准备好的。他对整体创作意图以及这个清唱剧的特别意图都十分熟悉，因此他的各种想法和建议都直接针对最为本质的东西。[46]

这里说的有关莱韦屈恩清唱剧《形象启示录》的话，也完全可以用在小说的大部分作曲与音乐部分。一直到此时，还没法对托马斯·曼进行指责，两个人之间的关系是公平及和谐的。但是卡蒂娅和艾丽卡危及了这个关系。在一次《浮士德博士的形成》的诵读会之后写的一则日记的附注本证实了这一点：“艾丽卡对阿多诺有敌意，她大概不愿意看到这么人夸赞阿多诺。”（1948年9月12日）这导致曼删除了《浮士德博士的形成》中一系列涉及阿多诺的段落。被删除的段落中最重要的几段紧接在上面引用的句子后面。就是那句，他对整体创作意图以及这个清唱剧的特别意图都十分熟悉——下面是原来接着写的内容：

> 他提出了一些非常契合这个剧的设想，如合唱团从低声细语、分为角色朗诵和一半唱歌，进而发展成最为丰富的人声合唱复调音乐，管弦乐队从神奇的原始声响展开到最为完善成熟的音乐。
>
> 或是用声乐及器乐部分进行音色替换，将“人和物之间的界线进行了挪动”，用这个想法，让巴比伦妓女部分转化为最为优美的

第十七章 浮士德博士

女高音花腔并且"让它那精湛的流动与笛声一般的作用融入乐团的
声响中",另一方面特定的器乐赋予乐团一种怪异的人类之声。这
个念头,在这个绝望的剧中应当用不和谐音来表达一切严肃与精神
的东西,用和谐的与调性的音乐来表达地狱世界,换言之,来表达
一个平庸和空洞的世界,这是真正的勋伯格流派,更确切地说是贝
尔格流派[1]。他从阿德里安热衷于嘻拟的忧郁倾向,发展出了魔鬼
般走马灯似的变幻更迭,对所有可能存在的音乐风格进行嘲讽式的
模仿,从小美人鱼的主题发展出了"请赋予我灵魂"这一词句,从
凯泽斯阿舍恩和音乐极端主义的混合物发展出"爆炸式古董"的格
式。47

每一位了解《浮士德博士》第三十四章的人都知道,这里已经都具
体到何种程度了。在这个地方,托马斯·曼的作者自豪感遇到了很大的
难题,在接下来的文字中就能察觉这一点:

> 这一切其实也完全可以出自我的手笔,它出自我的笔下,就
> 像"关于世界毁灭的最新通告"这个说法也出自我的笔下一样,它
> 被用在了男高音的证人那段冰冷的唱词——但是在共同创作的共情
> 中,顾问把这个说法讲了出来。他给我的最有意义、最合适的建
> 议,是地狱发出的狂笑与天使儿童的合唱实质性的同一性,我把其
> 令人动容的描写留到了这一章结束部分再写。是这样的,回家后我
> 先是把浮光掠影地记录下来的东西"巩固加强",这就是说:以更
> 加确切的详细程度写下来——而后,我要做的事情就剩下将整理好
> 的东西进行创作上的排列组合,完善它的形式,就是所谓的写成诗
> 句,我想说:让那个好人塞雷奴斯运用胸腔共鸣,加重呼吸,沉浸

---

[1] 阿尔班·贝尔格(1885—1935),奥地利作曲家,未受过正规音乐训练,师从勋
伯格,以无调性和12音体系作曲。作曲风格为19世纪末期的浪漫派风格,主要作品有
管弦乐队歌曲,室内乐,歌剧《沃伊采克》《露露》等。

在惊愕与爱之中把它朗诵出来。

但是这个家庭不愿意别人来分享作者的荣耀，即便是牺牲掉事实真相也不愿意分享。"早上跟卡蒂娅聊起了揭露阿多诺，觉得很累。她觉得很难接受且有些失落。"（1948 年 10 月 27 日）托马斯·曼情绪不好，但还是让步了，进行了删减和弱化。他将阿多诺献祭在保障家里安静和谐的祭坛上，违背了他自己更好地知道的情况。在这一点上是肯定可以责备托马斯·曼的。但说阿多诺吹牛，这真是恶意去说别人的坏话了，是整个家族的闲言碎语及家族利益多年来对事实真相刻意歪曲造成的后果。出于策略原因，此事被悄悄告诉了约纳斯·莱塞。艾丽卡·曼将这封给他的信到处扩散，并非不得已为之。如果托马斯·曼的书信集公开发表时，阿多诺还健在，他很可能会很平静，未必会将那封信视为托马斯·曼真正的想法。

卡蒂娅一直到了 91 岁，还觉得要捍卫她的丈夫，要压低阿多诺的作用。如果阿多诺认为，《浮士德博士》的实质性部分是他写的，那肯定是个错误。"他当年因为提要求和狂妄自大有一阵子简直要疯了。"[48]这种说法对他很不公正。

真正的发明者

508

"人们凭什么就不能觉得，来自我那本书的全部收入要都给十二音体系的发明者？"这个气呼呼的问题写在 1948 年 12 月 30 日的日记里面。到底发生了什么事情？在 1948 年 1 月 15 日，托马斯·曼拟就了一条献辞："致阿诺尔德·勋伯格，真正的发明者，奉上恭敬的问候。"小说刚刚出版，他在其中一本上写下了这个献辞。[49]这个做法有恭维的意思，但有些弄巧成拙。那个受到如此敬重的人愤怒地以一个小册子作为回应，他虚拟了一个名为"胡戈·特里布萨门"[1]的人，在来自第三个千年的报告中称，他在 1988 年的一本《美国大百科全书》上读到，托马斯·曼是十二音作曲法的真正发明者，而一位意在剽窃的名叫阿诺尔德·勋伯格的作曲家想要将这项发明收归为己有，浮士德小说很清楚地说明白了这一点。托马斯·曼起先觉得这份极为过分的东西是年轻气盛的勋伯格妒火中烧的产物，但这是大师此前自己傻乎乎地写出来的。"谁是所谓十二音作曲法的创造者，今天大概每个摩尔人的孩子都知道。"托马斯·曼在 2 月 17 日这样回答他。他在那个时候就让人知道，他的书对勋伯格的益处比害处要大得多，实际上事情也是这样发展的。

勋伯格觉得他自己的权益受到了特别大的威胁。他在 2 月 25 日写道，不久后，大概每个人都要成为他的想法的原创者。[50]"我的处境跟其他创新者的处境不同。对德国人来说，我是犹太人，对操罗曼语族[2]语言的人来说，我是德国人，对共产党人来说，我属于资产阶级，犹太人则特别赞成亨德密特[3]和斯特拉文斯基[4]。"虽然托马斯·曼并不是这类抱怨非常合适的倾听者，但他的反应充满了理解而且亲自过问此事，使得这部小说后续的所有版本直至今日都附有一句专门的说明。"看起来并不多余，"这个说明是这样开始的，"特此告知读者，第二十二章所描述的作曲方式，十二音作曲法或称为序列作曲技巧，实际上是一名同时代的作曲家和理论家的知识财富，他就是阿诺尔德·勋伯格……"冲突似乎就此平息。难以解释的是，勋伯格又再次出击。[51]"我现在还一直没有读这本书"，他声称，仿佛这是个很大的功绩一般。他认为，哪

[1]　胡戈·特里布萨门（Hugo Triebsamen）是勋伯格虚构的公元 3000 年的历史学家，这个名字取自勋伯格厌恶的两位音乐家的名字。
[2]　由通俗拉丁语衍生出的诸现代语言，包括法语、意大利、西班牙语、葡萄牙语等。
[3]　即保罗·亨德密特（Paul Hindemith, 1895—1963），美籍德裔作曲家、指挥家和中提琴家。第一次世界大战后在德国领导新古典主义运动，主张复兴德国古典音乐的传统。
[4]　即伊戈尔·斯特拉文斯基（Igor Strawinsky, 1882—1971）：美籍俄裔作曲家、指挥和钢琴家，西方现代派音乐的重要人物。

怕自己对小说没有任何了解，也可以信口说，"他的莱韦屈恩是对我的人格化再现"，但必须强调的是，他从来没有罹患梅毒，也从来没有过精神错乱。"我将此视为一种侮辱，我很可能要对此讨个说法。"托马斯·曼在这种情况下破例地十分心安理得，因此他能够坚定地回答。"阿德里安·莱韦屈恩就是勋伯格，这个人物形象就是他的一幅肖像，这种想法荒唐到我都不知道该怎么去搭理他了。"而且他也没有患脑软化，尽管小说的主人公有那么几分像他。

看着这一切令人心酸，一个重要的人在完全可以理解的激动的情绪下，通过一种悬浮于美化和忽略之间的存在，近乎存心地陷入被迫害和被窃取的状态中，同时让自己迷失于刻毒的争吵中。希望他能够从苦涩心态和不信任中走出来，在对自己的伟大和荣誉的确定意识中找到平静！

已经计划好了要进行和解。但还没达成和解，勋伯格就去世了。在音乐王国里，每个人都知道他的名字。但在不懂音乐的人中，可能会有一些只是通过《浮士德博士》这本书了解勋伯格和他的作曲方式。

鲁迪和保罗

大部分的自我经历是围绕着小提琴手鲁迪·施维尔特费格这个人物展开的，此人与伊涅丝·罗德有一腿，同时又跟阿德里安·莱韦屈恩有着一层微微带有同性恋色彩的关系，还从他那里夺走了新娘玛丽·戈多，最后被伊涅丝在有轨电车上枪杀。这个形象的原型，我们早就知道了，是画家保罗·埃伦贝格。

在这部书中，托马斯·曼在好几个角色中出场。他是伊涅丝，那位

509

痛苦的恋爱者。"伊涅丝·罗德爱着年轻的施维尔特费格，而这里只有两个问题需要回答：第一，她自己是否知道；第二，什么时候，在哪个时刻，她同这个小提琴手原本是兄弟姐妹加伙伴的关系具有了这种炽烈而痛苦的性质。"[1] 52 伊涅丝也步入了一个理性婚姻，这个婚姻缺少有活力的基础，所以对她来说重要的东西，托马斯·曼在可怕的日子里可能也有类似的感受："在市民阶级的完美的掩盖之下，一度曾对它的庇护朝思暮想得茶饭之不思的伊涅斯·英斯提托利斯开始和一个无论心理构造还是行为举止均稚气十足的调情高手通奸，……然而，她那由不和谐的婚姻生活所唤起的感官欲求却在他的怀抱里找到满足。"[2] 53 只要托马斯·曼觉得自己因为沉浸在同性恋之中而低人一等，那么对他来说，伊涅丝的话就会是正确的，即她要强迫自己接受这个轻佻的、善意的"生活"，为的是"最终，最终，通过不止一次，而是通过不厌其烦地永远去证明和保证，最终会，在它的价值所应有的那种状态之中，在那种沉醉的、长叹一声的激情的状态之中，看到这一天的实现！"[3] 我们想起了布吕厄说过的话，他认为，厄洛斯是在不考虑一个人的价值的情况下，对此人的肯定。看着地面上那些没有价值的人，全身心地奉献，而自己不是哀求的人；伊涅丝特别渴望这一点，托马斯·曼时而也憧憬这一点。鲁迪觉得自己跟《圣经》中的约瑟很像。《圣经》中的约瑟："如果一个女人像抓住一根救命稻草一般地死死抓住您不放，您会怎么办？您会把您的上衣脱给她，自己抽身逃跑吗？"[4] 54 在这里，伊涅丝被安排上了波提法太太的角色，但事态的发展完全不同于《圣经》中的故事。约瑟若是处于不禁欲的情况中，预期将要发生的事情，这里进行了描绘。但托马斯·曼对这么一种"成就"心怀恐惧。他能想象出来的性满足只能是毁灭。

　　首先，托马斯·曼"是"腼腆和禁欲的阿德里安，他受到鲁迪坚持不懈的追求。伊涅丝代表了想象的满足，而在阿德里安这个版本中与现

510

------

[1]　《浮士德博士》，第 336 页。

[2]　《浮士德博士》，第 375 页。

[3]　《浮士德博士》，第 378 页。

[4]　《浮士德博士》，第 397 页。

实中一样，禁欲是主导，因为阿德里安最多也就是握握手和彼此以你称呼。反正我们没法知道更多了，文本的任何地方都未提供多重含义的小细节或者其他进行补充的许可。托马斯·曼后来删除了一段有关同性恋情的叙述者的反思，[55] 而且对此只留下了一处非常微弱的暗示——也就是鲁迪在阿德里安身上激起那种忧郁的好感并未否定情欲的反讽特征。[56] 自《一个不问政治者的观察》问世以来，情欲的反讽成了孤独的精神对金发碧眼的生命之爱的暗语，因陷入爱情而情色，把反讽视作意识到爱人卑微时精神的自我贬低。托马斯·曼不愿意对此说更多的东西了，因为他显然就是不想让读者去想象鲁迪和阿德里安之间的同性恋实践。

511　　　柏拉图式的爱情创造出艺术作品。这种贞洁关系的"孩子"就是一部小提琴协奏曲。鲁迪想把它表演得让人看了之后眼馋，惊羡不已。"我会把它吃进自己的肚子里，甚至进入梦乡也在演奏它，爱抚它，就像一个母亲一样地呵护它的每一个音符，因为我对它就是母亲，而您就是它的父亲，它就相当于我们俩的孩子，一个柏拉图式的孩子，是的，我们的协奏曲，它就如同是我对这所谓的柏拉图式所做的全部理解的真正实现。"[1][57] 鲁迪渴望从艺术家这里得到的不是人性上的，甚至不是感官上的满足，而是要得到一部艺术作品。他因此对被他吸引的人的反应是抗拒的，他要调情，但不要来自一位深陷爱情的悲观的道德家铅一般的沉重。他更需要阿德里安继续对他冷淡，而不是热络。这令阿德里安很痛苦："一个用值得惊异的耐心把我争取到人性这边并让我皈依你的人，一个让我这辈子第一次在他身上找到人性温暖的人，他竟然告诉我，我和人性毫无关系，我可以和人性毫无关系。"[2][58] 阿德里安在这里认可了从前托马斯说的关于保罗的话，他是一个人性的朋友，而不是一个文人和一个没有认知的鬼魂。[59]

　　比言语更为重要的是嘴唇。保罗有丰满的嘴唇，鲁迪也有，死亡时也还是如此。"他抬起头来，很想说点什么，但马上就有血泡从双唇间

---

[1] 《浮士德博士》，第 399 页。
[2] 《浮士德博士》，第 498 页。

溢出，那两片柔软的厚厚的嘴唇，此刻在我眼里突然变得美丽动人起来。"[1]60 这两片嘴唇像垫子一样上下叠在一起，丰满而柔软地静置在那里，就像是《孪生兄妹》里那对双胞胎的嘴唇，61 微微向上翘起的嘴唇充满了傲气的性感，就像是约瑟的双唇，约瑟那总是含着笑意的柔软双唇来自他的母亲拉结。62

　　玛丽·戈多"就是"卡蒂娅·普林斯海姆；她的双眸证实了这一点（"黑得犹如黑玉、犹如焦油、犹如成熟的欧洲黑莓"）；[2]63 构想出这个人物是为万一出现的情况做准备，如果追求不成功，可以为他的同性恋倾向做一个彻底的终结。阿德里安把朋友推到前面，而后这个人去追求玛丽，这件事情可视为男人对竞争能力担忧的一种表露。在真实生活中，保罗在托米结婚的时候发了一封电报表示祝贺。他大概没有试过建议朋友不要结婚，甚至还可能感到从一种累赘中得以解脱。

　　当阿德里安失去了玛丽和鲁迪之后，接下来是一段最具创造力的时期，"而且，你另外还根本不可能抗拒的印象是，它们似乎就是支付给他的薪饷和补偿，因为他服从了那种对于生活的幸福和爱的权利的剥夺"。[3]64 这与《托尼奥·克勒格尔》里面的情况一样。生活中的舍弃成就了艺术。

不是塞雷奴斯，而是阿德里安 512

　　托马斯·曼为自己打造的市民阶级的体面形象十分令人信服，时至今日，这样的看法还是占主流地位，即作者在阿德里安·莱韦屈恩和塞雷奴斯·蔡特布罗姆，即故事主人公及其生平叙述者身上分别赋予了同

---

[1] 《浮士德博士》，第 513 页。
[2] 《浮士德博士》，第 478 页。
[3] 《浮士德博士》，第 550 页。

样分量的本人所具备的特性。他还有针对性地支持了这种观点，使用了"他们的认同秘密"这一说法。[65] 如果仔细地研究一下，他是把一切有深度的、重要的东西都给了莱韦屈恩。那些陈芝麻烂谷子全然都在莱韦屈恩一边，没有蔡特布罗姆什么事情。塞雷奴斯信奉天主教，感性、人文主义并且世俗观念开放；他与一位箍桶匠的女儿反批判性地操练性自由，与一位名叫海伦·额尔哈芬的女士结婚，生活在内心流亡的状态中，有两个相信希特勒的儿子。这些没有任何地方跟托马斯·曼吻合。而莱韦屈恩却是新教教徒，清教徒，倾向中世纪并且憎恶世俗，一位禁欲的同性恋者，他倒是愿意给自己一个家庭束缚，但注定孑然一身。他是受到诅咒只能进行创作的艺术家，怀着强烈的对生活的渴求；是一个冰冷的反讽者，苦苦地思念着思念着带着母牛暖意的童年故乡（mit dem Heimweh nach der Kuhwärne der Kindheit）；是一个渴望受到诱惑的人，是一个恐惧诱惑的被接触者。相反又是什么阻挡了托马斯·曼把一些外部生活细节赋予叙述者这个人物，比如，1914 年赞成战争，1918 年至 1919 年与苏维埃共和国保持距离，还有一些来自广播讲话"致德国听众！"以及《集中营》那篇文章的政治观点？这一切都停留在观点的层面上，而不是存在的层面。叙述者只不过是一个用来遮掩个人信息的面具。这个面具允许产生一种与阿德里安之间的修辞上的距离，以便在这个面具的掩护下将他的痛苦从灵魂深处写出来。但是这一点，读者也就不必知道得那么精准了。

托马斯·曼在与此相关的地方也对创作历程总结进行了涂改修饰。莱昂哈德·弗兰克 [1] 问过他，在创作阿德里安这个人物时眼前是否浮现出某个模型。据《浮士德博士的形成》，他是这样回答的：

> 可以说莱韦屈恩是一个理想形象，是"我们这个时代的英雄"，一个承载着时代痛苦的人。我更进一步地进行了说明，并且向他承认，我还从来没有像喜欢阿德里安一样喜欢过一个想象……我说的

---

[1] 莱昂哈德·弗兰克（Leonhard Frank, 1882—1961）：德国表现主义作家，著名编剧。

是真话。我对他的感受跟那位好人塞雷奴斯完全一致，满是忧虑地
爱上了他，从他心高气傲的学生时代就开始爱他，痴迷于他的"冷
漠"、他的远离生活、他的"灵魂"缺陷……他的"不近人情"和　　513
他那颗"绝望的心"，他对受到诅咒的坚信。

日记里（1944 年 7 月 22 日）相关段落明显短得多。日记里缺少承
受着时代痛苦的人发生基督式的转变。那里还缺少对塞雷奴斯·蔡特布
罗姆的认同。取而代之，有的是个人的感受："他其实是我的理想"，是
的，一些自恋的东西，"一种对他的极为赞赏的和感人至深的柔情充满
了我的内心"。在这个语境中：

> 莱昂哈德·弗兰克昨天问，我在写阿德里安时眼前是否浮现出
> 某个模型。我否定了，且跟他说了一个理想的形象，一个"我们
> 这个时代的英雄"。他其实是我的理想，而且我从未如此这般爱过
> 一个想象……一种对他极为赞赏的和感人至深的柔情充满了我的
> 内心。

他可从来没有说过，他对蔡特布罗姆也产生过近似的柔情。

魔　鬼

> 有时，……人们或许会有这种印象，这个世界不是上帝单独创
> 造的，而是与别的什么人共同打造完成的作品。[66]

托马斯·曼当然不相信普通意义上的魔鬼。但是我们在前面讲到神
秘主义的这一章节中，在涉及托马斯·曼被启蒙性时，总结过一些灵异

的事情。是否有恶灵，一直是个怎么定义的问题。如果人们将其视为一种譬喻，那么受过启蒙的灵魂多少会觉得有些许安宁。把以文学形式出现的这个世界的恶区分出来，对于一位像托马斯·曼这样的大作家来说并不难以理解。但恶有着现实形式，最晚从希特勒就确定了。如果人们不把魔鬼及其魔窟彻底毁灭，恶肯定将跟魔鬼同流合污。"但恶或许就跟魔鬼凑在一起呢？"[67] 这个世界不仅是个美学现象，或者，如果从一个更高的平台看过去，就是一个美学现象，于是在宏大的世界剧目中也有一个演对手戏的。没有梅菲斯特，就没有浮士德。不同于歌德的是，歌德笔下的魔鬼有相对明确的化身，而托马斯·曼笔下的魔鬼可以附着任何形象。在《死于威尼斯》中有不同的冥界引路人：城北公墓的陌生人、贡多拉的船夫、开电梯的人、街上的歌手。当年，受禁之爱和死亡的诱惑者就已经穿着不同的服饰上场了。在约瑟小说中还有狗头人身的形象，它指向通往情欲混合的道路。[68] 给约瑟指路的天使形象，先后陪伴他前往地下世界、深坑之中，前往埃及。[69] 他们也是死亡引路人，虽然他们并不是魔鬼。在平常的现实中，他们都不会存在，但需求产生了他们，而且指向了在现实生活中会遇到的这种类型学模式中的人物形象。

浮士德小说采用了同样的技术。老鸨和死亡引路人都是文德尔·克雷齐马尔，他引导阿德里安走入艺术之中；宗教心理学家施雷普福斯，教导他恶以及性欲诱惑的神学；那个脚夫，把他拖入妓院中；在魔鬼谈话中戴着眼镜的音乐知识分子和经纪人曹尔·费特尔贝格，费特尔贝格模仿着在荒漠中耶稣遇到的诱惑，想让这个世界的各个帝国都拜倒在他的脚下。所有这一切都指向托马斯·曼遇到的真实诱惑：指向为艺术牺牲生活和人性的诱惑，指向性的诱惑，指向傲慢的诱惑，指向荣誉和权力的诱惑。与此相似，第二十五章中魔鬼扮演的三个角色，老鸨、神学家和知识分子，指向三种基本的恐惧：对性的恐惧，因出身新教从小就打下深刻烙印的对罪孽的恐惧，对一种冰冷且对生命充满敌意的精神性的毫无生气的恐惧。

托马斯·曼与纳粹德国进行了激烈的斗争，尽管如此，他还是认为自己在深层次上是与之一致的。他在 1945 年说起过希特勒德国与魔鬼结盟，而且把希特勒德国跟浮士德的比喻联系在一起。这位书斋中的孤独思想者，为了世间享受和统治世界把他的灵魂让渡给了魔鬼，而后，在 1945 年，真真切切地被魔鬼带走了。[70] 托马斯·曼的主要意思是，他也着重地强调过这一点，暗示在德国心绪与魔鬼之间存在着一种联系。他补充说，这种联系是他的内心经验的事情。他在同一个地方对此进行了定义：

> 智识的高傲与灵魂的古老性及束缚性相结合之处，就是魔鬼的所在。

智识的高傲：这就是阿德里安·莱韦屈恩，这就是托马斯·曼。灵魂的古老性和束缚性也是不仅存在于莱韦屈恩身上，而且存在于托马斯·曼身上，在他一向具有对死亡的同情和由此得出的退行愿望中。魔鬼就在那里，在最高的精神性与对意识丧失的最深切渴望的结合之处。托马斯·曼的魔鬼与德国的魔鬼是一体的。"希特勒老兄"意思是，托马斯·曼在自己身上寻找法西斯主义。

至于他是否就此给了德国人太多的荣誉，这一点可以先撇到一边不谈。"德国"是托马斯·曼，他最好的东西因魔鬼的诡计变成了对他的恶——他的内在性、音乐性、浪漫性，他的艺术。恶是古老的唯美主义，它杀死生命，将生命献祭于艺术。

在传记方面，托马斯·曼这话当然仅仅指的是他的早期作品。作为丈夫和父亲，他在艺术之外已经给了生命足够的空间，政治上，他自从转向共和后做了能做的一切，以便逃脱对生命充满敌意的不负责任态度的指责。就是在这个意义上，从他的生平经历来看，浮士德主题也附着上了一些过时的、造作的和过度培植的内容。与魔鬼结盟是作家自身早就克服过的诱惑，他认为德国人臣服于诱惑。

515

不纯洁的激情

传统上与魔鬼订立盟约的主要内容是：在世间获得无限的可能性，为此要失去灵魂并且受到永恒的诅咒。托马斯·曼把这个内容进行了一定程度的世俗化。艺术家在盟约中要付出的只是放弃生活和爱情。而魔鬼方面在盟约中要做的是提供艺术上的灵感、完美的艺术作品和更为细腻高雅的品位。

"你不可以去爱"，魔鬼这样禁止。[71] 他还更细致地做出了规定："只要爱还能散发暖意，就不许你去爱。"[1] 这也就是说，禁止的是有情感、有灵魂的爱情，是最终要成家立业的爱情。允许的是纯粹的感官性，是的，感官性甚至是促成最后订立盟约的工具，因为与妓女黑塔娥拉·艾丝梅拉达发生了肉体关系从而染上梅毒，并由此订立盟约。

"感官性（爱情）不能通过人性本质，而是只能通过女淫妖及与魔鬼交媾得到满足。"在一页笔记纸上写着这样的句子。[72] 接下来的是一些很奇怪的地方，这些地方会让人滋生猜测，同性之间的性关系与同魔鬼交媾有关：

> 魔鬼气坏了，因为他要合乎婚姻制度的结婚……让他不受损伤地经历与魔鬼的交媾。与魔鬼进行淫乱活动（在女性中隐藏着魔鬼，这是同性之间的性交）——他被迫将他的婚姻愿望用于去杀害跟他有过鱼水之欢的人。

在女性中隐藏着魔鬼：托马斯·曼在《女巫之锤》（*Hexenhammer*）里读到过这一点，大学编外讲师施雷普福斯借助这本书发展出一个观点，即女人是世间全部肉欲的代表[2] [73]——所有肉欲，因此也就包括同

516

---

[1]《浮士德博士》，第285页。
[2]《浮士德博士》，第123页。

性恋的肉欲。对阿德里安来说，蔡特布罗姆的话很恰当："最傲慢的精神性最直接面对的就是动物性、赤裸裸的本能，并且最可耻地把自己出卖给了它。"[1]74 自从阿德里安追逐交际花艾丝梅拉达，在普雷斯堡跟她在一起，他就是一个有性接触的人。他虽然继续像蔡特布罗姆说的那样"过的是圣徒的生活"，但自此以后他的禁欲就"不再是源于纯洁的道德，而是源于不纯洁的激情"。[2]75

没有对纯洁的渴求就不会有地狱。还在创作约瑟小说时，叙述者就对此进行了思考。"地狱是为纯洁者创建的，这是道德世界的法规。"对于那些罪过者，人们只能就他们的纯洁性进行指责。"如果一个人是畜类，那么这个人就不会犯下罪孽，而且根本感觉不到地狱的任何东西。就是这样设置的，而且地狱一定是由比较好的人来居住的，这当然不公平，但这就是我们的公平性。"76

托马斯·曼也属于比较好的人。他也是一名禁欲者，但他同时也是一个洞穿内情的人。他的文学作品和日记本里充满了性方面的认识和开诚布公，所以肯定谈不上"纯洁"这个字眼。更确切地说，托马斯·曼终其一生对这方面都极为关注。

托马斯·曼作为丈夫经历过性事，这一点虽然没有争议，但却不足以作为解释。那种被接触的感觉，那种受伤感，那种丧失纯洁性的感觉，一定来自他最深切的渴望指向的同性恋氛围。同性恋的交媾行为是魔鬼的交媾行为，在他看来一定是这样。现在，关于他跟同性恋对象的身体接触，我们什么也不知道。没有保留下任何痕迹。因此，我们只能停留在心理证据的层面上，这是一个非常不确定的领域。这些证据让我们萌生揣测，早年间很可能发生过某种形式的身体接触，并且在体验中觉得这个行为是贬低的、屈辱的和玷污的，由此留下了一生的伤害印迹。有可能是那不勒斯的男妓。不管怎样，与纯洁的伦理相比，不纯洁的激情可以更好地解释托马斯·曼的作品和他的生活。与他笔下的约瑟

517

---

[1]《浮士德博士》，第168页。
[2]《浮士德博士》，第252页。

和阿德里安一样，他既是禁欲的，同时也是被接触过的。他们和他奉行的东西都一样，他的禁欲并不是在爱情方面呆板的无知简单。[77]

但另外一种情况也是有可能的。在一个极端禁忌的环境里，一个吻或者一个匆忙之间的亲昵举动都有可能等同于在自由宽松环境中的一整套的性行为。因此，一个被禁止的吻与一次真正完成的性交相同，都可以是一种深入的体验。青春期怯生生的首次接触比后来发生的一切带给人的震撼可能会更大一些。窗口伸出一只手，且握着一只手腕，仿佛要把另外一个人拉上来一样，这一切当然都只发生在想象中——这样的一种撩拨有可能与一夜良宵一样，深深地留下印迹。艾丝梅拉达只是用手臂随意触碰了一下阿德里安，而他却从这个时候开始内心不再自由。"精神的傲慢遭受了同没有灵魂的本能相遇的梦魇。"[1][78] 这种触碰从此就在他的面颊上热灼灼地发烧。这就足够了，其他的一切都能够补充幻想，足以让阿德里安乘车奔向普雷斯堡。

一个满是谜团的梦在这个语境中还是值得听一听的。"关注到，相向而行，共同改变，并不特别幸福。对手挽着胳膊的回忆还保留着。"[79] 接下来是对此的反思：

> 梦在根本上并不是源于比现实体验更坏的实体，现实体验也会渐渐淡去，消失，沉入过去，而且也只是一个梦。梦跟现实一样，也能产生同一种体验的自豪感，在幸福和尴尬的混合体中，梦与现实全然相似。梦中的人物，我徒劳无果地寻找着他的身份，看穿了我的爱恋（弱点），迫使我在梦中，或者从梦中走向现实，梦由此赢得了生命的特征和物质。

---

[1] 《浮士德博士》，第 169 页。

克罗普盖瑟尔

大学编外讲师施雷普福斯代表的一些东西，与其创作者的很多观点其实相差不远。就像在创作《魔山》时期，当时曼在仇视世界的耶稣会会士纳夫塔身上比在那位代表着进步的文明文人塞塔姆布里尼身上赋予了更多他自己的看法。在这部作品中，托马斯·曼在施雷普福斯这个形象上为自己的观点创造了一个传声筒，这些观点是他想要表达的，但在公众的评判中可能是不正确的。他笔下的蔡特布罗姆也用强烈的人道主义论调表达抗议，但他的莱韦屈恩缄默不语。[80]

恶与善一样都必不可少，约瑟小说早就教导过这一点，还教导过，上帝不是善，而是整体。施雷普福斯将这个观点进一步推演为善与恶的辩证依存关系。恶是上帝自身神圣存在的一种在所难免的附属物。邪恶是从玷污美德之中获得满足。邪恶是神圣的一种补充，而后者则是一种几乎无法抗拒的对亵渎的挑战。如果没有恶的话，善就根本不是善吗？[1] 奥古斯丁——这一章中还有很多其他内容也是托马斯·曼从《女巫之锤》中引用的——甚至教导我们，恶的作用就在于更为清晰地把善衬托出来，如果人们将恶与善进行比较，那么善就会更受欢迎。

恶的焦点就是性——阿德里安·莱韦屈恩直截了当地把性称为"自然的恶"。[2][82] 上帝跟他的对头承认，此处管辖同房的妖术要比其他地方管辖任何一种人类行为的妖术都更厉害，"不仅是由于这种恶行的外在的下流，而且也首先是由于第一位人父在这个方面的堕落已经作为原罪转移到了整个人类身上。这种性行为是以审美意义上的丑恶为特征的，是原罪的表现和手段。魔鬼在这里会感到特别得心应手，这又有什么可奇怪的呢？"[3][83]

---

[1]《浮士德博士》，第 117–118、120–121 页。

[2]《浮士德博士》，第 212 页。

[3]《浮士德博士》，第 122 页。

针对同性恋实践非常不具美感这一职责，托马斯·曼以前就说过一次，在这个意义上，一般的性事也同样不那么优美。[84] 说起性事的丑陋、恶魔性和罪恶性，施雷普福斯的观点与他的观点肯定十分接近。今天对性进行公开讨论时的那种口无遮拦，在当时他肯定是避之不及的。他说起什么"被触碰"一类的话，听起来真是多少有些过于拘谨。但这些话的背景是性渴求的无法满足。如果他觉得自己是有罪之人，那么这不是随便一种什么迷信的可以通过疲乏消除的感觉，而是洞察到人类总体缺陷而导致的后果，人类对感官的渴求总是远远地超出了实现这种渴求的可能性。

他让自己笔下的魔鬼研究者更为具体地展示了《女巫之锤》中的两个例子。这两个例子都与他自己生活中的恐惧有关系。一位被指责的年轻人（我们在心里暗暗地称他为托马斯吧）多年来一直与魔鬼（我们称之为保罗）进行交媾，直到有一天，他与一个良家妇女结婚，"当然是实用的动机大于真正的爱恋"，但此后，他"却一直受到干扰，不能和她同房。原来那个偶像总是从中作梗。那个妇女因此十分气愤，就离他而去，这个人发现，他的一生都受到这个绝不宽容的偶像的限制"。[1] [85] 关于第一个例子就说这些。

"在康斯坦茨主教教区的城市梅泽堡，也有一位年轻人被施了巫术，因此他没法跟女人们睡觉了，除了唯一的某个女人例外。"[86] 从《女巫之锤》中这短短的几行话，托马斯·曼发展出了一个很大的、叙述得很棒的故事：

> 在康斯坦茨附近的梅泽堡，大约在 15 世纪末期，生活着一个诚实的小伙子，他的名字叫作海因茨·克罗普盖瑟尔，职业是箍桶匠，长相英俊，身强体壮。他和一个叫芭倍儿的姑娘，也就是丧偶的教堂鸣钟人唯一的女儿，相互爱慕，他有心和她结婚，但是，这对小情人的愿望遭到来自父亲一方的反对，因为克罗普盖瑟尔是个

---

[1] 《浮士德博士》，第 123 页。

第十七章　浮士德博士

穷光蛋，鸣钟人要求他首先应该有个体面的社会地位才行，说等他
在他那一行出师之后，再把女儿嫁给他不迟。然而，年轻人的耐心
怎敌得过他们荡漾的春心，还没等到那规定的佳期，这一对雏儿
就已经成了两口子。原来，乘着朦胧夜色，乘着鸣钟人去敲钟的空
隙，克罗普盖瑟尔翻墙来到芭倍儿这里，两个人相拥相抱，男欢女
爱，飘飘欲仙。[1] 87

但有一天，其他几位年轻的小伙子拿话刺激他，于是他们就决定去
窑子里找女人。可是在那里，这位平时很强健的小伙子却不能正常行事
了，而且还有第二次，一位酒馆的老板娘对他投怀送抱，但是他的身体 520
却丝毫不为所动。他只能和他的芭倍儿，在鸣钟人敲响钟声时，继续有
着销魂的时光。因为他只能跟唯一的一位女人做那件事情，这一点让他
痛苦不堪地确信，他一定是被人施了巫术了，他于是将这件事情向一位
教士和盘托出，而这位教士又把这件事情告诉了宗教裁判所，小芭倍儿
承认了，就上了火刑堆。"海因茨·克罗普盖瑟尔，那个中了邪的男子，
只见他光着头站在观看的人群中，口里还不停地喃喃祷告。"[2]

克罗普盖瑟尔跟阿德里安一样，跟托马斯·曼一样，都是一位被触
碰者。这个故事的心理学内容可以用一句话概括出来：不纯洁的热情对
灾祸有着巨大的恐惧。对婚姻的恐惧造成了对出轨的禁忌。看起来确实
是这样，每一次发生婚姻外的，尤其是同性恋的性行为，都会以一种令
人屈辱的性无能体验为终结。这样的被触碰者都会毁灭掉他的纯洁的小
芭倍儿。持续地出轨会形成一种毁灭性的力量。因为灵魂的东西拥有力
量。单单是失足的意识，虽然各自的芭倍儿对此一点也不知情，都会将
两人间的无拘无束逐渐地毁掉。爱情是非常敏感的，尤其是处在这样一
种非常棘手情况下的爱情，例如对卡蒂娅的爱情，如果有一个人是被触
碰者，那么这种爱情就需要最为细心的呵护。

---

[1] 《浮士德博士》，第 124 页。
[2] 《浮士德博士》，第 126 页。

施雷普福斯对健康灵魂给身体带来的影响，一定也不感兴趣，他只对病态灵魂的影响感兴趣。他这样讲着课：身体因为恐惧和愤怒而变得冰凉和滚烫，因为痛苦而消瘦，因为快乐而茁壮，纯粹的精神厌恶就可以引起类似于食用霉烂变质食物那样的生理反应，一个皮肤过敏的人看见一盘草莓，他的皮肤就可能长满脓包，是的，疾病和死亡可能是纯粹精神作用的结果。[1] 今天心身医学会讲授这一切。当施雷普福斯随后自然得出结论，一个陌生的灵魂也能够影响，能够迷住一个陌生的肉体，当他试图以此让魔法的现实变得严峻时，我们就难免会联想起施伦克－诺青男爵，我们就不再跟进了吧。

傲慢与神恩

每一位在基督教中受教育成长的人都知道争取谦卑。在青春期，若是一个人开始思考，他就马上体会到自己是心高气傲的。认知是快乐、力量、优势、残酷。托马斯·曼作为一名学生，虽然成绩不佳，但他就有这种感觉，自己肩负使命而且是被神选出来的，是为了完成特别的事情而专门留下的人。那他还如何能够谦卑呢？然而，傲慢是基督教的一项原罪，要跟上帝一样，心高气傲。认知者站在一座很高的山上，在那里，魔鬼要把整个世界都赠与他（《圣经·马太福音》4：8-10）。

耶稣在山上回答："离开我，撒旦！"但魔鬼不仅能够提供世界的各个帝国和它们的辉煌荣耀，而且对那些要求特别高的人还能提供他保留作底牌的最为诡计多端的承诺："你们便如神，能知善恶。"[2]（《圣经·创世纪》3：5）这吸引了托马斯·曼，他吃了苹果，而且受到了诅

---

[1] 《浮士德博士》，第 127-128 页。

[2] 原文为拉丁语：*Eritis sicut Deus scientes bonum et malum*。

咒。艺术家都是受诅咒的人，他们本身被赶出生活之外，看透了生活，就仿佛他们是上帝一般。

托马斯·曼的原罪是傲慢。蛇的承诺是对他最大的诱惑。他将自己塑造为浮士德，因为他的高傲心气很早就将神秘的惧怕注入他的心田，惧怕堕落，惧怕灾祸和地狱的痛苦。他努力争取着谦卑，但他的意识无法停下来，除非处于陶醉痴迷之中。这是一种灾祸，一种诅咒。它在杀戮。爱情一旦能对自己了如指掌，就将不复存在。只有当我们还无法对人进行评判的时候，我们才爱他。[1] 88 尼采说，一种被看穿的宗教，就已经是死亡的宗教了。89 再次回到纯真状态，那是不可能的。人们不能做到愿意忘记，对自身进行人为设限只不过是个美学上的念叨，不是真的和正义的。90

最为微妙的诱惑是对谦卑的自豪感。它不会让自己停下来。听从这个困境，用自我的忍辱负重来替代谦卑。它的主要手段是工作、去势和禁欲。艺术家作为一种牺牲品而生活。献祭的焚香应该舒适地飘入上帝的鼻中，让他的心情好些，将生命享受和爱情作为祭品摆在祭坛上。就将生命献出这一点而论，艺术家遵循着基督的足迹。莱韦屈恩是一个承担着时代痛苦的人。91 以他的那张非常有思想的、"瞧这个人"[2] 的面庞，他最终不再是浮士德，而是基督，他与追随者们的告别晚餐就是最后的晚餐，而大提琴拉出的高音 g 是对解脱的希望。92

也只不过是希望。这个心高气傲的人永远不会为自己本人去争取福祉，就算献出自己的生命也不会那样去做。他要得到恩典，同时他又不能对这个恩典有所预期。托马斯·曼让他笔下的浮士德代替他来祈求：

522

> 或许上帝也看到我自找了苦吃，自找了气受，我干得辛苦极了，我坚忍不拔地把所有的事情都干完了，或许，或许我所做的这

---

[1] 《死于威尼斯》，第 73 页。
[2] "瞧这个人"（Ecce-Homo）是罗马帝国犹太省的执行官本丢·彼拉多将戴荆冕冠的基督交给犹太人示众时说的话。尼采曾以此作为书名。

些会得到折算和评价，我因此而会得到原谅吧——这个我没法说，我没有勇气去奢望它。我罪孽深重，我无法得到原谅，我犯的是无以复加的滔天大罪，因为，我以前满脑子苦思冥想，我原以为，如果一个人先不相信上帝的仁慈和谅解，然后又为此感到后悔，那么，这很可能会是对永恒的善的最严重挑衅，可是，现在我却发现，正是这种傲慢的深思熟虑的算计使得慈悲怜悯变得完全不可能。而在此基础上，我又继续苦思冥想并算计出，这最后的堕落定会极大地刺激善去证明其无限性。就这样持续不断地，总之，我和对面的善展开了一场臭名昭著的竞赛，看谁更加永不枯竭，是它，还是我的苦思冥想——现在你们看到了，我该死，我不会得到同情怜悯，因为我提前用苦思冥想摧毁了所有的同情怜悯。[1] 93

没有出路。托马斯·曼不相信，人类能够自救。没有罪，是绝不可能的。每一个生命都会劫走另外一个生命的空气。正确地生活，是不可能的。托马斯·曼觉得他的生命是"罪、负罪、罪感"，是"宗教不适的对象，是一些迫切需要弥补、拯救和辩护的东西"。他的年龄越大，就越经常表达出他的希望，即从最深重的不可救药里，萌发出一些类似于恩典的东西，"绝望的超验——不是对它的出卖，而是奇迹，超越信仰的奇迹"。94

---

[1] 《浮士德博士》，第 573–574 页。

痛苦与荣耀

年谱：1945—1955

    1945 年 5 月，托马斯·曼的文章《德国集中营》（*Die deutschen KZ*）以不同的标题在美国的授权媒体上发表，战争一结束，又可以马上在德国听到托马斯·曼的声音了。接下来的几篇文章是《我为什么不回到德国》（*Warum ich nicht nach Deutschland zurückgehe*）（1945 年 9 月）和《德意志国与德意志人》讲演稿的重印。全神贯注地进行《浮士德博士》的创作，但对战后状况发展的失望使他的政论文章减少了很多。1946 年全年，除了因肺癌手术住院的几个星期，都在进行浮士德小说的创作。一再推迟的欧洲之行到了 1947 年（4 月到 9 月）才成行。旅行期间，他在多处进行诵读和讲演，讲演的题目之一是《从我们的体验看尼采哲学》，又去伦敦、瑞士和荷兰进行了休闲疗养。旅行避开了德国。

    1948 年，托马斯·曼开始创作小说《天选者》。6 月底时，他在完成了第八章之后，中断了写作，着手去写了一篇阐明创作历程的报告《浮士德博士的形成》（写到 10 月底）。1949 年是歌德年，[1] 这一年他必须去完成很多讲演稿和杂文的写作，其中主要是《歌德与民主》（*Goethe und die Demokratie*）。托马斯·曼战后的第二次欧洲之行从 4 月 25 日持续到 8 月 19 日，行程涵盖了英国、瑞典、丹麦和瑞士，这次他去了德国。7 月 25 日，托马斯·曼在法兰克福的圣保罗教堂[2] 发表了他的《歌德年致辞》（*Ansprache im Goethejahr*），7 月 27 日在慕尼黑作了讲演《德国与民主》，8 月 1 日在魏玛再次作了《歌德年致辞》。他也去了苏联占领区，这件事情后来给他带来了很多麻烦，造成美国加剧了对他的政治上的不信任。直接后果是，1950 年春天国会图书馆取消了对

---

[1] 歌德诞生 200 周年。
[2] 建成于 1833 年，1848 年在这里召开了第一次德国国民会议，制定了统一宪法，是德国民主自由的象征。

他的邀请。他本来要在那里做一个主题为"我的时代"的自传性讲座。

1950 年 3 月 12 日，哥哥亨利希去世了。接下来的第三次欧洲之行从 4 月份持续到 8 月底。这次旅行，在苏黎世的多尔德大酒店，又给他带来了一次强烈的心灵经历，对酒店服务生弗朗茨·韦斯特迈尔的痴迷深深地搅动了这位 75 岁老人的内心。杂文《米开朗琪罗的色欲》（*Die Erotik Michelangelo's*）是这次体验在文学上的直接成果。

525　　在这段时间里，托马斯·曼一直继续进行《天选者》的创作。1950 年 11 月底，写作工作已经完成，他马上又开始进行另外一项创作，继续撰写搁置了几十年的《大骗子菲利克斯·克鲁尔的自白》，续写工作从 1950 年 12 月持续到 1954 年 4 月，其间数次中断。他没有兴趣再接着续写一部作品了。在蒂林格论战[1]中，他被人告发为莫斯科的"同情者"，这次论战让他上半年在美国待得很不愉快。1951 年 6 月，给时任德意志民主共和国副主席的瓦尔特·乌布利希写了一封长信，在这封信中托马斯·曼积极为苏联占领区的政治犯说话。7 月到 10 月间，他再次前往欧洲，出席诵读会，但主要是为了去度假（苏黎世，在未泄露身份的情况下去了慕尼黑，而后又去了奥地利和瑞士的度假胜地）。

1952 年，杂文集《旧物与新事》（*Altes und Neues*）出版。完成了讲演稿《艺术家与社会》（*Künstler und die Gesellschaft*）（2 月 /3 月），在这一年多次使用此稿。5 月开始了《受骗的女人》的创作，一直到第二年 3 月完成。再次前往欧洲，主要去了瑞士、奥地利，但也多次前往慕尼黑，最后也去了法兰克福。旅行从 6 月底开始，但旅程结束后他未能再次回到太平洋帕利塞德，这一点并不在事先的计划中。1952 年的圣诞节，托马斯·曼一家带着借用的一些家具搬进了位于苏黎世周边的

---

[1] 尤金·蒂林格（Eugene Tillinger, 1904—1966）出生于德国，流亡并定居美国后，为服务于右倾政治的杂志写文章，1945 年至 1946 年担任主张"对战后德国实现严酷和平"的"防止第三次世界大战协会"的秘书，1949 年至 1951 年，他作为四篇广为流传的文章的名义作者，谴责托马斯·曼同情共产主义者，以回应其对美国反共产主义狂热的评论文章。蒂林格的文章主要发表在联邦调查局的前沿期刊上，旨在促使众议院非美活动调查委员会对曼采取行动。

埃伦巴赫的一幢房子里。

1953 年 4 月 29 日，教皇庇护十二世在一次简短的会面中接待了这位大作家。6 月获得了剑桥大学的荣誉博士学位，在汉堡举办了诵读会，在吕贝克和特拉沃明德逗留。卡蒂娅在 7 月 24 日迎来 70 岁生日。1954年 1 月购得了最后一处住所，位于苏黎世湖畔的基尔希贝格，旧乡村街道 39 号的一幢房子，一次意大利之行后便迁入了该住宅。写作越来越力不从心。尽管如此还是完成了两篇长篇杂文，一篇东部的及一篇西部的。1954 年 6 月到 7 月完成《试论契诃夫》（*Versuch über Tschechow*）。自 1954 年 8 月起写作长达 80 页的杂文《试论席勒》（*Versuch über Schiller*），写作分为好几个阶段，一直到 1955 年 2 月完成。为纪念席勒去世 150 周年，这篇杂文的简化版本在 1955 年 5 月 8 日于斯图加特和 5月 14 日于魏玛分别举行的纪念会上进行了朗读。从 1954 年 4 月开始的有关文艺复兴时期的研究到了 1955 年 8 月凝聚成一项计划，写一出《路德的婚礼》的戏剧。相关笔记形成的专门卷宗产生。

1955 年带来了许多庆祝活动和荣誉。1955 年 2 月 11 日举行了　526庆祝金婚典礼。5 月 7 日托马斯·曼与联邦德国总统特奥多尔·豪斯（Theodor Heuss）会面。5 月底再次前往吕贝克和特拉沃明德探访。7月 11 日荷兰女王朱莉安娜接见了他。不久后开始抱病，8 月 12 日因病去世。

不，这不是一个伟大的民族　527

尽管没有找到尸首，但看起来可以肯定的是，"那只讨厌的恶狗死了"。[1]希特勒的死亡、其他几位纳粹大佬的自杀、战争结束时的种种骇人听闻的事件，托马斯·曼对这一切都逐一在日记里面进行了详细的评论。总是一再有憎恶德国人的缘由。作为胜利者时，残暴得令人难以置信——在失败之时，他们又期期艾艾。"不，这不是一个伟大的民族。"（1945年5月4日）在投降日，托马斯·曼就觉得那些战败者缺乏悔过之意和对罪责的认罪态度。"到目前为止还完全缺失对纳粹主义的否定。"（1945年5月7日）所以没有出现欢呼。"我现在感觉到的，恰恰不是高昂的情绪。"对德国人的判断在多年的流亡过程中卡在了某一个点上。至于变化，那些深刻而感人、能够让这个判断站不住脚的变化，实际上也很少能看见。一种本身能够与所犯下的滔天罪行的暴虐程度大致相当的自轻自贱，本来就已经超越了想象力。但托马斯·曼觉得，他应该可以期待一种深刻认罪的、谦恭的、愿意进行弥补的行为。但从媒体报道中，他只看到了一些顽固的毫无愧疚的行为。德国人看来无可救药，他们的纳粹特性无从根除。"所有的一切，还与从前一样。"（1945年11月8日）究竟能不能有所不同？"未来将会跟一个什么样的民族团伙打交道，它们革命过、被彻底翻了个个儿、赤裸裸的、彻底被损坏、毫无信仰并且被摧毁。"——在战争还远未结束时，他就向自己提出过这个问题（1944年1月9日）。他想到一些阴森可怖的措施——必须消灭掉100万德国人——但他马上又收回了这句话："另外一方面，如果不模仿纳粹的方式，要枪毙掉100万人，其实是不可能的。"（1945年5月15日）但必须进行严厉惩处。

严刑峻法也不是无从理解。毕竟他们是凶手，他们现在的日子很不好过，但是他们罪有应得，至少从远距离望去是这么回事。在这个问题上，托马斯·曼不倾向于进行任何形式的区分。在他看来，整个德国都有罪。他没法仔细地看清许多东西，因为他本人受了很大的伤害，而且他离得太远。在德国自然有深切的忏悔，虽然忏悔者可能不足以百万计，而且也没有公开。但公开进行忏悔不正是有几分法利赛人的做派吗？忏悔并且让人看见的那些人是机会主义者，他们会去适应新的权力关系。而这个国家的那些静默者，有可能被盟军的报道忽略了。

但托马斯·曼这位伟大的心理学家不恰恰就应该对罪犯的心理感兴趣吗？这种时至今日也没有解释清楚的兴致与胁迫的混合，这种对金发碧眼的笃信与神经质的怨毒混合，这种冲天的理想主义与最阴暗罪行的混合？对这位审美者而言，还有比弄清楚纳粹罪犯更大的挑战吗？这位不问政治的观察者从前难道不是要求过，在一部文学作品中，"每一个人，哪怕他是魔鬼本人，在他站在那里说话时，都是对的；由于这个人得到了客观的解释，以至于我们被吸引到他的利益中去，不得不参与到他这一边来？"[2]托马斯·曼作为一个人并不具备这种冷静沉着，丝毫没有。他痛恨希特勒。相反作为一名艺术家，他说，这位老兄虽然是一场大灾难，但是他很有趣，此外还有亲缘关系（《希特勒老兄》）。如果说他明确地将自己的生活和自己所热爱的浪漫主义的内在性文化与国家社会主义的产生联系起来，伟大的小说《浮士德博士》追寻的也不是仇恨，而是认识。他作为艺术家的明智、自由和不偏不倚，超出了他作为杂文家和日记书写者疾声厉色的判断让人做出的推测。

但他不能让任何人满意，作为艺术家不能，作为杂文家也不能。德国文化与德国罪行之间存在的某种联系，就像是在浮士德小说中展现出来的那样，德国人并不想有所了解。在战争期间还能够引发讨论的摩根索式重拳出击的严酷惩罚，战后就不在西方强国的兴趣范围之内了，因为这时候人们需要德国人作为对抗俄国的同盟者。尽管有纽伦堡和其他几个审判，总体上看纳粹们还是没有受到多大的损害就逃脱了。托马斯·曼早在1945年5月19日就愤怒不已写下的一些事情，并不是完全没有道理的，诸如无法想象人们那么迫不及待地又煽动起了对俄国人的仇恨，绝不会对战俘进行真正的审判，从"慕尼黑"再次吹来了风而且这次胜利比上一次还要更为恶劣地被浪费了。

他有来自第一手的消息。克劳斯·曼在1945年5月就到了德国，去看了位于波申格尔大街上的老宅，让赫尔曼·戈林[1]接受了采访。[3]女儿艾丽卡在不久后也见到了纳粹高官，并且说起了戈林的看法，他说，如果当初他修正了托马斯·曼这个案例，那么一切就会完全不一样了。

529

---

[1]　赫尔曼·戈林（Hermann Göring, 1893—1946）：担任过纳粹德国的空军总司令、盖世太保首长、冲锋队总指挥、国会议长、经济部长等要职，曾被希特勒指定为接班人。

"一个到了托马斯·曼这个地位的德国人，一定能够适应第三帝国。"[4] 艾丽卡作为特别报道员出席了惩处战犯的纽伦堡大审判。从她的来信和叙述中，托马斯·曼可以得到准确直观的信息。他赞同审判作为一种道德信号，[5] 即便后来清楚地知道，审判的作用多么微不足道，而且很多纳粹仍然保留或者再次回到了以前的位置，他也还是这个看法。"每个人都知道，对德国的去纳粹化已经完全失败了——如果在一个地方能够讨论失败，那么此处就不曾存在过对成功的真正愿望。"[1]6

您作为一名好医生来吧！

有人说没有呼唤他，这一点是不准确的。早在 1945 年 7 月，俄国人就呼唤他了，他立马回绝，报纸上报道过："我婉转地回绝了柏林邀请。"[2]7 他不愿意为莫斯科效力。但是《汉诺威报》(*Hannoversche Zeitung*) 也向他示意："在我们深处困境之时，我们也对他怀有些希望。"[8] 从另一份"共产主义、基督教"的柏林报纸上，这样的句子映入他的眼帘："我们相信您现在有一项历史性任务要在德国完成。我们需要您的帮助。您属于我们。"[3]9 最著名的问询来自作家瓦尔特·冯·莫洛 (Walter von Molo)。他"以一切，确实是一切隐忍，这是经历了恐怖的 12 年之后强加给我们的隐忍"，现在求助于他的伟大同行：

> 请您尽快回来吧，您看看那些被悲伤浸透的脸庞，您看看我们

---

[1] 原文为英语：Everybody knows that the denazification of Germany has failed completely – if there can be talk of failure where no earnest desire for success ever existed。

[2] 原文为英语：that I gently turned down the Berlin invitation。

[3] 原文为英语：We believe you now have a historic work to accomplish in Germany. We need your help. You belong to us。

无处言说的苦难……您尽快作为一名好医生回来吧，好医生并非仅仅看到病情的状态，而且会寻找病情的原因，主要还要努力消除这种原因，但他也知道，做一些外科手术是必要的，尤其是为很多从前很看重在精神上被称颂的人……[10]

相比那些共产主义的邀请，这个邀请值得更为认真地对待。但托马斯·曼已经多次声明，他在战后要留在美国。[11] 他一秒钟也没有想过，要答应莫洛的请求。他在9月的头几周里字斟句酌地润饰他的回绝。[12] 这个回绝表明，那种错愕还多么深地根植于他的心里，这个"流亡的心源性哮喘"。[13] 失去家宅、国家、书籍、纪念品和所有财产的1933年让他透不过气来，能抢运出来的东西少得可怜，收音机广播和媒体对那篇瓦格纳论文的攻击简直是谋杀，这些都切断了他的回乡之路。然后是居无定所的日子、为护照担忧、住旅店度日，"同时满耳朵充斥着每天从那个失去的、荒芜的、变得完全陌生的国度传来的各种可耻事件"。他表示完全不能理解，人们在为希特勒服务，还怎么能够制造"文化"，而且不必以双手遮住脸，从大厅冲出来。另外，他现在是个美国人，在这个或者那个机构有一些名誉性的工作要做，还有几个说英语的孙辈，在加利福尼亚有一幢漂亮的房子。虽如此，他希望，这是一个很礼貌的结束语格式，在时机成熟的时候过去看看。"我隐约地预感到，如果我到了那边，仅仅这12年造成的畏惧和陌生肯定不足以抗衡一种吸引力，这种吸引力有着位于它那一方的更长久的回忆，上千年的回忆。那么就再见吧，上帝要这个。"

530

我为什么不回到德国

这一切都是可以理解的，但并不是一定要去理解，起码在道德上是如此，而且莫洛在道德上进行了提问。托马斯·曼当时不能回到德国去吗？回到慕尼黑去，参与文化上的重建？他弟弟维克多在 1945 年给他写信，慕尼黑市政厅决定归还和重建位于波申格尔大街 1 号的房子。[14]虽然最后没有得到证实，但托马斯·曼起码听出了其中某种邀请的意思。人们估计，他和他的家庭可能每年都会在那里住上几个月（1946年 1 月 9 日）。这一点他却是绝对不考虑的。"因为重建慕尼黑那幢房子，口授了一封写给维克的警告信。"（1946 年 2 月 11 日）必须清晰无误地告诉慕尼黑人，他根本就不考虑回到那个地方去。

　　因为那个地方令他惊恐。这是多重叠加的惊恐，这比所有道德的东西更强烈，比一切条条有理的政治论据都更为基本，这是回绝的真正原因。欧洲是"一场噩梦[1]"，托马斯·曼致保罗·阿曼的信中这样写道：

> 我们必须考虑到，那里的人们慢慢地、一年又一年地陷入了他们那种完全野蛮而冒险的、乞丐般的、无动于衷的状态中，而且也适应了这种状态。我们如果突然移居回去，很可能会以一种比在这里更为可笑的方式去扮演新手角色，很可能在半年之内就精疲力竭、消耗殆尽了。交流沟通的困难相当大，每一次接触都向我证明了这一点。因为在那里的人相信，他们经历了很多事情，我们这些开了小差躲开的人没有经历什么，而事实正好相反，我们是真正了解世界上各种情况的人，他们恰恰没有好好地经历那 12 年：他们停留在了 1933 年，现在想要在他们当初停下来的地方继续下去。[15]

　　可是，告诉德国人，在那 12 年里面真正地发生了什么，不正好是一个任务吗？这在他看起来大概是一件全然劳而无功的事情。"我从来就不想自以为是！"这位被莫洛逼到墙角的人能言善辩地说。"我们这些身处国外的人要品行优良，然后还把看法告诉希特勒。"是的，就是这个情况。托马斯·曼品行优良地告诉德国人他的观点，过于品行优良

---

[1]　原文为英语：a nightmare。

了。莫洛在寻找的却是一名医生。流亡移民经历了这 12 年，也受到了很大的伤害。他们也通过世界局势变得比较单一化，并且形成了自己的派别。战后的托马斯·曼时而会说起某位教条的反法西斯主义者，对于此人而言，他那些理论的真实性比生命重要得多，而这位不问政治的观察者却十分清楚，生命在其无数多种形态中将每一种政治宣言都远远地抛在后面。当年他就反对文明文人，要求有人性，而不是教条。法西斯主义者也是人。如果当时托马斯·曼真的回去了，大概会发生什么事情呢？如果他试着参与到内在心灵建设中去，与那些被摧毁的人同甘共苦？如果他用尽一切方法，让他们能够听得进去，触动他们的心？"您作为一名好医生回来吧……"这很可能非常危险。"在巴伐利亚，美国军官在睡梦中被德国人杀害，然后整栋房子被点燃。"（1946 年 1 月 11 日）大多数试图改变德国人观点和态度的作家，都失败了，或早或晚地再度离开这个国家，就像阿尔弗雷德·德布林或者卡尔·楚克迈尔[1]，　532　而这些人还远远没有托马斯·曼那么招人恨。艾丽卡也用激烈的言语警告说："一分钟都不要去想，回到这个失败的国家。在这个国家，你根本就识别不出人来。"[16] 1946 年 1 月 10 日，她从苏黎世发出了一封信，再次阻止访问计划：即便有最为细腻的分寸感，有对时局最为细致入微的了解，"如果你们不得不在各个派别之间进行周旋，你们会被俄国人用来对付美国佬，被美国佬用来对付英国兵和法国人，最后你们带回家的只能是气恼和伤害"。这当然是完全正确的。总的说来，托马斯·曼大概必须这样处理事情。当年的局势对他来说无法看得更清楚。什么是历史？成群结队的盲目的蚂蚁去推一块岩石，而且根本就不知道何去何从。这位大作家也应该爬到这块大石卜面去吗？那个时代的大人物（杜鲁门、丘吉尔、斯大林）也没做出什么榜样来。"这三位治理世界的大佬总是在胡闹和乱弹琴。"（1945 年 7 月 29 日）

　　毕竟在战争结束后，托马斯·曼立刻通过政论文章从遥远的地方做

---

[1]　卡尔·楚克迈尔（Carl Zuckmayer, 1896—1977）：德国作家、著名编剧，代表作《蓝天使》等。

出了反应，一开始是通过在法兰克福的一家新报纸上重印他的《波恩通信》（1945 年 4 月 30 日的日记），然后又通过一篇令人动容的关于开放集中营的文章，正是这篇文章成了莫洛邀请他回德国的原因。

　　尽管有种种不利因素，倘若不是在莫洛的信件之后又出现了《内心流亡》（*Die innere Emigration*）这篇臭名远扬的文章，他有可能真的会回到德国。作家弗兰克·蒂斯（Frank Thiess）在这篇文章中以内心流亡者的代言人自居。虽然确实存在这样一些人，但蒂斯的论调真的不对。他认为，内心流亡者受的苦要比真正流亡的人多。对于真正的流亡，他根本就没有概念。他经受住了火灾、饥饿和炸弹，这让他比在"国外剧院的包厢和座椅上"看德国悲剧要了解得更多，体验得更深。[17]而且他还蔑视托马斯·曼的无线电广播讲话，蔑视一位德国流亡者为对第三帝国产生影响作出的最为重要和最引人注目的努力，此外——民众中的鸽派反正也听不到这些广播，"而我们这些知情者始终觉得自己比他们领先几步"。这些像蒂斯一样的人又知道什么呢——"我们这些知情者"——除了他们暗中的那些纠葛？托马斯·曼很痛苦。"那些攻击、虚伪和愚蠢整日在我的内心搅动，就像艰难的工作一样让我很累。"（1945 年 9 月 19 日）

克斯特纳

　　"德国人针对我所做的最为无耻的事情，以及萨克森的'黑姆迪科'的一出经典剧目"：这是托马斯·曼对又一份前往德国的"邀请"的评论。[18]这份邀请出自埃里希·克斯特纳（Erich Kästner）之手。[19]它非常微妙而刻毒地用上了一些在纳粹时代也很常见的偏见：

　　　　如果我向某个人要一百马克，而他身上只有十马克，如果我再次求他并且一直求他，随着时间推移，他必定会气急败坏。这一点是很清楚的。在塑造各类不同的艺术家人物方面，在塑造病态的、矫揉造作的人物性格方面，托马斯·曼是一位大师，他甚至为他的小说中那些人物的不健康状态的重要性感到自豪，而且他甚至过分到，把那些脆弱的、神经质的以及小心翼翼的变态视为一种德行和高价值。这位作者本人身体状况的不稳定性一向与这种了解和偏好十分相符。身体矫健者和英雄在他看来总是多少有些刻意，而他本人并非二者之一。是谁先想到让他跨越大洋到我们这里的废墟中来的？

克斯特纳作为《新报》（*Neue Zeitung*）的副刊主编和未来的笔会主席是美国占领区最富影响力的意见领袖之一。在 1945 年之后，他热衷于声称自己经历了"12 年的写作禁令"。[20] 而实际情况是，他部分通过瑞士的出版社，部分用一些假名字出版了自己的作品，实际上是第三帝国娱乐消遣行业最大的供稿者之一。他写的主要是喜剧和电影剧本；其中最为大家所熟知的是为全球电影股份公司（UFA）[1] 的著名电影《吹牛大王历险记》（*Münchhausen*）（1943）所写的剧本。1945 年以后，他将这一切矫饰成做出了某种牺牲的样子。就好像如果他当时流亡了，完全可能过得更舒服些，可以去伦敦、好莱坞或者苏黎世逛逛，但是他选择在最困难的时刻与他的民族站在了一起。"这样看来，我当了整整 12 年的见证人。"

托马斯·曼后来提议克斯特纳为德国战后笔会的创始成员。克斯特纳也逐渐地注意到，他自己应该归属何方，而且从此以后，他只说托马斯·曼的好话了。

---

[1]　全称是"Universum Film Aktiengesesellschaft"，德国电影公司，成立于 1917 年，官方使命是按照政府授意宣传德国，不仅要直接进行电影宣传，还要求其制作和发行的影片能表现德国文化特性并服务于国民教化的目的。

豪斯曼

实话说，我觉得整个"内心流亡"真是瞎扯。所有的人都参与了，所有人都获利，所有人都相信存在着丑陋的东西，他们从没有真正地感受到丑陋而且憎恶这种丑陋。现在他们都在扮演着留在德国并且与德国共同受难的英雄和殉道者，而我们是在国外舒适的剧院包厢等地方。这简直是一种明目张胆的臭不要脸。[21]

曼弗雷德·豪斯曼（Manfred Hausmann）的一封公开信也属于内心流亡的这类臭不要脸的行为，这封信中有这样的语句："1933 年托马斯·曼在一封很长而又很动情的写给当时的内政部长弗利克的信中，用非常急迫的语气恳请他，允许他从瑞士返回国家社会主义的德国，他当时拿着一本已经过期的护照滞留在瑞士。他是这样写的：他一定会做到不说话，而且不介入政治活动。他无论如何也不想去流亡。这封信没有得到回复。于是，托马斯·曼只能心不甘情不愿地离开第三帝国。他当时是那么愿意回到希特勒德国。但是不许他回来。"[22]

托马斯·曼当年写给弗利克的信后来公开发表了，[23] 信里的内容不容置疑地推翻了这种诬陷，这类阴险的讨论很快被噎住了。一些攻击者还想添油加醋，但没能得逞。"豪斯曼的回应，愚不可及。"[24]

维克、普雷和教父贝尔特拉姆

恨与爱一样，都是"认知不足的产物"。[25] 人们只有在不能理解一个人的时候，才恨他。在遥远的地方比在近处更容易做到这一点。如果当初背叛他而且成为纳粹分子的那些人，带着和解的意愿来到他的眼前，估计托马斯·曼过不了多久就恨不起来了。尽管他对这个整体愤恨不已，但面对个别情况时，却很善意而且很配合。

一些消失已久的人寄信来了，信中倾诉了"长远的隐匿于心的依恋"，而且这些信件如此质朴天真地直接重建联系，仿佛这 12 年根本就不存在一般，这让托马斯·曼先是感到困惑不已。[26] 从弟弟维克多那里传来了令人不快的讯息，"据称是因为虐待法国战俘而被逮捕"。[27] 托马斯·曼应当帮忙，他也马上就帮了，写了一封信去证明，他弟弟的性格与残暴的行为格格不入。[28] 维克很感激，随后又写来信，他哥哥对这些信的评价是"感人至深"（1945 年 10 月 19 日）或者"善解人意"（1945年 10 月 26 日），而且也很友好地回了信。他让人给弟弟寄去了暖和的内衣和 CARE 包裹[1]。[29] 维克多顺从而又麻利地为这位著名的亲戚做事情。他努力做到面面俱到。[30] 这种周到热情的勤快在回忆录《我们曾是五个人》中达到了极致，此书出版于 1949 年，在风格上竭尽全力向两位哥哥靠拢。这本书出版时，托马斯给出的评论是"始终真诚坦率、可爱、善良，又有些难为情"。[31] "很开心地来来回回谈论维克的书，这书以它的瞎编乱造、善意的美化、对自我和家庭的歌颂及同时显露出的才华构成了一个完全稀奇古怪的东西。"[32] 维克·曼并不否认，他是纳粹的追随者。[33] 但他没有说出具体的细节。他更愿意强调自己跟托马斯的密切关系。他自称每年给托马斯写两到三封信。在这一点上他夸大了。托马斯·曼保留了那些信件；最后一封信的落款日期是 1936 年 6 月 2 日。此后可以算是完全中断了联系。

容易令人想起的是：艾丽卡此前在慕尼黑看望了叔叔维克多并且阻止过他。[34] 他当时是国家社会主义货车司机团的积极分子，而且还是劳工阵线的小队长。人们也认为他完全够格加入纳粹党，虽然后来他在国防军里服役让他没能利用上入党这个提议。但艾丽卡在家庭范围内并不

536

---

[1] CARE 是美国在 1945 年成立的"美国援助欧洲合作组织"（Cooperative for American Remittances to Europe）的缩写。CARE 包裹（CARE-Paket）是来自美国的救助包裹，救济物资不仅仅局限于食物，很多 CARE 包裹都是美国人寄给在德亲友的。

记仇。她虽然嘲弄叔叔维克（"可爱的老家伙""又傻又老的便雅悯"），但也总是支持他。他在去纳粹化的过程中丢了工作，她帮助他再次受到雇用。

更加直言不讳的是戈洛·曼，很久以后，他才以挖苦的口吻准确地做出了评论：

> 人们一定是心安理得、开心接受能够得到的各种好处。作为农学硕士在巴伐利亚商业银行工作，而且在那里还没有获取代理人的资格，现在，维克多叔叔已经飞快地登上了主任的宝座，把他在慕尼黑东部的一套寒酸的公寓换成了位于施瓦宾区的一套非常高档优雅的公寓；这样的高升，他要归功于他的犹太同事的离开。

托马斯·曼料想到或者知道了这一切，但他的家庭观念更为强烈一些。1947年6月，他们才在苏黎世真正再次见面。日记本里记录："欺骗、含混不清、令人压抑的拥抱。"[35] 维克多抓住了他的机会，这种机会叫作胜利者的亲昵。但是好景不长。他在1949年4月21日突然去世。

"确实，在瓦格纳身上蕴含着很多'希特勒'的东西，您把这一点忽略了"——托马斯·曼在1949年12月6日致埃米尔·普雷托瑞斯的一封公开信中这样说道。[36] 此人与他交好几十年，是一位书籍装帧艺术家和艺术品收藏家，1933年到1939年是巴伐利亚艺术节的舞台总监，也是莫洛的信中那个反问句所指的人。莫洛问道，难道就没有比在希特勒统治下的拜罗伊特为瓦格纳音乐节进行舞台设计或者比在戈培尔的批准下在国外以一系列失败的报告给第三帝国做文化宣传更为体面和光荣的工作了吗？[37]

普雷，跟他很熟的人都这么称呼他，很快就认识到了时代的特征，想马上就建立起联系来，他在1945年6月6日写了一封信，[38] 这封信在6月12号到了他想拉拢的人的手中："收到了埃米尔·普雷托瑞斯从巴伐利亚的一座村庄发来的令人愕然的信。精明，或许有些投机了。"普雷实际上就是在投机，而且是以并非笨拙的方式进行投机。"有关普雷托瑞斯的讨论。"7 月 14 日的日记记录了这一点。尽管如此，托马斯·曼还是忍受不了莫洛信中踩的那一脚。10 月 12 日，那位受到谴责的人第二封"冗长的友谊的信件"来到了他的手中。他在日记中把这封信进行了缩简。"讨论建议：瓦格纳、尼采、德国人。洗白第一个人。"

托马斯·曼几乎用了两个星期的时间打磨一封回信，一再进行修改，重新开始写，终于在 10 月 25 日发出了一封非常友好的信，信中几乎完全放弃了攻击。在这段时间里，普雷托瑞斯写了一封对莫洛信件的回信，回应中有不少值得一听的对自己的辩解，但也有欠考虑地写下了这样的句子："您的心变得坚硬，您那从过于遥远的地方投来的视角不可避免地有所扭曲。"[39] 恰好他及时地收到了托马斯·曼善意的信件，这样他还来得及中止原计划的信件的印行。通信往来缓和起来，在这个过程中，普雷还是坚持在事后坦承了那封被压下的信件——至少他在 1946 年 2 月 23 日是这么说的。[40] 日记中没有对此做出反应，因此这封信大概并没有到达被攻击者的手中，因为通信往来不受困扰地继续进行了下去。还有一封落款时间为 1946 年 6 月 10 日的篇幅很长的辩解信，是对托马斯·曼 2 月 24 日的一封同样具有原则性的信件的回复。[41] 所有这一切都中规中矩，努力进行沟通。直到 1946 年底，日记里面才出现了一个表达怀疑的记录："普雷托瑞斯写来了一封忧伤的信件，典型的德国人含羞草般的状态。"[42] 这位舞台艺术家在此期间对托马斯·曼一些关于他这个人的怀疑言论有所耳闻，懊悔之极地问道，尽管他们之间一直在通信，但他是否冒犯到大作家了。此外他还听说，艾丽卡指责他这个人一无是处。但不管发生什么事情，他的敬仰和他内心的诚挚不会因此减少一丝一毫。托马斯·曼在同一天就回了信："亲爱的普雷，不管是我们在外面的这些人，还是你们在里面的这些人，在面对第三帝国的事情时，我们大概都有一种近似于病态的敏感。"[43]

整体情况被遮掩了，但是并不能被忍受。1947 年《浮士德博士》出版了，托马斯·曼必须承认，[44] 他在小说里那位说着达姆施塔特方言的艺术品收藏家西克斯图斯·克利德威斯的人物形象上加载了普雷托瑞斯的一些性格特征，而克利德威斯在慕尼黑引领了各式各样的法西斯主

538

义形成期的讨论：

> 克利德威斯，版画家，书籍装帧艺术家，东亚彩色木刻和陶瓷收藏家，对于这个领域，他也应这个或那个文化团体之邀，在帝国的各个城市，甚至在国外，作些内行和聪明的报告，他是一位矮个的、不显老的男士，他的说话方式表现出强烈的莱茵黑森地区风格，他的思想异常活跃，他不受传统僵化的思想意识约束，而是以纯粹好奇的方式去窥探时代的种种运动，并声称其中一些传到他耳朵里的东西是"极其重要的"。[1] 45

在与卡蒂娅的谈话中，他本人称这个不啻一种谋杀。"严重，很严重。"（1947 年 7 月 18 日）但这种性格刻画大概并非完全错误，尤其是恰到好处地击中了普雷的善变能力。在日记中，此人被直截了当地称作"克利德威斯"（1949 年 3 月 4 日）——这个名字托马斯·曼取自《女巫之锤》[46]——在德国，他大概也被人用这个名字来呼唤。[47] 托马斯·曼送了一本给他（1948 年 5 月 6 日）。普雷托瑞斯回应时，并未感到受伤害，他不吝溢美之词地颂扬这位大作家。而作家评论道："这些几乎已经习以为常的最高调门。'伟大的自我提升：您就此属于与歌德、提香和威尔第等并驾齐驱的受到赐福的大艺术家。'"（1948 年 6 月 28 日）

在这段时间里，普雷成了巴伐利亚艺术科学院的主席，他为托马斯·曼在 1949 年夏天探访慕尼黑铺平了道路。但就算是真正地再次见面，两人之间也没有产生一种更深的信赖，而且情况正好与此相反。又回到家中后，托马斯·曼写了《没完没了的理查德·瓦格纳》（*Richard Wagner und kein Ende*），这是一封致埃米尔·普雷托瑞斯的公开信。"瓦格纳身上蕴含着很多希特勒的东西"，这是他对那种要洗白瓦格纳的要求的一种回应，因此也是对普雷的一种回应。因为这个人从来就没有诚实过。他在 1941 年出版了有关瓦格纳的著作，书中有一些段落读起来

539

---

[1] 《浮士德博士》，第 411 页。

就像是针对托马斯·曼在 1933 年写的瓦格纳杂文的论战，战后这本书再版时，他删除了一些对他不利的段落，然后加上了对托马斯·曼"精彩绝伦的阐释"[48]，毕恭毕敬的鞠躬。托马斯·曼感觉到了这种不诚实。1949 年 12 月 7 日的日记中记载道，"致普雷托瑞斯的信写好了"，然后还加上了一句，"他不配得到这封信"。此后两人的接触减少了很多。但普雷的示好简直就没法挡住。"普雷托瑞斯来电话，他在从圣莫里茨回慕尼黑的路上，要与我们一起吃饭。很殷勤。"（1951 年 9 月 25 日）直至作家去世，两人维持着友好的通信往来。

教父贝尔特拉姆，这位世界大战时的顾问，在 1918 年成了小伊丽莎白的教父。在《小孩子的歌曲》中，他是那位"和蔼可亲的朋友，身着剪裁得体的外套，/ 市民阶层的儒雅，有些老法兰克人的做派，德国学者 / 诗人，有孩童般的快乐和开心"。[49]那时候还是美好的时代！可是没过多久，就掺杂进了一些苦涩。这位老派的法兰克人无法理解托马斯·曼的共和主义转向。他自己逐渐发展成一个具有笃定信念的国家社会主义者。一封篇幅很长且痛苦不堪的信，"温和、迷乱、悲伤，令人感动"，在 1935 年 6 月 4 日寄到托马斯·曼手中。他回信了，"友好并带着反讽的嘲弄"（6 月 16 日），信从汽轮上发出，在大洋的颠簸中用手写就，但没有再收到回信。这种沉默持续了近 14 年。到了 1948 年，才有了第一次间接的联系。在去纳粹化过程中，贝尔特拉姆被评定为有过失者这一级，他被剥夺了教授职位，他领取退休金的资格被剥夺了。贝尔特拉姆的一位学生请求托马斯·曼为他说几句好话。这位被求到的人虽然反对贝尔特拉姆再次被任命为学术教师，但还是希望他能有一份体面的退休金。他事后相当准确地对他进行了刻画：

> 恩斯特·贝尔特拉姆是一个亲切、优雅并纯粹的，在精神上有非常高的要求的人，在很多年里，他都是我及我的家庭最好的朋友。让我觉得痛苦而且也使我们彼此越来越疏远的原因是……他狂热地相信正在兴起的"第三帝国"，处于这种信仰中，任何劝告、任何震耳欲聋的有关这个大众运动露出不祥之兆的呼喊都没法动摇

他……他处在这种信仰中，无私的并且以个人的纯粹，不仅在希特勒欺骗性胜利、对欧洲进行羞辱和抢劫的时代保持了忠诚，而且这种忠诚还一直保持到这个国家社会主义的国家摇摇欲坠之时，保持到民族激愤和狼人 [1] 的岁月。50

540

一些忠诚而被蒙蔽的人想，一个人不能落井下石。日记本中出现了这样的思考："在德国出现了一拨'高级纳粹'自杀的事件，留下的遗言是'宁死不当奴隶'。军官们、教授们纷纷自杀。贝尔特拉姆？大概不会自杀吧。"（1945 年 5 月 26 日）爱思考且性格温和的教父并不是那类会去自杀的人。虽说如此，他较维克和普雷而言更加自尊骄傲一些，他与这两个人不一样，没有马上扑上去搂住托马斯·曼的脖子。而且他也更深地卷入了整个过程。就算他个人没有任何恶行见闻于世，但他在意识形态方面对第三帝国非常忠诚。作为杂文家和抒情诗人，他早在 20 年代就颂扬了德意志的莱茵河。这给他在 1940 年带来了德意志裔人 [2] 的约瑟夫·冯·格雷斯奖 [3]。颁奖典礼在波恩大学举行，就是 1936 年底以傲慢的姿态、轰动的效果剥夺了托马斯·曼荣誉博士头衔的那所大学，颁奖典礼的最后一项日程是对元首礼赞和民族主义歌曲。希特勒在"凡尔赛耻辱"的第 21 周年纪念日，即 1940 年 6 月 28 日，下令进驻了斯特拉斯堡大教堂。贝尔特拉姆在获奖感言中还不忘记提及这件事情。他在纳粹党和国防军、国家和城市面前宣告了这个事件的深刻象征意义，斯特拉斯堡回归了，这是拯救者那堪比"阿米尼乌斯的功绩" [4]，是充满荣耀且难以想象之举，是最深重的崩溃给拯救者"带来最为内在

---

[1] 第三帝国末期的一种游击队组织。

[2] 德意志裔人（Volksdeutsche）是纳粹时期对生活在德意志帝国 1937 年边界以外及奥地利，尤其是东欧和东南欧的德意志人的后代的称呼。

[3] 约瑟夫·冯·格雷斯（Joseph von Görres, 1776—1848）是德国高中和大学教师，也是天主教政论家，因其四卷本的《基督教神秘主义》而闻名。约瑟夫·冯·格雷斯奖（Joseph von Görres-Preis）于 1935 年专为莱茵河中下游的德语区（包括洛林、卢森堡和比利时东部）设立，由波恩大学颁发。

[4] 即赫尔曼战役。阿米尼乌斯（Arminius）德语名为赫尔曼（Hermann），德意志民族主义英雄，最重要的功绩是公元 9 年的条顿堡森林战役。

的彻底震撼，因而这样的震撼可以形成意志的奇迹"[51]，并且让莱茵河诗人的愿景成为现实。

托马斯·曼通过间接的渠道得知了一些类似的情况，这令他感到悚然。"一场群鬼轮舞"，他在 1944 年这样评论贝尔特拉姆和普雷托瑞斯的文化活动。[52] 但是他喜欢这个人，喜欢这个受到蛊惑的人，很愿意在 1949 年回到德国的旅程中能见到他，是的，可以说他十分渴望期待着他。[53] 而贝尔特拉姆却生病了（或者是内心恐惧），只寄来了几行友好善意的话，托马斯·曼在 1949 年 8 月 9 日热诚地进行了回复。他内心的愧意太大了，大到像友谊这样的东西很难再次稳定下来。但他在内心深处一直在努力着，人性的东西终于起来抵抗由政治带来的耻辱。"昨天的信件中最牵动我的是有关贝尔特拉姆的信，他还持续地关心着我，梦见我，渴望在他死前能谈一谈。我当然很想再见到他。"（1954 年 8 月 17 日）8 月 24 日，托马斯·曼去科隆看望了他的老朋友。"在他那感性而美好的住处很友好地待了一段时间，住处满是个人的和艺术的纪念品。他那张老去的脸书写着过去的风霜。他那健谈、令人心生好感的老派作风一点也没有改变。真挚的关系，真诚的告别。"[54] 但就所经历的事情进行真正的精神交流是不可能的了。最后的留言是非常感伤而充满友情的。"亲爱的教父，"这位已经 80 岁的老人在一张印刷好的感谢卡片上写道（1955 年 6 月 7 日），"我们常常带着宁静的欣喜回忆起我们在您那里的拜访。"

541

纪念歌德之旅及其后果

托马斯·曼也将去德国访问，这一直到很晚才确定下来。起先他只是收到了牛津大学的邀请。约翰内斯·R. 贝歇尔问他，能否到魏玛来参加歌德纪念会并且是否愿意接受新创立的歌德国家奖，他在日记本里评论"很棘手"（1948 年 12 月 27 日），而且推迟了回复。一直到 2 月，他还不愿意踏上德国的土地。"远在这里都能感觉到，那里的空气已经又一次——一切都会受这个'已经又一次'的影响——没法呼吸了。"他也收到了埃米尔·普雷托瑞斯的邀请，自从 1949 年 3 月以来一直考虑去慕尼黑看看，但是也没有定下来。"如果真的能够成行，那也是心血来潮的临时决定吧。"在 5 月 3 日决定了要去法兰克福接受歌德奖，后来又突然将动身日期从 8 月 28 日提前到了 7 月 25 日。儿子克劳斯之死使他震惊，让他在 6 月初几乎想完全彻底地放弃德国之行。只有瑞士的行程还需要遵守完成。[56] 当时本来就还没有决定去魏玛，出于政治原因——"不愿意跟美国交恶"（1949 年 6 月 18 日）。一直到了 7 月 9 日才做出了决定，7 月 25 日在法兰克福才与苏占区的特派专员敲定了访问的具体细节。[57]

　　几封来自德国的充满恶意的信件到了他的手中。[58] 他既然背叛了德国，那最好还是就在国外待着吧。另有一些暗杀威胁。这造成的直接后果就是，警方时而隐蔽，时而大肆声张地为整个旅途提供了保护。而那些邀请他的人，也让托马斯·曼觉得不太对劲。他在出席了法兰克福的纪念会后，问他的司机和旅行总管格奥尔格斯·莫特尚（Georges Motschan）："我今天不得不握过的那些手上，大概沾着多少鲜血？"[59] 托马斯·曼在 7 月 23 日从苏黎世出发，带着一种"仿佛要上战场的感觉"。这次旅行经过法兰克福、斯图加特、慕尼黑和纽伦堡（在纽伦堡，有人想带他去参观处决战犯的地方，他还是选择去看看纳粹党党代会的会址而婉谢了这个提议[60]），他最后还是去了魏玛。"我不认什么占领区，"他在法兰克福和魏玛说，"我是来访问德国的，作为整体的德国，而不是占领区。"[61] 慕尼黑并没有打动他——"破旧不堪的过去，心里并不牵挂。"[62] 他拒绝去看自己家昔日的房子。

　　他在法兰克福说："我很清楚，流亡者在德国什么都不是。"[63] 他上床休息时，那些刚刚还赞美恭维他的人，又吼起了纳粹歌曲。[64] 在德国西部的报纸上有很多充满仇恨的内容。说这个仇视德国的人，他只是从加利福尼亚州的戏院包厢和观众席上观看德国悲剧，现在也要去俄国人的占领区了，这引发了一次让托马斯·曼觉得特别痛苦的抗议活动，因

542

为这种抗议并非完全不合理。当年建在魏玛附近的布痕瓦尔德集中营现在被俄国人继续使用着。某个"反非人性行为协会"（Gesellschaft zur Bekämpfung der Unmenschlichkeit）要求，托马斯·曼到了东部占领区后也应该去布痕瓦尔德看看。[65] 如果真这么做了，当然是一次打脸。而另一方面，如果他拒绝去，那么他访问魏玛就意味着对俄国的一种赞同。这个要求是欧根·科根[1]发出的，他本人在希特勒时期就曾在布痕瓦尔德被关押过，因而这个要求带上了道德上的分量。托马斯·曼必须吞下拒绝这一请愿所带来的尴尬和难堪。他还必须忍住，东柏林政府从他的到访中榨取出一些他们能榨取出来的有宣传价值的东西。人们为他准备了一次盛大的迎接活动，把在法兰克福和慕尼黑的那种凯旋般的预演全都比了下去。托马斯·曼也有些被震慑住了。他一时顺口不小心说出了这样的句子：这个权威的人民国家虽然有其可怖的一面，但是也带来一个善行，这下总算是可以让那些蠢货和无赖闭上嘴了。[66]

这生动扎眼的一小句话现在"以其全然不必要而成了一个真正愚蠢的恶作剧"。[67]"因为我可是不赞成暴力和警察的。"[68] 这个声明与其他许多看上去倾向共产主义的言论一起进入了联邦调查局托马斯·曼的卷宗。魏玛之行及其随之而来的一些现象让托马斯·曼在战后的美国在政治上变得日益可疑。很多当年的朋友疏远了他。回绝和婉拒劈头盖脸而来。鉴于他有阿格尼丝·迈耶这样极富影响力的保卫者，他的境遇没有那么糟糕，但他女儿艾丽卡的情况与他近似，她在 1950 年撤回了她的入籍申请，因为人们让她没完没了地等着。作为一名英国公民多年来服务于美国人对希特勒的斗争，她给美国的移民机构写了一封极其不满的信：

543

> 我在大约四年前提交了申请。从这个时间点起就开始了对我的调查，这不可避免地招致对我的性格的怀疑，逐渐地毁掉我的职业

---

[1] 欧根·科根（Eugen Kogen, 1903—1987）：德国政治评论家、社会学家和政治科学家。

生涯，而且，简单地说吧，把我从一个幸福快乐、积极行动、在一定程度上对社会有用的成员变成一个受屈辱的被怀疑者。我的朋友们接二连三地受审两三小时，他们近乎为此崩溃。而最后得出的结论是，我既非共产主义者，也非其"追随者"，同样也不是某个被登记为"从事颠覆活动的"组织的成员，此外从未在政治上有过不受欢迎的行为，然后这些机构就在我的私人生活中翻来找去，所有受到相关问讯的人都极度惊愕。[69]

托马斯·曼虽然免遭一些极端形式的对待，但微妙形式的处置却不能幸免。在美国，他开始感到越来越孤独，部分原因是很多美国人远离他，另一部分原因是很多流亡移民又回到了欧洲。1949 年的歌德之旅是再次的生活转折。它为告别美国做好了准备，而且是在德国没有新住所的情况下。作家躲进了一种言辞上的世界主义，但这样做有个明显不足，即不再与特定的故乡相联系了。而后一切都引向瑞士。如果对一些事情视而不见，这位世界公民感觉在那里得到了最妥帖的安置。与 30 年代的情况不同，他目前在那里受到了极大的欢迎。

544　　那么他在德国究竟为什么不能再找到故乡了呢？不返乡的想法开始于，他必须在东部及西部德国之间做出选择。他不喜欢联邦德国，这块绽放着"可笑的经济之花的""美国的心头肉殖民地"。[70] 但这不是那只狮子狗的内核。[1] 即便就像人们肯定会预料的那样，他大概会明确地选择西方，但还是有些深层的东西没有解决。若这位流亡者与他当年的故乡之间的巨大鸿沟无法再度弥合，给他再多的荣誉也没有用。他根本就不缺少荣誉，但是他在内心深处不信任这些荣誉。这些荣誉难道不是某种良心不安的产物吗？给予过头的补偿，而不是率性而真心的爱意表达？在官方场面上的大肆颂扬和暗地里的仇恨之间的落差再也无法弥

---

[1]　"狮子狗的内核"取自歌德《浮士德》第三场《书斋》，一只黑色狮子狗随浮士德回家，现身为浪荡学生装束的魔鬼，狮子狗的内核即指魔鬼。这句话的意思是"不是事情的关键"。

合，至少在他有生之年肯定是不可能的了，尽管与慕尼黑和吕贝克之间有了一定的和解。他太常在庆典的文饰下看到法西斯的丑恶面目。在拜罗伊特，当他往嘉宾留言本上写留言时，往前面翻了几页，马上看到了他预见能够看到的东西："这些东西都在那里，——整个魔鬼窟穴都在一起，希特勒、希姆莱、戈培尔、戈林，都在，所有的！"[71] 在东部，喜庆洋洋的表面也是精心策划出来的。他们毫无顾忌地命令出现欢呼声。"还要装作毫无准备的样子"，[72] 他们利用他的荣誉来达到他们的目的，然而他们以其吹奏乐、他们的中小学生合唱团、他们的标语口号和花环引起了致命的联想。自由德意志青年团（FDJ）[1] "从早到晚大声吼着他们那和平的霍斯特·威塞尔之歌[2]"，同时在合唱中添加上这样的叫喊："我们欢迎我们的托马斯·曼。"这让卡蒂娅·曼认真考虑起来，"被那里的宣传机构当作这么一块大肥肉来用"[73]，这究竟是否合适。对西德媒体来说，这可是一个很受欢迎的疯狂表达憎恶的良机。《法兰克福汇报》（Frankfurter Allgemeinen）（当然这家报纸现在回首时有几分羞惭）有一位笔杆子在托马斯·曼 75 周岁时撰文道：托马斯·曼恨德国都恨傻了，现在成了那个东边屠夫世界的辩护士，他现在做了一切能做的事情，就是为了阻止西方得到拯救，他虽然能够写作，但是不会思考。[74]

尤其悲剧的是，与希特勒的反对派的卓有成效的谈话一次也未能展开过。为什么就不能跟欧根·科根谈一下呢？他与他一样都是被迫害过的人。为什么就不能跟前空军军官和后来的"自由德国全国委员会"[3] 的创建者之一的海因里希·冯·艾因席德尔伯爵（Heinrich Graf von Einsiedel）谈一谈呢？此人也参与了科根的抗议。[75] 为什么不跟内心流亡团体来往呢？当然有太多人在事后都想属于这个派别；那些让自己成为这个派别代言人的人，其实并不是他们中最好的。前面说到过例

545

---

[1]　全称"Freie Deutsche Jugend"，是德意志民主共和国的共青团组织。

[2]　并非真正的歌名，而是托马斯·曼借用纳粹党党歌《霍斯特·威塞尔之歌》指代自由德意志青年团所唱歌曲给他的感受。

[3]　亦译作"自由德国民族委员会"（Nationalkomitee Freies Deutschland），德国反纳粹和反战组织，1943 年 7 月 12 日至 13 日在莫斯科附近成立。

如蒂斯、克斯特纳和豪斯曼等几位。在50年代声名渐显的四七社[1]，把反法西斯主义写在了他们成立的旗帜上，他们也不去与托马斯·曼进行接触，虽然个别的成员没有遵循这条不接触的路线。阿尔弗雷德·安德施[2]就是这些例外之一，他怀揣着大胆的计划，想让托马斯·曼、恩斯特·云格尔和贝托尔特·布莱希特坐到一张桌子边上。[76]托马斯·曼反讽地称四七社是个暴民般的"吵吵嚷嚷的团伙"。他了解那些所谓年轻一代的厚颜无耻。[77]这个吵吵嚷嚷的团伙通过嘲弄他，甚至摒除他，[78]来寻找自己的好处，反正要与他拉开距离，而不是要向他学习。

要等这整整一代人彻底死绝了，才能够再次建立起与托马斯·曼的一种自然而不带偏见的关系——才有可能对他敬重、钦佩，甚至还有爱，接受他作为一种表率，而不是像一再出现的那种的情况，轻巧地将自己凌驾于他之上，把目光只集中在他那点小小的矫情虚荣上——"心里有些不快，因为新买的象牙拐杖上出现了一点小裂纹"[79]——以及把目光集中在他所谓的冷漠上，这种冷漠对这位因年事已高且日益变得善意的人来说实际上是一种必要的保护。

俄罗斯貂皮大衣

在1954年5月热得非同寻常的一天，一位德意志民主共和国的公民在苏黎世机场通过了瑞士海关，他的胳膊上搭着一件厚重的貂皮大衣。海关官员没有阻止。这是瓦尔特·扬卡（Walter Janka），东柏林建

---

[1]　四七社（Gruppe 47）是成立于1947年的德国作家团体组织，主要倾向和宗旨是倡导个人自由，宣传民主思想，清算过去历史，扫除第三帝国时期的"奴隶语言"和"宣传语言"，扶植青年作家，重建贴近生活、关注社会政治的德国新文学。
[2]　阿尔弗雷德·安德施（Alfred Andersch, 1914—1980）：联邦德国作家，与里希特共同发起创建了四七社。

设出版社的社长，他当时正在把以民主德国马克计价的托马斯·曼的稿酬走私带过边境。

在那个已经消逝的年代，瓦尔特·乌布利希通过一项决定，为了人民的利益，尽管有一些来自西方的书的作者和出版商不接受用民主德国马克支付稿酬的合同，但还是要去印刷这些书。建设出版社在 1952 年得到了上峰的指令，将《绿蒂在魏玛》和《布登勃洛克一家》纳入"进步德意志作家图书馆"系列，分别印刷出版了三万册。托马斯·曼对这种强盗行为提出了抗议。"您的理想主义和您的原则——'民众教育高于一切'，令我十分不愉快，因为您将这种冠冕堂皇的思想与一些让您的出版社置身于所有法律共识之外的行为相结合……您打算从今之后把每一本在您看来对您的人民教育必不可少的书，都不进行任何联系就收入囊中并且'恣意'出版发行吗？"[80]

因为他们不想过于粗暴地对待这位深受敬重的作家，最后还是达成了多少算是理性的约定。贝尔曼·菲舍尔允许在德意志民主共和国开户账号上以民主德国马克计算的等值版税印刷曼的作品，而且情况不错。至于对托马斯·曼本人及其家庭，扬卡还另外支付了一份好处。他介绍他们购置民主德国的高档消费品。卡蒂娅和艾丽卡得到民主德国的貂皮大衣，进行查验并大加赞赏之后，托马斯·曼也让人给民主德国的国营进步服装厂[1]寄去了他的身体尺寸，给他用俄国的水貂皮定做一身貂皮大衣。[81]他做了一身很棒的大衣，领子是水獭皮的。[82]离开慕尼黑之后，他就一直没有拥有这么好的大衣了。他还记得，当年，也就是 1918 年，他如何把貂皮大衣拿出来，"在那个'社会福利的时代'"，[83]让人看见他穿着如此奢华的大衣，自己不会多少有些尴尬吗？而现在，德意志土地上的首个工农共和国给他提供了一件貂皮大衣，他穿着这件大衣看起来就像是沙皇时代的俄国大地主。

---

[1]　国营进步服装厂（VEB Bekleidungswerk Fortschritt）是民主德国最大的男装生产企业。

灭火队员

　　成为美国公民是我的光荣和快乐，但那种歇斯底里、非理性而且盲目的对共产主义的仇恨，对这个国家而言是一个很大的威胁，远比当地的共产主义本身更可怕；我要借此机会把这一点说出来，是的，现在人们陷入这种迫害疯狂和迫害激愤中，而且似乎正准备全身心地投入其中——如果人们不尽快地就此思考，所有这一切都不会带来任何好的结果，而会导致最为严重的情况。84

　　"阿尔杰"现在是曼的新狮子狗 [1] 85，源于阿尔杰·希斯（Alger Hiss, 1904—1996）的名字，此人是一名美国外交家，如果传闻属实，麦卡锡时代对共产党人的追捕误伤了他，从而毁了他。[2] 86 如果当初灭火队员知道这件事情，他一定会把这件事情打造成一支毒箭。如果灭火队员知道，这位德国流亡者的标杆人物在暗地里写过很多比其卷宗中告发者提供的材料严重得多的东西——他们很可能会逮捕他。托马斯·曼在他的讲演《歌德与民主》中写道，歌德若在今天（1949 年 2 月），更可能与俄国站在一起，而不是与美国。87 后来出于小心，他把这一段给压下来了。在一篇没有刊发的文章中，88 本来可以读到一些相当触目惊心的事情，他谈到美国媒体放的法西斯烟雾，谈到这个国家的令人愕然的道德水准下跌，谈到位于军队控制下的被收买的科学界，谈到那些在希特勒治下收敛了大量财富的人所受到的优待，谈到光天化日之下的德国政治丑闻，谈到对共产党人的迫害。在那篇文章中，如果没有那些对公开发表的观点进行监管的灭火队员，原本也可以读到这一控诉，即美

---

[1]　"狮子狗"源于歌德的《浮士德》，是魔鬼的化身。这里借指托马斯·曼的心魔。

[2]　阿尔杰·希斯伪证案是美国史上最有争议的审判之一。中央情报局间谍、时任美国国务院官员的阿尔杰·希斯遭到《时代》周刊编辑、前美国共产党员惠特克·钱伯斯（Whitaker Chambers）向当局举报，被指控是华盛顿特区美国共产党间谍网成员，被判犯有伪证罪，但希斯一直坚持自己的清白与无辜。这起间谍案至今仍是一个疑案。

国虽然鞭笞着苏联，但是对跟美国交好的如伊朗、沙特阿拉伯等国家的暴君统治和奴隶剥削，却默不作声地予以支持。"只要资产阶级世界，"他在那篇燃着怒气的文章中总结道，

> 还只是以私有经济的职业生活、利润、竞争以及争夺最佳职位那套变得毫无用处的理想，来抵御共产主义的应许，而拿不出其他东西来……那么我们想把共产主义从世界上铲除的前景并不乐观。

　　写了这些东西的人只管经常地发誓声明，他不是共产主义者，也不是"同道者"。[89] 在当年的美国，只要有比这个少得多的材料，就足以给一个人打上某种烙印了。灭火队员很了解相关技巧。这里说的是记者尤金·蒂林格，早在 1949 年 12 月，他便因魏玛之行把托马斯·曼称为"美国同行者 1 号"。[90] 那份向他敞开的杂志《自由人》（The Freeman）被托马斯·曼贴上了"庸俗小报《灭火队员》"的标签（1951 年 3 月 28 日），而蒂林格在这份杂志上罗列了一长串他所怀疑的托马斯·曼的亲共行为。他这个做法带来的后果是，疯狂的来来回回的辟谣、新闻公报、声明以及律师信函。托马斯·曼甚至想写一则讽刺："我现在正在考虑写一个俄国风格的令人惊悚而单调的认罪告白。"（1951 年 4 月 27 日）所有文章和文件都应众议院一名议员的申请，极其正式地列入国会档案中。托马斯·曼必须做好随时接受"非美活动调查委员会"（Committee for Unamerican Activities）传唤的准备。他早就上名单了——名单上还有一些当时同样受到怀疑的同时代人，诸如阿尔伯特·爱因斯坦、利翁·福伊希特万格、马龙·白兰度和诺曼·梅勒[1]。[91] 但他没有被传讯。或许是因为他当时还有足够多影响力很大的朋友。

　　不公正而且不尊重人的各种指责和舆论上的歧视让托马斯·曼深感沮丧。"我都是快要 75 岁的人了，在异国他乡生活，这个异乡已经成为

548

---

[1]　诺曼·梅勒（Norman Mailer, 1923—2007）：美国著名作家，国际笔会美国分会主席。

我的故乡，可现在还要被别人指责我说谎，被那些焚烧女巫者所指责，那些人——这是最让人错愕的事情——不相信任何人，或者除了他们的'女巫'，也根本不听别人说什么。"[92]

但他真的就没有说过一点点谎言吗？至少在有一点上，蒂林格似乎是有道理的，那就是托马斯·曼1950年5月在一份禁止使用核武器宣言[1]上面签过字。积极参与反对核武器是否就是可耻的，姑且先把这个问题撇在一边，但托马斯·曼否认他参与过，因为这个行动被视为是由共产党方面操控的。但他确实签过字，今天已经查证出来了。[93]当然很有可能的是，他当时被骗了。在索邦大学的一次诵读会结束后，一名女听众突然想到，让他在这份请愿书上签字。或许当时文字内容被遮住了一半。这份文件的照片显示，托马斯·曼这样说："一个匆忙凌乱的签名，就像是某次诵读会结束后，左右都是高举着伸过来的要求签名的纸条，我为了离开匆忙签下的名字，而且我绝不会把这样的签名签在一个在我看来很重要的文件上。"

为什么我不留在美国

这一切对他的伤害很大。一个愿望变得越来越强:不要死在这里！[94]于是，灭火队员便成为促使他返回，甚至可以说是逃回欧洲以及对美国当局尽可能久地隐瞒定居瑞士一事的诸多原因中的一个。不管有什么样的世界主义，他终究还是思念家乡。"那块'我由此走出来'的土地吸引着我。"[95]"我对古老的土地有着非理性的期盼。"（1952年6月6日）

549

---

[1] 这里指的是世界保卫和平大会常设委员会于1950年3月19日发表的《斯德哥尔摩宣言》，该宣言呼吁无条件禁止核武器，并展开了签名活动，半年内签名者达到5亿人。

尽管他时不时会猛然怀念加利福尼亚州棕榈树下的房子，但他越来越觉得当一名欧洲人很快乐。"喝茶时，艾丽卡弄来了一些精巧可口的糕点，这在美国可没有。"（加施泰因，1952 年 9 月 4 日）生命的弧线即将闭合。在 50 年代，他多次去慕尼黑，最后也去了吕贝克，还特别去了特拉沃明德，那是孩提时代的渴求之地——"因为我们所有人的内心都深藏这样的愿望，回归到过往的事物中并且重演它，这样可以在不顺遂的时候，还会快乐。"[96]

有比政治更为深层的东西。希特勒迫使他远渡重洋，在与希特勒进行的斗争结束之时，脚底下的美国大地开始摇晃。只有棕榈树一定是不够的。政治的怒火越是平息，从前的被压抑良久的本质层面才越从深处涌到表面上来。又出现了这样的时光，在此时，整个政治在他看来是一条歧路，把艺术家进行政治道德化是一种平庸和可笑的事情，[97]在此时，他只了解疲惫和人性，他像当年的托尼奥·克勒格尔一样，除了可笑和可悲什么也看不见；在此时，比起所有民主的空话，他更喜欢艺术与宗教、道德与内在性，就同当年的不问政治的观察者那样。民主来自上端，这位观察家曾经写过，而这位悲观主义的流亡者在战后的美国也完全有可能说出这样的话来。"它不应当提要求、狂妄僭越、无理要求，而应该是退位、羞愧、放弃、人性……但我始终强调同一点，民主应该是道德，而不是政治；它应当是人对人的善意，来自双方的善意！因为主人同样需要仆人的善意，就像仆人需要主人的善意一样。"[98]歌德并不是一个有民主观念的人，这是他在 1949 年歌德纪念会讲演的《歌德与民主》里只进行了马马虎虎掩饰的基调。"他反对新闻自由、反对大众参与议政、反对宪法、反对多数人统治，他坚信'一切明智的东西都在少数人之中'，他公开站在那位常常反对人民及国王而且孤独地履行自己计划的部长一边。"[99]

他的最根本的东西再次出现了，所以他要回到欧洲。把他从美国赶回来的并不仅是一些表面上的原因，例如政治等。尽管如此，我们还是在政治上视角再逗留一会儿，因为还要谈及一些比较成问题的东西，就是这位大作家与美国联邦调查局的联系——就是那个超级臭名远扬，在　550

实际中大概与联邦刑事犯罪调查局有着相近功能的美国警察机构。

托马斯·曼始终支持一个强有力的国家，只要这个强有力的国家是理性及人性的。在特定情况下，为了保障良好秩序，必须监视公民，这样做并不违背他对民主的理解。我们前面已经说过，他在早年间就为戏剧及电影审查出过力。在更为戏剧性的历史条件下，在发生第二次世界大战的情况下，他就像他的女儿艾丽卡一样，[100] 像他的儿子戈洛一样，[101] 有时会帮助美国警察。"两位联邦调查局的先生长时间来访，因为墨西哥的那群人，卡茨、贝托尔特·布莱希特。"（1943 年 8 月 18 日）"联邦调查局人员来访，打听 E. 多伊奇（E. Deutsch）的情况。"（1944 年 1 月 29 日）这种形式的记录在接下来的时间里多次出现。[102] 大概经常只是一些德国流亡移民，他们想入美国籍，将托马斯·曼作为推荐人填表，但如果是为了能够真正地对这件事情进行评判，还必须了解这些过程的另外一面。这位被询问者很可能大多都是说些有帮助的话。没有任何证明材料表明，他说过的话对鲁道夫·卡茨[1]和贝托尔特·布莱希特有害。当布鲁诺·弗兰克因为共产主义嫌疑被联邦调查局调查时，托马斯·曼到他强有力的朋友阿格尼丝·迈耶那里去为他活动。"我保证他的思想没有任何可指责的地方。"[103] 只有一次，在针对图书管理员和文学研究者库尔特·冯·法贝尔·迪法尔（Curt von Faber du Faur）的调查中，在日记本上出现的是："说了不利的话。"（1944 年 10 月 24 日）1945 年以后似乎就不怎么去问他了。

就这件事情不利的一面所做的文章要铺陈得多。他肯定感觉到，关于他一定也有一个档案——就像是在德国一样，在瑞士也一样。他担心，联邦调查局在入籍时会跟他算总账，"因为早产的反法西斯主义"，[2] [104] 这个荒诞的术语。几乎所有重要的美国艺术家都被监视，几乎所有的知名流亡者也同样被监视，被监视的还有女儿艾丽卡和儿子克

---

[1]　鲁道夫·卡茨（Rudolf Katz, 1895—1961）：德国政治家、法官，曾任联邦宪法法院副院长。

[2]　原文为英语: premature anti-fascism。

劳斯。[105] 托马斯·曼的卷宗里有远超过上千份的 1937 年到 1954 年的材料，这些材料中只有一小部分公开了，而且这一部分还把名字涂黑了。[106] 由此看来，就这个复杂体给出一个结论性的判断是不可能的。

受到监视到底不仅意味着一种令人不舒服的感觉，而且还有后果。1950 年，人们不让他在国会图书馆进行一年一度的讲演了——而他还为这次讲演写了《我的时代》，因为他相信，这是一次历史上重要的讲演——对他的攻击更为变本加厉，所以他才要仔细斟酌在公开场合用的每一个词，最后他在政治上只能完全沉默，而这一切是发生在他全力投入反法西斯斗争以后，这种做法让他不再有自由的感觉，这让他如鲠在喉，令他窒息，使他周围的空气污浊。"我觉得自己被困在一个不祥的世界中，无法从这个世界逃脱。"（1951 年 4 月 22 日）这个当初在他看来如此慷慨大度的国家，现在露出了凶残的面目。"持续地朝着法西斯独裁继续发展"在他看来是非常可能的。（1952 年 3 月 1 日）他在 1952 年 6 月底去了欧洲。在 11 月 7 日致阿格尼丝·迈耶的一封信中，他还一直做出一副他还要返回美国的样子。

他离开，也因为他的女儿，"因为完全被剥夺了活动的可能，她在这里简直就是萎靡不振"。[107] "因为艾丽卡完全不可能留在这里了，我自己本人对这个国家有着说不出来的厌倦。"（1952 年 3 月 19 日）托马斯·曼很担心她，担心她在这里痛苦不堪，担心她受到太多刺激。这种情况当然不难解释，"两位联邦调查局雇佣的斯大林间谍或是共产党员询问了艾丽卡一个半小时？难以置信。"（1951 年 10 月 24 日）卡蒂娅也因为艾丽卡非常难过。（1952 年 6 月 6 日）一切，所有的一切都推向逃走。

"到达目的地了。"（苏黎世，1952 年 7 月 1 日）

爱因斯坦和炸弹

"就这么直接地坐到这人的身边？我头晕目眩了。"这是一张抓拍照片上的题词，照片上展示的是托马斯·曼与爱因斯坦在谈话。[108]日记里没有说头晕目眩，但一再说起了敬重与友谊。他们至少从 1925 年起就认识对方了——与他在一起对托马斯·曼而言十分受到触动，当年说的是："由于他的和蔼、童心未泯的纯真、谦逊！"[109]托马斯·曼在普林斯顿的时期，他们是邻居，两人经常相互拜访。另外还有一些东西把两人联系起来（不仅仅是因为两人在中小学里待得都不舒服）——都被赶出了德国，两人在 1935 年共同被哈佛大学授予荣誉博士学位以及接下来一同与罗斯福总统共进晚餐，在美国他们在政治上很团结，共同签署过一些请愿书，[110]都被"列于名单上"，[111]都被告发为追随者[1]，而且最后两人都被联邦调查局调查过。还在魏玛共和国时，两人就都是善良的世界改造者，托马斯·曼在那时就与爱因斯坦一起为各种事情努力：要求艺术自由，资助红色救济会的儿童之家，与《污秽低俗法》[2]做斗争，为"支持巴勒斯坦"、为马克斯·霍尔茨奔走，反对兵役制，抵制对乔伊斯的《尤利西斯》（*Ulysses*）的盗版。[112]在魏玛时期他还进一步想争取这位物理学家共同呼吁反对国家社会主义，支持一个"严格的共和国"，但未能成功。[113]

1905 年和 1915 年，爱因斯坦向专业读者群体介绍了他的开创性理论，1917 年以他的著作《关于狭义相对论和广义相对论》（*Über die spezielle und allgemeine Relativitätstheorie*）面向更广泛的受众。托马斯·曼虽然不久后在他的小说《魔山》中时间哲学这一方面表现出对

---

[1] 原文为英语：fellow travellers。

[2] 《污秽低俗法》（Schmutz- und Schundgesetz）：全称为《保护青少年免受污秽低俗文学侵害的法案》（Gesetz zur Bewahrung der Jugend vor Schund- und Schmutzschriften）于 1926 年 12 月 18 日生效，1935 年 4 月 10 日废止。为实施该法案，成立了正式的污秽低俗文学审查机构，该机构决定哪些作品属于这类文学。

此的兴趣，[114] 但没有懂多少。"爱因斯坦"对他来说就是"现代物理"的同义词，而对现代物理他懂得同样少。对他来说，现代物理与一种"宇宙观"相重叠，他希望这种宇宙观"形成新人道主义的基础与激情，那些最优秀的人心中正在酝酿这种隐藏在一切荒芜背后的新人道主义"。[115]

先发生的却是一些完全不同的事情。"$E=mc^2$"这个公式已经认定，核裂变的发现实际上证实，质与能在根本上是同一个东西。托马斯·曼听着讲解，仅仅是 1 千克碳，如果完全转换为能量，就将提供 25 兆千瓦时的电能。[116] 制造原子弹之路开始于 1939 年爱因斯坦与利奥·西拉德[1] 共同写给罗斯福总统的那封著名的信。应当去造出那颗炸弹，要抢在德国人前面。一台巨型机器运行起来了。自从广岛和长崎两座城市化为灰烬，这个长着一双"黑亮而圆圆的孩子眼睛的"、[117] 曾清白地用自己的手来助力原子弹制造的男人，[118] 早就与这一切都拉开了距离。

托马斯·曼对在日本爆炸的原子弹做出了浮士德式的批评，他引用歌德的话，把意思颠倒过来："难道创造的精神不曾闯入自然的内部？宇宙最内在的力量被用来为人类服务。这个力量现在掌握在很不靠谱的人手中。"[119] 论及原子弹的受难者时，日记的记录相当冷漠；此外，爱因斯坦的反应也同样冷漠，爱因斯坦在一篇文章中说过，这项发明能够毁掉三分之二的人类，但是不会毁掉全人类本身。人们可以重新开始。[120] 而当后来研发氢弹时，他就不这么"乐观"地看问题了。"爱因斯坦的电视讲话反对研制氢弹。技术上有可能毁灭人类。"（1950 年 2 月 13 日）他们在 1945 年 10 月共同呼吁阻止一场核战争。[121] 托马斯·曼的日记在 1946 年 11 月 18 日记录了爱因斯坦的另外一份宣言。两人向联合国和世界各国政府呼吁，[122] 但对此并不怀有太大的信任，托马斯·曼在这个时间点上已经不是塞塔姆布里尼了。他更相信，"相比大学者的宣言，我的恳请会更快，也更悄无声息地被不幸进程掀起的波涛

553

---

[1]　利奥·西拉德（Leo Szilard, 1899—1964）：美籍匈牙利核物理学家，曾参与美国的曼哈顿计划，第二次世界大战后积极倡导核能的和平利用，反对使用核武器。

吞没"。[123] 虽如此，他还是要明确表示反对再度在西德重整军备，[124] 但是，如果把他先前的政治立场与现在的相比较，就可以看出实际上他只用了一半的力量。最后一次政治表态，再次与爱因斯坦一同进行，他在 1954 年对即将出现的核战争发出了严正警告，"深刻、严肃而简明扼要"（1954 年 11 月 19 日）。7 月 4 日，艾丽卡受父亲的委托启程前往伦敦，去进行接触性谈话。他们在计划做一件大事，[125] 但托马斯·曼患病而终。所以托马斯·曼在这件事情上的最后留言是《试论席勒》（1955）中一个很有分量的句子：

> 愤怒与恐惧、迷信般的仇恨、恐慌的惧怕以及迫害成瘾控制着这么一种人类，对他们来说，宇宙空间正好用来在其中建立起战略基地，他们还模仿太阳的力量，以便遭天谴地制造出毁灭性武器。[126]

角落里的小星辰

我们很早就发现，后来也一再发现托马斯·曼笔下人物形象的分裂——《托尼奥·克勒格尔》中的市民与艺术家，《翡冷翠》中的道德家和审美者，《魔山》中的洛多维科·塞塔姆布里尼和莱奥·纳夫塔，《浮士德博士》中的塞雷奴斯·蔡特布罗姆和阿德里安·莱韦屈恩。他自己本人也分裂为一个乐观的政治杂文家和一个反政治的悲观的诗人作家。一位要帮助世界，另外一位则熟读叔本华且一向知道，存在是一种叛逆的发明。

554　　　托马斯·曼就带着同样的分裂对天体物理学的宇宙观做出反应。作为莱韦屈恩，这并不让他惊愕，但作为蔡特布罗姆，他表示抗议。一名

第十八章　痛苦与荣耀

杜撰的名叫雄松鸡[1]的学者，作为魔鬼本尊，向阿德里安·莱韦屈恩讲解了星系的巨大体量，"而那颗为地球及其小月球连同大大小小的同类一齐所环绕飞舞的恒星，原来就非常不起眼、难以被发现、几乎是不值得一提地存在于"[2] 127 这个星系内部的什么地方。

塞雷奴斯却认为这是魔鬼对人类理性的攻击：

> 这些关于宇宙的创造的数据就是用数字对我们的知性所进行的一次震耳欲聋的轰炸，其火力装备为一个拖着两打零的彗星的长尾巴，而这些零还会装模作样地摆出一副多少还有点节制和理智的样子。在这个实施破坏行径的怪物身上，没有任何的善、任何的美、任何的伟大能够吸引像我这样的人，而我也永远不会理解，为什么凡是宇宙物理学的东西，全都可以被某些人拿来当作所谓"上帝的杰作"看待，从而对其生发那种"和撒那"情绪。一种你对它可以完全像说"和撒那"那样轻易地说出"没什么大不了"的活动，到底可不可以被称为是上帝之作？我以为，作为对于一后面或者也是在七后面的两打零的回答，说第一个似乎要比说第二个来得更正确，不过，这已经变得不再重要了，我看不出有什么理由非要对这个一百万的五次幂进行顶礼膜拜不可。[3]

这位实诚的学者就说到这儿吧。他并没有跟上时代的发展，因为他对一些至少从伽利略开始就广为人知的基本事实大为光火。这些事实对于他，就像对于他的创造者托马斯·曼一样，都在扮演着编号为"爱因斯坦"的角色。究竟为什么不应当对创造了爱因斯坦宇宙的上帝进行

---

[1] 原文为英语：Capercailzie，意思就是"雄松鸡"，施皮斯1587年出版的《浮士德博士民间故事书》中，浮士德立遗嘱时为他的助手瓦格纳准备的邪恶精灵就叫这个名字。

[2] 《浮士德博士》，第308页。

[3] 《浮士德博士》，第309页。"和撒那"为宗教用语，表示欢乐和欢迎的赞美性的呼喊声，原为对进入耶路撒冷的耶稣表示欢迎的呼喊声。

顶礼膜拜，这个问题托马斯·曼在《关于宗教的断片》（*Fragment über das Religiöse*）中已经问过了。"无论爱因斯坦的宇宙比显而易见的情形再怎么伟大和复杂，还是要允许我面对它的创造者保持一种没有被冲昏了头脑的态度。"[128] 与蔡特布罗姆一样，他在 1934 年写道："我还是不免觉得：对人性的认识，深入了解人类生活比银河系大猜想具有更为完善、成熟的性质。"[129]

但对世界物理最为严重的攻击还没到来呢。雄松鸡拥有在浮士德小说成书期间出现的崭新的大爆炸理论。宇宙处于飞快地扩张状态中，能够从其他银河系抵达我们这里的光的红移使这一点变得毋庸置疑。这位人道主义者又重新开始了辩护。这些可怕的物理的创造不具备宗教意义的创造性。什么样的敬畏是可以通过想象诸如宇宙爆炸之类离谱的胡闹来造就的呢？上帝就存在于人类对真理、自由和公正的责任之中——"在一千亿个银河里我并不能找到它的踪影"。[1]

他的对手阿德里安·莱韦屈恩却不跟他一同塞聪蔽明。然而他也不是一名物理学家，而是一名道德家，虽然只不过是一名负面的道德家。他坚持认为，物理的创造是道德创造的前提。如果物理创造是恶的（但它为什么就该是"恶"的呢？），那么善和道德只能是"恶之花"。他嘲笑蔡特布罗姆的以地球为中心的人道主义是"凯泽斯阿舍恩式的狭隘宇宙论"[2]。

托马斯·曼将这一切都转换回他先前的叔本华学说。世界作为一个爆炸中的宇宙，就其根源而言是"意志"，是盲目的欲求。世界其实是一个伫立的当下、永远，无处不在，只有通过幻想中的时间化和空间化，飞奔而过的粒子和小粒子才具备了显现的形式。爱因斯坦有关地点、时间和运动的相对论被托马斯·曼读成了对叔本华的一致性神秘主义（Einheitsmystik）的证实。他将物理学变成了形而上学。因此，广义相对论在他那里产生了一个相当广为人知的结果：反讽。面对大爆炸理

---

[1]《浮士德博士》，第 311 页。

[2]《浮士德博士》，第 311 页。

论，能拯救他的是嘲弄。莱韦屈恩用他的管弦乐《宇宙的奇迹》来嘲弄天体物理学的世界。托马斯·曼对其在咖啡和溏心蛋之间微观世界的对应物进行了反讽。"吃早餐时，我为已经找到的能量和物质之间缺失的链接感到好笑，毫无重量的中子，据说因为原子弹爆炸，整个世界都充斥着这个东西，而且大概所有的物体都将化解为中微子。"（1948 年 10 月 13 日）

托马斯·曼自从 20 年代中期以来就在寻找这个缺失的链接了。"我对著名的爱因斯坦先生的理论知之甚少，理解甚少。"他在 1923 年实事求是地这样声明，但这个事实这并不影响他观察到，在这个理论中，物理学和形而上学之间的界限是变动不居的。[130] 他的汉斯·卡斯托尔普（在《魔山》中）探究生命的起源，[131] 探究自然发生，即探究生命从无生命之物中产生的那一个时刻。他开始研究越来越小的东西，从分子到原子，原子已经小到了位于物质和非物质的界线上。

556

在书中此处，汉斯根本无意去找一个答案，而是将兴趣偏移到误认为的宏观宇宙和微观宇宙之间的结构相似性上去了。原子不也是一个充满能量的宇宙系统吗？在这个系统中，天体自转着围绕一个如同太阳似的中心飞奔，彗星们则以光速掠过这个系统的以太空间，中心物体的力量迫使彗星进入其离心轨道。在自然的最内在之处，以最为宽泛的镜像，不就是重复着宏观宇宙里的星辰世界吗？星辰世界的群星、星团、星群和各种形态赋予夜空以深度？还有，建构通往莱韦屈恩和雄松鸡的桥梁：难道在原子的世界里就不会也存在一个"地球"吗？

难道就不允许这样去想吗，在原子的太阳系中的某些行星——像构成物质的太阳系的这些星群和银河——也就是这种内部世界天体中的一个或另一个处于某种状态中，这种状态跟将地球变成生命居所的那种状态相符合？

这种想法让托马斯·曼难以释怀。他在 1951 年 12 月 23 日的日记里思考着，这一切究竟是怎样相互交融的，人进入动物性，动物性进入植物性，有机物进入无机存在，存在进入非存在。

一切都已经开始，也将结束，将回到从前没有空间、没有时间的虚空。地球上的生命是一个小插曲，这么看来，或许所有的存在只是虚空与虚空之间的一个岔子。在这种虚空中，存在之第一次振动怎么样出现，又是何时出现的呢？这可是新的东西。同样在无机物上的增添，就是人们称之为生命的东西，这种后到达的东西其实并无添加新材质。某种第三个后到的东西，在动物——有机物之中的增添，是人性的。过渡性的东西可以察觉，而无从确定的东西增添进去，例如在转向"生命"之时。

在小说《大骗子菲利克斯·克鲁尔的自白》中，确切说在 1951 年 557　11 月到 12 月写成的那一章中，在开往里斯本的列车的餐车中，库库克教授在化名为侯爵威诺斯塔的菲利克斯·克鲁尔面前侃侃而谈对生物学及宇宙的观察，这些观察听起来要比上面引用的日记里的段落友善得多。让人觉得惊讶的是，被蔡特布罗姆称为可怕的物理的创造的东西，现在出现在一个和解的氛围中，在节庆的氛围里。在无边无垠的空间里，存在庆祝着其狂野的节日。[132]

他还给我讲述了存在大显身手的巨大舞台——宇宙，它实际上是永恒的虚无的一个存在有期限的后裔，充满无数的物体、流星、卫星、彗星、云雾、无数的恒星——这一切在万有引力的作用下相互吸引着，形成星团、星云、银河系和河外星系，而其中的每一个银河系又是由很多个炽热太阳、旋转的行星、稀薄的星际气体、铁、石和宇宙尘埃构成的寒冷的瓦砾场等组成的……[1]

---

[1]《大骗子菲利克斯·克鲁尔的自白》，第 296 页。

第十八章　痛苦与荣耀

库库克教授对我们这个地球边边角角的最不起眼的事情也了如指掌。他提供了有关这些事情的令人错愕的信息：

> 我还听他讲，我们的这个银河系只是数万亿个中的一个，我们所居住的太阳系几乎处在其边缘上，差不多就像一朵无人理睬的墙头小花一样，距离银河系的中心大约有 3 万光年远；在这个太阳系中有一个巨大的、相对说来却是微不足道的火球，这就是"这个"太阳，其实用不定冠词"一个"来说明它更恰当；在它的引力场内还有包括地球在内的行星，它们的乐趣和使命是以每小时 1000 德里的速度自传，每秒钟的行程大约 20 德里，同时又围绕太阳公转，以此来决定它们的日和年——说得明确点，是它们各自的日和年，因为它们各自的日和年是完全不同的。比如说水星，它距太阳最近，用我们地球的 88 天绕太阳转一圈，同时也自转一周，因此它的年与日是相同的。在这里，我们可以看到，重量所遇到的情形同时间的这种特性是差不多的：不存在普遍适用的重量概念。比如天狼星的白色伴星，是一个比地球大 3 倍的天体，那里的物质处于密度极大状态：那里的 1 立方英寸的物质大约会有 1 吨重。相反，地球上的物质，如山上的岩石、人体到了那里就会成为极松散、极轻的泡沫。[1]

菲利克斯·克鲁尔并没有像塞雷奴斯·蔡特布罗姆那样，以老派人 　558
物的激愤对此做出反应，他的反应是兴致勃勃、激动不已。存在以其不可估测的宏伟扩展让他想起了大洋的原始感觉，他还是婴儿在奶妈的怀中时，享受过这种感觉，他在每一段爱情生活中都重复过这种感觉，让他想起了他还是半大孩子的时候"用'巨大的欢喜'这个梦幻般的词"描绘的事物，这是一个套话，它"从很早的时候起就拥有一种令人陶醉的宏大意义"。[133] 爱冲开了身体的界线。在爱中，这位叔本华信奉

---

[1] 《大骗子菲利克斯·克鲁尔的自白》，第 296-297 页。这里 1 德里约合 7.42 公里。

者打开自我的内心，通往宇宙。性爱摒除界限具有一种宗教意义。"我都喊叫起来了，以为是在升入天堂。"[1] 克鲁尔第一次在女佣热诺薇珐那白嫩而营养良好的胸脯上尝试过那种快乐时，他如此写道。一种色欲的全面性趣连接起《浮士德博士》中的许多宇宙空间如此魔鬼般无意义的翻腾。一种世界闹腾，对叔本华来说是虚无的幻境，在尼采的视点却成了宏伟的庆典。在一封信中，托马斯·曼复述了库库克的理论并且接着说："爱，被理解为通过存在的插曲特性而产生的感性触动……那么，存在或许就是来自虚空的爱的呼唤？——胡说，您一个词也看不懂。我的一个小孙子从教堂里面出来，说道：'如果一个人开始去动脑子想上帝，他就是"脑子堵了"。'这可是个新词，而且是个不坏的词。"134 就像我们的眼睛只能从可见光较宽的光谱范围中看见狭窄的一小条，我们的全部认知也只能领会不可估测的存在的一个微小碎片。

《大骗子菲利克斯·克鲁尔的自白》中对人道主义的论证不同于浮士德小说中以蔡特布罗姆有道理地对狭隘宇宙论的嘲弄。那种宇宙论成长于时代的意识。存在只是虚空与虚空之间的一个小插曲，这一点是确立的，135 而且仅在有存在的时候，才有空间与时间。既无空间，又无时间，那就是虚空，它在任何意义上都没有扩展，"伫立着的永恒"。尽管如此，时间性是慰藉。库库克教授说，最能够给智人打上标记的，是对开始和结束的知晓。生命只是一个插曲，这并不会将生命变得毫无价值，而恰是如此，生命才更加珍贵。

> 尽管暂时的东西的价值是会消失的，但是恰恰是这种暂时性赋予了一切存在以价值、尊严和可爱之处。只有片断性的东西，只有那些有始有终的东西，才是有趣味的，才能引起好感，仿佛暂时性使它们有了生气似的。因此，可以说一切都是如此——整个宇宙的存在，由于是暂时的，所以也就富有生气，而虚无由于是永恒的，从而也是毫无生气的，不会引起兴趣；不过，存在还是从虚无中产

559

[1] 《大骗子菲利克斯·克鲁尔的自白》，第 50 页。

生出来的，既有自己的乐趣，也有自己的义务。

　　存在并不意味着舒适；存在即意味着乐趣，又意味着义务，一切空间和时间的存在、一切物质，即便是处于极深的沉睡状态，也都有自己的乐趣、义务和感受，正是由于有感受，所以才使得人类这个最敏锐感受的承载者对一切产生了全面的兴趣。——[1]

　　"全面的兴趣"，库库克教授又重复了一次，而后站了起来，"愿您能梦见那些纷繁杂乱的银河系"，他还建议菲利克斯·克鲁尔，梦见那丰满的手臂，梦见那花朵。"请您不要忘记在梦中想到石头，想到那些躺在山涧中数万年来一直经受着急流和浪花冲刷和洗涤的湿漉漉的石头！希望您能怀着极大的兴趣去观察一下这种石头的存在，以一个最敏锐的存在者的目光去观察一种沉睡得极深沉的存在，希望您能细化自然界的这种造物！"[2]

　　托马斯·曼把库库克谈话最重要的部分转而用在了一篇广播杂文中，该篇杂文在 1952 年初以《转瞬即逝赞》（*Lob der Vergänglichkeit*）为题写就。在这篇杂文的结尾，托马斯·曼虽然再次倾向于狭隘宇宙论，但这是通过对转瞬即逝的赞颂重新论证辩护的，而这赞颂包含着角落里的小星球地球。

　　天文学这门伟大的科学教导我们，地球只是浩繁宇宙中一颗极为不起眼的、飘零在银河系中边缘角落的小星辰。这一点在科学上毫无疑问是正确的，但是我怀疑，在这样的正确性里是否穷尽了真理性。我在灵魂的最深处相信——而且我觉得每一个人的灵魂都会自然而然地这样相信——地球在整个宇宙中被赋予了中心的意义。在灵魂深处我怀着一种疑虑，就是那个从虚空中呼唤出宇宙的"要

---

[1] 《大骗子菲利克斯·克鲁尔的自白》，第 300 页。

[2] 《大骗子菲利克斯·克鲁尔的自白》，第 300-301 页

有"[1]，从非有机存在创造出生命，其目的就是创造人类，而且拿人类进行一个大试验，试验因人类的罪过而失败，这一失败等同于创世本身的失败，等同于否定创世。

无论如此抑或并非如此——如果人类的行事，就仿佛果真如此一般，那就好了。136

560　　只要是有智力生物居住的星球看起来如同科幻小说一般，那么这颗角落里的小星球就不必有任何自卑情结。只要去想想，一个这么大的宇宙仅为这么几个人存在，这真是一种极大的位置浪费，那么人们根本上还是有理由相当满意的。

褒奖之金子

他曾经能够有很多理由，不停歇地高兴得蹦起来，因为在他生命的最后几年里，各种赞美的金质奖章纷至沓来，就像是约瑟被命名为法老的最高发言人之后一样。137托马斯·曼也像约瑟一样希望，他的父亲要是还能看到他的这一切该有多好，即便有一种交杂的心情，顾虑和骄傲的交杂，但骄傲还是占了上风。因为这正是父亲的精神遗产，让他赢得了这些赞誉，赞誉他一生巨大的成就、坚持不懈和高质量的作品。

这些褒奖确实太多了，就像是有意夸大一样。名誉主席和荣誉主席、名誉会员、作为荣誉的礼物和荣誉市民、纪念文集和纪念文章、各种奖项和奖章如大雨般倾盆而下，没完没了。要是有几个接受这一切的奴仆就好了，这样不至于被荣誉的洪流冲垮。首先是 1949 年魏玛授予他歌德奖（2 万民主德国马克），同年法兰克福也给了他歌德奖（奖金

---

[1]　"要有……"是《圣经·创世记》里上帝七日创世时用的句型。

第十八章　痛苦与荣耀

1万联邦德国马克），而后是1952年的费尔特里内利奖（奖金500万里拉），还有1954年的斯大林和平奖（10万卢布），但是他回绝了最后这一奖项。接下来，荣誉博士头衔接踵而至，分别来自久负盛名的剑桥大学（1953）、耶拿大学（1955）和苏黎世理工大学（1955）（他总共获得9个荣誉博士学位，其中包括与爱因斯坦一起接受的哈佛大学的荣誉博士学位以及与华特·迪士尼一同获得的耶鲁大学的荣誉博士学位[138]）。与军官勋位的法国荣誉军团勋章（1952）同类的嘉奖有1955获得的指挥官级别的奥兰治·拿骚勋章以及和平级功勋勋章[1]。善意的命运还送给了他金婚庆典，80岁的生日给他带来了整个文明世界的祝福。他与法国的外交部部长罗伯特·舒曼（Robert Schumann）、联邦德国总统特奥多尔·豪斯、荷兰女王朱莉安娜、教皇庇护十二世有过个人会面。倘若没有无情的大限法则，我们能够列举出来的还要多得多。

　　这个深受敬重的人评论道："莫名其妙的庆典般喧喧嚷嚷的余生的嗡鸣。"（1953年6月13日）他是忧郁的。无论他多么重视这些颁发给他的荣誉——"我也不是一点没想到"[139]——他还是觉得少点什么。官方的东西并不能满足一个深藏在他内心的渴望。人们没法糊弄他。例如授予他的吕贝克的荣誉市民称号能够全票通过，是因为有一半具有投票资格的人回避了投票会议。[140]他感觉得到，人们也是出于愧疚的心理才这么大声咋呼着授予他荣誉。因为人们不想听他给的信息，所以用褒扬的金子来贿赂他。一些东西要遮掩起来。在他的内心深处，压抑了半个世纪之久的东西、母亲精神的遗产、自由艺术家的秉性、与死亡的共情、浪漫的玩世不恭、对美少年的倾慕，都在喧嚷和抗议。"昨天晚上以及在睡前：哈吉·穆拉特。就是他！我尤比敬仰！我为那些可笑的'文学奖'感到羞愧！"（1952年6月13日）哈吉·穆拉特是列夫·托尔斯泰同名小说中的主人公，是一个半野蛮的鞑靼人，他一时间陷入了

---

[1]　"功勋勋章"（Orden Pour le mérite）又名"蓝马克斯勋章"，腓特烈大帝创立于1667年，"和平级功勋勋章"（Friedensklasse des Orden Pour le mérite）专门颁发给科学和艺术界人士。

"文明"之中，而后又从文明中挣脱——走向死亡。外在如此注重仪表的托马斯·曼觉得自己就是这么一个半野蛮人。在他的内心深处，他永远无法通过上流社会所能给予的东西得到满足。他作为公民尽了他的责任，也获得了他的报酬，但是他更深层的东西、他的对倾心之爱的默默追求、内心的理解没有被人听到过。

第十九章

直到最后一声叹息

代年谱

人们大概会想：75 岁了，不可能再那么强烈地去全心依恋别人并且有一种卑躬屈膝的快感。但是错了，这会一直持续到最后一声叹息。虽然矛或许会变得钝了一些，但让女主人放弃奴仆，这可不会出现。[1]

或 曰

"他越是上了岁数，"女儿艾丽卡说，"看起来就越是平易近人，脾气也越好。如果他那不易的青年时代给人以'冷漠'的错觉，如果这个男人曾经还显得疏远、僵硬和拘谨（出于害羞！），那么现在他放松了，完全可以很'亲近'和温柔。"[2] 现在也可以跟他闲聊希腊之爱[1]了。"艾丽卡在吃晚餐时宣称，弗里多表现出各种同性恋的征兆。我很怀疑从儿童的柔美中得出结论的可能性……此外——是就是吧。"（1949 年 1 月 4 日）"艾丽卡在回家的路上谈起了那个场景中的最典型鸡奸性爱（'男同性恋'）的因素。或曰。"（1951 年 12 月 31 日）

或曰：是就是吧。我不介意。世界了解我。他可以直言不讳地对卡蒂娅说，他非常思念弗朗茨尔。如何才能为这个大男孩做些好事，他与她和艾丽卡将就此展开一场略带幽默的谈话。[3] 晚年著作和晚年日记里写了很多有关情色的题目和性暗示。"他必定一直会是——"[4] 他毫不扭捏作态地称《大骗子菲利克斯·克鲁尔的自白》是一部同性恋小说。[5] 经历了反法西斯斗争的政治动荡时代之后，色欲的内容又重新出现了。

----

[1] "希腊之爱"这一概念最初被古典作家用于描述同性恋的习俗、实践和观点，后来往往被用作同性恋和鸡奸的委婉语。这种表达方式是接受古希腊文化对性的历史态度的巨大影响及其对艺术和各种知识运动的影响的产物。

"若要再次唤醒我们这些老家伙的情感，"约瑟小说的叙述者从前曾这样想过，"一定要来点非常特别的东西。"[6]虽然到来的只是再普通不过的事，苏黎世多尔德大酒店一个英俊的服务生，但他唤醒了强烈的情感。

托马斯·曼在一封写给埃米尔·普雷托瑞斯的公开信中说，瓦格纳的《特里斯坦》是写给那些还不清楚他们的性是怎么一回事的人的。[7]这么看来，他还一直保持着年轻。"没法入睡，因为特里斯坦的音乐响起。"（1952年7月12日）他得不到安宁。"最近很强的性能力和困境。这个永远不会停歇下来。"（1947年2月27日）"性的十字架、恼怒、虚荣感受到打击而痛苦。"（1947年12月14日）"性——难以置信。"（1950年11月12日）"夜间证实了仍然有充满活力的男性能力。"（1951年12月31日）

如果男性力量一时间中断了，就会出现抑郁情绪。他马上从这种情况引出一般性结论。"我的体力锐减，年龄大了。这表现在，爱情似乎已经远离我了，而且我很久没有看到能让我难过的人类的面孔了。"（1952年12月20日）接下来他装出些许寻常老叟的样子："我的情绪只有通过见到一些美丽的生灵，如漂亮的狗儿，哈巴狗和猎狗，才会好转些。"[8]真实情况中，这一切就如同往常一样："一眼看到一位英俊的往自己身上抹油的青年男子，希腊花瓶上的画面，一直存在的画面。"（1947年7月16日）"激动的夜晚。"（1947年10月18日）"夜间，睡了一会儿之后，手淫。"（1954年8月29日）"时而有性的困扰，因途中的景象导致的痛苦以及深切的、充满苦闷的渴求，同时很清楚地知道，现实中不需要这些。"（1949年12月1日）

这些并不是说他就不曾让步过——但是渴望在肉体上实现的愿望还在，比从前更加强烈。他明白，这类事情根本就不可能，但是他常常惦记着，还把他的想法写了下来，期冀这个世界知道它。"晚上读了很长时间的普拉滕的日记。比较了一下，有很多理由感恩……在同性恋情中，爱的幻想要强烈得多。所有现实都导向一种荒谬的感觉。跟那个上尉一起躺在床上——这又将会怎么样呢？"（1946年1月24日）"在这些日子里有很多苦闷的欲求"，这些冥思苦想产生的诸多笔记中另外

566

一条写着，"思索着其本质和目的，思索着在争端中的色欲热情以洞悉其幻想的内容"。（1949 年 12 月 4 日）"最为崇高的美好，"接下来这样写着，"我大概是不想去触碰的。"他一生都在写相关内容，但总是转化之后写入诗中，从未直接写。"如果坦白地去写这一切，很可能会毁了我。—— —— ——"直接加了三个破折号。

弗朗茨尔

来自慕尼黑的服务生，英俊。（苏黎世，多尔德大酒店，1950 年 6 月 25 日）

那个小个子的"慕尼黑人"负责招待。（6 月 29 日）

那个从泰根湖来的小个子总是神采飞扬地跟我打招呼，也说着"多么棒的晚上！"这类话。他的眼睛和牙齿多么漂亮啊！多么令人着迷的声音！我原先可能还不清楚，他的身体在吸引我。但这里有一些潜入心里的东西，在去年还没有出现。……

问他的姓氏，我想，大概叫作韦斯特梅尔[1]，或者类似的姓，然后问了他的名，这才是最主要的。多么可爱的脸庞，多么令人愉快的声音！……对我来说，就算是用了你字来称呼他，大概也是自然而然的事情吧。（7 月 3 日）

太少见到那个小韦斯特梅尔了。（7 月 6 日）

---

[1] 托马斯·曼总是记不住他的名字，文字中出现了多种拼写，诸如：Westermeier（韦斯特迈尔）、Westermaier（韦斯特梅尔）、Westermeyer（韦斯特米尔）、Westermayer（韦斯特密尔）。

艾丽卡拉了拉我的衣袖，还骂我一点都不知道按捺一下，我那时正盯着他的脸儿看。大概在大厅里谈话的时间也不可以拖得更久了，我对那些目光根本就无所谓，那些目光大概察觉到了我在点头告别时很热诚。他肯定能注意到，我很喜欢他。另外对艾丽卡说，对一只漂亮的哈巴狗的欢喜与这个其实差别不会太大吧。这也不会有多少性的东西在其中。她不太相信我说的。（7月7日）

思考了一下我对这个小家伙的情感，里面确实包含了很多对小生灵的那种爱。没有多少欲求方面的意思。有魅力的地方在于这个念头，即成千上万的人大概会觉得，跟我短短地说上几句话就是幸运或者就是一种特别的荣耀了——他很可能也有一点这方面的想法。爱情选择的不公正。听着就像"想得最深刻的人，喜欢最生动的东西"。常常有人引用！……对这个年轻人的情感直逼内心。一直在想他而且试着创造见面的机会，大概找个由头并不难。他的眼睛实在漂亮，声音实在悦耳动听，虽然我的欲求并不多，但我的快乐、柔情、爱慕却很热烈，这些构成了我一整天的底色。我很乐意为他做一些充满爱意的事情，帮助他去日内瓦或者类似的事情。他肯定早就察觉了我对他这个人的喜欢，当然这样非常符合我的愿望。……艾丽卡在此期间和卡蒂娅在一起。跟她们两人戏谑地说起他和我的喜爱来。（7月8日）

那么再来一次吧，再来一次爱情，为一个人心动，一心想接近他——已经25年不曾有这种感觉了，现在又一次发生在我身上。晚上，年轻人第一次为我们这一桌服务。职业的熟练、礼貌和动作的"行云流水"。用挑剔的目光打量他，他的外形没什么特别值得夸赞的，但从正面看，他的脸非常加分，有分寸、礼貌并带着点慕尼黑口音的声音直抵"心"间……脖颈有些短粗。身材很结实。很可能年龄在25岁左右，不再是少年了，而是一个年轻男人。棕色的头发，有点卷曲。双手比我想的要细嫩一些。跟他说过几句话

了。……事后深受感动，为我屋子里的安静高兴。（7月9日）

夜间，睡了一会儿，勇猛地勃起，而后颓了。就是因为这个，为了向你致敬，傻子！多少有点为我这把年纪的活力感到的骄傲，就如为整个体验感到的骄傲，也有些作用。平庸的活动，进攻性，试探他的意愿能有多少，不属于我的生活，那个秘密禁止这些。而且对此也没有任何机会和可能性。被一个就其幸福可能性而言非常令人生疑的现实吓回去了。……

一整天都没能见到那位诱发者。（7月10日）

一切都沉浸和笼罩在因诱发者的缺失而产生的难过中：痛苦、爱、神经质的等待、每个钟头的梦想、心不在焉和患相思病。在电梯下降的过程中浮光掠影地看到了他那张非常合我心意的脸庞。他并没有想知道我的事情。我觉得他似乎对我的关切不感兴趣了。世界声誉对我而言微不足道，但世界声誉与来自他的一个微笑，他双眼流露出的神情，他柔和的声音相比，毫无分量！普拉滕和其他人，在这些人中我并非最低级那个，都在羞惭、痛苦和没有勇气的感觉中经历过这个，而这种感觉却有其骄傲。这时争取实现的劲头是如此不足。毕竟还存在着可能性，目标明确地向情感让步，去创造机会见面。我早上立刻穿戴妥当，到露台上吃早餐，他来为我服务，这大概还是很容易的。对惊愕的怯懦以及被迫保守秘密，甚至是不想惹麻烦，都让我不能轻举妄动，——对一切行动和活动都反感透顶，在受到了如此多触动之时！——再有三天，我将再也见不到这位年轻人了，会忘了他的脸。但这并非我的心灵冒险。他被接纳到一个长廊中去了，没有哪部"文学史"会记录这种长廊，这个长廊经克劳斯·霍伊泽尔，可以一直回溯到那些已经长眠于冥界的人物，保罗、维尔利和阿明。（7月11日）

友好的上苍做主，这个年轻人在午餐的大部分时间里在我们这

569

桌服务。朝他微笑。我把他指给卡蒂娅看："这个人是泰根湖那里来的。"朝他微笑和刻意搭讪。把他称作弗朗茨尔。又问他要了一份色拉。他十分礼貌、细致入微地服务，他在职业上很以这种态度自豪。问他在日内瓦是否有职业前景。"还没有职位。"我刚刚问的就是这个问题。要给我点支烟。等着火柴在他的含空的手心中燃至可以使用。朝着他微笑。再次深深地着迷于他的脸和他的声音。卡蒂娅觉得他的眼睛充满风情。我对她说，他早就知道，我喜欢他。后来他走掉了。我很开心，感动于我们之间关系这样友好而简单地明朗起来。……

　　我把卡蒂娅从餐桌边带开时，遇到了那个人。给他打了个毫无必要的招呼"你好"，而他只是严肃而毫无亲密感地用一个鞠躬回应。又黯淡下来，新的痛苦。我要是更能沉得住气就好了。如果给他 5 法郎来感谢他午餐时无微不至的服务，或许会更合适一些。有些担心，不会再有机会让他高兴一下了。……带着对最亲的人的思念睡着了，醒来时脑子里还在想他。"因为我们还在为爱情受苦。"都 75 岁了还这样做。再来一次，再一次！一个人上了岁数，他的痛苦和他的快乐都是多么完整。(7 月 12 日)

570　　　　午餐时，那个让人心醉神迷的人时而出现在一边。送给了他 5 法郎，因为他"昨天服务得那么好"。他在说谢谢时，那眼含微笑时的魅力简直没法描写出来。脖颈太粗壮。卡蒂娅对他很友好，是我的缘故。(7 月 13 日)

　　我不清楚，是否还能找到一个很好的机会来跟他说声再见，祝愿他一切顺利。过去了。可能就这么过去了，接下来大概应该是感到轻松——重新回到工作中去，来取代这种幸福，就应当这样。这是一切天才的使命（和来源？）。——　——　——……

　　弗朗茨尔主要是服务。跟他静静地、友好地聊天，聊他想去日内瓦的愿望……告知我们明天要离开。"噢！"这张无比可爱的脸。相当幸福（请允许我这么说），事后平静下来。令人欣慰的和谐感。……

　　"他"在大厅里。当我在离开时领着卡蒂娅拾阶而上，他站在那里，显然在等，笔直地站在电梯的边上，准备告别。我们长时间握着手。他："如果我们不能再见到彼此的话。"我除了这句话，什么也说不出来："弗朗茨尔，一切顺利！您会走好您的路的！"他受到一些感动。无比可爱的脸。他快速走到电梯边，在我走进电梯时，他还用他轻柔的声音又说了些再见一类的话，对此我一时不知该回复些什么话了。"一个金子般的小伙儿！"我对卡蒂娅说，她的看法是："你只是有好感。"非常幸福地在卡蒂娅面前赞扬道，他说再见时多么有魅力。高兴的是，最后整个事情都笼罩着某种和谐。有些痛苦，同时因感恩而动情。他一定感受到了我的好感，暗地里也感受到了柔情，而且为此感到高兴。他看到，拜德勒以何等的谦卑在大厅里与我告别。他征服了我，这一定会对他的自信有所裨益，或许还是大有裨益。也有可能他还从来没有遇到过这样的事情。基本上可以确定，我不会再见到他了，也将不会再听到他的任何消息。永远地再见了，你这个充满魅力的人儿，迟来的、痛苦地搅动心底的爱情之梦！我的生命还要延续一段时间，我还要做一些事情而后死亡。而你在你更深的路上会成熟起来，有一天你也会到达那个地方。啊，无从把握的人生，在爱中得到了肯定。（7月14日）

　　他有情感，他察觉到了我的爱情，而且他足够自豪于，在一定程度上回馈这种爱并将这次告别作为一种离别来感受。在电梯旁，他最后说："或许在什么地方还会再次相见，曼先生。"（我不喜欢这个称呼。）但我觉得多么痛苦，我未能保持足够的平静，对此回应一些衷心的话。"我希望如此。我会一直很高兴见到您。"逃了。但告别还依旧是令人欣慰的和欣喜的。　　571

　　……极度不平静，内心受到煎熬。卡蒂娅走过来，我随口说，我"思念着"那个年轻人。另外还服用了缬草片[1]，而后又睡了一会儿。……

对我的"最后一次爱情"的念想一直充斥着我的头脑，唤醒了我生命中各种隐藏在深处和背后的东西。第一个对象是阿明，因青春期失去他的魅力以后成了酒鬼，死在了非洲。我最早的诗歌都是写给他的。他活在《托尼奥·克勒格尔》中，维尔利活在《魔山》中，保罗活在《浮士德博士》中。从某种意义上来说，这些情爱都获得了某种程度上的永恒。克劳斯·霍伊泽尔，他给了我最多的满足，属于安菲特律翁这篇杂文的导论。——计划，给留下的那位小伙儿寄一张明信片，请求告知他想去日内瓦的愿望实现与否，告诉他："我没有忘记您。"——（圣莫里茨，7月16日）

吃饭时与艾丽卡和卡蒂娅戏谑地谈起了我的念头，给小韦斯特米尔写一封推荐信。这其实不过是一个是否得体和自然的问题。这个是可以操作的。……写信给那位留在那里的小伙，内容如下："弗朗茨·韦斯特密尔先生，多尔德大酒店雇员，苏黎世。亲爱的弗朗茨尔，如果能得到您的消息，我将非常开心，您朋友给日内瓦的酒店总经理的信是否已经发出了，这封信是否有成效。——如果我本人给您写封推荐信能够多少有点用的话，那请您告诉我。我很愿意给您写这封信。——致以友好的问候托马斯·曼"——这是一份表达关切的干巴巴的文件。他会回信吗？又会怎么回呢？当然他写点东西肯定会很难。但是，我多么渴望着，那只热情地握过我的手写下的一些东西能抵达我这里。（7月17日）

> 是的，圣母，是真的，
> 我吻他的头发，
> 而且，倘若他表示很高兴，

---

[1] 草药制剂，主要功效是改善睡眠、缓解失眠和睡眠障碍等。

第十九章　直到最后一声叹息

那我就亲他的嘴。

很奇怪，今天早上我才再次想起了这几句出自西比拉祷告的诗。睡得很不踏实，脆弱的神经，起伏的心。（7月18日）

572

如果那个穿着白色外套的大男孩知道，我多么焦急地等着收到出自他的手的几行字，他一定会加快写的！（7月20日）

为什么他还不给我写信呢，他觉得受到了器重且特别开心？这个亲爱的小笨蛋！（7月21日）

……我在等着那个男孩的几行字。（7月24日）

跟下午的邮件一起……——出自"弗朗茨尔·韦斯特迈尔"之手的可爱而简洁的信件。他也这么称呼自己，甚至在信封上也这样写，因为我一直这样叫他的。他"真的非常开心，因为我还会想到他"。他在日内瓦找到职位了，但必须在多尔德大酒店一直待到这个季节结束。又说了一遍对一切非常感谢。——打开并读了这封信，信里面有几个小的语法错误，聊天时看的这封信。我很感动而幸福，因为他"真的非常开心"，这我相信他。（7月26日）

这些字句留在脑海中："我真的非常开心，因为您还会想到我。"此外，艾丽卡用那些事情的经过、跟他的谈话、送出的5法郎等等打趣我，这让我再欢喜不过。（7月28日）

为那里的大男孩心痛。……

艾丽卡建议……住在多尔德大酒店……她这么建议是考虑到我和那里的弗朗茨尔。因心绪波动有些羞怯，而且很担心，就算是很合适，如果见面，那可能就失败了一半或者完全失败。（8月1日）

有意没有跟大家一起走上去，只通过艾丽卡去跟那个大男孩打招呼。断念。最好还是别再来一次。——————（8月2日）

我惦念的只是再次见到那个大男孩！诱惑还是很大。（8月4日）

在楼下的网球场，在上午特定的时间段里，有一个年轻的阿根廷人，已经是一位很棒的网球手了，跟教练一起更进一步完善球艺。黑色的头发，脸看不清楚，身材修长，体格令人赞叹，一双赫尔墨斯式的腿[1]。大幅度击球、轻松自如地控球、疾走、奔跑、蹦跳、偶尔还开心地走几个舞步。即便坐在长椅上没有什么运动，身体也弹性十足，一刻不停。交替着交叉双腿、来回活动身体、将穿着白袜子的双脚叠在一起、站起来、走开、再走回来、用双手抓住横木。白色的球衣、短裤、在练习后把套头衫甩在肩上。——深深的色欲兴趣。放下工作，就为了好好看看。痛苦、兴致、苦闷、目标不确定的渴求。双膝。他抚摸着一条腿，——每个人都喜欢这样。——为多尔德大酒店里的那位所感到的痛楚在这些日子里……更深切，也更强烈地变成了对我的生命及对他的爱情的总体悲哀，这种对无可比拟的、世间无出其右的男性青春魅力的热情是一切事物最根基的部分，幻觉般而又激情地展现出来，这种热情无以言说，充满激情而沉默；而这种男性的青春一向是我的幸福和悲哀，并不是一种"幸福的承诺"，而只是注定的一种缺失，而且是一种虽然无从确定的，且愿望盈溢但不可能的缺失。——在签名的时候，读了《年轻的约瑟》中《关于美好》这一章。对我内心最深处的东西进行了戏谑。这种幻想的、云朵般无法抓住的、无从把握的东西，这种依然痛苦但最是充满热忱的东西，荒唐话和誓言，艺术尝试的基石——"在你的呼吸中形成了我的词语。"————

……那位远眺的美男子上午没打球。吃完饭后他在那里。我根

----

[1] 赫尔墨斯是信使，赫尔墨斯的腿指腿长且跑得快。

第十九章　直到最后一声叹息

本就看不够，有强迫症似的。他的挥拍、跑动、走路、摔倒、拍球、踮起脚尖，美妙之极。我在阅读，一再站起来去看他，我根本看不清他的脸。对这位"神一般的大男孩"的病态般激情。最深切的痛楚——因谁？为何？在餐厅里面，我很可能根本就认不出那个英俊的人来。当他坐下来休息，把他那两条天神的大长腿抵住栏杆时（顺便说一句，我觉得他有时好像把头靠在一个看不见长什么样子的女性的肩膀上），我关上百叶窗，心想："亲爱的大男孩，我必须休息去了。"差点连想死的心都有，因为我无法更长久地忍受对"神一般的大男孩"的渴求（而我恰恰说的不是这一个）……

　　这个旅行的开始与后面相比，几乎让我没法将其视为同一个旅行了。上帝知道，我将不会忘记它。现在这个问题还很克制，我是否要加入他们，一同去多尔德大酒店喝茶，就为了再次看看那双可爱的眼睛。如果不去，更明智一些，当然也更怂一些。但我还是更乐意表现出来不想去，让艾丽卡帮带个问候过去……

　　艾丽卡相信，我能在餐厅里把一位长相很平庸的年轻人看作网球男神。一只萤火虫在平平张开的手掌上。幻觉！幻觉！……为所有写过的和尚为写出的东西感到相当羞愧。网球男神因打球打得太热脱下了那件白色的外套，随意地将它丢给捡球的小球童。我想，我要是能够去接它，该有多么快乐。屈辱，我肯定这是一种屈辱，一点也不喜欢这种屈辱。（8月6日）

574

　　午餐时分，我们十分肯定地确认，一名穿着蓝色套头衫的、光着双腿的高个子年轻男子就是网球男神。他坐下时那背部也太浑圆了吧，这就是幻灭本身。（8月7日）

　　我是时候离开了。那些"图像"就深藏在心里……甚至还有一个女孩，长着很美的眉毛和很可爱的线条（坐在旁边的四人桌，四位全是女孩），也在这些"图像"中。……

　　我真的永远不会再见到他了，因为我们马上就要启程，我只能忘记，他在网球场上的一举一动令我心仪之处。忘记，忘却。最后的忘记就是死亡。——黯然神伤。情感狂潮令人疲乏。—— ——
——（8月8日）

常常有这么个念头，我在这次旅途中失去了太多我本人的东西——在青春魅力上，在可爱的脸庞上。这确确实实地掠夺了我的自我意识，让我变老和变重，痛苦不堪且艳羡不已——而根本就没有什么可羡慕的。（苏黎世，巴尔拉克酒店，8月12日）

犹疑中，下午要不要一同前往多尔德大酒店……声明，我不参加多尔德大酒店的茶会了。（8月13日）

我们中午乘车去多尔德大酒店。我还能再次看到那个大男孩吗？

……在餐厅里。陌生的服务员。似乎是艾丽卡借口去打电话，把那个大男孩叫过来了，"就来说句你好"。他在餐厅的前厅里面忙个不停……整段时间我的眼睛都一直在搜寻他，它们不敢相信，那就是他。"这不是弗朗茨尔吗！"他走过来了。握手，开心。"太好了，还是再见面了！"他嘴里一边重复着"收到您的来信，我真的开心极了！"一边有些诱人、有些做作，但是很真诚地把脸和头偏了一下。我也很为他的好消息高兴。好消息变得不好了。日内瓦的工作只能马上开始接手，而他一直到这个季节结束都被束缚在多尔德大酒店了。这样"他面临着的是什么也得不到"。我很关切地触摸他的手臂。肯定还会有些什么其他东西出现的。仔细地端详着他的脸，一双有些斜的棕色眼睛、强健的牙齿、迎合的表情。头部和身体都很结实，而本性上、说话方式上有着某种孩童式的柔软。"我给您写信说过，只要我能帮上什么忙的话——"请求他，告诉我他的情况。试着把我的地址跟他说明白。他相信可以从前台那里得知我的地址——我一定得把地址写给前台。怎么也看不

第十九章　直到最后一声叹息

够他——他大概很快就会是一个粗重的、上巴伐利亚地区酒馆主的儿子。告别时用力而友好地握手。——永不再见了。他很感激我的善意，但这种善意并没有带来实际的能量。我不能帮帮忙吗，不能去跟经理说说，放他走掉？我的关照，我的爱情只是一种自私自利的享受吗？每一次我都用为他做事非常困难来为自己开解。而且他也没有指望我会做这些事情。但是如果他真正认真地对待与我的友谊，而且足够巧妙地请我去做这件事，那么不管给谁写信，我都会去写。——他那有力的手一握。他的微笑、他的眼睛。无论如何无法忘怀。一种爱、一种极度的喜欢、一种发自心底的好感。但这是受到了愉悦的感官，而不是"心"。或者竟是？我不怎么相信"心"这个词，但是这个词所意指的东西，还是有的。（8月15日）

年轻的检票员，英俊，牙齿很整齐……思想念头减少了很多，受到折磨的，感到羞愧、惊异赞赏的，都属于长途旅行的冒险和画面，我不断地喜欢上各种青年人。（纽约，8月22日）

痛苦而又沉重。对所看到和所爱恋的青年人的回忆闪烁着光芒。啊，上帝！啊，上帝！啊，上帝！受伤的心。**在你的呼吸中形成了我的词语。**[1] 我不想忘记的它，眼睛，赫尔墨斯式的大长腿，**美丽脸庞的力量** [2]……那位多尔德的大男孩或许只想写一次！……受了太多的苦，看了太多，令我欣喜不已。我已经过多地被这个世界牵着鼻子走了。一切不会更好些吗？事情过去了，还有握手，那句"我当时真的开心极了"—直是一件令人疼痛的珍宝。—— ——我为什么写了这一切？就是为了在我死之前还能够及时地毁掉这些吗？或者还希望，这个世界了解我？（芝加哥，8月25日）

但毫无疑问，在最近一段时间里，我对年轻男性的热忱急剧增

576

---

[1] 原文为意大利语: In vostro fiato son le mie parole。
[2] 原文为意大利语: la forza d'un bel viso。

长，或许是出于末班车的感觉，我的眼睛极其清醒，酸楚地渴求着所有这一类的美好，对此的毫无感觉在我看来难以理解，简直到了应当蔑视的程度。"神性少年"令人心驰神往之处远远地超越了女性的一切，而且引发一种渴求，世间没有任何事物可以与之媲美，这对我而言是个公理。只要隐隐地提及这个理想，就足以令人心旌摇荡。（在去往洛杉矶的火车上，8月28日）

读着普拉滕的加扎勒诗和商赖体诗，看到几句思想丰富的爱情诗句：

对你而言，我就像肉体之于精神，就像精神之于肉体。

对你而言，我就像女人之于男人，就像男人之于女人。

此外你还能爱上谁呢，因为我从唇边

以永恒之吻将死神从你那里驱离？

太妙了。（太平洋帕利塞德，8月31日）

从苏黎世带来的旅行袋里有内衣和证件，里面还有一封弗朗茨尔·韦斯特迈尔的信，我把它看作与 W.T.[1] 的铅笔屑同样珍贵。在这个关系上，什么都没有发生过改变。（9月15日）

可以确定，我在这几个星期里面一直希望在每一次的邮件中能发现一封多尔德大酒店的大男孩的来信。持之以恒的傻气。但是看吧，这事怎么持续下去。（10月28日）

想记录一下，直到今天我真的翻遍了每一次的新邮件，看看里面是否有小韦斯特迈尔的来信。完全或者说基本上没有意义。毕竟，距离我最后一次看着他多少有些矫饰的眼睛，才过去了3个月。

---

[1] 指维利拉姆·廷佩。

米开朗琪罗的情欲

"希望那个大男孩很识趣，配合，而且还能有些荣誉观念，正确对待这个强大的人的情感给他带来的荣誉感。"[9]这里明面上说的是托马索·卡瓦列里[1]，暗地里指的则是"弗朗茨尔"，他很快地被转化并用在一篇杂文中。爱情的幻觉是一切艺术尝试的基石："在你的呼吸中形成了我的词语。"[2][10]（1950年8月6日）爱情是一种灾祸，是甜美的毒药，它受到魔法的诅咒，但依旧是艺术创作的土壤和带来灵感的保护神。[11]托马斯·曼在米开朗琪罗身上映射着自己。与前者一样，感官的东西在他身上也迷失了，堕入引人注目的有失尊严的地步，而且被越引越深，低于了其自身的精神和人性的档次[12]——这时，屈辱的元素能够极为残忍地狠狠刺激渴求。[13]这个"啊，上帝！啊，上帝！啊，上帝！"[14]是与来自埃伦贝格时期[15]的"我的上帝啊"同等程度的惊呼。如果托马斯·曼声称，对米开朗琪罗而言上帝附身于求爱者，而不是被爱者，那么他是将一句来自《死于威尼斯》中的表述借这位文艺复兴时期艺术家之口有些卖弄地说了出来。[16]"我失去了我自己，这怎么可能呢？"[17]——这又是米开朗琪罗的话，然而侧面地指向了自己。这个受到诱惑的人完完全全在说自己，还有他称之为"深深地令人感动"的时候，

> 这个强大的人无可救药地沉溺于那张充满魅力的人的面庞，远远超出合适的年龄界限，无论是光彩夺目的少年郎，还是灿若云霞的女子，——这种对"美丽脸庞的力量"[3]的不朽感受力深深地令人感动，他将其赞美为这个世界所能赠予他的唯一乐趣，他将其称为一种仁慈，在各种诅咒中，在一再发出的对爱情之神的残酷的悲

---

[1]　米开朗琪罗爱恋的罗马青年贵族。

[2]　原文为意大利语：In vostro fiato son le mie parole。

[3]　原文为意大利语：la forza d'un bel viso。下一处相同。

叹中，这种仁慈一直将他从活生生的肉体带到那些仙逝者中——没有什么能够让他如此幸福！ [18]

　　这篇杂文写于圣莫里茨，那是 1950 年 7 月底，就在入住多尔德大酒店之后不久，以极大的心力写就。米开朗琪罗的诗歌偶然到了他的手中，他马上在字里行间读出了他与弗朗茨·韦斯特迈尔的故事。"人们总是谈论容貌，谈论令他们折服的'美丽脸庞的力量'。我的情感完全

578　产生于看到他的面庞。"（1950 年 7 月 19 日）他几乎不在意他的身材。"与他同床共枕，一定很美好，但我对他的肢体没有什么特别的想象，因为他那双眼睛——也就是说几乎是为了'精神'"，我会充满柔情地对他的肢体。

　　当这篇"爱情文章"完成之时，他当然有些失望。"我带着这么大的热忱去做这项工作。"（1950 年 7 月 31 日）当初让托尼奥·克勒格尔备感痛苦的东西，也就是那种温暖而深沉的情感在艺术上用不上，现在还适用吗？只有通过遮掩和多重语义，这篇文章才具有那么一些核心要点。如果仅仅作为自白，那么这篇文章肯定是情感过于充沛了。"这里有多么充分的情感，一种巨大的并受到折磨的活力的标志，被关在了词句中！"[19]宏大的词句，只要想一想这种激情的对象，那位简朴的弗朗茨尔，便可感受到怪诞的维度错位，此人说的情绪最饱满的话也只不过是一句干巴巴的套话："我真的非常开心！"[20]但爱情是值得敬重的，尽管它是一种可笑的爱情。稀松平常的东西以如此令人惊愕的方式道出，让人都无从嘲弄：年事已高的托马斯·曼才具备足够的直率。这一次未经过滤的日记以其特有的感伤，以其不完整的句子，以其众多的破折号，比依照日记进行了艺术改编的文章情感强烈得多。

曼作为女士

托马斯·曼作为罗萨莉·冯·蒂姆勒爱上了肯·基顿，作为霍普甫勒夫人爱上了菲利克斯·克鲁尔，作为西比拉爱上了格里高利。现在，这个模式已经广为人知了。对相应的年轻男人的描述则落入窠臼。

美国人肯·基顿那张无害、友好的年轻脸庞上恰恰没有彰显出多少精神来，他很讨上了岁数的罗萨莉的欢心，她已经不再遵循女人的方式了。[1] 21 年轻人肯的魅力武器库主要有健康的牙齿、长腿细腰以及非常迷人的双臂，因为他总是让人感到震撼地穿着无袖紧身衣来回活动，罗萨莉的眼睛一再盯着这双臂膀，有几秒钟陷入忘却自我的状态，"带着一种深感悲伤的表情"[2]。就像是老年的曼用充满渴求的目光望着网球场，这个可亲的女人"被心灵尚存的能力所鼓舞，在甜蜜的痛苦中异常活跃"。[3] 她与他的情况一样，体现在她的女儿安娜这一形象上的理性表达的是另外一番态度，理性想要躲开灾祸，要求施魅者离开，并且指出，此人仔细看其实很是一般。但是受到魅惑的女人不依不饶地继续下去，比托马斯·曼哪一次都要更作，一直到了坚定的亲吻和承诺明天到他的房间里面来。这场爱情以死亡结束，与阿申巴赫的爱情一样，与弗里德曼的爱情也相同。宫颈癌，这个病的征兆就是又出现了月经，而这被理解成青春再现，给她的生命一个急剧的终结。

托马斯·曼通过把自己藏在霍普甫勒夫人后面，找到了一个机会，让自己的愿望更恣意地释放出来，这位夫人是马桶生产商的太太，以迪安娜·菲利贝尔德为笔名进行写作。没有人注意到这个"场景中的最典型鸡奸性爱（男同性恋）"，除了他那位聪明且多少知道点内情的

579

---

[1] 《受骗的女人》，孙江、张庆凯译，出自《托马斯·曼中短篇小说全编》，吴裕康等译，漓江出版社，2002年，第635页。本书涉及《受骗的女人》的所有引文都出自该译本，以下不再一一注明。"不再遵循女人的方式"指停经。

[2] 《受骗的女人》，第642页。

[3] 《受骗的女人》，第644页。

女儿。有关霍普甫勒这一章节写于 1951 年 3 月底到 4 月初,而且还时不时查看有关弗朗茨尔的日记记录。他比以前任何时候写得都要更为出格一些。"我们女人,"他让迪安娜·菲利贝尔耽于自己的想象中,"只要我们身上的丰满的曲线线条能讨你们男人喜欢,就感到心满意足了。但是,真正神圣的东西,上苍造物的杰作,美的样板,还是你们男人,你们这些长着一双赫尔墨斯式腿的年轻的、非常年轻的男人。"[1] 22 她还知道很多本来只有托马斯·曼才能够知道的事情。"*C'est un amour tragique, irraisonnable*,得不到公认,不切实际,既不是为了共同生活,也不是为了结婚。"[2] 这位曼夫人想要漂亮的人愚痴。"有思想的人如饥似渴地要寻求的,正是没有思想的人,爱的正是那种生气勃勃、漂亮的人的愚痴,噢,可以说她对这个漂亮的、虽愚笨却圣洁的人爱得如痴如狂,甚至到了忘我和不顾一切的程度,倾倒在他面前,乞求他使她能够享受到忘我的和自我堕落的欢乐,能在他的怀抱中堕落沉沦,这使她感到无限陶醉……"[3] 因此没有什么比跟一名思想家睡觉,更糟糕的了——"我厌恶那种胡须满腮、胸前长满毛的成年男子,也不喜欢那种成熟的甚至显要的男人——*affreux*,真可怕! 我本人就是显要的人,因此这恰恰使我感到, *de me coucher avec un homme penseur* 是一种反常的行为。"[4] 她沉浸于创作之中,写完了十分高蹈的亚历山大体 [5] 诗歌——我们把下面这个段落写成其本来应该有的诗的形态,这样能更清楚地看到宛如唱颂歌一般的内心激荡。托马斯·曼在歌唱。作为一名审美者,自从有了他中学写诗的那次灾难,他就知道,这个肯定不会成功。要来点技巧。一种艺术手法可以让这种痴迷陶醉表现出来:他给自己戴上了庸俗小说作家迪安娜·菲利贝尔的面具,这样他就可以允许自己像一名

580

---

[1] 《大骗子菲利克斯·克鲁尔的自白》,第 187-188 页。
[2] 《大骗子菲利克斯·克鲁尔的自白》,第 189 页。引文中那句法语的意思是"这是一种悲剧性的爱情,是很不理智的"。
[3] 《大骗子菲利克斯·克鲁尔的自白》,第 186-187 页。
[4] 《大骗子菲利克斯·克鲁尔的自白》,第 188 页。引文中两句法语的意思分别是:"真讨厌"和"同一个富有思想的人睡觉"。
[5] 即六音步抑扬格押韵的诗句。

文科中学生那样随心所欲地尽情表达感伤情怀了：

> 你那如鲜花盛开的青春
> 使得我这颗正在衰败的心，充满了永恒的陶醉之情。
> 这种陶醉是永远不会消失的；我将同它一起死去，
> 不过我的精神将千方百计地永远萦绕在你们身边。
> 你，亲爱的，你不久也会老朽的，最后走进坟墓，
> 不过，对我的心扉说来，这总不失为一幸事和慰藉：
> 同你们在一起永远是我所享受到的幸福而又美好的短暂时光，
> 充满温情娴雅的片刻，永存的时刻！ [1]
>
> 即使过了一年，几年，即使是——在命运使你遭到毁灭时，
> 这颗心也会在你升天的时刻保护你的。
> 是的，甚至当坟墓将你我都埋在九泉之下，阿尔芒，
> 你也将继续活在我的诗歌和小说中。
> 你要用嘴唇来亲吻其中的每一部作品，
> 可永远不要想世界泄露这个秘密啊！
> 再见，再见，亲爱的……[2]

　　"不自然的东西"实际上是相当自然的，托马斯·曼在论及他那部乱伦小说《天选者》时写道："因为如果相同的人彼此相爱，人们一定不会感到惊愕。"²³西比拉的看法是，一个女人，如果她只属于过自己的哥哥，那么她就不是通常意义上的女人，而一直是一个处女，因而有理由戴着小花冠。²⁴这与纯粹的同性恋相似。虽如此，托马斯·曼在兄弟姐妹的乱伦中并没有像同母亲的乱伦中那样识别出自己。他"是"西比拉，爱上了格里高利的西比拉。在与弗朗茨尔相处的那一段时间里，

---

[1] 《大骗子菲利克斯·克鲁尔的自白》，第190页。
[2] 《大骗子菲利克斯·克鲁尔的自白》，第194-195页。

他并非偶然地想起了祷告文里面的那段话，那是西比拉急切地向童贞圣母祈祷的祷文。"是的，圣母，是真的，我吻他的头发，而且，倘若他表示高兴，那我就亲他的嘴。"[25] 在日记中，这段文字是以诗行的形式断句的，所以我们在接下来的段落中也这样进行断句。托马斯·曼躲在幕后说话，与此同时他给观众展示一个木偶西比拉：

> 因为我也为那个男孩心痛，
> 因为我看见他还如此年轻，
> 而我自己已经上了岁数，
> 一个女人，经历了很多爱与痛苦，
> 虽然感谢上帝，我还相当康健，
> 而且还是整个国家的女主人。
> 可能我的恩宠会让他颇为自得，
> 他却不知晓，我犯下了何种罪孽。
> 但是他也会爱我吗，
> 以他的心灵和感官？

581

他让这一对儿很是幸福了一阵子，但是随后便是赎罪，毫不容情，格里高利在一个光秃秃的岩石上生活了整整 17 年。

罪与仁慈

托马斯·曼明确地觉得自己就是新教的基督。[26] 这个有些做作的格里高利小说，尽管对圣徒传说进行了戏拟式的嘲笑，但"以其纯粹的严肃保留了其宗教内核、基督教特性、有关罪孽与仁慈宽宥的观念"。[27] 作家在给伊达·赫茨的信中写过，在面对仁慈宽宥时，他不认可任何反讽。[28]

　　罪过主要是沉迷于性。"我们的躯体是由罪构成的。"[29]而生命之作就是赎罪。"神圣性，因兄妹性爱以及与母亲乱伦的产物而获得，而后在岩石上赎罪"[30]——这就是《天选者》这部小说最简明的介绍。托马斯·曼与格里高利一同坐在了岩石上。而他却没有在那里蜷缩成一只长满青苔的土拨鼠，而是在工作。1950 年结束了见到弗朗茨尔的那次旅行之后，他将《天选者》的最后一章付诸笔端。写作是为了进行赎罪。"因为，尽管我本人这种很难充当典范的艺术人生似乎充满了游戏和怀疑，似乎热衷于技巧和幽默，但是很少有人像我这样完完全全、彻彻底底地把对补偿、纯洁灵魂和寻求辩护的渴求变为艺术生活的源泉。"[1][31]他笔下的格里高利附和道，所有的勇气和每一种大胆的行动，"只是源自对我们的罪孽的了解，源自强烈的要求对我们的生活进行辩解，要求在上帝面前多少能够抵消一些我们的罪孽之责"。[32]

　　但仅仅是这样，可能无助于事。后来又补充的以及在托马斯·曼的晚年生活中又全新活跃起来的，是有关仁慈宽宥的思想。并不是赎罪能够辩解，而仅有上帝自由的仁慈宽宥起作用；一个经过赎罪的生命是结果，而不是接受上帝仁慈的原因。老年托马斯·曼希望他作为罪孽深重者的存在能够在仁慈宽宥中获得安全感。"爱的东西完全有可能来自很严重糟糕的东西，某些非常秩序井然的东西来自无秩序。"[33]作为牧师和教皇，格里高利宣告慈悲的恕罪："他很少完全没有道理，他证实罪孽位于善行中，但上帝仁慈地看着善行，这些善行也在肉身性中有其根源。赦免。"[34]罗萨莉也被宽恕了，而后死去，同意了"欺骗"，爱在她身上行使的欺骗。"如果死亡正是生命的一个重大的方法，如果死亡为我借来了复活和爱情的欲望，那么这不是欺骗，而是善意与仁慈。"[35]托马斯·曼笔下的米开朗琪罗称爱情无论有多少折磨，依旧是一种仁慈，这种仁慈将他从活生生的肉体带到仙逝者那里。[36]怀着内心的感动，他将像亚当那样的美貌少年画到了西斯廷教堂的天花板上，那位亚当正

582

---

[1] 《我的时代》，第 321 页。

是上帝温柔且心怀忧虑地用双手创造的。

但他也画了那个被诅咒的人，身躯肥硕，这人给当年在罗马的年轻的托马斯·曼留下了深刻的印象。"'末日审判'深深地震撼了我，作为我完全悲观的道德主义和反享乐主义的情绪的庄严结局。"[37] 右边墙上的画面呈现出向下的运动，那些充满罪孽的肉体坠入地狱，向着天堂飞升的画面出现在左边的墙上：他的位置又会在哪儿呢？托马斯·曼害怕这个最后的审判吗？他笔下的阿德里安·莱韦屈恩所作的曲子《形象启示录》也用音调刻画出了那个被诅咒的人，开始恐怖地下降，"只见他用手遮住一只眼睛，用另一只眼睛惊恐万状地看着这永久的灾祸发愣"——而就在离他不远的地方，上帝的仁慈还在拯救两个下降的罪恶灵魂，用力把他们往上提拉。[1][38]

仁慈宽宥——这个词想起来就令人欣慰，易于脱口而出，就仿佛托马斯·曼满足于一种简单便捷的愿望幻想。但他并未让自己如此简单地处理这个问题。他也考虑到了受诅咒而入地狱。他笔下的阿德里安·莱韦屈恩虽然以他的成就做砝码，他要坚韧地坚持到完成这一切，但他很清楚，业债不会消失，这一点让他非常绝望，所以他，以浮士德小说的逻辑，会"被魔鬼带走"。

除了不知疲惫地工作来赎罪之外，托马斯·曼也没有找到其他的赎罪途径。但他很清楚地知道，神学指责过这条道路，

> 而且神学很可能就此是对的。否则人们大概会带着更为欣喜的心情……回顾全部已经完成的工作。而在实际中却延续还债的过程，延续这种通过业债在业债之中对生命向善的驱动——在我看来必定是宗教的驱动。

所以每一个新的业债都是偿还前一个业债，而在赎罪中，罪孽则持续参与其中，西西弗斯的石块一再向下滚动，而且如果没有上帝的仁

[583]

---

[1] 《浮士德博士》，第 407 页。

慈宽宥，最终会是纯粹的绝望。上帝的仁慈宽宥，"这最高的权力，有时我们惊讶地感觉它近在身边，只有它会把我们的业债一笔勾销"。[1] 39 人们必须承认，消除孽债的西西弗斯的工作让他在此生中多少已经尝到了些甜头。这样的劳作并不仅是需要咬紧牙关的苦活，而是在想象中将梦想实现。写作者可以让自己升格为王子殿下，或者随心所欲地开讲。写作不仅是赎罪，而且还是恶作剧的快乐。创作不仅是神圣的，同时还是受到诅咒的。托马斯·曼想要臻于完善，但同时觉得自己邪恶放荡。"因为每个人都要成为一切，但每个人其实什么也不是。"40（奥古斯特·冯·普拉滕）如果一个人如此费力，那么他还怎么能够成为他同类人眼中已经得到解救的同代人呢？这个封闭于自己内心的人为其他人做了很多，虽如此，他并没有感受到多少爱。他的业绩，也包括伦理道德方面的业绩，并没有争取到仁慈宽宥。他对其他人的要求不高，但对自己的要求最为严苛。他的巨量书信往来是一种持续了一生的努力，努力冲出笼罩在他身上的孤独感，要不是有个别他更愿意敬而远之的人，也是在努力争取整个人类。

他那生命的持之以恒的伦理以及他在文学、社会和政治、家庭和婚姻上的巨大成就是他抵御对末日审判最原始的恐慌的屏障。跟叔本华一样，托马斯·曼也倾向于这样的观点："世界，人类也一样，其实本身都是些不应当存在的东西。"叔本华由此推导出对每一个人都必须有同情心地宽容谅解每一个人的结论。他问道：难道不应该用"同舟共济的伙伴""我的共命运的受苦者"或者"共患难的难兄难弟"来替代"主人""阁下""先生"一类的称呼吗？41

托马斯·曼认可这种判断，但觉得疗救的方法过于敷衍了事。人们应当振作起来，而不应该在柔弱的不完美意识中得过且过。或许更为"自然一些"就好了，他要是能够接受这一点并且能够放弃他在一生中施加于自己的强迫就好了。但当他还是个青年男子的时候，他就不相信，自然性本身是什么好东西。"自然！"他在1903年的一则笔记中嘲

584

---

[1]《我的时代》，第322页。

弄道，"您就给我带着自然走吧！我恨它。"[42] 50 年之后，那位向我们讲述格里高利传奇的修士还补充道："我的精神不会出现在自然之中，它抗拒自然。自然是魔鬼的地盘，因为它的无动于衷是没有边际的。"[43] 自然没有道德，它不知道任何罪孽。"需要精神方能犯下罪孽。"[44] 相信自然的人，必须放弃对人类的文明道德规训。托马斯·曼那里一些矫饰的、做作的、僵硬的、费力的和痉挛的东西，皆有其深刻的必然性。道德总是学来的，总是经过费力的驯化。

尽管如此，到了老年有所放松，尽管仍有些抑郁，仍有米开朗琪罗式的想成为一块石头而不是人类的渴望，但同时还有受到仁慈宽宥、被选定、被赋予特定天资、在一生中得到友好的指引的感觉。[46] "我知道仁慈宽宥，我的一生都是仁慈宽宥，我为它感到诧异。"[47] 生活过并且爱过。爱的深入性并不是由性体验来衡量的。爱是对父亲义务犯下的罪孽，但拯救仍是从爱中来，而不是由尽职尽责中来。与他的一个微笑相比，世界声誉对我来说又算是什么呢？（1950 年 7 月 11 日）"啊，无从把握的人生，在爱中得到了肯定。"（1950 年 7 月 14 日）

第二十章

最后的事情

爱中的死亡与骨架

马丁·路德在《准备死亡的布道》(*Sermon von der Bereitung zum Sterben*) 中宣讲道：在生活中，人们应当时常尝试去思考死亡，如果死亡还很遥远，别去驱赶它，而要向它挑战，让它来到自己身边。"但在濒死之际，因为它本身就已经非常强大，这样做是危险的并且毫无用处。"¹ 托马斯·曼遵守着这一点。在病入膏肓之际，他不再说起死亡。而此前在生活中，他却常常向死亡挑战，让它来到自己身边。从青年时代起，他就擅长描写事物。常常有人惊叹于，他是多么优雅地让《布登勃洛克一家》这个人丁兴旺的家族死绝的。

他到底是怎样在文学上对死亡进行想象的？死亡可怖而同时又美好。期望中的死亡和恐惧之死全是爱中的死亡。托马斯·曼一生都非常推崇瓦格纳的《特里斯坦和伊索尔德》(*Tristan und Isolde*)。"听着非常棒的特里斯坦的唱片。"他的日记里面有这样的记录。"'我们还是这样死去'这个神秘的唱词简直太奇妙了。完全为爱中的死亡打了伏笔。"（1952 年 5 月 22 日）戴特列夫和加布丽埃莱充满渴望地模仿着瓦格纳作品中那对恋人的梦境（在 1903 年的滑稽讽刺作品《特里斯坦》中）

> 爱情死了吗？……哦，死神的恶作剧实现不了永恒！当我们受到困扰，不可分割的东西被分开的时候，是什么死去了？……一种神秘莫测的二重奏使他们结合在为殉情而死的希望中，结合在暗夜的奇异领域内永不分离的希望中。……你祛除这忧愁吧，仁慈的死神！你让渴慕的人们完全摆脱觉醒的痛苦吧！……没有幻觉与忧愁的柔和的渴慕，令人敬畏的、没有痛苦的熄灭，在无可比拟中极度快乐的朦胧！ [1]

---

[1] 《特里斯坦》，第 165-166 页。

这是美好的一面。在现实中则是以完全不同的方式进展。弗里德曼先生也是在爱中死亡的。但死亡的外在形式看起来跟可爱安详没有什么关系。在叔本华看来，死亡是个体的一种消亡，是与整个类别的再度统一，是毫无抵抗地融入无止境地无动于衷的自然。[3] 只有蟋蟀停歇了片刻，死一般的虔诚。情人像对待一只狗那样对待弗里德曼，他现在躺在地上，充满了对自己的恶心和厌恶，

> 使得他渴望毁灭自己，让自己粉身碎骨，彻底消失……
>
> 他趴在地上往前挪动，抬起上身，让上身浸入水中。他不再抬起头，也不再动弹仍留在岸上的腿。
>
> 水声拍溅，蟋蟀安静了一会儿。然后，它们的鸣叫声又响起来，公园里瑟瑟轻响，长长的林荫路上回荡着低沉的笑声。[1]4

托马斯·布登勃洛克，在他即将油尽灯枯之际，开始读起了叔本华的论文《关于死亡》，并深深地陶醉于其中：

> 死亡是一种幸福，是非常深邃的幸福，只有在像现在这样上天特别赐予的时刻才能衡量得出来。那是在痛苦不堪的徘徊踯躅后踏上归途，是严重错误的纠正，是从难以忍受的枷锁桎梏中得到解放——一桩惨祸已经被他挽回了。[2]5

死去意味着"回家和自由"，这位阅读者相信这一点。但真正的死亡根本就不是像在家中那般舒适，而是惨苦又满是污秽。托马斯·布登勃洛克精疲力竭、饱受折磨地从牙医那里出来，一股从不知道的力量将他掼倒了：

---

[1] 《矮个先生弗里德曼》，第72页。
[2] 《布登勃洛克一家》，第654页。

第二十章　最后的事情

但是正当他走到路中心时，发生了下面的事。好像是他的脑子被谁抓住了，一股不可抗拒的力量抢着他的脑子转，速度越来越快，圈子则越来越小，最后一股巨大、残暴、毫不容情的力量把他的脑子撞碎在圈子里的坚硬如石的中心点上……他的身子转了半个圈，伸着胳膊，摔倒在湿漉漉的马路上。

因为这条街倾斜得厉害，所以他的上半身要比两条腿低得多。他摔倒时面朝下，马上脸下面开始积了一摊血。他的帽子顺着马路向前滚了几步。他的皮大衣沾满了污泥和雪水。他的那双戴着白羔羊皮手套的手伸到一摊积水里。

他就这样跌倒在地上。过了半天，才有几个过路的人走来把他翻过身来。[1] 6

这恰恰没有半点节庆色彩。这个段落表明，去个体化通常并不以柔和的寿终正寝的形式进行，而是以猛然横扫一切的方式。死神对人们的期望完全无动于衷。"他一辈子不让人看见自己身上有一个土点……"他那美丽的夫人看到他这样辞世，悲叹道，"临了却落得这样一个结果，这简直是个讽刺，是件卑鄙的事……！"[2] 7

谁若是不那么留恋人生，就会有更好的机会获得一个能够接受的退出人生的方式。汉诺·布登勃洛克 15 岁时死于伤寒。看起来毫无意义。但对汉诺来说，死亡并不是一个荒谬的扼杀者，而是一种受欢迎的摆脱折磨的方式。这位发高烧的病人正处在一条"陌生而灼热的路上"，他在这条路上向着死亡的方向前行，这条路通往"阴影、凉爽和平静"。[3] 8

霍乱是一种很丑陋的疾病，古斯塔夫·冯·阿申巴赫死于这种疾病。但是欲求要大于恐惧。他留下来，而其他人都离开了。死于威尼斯

[1] 《布登勃洛克一家》，第 677 页。
[2] 《布登勃洛克一家》，第 678 页。
[3] 《布登勃洛克一家》，第 749 页。

同时也是死于爱情。死亡渴求的象征是大海。

> 他热爱大海，有着深刻的原因：艰辛的艺术创作使他追求恬静，渴望摆脱纷繁复杂、劳人心智的现实世界，去偎依大海那平坦、宽广的胸膛。此外，他还有一种必须禁止的、跟他的使命格格不入并恰恰因此产生诱惑力的倾向，因为他热爱混沌，热爱无限，热爱永恒，热爱虚无。[1]9

永恒、虚空、死亡和爱，这些都只是同一个事物，它们结束了多样性，并且由此结束了个体被囚禁在自我的樊篱中。叙述者接着说：

> 每一个致力于优秀创作的人，都盼望在攀上完美的顶峰之后辍笔休耕。可是，虚无不也是一种完美的形式吗？正当他想入非非的时候，一个人影截断了白色水沫在岸边连成的水平线。他从无垠的远方收回目光，定神一看，原来是那个英俊少年。他从左边过来，正好路过他眼前的沙滩。

阿申巴赫的目光追随着海边的英俊少年，他将就此离开这个世界。这个男孩是灵魂引渡者赫尔墨斯，他是灵魂的引导者，指引死去的人前往阴间。"他仿佛觉得远处那个苍白而可爱的勾魂者正冲他微笑、眨眼；而当勾魂者将手从臀部移开时，他又仿佛觉得他在指向、觉得他正飞向那充满希望的、神秘莫测的福地。于是，他一如既往地紧随其后。"[2]10

589　　死亡的美丽与可怖又处于一种什么样的关系之中呢？只有艺术才会让骷髅变美。但托马斯·曼并没有忘记这种丑陋无状。在《魔山》有关唱片的那一章节中，汉斯·卡斯托尔普在聆听威尔第的《阿依达》。这出歌剧说的也是死于爱情之中。拉达梅斯在牢房中再次见到了他深爱的

---

[1] 《死于威尼斯》，第44-45页。下一处引文见第45页。
[2] 《死于威尼斯》，第109页。引文中的"勾魂者"即指"灵魂引渡者赫尔墨斯"。

阿依达，她来到这里是为了与他共赴黄泉。这难道不是很吓人吗？尽管如此，汉斯·卡斯托尔普听得很享受：

> 他所感受的、理解的和享受的，都是音乐、艺术、人类情绪胜利地理想化了的东西，是在现实事物的卑陋与丑恶上面所赋予的一种高洁的、不容反驳的美化，不过从理智的角度来考虑，这里发生的究竟是什么事呢？两个被活埋的人，他们的肺部充满了沼气，他们在这里一块儿——或者更糟的，是一个接着一个——在饥饿的痉挛中丧命，然后，他们的身体会经历一种无法形容的腐败过程，最后在有拱顶的地牢里面只剩下两副骸骨，至于横着的究竟是一副骸骨，还是两副骸骨，他们中间谁也无所谓，而且完全无动于衷。这就是事情真实的和客观的一面——是事情的一个方面，是活生生的事实，人类心灵的理想主义是不考虑这个的，而美和音乐的精神则极其成功地使它变得黯然失色。在歌剧里，不论拉达梅斯也好，阿依达也好，上面的客观事实是不存在的。他们的声音由齐唱而转为极其幸福的第八音的延留音，他们确信天国之门已经敞开，而永恒之光已照射在他们如饥如渴的眼睛面前。[1] 11

这个段落很有指导性。艺术进行了美化，但这并不是反对艺术的论据，就仿佛艺术总归会导致对真正事物的排斥和取代那样。更确切地说，进行美化是艺术的任务。艺术就是为了让那些丑陋的东西变得能够让人忍受下去而存在的。文化就是要对死亡的狰狞面目进行化妆。

如果说托马斯·曼在默默地看着已经展开的令人恐怖的事物时，向我们展示一种他所能想出来的最为令人心宽的死亡，那么他很清楚，他在做什么。这不是一种廉价的谎言。我们来看一下蒙特－卡乌，他是约瑟在波提法家的前任管事，最终以如他所愿的方式死亡。这位大管事的死亡过程虽然是缓慢而痛苦的，但伴随着一个美貌少年的赞许，因此极

---

[1] 《魔山》，第917-918页。

其具有安慰性：

> 约瑟的右手放在即将逝去者苍白的双手上，左手牢牢地抓住他的大腿。
>
> "愿你安宁！"他说，"我的父亲，在长夜中安息吧！你看，我守护着你，照顾你的身体，你只管彻底放宽心地踏上慰藉之途，迈向彼岸，你不需要再操心任何事情了，你这样想就开心起来了，不要再操心了！……痛苦辛劳全都过去了，所有的烦恼也都结束了。不再有身体的痛苦，不再有难以透气的烦闷，也不再有令人惊骇的痉挛。不用再吃令人恶心的药物，不用再敷有灼痛感的药膏，也不用去理会背部拔火罐时的虫噬感了。圈禁你的烦恼的牢笼打开了。你走了出去，漫步在那条通往慰藉的路途上，开心且独自一人。在这条路上，你每走一步就更深地接近慰藉。因为一开始你还要穿过你已知的地方，因为有我的祝福从中沟通，那些地方每天晚上都在接受你，你还有一些重担和呼吸的负担，你并不是很清楚，它们自你的躯体而来，是我在这里用手扶着你的躯体。但是很快——你不用去管你的步子，不用去管迈向彼岸的步子——小河流就会接受你前往轻快的地方，在那儿，发自这里的往日艰辛不会再从遥远之处、以最为无意识的方式笼罩你并拖拽你了，然后你也就马上卸下了所有关于忧愁和各种疑虑之苦，不用再去为事情是怎样的、你的情况怎样以及你将会成为什么样忧虑，你会很讶异，你当初为什么会受到那么多顾虑的困扰，因为一切都像现在这样，最自然、最正确、最好地进行着，与其自身以及与你都处于最为幸运的协调一致中，到了永恒之中，你也还是蒙特－卡乌。因为是什么，就是什么；从前是的东西，将来也会是。……好好地上路吧，我的父亲，我的长辈！我们俩不久后将在光与轻盈灵透中再见。"[12]

时辰到了

"在同意死去之前，人是不会死的……"[13] 托马斯·曼原本想在 70 岁时就死去。[14] 他还及时地立好了遗嘱（1944 年 6 月 13 日）。但 80 岁也是一个很合适的年龄，《诗篇》作者就已经这样看了，牧师在主持葬礼时也会引用他的话：[15] "我们一生的年日是 70 岁，若是强壮可到 80 岁。"（《圣经·诗篇》90:10）托马斯·曼这位大作家一向喜欢整数，总是在衡量着时间，总是把一些日子和节庆日、耶稣受难日、复活节、圣灵降临节和圣诞节、星期天、月初、岁末标注在日记本上。"到月中了。时间，时间！——恣意寻欢和死亡的感觉。"（1949 年 2 月 15 日）死神一定会在该来的时候来的，不管怎样都会在一个恰当的时间来。

　　他知道，这个时间点不会那么遥远了。"我常常觉得够了，但我一直过于健康，以至于我的死亡愿望势必有些可笑。"[16] 但他已经在等待了。"消散、不知所措、下滑和废墟的感觉越来越甚地动摇着我的神经状态——但很遗憾并不是死亡的感觉，因为我的身体状态还能够维系。"（1952 年 5 月 17 日）他感受到自己活得有些过头了。"瓦格纳在大概 70 岁时写下了他的封笔之作《帕西法尔》，不久之后他就去世了。我在大概相同的岁数写下了我最后的心血之作《浮士德博士》，无论哪个意义上，它都该是我的绝唱，可是我还继续活着……我现在过的，大概是死后的日子，还在徒劳地寻求着创作的支柱。"（1953 年 7 月 6 日）他怀着好奇观察不断出现的事情："不管怎样，我都要继续关注这些报章里面的那个前途未卜的发展。"但他既没有感到渴求，也没有感到慌乱。"我还要生活一段时间，还要做一些事情，而后死亡。"（1950 年 7 月 14 日）客人们散去时，他很高兴："渴望自己独处的目的最终还是在墓地里面的安宁。"（1953 年 7 月 27 日）他期待着自己的终结。"什么时候到我呢——在生日之前，还是生日过后不久？"（1955 年 4 月 25 日）朋友们一个接一个地去世了。"什么时候到我？"（1955 年 4 月 22 日）死亡离他不远时，他隐隐地感到了。"对我生命的消失有一种心惊畏惧

591

的感觉。"（1955 年 6 月 15 日）"最后这几周的痛苦非常大。"他在 1955 年 6 月 20 日这么写道，这里暗指的是华伦斯坦在死前的那个夜晚说的话。[17] 他在一篇致恩斯特·彭措尔特[1] 的悼念文章中说，[18] 人们都很奇怪地对他那么好，这说明他一定有什么地方很值得担忧了。

"人们就这样过着日子，这一日西边已经令人心安地泛起了红色，"在去世的前一年，他致信埃里希·冯·卡勒（Erich von Kahler）时就已经这样写道，"希望那些还要活得更久的人，一切都好。"[19] 他在医院里还读着阿尔弗雷德·爱因斯坦（Alfred Einstein）写的莫扎特的传记，并且在一处划上了重重的一道，在那个段落里，莫扎特称死神为"人类真正的、最好的朋友"，死神的形象"对我而言不再仅仅是令人惊惧的东西，而是有很多令我平静、给我慰藉之处"。[20]

虽生犹死。[2] 他一直生活在死亡的包围之中。"自从我有清醒的意识的那天起，我就没有一天不在想着死亡和这个谜团。"[21] 汉斯·卡斯托尔普看他的 X 光片的时候，说他透视了自己的坟墓，"有生以来他第一次明白，自己总有一天会死去的"。[3] [22] 腐烂也一定会在他的躯体上无法形容地蔓延开来。这很令人悲哀，但是，我们已经听到过了，这也很给人安慰，只要这种短暂性能赋予人生以价值、尊严和兴趣。"哪里不存在短暂性，没有开始和结束，没有生与死，哪里就没有时间——无时间性就是伫立静止的虚空，与这个虚空一样无所谓好，无所谓坏，是绝对的毫无趣味。[23] 托马斯·曼已经抓住了作为波提法太太的机会，针对约瑟的骨殖论，即头发会可悲地脱落，牙齿也会，眼睛不过是由血液和水组成的一团胶状物，而且整个遗体都一定会干缩且腐烂，为美貌进行辩护："这可就大错特错了，"这位埃及的美女反驳说，"不能因为物质材料的短暂性，就认为少了一个赞赏形态的原因，而要认为甚至是多了一个原因，因为它在我们的赞赏中掺杂进了一种感动的成分，当我们

---

[1]　恩斯特·彭措尔特（Ernst Penzoldt, 1892—1955）：德国作家、画家、雕塑家和剪纸艺术家。

[2]　原文为拉丁语：*Media vita in morte sumus*。

[3]　《魔山》，第 300 页。

将赞赏给予以青铜和岩石为材料的恒久不变的美丽时，这种感动是完全缺失的。"[24]

由于看到了死亡，在 77 岁生日的前夜，此前所写的日记全部都被封存起来。"1933 年到 1951 年的日记。没有文学价值，但在我死后 20 年之期到来之前，任何人都不可打开。"[1]（1952 年 6 月 5 日）随着一声叹息"啊！多么奇妙透顶的生命！"开始了第二天。卡蒂娅 69 岁的生日也成为进行盘点的一个缘由。"谈论起生命的流逝，它肯定不是倏忽而过，为此一定要问问自己：那些年都去哪儿了。自从我们结婚和在特尔茨度过的那些日子以来，度过了一段漫长的、舒缓的、充满经历同时也成绩累累的岁月。"（1952 年 7 月 24 日）

他有一个让他着迷的小孙子，弗里多。他作为内珀穆克·施耐德魏因（"艾肖"）被写进了小说《浮士德博士》中。如果弗里多／艾肖对什么东西感到厌烦了，或者想要安慰自我不会再有什么东西了，他就会说"有了！"[2]托马斯·曼觉得这个说法棒极了。"当我濒死时，我也要说'有了！'"[25]

"奇怪啊！奇怪啊！"[3]老约翰·布登勃洛克在即将去世之时这样说。[26]托马斯·曼也要效仿这个。"奇怪，奇怪。这个我以前说过，我在最后也要说。"（1954 年 10 月 9 日）"奇怪，奇怪。这个人生，真是奇妙无比。"（1955 年 6 月 30 日）

---

[1]　原文为英语: Daily notes from 33-51. Without literary value, but not to be opened by anybody before 20 years after my death。

[2]　《浮士德博士》，第 540 页。

[3]　《布登勃洛克一家》，第 67 页。

庄严与美化

"死亡是一种强大的力量。"[1] 27 人们蹑手蹑脚地来到它的近旁。另一方面也有那么一些人，他们如此普通，"拥有如此不可磨灭的无耻和精明强干，以至于人们根本就不会去想，他们什么时候会死掉，他们哪一天会经历死神的庄严对待和美化"。28 这里针对的是那些金发碧眼的人，是那些如此具有诱惑力的人。对他们的惩罚就是必须永远地生活在平庸之中。当初引发了这个想法的是保罗·埃伦贝格。"保罗这么普通，简直没法去想，他有一天也会死。他根本就不值得死神的庄严对待和美化。"29 甚至连睡神的也不配，曼还加上了一个恶意十足的括号，因为睡神和死神是亲兄弟。"你并没有病得要死啊。"[2] 当克利斯蒂安在他面前不满地喋喋不休诉说自己的疑病症时，托马斯·布登勃洛克就这么讥诮地说过。30 因为值得庄严对待和美化的不是克利斯蒂安，而是托马斯。那位牧师，一个恶意的漫画式人物，对死亡根本就不了解。而偏偏是那个吊儿郎当的弟弟克利斯蒂安释放出了宗教信号。在他的眼里，托马斯的死亡是一种胜利，是一种针对他这个人的显著胜利，是兄弟竞争的胜利，竞争的是谁受过的苦难更多。死神带走了托马斯，那个更懂生活的人，而忽视了这个总是病恹恹的、在生活中十分无能的克利斯蒂安。死神"选中了托马斯，为他剖白清楚，把他召唤去，迎接走，给了他很高的荣誉，所有的人都对他又畏惧又关心"，克利斯蒂安则被死神摒绝了，它只是继续——

> 用各式各样的引不起任何人尊重的小把戏耍弄他。托马斯·布登勃洛克从来没有像这个时候这样引起他兄弟的敬畏。这是丝毫不容怀疑的成功，只有死亡才能使别人尊重我们所受的痛苦，即使是

---

[1] 《魔山》，第 702 页。
[2] 《布登勃洛克一家》，第 578 页。

最微不足道的痛苦，死亡也会使别人对它万分敬仰。"你算得到归宿了，我愿向你鞠躬。"克利斯蒂安默默地想道。他匆忙地笨拙地一条腿跪下，吻了吻被盖上的那只冰冷的手。[1] 31

没有对手，生活就没有荣誉。托马斯·曼借用海因里希·冯·克莱斯特的话说，谨慎小心地爱着生活，他在道德上就已经死亡了，"因为他的最高生命力是能够牺牲它，在他小心打理生活时，这个生命力就腐烂了"。32 约瑟小说的叙述者用更为平和的调子表达出了他对大限的敬畏。"死亡，这当然意味着失去时间，从时间中驶出，但是由此赢得了永恒和无处不在，也就是说这才真正开始生命。"33 托马斯·曼在一封信里面说过，我们只能通过其他人的死亡经历死神。"它是一种苦楚的、充满谜团的、令所有情感和所有精神深受困扰的体验——但或许也是我们生来本该就要接受的那种体验。"34

594

永恒的生命

歌德对爱克曼说，在今生这种存在不再能支持他的精神时，大自然就有义务给他另一种形式的存在。"人应当相信灵魂不朽，他有相信这一点的权利，这是符合他的本性的。"[2] 35 死亡与末日审判、天堂与地狱：这些最后的事情一直在托马斯·曼眼前萦绕，虽然以或多或少世俗化的形式。即便这些事情是一些虚构的东西，但又有什么关系呢？它们是平常被逐出意识的事物的文化再现。"对于相信死亡这件事情天然的

---

[1] 《布登勃洛克一家》，第 683-684 页。

[2] 《歌德谈话录》，朱光潜译，人民文学出版社，1982 年，第 179 页。本书涉及《歌德谈话录》的所有引文都出自该译本，以下不再一一注明。

无能，"小说作者思索着，"是一种否定之否定，值得获得一个肯定的征兆。这种无能是一种无助的信仰，因为所有的信仰都是无助的并且因无助而强大起来。"[36]如果灰色的真理是毫无安慰的，或者从灰色的真理中只能得出毫无安慰的东西，那么培植出一个大有帮助的虚构，就是一种强大了。把不死批倒批臭的生硬诚实性，是值得尊敬的，但在轻而易举地取胜之后，它就不知所终，不知该怎么继续了。

托马斯·曼在任何地方都没有明确地宣称过无神论。他肯定也希望能有一个永恒的生命。在此他意指的并不是一些昏聩迷信的东西。他在一次唯灵论的会议上嘲弄道，如果除了让小提琴飘起来并发出吱吱嘎嘎的声响，除了在手帕上打个结之外，人们在彼岸就不能做出一些更好的事情来，那他宁愿放弃在死后的继续生活。[37]对此他有另外一个相当清晰的设想："我们俩不久后将在光与轻盈灵透中再见"，约瑟对蒙特－卡乌说。托马斯·曼也想在彼岸再次见到当初他深爱的人们，父亲和母亲、阿明·马滕斯和维尔利·廷佩、玛丽·史密斯和辛西娅、哥哥亨利希和教父贝尔特拉姆、卡蒂娅和保罗，而且不带着尘世间的沉重，否则这种沉重会给所有的幸福都涂抹上一层苦胆的味道。在托马斯·曼写的八部长篇小说中，死后再见出现在三部，即《布登勃洛克一家》《绿蒂在魏玛》和《天选者》的结束语，而古斯塔夫·冯·阿申巴赫进入充满期望的无边之境，为的是在那里与神性少年一同漫步，其意思离这个也不远。爱尔兰人克莱门斯请求他的听众，把他纳入他们的祷告里，"我们所有人将会有一天同他们，同那些我说过的人，一起在天堂再见"（《天选者》）。"等我们以后重新一起醒来时，那将会是个多么快乐的时刻。"[1]（《绿蒂在魏玛》）"还会见得着的。"弗利德利克·布登勃洛克说。冬妮表示怀疑。"再相逢……如果真能这样……"最后一句话由塞色密·卫希布洛特说出来："一定见得到的！"她使出全副力量喊道，一面挑战似的望着所有在座的人。[2]（《布登勃洛克一家》）

---

[1] 《绿蒂在魏玛》，第 394-395 页。
[2] 这几处引文均出自《布登勃洛克一家》，第 754 页。

第二十章　最后的事情

在文学作品的庇护下，托马斯·曼可以说一些在作品之外受到启蒙话语所禁止的东西。用自己的嘴说出一些宗教内容，那多少有些难堪。当冬妮·布登勃洛克抬高嗓音，把暗中祷念的话大声说了出来的时候，所有人都感到窘迫而且非常不自在。[38] 这种羞愧是一个面具，托马斯·曼的虔信就藏在这个面具之后。他觉得所有直截了当的宗教的东西，都是一种冒犯。这是想把上帝囚禁在语言的小箱子里面，而上帝本身是超越一切可以理解的事物的。每一个说出来的词都停留在傲慢的氛围内。只有本身在沉默的人，才能够听见。上帝与地狱一样，人们能够说的都不多，"因为这真正的实情和语言并不相符"。[1][39] 上帝是个反讽者，在他面前，每一个由人类发出的陈述都彻底地丢丑了。倘若涉及至高无上的事物，那么必须避免任何娱乐消遣的东西。

这种羞惭有其原因。上帝的名字被过于经常地在嘴皮子上滥用了，成为各类利益的挡箭牌。这位大作家就不能随随便便地把这个被用烂的宗教词语再用起来。他的无语并不是悲伤的沉默，而是讯息的空间。缄口不谈永恒的上帝，这种缄默并不是死胡同，不是宗教的窒息，而是一种休耕，被抢劫一空的土地需要这种休耕，这样才能缓过来。它是敞开心襟的沉默。在沉默中，而不是在忘乎所以鸿篇大论的言辞中，有一种超验，歇斯底里地对托马斯曼进行基督教批评的人缺少这种超验。[40]

只有在极少数情况下，托马斯·曼才会克服这种羞愧。"我们所有的人都走向那里，作为毫无希望的无限的负债者"，他"双眼湿润"，[41]　596在妻子70岁生日之际发表的一次讲话中说：

> 当阴影下沉，所有错失的和所有未发生和未行动的事情都让我心慌，但愿有她坐在我的身边，和我手拉着手，安慰着我，她上百次地这样安慰过我，让我从生活和工作的危机中振作起来，而后对我说："好啦，就这样吧，你一直特别勇敢，你已经做了你能做的一切了。"

---

[1]《浮士德博士》，第280页。

那个黑暗天使，它将手松开，以它之不存在指定每一个人进入孤独的存在，——他真的在任何情况下都有指令和权力来这样做吗？我不相信。恰恰是庆祝她寿辰的这些日子，此间源源朝她涌来的感谢、惊叹、敬意，让我有足够的信仰去怀疑那个天使的能力。以前是什么样子，存在就会如此保持下去。我们将在一起，手牵着手，身在黄泉也是如此。如果我、我存在的要义、我的事业被赋予某种形式的死后生活，那么她还将与我一同生活，在我的身边。[42]

其实真不该这么说话的。但是这次还是成功了。"即便是那'黑暗天使'，也没有完全破坏整个气氛。"（1953 年 7 月 25 日）人们最多是在非常例外的情况下说这些。天使们需要人们对他们很有分寸感。他们不能接受人们把他们拉到市场上去。他的哥哥亨利希在上了岁数之后写的东西很令人惊讶，[43] 用在托马斯这儿也很合适：不是无信仰，而是分寸感迫使人们听凭上帝存在。宣称他存在或者去否认他的存在，二者都会相互反讽地揭底辟谣，主管权到底在哪里？人——决定上帝？"在缺乏可识别特性之际，由个人的需求来决定。"人一定要知道，上帝是否在引路或者在怎么引路吗？"当然不是，但良知、理性对于上帝来说就够了。他如果不是在我们心中，还在哪里逗留，始终都可以不为人知。"怀疑者的信仰一直与此相吻合，"勇敢地屈从于这种未知，不管发生什么，连同内心的确定性一同屈从"。

真正地死去

最好跟歌德的死法一样！"自然充满爱意地用诡计骗过了他，可以这么说。他受过了苦，他舒舒服服地缩在大沙发椅的一角，想休息片刻，打个盹儿，而他过世了。"[44] 歌德是在沙发椅里去世的。为了效仿，

597

第二十章　最后的事情

这很可能也是托马斯·曼的愿望。他在苏黎世的州立医院里身体暂时有好转时，可以偶尔下一会儿床。日记的最后几个句子写于去世之前的两个星期，那时他还想着靠背椅的前景："别让我知道，这种存在还将延续多久。慢慢就会明了的。今天应当在靠背椅里坐一会儿。——有些消化方面的担忧和烦恼。"（1955 年 7 月 29 日）

在最后的两个星期里，他没法记日记了，不然可能会留下在其他场合缄口不言的东西，所以我们无从知道，托马斯·曼除了官方透露的信息，具体还想了一些什么。他的日常意识大概没有想到死亡。人们大概也对他隐瞒了一些什么，在卡蒂娅的安排下没有告诉他腿部有血栓，而说的是静脉炎，他也相信了这一点。因为他在 1946 年就被这么糊弄过去了。但很不幸的是，实际上得的是肺癌，卡蒂娅当时给克劳斯·曼写信说过。"病人完全不知道此事，而且就算是他多少有点怀疑，我相信他肯定会有过怀疑，他也很快彻底地打消了疑虑，他完全接受了告诉他的情况，亦即是肺脓肿。我们对外界铁一般地坚持这个说法，因为若不这样，话又会传回到他这里来，而且根本就没有必要让人们将他视为某种标记的人。"[45]

他终究也知道灵魂的力量。1944 年 3 月 14 日，他与一位很和善的来自俄国的女医生谈起过一个问题，是否能够不让癌症病人了解真相。他记录下了诚实可能会带来的后果："很可能过早地心理崩溃。"他在那篇有关特奥多尔·施托姆的杂文中赞扬了施托姆的医生们，他们善意地把施托姆的胃癌说成是一次误诊。后来事实证明，这位作家对真实情况的反应是心情沉重，而谎言则给他带来了富有创造力的欢欣，完成了《骑白马的人》（*Schimmelreiter*）。[46]

这场通往死亡的疾病[47]于 1955 年 7 月 18 日发生在荷兰的诺德韦克，最初左腿有撕拉痛感。这种疼痛源于一个血栓。托马斯·曼躺着被飞机送往苏黎世。进行治疗的医生们与卡蒂娅统一口径，说是"静脉炎"，而且宣布需要治疗 6 个星期。但是与明面上的知道相比，还有一个更深层的知道。意识会努力相信需要治疗 6 个星期。更深层的知道却记录下完全不熟悉的东西，记录下超出迄今为止所有病症范围的状态（1955

598　年 7 月 22 日）。患者给埃里希·冯·卡勒写信打趣道："一条腿真的比另外一条要粗整整一倍；但谁又能想到去比较他的腿的粗度！"[48]艾丽卡·曼在他的最后几天一直守护在他身边，她提到他非常明显地对"外面"发生的一切都缺乏兴趣，也就是说，好像所有的东西都与他无关。他的目光，"突然变得很蓝，——发自灰绿色眼睛的一种很亮、很蓝的目光"，这个目光在询问他的病情，询问他是否还能够活着离开医院。[49]病情虽然有好转，但"他那灰绿色眼睛中的问询的目光看上去却越来越亮、越来越蓝"。

他的去世对医生们来说很突然。对血栓的治疗很成功。病人的状况似乎也好了一些，但继 8 月 11 日昏厥之后，在 8 月 12 日早晨突然出现重度昏迷，对此医学上无法解释。在同一天晚上大约 8 点，托马斯·曼去世了，卡蒂娅陪伴在身旁。去世时他的面部表情发生了变化。"那是他听音乐时的'音乐脸'，"艾丽卡说，"他将脸转向我的母亲，一个人以一种沉浸其中同时全神贯注的方式倾听最信赖并最挚爱的人说话时，才会有这样的面部表情。"[50]

在进行部分尸体解剖时，死亡原因才得以解释：下腹部动脉破裂，突然间大量失血和血液循环衰竭。死神狡诈地欺骗了医生。它从背后袭击，但很缓和而且没有造成疼痛，就像那些顺从的星辰从前预示的那样。

死者絮语

雅各不愿意被葬在埃及，尽管那里有高度发达的裹尸技艺。也不愿意与拉结一同葬在路边，而是要葬在祖坟中，葬在利亚，葬在他的 6 个孩子的母亲的身旁，与他的列祖列宗们葬在一起。[51] 托马斯·曼却不得不拒绝葬在家族墓地里。政治介入了其中。他即便死了，也是个流亡

者。他不愿意在吕贝克长眠，他曾在 1937 年对他的侄儿西格蒙德·曼
（Siegmund Mann）这样说过，[52] 而且他事先表示赞同，其他每个有资格
的人都可以葬在位于城门公墓的家族墓地里。所以他今天长眠在一个相
对而言没有那么多传统的地方，葬在他最后的居住地基尔希贝格的美丽
公墓里，那里可以望见苏黎世湖和远处蓝色的山峰。

599

　　他不愿意接受火葬。"有可能会疼。"[1] 53 他希望能有一个肃穆而高
贵的新教的基督教徒葬礼，[54] 这按照他的意愿进行了。他免遭席勒那样
的安葬丑闻，"一个彻头彻尾令人愤慨的故事"，[55] 他在 1955 年写的席
勒杂文的开头较为详细地讲述了整个事件：一副廉价简陋的棺木在午夜
被送到了魏玛的老公墓，送入黑漆漆的、安装了一个活盖门的拱顶屋的
内室。打开活盖门时，锈蚀的门枢还发出吱吱嘎嘎的声响。"棺木被绳
索套住，而后缓缓地放下去，沉到深处，直至触到底，也不论是个什么
底，放在了其他棺材之间或者它们上面。它沉入了那个发着腐烂气味的
黑夜之中，而后活盖板关闭。"[56] 没有任何牧师或者朋友的讲话，没有
任何花环、任何桂冠。20 年之后，对死者的崇敬才觉醒，使得人们费
劲努力，从毁作一团的残骸中把他的头盖骨与相应的骨殖拣出来。

　　在基尔希贝格，当然也有一些非常古怪的事情发生。夜间，花圈上
的很多挽带被人割断，被对手、扰乱者或者收集者剪走了。冷战追随
着托马斯·曼一直到坟墓里。德意志民主共和国的花圈送不进基尔希
贝格古老的公墓小教堂里面，因为它的门太矮了。施泰凡·赫尔姆林
（Stephan Hermlin）建议，将那个仪式感很强的大齿轮子压扁一些，这
样它就可以斜着搬进门去，但苏黎世人生性不喜欢锤子和圆规 [2]，还是
更乐意看到这些花圈放在门外。因为来自联邦德国和民主德国的两个代
表团都想坐在第一排，于是智慧的公墓领导层决定，这两个代表团都坐
到第二排去。如果联邦德国派出人员称得上代表团的话。他们的出场很
寒酸。联邦德国总统特奥多尔·豪斯正在罗拉赫逗留，估计也没有想做

---

[1] 原文为英语：It may hurt。
[2] 锤子和圆规是德意志民主共和国国徽上的图案。

得更多一些。阿登纳，——好吧，这个人托马斯·曼一点也不欣赏（"阿登纳别来，我禁止他来"[57]）。但是甚至连一个部长都没来，只有联邦德国公使从伯尔尼来了。有可能是对碰上民主德国的官员感到怵头。民主德国的文化部长约翰内斯·R. 贝歇尔带着庞大的随从来了。其中到底有多少是宣传上的考虑，有多少是真正意识到了逝者的伟大，这个姑且只能搁置在一边了。作家同行们来得不多，不管怎么说，马克斯·弗里施[1] 来了，刚才提到过的施泰凡·赫尔姆林来了，还有令人惊讶的是，维尔纳·贝根格林（Werner Bergengruen）也来了。赫尔曼·黑塞没来，但他写了一篇很美的悼念文章。文中他说得很有道理：托马斯·曼随着时代成长了。"隐藏在他的反讽和精湛技巧后面的那颗心、忠诚、责任感和爱的能力，几十年以来从来没有被大多数德国读者理解，而这些将会让他的著作和对他的纪念远远超出我们这个混乱的时代而保持生命活力。"[58]

与葬在同一个公墓的作家康拉德·斐迪南·迈耶[2] 那座十分壮观的墓碑相比，托马斯·曼的墓地非常简洁，极为朴素。他的墓位于普通市民的墓地之间，十分不易找到。如果死者之间能够悄声交谈，他们之间的谈话一定充满奇异的色彩。他们现在终于完全自由了，而且可以全然地相互理解。可以说的事情有那么多，有的是活着的时候从来没有说出口的，还有的是总被误解的。如果就像是歌德的《浮士德》的结尾，那位永远宽恕的上帝拯救了所有人，那么他们将会满心惊讶地去研究那些人的灵魂，那些在现世中他们非常陌生而且完全不能理解的人的灵魂。在附近还安葬着非理性主义的哲学家路德维希·克拉格斯，托马斯·曼一点也不喜欢这个人。逝者可以跟他聊一聊巴赫奥芬和坟墓的象征意义。在托马斯和卡蒂娅简洁的细方石碑的前方，呈半圆形预留了五块墓碑。现在有四块已经用上了，艾丽卡、莫妮卡、米夏埃尔和在 2002

---

[1]　马克斯·弗里施（Max Frisch, 1911—1991）：瑞士著名小说家、剧作家，代表作《我不是施蒂勒》等。

[2]　康拉德·斐迪南·迈耶（Conrad Ferdinand Meyer, 1825—1896）：用德语写作的瑞士诗人、小说家，在近代瑞士文学史上占有重要地位。

第二十章 最后的事情

年初去世的伊丽莎白葬在这里。克劳斯安葬在戛纳。戈洛不愿意葬在父亲身边，但也安葬在基尔希贝格。他必须与多拉·施雷普弗（Dora Schrepfer）和汉斯·吕迪（Hans Ruedi）聊聊了，他在位于二者之间的地方为自己选定了狭小的墓穴。

墓碑上只标示了姓名和生卒年。我们在这里补充一下托马斯·曼自己曾经称之为"墓志铭"的文字，[59]一小段有关生命作为艺术品的对话，亦即歌德的格言：

> 你顺利走过来了，可谓难能可贵。
> 若有人学你的样子，须得当心小命！[1]

卡蒂娅活到了近 97 岁。但不再有真正好的时光了。"虽然儿孙绕膝，但我的生命还是失去了它的意义。"[60]人们可能是让这位冷漠、孤傲而急躁的女士在托马斯·曼死后过多地独处了，她和她的丈夫一样总是把自己的一颗心掩藏起来，她平日里总是沉着镇定，直到丈夫下葬时才哭出来。克劳斯早就不在人世了，艾丽卡和米夏埃尔也走在了卡蒂娅的前面。莫妮卡和伊丽莎白离得很远。只有戈洛后来生活在她身边，尽自己的全力照顾她。其他的到访者大多数是来讨论版权问题的。当人们了解到，留给她的情感仅有那么一点点，一时不免有些辛酸。德国人也没有对她打开心扉，至少大多数人没有。托马斯·曼希望出现的是另外一种情况。倘若没有她的默默奉献，没有她守护着他的存在的爱，那么他的人生则不可能成功。他非常希望："只要人们还在纪念我，也缅怀她。"[61]

---

[1] 《歌德与托尔斯泰》，第 161 页。

注　释

1 Darüber sinniert Jaakob in *Joseph und seine Brüder*, GW IV, 110 (*Vom Öl, vom Wein und von der Feige*).

2 Horoskop, undatiert, 4 S.,Unterschrift unleserlich (TMA).

3 An Kuno Fiedler 4. 5. 1941.

4 Alle folgenden Zitate und Sachverhalte *Vom Öl, vom Wein und von der Feige*, GW IV, 108-110.

5 An Agnes E. Meyer am 29. 6. 1939.

6 Monika Mann, *Vergangenes und Gegenwärtiges*, S. 139.

7 *Bekenntnisse des Hochstaplers Felix Krull* I, 2; GW VII, 270.

8 *Lebenslauf 1936*, GW XI, 450.

9 Kopie TMA, hier nach Mendelssohn I, 69.

10 Johann Wolfgang Goethe, *Dichtung und Wahrheit*, erste Seite.

11 *Lebensabriß* (1930), E III, 222, GW XI, 144.

12 *Die Entstehung des Doktor Faustus* (1949), 1. Kapitel, GW XI, 145f.

13 *Meine Zeit* (1950), E VI, 172; GW XI, 314.

14 Tagebuch 1. 6. 1952.

15 Inge Jens, *Tagebücher 1949—1950*, S. XIV.

16 An Eberhard Hilscher 3. 11. 1951.

17 Vgl. Dazu die Radiobotschaft *Lübeck*, Mai 1942, E V, 180-182, 371-373; GW XI, 1033-1035.

18 Gustav Lindtke in *Lübeck zur Zeit der Buddenbrooks*, Ausstellungskatalog Lübeck 1975, S. 8 f.

19 *Der Zauberberg*, GW III, 36 f. (*Von der Taufschale und vom Großvater in zwiefacher Gestalt*), dort auch das folgende Zitat.

20 *Zur jüdischen Frage* (1921), E II, 92; GW XIII, 473.

21 *Deutschland und die Deutschen* (1945), E V, 263; GW XI, 1130.

22 *Lübeck* (1942), E V, 181; GW XI, 1034.

23 Vgl. den Brief an Otto Passarge (Bürgermeister von Lübeck) vom 6. 8. 1948 (Regesten 48/425). Näheres Inge Jens in: *Tagebücher 1946—1948*, S. 773 f.; 778, 826 u.ö.

24 Buddenbrooks I, 1; GW I, 13.

25 Vgl. Mendelsohn I, 101 f.

26 *Buddenbrooks* I, 1; GW I, 14.

27 *Bilse und ich* (1906), E I, 40; GW X, 15.

28 Friedrich Schiller, *Über naive und sentimentalische Dichtung.*

29 Nach *On Myself* (1940), TMS III, 73; in der in GW XIII gedruckten Textversion nicht enthalten.

604

30 In einer gestrichenen Passage des Manuskripts von *Meerfahrt mit Don Quijote* (1934), E IV, 362.

31 *Lübecker Nachrichten*, 11. 6. 1953, nach Volker Hage, *Eine Liebe fürs Leben. Thomas Mann und Travemünde*, Hamburg 1993, S. 9 f.

32 *Kinderspiele* (1904), E I, 31; GW XI, 327.

33 *Lebensabriß* (1930), E III, 191; GW XI, 112.

34 Wie das folgende Zitat aus *Kinderspiele*, E I, 31 f.; GW XI, 327 f.

35 *Der Zauberberg*, GW III, 277 (*Ewigkeitssuppe und plötzliche Klarheit*).

36 *Buddenbrooks*, VIII, 8; GW I, 533.

37 *Kinderspiele*, E I, 33; GW XI, 329.

38 *Kinderspiele*, Fassung TMS III, 63; nicht in E I und GW XI.

39 *On Myself*, GW XIII, 129.

40 *Buddenbrooks* VIII, 7; GW I, 520.

41 *Lebensabriß*, E III, 177; GW XI, 98, auch *Lebenslauf* 1936, GW XI, 451.

42 Zum Beispiel E III, 27, 177, 435, oder im Brief an Agnes E. Meyer vom 29. 6. 1939.

43 Wie das folgende Zitat *Lübeck als geistige Lebensform* (1926), E III, 26; GW XI, 386 f.

44 *Ansprache in Lübeck* (1955), GW XI, 536.

45 Heinrich Mann, *Ein Zeitalter wird besichtigt*, Ausgabe Reinbek 1976, S. 126.

46 In einem Artikel zum 50. Geburtstags seines Schulfreunds Heinrich Mann, hier nach Julia Mann, S. 311.

47 *Das Bild der Mutter* (1930), GW XI, 421.

48 Viktor Mann, S. 16.

49 So im Brief an Agnes E. Meyer vom 29. 6. 1939.

50 An Agnes E. Meyer 29. 6. 1939.

51 *Königliche Hoheit*, GW II, 59 (*Der Schuster Hinnerke*).

52 An Agnes E. Meyer 29. 6. 1939.

53 An Otto Grautoff Anfang März 1896.

54 Das Testament findet sich bei Mendelssohn I, 198.

55 *Der kleine Herr Friedemann*, vgl. Mendelssohn I, 357.

56 *Buddenbrooks* X, 5; GW I, 644 ff.

57 *Königliche Hoheit*, GW II, 60 (*Der Schuster Hinnerke*).

58 *Doktor Faustus*, GW VI, 261, 380, 431, 460 u. ö.

59 In einer später ausgeschiedenen Passage, Tagebücher 1953—1955, S. 806.

60 *Hundert Jahre Reclam* (1928), GW X, 239.

61 *Buddenbrooks* VIII, 5; GW I, 485.

62 *Tonio Kröger*, 4. Kapitel, GW VIII, 296.

63 Mendelssohn I, 198 f., wie das folgende Zitat.

64 An Ernst Bertram 29. 12. 1917.

65 *Lübeck als geistige Lebensform* (1926), E III, 27; GW XI, 387.

66 *Ansprache in Lübeck* (1955), GW XI, 535.

67 Tagebuch 3. 3. 1955.

68 Alle Zitate im folgenden, so weit nicht anders vermerkt, aus *Süßer Schlaf!* (1909), E I, 105–111; GW XI, 333–339.

69 *Der Kleiderschrank* (1899), GW VIII, 157.

70 *Bekenntnisse des Hochstaplers Felix Krull* I, 2; GW VII, 270.

71 *Buddenbrooks* XI, 2; GW I, 723.

72 *Buddenbrooks* XI, 2; GW I, 713.

73 *Buddenbrooks* VII, 8; GW I, 437.

74 An den ehemaligen Mitschüler Felix Neumann, 21. 8. 1946 (Stadtbibliothek Lübeck).

75 An Otto Grautoff 2. 9. 1900.

76 Korfiz Holm, *Ich – klein geschrieben. Heitere Erlebnisse eines Verlegers*, München-Wien 1966, S. 32.

77 Ein Facsimile des Zeugnisses im Katalog des Buddenbrookhauses: *Heinrich und Thomas Mann. Ihr Leben in Text und Bild*, Lübeck 1994, S. 71, und bei Wysling, Leben, S. 63.

78 *Buddenbrooks* X, 2; GW I, 622.

79 *Bekenntnisse des Hochstaplers Felix Krull* II, 2; GW VII, 328.

605

80 *Lebensabriß*, E III, 178; GW XI, 99.

81 Der Held der Erzählung *Enttäuschung* (entstanden 1896), GW VIII, 66.

82 *Bekenntnisse des Hochstaplers Felix Krull* I, 6; GW VII, 296.

83 *Bekenntnisse des Hochstaplers Felix Krull* I, 9; GW VII, 318.

84 Im Spiegel (1907), E I, 98; GW XI, 330.

85 Der Frühlingssturm (1893), GW XIII, 245 (Das Sonntagskind).

86 An Otto Grautoff 27. 9. 1894.

87 *Bekenntnisse des Hochstaplers Felix Krull* I, 9; GW VII, 319 f.

88 *Bekenntnisse des Hochstaplers Felix Krull* I, 6; GW VII, 295.

89 *Buddenbrooks* XI, 2; GW I, 741.

90 *'Was war uns die Schule?'* (1930), GW XIII, 57.

91 Was *Nürnberger Prominente in ihrer Jugend werden wollten* (Erzählungsteil *Stimmen aus dem Reich*). In: Bayerische Volkszeitung 9. 4. 1932, S. 4.

92 *Chamisso* (1911), GW IX, 56.

93 *Der Bajazzo* (1897), GW VIII, 111.

94 *Lebensabriß*, E III, 180; GW XI, 101.

95 Dieses und das folgende Zitat *Der Zauberberg*, GW III, 115 f. (*Herr Albin*).

96 *Doktor Faustus*, 30. Kapitel, GW VI, 399.

97 Tagebuch 2. 5. 1933.

98 *Doktor Faustus*, 47. Kapitel, GW VI, 662.

99 *Zuspruch* (1918), E II, 15.

100 *Gegen das Abiturientenexamen* (1917), E I, 294; GW X, 846.

101 *Buddenbrooks* X, 2; GW I, 620.

102 *Pariser Rechenschaft* (1926), GW XI, 16.

103 An Frieda Hartenstein 2. 1. 1890.

104 *Lebensabriß*, E III, 187; GW XI, 108 f.

105 *Tonio Kröger*, 1. Kapitel, GW VIII, 277.

106 Heinrich Heine, *der „Gute"* (1893), E I, 13; GW XI, 711.

107 Vgl. EI, 309.

108 Vgl. *Das Bild der Mutter* (1930), GW XI, 422 f.

109 Heinrich Mann an Ludwig Ewers am 19. 11. 1890.

110 An Otto Grautoff 17. 5. 1895.

111 Ein Exzerpt aus Bourgets Roman *Le Disciple* im ersten Notizbuch, N I, 17.

112 *Versuch über das Theater* (1907), E I, 67; GW X, 37.

113 Facsimile bei Wysling, *Leben*, S. 67; unter dem Titel *Das Sonntagskind* (1893), GW XIII, 245.

114 Nietzsche, *Der Fall Wagner*, Nr. 1–3.   606

115 *Im Spiegel* (1907), E I, 98; GW XI, 330.

116 Nietzsche im 1. Abschnitt von *Was ist vornehm? Aus Jenseits von Gut und Böse* (Nr. 257).

117 *Der Wille zum Glück* (1896), GW VIII, 44.

118 Die Informationen über die Mitschüler nach Mendelsohn I, 169–174, 144–150; ferner *Zur jüdischen Frage*, E II, 86–88; GW XIII, 467–469.

119 *Lebensabriß*, E III, 178; GW XI, 99.

120 Wie aus Heinrich Manns Brief an Ludwig Ewers vom 25. 11. 1889 hervorgeht.

121 Vgl. Erich Mühsam, *Tagebücher* 1910—1924, München 1994.

第二章 早期恋情与早期写作

1 *Meine erste Liebe* (1931), E III, 295.

2 19. 3. 1955, Briefe III, übernommen ins Tagebuch des gleichen Tages.

3 *Der Künstler und der Literat* (1913), GW X, 66.

4 Beide Stellen *Betrachtungen eines Unpolitischen*, GW XII, 544, 546 (*Ästhetizistische Politik*).

5 *Tonio Kröger*, 1. Kapitel, GW VIII, 272.

6 Mendelssohn I, 179.

7 Alle im folgenden nicht näher bezeichneten Informationen über Armin und Ilse Martens stammen aus dem Katalog *Thomas Mann. Unbekannte Dokumente aus seiner Jugend.* Sammlung Prof. Dr. P. R. Franke. Ausstellung. Landesbank Saar Girozentrale Saarbrücken vom 2. bis 20. September 1991, Saarbrücken 1991.

8 *Königliche Hoheit,* GW II, 148 (*Albrecht II.*).

9 Im Gespräch mit Lisaweta Iwanowna, *Tonio Kröger*, 4. Kapitel, GW VIII, 295.

10 N I, 157.

11 *Der Zauberberg*, GW III, 463, 478, 483 (*Walpurgisnacht und Veränderungen*).

12 Alle Zitate aus *Der Zauberberg*, GW III, 169–174 (*Hippe*).

13 Überliefert durch Golo Mann, *Vater*, S. 6.

14 *Der Zauberberg*, GW III, 172 (*Hippe*).

15 *Der Zauberberg,* GW III, 206 f. (*Aufsteigende Angst*).

16 *Der Zauberberg,* GW III, 176 (*Hippe*).

17 An Otto Grautoff 2. 9. 1900.

18 *Der Zauberberg,* GW III, 171 f. (*Hippe*), dort auch das folgende Zitat Otto.

19 *Bekenntnisse des Hochstaplers Felix Krull* II, 4; GW VII, 348 f.

20 An Kuno Fiedler am 11. 11. 1954, *Tagebücher 1953—1955*, S. 696.

21 Tagebuch 24. 11. 1950.

22 *Dostojewski – mit Maßen* (1945), E VI, 19; GW IX, 661.

23 *Lebensabriß* (1930), E III, 190; GW XI, 111.

24 Tagebuch 11. 7. 1950. Die „Galerie" begegnet auch in den Tagebuchnotizen vom 24. 1. 1934 und vom 6. 5. 1934, ferner in der vom 16. 7. 1950.

25 N I, 183.

26 *Tonio Kröger*, 2. Kapitel, GW VIII, 288.

27 Zuerst *Buddenbrooks* III, 3; GW I, 123, dann von Tony oft wiederholt, z. B. 127, 292, 451.

607   28 *Buddenbrooks* III, 12; GW I, 156.

29 *Buddenbrooks* III, 9; GW I, 146.

30 *Joseph und seine Brüder*, GW V, 1497 f. (*Der versunkene Schatz*).

31 *On Myself* (1940), GW XIII, 133.

32 14. 10. 1889 an Frieda Hartenstein, Briefe I.

33 Tagebuch 16. 7. 1950.

34 Heinrich Mann an Ludwig Ewers 27. 3. 1890.

35 *On Myself*, GW XIII, 132.

36 *Tonio Kröger*, 1. Kapitel, GW VIII, 274.

37 *Tonio Kröger*, 7. Kapitel, GW VIII, 321 f.

38 Am 25. 11. 1889.

39 *Lebensabriß*, E III, 178 f., GW XI, 99.

40 An Roland Biermann–Ratjen 12. 5. 1954, DüD I, 8.

41 *An Bruno Walter zum siebzigsten Geburtstag* (1946), GW X, 511.

42 *On Myself*, GW XIII, 131.

43 An Frieda Hartenstein 14. 10. 1889, Briefe I.

44 *Lebensabriß*, E III, 178; GW XI, 99.

45 *Zur jüdischen Frage* (1921), E II, 88; GW XIII, 469.

46 *Der Bajazzo* (1897), GW VIII, 114.

47 Alle Zitate *on Myself*, GW XIII, 132.

48 Tagebuch 7. 5. 1954.

49 Alles Vorstehende, soweit nicht anders nachgewiesen, aus Briefen an Otto Grautoff vom 8. 1., 5. 3., 28. 3. Und 7. 5. 1895.

50 *Lebensabriß*, E III, 179; GW XI, 100.

51 GW VIII, 1104.

52 GW VIII, 1103.

53 Alle folgenden Zitate GW VIII, 9–10.

54 *Tonio Kröger*, 4. Kapitel, GW VIII, 300 f. und 305.

55 *On Myself*, GW XIII, 133; auch in Briefen an Otto Grautoff Anfang September 1894 und 27. 9. 1894.

56 *On Myself*, GW XIII, 133.

57 *Der kleine Herr Friedemann* (1897), GW VIII, 105 u. ö.

58 *Gefallen* (1894), GW VIII, 16, 40.

59 *On Myself*, GW XIII, 132.

60 *Lebensabriß*, E III, 179; GW XI, 100.

61 Die Tanzstundenerlebnisse nach Mendelssohn I, 178–180.

62 2. Kapitel, GW VIII, 282.

63 *Der Zauberberg*, GW III, 110 (*Natürlich, ein Frauenzimmer!*), 131 (*Satana macht ehrenrührige Vorschläge*), 181 (*Analyse*).

64 *Tonio Kröger*, 2. Kapitel, GW VIII, 284.

65 Wysling, *Leben*, S. 149 (mit Foto).

66 *Doktor Faustus*, 16. Kapitel, GW VI, 190.

67 Heinrich Mann an Ludwig Ewers am 21. 11. 1890.

68 *Der Zauberberg*, GW III, 932 (*Fragwürdigstes*).

69 *Bekenntnisse des Hochstaplers Felix Krull* II, 6; GW VII, 379; die folgenden Zitate 379–383.

70 Alle Zitate *Bekenntnisse des Hochstaplers Felix Krull* I, 8; GW VII, 313.

71 Nach Mendelssohn I, 157.

72 An Frieda Hartenstein am 14. 10. 1889, *Briefe I*.   608

73 *Die Entstehung des Doktor Faustus* (1949), GW XI, 264.

第三章 成名之前

1 Erinnert im Tagebuch vom 25. 5. 1934.

2 GW VIII, 108, dort auch die folgenden *Bajazzo*-Zitate.

3 *Süßer Schlaf!* (1909), E I, 106; GW XI, 334.

4 *Doktor Faustus*, 23. Kapitel, GW VI, 260 f.

5 *On Myself* (1940), GW XIII, 131.

6 *Bekenntnisse des Hochstaplers Felix Krull* II, 5 und 6; GW VII, 372 und 380.

7 Wie das folgende Zitat *Betrachtungen eines Unpolitischen*, GW XII, 141 (*Bürgerlichkeit*).

8 *Lebensabriß* (1930), E III, 182; GW XI, 103.

9 *Bilse und ich* (1906), E I, 41; GW X, 15.

10 Im ersten erhaltenen Brief an Otto Grautoff vom September 1894.

11 *Lebensabriß*, E III, 183; GW XI, 104.

12 An Otto Grautoff 12. 4. 1895.

13 *Erinnerungen aus der deutschen Inflation* (1942), GW XIII, 181.

14 *Geist und Geld* (1921), E II, 43; GW XI, 746.

15 Heinrich Mann, *Zeitalter*, S. 151.

16 *Betrachtungen eines Unpolitischen*, GW XII, 460 f. (*Einiges über Menschlichkeit*).

17 *On Myself*, GW XIII, 140.

18 *Tonio Kröger*, 4. Kapitel, GW VIII, 297.

19 Hier nach der Handschrift im 3. Notizbuch, N I, 155 f.

20 *Betrachtungen eines Unpolitischen*, GW XII, 564 (*Ästhetizistische Politik*).

21 Vgl. *Kommentar zu Schopenhauer* (1938), E IV, 426 f.

22 *Schopenhauer*, E IV, 285; GW IX, 561.

23 *Lebensabriß*, E III, 190; GW XI, 111.

24 *Schopenhauer*, E IV, 284; GW IX, 560.

25 An Willy Sternfeld 25. 11. 1949, Kopie TMA.

26 *Der Tod in Venedig*, 2. Kapitel, GW VIII, 454.

27 *Bekenntnisse des Hochstaplers Felix Krull* I, 8; GW VII, 315.

28 *Tonio Kröger*, 3. Kapitel GW VIII, 290.

29 An Otto Grautoff 13./14. 11. 1894, 20. 1. 1895, 5. 3. 1896.

30 An Otto Grautoff 5. 3. 1895.

31 *Siehst du, Kind, ich liebe dich* (1895), GW VIII, 1105.

32 An Otto Grautoff 18. 6. 1895.

33 An Otto Grautoff 16. 5. 1895.

34 *Gesang vom Kindchen*, GW VIII, 1088 (*Vom Morgenlande*).

35 *Gastspiel in München* (1927), E III, 49 f., 381 f.

36 In der Erzählung *Der Kleiderschrank* (1899), GW VIII, 159.

37 An Ida Herz am 19. 12. 1954 (Regesten 54/409).

38 *Gefallen* (1894), GW VIII, 14; die folgenden Zitate auf den Seiten 15, 19, 21 und 26.

39 *Gefallen*, GW VIII, 22, 23, 31; die nächsten 28, 29, 30.　　　　　609

40 *Tristan* (1903), GW VIII, 230.

41 *Enttäuschung* (1896), GW VIII, 66.

42 An Otto Grautoff 13./14. 11. 1894.

43 GW VIII, 42.

44 An Otto Grautoff 8. 11. 1896.

45 An Otto Grautoff 17. 2. 1896, dort auch das folgende Zitat.

46 *Morgenröte*, 2. Buch, Nr. 109.

47 *Was bedeuten asketische Ideale*, Nr. 8.

48 An Otto Grautoff 8. 11. 1896.

49 Goethe an Marianne von Willemer am 6. 10. 1816.

50 *Doktor Faustus*, 31. Kapitel, GW VI, 416.

51 Zeilen aus Platens Gedicht *Wie stürzte sonst mich in so viel Gefahr*, das auch in den *Betrachtungen* zitiert wird (GW XII, 191).

52 An Otto Grautoff 22. 12. 1898.

53 *Tonio Kröger*, 2. Kapitel, GW VIII, 284.

54 Heinrich von Kleist an Otto August Rühle von Lilienstern am 31. 8. 1806.

55 Heinrich von Kleist, *Über das Marionettentheater*.

56 An Otto Grautoff 17. 5. 1895.

57 Einlage in *Gefallen*, GW VIII, 33, 41.

58 An Otto Grautoff 28. 6. 1895.

59 An Otto Grautoff 23. 4. 1897.

60 An Otto Grautoff 6. 4. 1897.

61 An Otto Grautoff 20. 8. 1897.

62 An Otto Grautoff 6. 4. 1897.

63 An Otto Grautoff 21. 7. 1897, dort auch das folgende Zitat.

64 An Felix Neumann am 21. 8. 1946 (Stadtbibliothek Lübeck).

65 An Otto Grautoff 8. 1., 5. 3., 28. 3. Und 17. 5. 1895.

66 An Otto Grautoff 28. 3. 1895.

67 Tagebuch 2. 4. 1953.

68 Am 4. 4. 1933; Klaus Mann, *Tagebücher 1931—1949*, 6 Bände, Reinbek 1995.

69 *On Myself*, GW XIII, 135 f.; *Joseph und seine Brüder*, GW V, 1085 f. (*In Schlangennot*).

70 *Der kleine Herr Friedemann*, 14. Kapitel, GW VIII, 100.

71 So im Fragebogen *Erkenne Dich selbst!* (1895), E I, 16.

72 *Der Zauberberg*, GW III, 180 (Analyse).

73 GW VIII, 98, die folgenden Zitate 99, 102 und 105.

74 Arthur Schopenhauer, *Die Welt als Wille und Vorstellung*, § 38.

75 An Kurt Martens am 28. 3. 1906.

76 Kuno Fiedler an Thomas Mann am 28. 11. 1954, in: *Tagebücher 1953—1955*, S. 697.

77 C. G. Jung, zitert im Tagebuch 16. 3. 1935.

78 *Lotte in Weimar*, 9. Kapitel, GW II, 763.

79 Die folgende Beschreibung nach *Tristan*, 4. Kapitel, GW VIII, 223 f.

80 Arthur Holitscher, *Lebensgeschichte eines Rebellen*, Berlin 1924, S. 219; dort S. 217–221 auch alle folgenden Holitscher-Zitate.

81 Arthur Eloesser, *Thomas Mann. Sein Leben und sein Werk*, Berlin 1925, S. 121 f.

610 82 An Katia Pringsheim Ende Mai 1904, Briefe I.

83 *Königliche Hoheit*, GW II, 204 (Imma).

84 Arthur Schopenhauer, *Die Welt als Wille und Vorstellung*, 1. Band 4. Buch, § 55; 2. Band, 4. Buch, Kapitel 47.

85 *Bilse und ich* (1906), E I, 43 (die Passage fehlt in den meisten späteren Drucken, auch in GW).

86 An Kurt Martens 28. 3. 1906.

87 *Tonio Kröger*, 2. Kapitel, GW VIII, 284.

88 Mendelssohn I, 721.

89 An Heinrich 27. 4. 1912, wie auch die folgende Schilderung.

90 Am 29. 6. 1900, *Briefe III*.

91 Viktor Mann, S. 92.

92 *Betrachtungen eines Unpolitischen*, GW XII, 247 (*Politik*).

93 *Betrachtungen eines Unpolitischen*, GW XII, 261 (*Politik*).

94 Alle Zitate *Meine Zeit* (1950), E VI, 164 f., GW XI, 306 f.

95 *Bekenntnisse des Hochstaplers Felix Krull* III, 9; GW VII, 610.

96 *Bekenntnisse des Hochstaplers Felix Krull* II, 8; GW VII, 417.

97 *Buddenbrooks* IV, 3 und 4.

98 *Buddenbrooks* III, 8; GW I, 138.

99 *Meine Zeit* (1950), E VI, 166; GW XI, 307 f.

100 An Otto Grautoff 28. 3. 1895.

101 Alle Zitate bisher ARE I, 11–14; GW XIII, 367–371.

102 *Tiroler Sagen* (1896), ARE I, 18; GW XIII, 371–375.

103 *Ein nationaler Dichter* (1896), E I, 18; GW XIII, 376.

104 *„Dagmar, Lesseps und andere Gedichte"* (1896), ARE I, 24; GW XIII, 379.

105 *Kritik und Schaffen* (1896), E I, 23; GW XIII, 521.

106 *Carl von Weber; Ehre ist Zwang genug* (1896), ARE I, 29–31; GW XIII, 381–383.

107 An Otto Grautoff 23. 4. 1897.

108 An Otto Grautoff 23. 5. 1896.

109 An Otto Grautoff 19. 3. 1896.

110 Friedrich Schiller, *Wilhelm Tell*, 2. Akt, 1. Szene.

111 An Otto Grautoff 19. 3. 1896, wie das folgende Zitat.

112 *Lebensabriß* (1930), E III, 183; GW XI, 104.

113 An Otto Grautoff 8. 11. 1896.

114 An Otto Grautoff 20. 8. 1897.

115 *Tonio Kröger*, 5. Kapitel, GW VIII, 305.

116 *Fragment über das Religiöse* (1930), E III, 296; GW XI, 423.

117 Zu seiner Tochter Monika, in: Monika Mann, *Vergangenes und Gegenwärtiges*, S. 162.

118 *Lebensabriß*, E III, 182; GW XI, 103, ferner Tagebuch 1. 5. 1953.

119 Alle Zitate, auch die folgenden, II, 2; GW VII, 324–327.

120 *Ein nationaler Dichter* (1896), E I, 20; GW XIII, 378.

121 Tagebuch 25. 2. 1954.

122 Thomas Mann an Reinhold Schneider am 18. 12. 1953, in: *Reinhold Schneider. Leben und Werk in Dokumenten*, Karlsruhe 1973, S. 187 f.

123 So Gustav René Hocke in einem Pressebericht 1953, TMUZ Nr. 152.

124 So Günther Schwarberg, *Es war einmal ein Zauberberg. Eine Reportage aus der Welt des deutschen Zauberers Thomas Mann*, Hamburg 1996, S. 327.

125 Inge Jens im Kommentar zur Tagebuchnotiz vom 1. 5. 1953.　　　　611

126 Überlierfert im Brief an Otto Grautoff Anfang März 1896.

127 XI, 2; GW I, 743; Vorstufe N I, 180.

128 An Otto Grautoff 12. 4. 1895.

129 *Buddenbrooks* X, 8; GW I, 683 f.

130 *Ansprache vor Hamburger Studenten* (1953), GW X, 400.

130a *Der Zauberberg*, Abschnitt *Humaniora*, GW III, 369.

131 Vgl. Tagebuch 26. 2. 1920 (Taufe Michael Mann), 13. 3. 1921 (Konfirmation Klaus und Erika).

132 Vgl. „Beißers " (= Michael Mann) Gebet in *Unordnung und frühes Leid* (1924), GW VIII, 651.

133 Mendelssohn I, 198.

134 *Widmungen* Nr. 2.

135 „*Ostmarkklänge* " (1895), ARE I, 13; GW XIII, 369.

136 *Buddenbrooks* V, 5; GW I, 281.

137 Erika Mann, S. 365.

138 *Buddenbrooks* V, 5; GW I, 278 f.

139 Vgl. Konrad Ameln, *Über die „Rabenaas" -Strophe und ähnliche Gebilde*, in: *Jahrbuch für Liturgik und Hymnologie* 13, 1968, S. 190–194.

140 *Der Zauberberg*, GW III, 25 (*Im Restaurant*).

141 *Buddenbrooks* VIII, 8; GW I, 543.

142 *Buddenbrooks* IX, 2; GW I, 569.

143 *Buddenbrooks* VII, 7; GW I, 436.

144 *Buddenbrooks* X, 5; GW I, 660.

145 *Erkenne dich selbst!* E I, 16.

146 *Erkenne dich selbst!* E I, 16.

147 Spuren in *Ein nationaler Dichter*, E I, 18 (GW XIII, 376) und im Brief an Otto Grautoff vom 28. 6. 1895.

148 An Paul Ehrenberg 26. 5. 1901; James Northcote-Bade, *Thomas Manns Brief an Paul Ehrenberg vom 26. Mai 1901*, in: *Zeitschrift für deutsche Philologie* 108, 1989, S. 568–575, hier S. 572.

149 *Buddenbrooks* VIII, 3; GW I, 464; dort und 462 f. alle folgenden *Buddenbrooks*-Zitate.

150 An Otto Grautoff 6. 4. 1897.

151 *Des Knaben Wunderhorn. Alte deutsche Lieder.* Gesammelt von Achim von Arnim

und Clemens Brentano. Kritische Ausgabe, hrsg. U. kommentiert von Heinz Rölleke. Band III, Stuttgart 1987, S. 276 f.

152 Walter Benjamin, *Illuminationen*, Frankfurt 1969, S. 308.

153 *Fragment über das Religiöse*, E III, 296;GW XI, 423.

154 *Buddenbrooks* IX, 1; GW I, 568.

155 Bei Angelus Silesius, *Heilige Seelen-Lust oder Geistliche Hirten-Lieder Der in ihren JESUM verlibten Psyche ...*, Breslau 1657, heißt das Lied (2. Buch, Nr. 53) *Die Seele Christi heilge mich*. Im zweihundert Jahre lang in zahlreichen Auflagen verbreiteten Porstschen Gesangbuch konnte auchThomas Mann es leicht finden: *Geistliche und liebliche Lieder, welche der Geist des Glaubens ... gedichtet* .... Von Johann Porst, Ausgabe Berlin 1892, Nr. 75, zu singen auf die Melodie von *Nun laßt uns den Leib begraben*.

156 An Otto Grautoff Anfang Mai 1895.   612

157 *Buddenbrooks* X, 8; GW I, 684 f.; N I, 115.

158 *Lübeckisches evangelisch-lutherisches Gesangbuch für den öffentlichen Gottesdienst und die häusliche Andacht, auf Verordnung Eines Hohen Senates ausgefertigt durch das Ministerium*, Lübeck 1877, Nr. 287.

159 *Buddenbrooks* V, 2; GW I, 259 f., dort auch die folgenden Zitate.

第四章　托马斯和亨利希

1 Heinrich Mann an Karl Lemke 27. 10. 1948.

2 Viktor Mann, S. 13.

3 *Buddenbrooks* I, 2; GW I, 17.

4 *Buddenbrooks* IX, 2; GW I, 580.

5 *Buddenbrooks* V, 2; GW I, 264 f.

6 Heinrich Mann an Ludwig Ewers 20. 3. 1890. Weitere nicht erhaltene Briefe lassen sich erschließen für den 28. 4. 1890 und den 12. 3. 1891.

7 Heinrich Mann, *Zeitalter*, S. 158.

8 An Heinrich Mann am 18. 2. 1905.

9 Das folgende nach Viktor Mann, S. 36–44.

10 Erika Mann, S. 24.

11 Heinrich Mann, *Zeitalter*, S. 127 f.

12 Heinrich Mann, *Zeitalter*, S. 152.

13 Thomas an Heinrich 5. 12. 1903.

14 *Betrachtungen eines Unpolitischen*, GW XII, 538 (*Ästhetizistische Politik*).

15 Alle Zitate *Fiorenza*, GW VIII, 1058 f.

16 *Fiorenza*, GW VIII, 1063.

17 An Kurt Martens 28. 3. 1906.

18 Heinrich Mann an Ludwig Ewers am 10. 5. 1890.

19 Heinrich Mann an Ludwig Ewers am 10. 9. 1890.

20 Thomas an Heinrich 28. 2. 1901.

21 Thomas an Heinrich am 13. 2; 28. 2. Und 7. 3. 1901.

22 *Königliche Hoheit*, GW II, 347 (*Die Erfüllung*).

23 Thomas an Heinrich 27. 2. 1904.

24 Thomas an Heinrich 17. 10. 1905.

25 TMUZ Nr. 29.

26 Heinrich Mann an Maximilian Harden 31. 3. 1906, TMUZ Nr. 22; Schaukals Kritik TMUZ Nr. 21.

27 N II, 82 f.

28 An Richard von Schaukal 26. 1. 1903, dort auch die folgenden Zitate (ungedruckt, TMA).

29 An Schaukal 18. 9. 1903 (ungedruckt, TMA).

30 Thomas an Heinrich 15. 9. 1903.

31 7. Notizbuch (1903), N II, 82 f.

32 Alle Zitate *Das Ewig-Weibliche* (1903), E I, 29 f.; GW XIII, 387 f.

33 *Der Antichrist*, Nr. 45.

34 *Götzen-Dämmerung, Die „Verbesserer" der Menschheit* Nr. 4.

35 Großherzog Albrecht in *Königliche Hoheit*, GW II, 146 (*Albrecht II.*).

36 Im Briefentwurf vom 5. 1. 1918.

37 Heinrich Mann, *Zeitalter*, S. 145.

38 Julia Mann an Heinrich Mann 10. 3. 1904.

39 Julia Mann an Heinrich Mann 20. 11. 1904.

40 Julia Mann an Heinrich Mann 16. 2. 1905.

41 Vgl. Julia Mann an Heinrich Mann 5. 1. 1905.

42 *Schwere Stunde* (1905), GW VIII, 372, die folgenden Zitate 377 und 379.

43 N II, 115.

613

44 *Schwere Stunde,* GW VIII, 374.

45 *Königliche Hoheit,* GW II, 54 (*Der Schuster Hinnerke*).

46 Erika Mann, S. 382.

47 *Königliche Hoheit,* GW II, 158 (*Albrecht II.*)

第五章　通往婚姻之路

1 An Carl Ehrenberg 3. 4. 1903, *Briefe III.*

2 Hauptsellen N II, 48, 52, 53, 55, 56, 62.

3 Alle nicht anderweitig nachgewiesenen Zitate im folgenden *Ein Glück* (1904), GW VIII, 356–359.

4 *Tonio Kröger*, 4. Kapitel, GW VIII, 303.

5 *Tonio Kröger*, 4. Kapitel, GW VIII, 303 f.

6 N II, 72.

7 *Tonio Kröger*, GW VIII, 281, 287, 336.

8 *Tonio Kröger*, GW VIII, 336. Auch in *Die Hungernden* (1903) verwendet: GW VIII, 267.

9 N II, 46.

10 *Tonio Kröger*, 4. Kapitel, GW VIII, 295.

11 An Heinrich Mann 13. 2. 1901.

12 *Tonio Kröger*, 4. Kapitel, GW VIII, 295.

13 *Chamisso* (1911), GW IX, 56.

14 *Tonio Kröger*, 9. Kapitel, GW VIII, 338, nach 1 Kor 12, 1.

15 *Lebensabriß* (1930), E III, 186; GW XI, 107.

16 N I, 183.

17 Im Brief an Hilde Distel 28. 12. 1899, *Briefe I.*

18 *Briefe III,* 423.

19 N I, 185.

20 In *Briefe III,* wie alle im folgenden zitierten Briefe an Paul Ehrenberg.

21 *Die Hungernden,* GW VIII, 267.

22 Im 40. Kapitel des *Doktor Faustus,* GW VI, 571 ff.

23 N I, 198, auch N II, 53.

24 *Doktor Faustus,* zum Beispiel GW VI, 271, 392 (23. Und 29. Kapitel).

25 *Doktor Faustus*, 41. Kapitel, GW VI, 583.

26 N II, 44 und 46.

27 *Tonio Kröger*, 1. Kapitel, GW VIII, 277.

28 An Paul Ehrenberg 26. 5. 1901, in: James Northcote-Bade, *Thomas Manns Brief an Paul Ehrenberg vom 26. Mai 1901*, in: *Zeitschrift für deutsche Philologie* 108, 1989, S. 568–575, hier S. 575.

29 N II, 55.

30 An Paul Ehrenberg am 28. 1. 1902, Briefe III.

31 N II, 54.

32 Doktor Faustus, 38. Kapitel, GW VI, 552.

33 N II, 57.

34 N II, 58.

35 N II, 65.

36 *Doktor Faustus*, 29. Kapitel, GW VI, 391; Wiederaufnahme der „rassigen Töchter " 32. Kapitel, 445. Weitere Details aus N II, 64, 73.

37 Alle vorstehenden Zitate N II, 67, teilweise übernommen in *Doktor Faustus*, 29. Kapitel, GW VI, 390.

38 *Doktor Faustus*, 29. Kapitel, GW VI, 390 f.; N II, 52; vgl. Auch *Ein Glück*, GW VIII, 357.

39 N II, 66.

40 Alle vorstehenden Zitate N II, 66 f.

41 *Die Hungernden*, GW VIII, 268.

42 *Tonio Kröger*, 2. Kapitel, GW VIII, 286; N II, 69.

43 N II, 69.

44 N II, 60 f., auch in *Tonio Kröger* verwendet, 4. Kapitel, GW V III, 300 f.

45 N II, 85.

46 20./21. 8. 1902, *Briefe III.*

47 N I, 294.

48 *Briefe III*, 446.

49 Als Entwurf überliefert N II, 89.

50 Ungedruckt (TMA).

51 *Doktor Faustus*, 41. Kapitel, GW VI, 579.

52 Rückblick auf Paul im Tagebuch vom 17. 3. 1943.

53 N II, 90.

614

54 *Königliche Hoheit*, GW II, 87 (*Doktor Überbein*).

55 Tagebuch 13. 9. 1919.

56 Walter Opitz an Thomas Mann, *Tagebücher 1946—1948*, S. 534 f., Manns Antwort vom 28. 2. 1947 *Tagebücher 1946—1948*, S. 537 f.

57 Tagebuch 12. 9. 1949, der Brief an Opitz *Tagebücher 1949—1950*, S. 452 f.

58 N II, 64.

59 *Doktor Faustus*, 23. Kapitel, GW VI, 266.

60 N II, 67.

61 *Doktor Faustus*, 29. Kapitel, GW VI, 389.

62 N II, 70.

63 *Doktor Faustus*, 33. Kapitel, GW VI, 466.

64 Abgedruckt *Tagebücher 1946—1948*, S. 880, vgl. Tagebuch 31. 8. 1946, 21. 12. 1946.

65 *Joseph und seine Brüder*, GW V, 1137 (*Von Josephs Keuschheit*).

66 *An Bruno Walter zum siebzigsten Geburtstag* (1946), GW X, 507.

67 *Joseph und seine Brüder*, GW V, 1105 (*Das erste Jahr*).

68 *Der Zauberberg*, GW III, 457 (*Walpurgisnacht*).

69 *Der Zauberberg*, GW III, 470 (*Walpurgisnacht*).

70 N II, 62.

71 *Der Zauberberg*, GW III, 476 (*Walpurgisnacht*).

72 *Königliche Hoheit*, GW II, 103 (*Doktor Überbein*).

73 Die folgenden Zitate *Doktor Faustus*, 38./39. Kapitel, GW VI, 552 f.　　615

74 *Doktor Faustus*, 25. Kapitel, GW VI, 298.

75 An Otto Grautoff 6. 11. 1901.

76 N II, 112.

77 An Paul und Carl Ehrenberg 8. 2. 1903, *Briefe III*.

78 N II, 74.

79 Alle Zitate zu Axel Martini *Königliche Hoheit*, GW II, 178 f. (*Der hohe Beruf*).

80 *Doktor Faustus*, 19. Kapitel, GW VI, 207.

81 *Lebensabriß*, E III, 196; GW XI, 117 f.

82 N I, 201.

83 N I, 200–203.

84 DüD I, 177 f. (Auszug), der ganze Brief in: James Northcote-Bade, *Thomas Manns Brief an Paul Ehrenberg vom 26. Mai 1901*, in: *Zeitschrift für deutsche Philologie* 108, 1989, S. 568–575.

85 An Hilde Distel vom 14. März 1902, *Briefe I.*

86 N I, 210.

87 N I, 242.

88 N II, 77.

89 In einem Gespräch mit mir in Kilchberg im Sommer 1977.

90 Zahlen bei Mendelssohn I, 844.

91 *Ein Nachwort* (1905), GW XI, 549.

92 *Chamisso* (1911), GW IX, 57.

93 *Joseph und seine Brüder*, GW V, 1259 (*Das Antlitz des Vaters*).

94 *Die Ehe im Übergang* (1925), E II, 274. Unter dem Titel *Über die Ehe* GW X, 199.

95 *Die Ehe im Übergang*, E II, 276 (dort S. 405 die Quelle des Hegel-Zitats); *Über die Ehe*, GW X, 201.

96 *Betrachtungen eines Unpolitischen*, GW XII, 116 (*Bürgerlichkeit*).

97 *Katia Mann zum siebzigsten Geburtstag* (1953), E VI, 248 f.

98 Das geht aus einem Brief an Katia Ende Mai 1904 hervor, *Briefe I*, 44, auch N II, 118.

99 Alle folgenden Katia-Mann-Zitate *Meine ungeschriebenen Memoiren*, S. 17–23.

100 N II, 89.

101 N II, 97 und N I, 295.

102 *Gedang vom Kindchen*, GW VIII, 1088 (*Vom Morgenlande*).

103 *Der Zauberberg*, GW III, 463 (*Walpurgisnacht*).

104 *Der Zauberberg*, GW III, 206 (*Aufsteigende Angst*).

105 An Heinrich Mann 27. 2. 1904.

106 An Katia Ende August 1904, *Briefe I.*

107 An Katia Anfang April 1904, *Briefe I.*

108 Katia Mann, S. 26.

109 N II, 98.

110 *Little Grandma* (1942), GW XI, 469.

111 Klaus Mann, *Wendepunkt*, S. 15.

112 *Little Grandma*, GW XI, 469.

113 *Little Grandma*, GW XI, 470. Die Szene wird auch in Katia Manns Memoiren pberliefert, S. 29.

616

114 N II, 101.

115 Wie das folgende Zitat Katia Mann, S. 25 f.

116 *Liliencron* (1904), GW X, 405.

117 An Katia Mitte Mai und Anfang Juni 1904, *Briefe I.*

118 Teils nach Original (TMA), teils nach Mendelssohn I, 944 f.

119 An Katia Ende August 1904, *Briefe I.*

120 An Katia Ende August 1904, *Briefe I.*

121 An Katia Ende August 1904, *Briefe I.*

122 *Gesang vom Kindchen,* GW VIII, 1089 (*Vom Morgenlande*).

123 Katia Mann, S. 67.

124 Die folgenden Stellen aus *Königliche Hoheit* GW II, 281–285, 301–308, 327, 336 f.

125 Das wissen wir aus dem Briefexzerpt von Ende September 1904, Briefe I.

126 N II, 112.

127 *Schwere Stunde* (1905), GW VIII, 378 f.

128 *Königliche Hoheit,* GW II, 357 (Der Rosenstock).

129 Julia Mann an Heinrich Mann 16. 2. 1905.

130 N I, 302.

131 In *Wälsungenblut* (1905), GW VIII, 385.

132 An Heinrich Mann 27. 2. 1904.

133 *Königliche Hoheit,* GW II, 361 f. (*Der Rosenstock*).

134 Julia Mann an Heinrich Mann 4. 1. 1905.

135 Thomas Mann an Heinrich Mann 23. 12. 1904.

136 *Beim Propheten* (1904), GW VIII, 363, 368, 370, die folgenden Zitate aus dieser Erzählung 367 und 370.

137 Thomas Mann an Heinrich Mann 27. 2. 1904.

138 *Der Künstler und der Literat* (1912), E I, 161.

139 *Königliche Hoheit,* GW II, 243 (*Imma*), *Briefe I,* 43, die folgenden Stellen *Königliche Hoheit,* Kapitel *Imma,* 269 und 265, der Ausritt 238 ff. Und 272, vgl. Katia Mann, S. 24.

140 *Wälsungenblut,* GW VIII, 394, zuerst 386.

141 Thomas an Heinrich 17. 1. 1906, wie das folgende Zitat.

142 *Bilse und ich* (1906), E I, 41 f.; GW X, 16.

143 *Joseph und seine Brüder,* GW IV, 228 (*Jaakob kommt zu Laban*).

144 *Joseph und seine Brüder,* Abschnitte *Die Geburt* und *Benoni.*

145 *Joseph und seine Brüder,* GW IV, 313 (*Jaakobs Hochzeit*).

146 *Joseph und seine Brüder,* GW IV, 1778 (*Nach dem Gehorsam*).

147 *Doktor Faustus,* 39. Kapitel, GW VI, 555, dort 560 und im 41. Kapitel 579 und 576

die folgenden Zitate.

148 Eintrag in ein Poesiealbum für Brigitte Fischer, *Widmungen* Nr. 52.

第六章 充满抱负的计划

1 *Fiorenza* III, 7; GW V III, 1064.

2 *Bilse und ich* (1906), E I, 49; GW X, 21.

3 *Mitteilung an die literarhistorische Gesellschaft in Bonn* (1907), GW XI, 716 f., dort auch das folgende Zitat.

4 *Schwere Stunde* (1905), GW VIII, 376.

5 Erika Mann, S. 279.

6 Zitate aus einem Brief an Heinrich vom 17. 1. 1906.

7 An Kurt Martens am 28. 3. 1906.

8 *Schwere Stunde*, GW VIII, 376, das vorige Zitat 374.

9 So steht es in den *Betrachtungen eines Unpolitischen*, GW XII, 141 (*Bürgerlichkeit*).

10 *Der Tod in Venedig*, 2. Kapitel, GW VIII, 456.

11 Tagebuch 11. 8. 1919.

12 An Kurt Martens am 28. 3. 1906.

13 An Julius Bab am 15. 1. 1913, *Briefe I.*

14 *Betrachtungen eines Unpolitischen*, GW XII, 94 (*Einkehr*).

15 *Betrachtungen eines Unpolitischen*, GW XII, 94 (*Einkehr*).

16 *Mitteilung an die literarhistorische Gesellschaft in Bonn* (1907), GW XI, 715.

17 TMUZ Nr. 27, erschienen am 5. 1. 1913.

18 An Julius Bab am 21. 1. 1913.

19 *Fiorenza* III, 5; GW VIII, 1040.

20 *Fiorenza* III, 5; GW VIII, 1044.

21 An Heinrich Mann 5. 12. 1905, wie auch das folgende Zitat.

22 An Heinrich 17. 1. 1906, dort auch die folgenden Zitate.

23 Mendelssohn II, 1144.

24 Alle Zitate *Bilse und ich*, E I, 46 f.; GW X, 19 f.

25 *Bilse und ich*, E I 49; GW X, 21.

26 Tagebuch 10. 1. und 18. 3. 1919.

27 An Ernst Bertram 28. 1. 1910.

28 *Bilse und ich*, E I, 49; GW X, 22, der Zitatfundort E VI, 598.

29 N II, 112.

30 *Ein Nachwort* (1905), GW XI, 549.

31 *Bilse und ich*, E I, 44 f.

32 An Heinrich Mann am 15. 10. 1905.

33 Unveröffentlicht, TMA.

34 An Heinrich 20. 3. 1910.

35 *Der Künstler und der Literat* (1912), E I, 158; GW X, 62.

36 *Mitteilung an die Literarhistorische Gesellschaft in Bonn* (1906), GW XI, 716.

37 Tagebuch 29. 12. 1933.

38 An Otto Grautoff 16. 5. 1895.

39 *Braucht man zum Dichten Schlaf und Zigaretten?* (1927), GW XI, 765.

40 Notiz zu *Goethe und Tolstoi* (1921), E II, 316.

41 An Erika Mann 7. Juni 1954.

42 An Erika Mann 23. 12. 1926.

43 Golo Mann, *Vater*, S. 11.

44 *Braucht man zu Dichten Schlaf und Zigaretten*, GW XI, 765.

45 *Über den Alkohol* (1906), GW XI, 719.

46 *Braucht man zu Dichten Schlaf und Zigaretten*, GW XI, 766.

47 Thomas Mann an Paul Ehrenberg 18. 7. 1901, *Briefe III*.

48 *Über den Alkohol*, GW XI, 718 f.

49 *Zur Physiologie des dichterischen Schaffens* (1927), E III, 103; GW XI, 778.

50 *Tonio Kröger*, 3. Kapitel, GW VIII, 291.

51 *Versuch über das Theater* (1907), E I, 81 f.; GW X, 51 f.   618

52 *Bilse und ich*, E I, 50; GW X, 22.

53 An Heinrich Mann am 17. 1. 1906.

54 Einzelheiten nach dem Bericht des *Regensburger Anzeigers* vom 3. Mai 1906.

55 Alle folgenden Zitate aus *Das Eisenbahnunglück* (1909), GW VIII, 416–426.

56 Heinrich von Kleist, *Sämtliche Werke*, Brandenburger Ausgabe II, 3, S. 27.

57 *Gedanken im Krieg* (1914), E I, 193; GW XIII, 533.

58 Zitate *Königliche Hoheit*, GW II, 23 (*Die Hemmung*) und 43 (*Das Land*).

59 *Betrachtungen eines Unpolitischen*, GW XII, 485 (*Einiges über Menschlichkeit*).

60 An Samuel Fischer am 15. 7. 1906.

61 An Kurt Martens am 11. 1. 1910.

62 An Frank Wedekind am 7. 12. 1912.

63 *Über die Theaterzensur*, ARE I, 137.

64 Potempa, *Aufrufe* Nr. 2.

65 *Gutachten über Frank Wedekinds 'Lulu'* (1913), E I, 166 f.

66 *Gutachten* (1911), ARE I, 223 f.

67 *Wie Jappe und Do Escobar sich prügelten* (1911), GW VIII, 427, S. 428 die folgenden Zitate.

68 An Frank Donald Hirschbach 14. 6. 1952.

69 *Der Tod in Venedig*, 3. Kapitel, GW VIII, 470.

70 *Wie Jappe und Do Escobar sich prügelten*, GW VIII, 431, dort und auf den Seiten 433 und 443 auch die folgenden Zitate.

71 *Der Tod in Venedig*, 4. Kapitel, GW VIII, 495.

72 Er wurde identifiziert durch den Artikel *Ich war Thomas Manns Tadzio* in der Zeitschrift *twen*, Heft 8, 1965, S. 10.

73 *Der Tod in Venedig*, 2. Kapitel, GW VIII, 450.

74 Allte Zitate *Der Tod in Venedig*, 2. Kapitel, GW VIII, 453.

75 *Der Tod in Venedig*, 2. Kapitel, GW VIII, 452.

76 *Der Fall Wagner*, Nr. 7.

77 *Der Tod in Venedig*, 2. Kapitel, GW VIII, 454.

78 *Joseph und seine Brüder*, GW V, 1087 (*In Schlangennot*).

79 *Der Tod in Venedig*, 3. Kapitel, GW VIII, 469, die folgenden Zitate aus dem 4. Und 5. Kapitel, 494, 498, 502, 515, 517, 503 und 522.

80 An Kuno Fiedler, in: *Tagebücher 1953—1955*, S. 696.

81 Über die Familie Mann in Polling unterrichtet Max Biller, *Pollinger Heimatlexikon*, Polling 1992, Band 2, S. 1122-1133.

82 Viktor Mann, S. 140.

83 *Richtigstellung* (1951), GW XI, 800.

84 Thomas Mann an Ernst Bertram am 16. 3. 1923.

85 Überliefert von Golo Mann, *Erinnerungen*, S. 94 f.

86 *Doktor Faustus*, GW VI, 503-511.

87 Mit Ausnahme der in manchen Einzelheiten abweichenden Aufzeichnung Carla von Heinrich Mann, in: *Heinrich Mann 1871—1950. Werk und Leben in Dokumenten und Bildern*, Berlin/Weimar 1971, S. 461-464.

88 Julia Mann (Mutter) an Heinrich Mann am 19. 2. 1911.

89 Julia Mann an Heinrich Mann am 13. 2. 1911, dorch auch das folgende Zitat.

90 Julia Mann an Heinrich Mann am 20. 1. 1911.

91 Das folgende nach Heinrich Mann, *Zeitalter*, S. 143 f.

92 Sein Bericht in *Wir waren fünf*, S. 217–225.   619

93 Das folgende nach Golo Mann, *Erinnerungen*, S. 220 f.

94 *Lotte in Weimar*, 7. Kapitel, GW II, 654 (Goethe über seine Schwester Cornelia).

95 Überliefert von Golo Mann, *Erinnerungen*, S. 221.

96 An Heinrich am 4. 8. 1910.

97 *Lebensabriß* (1930), E I, 199 f.; GW XI, 121.

98 Tagebuch 13. 4. 1921.

99 So im *Lebensabriß*, E I, 190; GW XI, III.

100 An Heinrich Mann am 13. 2. Und 28. 2. 1901.

101 Heinrich Mann, *Zeitalter*, S. 152.

102 Klaus Mann an Eva Herrmann am 1. 12. 1932.

103 Klaus Mann an Erich Ebermayer am 24. 2. 1933.

第七章　犹太人

1 *Der Wille zum Glück* (1896), GW VIII, 49, das folgende Zitat S. 48.

2 Thomas an Heinrich 17. 1. 1906, dort auch das folgende Zitat.

3 An Heinrich 5. 12. 1905.

4 An Heinrich 17. 1. 1906, dort auch die vorstehenden Zitate.

5 *Die Hemmung*, GW II, 28, das folgende Zitat S.31 f.

6 *Die Lösung der Judenfrage* (1907), E I, 95; GW XIII, 460.

7 Hübinger, Kokument Nr. 33, S. 401.

8 In einem Brief an Ida Boy-Ed vom 11. 11. 1913.

9 *Die Lösung der Judenfrage*, E I, 94; GW XIII, 459.

10 Aus den Materialien zu *Königliche Hoheit* (TMA), zitiert nach Mendelsohn I, 944 f.

11 Näheres Mendelsohn I, S. 825–842.

12 Thomas an Heinrich am 20. 11. 1905.

13 An Kurt Martens am 7. 3. 1910.

14 Tagebuch 31. 7. 1940.

15 Adolf Bartels, *Die deutsche Dichtung der Gegenwart*, Leipzig 1907, S. 292.

16 Zitate aus Adolf Bartels, *Nochmals Thomas Mann*, in: *Deutsches Schrifttum*, Weimar Juli 1910, S. 111.

17 Nachweise und Näheres E I, 365.

18 *An die Redaktion der „Staatsbürger-Zeitung"*, Berlin (1912), E I, 154 f.

19 Die folgenden Stellen aus dem seitenlangen Thomas-Mann-Artikel in dem heute schwer erreichbaren Werk: *Sigilla veri (Ph. Stauff's Semi-Kürschner). Lexikon der Juden,-Genossen und-Gegner aller Zeiten und Zonen, insbesondere Deutschlands, der Lehren, Gebräuche, Kunstgriffe und Statistiken der Juden sowie ihrer Gaunersprache, Trugnamen, Geheimbünde usw.* Zweite, um ein Vielfaches vermehrte und verbesserte Auflage. Unter Mitwirkung gelehrter Männer und Frauen aller in Betracht kommenden Länder im Auftrage der „Weltliga gegen die Lüge " in Verbindung mit der „Alliance chrétienne arienne ". Herausgegeben von E. Ekkehard. U. Bodung Verlag, o. O. 1931, Band IV, S. 295-304. Die meisten zitierten Stellen sind auch in der ersten Auflage schon enthalten: *Semi-Kürschner oder Literarisches Lexikon der Schriftsteller, Dichter, Bankiers, Geldleute, Ärzte, Schauspieler, Künstler, Musiker, Offiziere, Rechtsanwälte, Revolutionäre, Frauenrechtlerinnen, Sozialdemodraten usw. jüdischer Rasse und Versippung, die von 1813-1913 in Deutschland tätig oder bekannt waren, ...* herausgegeben von Philipp Stauff, Berlin 1913.

620   20 Adolf Bartels, *Geschichte der deutschen Literatur*, Berlin und Hamburg [18]1942, die Zitate S. 667-670.

21 *Über die Kritik* (1905), E I, 34; GW XIII, 246.

22 An Harry F. Young am 24. 7. 1948, *Tagebücher 1946—1948*, S. 931 f.

23 *Bilse und ich* (1906), E I, 48 f. (in späteren Fassungen verändert und ohne Namensnennung).

24 Nicht erhalten, vgl. Bürgin/Mayer, S. 49.

25 *Betrachtungen eines Unpolitischen*, GW XII, 87 (*Einkehr*), Nachweis bei Ariane Martin, *Der europäische Publizist. Thomas Manns unbekannter Kriegs-Essay über Maxilillian Harden: neue Quellen zu den 'Betrachtungen eines Unpolitischen'*, in: Heinrich-Mann-Jahrbuch 14, 1996, S. 185-209.

26 *Monsieur Harden, der europäische Publizist*, jetzt abgedruckt bei Ariane Martin.

27 Das Folgende in einigen Punkten nach Böhm, S. 302-306.

28 An Heinrich 6. 2. 1908.

29 Katia Mann, S. 28, dort auch das folgende Zitat.

30 An Heinrich 6. 2. 1908.

注　释

31 In einem *Protest der Prominenten gegen die geplante Beibehaltung und Verschärfung des §175* (1930), E I, 280.

32 Thomas Mann an Willy Sternfeld 6. 4. 1943, Kopie TMA.

33 *Kritik und Schaffen* (1896), E I, 21–24; GW XIII, 519–522.

34 N II, 49, vgl. Mendelssohn I, 738.

35 Katia Mann, S. 17.

36 *Über die Kritik*, E I, 34; GW XIII, 246.

37 Unveröffentlicht (TMA).

38 Frank Wedekind an Alfred Kerr am 13. 3. 1914? (Poststempel, kaum leserlich), Kopie TMA.

39 *Bilse und ich*, E I, 48. Die Passage fehlt in späteren Drucken der Bilse–Schrift.

40 *Der Tag*, Berlin 10. 10. 1909.

41 An Heinrich 10. 1. 1910; das Original des Zitats in Kerrs Aufsatz *Shaws Anfang und Ende*, in: *Die neue Rundschau*, 1910, Band I, S. 115–125, hier S. 123.

42 An Hugo von Hofmannsthal am 9. 1. 1913, *Briefwechsel mit Autoren*.

43 Abdruck TMUZ Nr. 27.

44 An Julius Bab 21. 1. 1913, *Briefe I*.

45 Thomas Mann an Ernst Bertram am 18. 1. 1913.

46 An Julius Bab 15. 1. 1913, *Briefe I*.

47 Alfred Kerr, *Tagebuch*, in: *Pan* 1. 4. 1913, S. 635–641.

48 An Arthur Schnitzler 22. 5. 1913, *Briefe I*.

49 Thomas Mann an Hans von Hülsen 20. 4. 1913 (TMA), DüD I, 385 f.

50 Alfred Kerr, *Caprichos. Strophen des Nebenstroms*, Berlin 1926, S. 199–201.

51 Hanns Johst, *Revue – Kerr – Kino*, in: *Münchener Neueste Nachrichten* 11. 4. 1926 (E III, 365).

52 *Eine Erwiderung* (1926), E III, 14 (nicht in GW).　　　　　　　　　621

53 *Pariser Rechenschaft* (1926), GW XI, 24.

54 Pester Lloyd 17. 5. 1926, abgedruckt TMS I, 335.

55 Alfred Kerr, *Caprichos*, 1926, S. 168–171.

56 *Politische Novelle*, GW X, 690.

57 TMUZ S. 63.

58 Tagebuch 11. 4. 1935, Vorstufe N II, 186 (1912).

59 Im folgenden zahlreiche Informationen aus Lessings Broschüre *Samuel zieht die Bilanz und Tomi melkt die Moralkuh oder Zweier Könige Sturz*, Hannover 1910 (künftig

abgekürzt Samuel/Tomi), hier S. 78. Eine Kopie dieser im Leihverkehr der deutschen Bibliotheken nicht erhältlichen Schrift verdanke ich Georg Potempa.

60 Samuel/Tomi, S. 80, dort und S. 3 auch das Folgende.

61 Samuel/Tomi, S. 37, dazu einschränkend Thomas Mann ebd. S. 45.

62 Sie finden sich allerdings in seinem Nachlaß nicht (Stadtarchiv Hannover).

63 Nachweise E I, 325.

64 *Doktor Faustus*, 32. Kapitel, vor allem GW VI, 439 f.

65 An Otto Falckenberg 3. 2. 1910, *Briefe III*.

66 Nachweise und Näheres E I, 348.

67 *Betrachtungen eines Unpolitischen*, GW XII, 195 (*„Gegen Recht und Wahrheit"*).

68 *Der Doktor Lessing* (1910), E I, 116; GW XI, 724, in der Nähe auch die übrigen Zitate.

69 Das Vorstehende Samuel/Tomi, S. 8, S. 13.

70 Das folgende und die vorstehenden Zitate Samuel/Tomi, S. 78-82.

71 *Gedanken im Kriege* (1914), E I, 192; GW XIII, 532.

72 *Der Tod in Venedig*, 5. Kapitel, GW VIII, 504.

73 Tagebuch 5. 11. 1918.

74 An Klaus Mann 1. 9. 1933.

75 Alle im 9. Notizbuch, N II, 185 f.

76 Samuel/Tomi, S. 18, zitiert E I, 113.

77 Zitate aus Alfred Kerr, *Walther Rathenau*, in: *Pan* 2, 1912, S. 1193-1200.

78 Die Zitate zum Elenden in *Der Tod in Venedig*, 2. Kapitel, GW VIII, 450 und 455.

79 An Otto Grautoff 8. 1. 1895.

80 Die folgenden Zitate aus der letzten Szene, *Fiorenza*, GW VIII, 1063 f.

81 *Der Tod in Venedig*, 5. Kapitel, GW VIII, 522.

82 *Betrachtungen eines Unpolitischen*, GW XII, 199 f. (*„Gegen Recht und Wahrheit"*).

83 *Gedanken im Kriege*, E I, 192; GW XIII, 532.

84 *Betrachtungen eines Unpolitischen*, GW XII, 195 (*„Gegen Recht und Wahrheit"*).

85 Vgl. die Polemik *Die Wiedergeburt der Anständigkeit* (1931), GW XII, besonders 670 und 677.

622　　　　　　　　　　第八章　战　争

1　TMUZ Nr. 30.

注　释

2 *Betrachtungen eines Unpolitischen*, GW XII, 153 („*Gegen Recht und Wahrheit"*), die folgenden Stellen dort 160 und 185.

3 *Der Tod in Venedig*, 6. Kapitel, GW XIII, 504.

4 An S. Fischer, nicht im Briefwechselband, Auszug DüD I, 454.

5 *Gedanken im Krieg* (1914), E I, 192, GW XIII, 532.

6 *Der Tod in Venedig*, 2. Kapitel, GW VIII, 455.

7 *Der Tod in Venedig*, 5. Kapitel, GW VIII, 522.

8 *Betrachtungen eines Unpolitischen*, GW XII, 201 („*Gegen Recht und Wahrheit"*).

9 *Brief an die Zeitung 'Svenska Dagbladet', Stockholm* (1915), E I, 274, GW XIII, 551.

10 *Gute Feldpost* (1914), E I, 207 f., wie das folgende Zitat.

11 Zitate *Der Tod in Venedig*, 4. Kapitel, GW VIII, 491 f.

12 *Joseph und seine Brüder*, GW V, 1020 (*Die Öffnung der Augen*).

13 In Privatbesitz, auszugsweise in DüD I, 453 f. Ähnliches auch in einem Brief an Kurt Martens vom 23. 8. 1914.

14 Überliefert von Golo Mann, *Erinnerungen*, S. 40.

15 An Hans von Hülsen 21. 10. 1914 (TMA), Regesten 14/69 (fehlerhaft).

16 An Philipp Witkop am 11. 11. 1914, *Briefe I*.

17 An Hans von Hülsen, 13. 11. 1914 (TMA), Regesten 14/74.

18 Richard Dehmel an Thomas Mann am 25. 11. 1914, *Briefwechsel mit Autoren*.

19 An Richard Dehmel 14. 12. 1914, *Briefwechsel mit Autoren*.

20 An Heinz Pringsheim 15. 12. 1914 (TMA), Regesten 14/80.

21 Dies und das folgende Zitat E I, 207 und 208; GW XIII, 526, 527.

22 Thomas Mann an Hans von Hülsen 21. 10. 1914 (TMA), Regesten 14/69, ferner *Gute Feldpost*, E I, 207 f.; GW XIII, 526, und *Die Bücher der Zeit*, 9. 11. 1914, ARE II, 33.

23 An Philipp Witkop 11. 11. 1914, *Briefe I*.

24 Erich Mühsam, *Tagebücher 1910–1924*, München 1994, Eintragung vom 8. 3. 1915.

25 Thomas Mann an Karl Hönn 12. 11. 1916 (TMA).

26 Alle Zitate *Lebensabriß* (1930), E III, 205 f.; GW XI, 127.

27 *Friedrich und die große Koalition* (1914), E I, 228; GW X, 95.

28 *Gedanken im Kriege*, E I, 202; GW XIII, 542.

29 *Friedrich und die große Koalition*, E I, 228; GW X, 95.

30 Nachweise E IV, 440, 445.

31 Alle Zitate und Bezüge *Friedrich und die große Koalition*, E I, 211 f., 220–225; GW X, 79, 87–92.

32 *Friedrich und die große Koalition*, E I, 266; GW X, 133.

33 Vgl. *Friedrich und die große Koalition*, E I, 265, 267; GW X, 132, 134, übernommen aus *Gedanken im Kriege*, E I, 194; GW XIII, 534; *Der Tod in Venedig*, 2. Kapitel, GW VIII, 455? ferner *Betrachtungen eines Unpolitischen*, GW XII, 28 (*Vorrede*) und *Goethe und Tolstoi* (1921/25), GW IX, 170 f.

34 *Friedrich und die große Koaliton*, E I, 268; GW X, 135.

623

35 *Betrachtungen eines Unpolitischen*, GW XII, 148 (*Bürgerlichkeit*).

36 *Friedrich und die große Koalition*, E I, 250; GW X, 117.

37 *Friedrich und die große Koalition*, E I, 256; GW X, 122 f.

38 *Gedanken im Kriege*, E I, 195; GW XIII, 535.

39 *Gedanken im Kriege*, E I, 193, ferner ebd. 192; GW X III, 531, 533 und Brief an Richard Dehmel 14. 12. 1914.

40 *Joseph und seine Brüder*, GW V, 1085 f. (*In Schlangennot*); wiederaufgenommen in *On Myself* (1940), GW XIII, 136. „Gefaßtes " (groß) anstelle von „gefaßtes " (klein) ist, wie der Vergleich mit der Handschrift und mit GW XIII ergibt, Druckfehler.

41 *Joseph und seine Brüder*, GW V, 1021 f. (*Die Öffnung der Augen*).

42 An Heinrich Mann, 7. 8. 1914.

43 *Gedanken im Kriege*, E I, 191; GW XIII, 530 f.

44 So Thomas Mann im Tagebuch vom 21. 6. 1952.

45 „*Gegen Recht und Wahrheit*", GW XII, 193 f., die meisten Zitate Heinrich Mann, *Zola*, in: Heinrich Mann, *Macht und Mensch*, S. 112 ff.

46 *Von der Tugend*, GW XII, 425.

47 *Vorrede*, GW XII, 11 f.

48 Die folgenden Zitate *Vorrede*, XII, 18 f.

49 *Vorrede*, GW XII, 25, dort auch die folgenden.

50 *Einkehr*, GW XII, 91.

51 Die folgenden Zitate *Ironie und Radikalismus*, GW XII, 568 f.

52 *Fiorenza* III, 5; GW VIII, 1040; *Einkehr*, GW XII, 94, wie die folgenden.

53 *Ästhetizistische Politik*, GW XII, 544.

54 „*Gegen Recht und Wahrheit*", GW XII, 190 f.

55 *Einiges über Menschlichkeit*, GW XII, 453.

56 „*Gegen Recht und Wahrheit*", GW XII, 203.

57 *Von der Tugend*, GW XII, 405 f.

58 *Zola*, in; Heinrich Mann, *Macht und Mensch*, S. 112; dort S. 112ff., auch die übrigen

注 释

Zola-Zitate, fast alle verwendet in „*Gegen Recht und Wahrheit* ", GW XII, 193 f.

59 „*Gegen Recht und Wahrheit* ", GW XII, 217.

60 „*Gegen Recht und Wahrheit* ", GW XII, 219.

61 *Ironie und Radikalismus*, GW XII, 580 f.

62 1917, in: Heinrich Mann, *Macht und Mensch*, S. 141.

63 Friedrich Nietzsche, *Der Fall Wagner* Nr, 7.

64 *Einiges über Menschlichkeit*, GW XII, 434.

65 *Vorrede*, GW XII, 30.

66 *Politik*, GW XII, 261.

67 *Einiges über Menschlihkeit*, GW XII, 469.

68 *Politik*, GW XII, 326.

69 *Einiges über Menschlichkeit*, GW XII, 470.

70 *Einiges über Menschlichkeit*, GW XII, 459 f.

71 *Ironie und Radikalismus*, GW XII, 585.

72 *Einiges über Menschlichkeit*, GW XII, 469.

73 *Ironie und Radikalismus*, GW XII, 586, dort auch das folgende.

74 *Ästhetizistische Politik*, GW XII, 545.

75 *Politik*, GW XII, 226.

76 *Monolog* (1899), GW VIII, 1106.   624

77 *Vom Glauben*, GW XII, 491.

78 *Weltfrieden?* (1917), E I, 297; GW XIII, 561, teilweise auch *Einiges über Menschlichkeit*, GW XII, 478, 544.

79 Thomas Mann an Heinrich Mann am 3. 1. 1918.

80 *Vorrede*, GW XII, 12.

81 *Der Zauberberg*, GW III, 50 (*Bei Tienappels*), wie auch das folgende Zitat.

82 *Einiges über Menschlichkeit*, GW XII, 464, ähnlich schon *Gedanken im Kriege*, E I, 190; GW XIII, 530.

83 *Der Zauberberg*, GW III, 749 (*Strandspaziergang*).

84 *Politik* GW XII, 325.

85 *Einiges über Menschlichkeit*, GW XII, 458.

86 An Eberhard Hilscher 8. 2. 1953.

87 *Gesang vom Kindchen*, GW VIII, 1090 (*Die Taufe*).

88 *Gesang vom Kindchen*, GW VIII, 1080 (*Schwesterchen*).

89 *Buddenbrooks* IX, I; GW I, 559 f.

90 *Lebensabriß* (1930), E III, 182; GW XI, 103.

91 An Heinrich Mann 17. 12. 1900.

92 Die folgenden Zitate *Einiges über Menschlichkeit,* GW XII, 480 f.

93 Am 29. 3. 1917 an Lilli Diekmann, *Briefe I.*

94 An Gottfried Bermann Fischer am 27. 5. 1953.

95 An Reinhold Schneider am 18. 12. 1953, *Briefwechsel mit Autoren.*

96 Joseph von Eichendorff, *Geschichte der poetischen Literatur Deutschlands,* Paderborn 1857, 2. Teil, S. 208.

97 *Politik,* GW XII, 371.

98 In seinem Essay *Die Christenheit oder Europa.*

99 *Einiges über Menschlichkeit,* GW XII, 479.

100 *Vom Glauben,* GW XII, 535.

101 *Der Zauberberg,* GW III, 403 (*Totentanz*).

102 *Politik,* GW XII, 325.

103 *Politik,* GW XII, 259; „*Seine* Sozial-Religionsität " ist Druckfehler.

104 *Vom Glauben,* GW XII, 519.

105 Übernommen von Hans Pfitzner, vgl. *Von der Tugend,* GW XII, 423–427.

106 Alle Zitate *vom Glauben,* GW XII, 535. Im Druck der Grabrede (Heinrich Mann, *Zu Ehren Wedekinds,* in: *Berliner Tageblatt,* Abendausgabe, 22. 3. 1918) fehlen die von Thomas Mann zitierten Stellen.

107 Die folgenden Stellen *Vom Glauben,* GW XII, 534 und 536.

108 *Gedang vom Kindchen,* GW VIII, 1098 (Die Taufe).

109 *Vom Glauben,* GW XII, 504.

第九章　寻找方向的尝试

1　Tagebuch 21. 6. 1952.

2　Zum Beispiel 4. 10. 1918, 14. 11. 1918, 19. 2. 1920, 11. 3. 1921.

3　*Für eine Schicksalsgemeinschaft von Bürgertum und arbeitendem Volk* (Potempa, *Aufrufe* Nr. 11, Tagebuch 7. 5. 1919); *Zur Rettung von Georg Lukács,* November 1919 (Potempa, *Aufrufe* Nr. 14).

625　4　E II, 287, 297, 311.

5　Goethe zu Eckermann am 12. 5. 1825.

6 TMUZ Nr. 36.

7 So Serenus Zeitblom im *Doktor Faustus,* 33. Kapitel, GW VI, 453.

8 *Gesang vom Kindchen,* GW VIII, 1098 (*Die Taufe*).

9 *Goethe und Tolstoi* (Fassung 1921), E II, 80.

10 *Dementi* (1919), E II, 20 (nicht in GW).

11 Tagebucheintragungen hierzu gibt es z.B. vom 24. 1. 1919, vom 14. 3. 1921 („wobei ich eine unwürdige Textstelle beanstandete "), vom 19. 5. und vom 23. 9. 1921.

12 E II, 11 (nicht in GW).

13 E II, 14–17 (nicht GW).

14 Potempa, *Aufrufe* Nr. 11.

15 Potempa, *Aufrufe* Nr. 12.

16 *Doktor Faustus,* 33. Kapitel, GW VI, 453 f.

17 Personenidentifikation *Tagebücher 1918—1921,* Kommentar.

18 Potempa, *Aufrufe* Nr. 12, dazu Tagebuch 5. 6. 1919.

19 Tagebuch 3. 6. 1919, vg. auch E II, 51 f., 382 f.

20 Rückblickend erwähnt im Tagebuch vom 8. 5. 1919.

21 Heinrich Mann an Thomas Mann, Briefentwurf vom 5. 1. 1918.

22 *Politik,* GW XII, 298.

23 *Politik,* GW XII, 367.

24 *Von der Tugend,* GW XII, 384. Bei jenem „Wilhelm Liebknecht ", den Thomas Mann hier zitert, handelt es sich um den bekannten Arbeiterführer Karl Liebknecht.

25 *Einiges über Menschlichkeit,* GW XII, 441.

26 *Vom Glauben,* GW XII, 527–534, alle folgenden Zitate 528 f.

27 *Politik,* GW XII, 366.

28 Tagebuch 14. 3. 1920.

29 *Über Lenin* (1924), E II, 228 (nicht in GW), die *Zauberberg*-Textparallele *Vom Gottesstaat und von übler Erlösung,* GW III, 559.

30 *Zum Geleit* (1921), E II, 35; GW X, 596.

31 *Ironie und Radikalismus,* GW XII, 587.

32 *Doktor Faustus,* 33. Kapitel, GW VI, 452.

33 *Herr und Hund,* GW VIII, 583 (Das Revier).

34 *Geist und Geld* (1921), E II, 43; GW XI, 746.

35 *Zum Geleit,* E II, 42; GW X, 603.

36 *Das Problem der deutsch-französischen Beiziehung* (1922), E II, 111; GW XII, 619.

37 *Goethe und Tolstoi* (Fassung 1921), E II, 71.

38 *Gesang vom Kindchen*, GW VIII, 1089 (*Vom Morgenlande*).

39 *Meine Zeit* (1950), E VI, 160; GW XI, 322.

40 Nachweise E II, 294.

41 *Dementi*, E II, 20, datiert 18. 3. 1919. Nicht in GW.

42 *Zum Geleit*, E II, 37; GW X, 598, weitere Nachweise E II, 309.

43 5. 9. 1920 an Julius Bab.

44 Im Januar 1920, E II, 26.

45 Tagebuch 22./23. 12. 1919.

46 In *Goethe und Tolstoi* (Fassung von 1925), GW IX, 170; wiederaufgenommen in *Kultur und Sozialismus* (1927), E III, 63.

47 *Zur jüdischen Frage* (1921), E II, 93; GW XIII, 473.

48 *Goethe und Tolstoi*, GW IX, 169; übernommen in *Deutschland und die Demokratie* (1925), E II, 248 f.; GW XIII, 577.

49 Tagebuch 28. 10. 1921, rückblickend auf den 18. 10.

50 An Efraim Frisch 18. 10. 1921, DüD II, 39.

51 *Zur jüdischen Frage*, E II, 91; GW XIII, 472. Die folgenden Zitate E II, 85; GW XIII, 466.

52 *Einiges über Menschlichkeit*, GW XII, 470.

53 Fontane an Friedländer am 23. 7. 1890 (Theodor Fontane, *Briefe an Georg Friedländer*, Heidelberg 1954, S. 131).

54 *Thomas Mann und das Judentum*, in: *Selbstwehr. Jüdisches Volksblatt*, Prag 25. 1. 1935; Interviews S. 206.

55 Im Kapitel *Politik*, GW XII, 369, weitere, zum Teil krasse Äußerungen zu diesem Thema 366–374.

56 *Im Spiegel* (1907), E I, 100; GW XI, 332.

57 Golo Mann, *Erinnerungen*, S. 430.

58 *Einiges über Menschlichkeit*, GW XII, 484, die folgenden Zitate ebd. 483 f.

59 Klaus Mann, *Wendepunkt*, alle Zitate zu Affa S. 79–85. Die Prozeßakten scheinen verloren zu sein.

60 *Lotte in Weimar*, 7. Kapitel, GW II, 651.

61 *Einiges über Menschlichkeit*, GW XII, 434.

62 *Bekenntnisse des Hochstaplers Felix Krull* III, 3; GW VII, 491 f., dazu aus den Krull-Materialien die Ansichtskarte Bild und Text, S. 100.

626

63 *Unordnung und frühes Leid* (1925), GW VIII, 631, 644.

64 *Die Ehe im Übergang* (1925), E II, 268; GW X, 192.

65 Tagebuch 9. 5. 1945.

66 Alle Zitate aus der Erzählung *Die Hungernden* (1903), GW VIII, 268–270.

67 *Einiges über Menschlichkeit*, GW XII, 447.

68 Tagebuch 29. 12. 1948.

69 *Herr und Hund*, GW VIII, 541.

70 Näheres Thomas Mann an Paul Amann 1. 10. 1915.

71 *Herr und Hund*, GW VIII, 553, wie auch das folgende Zitat.

72 *Unordnung und frühes Leid*, GW VIII, 645.

73 *An Jack* (1922), E II, 125; GW XI, 587.

74 Tagebuch 16. 1. 1920. Die Verse stammen aus August von Platens Sonett Bewunderung, *die Muse des Gesanges*.

第十章　家庭，也不轻松

1　Golo Mann, *Erinnerungen*, S.37.

2　Erika Mann, S. 15.

3　*Widmungen* Nr. 72.

4　Klaus Mann, *Wendepunkt*, S. 31.

5　Monika Mann, *Papa*, in: *The Stature of Thomas Mann*, hrsg. v. Charles Neider, Ausgabe London 1951, S. 79.

6　Tagebuch 23. 11. 1934.　　　　　　　　　　　　　　　　　　　　627

7　Golo Mann, *Erinnerungen*, S. 19.

8　Christian Virchow, *Katia Mann und der Zauberberg*, TMS XVI, S. 179.

9　*Die Ehe im Übergang* (1925), alle folgenden Zitate E II, 279; GW X, 203 f.

10 Katia Mann an Erika Mann am 21. 1. 1936, Erika Mann, S. 96.

11 Golo Mann, *Vater*, S. 20.

12 Etliche Male durch den Herausgeber Peter de Mendelssohn durch Pünktchen ersetzt, andere Male aber unzensiert: „K Reigewohnt (leichtsinnig, hoffentlich straflos). " (11. 8. 1919)

13 *Der Erwählte*, GW VII, 255 (Die Audienz).

14 *Tonio Kröger*, 3. Kapitel, GW VIII, 288.

15 Tagebuch 22. 5. 1919, dort und Tagebuch 5. 7. 1935 auch die folgenden Stellen.

16 Tagebuch 20. 11. 1921.

17 *Bekenntnisse des Hochstaplers Felix Krull* III, 10; GW VII, 630.

18 *Joseph und seine Brüder,* GW V, 1552 (*Thamar erlernt die Welt*); GW V, 1259 (*Das Antlitz des Vaters*).

19 Erika Mann, S. 23.

20 *Erinnerungen aus der deutschen Inflation* (1942), GW XIII, 189.

21 *Unordnung und frühes Leid* (1925), GW VIII, 622.

22 Thomas Mann an Ernst Bertram, 4. 2. 1925.

23 *Unordnung und frühes Leid,* GW VIII, 645.

24 *Erinnerungen aus der deutschen Inflation,* GW XIII, 188 f., dort auch die folgenden Zitate.

25 Katia Mann, S. 36.

26 *Im Lebensabriß* (1930), E III, 213; GW XI, 135.

27 *Unordnung und frühes Leid,* GW VIII, 643.

28 Golo mann, *Vater,* S. 13.

29 Brief an Otto Hoerth vom 12. 6. 1930, DüD II, 367 f.

30 *Mario und der Zauberer* (1930), GW VIII, 703.

31 Monika Mann, *Papa,* in: *The Stature of Thomas Mann,* hrsg. V. Charles Neider, Ausgabe London 1951, S. 79.

32 Viktor Mann, S. 124.

33 Tagebuch 15. 12. 1919.

34 *Unordnung und frühes Leid,* GW VIII, 619 f.

35 *Unordnung und frühes Leid,* GW VIII, 654.

36 *Unordnung und frühes Leid,* GW VIII, 656.

37 Tagebuch 10. 3. 1920.

38 An Erika Mann 6. 6. 1929.

39 1968 in einem Gespräch mit Roswitha Schmalenbach, in: Erika Mann, S. 14, auch überliefert in Klaus Mann, *Kind dieser Zeit,* S. 37.

40 Erika Mann, S. 11.

41 Erika Mann, *Bildnis des Vaters,* in: Erika und Klaus Mann, *Escape to Life. Deutsche Kultur im Exil,* Ausgabe München 1991, S. 102.

42 *Der Laienbund deutscher Mimier* (1919), E II, 12 f.; GW XI, 350 f.

43 Im Gespräch mit Roswitha Schmalenbach, Erika Mann, S. 29.

44 Golo Mann, *Vater*, S. 13.

45 Erika Mann, *Brief an meinen Vater* (1945), in: Erika Mann, S. 265.

46 An Erika 6. 11. 1925.

47 *Rundum das Haus* (ca. 1930), in: Erika Mann, S. 251 f.   628

48 *Rundfragen* (ca. 1930), in: Erika Mann, S. 250.

49 *Unordnung und frühes Leid*, GW VIII, 623.

50 Klaus Mann an Pamela Wedekind am 26. 7. 1926.

51 Klaus Mann, *Kind dieser Zeit*, S. 37.

52 Klaus Mann, *Wendepunkt*, S. 202.

53 Klaus Mann, *Kind dieser Zeit*, S. 25.

54 Klaus Mann, *Kind dieser Zeit*, S. 229.

55 Klaus Mann, *Kind dieser Zeit*, S. 212.

56 Erika Mann, S. 22.

57 Die beiden Briefe Geheeb–Mann und Mann-Geheeb in *der Rabe* 36, S. 60–63.

58 Klaus Mann, *Wendepunkt*, S. 197.

59 *Richtigstellung* (1926), E III, 13; nicht in GW.

60 Golo Mann, *Erinnerungen*, S. 22.

61 Klaus Mann, *Kind dieser Zeit*, S. 17.

62 Golo Mann, *Erinnerungen*, S. 41.

63 Golo Mann, *Erinnerungen*, S. 147.

64 Golo Mann, *Erinnerungen*, S. 434.

65 Golo Mann, *Erinnerungen*, S. 544.

66 Golo Mann, *Erinnerungen*, S. 541.

67 Elisabeth Mann in einem Gespräch mit Ronald Hayman, in: Ronald Hayman, *In pursuit of Thomas Mann*, in: *Times Literary Supplement* 9. 9. 1994, S. 11.

68 Die folgenden Zitate Monika Mann, *Vergangenes und Gegenwärtiges*, S. 15, S. 69, S. 73, S. 105 f., S. 138.

69 Monika Mann, *Tupfen im All*, Köln 1963, S. 65.

70 Thomas Mann an Elisabeth Mann 21. 1. 1951, *Briefe III*.

71 So über Lorchen in *Unordnung und frühes Leid*, GW VIII, 626.

72 11. 7. 1918, unveröffentlicht, Stadtbibliothek Lübeck.

73 Elisabeth Mann-Borgese, *Aufstieg der Frau*, München 1965, S. 253; zuerst englisch unter dem Titel *Ascent of Women*, New York 1963.

74 Tagebuchnotiz 23. 10. 1975, in: Michael Mann, *Fragmente*, S. 122; die folgenden

Zitate S. 216, 138, 118.

75 *Unordnung und frühes Leid*, GW VIII, 625 und 629.

76 *Joseph und seine Brüder*, GW IV, 647 (*Die Versuchungen Jaakobs*).

77 Elisabeth Mann-Borgese im Gespräch mit Ronald Hayman, in: Ronald Hayman, *In pursuit of Thomas Mann*, in: *Times Literary Supplement* 9. 9. 1994, S. 11.

78 Michael Mann an Hermann Kurzke 30. 12. 1976.

第十一章　在魔山上

1　*Der Donnerschlag*, GW III, 993.

2　*Der Donnerschlag*, GW III, 990, 994.

3　*Betrachtungen eines Unpolitischen*, GW XII, 292 f. u.ö. (*Politik*).

4　*Die Entstehung des Doktor Faustus* (1949), GW XI, 265.

5　An Otto Grautoff 17. 1. 1896.

6　*On Myself* (1940), GW XIII, 153.

7　Ida Herz, *Erinnerungen an Thomas Mann*, in: *German Life and Letters* 9, 1956, S. 281–290.

8　Tagebuch 17. 6. 1920.

9　*Launen des Merkur*, GW III, 320.

10 „*Mein Gott, ich sehe!*", GW III, 288; vgl. N II, 46.

11 „*Mein Gott, ich sehe!*", GW III, 299.

12 *Vingt et un*, GW III, 784.

13 *Hippe*, GW II, 163 ; *Launen des Merkur*, GW III, 319.

14 *Nr. 34*, GW III, 24.

15 *Ehrbare Verfinsterung*, GW III, 59.

16 „*Mein Gott, ich sehe!*", GW III, 299.

17 „*Mein Gott, ich sehe!*", GW III, 302.

18 Robert Musil, *Tagebücher, Aphorismen, Essays und Reden*, Hamburg 1955, S. 337.

19 *Veränderungen*, GW III, 483.

20 *Hippe*, GW III, 174.

21 *Walpurgisnacht*, GW III, 476.

22 *Humaniora*, GW III, 370.

23 Die folgenden Zitate *Forschungen*, GW III, 388–390.

629

24 *Joseph und seine Brüder*, GW IV, 541 f. (*Der Mann auf dem Felde*).

25 *Schnee*, GW III, 686.

26 *Frühlingssturm!* (1893), E I, 11; GW XI, 545.

27 TMUZ Nr. 161.

28 Erika Mann, S. 278.

29 Thomas Mann an Ida Herz am 4. 12. 1925, Regesten 25/220.

30 *Buddenbrooks* III, 5, GW I, 128.

31 *Buddenbrooks* X, 1 und X, 5; GW I, 612, 651.

32 *Bei Tienappels*, GW III, 49, 53.

33 *Neckerei*, GW III, 71 f.

34 *Strandspaziergang*, GW III, 757.

35 So in der frühen Erzählung *Vision* (1893), GW VIII, 9 f.

36 *Zur Physiologie des dichterischen Schaffens* (1928), E III, 103; GW XI, 778.

37 *Lebensabriß* (1930), E III, 183; GW XI, 104.

38 Viktor Mann, S. 112 f.

39 *Humaniora*, GW III, 353 ff.

40 N II, 64.

41 *Vingt et un*, GW III, 781.

42 *Mario und der Zauberer* (1930), GW VIII, 675.

43 Vgl. *Die Entstehung des Doktor Faustus*, GW XI, 278 f.

44 *Die Entstehung des Doktor Faustus*, GW XI, 279; *Mynheer Peperkorn (des weiteren)*,
GW III, 849 f.

45 *Von deutscher Republik* (1922), GW XI, 812.

46 Reinhold Schneider, *Winter in Wien*, Freiburg 1958, S. 114, wörtlich: „Ein Kaiser kann
nicht im Lift fahren. "

47 *Mynheer Peeperkorn (des weiteren)*, GW III, 807.

48 *Der Donnerschlag*, GW III, 994.

49 N I, 23 f.

50 Kurt Nartens, *Schonungslose Lebenschronik*, Wien 1921, S. 257 f.

51 Thomas Mann an Kurt Martens im November 1900.

52 Dies berichtet Harry Matter im Kommentar zu ARE III, 799.

53 N I, 167.

54 So in *Okkulte Erlebnisse* (1924), E II, 183; GW X, 140.

55 Stuttgart 1892.

630

56 *Dr. A. Freiherr von Schrenck-Notzing, sein Werdegang und Lebenswerk.* In: *Psychische Studien* 49, Mai 1922, S. 1–14 (hier S. 6).

57 *Materialisations-Phänomene. Ein Beitrag zur Erforschung der mediumistischen Teleplastie,* München 1914.

58 *Okkulte Erlebnisse,* E II, 183; GW X, 140, dort 186/184 bzw. 143/141 auch die folgenden Zitate.

59 Im letzten der *Drei Berichte über okkultistische Sitzungen,* GW XIII, 47.

60 *Okkulte Erlebnisse,* E II, 184; GW X, 141.

61 *Betrachtungen eines Unpolitischen,* GW XII, 458–460 (*Einiges über Menschlichkeit*).

62 *Als Soldat und brav,* GW III, 743.

63 *Fragwürdigstes,* GW III, 942.

64 *Okkulte Erlebnisse,* E II, 198; GW X, 154 f.

65 E II, 186; GW X, 143.

66 Monika Mann, *Vergangenes und Gegenwärtiges,* S. 25.

67 *Experimente der Fernbewegung,* hrsg. V. Albert von Schrenck-Notzing, Stuttgart / Berlin / Leipzig 1924.

68 Otto Heinrich Strohmeyer, *Begegnung mit dem Jenseitigen,* in: *Begegnungen. Jahrbuch Freie Akademie der Künste in Hamburg,* Hamburg 1953, S. 33–41, hier S. 41.

69 *Okkulte Erlebnisse,* E II, 214 f.; GW X, 171.

70 *Mario und der Zauber,* GW VIII, 690 f.

71 *Buddenbrooks* IX, 2; GW I, 578.

72 *Fragwürdigstes,* GW III, 926.

73 Vgl. *Okkulte Erlebnisse,* E II, 180; GW X, 136 f.

74 *Drei Berichte über okkultistische Sitzungen,* GW XIII, 36.

75 *Okkulte Erlebnisse,* E II, 196; GW X, 153.

76 *Fragwürdigstes,* GW III, 940 f.

77 Tagebuch 23. 10. 1950.

78 *Fragwürdigstes,* GW III, 938.

79 *Der Tod in Venedig,* 4. Kapitel, GW VIII, 493.

注　释

第十二章　共和国的政治

1 An Emil Liefmann 19. 2. 1922, Regesten 22/12 (Kopie TMA).

2 *Von deutscher Republik* (1922), E II, 344, 138; GW XI, 811, 824.

3 *Von deutscher Republik*, E II, 160; GW XI, 847.

4 *Von deutscher Republik*, E II, 143; GW XI, 829.

5 *Von deutscher Republik*, E II, 160 ff.; GW XI, 847 ff.

6 *Von deutscher Republik*, E II, 136; GW XI, 822.

7 *Von deutscher Republik*, E II, 131 f.; GW XI, 817 (ohne Namensnennung).

8 *Kultur und Sozialismus* (1928), E III, 55; GW XII, 640.

9 *Von deutscher Republik*, E II, 165; GW XI, 851.   631

10 *Die Stellung Freuds in der modernen Geistesgeschichte* (1929), E III, 126; GW X, 258.

11 *Pariser Rechenschaft* (1926), GW XI, 51.

12 *Rede, gehalten zur Feier des 80. Geburtstages Friedrich Nietzsches am 15. Oktober 1924*, E II, 239 f., dort 238–240 auch die folgenden Zitate. Unter dem Titel *Vorspruch zu einer musikalischen Nietzsche–Feier* GW X, 180–184.

13 *Pariser Rechenschaft*, GW XI, 26.

14 An Kurt Martens 28. 3. 1906.

15 *Der Künstler und die Gesellschaft* (1952), E VI, 233; GW X, 397.

16 *Unordnung und frühes Leid* (1925), GW VIII, 650.

17 Alle Zitate GW XIII, 186–190.

18 Golo Mann, *Erinnerungen*, S. 220.

19 Das hat Dirk Heisserer ermittelt: *Wellen, Wind und Dorfbanditen. Literarische Erkundungen am Starnberger See*, München ²1996, S. 247.

20 Walter Boehlich, *Zu spät und zu wenig. Thomas Mann und die Politik*, in: *Text und Kritik*, Sonderband *Thomas Mann*, München 1976, S. 45–60.

21 *Alle folgenden Zitate Deutschland und die Demokratie* (1925), E II, 249–252; GW XIII, 577–580.

22 *Rettet die Demokratie!* (1925), E II, 253 (nicht in GW).

23 *Betrachtungen eines Unpoolitischen*, GW XII, 366 (*Politik*).

24 Thomas Mann an Paul Amann 25. 3. 1917, ungedruckt, Stadtbibliothek Lübeck.

25 *Der Zauberberg*, GW III, 906 f. (*Fülle des Wohllauts*).

26 Thomas Mann an Walter Goetz am 26. 3. 1932, Regesten 32/53.

27 Zitate aus *Der Weltkampf,* Nr. 99, 1932, Näheres E II, 392.

28 Alle im folgenden erwähnten Texte finden sich in E III.

29 *Deutsche Ansprache* (1930), E III, 278; GW XI, 889.

30 Potempa, *Aufrufe* Nr. 46.

31 *Sieg deutscher Besonnenheit* (1932), E III, 343 f. (nicht in GW).

32 Vgl. Das Kapitel *Von Josephs Keuschheit* im sechsten Hauptstück des Romans *Joseph in Ägypten.*

33 *Gedanken im Kriege* (1914), E I, 188; GW XIII, 528.

34 *Die Entstehung des Doktor Faustus* (1949), 12. Kapitel, GW XI, 254.

35 *Das Problem der deutsch-französischen Beziehungen* (1922), E II, 115; GW XII, 623.

36 *Ein Briefwechsel* (1937), E IV, 185.

37 Nachweise E IV, 445 f.

38 Faksimile in: Kurt Ziesel, *Das verlorene Gewissen,* München ⁶1960, S. 198.

39 *An einen neuen Republikaner. Offener Brief an Thomas Mann,* In: *München-Augsburger Abendzeitung* 28. 11. 1922. Weitere Nachweise E III, 366.

40 1925 in einer Rezension von Thomas Manns Essayband *Bemühungen,* TMUZ Nr. 55.

41 In: *Hellweg,* 7. Jahrgang, Heft 11, Essen 10. 6. 1927.

42 Gedruckt in: Kurt Pätzold, *Zur politischen Biographie Thomas Manns* (1933), in: *Weimarer Beiträge* 21, 1975, H. 9, S. 178–182.

43 Nachweise, auch für das Folgende, E III, 385 f.

44 *Kultur und Sozialismus,* E III, 56; GW XII, 641.

632   45 *Kultur und Sozialismus,* E III, 61; GW XII, 647.

46 Dazu gibt es zahlreiche Dokumente bei Hübinger.

47 *Die Flieger, Cossmann, ich* (1928), E III, 99; GW XIII, 613.

48 Bibliographiert bei Harry Matter Nr. 12694–12712.

49 *Thomas Mann – Praeceptor Monachiae,* in: *Münchener Neueste Nachrichten* 12. 8. 1928.

50 Hübinger, S. 403.

51 *German Letters III* (1923), GW XIII, 288. Zum ganzen Jürgen Kolbe, *Heller Zauber. Thomas Mann in München 1894—1933,* Berlin 1987.

52 Alle Zitate 'Amnestie' (März 1930), GW XIII, 614–618.

53 Die folgenden Zitate aus *arnolt bronnen gibt zu protokoll,* Hamburg 1954, S. 252 f.

54 Bruno Walter, *Thomas Mann,* in: *Die Neue Rundschau,* Sonderausgabe zu Thomas Manns 70. Geburtstag, 6. Juni 1945, S. 172 f.

注 释

55 Tagebuch 24. 9. 1949.

56 Das bestätigt Frau Dr. Liselotte Jünger in einem Brief ihres Sekretärs an mich vom 7. 4. 1998.

57 Alexander Mitscherlich, *Ein Leben für die Psychoanalyse*, Frankfurt 1980, S. 84.

58 Friedrich Georg Jünger, *Der entzauberte Berg*, in: Der Tag, Berlin, 7. 3. 1928, Ausgabe A, S. 3.

59 *Thomas Mann gegen die „Berliner Nachtausgabe"* (1928), E III, 78–84; GW XI, 766–773.

60 *„Ein Brüderschafttrinken mit dem Tod". Der 87-jährige Schriftsteller Ernst Jünger über Geschichte, Politik und die Bundesrepublik*, in: Der Spiegel 16. 8. 1982, S. 158.

61 So in einem Interview von 1982, nachgedruckt unter dem Titel *„Wer hat nicht Fehler gemacht im Leben? "* in: *Süddeutsche Zeitung* 21./22. 2. 1998, Feuilleton-Beilage SZ am Wochenende.

62 Ernst Jünger, *Siebzig verweht V*, Stuttgart 1997, S. 152 ff.

63 In einem Brief an Agnes E. Meyer vom 14. 2. 1945.

64 So am 21. 8. 1946 an Alexander Moritz Frey, Regesten 46/300.

65 Tagebuch 7. 4. 1933.

66 Ernst Jüngers Sekretär albert Knapp in einem im Auftrag Ernst Jüngers geschriebenen Brief an mich vom 11. 10. 1997.

第十三章　生命中段的同性色欲

1 Arthur Schopenhauer, *Sämtliche Werke*, hrsg. V. Wolfgang Freiherr von Löhneysen, Darmstadt 1976, Band II, S. 723 f., dort auch das folgende Zitat.

2 *Betrachtungen eines Unpolitischen*, GW XII, 245 (*Von der Tugend*).

3 „Vergleiche Dich! Erkenne, was du bist! "lautet eines der Motti der *Betrachtungen*, aus Goethes Drama *Torquato Tasso*, V, 5.

4 Jena 1919, gelesen 13. 9. 1919 u. ö. (Tagebuch).

5 Definiert bei Blüher, *Die Rolle der Erotik in der männlichen Gesellschaft*, Band I, Jena 1917, S. 29 f.

6 Am Anfang des Kapitels *Ironie und Radikalismus*, GW XII, 568, bei Blüher, *Die Rolle der Erotik*, Band I, S. 226 f.; dort und S. 229 auch die folgenden Zitate. 633

7 An Carl Maria Weber, 4. 7. 1920, *Briefe I*.

8 *Von deutscher Republik* (1922), E II, 161; GW XI, 847.

9 Weitere Beispiele 14. 5. 1919, 13. 1. 1920, 16. 2. 1920, 28. 2. 1920, 25. 7. 1920, 26. 6. 1921, 26. 7. 1921, 17. 9. 1921.

10 Tagebuch 11. 8. 1919.

11 Thomas Mann dankt Weber dafür am 9. 8. 1913; Regesten 13/68.

12 Von 1912 bis 1951, Einzelnachweise in Regesten I.

13 Das bezeugt ein Briefentwurf von Otto Steckhan an Thomas Mann vom 17. 1. 1955, Archiv der deutschen Jugendbewegung, Nachlaß Wyneken Nr. 1644.

14 Gustav Wyneken, *Eros*, Lauenburg 1921, S. 23, die folgenden Zitate S. 62 und S. 18.

15 An Carl Maria Weber am 4. 7. 1920, *Briefe I*.

16 An Carl Maria Weber am 29. 7. 1920, Regesten 20/72.

17 *Briefe I*, S. 179, zitiert aus GW XII, 569.

18 Alle Nachweise zum folgenden E II, 27 f., 299 ff., der Text auch in GW X, 589–590.

19 *Der Zauberberg*, GW III, 476 f. (*Walpurgisnacht*), Handschriftenfaksimile bei Thomas Sprecher, *Davos im Zauberberg*, München 1996, S. 275.

20 *Bekenntnisse des Hochstaplers Felix Krull* II, 9; GW VII.

21 *Die Weiber am Brunnen* (1922), E II, 119; GW X, 619, das nächste Zitat E II, 118; GW X, 618.

22 *Tonio Kröger*, 4. Kapitel, GW VIII, 296 f.

23 Alle folgenden Zitate *Von deutscher Republik* (1922), E II, 158, 160–162; GW XI, 845, 847–849.

24 Thomas Mann an Erika Mann 26. 8. 1925.

25 *Die Ehe im Übergang* (1925), E II, 271; *Über die Ehe*, GW X, 195; Blüher, *Die Rolle der Erotik*, Band I, S. 24 f.

26 *Die Bekenntnisse des Hochstaplers Felix Krull* II, 9; GW VII, 446.

27 Vgl. E III, 93 und 404 f.

28 Text und Kommentar E III, 280 ff., 461 ff.

29 Näheres Böhm, S. 371–381.

30 *Widmungen* Nr. 125.

31 *Widmungen* Nr. 126.

32 Golo Mann an Marcel Reich-Ranicki 20. 1. 1985, in: „*Lieber Marcel*". *Briefe an Marcel Reich-Ranicki*, hrsg. v. Jochen Hieber, Stuttgart 1995, S. 216.

33 *Faust I*, Vers 3521.

34 So Klaus Heuser, Böhm, S. 380. Es habe sich um etwa zehn Briefe gehandelt.

35 Tagebuch 29. 8. 1954.

36 Böhm, S. 379 f., wie die folgenden Stellen aus diesem Gespräch.

37 Tagebuch 16. 7. 1950.

38 *Die große Szene in Kleists 'Amphitryon'* (1927), E III, 64–74, 389–393, die folgenden Zitate 71 und 74.

39 Tagebuch 6. 5. 1934.

40 *Kleists 'Amphitryon'. Eine Wiedereroberung* (1927), GW IX, 187.

41 *Die Ehe im Übergang*, E II, 271, *Über die Ehe*, GW X, 196.

42 Klaus Mann, *Wendepunkt*, S. 256–261.

43 André Gide, *Journal 1889–1939*, Paris ²1940, S. 1044.   634

44 „*Si le grain ne meurt –*" (1929), E III, 170 ; GW X, 716.

45 „*Si le grain ne meurt –*", E III, 167 ; GW X, 713.

46 Thomas Mann an André Gide am 20. 1. 1930, *Briefe I*.

47 Vgl. E III, 430.

48 *Platen – Tristan – Don Quichotte* (1930), E III, 251, dort 249–253 (GW IX, 270–275) alle folgenden Zitate.

49 Golo Mann, *Vater*, S. 15.

50 *Der Tod in Venedig*, 4. Kapitel, GW VIII, 492.

51 Tagebuch 22. 10. 1950, dort auch das folgende Zitat.

第十四章　在关注与流放中

1 *Königliche Hoheit*, GW II, 103 (*Doktor Überbein*).

2 Tagebuch 7. 7. 1934.

3 Tagebuch 5. 7. 1934.

4 Die folgenden Zitate Tagebuch 1. 10. 1933.

5 Tagebuch 8. 9. 1933.

6 Tagebuch 2. 5. 1934.

7 Tagebuch 30. 12. 1934.

8 Wie das folgende Zitat Tagebuch 20. 4. 1933, 10. 6. 1933.

9 Tagebuch 4. 8. 1933.

10 Friedrich Nietzsche, *Der Fall Wagner*, Nr. 5.

11 N II, 43.

12 Golo Mann, *Erinnerungen*, S. 522.

13 Eine aktengetützte Rekonstruktion der Koffer-Affäre steht bei Jürgen Kolbe, *Heller Zauber. Thomas Mann in München 1894–1933*, Berlin 1987, S. 414–416.

14 Erika Mann, S. 363.

15 In der Tagebuchedition ausgelassen, mitgeteilt von Michael Mann, *Fragmente*, S. 159.

16 Friedrich Nietzsche, *Jenseits von Gut und Böse, 9. Hauptstück (Was ist vornehm?)* Nr. 270.

17 Einzelheiten im Tagebuch und bei Kolbe, S. 416–418.

18 Erika Mann, S. 522, S. 182.

19 Tagebuch 13. 7. 1935.

20 Einem Interview von 1949 zufolge, Potempa II, K 376.

21 *An das Reichsministerium des Innern*, Berlin (1934), E IV, 81; GW XIII, 98.

22 Genaue Zahlen bei Sprecher, S. 48 und in den Tagebüchern.

23 Tagebuch 13. 7. 1935.

24 Tagebuch 1. 11. 1933.

25 Hübinger, Dokument 86.

26 Tagebuch 13. 7. 1935.

27 Hübinger, Dokument Nr. 96 und 147.

28 Die Geschichte des Hauses nach Kolbe, S. 418–424.

29 Tagebuch 29. 9. 1945.

30 Thomas Mann an James Francis Byrnes am 4. 9. 1945, Regesten 45/384.

31 *Dieser Krieg* (1940), E V, 84; GW XII, 865.

635 32 Der Text mit Unterzeichnerliste und Kommentar E IV, 342–346.

33 TMUZ Nr. 81 und Nr. 79.

34 Alfred Rosenberg, *Der Sumpf. Querschnitte durch das „Geistes"-Lebender November-Demokratie*, München [3]1939, S. 262.

35 *Westdeutscher Beobachter*, 5. 12. 1936, Hübinger, S. 557.

36 Christoph Steding, *Das Reich und die Krankheit der europäischen Kultur*, Hamburg [4]1942, S. 672 und 728.

37 TMUZ Nr. 111.

38 Tagebuch 9. 5. 1933.

39 Tagebuch 14. 3. 1934, wie das folgende Zitat.

40 Tagebuch 5. 5. 1933.

41 Anfang Januar 1934, zitiert in einem Brief Suhrkamps an Hans Friedrich Blunck,

in *Thomas Mann und Hans Friedrich Blunck. Briefwechsel und Aufzeichnungen,* Hamburg 1969, S. 78.

42 20. 7. 1933, dort auch die folgenden Zitate.

43 Tagebuch 1. 5. 1933.

44 Tagebuch 3. 9. 1933.

45 Tagebuch 12. 9. 1933.

46 Klaus Mann, *Briefe und Antworten,* S. 135.

47 Klaus Mann an Thomas Mann am 21. 8. 1933, dort auch das folgende Zitat.

48 Thomas Mann an Klaus Mann am 24. 8. 1933.

49 Thomas Mann an Klaus Mann am 1. 9. 1933, ferner Tagebuch 29. 8. 1933.

50 Thomas Mann an Klaus Mann am 13. 9. 1933.

51 Klaus Mann, *Tagebücher*, 15. 9. 1933.

52 Tagebuch 10. 12. 1933.

53 E IV, 374.

54 Der Zauberberg, GW III, 686 f. (*Schnee*).

55 *Ein Protest*, NZZ 18. 1. 1936, E IV, 168, Näheres dort im Kommentar S. 383 f.

56 Erika Mann, S. 91–93, die folgenden Briefwechsel-Zitate dort S. 93–109.

57 *Ein Brief von Thomas Mann An Eduard Korrodi* E IV, 174; GW XI, 793.

58 Belege E IV, 389 f.

第十五章　约瑟和他的兄弟们

1 An Hermann Ebers 11. 4. 1924, Regesten 24/35.

2 *Lebensabriß* (1930), E III, 214; GW XI, 136.

3 *Unterwegs* (1925), GW XI, 360.

4 *Bilse und ich* (1906), E I, 40 f.; GW X, 15.

5 An Victor Polzer am 23. 3. 1940, *Briefe II.*

6 Thomas Manns Münchener Abschreiberin, nach Erika Mann, S. 36.

7 Wie das folgende Zitat aus *Sechzehn Jahre* (1948), GW XI, 670.

8 *Das Kind der Höhle*, GW V, 1414.

9 *In Schlangennot*, GW V, 1086.

10 Einzelnachweise und Textbeziehungen E IV, 371.

11 *Joseph wird zum andern Mal verkauft und wirft sich aufs Angesicht*, GW IV, 813.

12 Vgl. Eckhard Heftrich, *Geträumte Taten*, Frankfurt 1993, S. 75–78.

13 *Mont-kaw*, GW IV, 804.

14 Familiengruppe des Zwerges Seneb, *Bild und Text*, S. 248.

15 Thomas Mann an Klaus Mann 1. 9. 1933.

16 *Der Amtmann über das Gefängnis*, GW V, 1310.

17 Erika Mann an Thomas Mann 13. 4. 1941.

18 *Das Kind der Höhle*, GW V, 1423.

19 *Urim und Tummim*, GW V, 1511.

20 Tagebuch 15. 7. 1935.

21 *Das erste Jahr*, GW V, 1114 f.

22 *Thamar erlernt die Welt*, GW V, 1550 f.

23 *Die Sterbeversammlung*, GW V, 1798.

24 *Die Entschlossene*, GW V, 1558.

25 Thomas Mann an Agnes E. Meyer 11. 1. 1942.

26 Thomas Mann an Agnes E. Meyer 11. 4. 1942.

27 Tagebuch 4. 4. 1942.

28 Agnes E. Meyer, *Out of These Roots. The Autobiography of an American Woman*, Boston 1953, S. 186.

29 Thomas Mann an Agnes E. Meyer am 12. 1. 1943.

30 Tagebuch 6. 5. 1934.

31 Thomas Mann an Agnes E. Meyer am 26. 5. 1943.

32 Agnes E. Meyer an Thomas Mann am 12. 5. 1939.

33 *Thamar erlernt die Welt*, GW V, 1550.

34 *Von Josephs Keuschheit*, GW V, 1146.

35 Das überliefert Katherine Graham, *Personal History*, New York 1997, S. 99f.

36 Agnes E. Meyer an Thomas Mann am 28. 5. 1943.

37 Tagebuch 6. 8. 1950, wie das folgende Zitat.

38 *Die Öffnung der Augen*, GW V, 1021 f.

39 Das folgende in Anlehnung an die Tagebuchnotiz vom 6. Mai 1934.

40 *Das erste Jahr*, GW V, 1114 f., dort auch die folgenden Stellen.

41 *Das Mädchen*, GW V, 1512, die folgenden Stellen S. 1515 f., 1518.

42 *Joseph macht Hochzeit*, GW V, 1528.

43 *Die Ehe im Übergang* (1925), E II, 276; *Über die Ehe*, GW X, 201.

44 *Von der Schönheit*, GW IV, 395.

45 *Joseph redet vor Potiphar,* GW IV, 888.

46 *Das zweite Jahr,* GW V, 1133.

47 *Von Josephs Keuschheit,* GW V, 1139.

48 *Das zweite Jahr,* GW V, 1120.

49 *Der Zauberberg,* GW III, 477 *(Walpurgisnacht).*

50 *Das Wort der Verkennung,* GW V, 1009.

51 Alle Zitate *Vom Buch der Bücher und Joseph* (1944), GW XIII, 199–206.

52 Thomas Mann an Kuno Fiedler 19. 3. 1940, *Briefe II.*

53 Erika Mann, S. 45.

54 „*Nicht durch uns!*", GW V, 1564.

55 Thomas Mann an Eberhard Hilscher am 3. 11. 1951.

56 „*Ich glaub' nicht dran!*", GW V, 1452.

57 *Vorspiel in Oberen Rängen,* GW V, 1283.

58 *Vorspiel in Oberen Rängen,* GW V, 1281.

59 Zitate *Der Himmelstraum,* GW IV, 466–468.　　　　　　　　　　637

60 Thomas Mann an Ernst Bertram 31.8. 1925.

61 „*Ich glaub' nicht dran!*", GW V, 1451 f.

62 *Thamar erlernt die Welt,* GW V, 1552.

63 „*Ich glaub' nicht dran!*", GW V, 1450.

64 *Huij und Tuij,* GW IV, 860.

65 *Wie Abraham Gott entdeckte,* GW IV, 435.

66 *Vorspiel in Oberen Rängen,* GW V, 1280.

67 *Benoni,* GW IV, 388.

68 *Jaakob trägt Leid um Joseph,* GW IV, 644.

69 „*Nicht durch uns!*", GW V, 1565.

70 *Wie Abraham Gott entdeckte,* GW IV, 430; „*Ich glaub' nicht dran!*", GW V, 1451.

71 *Wie Abraham Gott entdeckte,* GW IV, 430.

72 *Lotte in Weimar,* 3. Kapitel, GW II, 439.

73 *Bericht von Mont-kaws bescheidenem Sterben,* GW V, 988.

74 *Eliphas,* GW IV, 135.

75 *Joseph hilft aus als Deuter,* GW V, 1360.

76 *Das Mädchen,* GW V, 1512.

77 *Von Josephs Keuschheit,* GW V, 1138.

78 *Von Gottes Eifersucht,* GW IV, 319 f.

79 *Wie Abraham Gott entdeckte*, GW IV, 429.

80 *Vorspiel in Oberen Rängen*, GW V, 1283.

81 *Der Antichrist*, Nr. 16.

82 *Was bedeuten asketische Ideale?* Nr. 22.

83 *Benoni*, GW IV, 388.

84 *Die Gewöhnung*, GW IV, 662.

85 *Betrachtungen eines Unpolitischen*, GW XII, 469 und 458 (*Einiges über Menschlichkeit*).

86 *Joseph redet vor Potiphar*, GW IV, 891.

87 *Joseph redet vor Potiphar*, GW IV, 894.

88 *Der Verkauf*, GW IV, 612.

89 *Joseph schreit aus der Grube*, GW IV, 568.

90 *Joseph redet vor Potiphar*, GW IV, 896.

91 *Thamar erlernt die Welt*, GW V, 1557 f.

92 So Thomas Mann, Nietzsche zitierend, im Platen-Essay, E III, 252 und Kommentar.

93 Tagebuch, 6. 7. 1950.

94 Martin Luther, *Von der Freiheit eines Christenmenschen* (Anfang).

95 *Von Josephs Keuschheit*, GW V, 1137.

96 *Von Josephs Keuschheit*, GW V, 1144.

97 *Joseph bei den Pyramiden*, GW IV, 746.

98 *Der Angeber*, GW IV, 79 f.

99 *Von Gottes Eifersucht*, GW IV, 319 f.

100 *Von Josephs Keuschheit*, GW V, 1142.

101 Näheres *Hoffnungen und Befürchtungen für 1936*, E IV, 166, 382, weitere Stellen E V, 300.

102 *Meerfahrt mit Don Quijote* (1934), E IV, 123 f.; GW IX, 461.

638   **第十六章　憎恶希特勒**

1 *I am an American* (1940), EV, 132–135; nicht in GW.

2 Thomas Mann an Agnes E. Meyer am 7. 1. 1944.

3 Golo Mann, *Vater*, S. 26.

4 An Carolyn Willjoung Stagg am 31. 7. 1944, Regesten 44/11.

注 释

5 Mehrfach erwähnt im *Tagebuch 1946—1948*.

6 Thomas Mann an Agnes E. Meyer am 7. 1. 1944.

7 Das Folgende nach den Ermittlungen von Hans R. Vaget, AEM, 997.

8 *Die Entstehung des Doktor Faustus* (1949), 12. Kapitel, GW XI, 253 f.

9 Thomas Mann an Heinrich Mann 30. 12. 1941, dazu *Deutsche Hörer!* (Dezember 1941), E V, 172-174; GW XI, 1023-1024.

10 Tagebuch 13. 11. 1937.

11 An Agnes E. Meyer 22. 1. 1938.

12 An Karl Kerenyi 20. 2. 1934.

13 *Der Künstler und die Gesellschaft* (1952), E VI, 233-235; GW X, 397-399.

14 *Lübeck* (1942), E V, 182; *Deutsche Hörer!* (April 1942), GW XI, 1035.

15 *Warum ich nicht nach Deutschland zurückgehe* (1945), E VI, 35 f.; GW XII, 956, wie das folgende Zitat.

16 *Kindness* (1943), GW XIII, 757; *Tagebücher 1940—1943*, S. 1090.

17 In ausgeschiedenen Teilen des Vortrags *Joseph und seine Brüder* (1942), E V, 390.

18 *Botschaft an Amerika* (1938), E IV, 245; nicht in GW.

19 *Tagebuchblätter* (1938), E IV, 439 f., nicht in GW.

20 *Bruder Hitler* (1938), E IV, 306; GW XII, 846.

21 An Gottfried Bermann Fischer am 15. 9. 1938.

22 Gottfried Bermann Fischer an Thomas Mann 14. 10. 1938, Tagebuch 26. 10. 1938.

23 *So sahen die deutschen Geistesheroen aus*, in: *Das Schwarze Korps*, 4. 5. 1939, S. 18.

24 *Doktor Faustus*, 25. Kapitel, GW VI, 315.

25 *Bruder Hitler* (1938), E IV, 307 f.; GW XII, 848 f., wie auch das folgende Zitat.

26 *Bruder Hitler*, E IV, 309 f.; GW XII, 850.

27 Tagebuch 26. 1. 1938.

28 An Agnes E. Meyer 30. 5. 1939.

29 *Bruder Hitler*, E IV, 307; GW XII, 848.

30 *Richard Wagner und kein Ende* (1949), E VI, 145; GW X, 926.

31 *A Living and Human Reality* (1932), GW XIII, 476.

32 Potempa, *Aufrufe* Nr. 47.

33 *Die Juden werden dauern!* (1936), E IV, 177, nicht in GW.

34 *Zum Problem des Antisemitismus* (1937), GW XIII, 485, das folgende Zitat 482.

35 Tagebuch 29. 3. 1933, 10. 9. 1933.

36 *Fort mit den Konzentrationslagern!* (1936), E IV, 179; nicht in GW.

37 *Deutsche Hörer!* (Januar 1942), E V, 175; GW XI, 1025.

38 Die folgenden Zitate *Der Judenterror*, E V, 201–203; *Deutsche Hörer!* (September 1942), GW XI, 1050–1053.

39 *The Fall of the European Jews* (1943), GW XIII, 495.

40 *Rettet die Juden Europa!* (1945), GW XIII, 514.

41 Tagebuch 15. 7. 1934, überarbeitet auch in *Leiden an Deutschland* (1945), GW XII, 743.

42 Viele Informationen zu diesem Abschnitt entstammen dem Buch von Christian Hülshörster, *Thomas Mann und Oskar Goldberg*, Diss. Münster 1997 (im Druck).

43 *Doktor Faustus*, 28. Kapitel, GW VI, 374 f.

44 René Schickele an Annette Kolb 4. 11. 1937, TMS X, 359.

45 Näheres E VI, 430.

46 Klaus Mann am 8. 6. 1938 an Ferdinand Lion, in: Klaus Mann, *Briefe und Antworten*.

47 *Doktor Faustus*, 34. Kapitel (Fortsetzung), GW VI, 492.

48 Oskar Goldberg, *Maimonides. Kritik der jüdischen Glaubenslehre*, Wien 1935, S. 374; hier nach Hülshörster, S. 116.

49 Deutsches Literaturarciv Marbach, Goldberg-Nachlaß, hier nach Hülshörster, S. 114.

50 An E. B. Cohn 1. 5. 1942, DüD II, 252.

51 Oskar Goldberg in einem Brief, nach Hülshörster, S. 56.

52 *Die Entstehung des Doktor Faustus*, 14. Kapitel, GW XI, 280f.

53 Das Vorstehende frei nach *Lotte in Weimar*, 8. Kapitel, GW II, 732 f., mit zahlreichen Parallelen in Manns Essays.

54 *Bilse und ich* (1906), E I, 50; GW X, 22.

55 *Lotte in Weimar*, 3. Kapitel, GW II, 467.

56 *On Myself* (1940), GW XIII, 168.

57 *Lotte in Weimar*, 3. Kapitel, GW II, 445.

58 *Lotte in Weimar*, 7. Kapitel, GW II, 653.

59 An Paul Orlowski 19. 1. 1954, *Tagebücher 1953—1955*, S. 558.

60 *Lotte in Weimar*, 7. Kapitel, GW II, 664.

61 *Lotte in Weimar*, 7. Kapitel, GW II, 617.

62 *Lotte in Weimar*, 7. Kapitel, GW II, 626.

63 *Lotte in Weimar*, 7. Kapitel, GW II, 648 f.

64 *Lotte in Weimar*, 7. Kapitel, GW II, 647.

65 *Lotte in Weimar*, 7. Kapitel, GW II, 681.

639

注　释

66 *Lotte in Weimar*, 7. Kapitel, GW II, 681 f.

67 *Lotte in Weimar*, 7. Kapitel, GW II, 658, die folgenden 665 und 637.

68 *Lotte in Weimar*, 7. Kapitel, GW II, 655 f.

69 *Lotte in Weimar*, 9. Kapitel, GW II, 763.

70 Alle Zitate *Lotte in Weimar*, 9. Kapitel, GW II, 763 f.

71 *Lotte in Weimar*, 7. Kapitel, GW II, 684.

72 Vorwort zu *Altes und Neues* (1952), GW X, 695, wörtlich: „Autobiographie aber ist alles. "

73 Thomas Mann an Kuno Fiedler am 20. 8. 1945, DüD I, 319 f.

74 *Die Entstehung des Doktor Faustus*, 10. Kapitel, GW XI, 230 f.

75 *On Myself*, GW XIII, 148.

76 Das Vorstehende nach Albert Bielschowsky, *Goethe. Sein Leben und seine Werke*, München 1920, Band II, S. 481-487.

77 Das folgende nach *Goethe und Tolstoi* (Fassung 1925), Kapitel *Natur und Nation*, GW IX, 123 f.

78 *Ein Briefwechsel* (1937), E IV, 188 f., *Briefwechsel mit Bonn*, GW XII, 790.　　　640

79 *Botschaft an Amerika* (Februar 1938), E IV, 246; nicht in GW.

80 Näheres E V, 22, 296.

81 *Die Höhe des Augenblicks* (1938), E V, 289 (Textvariante, nicht in GW).

82 *Schicksal und Aufgabe* (1943), E V, 233.

83 *Dieser Krieg* (1940), E V, 94; GW XII, 875.

84 *Dieser Krieg*, E V, 115; GW XII, 897.

85 Tagebuch 15. 12. 1940.

86 Thomas Mann an Gottfried Bermann Fischer am 10. 7. 1935.

87 *Widmungen* Nr. 280.

88 *Rede für Franklin D. Roosevelt im Wahlkampf 1944*, GW XI, 982, das Folgende dort und in Roosevelt, *Tagebücher 1944—1946*, S. 813 f.

89 Näheres AEM, 220-233, 885.

90 Thomas Mann an Agnes E. Meyer 12. 8. 1940.

91 *Tagebücher 1944—1946*, S. 640 f.

92 Erika Mann an Thomas Mann am 29. 1. 1943.

93 Wystan H. Auden an Erika Mann-Auden Mai 1939, Erika Mann, *Briefe und Antworten I*, 131.

94 Zum Beispiel Erika Mann an Leopold Schwarzschild, 28. 5. 1938; Erika Mann, *Briefe*

und Antworten I, 127–129.

95 Dazu Briefwechsel mit Klaus April bis August 1941.

96 Klaus Mann, *Wendepunkt*, S. 502.

97 Klaus Mann, *Wendepunkt*, S. 202.

98 Klaus Mann an Thomas Mann 3. 8. 1939.

99 Katia Mann an Klaus Mann 4. 6. 1937.

100 Klaus Mann, Tagebuch 4. April 1933.

101 Thomas Mann an Klaus Mann am 27. 4. 1943.

102 Thomas Mann an Klaus Mann 27. 4. 1943, das Zitat aus *Das Gesetz* (1943), 17.
Kaptel, GW VIII, 860.

103 Klaus Mann an Katia Mann 14. 2. 1943.

104 Klaus Mann an Thomas Mann 16. 5. 1945, Klaus Mann, *Wendepunkt*, S. 546–565.

105 Thomas Mann an Heinrich Mann 11. 2. 1936.

106 Heinrich an Thomas 15. 4. 1942, dort auch das folgende Zitat.

107 Thomas Mann an Caroline Newton am 13. 1. 1945, in: *The Letters of Thomas Mann to Caroline Newton*, New Jersey 1971.

108 Veröffentlicht in *Sinn und Form*, Heft 4, Juli/August 1986.

109 *An den sowjetischen Schriftsteller-Verband*, 5. 4. 1937, Briefe II.

110 Das bezeugt der genannte Brief vom 5. 4. 1937.

111 Im Ausbürgerungsantrag, Hübinger, Dokument Nr. 147, und an vielen anderen Stellen.

112 Das Dokument (vom 5. 5. 1942) wurde zuerst veröffentlicht von Hans R. Vaget, *Vorzeitiger Antifaschismus und andere unamerikanische Umtriebe*, in: *Horizonte*, Tübingen 1990, S. 173–204.

113 Alfred Kurella, *Die Dekadenz Thomas Manns*, in: *Internationale Literatur* (Moskau) 4, 1934, Heft 2, S. 155–158.

114 *Neujahrsgrüße an die Sowjetunion* (1943), E V, 207; nicht in GW.

115 Vgl. Potempa G 777, 779, 789, 811, 841, 847, 860 und 861.

116 An Konrad Kellen 19. 8. 1943.

117 *Schicksal und Aufgabe* (1943), E V, 228, 231, 234 f.; GW XII, 928 f., 931, 934 f.

118 An Agnes E. Meyer 13. 9. 1943.

119 Bertolt Brecht, *Gesammelte Werke*, Frankfurt 1967, Band 19, S. 478–480.

120 *Schicksal und Aufgabe*, E V, 220, 222; GW XII, 920 f., 923.

121 An Bertolt Brecht 10. 13. 1943, *Briefe II*.

641

122 Bertolt Brecht, *Arbeitsjournal*, Frankfurt 1973, Eintragung vom 9. 8. 1943.

123 Näheres dazu E V, 404–406.

124 Brecht, *Arbeitsjournal* 2. 8. 1943.

125 Näheres AEM, 993 f.

126 *No Committee for Mr. Mann*, in: *The New York Times* 29. 11. 1943, Potempa G 870. 1.

127 An Agnes E. Meyer 5. 12. 1943.

128 Ludwig Marcuse, *Mein zwanzigstes Jahrhundert. Auf dem Weg zu einer Autobiographie*, München 1960, S. 288.

129 Tagebuch 14. 1. 1944.

130 Das Folgende nach AEM, 979–981.

131 Thomas Mann an Agnes E. Meyer 21. 7. 1943.

132 Bertolt Brecht, *Als der Nobelpreisträger Thomas Mann den Amerikanern und Engländern das Recht zusprach, das deutsche Volk für die Verbrechen des Hitlerregimes zehn Jahre lang zu züchtigen*, in: *Gesammelte Werke* 10, 871–873.

133 Vgl. Tagebuch 13. 6., 21. 6. und 23. 8. 1938.

134 Bertolt Brecht, *Heinrich Mann* (März 1946), in: *Gesammelte Werke* 19, 480 f.

135 Tagebuch 14. 7., 31. 7., 11. 10. 1953, 18. 5., 22. 5., 3. 6. 1954.

第十七章　浮士德博士

1　An Bruno Walter 6. 5. 1943, *Briefe II*.

2　Mit Umgebung Tagebuch 21. 3. 1943.

3　N II, 107 und 121.

4　Friedrich Nietzsche, *Was bedeuten asketische Ideale?* Nr. 7.

5　Tagebuch 24. 1. 1946, wie auch das folgende Zitat.

6　An Jonas Lesser 29. 1. 1948, DüD III, 130.

7　Tagebuch 3. 4. 1933.

8　Tagebuch 28. 12. 1933.

9　*Die Entstehung des Doktor Faustus* (1949), 8. Kapitel, GW XI, 202.

10　*Die Entstehung des Doktor Faustus*, 5. Kapitel, GW XI, 169.

11　*Die Entstehung des Doktor Faustus*, 3. Kapitel, GW XI, 157.

12　An Karl Kerényi am 20. 3. 1952.

13　Thomas Mann fand die Anregung bei Nietzsche, *Was bedeuten asketische Ideal?* Nr. 2.

14 *Schopenhauer* (1938), E IV, 284; GW IX, 560.

15 *Doktor Faustus*, 1. Kapitel, GW VI, 9.

16 *Die Entstehung des Doktor Faustus*, 4. Kapitel, GW XI, 165.

17 *Die Entstehung des Koktor Faustus*, 3. Kapitel, GW XI, 155.

18 *Doktor Faustus*, 31. Kapitel, GW VI, 416 f., dort auch die folgenden Stellen.

642   19 Ida Herz an Käte Hamburger, 22. 6. 1975, Deutsches Literaturarchiv, im Anhang zum Briefwechsel Thomas Mann – Käte Hamburger, hrsg. v. Hubert Brunträger (Publikation in Vorbereitung).

20 14. 2. 1927, Regesten 27/31, Kopie TMA.

21 Geheime Staatspolizei, Staatspolizeistelle Nürnberg-Fürth, Schreiben Nr. 6003/II. vom 11. 11. 1937. Faksimile in: *Flucht. Vertreibung. Exil. Asyl. Frauenschicksale im Raum Erlangen, Fürth, Nürnberg, Schwabach*. Ausstellungskatalog Fürth 1990, S. 79–81.

22 Tagebuch 18. 9. – 4. 10. 1935.

23 Ida Herz an Klaus W. Jonas am 29. 1. 1979, Privatbesitz.

24 Thomas Mann an Ida Herz 27. 9. 1931, Regesten 31/111, Kopie TMA.

25 Thomas Mann an Ida Herz 28. 2. 1933, Regesten 33/41.

26 Thomas Mann an Ida Herz 8. 12. 1937, *Briefe II.*

27 Thomas Mann an Ida Herz 9. 4. 1929, Regesten 29/44, Kopie TMA.

28 Thomas Mann an Ida Herz 15. 10. 1954, Teildruck DüD III, 283 f., Originalbrief TMA.

29 *Tagebücher 1937—1939*, S. 674.

30 *Doktor Faustus*, 25. Kapitel, GW VI, 298.

31 Mendelssohn I, 441–446.

32 *Doktor Faustus*, 23. Kapitel, GW VI, 261, das folgende Zitat 263.

33 *Doktor Faustus*, 15. Kapitel, GW VI, 172.

34 *Doktor Faustus*, 25. Kapitel, GW VI, 302.

35 Zum Beispiel GW VI, 637 f., 669; *Die deutschen KZ* (1945), E VI, 11 f., *Warum ich nicht nach Deutschland zurückgehe* (1945), E VI, 36.

36 Adorno an B. Bräutigam am 18. 3. 1968, wie andere ungedruckte Adorno-Briefe hier zitiert nach dem Aufsatz von Rolf Tiedemann, *„Mitdichtende Einführung". Adornos Beiträge zum 'Doktor Faustus' – noch einmal*, in: Frankfurter Adorno-Blätter 1, 1992, S. 9–33.

37 Thomas Mann an Jonas Lesser 15. 10. 1951, *Briefe III.*

38 *Die Entstehung des Doktor Faustus*, 8. Kapitel, GW XI, 208 und Tagebuch 28. 9.

1944.

39 *Doktor Faustus*, 25. Kapitel, GW VI, 331.

40 *Doktor Faustus*, 25. Kapitel, GW VI, 317.

41 Teildruck DüD III, 450.

42 So Adorno an Erika Mann 19. 4. 1962, Tiedemann, S. 14.

43 Adorno an Kracauer 1. 9. 1955, Tiedemann, S. 30.

44 Tagebuch 30. 9. 1944, *Die Entstehung des Doktor Faustus,* 5. Kapitel, GW XI, 173.

45 So Tagebuch 29. 9. 1944.

46 *Die Entstehung des Doktor Faustus*, 12. Kapitel, GW XI, 249.

47 Die ausgeschiedenen Passagen sind im Anhang zu *Tagebücher 1946–1948* als Dokumente 55–62 zu finden.

48 Katia Mann, S. 147.

49 *Widmungen* Nr. 398.

50 Arnold Schönberg an Thomas Mann 25. 2. 1948, Faksimile in „*und was werden die Deutschen sagen??*" *Thomas Manns Roman Doktor Faustus*, hrsg. v. Hans Wißkirchen und Thomas Sprecher, Lübeck 1997, S. 149.

51 Die folgenden Zitate aus dem Briefwechsel *Der Eigentliche* (1948), E VI, 98–103.

52 *Doktor Faustus*, 29. Kapitel, GW VI, 393 f.   643

53 *Doktor Faustus*, 32. Kapitel, GW VI, 440, das folgende Zitat 443.

54 *Doktor Faustus*, 33. Kapitel, GW VI, 465.

55 Abgedruckt *Tagebücher 1946—1948*, S. 879 ff.

56 *Doktor Faustus,* 38. Kapitel, GW VI, 551.

57 *Doktor Faustus*, 33. Kapitel, GW VI, 467.

58 *Doktor Faustus*, 41. Kapitel, GW VI, 579.

59 N II, 72.

60 *Doktor Faustus*, 42. Kapitel, GW VI, 597.

61 *Wälsungenblut* (1906), GW VIII, 381, 408.

62 Die Lippenzitate *Joseph und seine Brüder*, GW IV, 65 (*Ruhm und Gegenwart*), 286 (*Der Üble*), 378 (*Benoni*).

63 *Doktor Faustus*, 39. Kapitel, GW VI, 555, dazu N I, 295; N II, 97.

64 *Doktor Faustus*, 46. Kapitel, GW VI, 639 f.

65 *Die Entstehung des Doktor Faustus*, 8. Kapitel, GW XI, 204.

66 *Deutschland und die Deutschen* (1945), E V, 274; GW XI, 1141.

67 Thomas Mann an Ida Herz 22. 7. 1941, Regesten 41/279.

68 *Joseph und seine Brüder*, Abschnitt *Der Üble*.

69 *Joseph und seine Brüder*, Abschnitte *Der Mann auf dem Felde und Ein Wiedersehen*.

70 *Deutschland und die Deutschen*, E V, 264; GW XI, 1131.

71 *Doktor Faustus*, 25. Kapitel, GW VI, 331 f.

72 TMA Blatt 203 (verschollen), hier nach Lieselotte Voss, *Die Entstehung von Thomas Manns Roman 'Doktor Faustus'*, Tübingen 1975, S. 110.

73 *Doktor Faustus*, 13. Kapitel, GW VI, 142.

74 *Doktor Faustus*, 17. Kapitel, GW VI, 197.

75 *Doktor Faustus*, 24. Kapitel, GW VI, 294.

76 *Joseph und seine Brüder*, GW V, 1548 (*Astaroth*).

77 *Joseph und seine Brüder*, GW V, 1135 (*Von Josephs Keuschheit*).

78 *Doktor Faustus*, 17. Kapitel, GW VI, 198.

79 Tagebuch 3. 2. 1952.

80 *Doktor Faustus*, 13. Kapitel, GW VI, 147, die folgenden Zitate auf den Seiten 134, 135, 139.

81 *Der Hexenhammer. Von Jakob Sprenger und Heinrich Institoris*, hrsg. v. J. W. R. Schmidt, Berlin 1906, Erster Teil, S. 162 (TMA, Anstreichung).

82 *Doktor Faustus*, 22. Kapitel, GW VI, 249.

83 *Dokotr Faustus*, 13. Kapitel, GW VI, 140, übernommen aus *Hexenhammer* I, 210 f. (TMA, Anstreichung).

84 *Die Ehe im Übergang* (1925), E II, 272.

85 *Doktor Faustus*, 13. Kapitel, GW VI, 142 f.; *Hexenhammer* I, 7 (TMA, Anstreichung).

86 *Hexenhammer* II, 78 (TMA, Anstreichung).

87 Alles Folgende *Doktor Faustus*, 13. Kapitel, GW VI, 143-149.

88 *Der Tod in Venedig*, 4. Kapitel, GW VIII, 496.

89 *Nietzsches Philosophie im Lichte unserer Erfahrung* (1947), E VI, 69; GW IX, 688.

90 *Nietzsches Philosophie im Lichte unserer Erfahrung*, E VI, 70; GW IX, 689.

644　91 *Die Entstehung des Doktor Faustus*, 8. Kapitel, GW XI, 203.

92 *Doktor Faustus*, 46. Kapitel, GW VI, 640, 650 f.

93 *Doktor Faustus*, 47. Kapitel, GW VI, 666.

94 *Doktor Faustus*, 46. Kapitel, GW VI, 651.

注　释

第十八章　痛苦与荣耀

1 Tagebuch 2. 5. 1945, Zitat aus *Shakespeares Richard III.*, der englischen Presse entnommen.

2 *Betrachtungen eines Unpolitischen*, GW XII, 226 (*Politik*).

3 Klaus Mann, *Tagebücher* 10. Und 11. 5. 1945.

4 Erika Mann an Katia Mann am 22. 8. 1945, Erika Mann, *Briefe und Antworten.*

5 *Zu den Nürnberger Prozessen* (1945), E VI, 45; nicht in GW.

6 An Benjamin H. Cook, 12. 2. 1949, *Tagebücher 1949—1950*, S. 643 f.

7 Tagebuch 27. 7., 28. 7. Und 3. 8. 1945.

8 Tagebuch 13. 7. 1945, *Tagebücher 1944-1946*, S. 675.

9 Tagebuch 1. 9. 1945, Zitat im Kommentar der *Tagebücher 1944-1946*, s. 693.

10 TMUZ Nr. 127.

11 In Interviews von 1941 und 1943, Potempa II, K 306 und 308.

12 Näheres E VI, 386-388.

13 *Warum ich nicht nach Deutschland zurückgehe* (1945), E VI, 34; GW XII, 955, dort E VI, 34-42; GW XII, 955-962 alle folgenden Zitate.

14 Thomas Mann an Viktor Mann 15. 12. 1945, *Briefe II.*

15 Thomas Mann an Paul Amann 11. 12. 1945, Stadtbibliothek Lübeck, unveröffentlicht.

16 Erika Mann an Katia Mann 20. 9. 1945, Erika Mann, *Briefe und Antworten.*

17 TMUZ Nr. 128.

18 Thomas Mann an Anna Jacobson, 9. 6. 1946, *Briefe II,* auch Tagebuch 8. 6. 1946.

19 Erich Kästner, *Betrachtungen eines Unpolitischen* (zuerst 14. 1. 1946), in: *Gesammelte Schriften für Erwachsene*, Zürich 1969, Band 8, S. 50-54.

20 Erich Kästner, *Gescheit und trotzdem tapfer*, in: *Gesammelte Schriften für Erwachsene*, Zürich 1969, Band 7, S. 27, wie die folgenden Kästner-Zitate (zuerst *Pinguin* Januar 1946).

21 Thomas Mann an Emil Preetorius 14. 1. – 24. 2. 1946 (TMA).

22 Manfred Hausmann, *Thomas Mann*, in: *Weser-Kurier*, Bremen 28. 5. 1947, TMUZ, S. 519.

23 *An das Reichsministerium des Innern*, Berlin (1934), E IV, 79-89; GW XIII, 96-106; alles Nähere im Kommentar E IV, 352 f. und *Tagebücher 1946—1948*, S. 579-581.

24 Tagebuch 23. 8. 1947.

25 *Der Tod in Venedig*, 4. Kapitel, GW VIII, 496 f.

26 *Warum ich nicht nach Deutschland zurückgehe*, E VI, 37; GW XII, 957.

27 Tagebuch 27. 8. 1945.

28 Am 4. 9. 1945 an Peter Salm, Regesten 45/385.

29 Thomas Mann an Viktor Mann 15. 12. 1945, *Briefe II*, Viktor Mann an Thomas Mann 12. 2. 1946, 28. 10. 1946, TMA.

645   30 Viktor Mann an Thomas Mann 7. 1. 1946, TMA.

31 Tagebuch 10. 11. 1949.

32 Tagebuch 3. 12. 1949.

33 Viktor Mann, *Wir waren fünf*, S. 386 f.

34 Erika Mann an Katia Mann 20. 9. 1945, Erika Mann, *Briefe und Antworten*; Erika Mann an Katia und Thomas Mann 4. 11. 1945, in: Erika Mann, S. 182, S. 583, dort auch die folgenden Zitate.

35 Tagebuch 2. Juli 1947; detaillierter, aber im Tenor völlig anders Viktor Mann, *Wir waren fünf*, S. 413–415.

36 *Richard Wagner und kein Ende* (1949), E VI, 145; GW X, 926.

37 *Warum ich nicht nach Deutschland zurückgehe*, E VI, 37; GW XII, 957 f.

38 Nicht erhalten. Soweit gedruckt, finden sich die folgenden Briefzitate in: *Aus dem Briefwechsel Thomas Mann – Emil Preetorius*, hrsg. v. Hans Wysling, in: *Blätter der Thomas Mann-Gesellschaft* 4, 1963, S. 3–24, manche auch *in Briefe II*.

39 Abdruck in: J. F. G. Grosser, *Die große Kontroverse. Ein Briefwechsel um Deutschland*, Hamburg 1963, S. 60.

40 In einem Brief an J. F. G. Grosser, in: *Die große Kontroverse*, Hamburg 1963, S. 57.

41 Thomas Mann an Emil Preetorius 14. 1.–24. 2. 1946, Regesten 46/33, TMA

42 Geduckt *Tagebücher 1946—1948*, S. 506.

43 Thomas Mann an Emil Preetorius 30. 12. 1946, *Briefe II*.

44 Thomas Mann an Emil Preetorius 12. 12. 1947.

45 *Doktor Faustus*, 34. Kapitel (Fortsetzung), GW VI, 481.

46 *Der Hexenhammer. Von Jakob Sprenger und Heinrich Institoris*, hrsg. v. J. W. R. Schmidt, Berlin 1906, Erster Teil, S. XXVIII (Unterstreichung).

47 Tagebuch 4. 5. 1948.

48 Nachweise E VI, 466.

49 *Gesang vom Kindchen*, GW VIII, 1095 (*Die Taufe*).

50 Thomas Mann am 30. 7. 1948 an den Bertram–Schüler Werner Schmitz (Briefe Bertram S. 195–198).

注 释

51 Zitate aus der Broschüre *Ansprachen bei der feierlichen Verleihung des volksdeutschen Joseph-von-Görres-Preises an den rheinischen Dichter Ernst Bertram am 6. Juli 1940*, Bonn 1940.

52 An Agnes E. Meyer 29. 5. 1944.

53 Motschan, S. 70.

54 Tagebuch 29. 8. 1954.

55 Thomas Mann an Willy Sternfeld 3. 2. 1949, Kopie TMA.

56 Motschan, S. 59.

57 Motschan, S. 64.

58 Motschan, S. 67.

59 Motschan, S. 96.

60 Motschan, S. 115.

61 Motschan, S. 84, *Ansprache im Goethejahr 1949*, GW XI, 488.

62 Tagebuch 4. 8. 1949.

63 Motschan, S. 81, *Ansprache im Goethejahr 1949*, GW XI, 485.

64 Motschan, S. 97.

65 Näheres E VI, 463.

66 *Antwort an Paul Olberg* (1949), GW XIII, 797.   646

67 Thomas Mann an Agnes E. Meyer 27. 3. 1950.

68 Thomas Mann an Willy Sternfeld 9. 11. 1949, Kopie TMA.

69 Am 11. 12. 1950 an Edward J. Shaughnessy, Erika Mann, *Briefe und Antworten.*

70 An Klaus Mampell 17. 5. 1954, *Briefe III.*

71 Berichtet von Georges Motschan, S. 119, in einigen Einzelheiten richtiggestellt von Paul Schommer, *Thomas Manns Aufenthalt in Bayreuth im Juli 1949*, in: TMJ 11, 1998.

72 Thomas Mann nach Motschan, S. 138.

73 Katia Mann an Erika Mann am 4. 8. 1949, in: Erika Mann, *Briefe und Antworten.*

74 Im Anhang zum Tagebuch 1949/50, S. 562.

75 Näheres Inge Jens im Kommentar zu den Tagebüchern 1949/50, S. 431–433.

76 Vgl. Stephan Reinhardt, *Alfred Andersch. Eine Biographie*, Zürich 1990, S. 215.

77 Thomas Mann an Klaus Mampell 17. 5. 1954, *Briefe III.*

78 Tagebuch 11. 5. 1954.

79 Tagebuch 9. 10. 1951.

80 Thomas Mann an Erich Wendt 25. 5. 1952, hier wie andere Informationen dieses

Abschnitts nach: Carsten Wurm, *„Es sind aber auch Menschen und auch Deutsche".*
Wie Thomas Mann und Hermann Hesse zum Aufbau-Verlag kamen, in: *Neue deutsche*
Literatur 43, 1995, Heft 4, S. 137–143.

81 Carsten Wurm, S. 141.

82 Tagebuch 15. Und 16. 5. 1954, Kommentar S. 575.

83 Tagebuch 21. 11. 1918.

84 *Ich stelle fest ...* (1951), E VI, 209 f.; GW XI, 798.

85 Tagebuch 8. 2. 1950.

86 Näheres E VI, 470 f.

87 E VI, 454 f.

88 *Anlaßlich einer Zeitschrift* (1950), E VI, 147–159, dort alle Zitate (nicht in GW).

89 *Ich stelle fest ...*, E VI, 209; GW XI, 798.

90 Nachweise E VI, 473.

91 Näheres zu den Vorgängen E VI, 513–516.

92 *Ich stelle fest ...*, E VI, 207; GW XI, 796.

93 Einzelheiten E VI, 516 f.

94 Tagebuch 4. 5.. und 9. 5. 1951 u. ö.

95 Am 19. 4. 1952 an Theodor W. Adorno, *Tagebücher 1951—1952,* S. 629.

96 *Der Erwählte,* GW VII, 152 (*Sibylla's Gebet*).

97 *Der Künstler und die Gesellschaft* (1952), E VI, 233; GW X, 397.

98 *Betrachtungen eines Unpolitischen,* GW XII, 485 (*Einiges über Menschlichkeit*).

99 *Goethe und die Demokratie* (1949), E VI, 116; GW IX, 767.

100 Tagebuch 19. 6. 1951, dazu Inge Jens im Kommentar S. 469 f.

101 Hinweise Tagebuch 31. 1., 14. 2. und 28. 3. 1944.

102 Zum Beispiel 12. 4. 1943, 19. 1., 4. 2., 12. 2. und 24. 10. 1944.

103 An Agnes E. Meyer 30. 7. 1944.

104 An Agnes E. Meyer 22. 1. 1944.

105 Näheres AEM, 984.

106 Alle Informationen zu diesem Thema aus: Hans R. Vaget, *Vorzeitiger Antifaschismus*
und andere unamerikanische Umtriebe. Aus den geheimen Akten des FBI über
Thomas Mann, in: *Horizonte. Festschrift für Herbert Lehnert zum 65. Geburtstag,*
Tübingen 1990, S. 173–204.

107 An Adorno 19. 4. 1952, Kopie TMA.

108 An Klaus W. Jonas am 29. 1. 1954, siehe Klaus W. Jonas, *Über meine Thomas-Mann-*

647

注 释

Bibliographie, in: *Der Wagen*, Lübeck 1997/98, S. 138–159, hier S. 152.

109 An Ida Herz 31. 10. 1925, Regesten 25/193.

110 Nachweise Potempa, *Aufrufe*, Register S. 144 f.

111 Tagebuch 2. 4. 1949.

112 Potempa, *Aufrufe* Nr. 21, 23, 28, 32, 33, 37, 48

113 An Gerhart Hauptmann 23. 10. 1930.

114 Tagebuch 25. 2. und 3. 3. 1920.

115 Tagebuch 11. 7. 1934.

116 Lincoln Barnett, *The Universe and Dr. Einstein*, New York 1948, S. 58, von Thomas Mann angestrichen (TMA).

117 *Meerfahrt mit Don Quijote* (1934), E IV, 109; GW IX, 447.

118 So Thomas Mann in *Zum Tode Albert Winsteins* (1955), GW X, 549.

119 Tagebuch 7. 8. 1945, vgl. Goethe, *Allerdings* (dort Zitat nach Albrecht von Haller).

120 Zitiert in Manns Tagebuch am 27. 10. 1945.

121 Potempa, *Aufrufe* Nr. 79.

122 Thomas Mann an Albert Einstein am 15. 12. 1951, Regesten 51/498.

123 *Die Entstehung des Doktor Faustus*, 14. Kapitel, GW XI, 289.

124 *Gegen die Wiederaufrüstung Deutschlands* (1954), E VI, 281–289; GW XIII, 805–813.

125 Näheres Erika Mann, *Das letzte Jahr*, in: Erika Mann, S. 433–436.

126 *Versuch über Schiller* (1955), E VI, 370; GW IX, 950.

127 Wie die folgenden Zitate aus dem Capercailzie–Komplex *Doktor Faustus*, 27. Kapitel, GW VI, 360–366.

128 *Fragment über das Religiöse* (1931), E III, 297; GW XI, 424.

129 *Meerfahrt mit Don Quijote*, E IV, 109; GW IX, 447.

130 *Okkulte Erlebnisse* (1923), E II, 183.

131 Das Folgende *Zauberberg*, GW III, 394–396 (*Forschungen*).

132 Zitate *Bekenntnisse des Hochstaplers Felix Krull* III, 5; GV VII, 543 f. Die physikalischen Einzelheiten hat Thomas Mann von Lincoln Barnett, *The Universe and Dr. Einstein*, New York 1948, z.B. S. 32, 39, 41, 87 f. 89. 96b (laut Tagebuch gelesen Ende Dezember 1948, TMA, Anstreichungen).

133 *Bekenntnisse des Hochstaplers Felix Krull* III, 5; GW VII, 547; zuerst I, 8; GW VII, 312.

134 An Paul Amann 23. 12. 1951.

135 *Bekenntnisse des Hochstaplers Felix Krull* III, 5; GW VII, 542, die folgenden Stellen 543 und 547 f.

136 *Lob der Vergänglichkeit* (1952), E VI, 221; GW X, 385.

137 Vgl. zum Folgenden *Joseph und seine Brüder*, 4. Hauptstück des 4. Romans, Abschnitt *Die Vergoldung*.

648

138 Tagebuch 23. 6. 1938.

139 *Joseph und seine Brüder*, GW IV, 463. (*Der Himmeltraum*).

140 TMUZ Nr. 161.

第十九章　直到最后一声叹息

1　*Joseph und seine Brüder*, GW V, 1798 (*Die Sterbeversammlung*).

2　Erika Mann, S. 385.

3　Tagebuch 16. und 17. 7. 1950.

4　Thomas Mann an Erika Mann 20. 5. 1951, *Briefe III*.

5　Tagebuch 25. 11. 1950.

6　*Joseph und seine Brüder*, GW V, 1550 (*Thamar erlernt die Welt*).

7　*Richard Wagner und kein Ende* (1949), E VI, 145; GW X, 926.

8　Vgl. *Friedrich und die große Koalition* (1914), E I, 266 f., GW X, 133.

9　*Die Erotik Michelangelo's* (1950), GW IX, 788; nicht im Erstdruck (Zensureingriff, vgl. E VI, 502, 507).

10 *Die Erotik Michelangelo's*, GW IX, 793; E VI 201.

11 *Die Erotik Michelangelo's*, GW IX, 792; E VI 200.

12 *Die Erotik Michelangelo's*, GW IX, 787; E VI 195.

13 *Joseph und seine Brüder*, GW V, 1089 (*In Schlangennot*).

14 *Die Erotik Michelangelo's*, GW IX, 783; E VI 191.

15 N II, 46.

16 *Die Erotik Michelangelo's*, GW IX, 788; E VI 196 und 507; *Der Tod in Venedig*, 4. Kapitel, GW VIII, 547.

17 *Die Erotik Michelangelo's*, GW IX, 785; E VI 193; Tagebuch 12. 8. 1950.

18 *Die Erotik Michelangelo's*, GW IX, 785; E VI 193.

19 *Die Erotik Michelangelo's*, GW IX, 785; E VI 191.

20 Franzls Brief ist erhalten und faksimiliert in Wysling, *Leben*, S. 463.

注 释

21 Zitate im folgenden *Die Betrogene* (1953), GW VIII, 893, 895, 900, 903, 913, 945 f.

22 *Bekenntnisse des Hochstaplers Felix Krull*, II, 9, GW VII, 444, die folgenden Zitate 443-446 und 450.

23 Thomas Mann an Walter Rilla 11. 1. 1951, DüD III, 378.

24 *Der Erwählte*, GW VII, 38 (*Die schlimmen Kinder*).

25 *Königliche Hoheit* GW VII, 156 (*Sibylla's Gebet*); Tagebuh 18. 7. 1950.

26 Thomas Mann an Karl Boll 29. 10. 1950, DüD III, 373.

27 *Bemerkungen zu dem Roman „Der Erwählte"* (1951), E VI, 206; GW XI, 691.

28 Thomas Mann an Ida Herz 10. 9. 1951, Regesten 51/382.

29 *Der Erwählte*, GW VII, 149 (*Der Handkuß*).

30 Tagebuch 12. 10. 1945.

31 *Meine Zeit* (1950), E VI, 160; GW XI, 302.

32 *Der Erwählte*, GW VII, 150 (*Der Handkuß*).

33 *Der Erwählte*, GW VII, 113 (*Der Disput*).

34 *Der Erwählte*, GW VII, 232 (*Die Wandlung*).

35 *Die Betrogene*, GW VIII, 950.

36 *Die Erotik Michelangelo's*, E VI, 193; GW IX, 785.

37 *Lebensabriß* (1930), E VI, 182; GW XI, 103.

38 *Doktor Faustus*, 34. Kapitel, GW VI, 476.   649

39 *Meine Zeit*, E VI, 161; GW XI, 303.

40 Zitiert in *Das Lieblingsgedicht* (1948), GW X, 922.

41 Arthur Schopenhauer, *Parerga und Paralipomena* § 156 (Ende).

42 N II, 76.

43 *Der Erwählte*, GW VII, 160 (*Die Hochzeit*).

44 *Joseph und seine Brüder*, GW V, 1142 (*Von Josephs Keuschheit*).

45 *Die Erotik Michelangelo's*, GW IX, 784; E VI, 192.

46 Thomas Mann an Herrn Schwarz 19. 9. 1949 (ungedruckt, nicht in Regesten, Privatbesitz).

47 An Ida Herz 10. 9. 1951, Regesten 51/382.

第二十章　最后的事情

1 Martin Luther, *Eyn Sermon von der bereytung zum sterben*, in: Martin Luther,

Werke. Kritische Gesamtausgabe, Band 2, Weimar 1884, S. 687 (hier orthographisch modernisiert).

2 *Tristan* (1930), GW VIII, 246.

3 *Der kleine Herr Friedemann* (1897), GW VIII, 98.

4 *Der kleine Herr Friedemann*, GW VIII, 105.

5 *Buddenbrooks* X, 5; GW I, 656 f., dort auch das folgende Zitat.

6 *Buddenbrooks* X, 7; GW I, 680.

7 *Buddenbrooks* X, 7; GW I, 681.

8 *Buddenbrooks* XI, 3; GW I, 754.

9 *Der Tod in Venedig*, 3. Kapitel, GW VIII, 475.

10 *Der Tod in Venedig*, 5. Kapitel, GW VIII, 525.

11 *Der Zauberberg*, GW III, 896 f. (*Fülle des Wohllauts*).

12 *Joseph uund seine Brüder*, GW V, 1001 f. (*Bericht von Mont-kaws bescheidenem Sterben*).

13 *Der Tod* (1897), GW VIII, 73.

14 *Lebensabriß* (1930), E III, 222; GW XI, 144.

15 Sprecher, S. 295.

16 Am 7. 2. 1953 an Karl Kerényi.

17 An Hedda Eulenberg 20. 6. 1955, *Briefe III*, Friedrich Schiller, *Wallensteins Tod* V, 5.

18 *Ernst Penzoldt zum Abschied* (1955), GW X, 547.

19 Thomas Mann an Erich von Kahler 12. 8. 1954.

20 Alfred Einstein, *Mozart*, Ausgabe Stuttgart 1953, S. 273 (TMA).

21 *Fragment über das Religiöse* (1931), E III, 297; GW XI, 424.

22 *Der Zauberberg*, GW III, 306 (*„Mein Gott, ich sehe!“*).

23 *Lob der Vergänglichkeit* (1952), E VI, 219; GW X, 383.

24 *Joseph und seine Brüder*, GW V, 1131 (*Das zweite Jahr*).

25 In einem Brief an Bruno Walter, 6. 5. 1943 (DüD III, 9); *Doktor Faustus*, 44. Kapitel, GW VI, 614.

26 *Buddenbrooks* II, 4; GW I, 72.

27 *Der Zauberberg*, GW III, 685 (*Schnee*).

28 *Süßer Schlaf!* (1909), E I, 110; GW XI, 338.

650 29 N II, 93.

30 *Buddenbrooks*, IX, 2; GW I, 578.

31 *Buddenbrooks*, X, 8; GW I, 686 f.

注　释

32 Heinrich von Kleist in einem Brief an Wihelmine von Zenge vom 21. 7. 1801, zitert von Thomas Mann, *Süßer Schlaf!*, E I, 109; GW XI, 337.

33 *Joseph und seine Brüder*, GW IV, 53 (*Vorspiel: Höllenfahrt*).

34 An einen Unbekannten („Lieber Herr Doctor ") am 16. 5. 1913 über den Tod von Friedrich Huch. Ungedruckt, nicht in Regesten (Universitätsbibliothek Tübingen).

35 Goethe zu Eckermann am 4.2. 1829.

36 *Joseph und seine Brüder*, GW IV, 648 (*Die Versuchungen Jaakobs*).

37 Überliefert von Otto Heinrich Strohmeyer, *Begegnung mit dem Jenseitigen*, in: *Begegnungen. Jahrbuch Freie Akademie der Künste in Hamburg*, Hamburg 1953, S. 41.

38 *Buddenbrooks* X, 8; GW I, 684 f.

39 *Doktor Faustus*, 25. Kapitel, GW VI, 326.

40 Vgl. Tagebuch 26. 12. 1953 u. ö. (Hans Egon Holthusen, Wilhelm Grenzmann).

41 Tagebuch 20. 7. 1953.

42 *Katia Mann zum siebzigsten Geburtstag* (1953), E VI, 251 f.; GW XI 526, wie die folgende Stelle.

43 Das folgend nach Heinrich Mann, *Zeitalter*, S. 142 f.

44 *Goethe und Tolstoi* (1925), GW IX, 139.

45 Katia Mann an Klaus Mann 21. 5. 1946, Klaus Mann, *Briefe und Antworten*.

46 *Theodor Storm* (1930), E III, 243 f.; GW IX, 266 f.

47 Das Medizinische im folgenden nach Thomas Sprecher und Ernst O. Wiethoff, *Thomas Manns letzte Krankheit*, in: TMJ 10, 1997, S. 249-276.

48 Thomas Mann an Erich von Kahler 5. 8. 1955.

49 Erika Mann, *Das letzte Jahr*, in: Erika Mann, S. 446 f.

50 Erika Mann, *Das letzte Jahr*, in: Erika Mann, S. 453.

51 *Joseph und seine Brüder*, GW V, 1778 (*Nach dem Gehorsam*).

52 Thomas Mann an Siegmund Mann, 3. 12. 1937, Regesten 37/217.

53 *Die Entstehung des Doktor Faustus* (1949), 13. Kapitel, GW XI, 262.

54 Alle Einzelheiten zur Beerdigung nach TMUZ Nr. 162 und Sprecher, S. 291-297.

55 Thomas Mann an Erich von Kahler am 12. 8. 1954.

56 *Versuch über Schiller* (1955), E VI, 290-292; GW IX, 870-872.

57 Thomas Mann am 15. 10. 1954 an Ida Herz, TMA.

58 *Hermann Hesse – Thomas Mann: Briefwechsel*, Frankfurt 1968, S. 192.

59 Goethe, *Zahme Xenien VII*, Thomas Mann an Peter Hacks am 6. 2. 1949, *Sinn und*

Form, Sonderheft Thomas Mann, Berlin 1965, S. 238; auch an vielen anderen Stellen zitiert, zum Beispiel *Goethe als Repräsentant des bürgerlichen Zeitalters* (1932), E III, 332; *Vorwort zu Ferdinand Lion* (1947), E VI, 94; GW XIII, 214; *Goethe und die Demokratie* (1949), E VI, 109; GW XI, 760; *Die drei Gewaltigen* (1949), GW X, 379; *Ansprache im Goethejahr* (1949), GW XI, 493.

60 Katia Mann an Gustav Hillard, nach Gustav Hillard (d.i. Gustav Steinbömer), *Wert der Dauer, Essays, Reden, Gedenkworte*, Hamburg 1961, S. 142 f.

61 *Katia Mann zum siebzigsten Geburtstag*, E VI, 252; GW XI, 526

1. 缩写的引用书目

AEM

Thomas Mann – Agnes E. Meyer: Briefwechsel, hrsg. v. Hans Rudolf Vager, Frankfurt 1992.

ARE

Thomas Mann, *Aufsätze, Reden, Essays*, hrsg. v. Harry Matter, 3 Bände (bis 1925), Berlin/ Weimar 1983—1986.

Bild und Text

Bild und Text bei Thomas Mann. Eine Dokumentation, hrsg. v. Hans Wysling unter Mitarbeit von Yvonne Schmidlin, Bern/München 1975.

Böhm

Karl Werner Böhm, *Zwischen Selbstzucht und Verlangen, Thomas Mann und das Stigma Homosexualität*, Würzburg 1991.

Briefe I, II, III

Thomas Mann, *Briefe*, hrsg. V. Erika Mann. Band I: *Briefe 1889—1936*, Frankfurt 1962; Band II: *Briefe 1937—1947*, Frankfurt 1963; Band III: *Briefe 1945—1955 und Nachlese*, Frankfurt 1965.

Briefwechsel mit Autoren

Thomas Mann, Briefwechsel mit Autoren, hrsg. v. Hans Wysling, Frankfurt 1988 dort S. 753- 757 eine Liste sämtlicher bis dahin erschienener Briefsammlungen

Bürgin/Mayer

Hans Bürgin und Hans-Otto Mayer, *Thomas Mann. Eine Chronik seines Lebens*, Frankfurt 1965, als Taschenbuch 1974.

DüD

Dichter über ihre Dichtungen. Thomas Mann, hrsg. v. Hans Wysling und Marianne Fischer, 3 Bände, Zürich/München/Frankfurt 1975—1981.

E

Thomas Mann, *Essays*. Nach den Erstdrucken, textkritisch durgesehen, kommentiert und hrsg.

v. Hermann Kurzke und Stephan Stachorski, 6 Bände, Frankfurt 1993—1997.

Erika Mann

Erika Mann, *Mein Vater, der Zauberer*, hrsg. v. Irmela von der Lühe und Uwe Naumann, Reinbek 1996 (Essays, Reden, Artikel, Interviews, Briefwechsel).

Erika Mann, *Briefe und Antworten*

Erika Mann, *Briefe und Antworten*, Band 1: 1922—1950, Band 2: 1951—1969, hrsg. v. Anna Zanco Prestel, München 1984—1985.

Golo Mann, *Erinnerungen*

Golo Mann, *Erinnerungen und Gedanken. Eine Jugend in Deutschland*, Frankfurt 1986.

652 Golo Mann, *Vater*

Golo Mann, *Mein Vater Thomas Mann*, Lübeck 1970.

GW

Thomas Mann, *Gesammelte Werke in dreizehn Bänden*, Frankfurt 1974 und 1990.

Heinrich Mann, *Briefe an Karl Lemke und Klaus Pinkus*

Heinrich Mann, *Briefe an Karl Lemke und Klaus Pinkus*, Hamburg o.J.

Heinrich Mann, *Macht und Mensch*

Heinrich Mann, *Macht und Mensch*, Frankfurt 1989.

Heinrich Mann, *Zeitalter*

Heinrich Mann, *Ein Zeitalter wird besichtigt* (1945), Ausgabe Reinbek 1976.

Hübinger

Paul Egon Hübinger, *Thomas Mann, die Universität Bonn und die Zeitgeschichte. Drei Kapitel deutscher Vergangenheit aus dem Leben des Dichters 1905—1955*, München/Wien 1974.

Interviews

Frage und Antwort. Interviews mit Thomas Mann 1909—1955, hrsg. v. Volkmar Hansen und Gert Heine, Hamburg 1983.

Julia Mann

Julia Mann, *Ich spreche so gern mit meinen Kindern. Erinnerungen, Skizzen, Briefwechsel mit Heinrich Mann*, Berlin/Weimar 1991.

Katia Mann

Katia Mann, *Meine ungeschriebenen Memoiren*, hrsg. v. Elisabeth Plessen und Michael Mann, Frankfurt 1974.

Klaus Mann, *Briefe und Antworten*

Klaus Mann, *Briefe und Antworten 1922—1949*, hrsg. v. Martin Gregor-Dellin, München 1987.

Klaus Mann, *Kind dieser Zeit*

Klaus Mann, *Kind dieser Zeit*, Ausgabe München 1965 (zuerst 1932).

Klaus Mann, *Tagebücher*

Klaus Mann, *Tagebücher 1931—1949*, hrsg. v. Joachim Heimannsberg, Peter Laemmle und
Wilfried F. Schoeller, München 1989, Taschenbuchausgabe in 6 Bänden Reinbek 1995.

Klaus Mann, *Wendepunkt*

Klaus Mann, *Der Wendepunkt. Ein Lebensbericht*, Ausgabe München 1981 (zuerst 1952,
englisch unter dem Titel *The Turning Point. Thirty-Five Years in this Century*, New York
1943).

Kolbe

Jürgen Kolbe, *Heller Zauber. Thomas Mann in München 1894—1933*, Berlin 1987.

Matter

Harry Matter, *Die Literatur über Thomas*, 2 Bände, Berlin/Weimar 1972.

Mendelssohn I-III.

Peter de Mendelssohn, *Der Zauberer. Das Leben des deutschen Schriftstellers Thomas Mann.
Erster Teil: 1875 bis 1918* (= Bände I und II). *Zweiter Teil: Jahre der Schwebe: 1919 und
1933 (Nachgelassene Kapitel)* (= Band III). Überarbeitete und erweiterte Neuausgabe in
3 Bänden, hrsg. v. Cristina Klostermann, Frankfurt 1996 (zuerst in zwei Bänden 1975 und
1992).

Michael Mann, *Fragmente*   653

Michael Mann: *Fragmente eines Lebens* hrsg. v. Frederic C. und Sally P. Tubach, München
1983.

Monika Mann, *Papa*

Monika Mann, *Papa*, in: *The Stature of Thomas Mann*, hrsg. v. Charles Neider, Ausgabe
London 1951.

Monika Mann, *Vergangenes und Gegenwäriges*

Monika Mann, *Vergangenes und Gegenwärtiges*, München 1956.

Motschan

Georges Motschan, *Thomas Mann – von nahem erlebt*, Nettetal 1988.

N

Thomas Mann, *Notizbücher*, hrsg. v. Hans Wysling, 2 Bände, Frankfurt 1991/92.

Potempa

Georg Potempa, *Thomas-Mann-Bibliographie*, Morsum/Sylt 1992 Grundlegende
Primärbibliographie sämtlicher Drucke der Texte Thomas Manns.

Potempa II

托马斯·曼：生命之为艺术品

Georg Potempa, *Thomas-Mann-Bibliographie*, Band II (Übersetzungen, Interviews), Morsum/ Sylt 1997.

Potempa, *Aufrufe*

Georg Potempa, *Thomas Mann. Beteiligung an politischen Aufrufen und anderen kollektiven Publikationen. Eine Bibliographie*, Morsum/Sylt 1988.

Regesten

Die Briefe Thomas Manns. Regesten und Register, hrsg. v. Hans Bürgin und Hans-Otto Mayer, fortgeführt von Gert Heine und Yvonne Schmidlin, 5 Bände, Frankfurt 1976.

Samuel/Tomi

Theodor Lessing: *Samuel zieht die Bilanz und Tomi melkt die Moralkuh oder Zweier Könige Sturz*, Hannover 1910.

Sprecher

Thomas Sprecher, *Thomas Mann in Zürich*, Zürich, 1992.

Tagebuch

Thomas Mann, *Tagebücher*, 10 Bände, hrsg. v. Peter de Mendelssohn (5 Bände, 1918—1943) und Inge Jens (5 Bände, 1943—1955), Frankfurt 1977—1995.

Tagebücher 1918—1921 etc.

Kommentar und Anhang zu den Einzelbänden der Tagebuch-Edition.

TMA

Thomas Mann-Archiv der Eidgenössischen Technischen Hochschule Zürich, Schönberggasse 15, CH-8001 Zürich.

TMJ

Thomas Mann-Jahrbuch 1, 1988–11, 1998.

TMS I

Paul Scherrer, Hans Wysling, *Quellenkristische Studien zum Werk Thomas Manns*, Bern/ München 1967.

TMS III

Hans Wysling, *Dokumente und Untersuchungen. Beiträge zur Thomas Mann-Forschung*, Bern/ München 1974.

TMS

Thomas Mann-Studien.

654 TMUZ

Thomas Mann im Urteil seiner Zeit. Dokumente 1891 bis 1955, hrsg. v. Klaus Schröter, Hamburg 1969.

资料来源索引

Viktor Mann

Viktor Mann, *Wir waren fünf. Bildnis der Familie Mann*, Frankfurt 1976 (zuerst 1949).

Widmungen

„*Herzlich zugeeignet*". *Widmungen von Thomas Mann 1887—1955*, hrsg. v. Gert Herne und Paul Schommer, Lübeck 1998.

Wysling, *Leben*

Hans Wysling und Yvonne Schmidlin, *Thomas Mann. Ein Leben in Bildern*, Zürich 1994.

2. 书信往来

Amann

Thomas Mann. Briefe an Paul Amann 1915—1952, hrsg. v. Herbert Wegener, Lübeck 1959.

Bermann Fischer

Thomas Mann. Briefwechsel mit seinem Verleger Gottfried Bermann Fischer 1932—1955, Frankfurt 1973, als Taschenbuch in zwei Bänden 1975.

Bertram

Thomas Mann an Ernst Bertram, hrsg. v. Inge Jens, Pfullingen 1960.

Fiedler

Aus dem Briefwechsel Thomas Mann – Kuno Fiedler, hrsg. v. Hans Wysling, in: *Blätter der Thomas Mann-Gesellschaft* 11, 1971, S. 5–40, und 12, 1972, S. 5–37.

Fischer, Samuel

Samuel und Hedwig Fischer, *Briefwechsel mit Autoren*, hrsg. v. Dierk Rodewald und Corinna Fiedler, Frankfurt 1989.

Grautoff

Thomas Mann. Briefe an Otto Grautoff 1894—1901 und Ida Boy-Ed 1903—1928, hrsg. v. Peter de Mendelssohn, Frankfurt 1975.

Hamburger

Briefwechsel Thomas Mann – Käte Hamburger, hrsg. v. Hubert Brunträger (Publikation in Vorbereitung).

Harden

Frank Wedekind, Thomas Mann, Heinrich Mann, *Briefwechsel mit Maximilian Harden*, hrsg. v. Ariane Martin, Darmstadt 1996.

Hauptmann

Der Briefwechsel zwischen Thomas Mann und Gerhart Hauptmann, hrsg. v. Hans Wysling und Cornelia Bernini, in: TMJ 6, 1993 und 7, 1994.

Hesse

Hermann Hesse – Thomas Mann: Briefwechsel, hrsg. v. Anni Carlsson, Frankfurt 1968.

Hilscher

Eberhard Hilscher, *Thomas Mann. Leben und Werk*, Berlin/DDR ⁹1986 (Briefanhang).

655 Kahler

Thomas Mann – Erich von Kahler. Briefwechsel 1931—1955, hrsg. v. Michael Assmann, Hamburg 1993.

Kerényi

Thomas Mann – Karl Kerényi: Gespräch in Briefen, Zürich 1960, Taschenbuch München 1967.

Mann, Erika

s. *Erika Mann* oder Erika Mann, *Briefe und Antworten*.

Mann, Heinrich

Thomas Mann – Heinrich Mann: Briefwechsel 1900—1949, hrsg. v. Hans Wysling, Frankfurt 1968, als Taschenbuch 1975, erweiterte Neuausgaben 1984 und 1995.

Mann, Julia (Mutter)

s. *Julia Mann*.

Mann, Klaus

s. Klaus Mann, *Briefe und Antworten*.

Martens

Briefwechsel Thomas Mann – Kurt Martens, hrsg. v. Hans Wysling und Thomas Sprecher, in: TMJ 3, 1990 und 4, 1991.

Meyer, Agnes

s. AEM.

Ponten

Dichter oder Schriftsteller. Der Briefwechsel zwischen Thomas Mann und Josef Ponten 1919— 1930, hrsg. v. Hans Wysling, Bern/München 1988 (= TMS VIII).

Preetorius

Aus dem Briefwechsel Thomas Mann – Emil Preetorius, hrsg. v. Hans Wysling, in: *Blätter der Thomas Mann-Gesellschaft* 4, 1963, S. 3-24.

Schickele

Jahre des Unmuts. Thomas Manns Briefwechsel mit René Schickele 1930—1940, hrsg. v. Hans Wysling und Cornelia Bernini, Frankfurt 1992 (= TMS)

Weitere Briefpartner s. *Brief I-III, Briefwechsel mit Autoren*, DüD, Regesten und an verstreuten

Stellen (der jeweilige Fundort wird in der Fußnote nachgewiesen).

3. 其他资料来源、文档、索引和汇编

Adorno, Theodor, *Zu einem Porträt Thomas Manns*. In: Theodor W. Adorno, *Noten zur Literatur III*, Frankfurt 1965, S. 19–29.

Auf dem Weg zum „Zauberberg". Die Davoser Literaturtage 1996, hrsg. v. Thomas Sprecher, Frankfurt 1997 (= TMS VI).

Bermann Fischer, Gottfried, *Bedroht -bewahrt. Weg eines Verlegers*, Frankfurt 1967.

Grosser, J.F.G., *Die große Kontroverse. Ein Briefwechsel um Deutschland*, Hamburg 1963.

Hage, Volker, *Eine Liebe fürs Leben. Thomas Mann und Travemünde*, Hamburg 1993.

Hamacher, Bernd, *Thomas Manns letzter Werkplan „Luthers Hochzeit". Edition, Vorgeschichte und Kontexte*, Frankfurt 1998.   656

Heinrich Mann 1871—1950. Werk und Leben in Dokumenten und Bildern, Berlin/Weimar 1971.

Herz, Ida, *Erinnerungen an Thomas Mann*, in: *German Life and Letters*, 9, 1956, S. 281–290.

Holm, Korfiz, *Ich – klein geschrieben. Heitere Erlebnisse eines Verlegers*, München/Wien 1966.

Jens, Inge, *Dichter zwischen rechts und links. Die Geschichte der Sektion Dichtkunst der Preußischen Akademie der Künste dargestellt nach den Dokumenten*, München 1971.

Jonas, Klaus W., *Die Thomas Mann-Literatur. Bibliographie der Kritik*, 3 Bände, Berlin 1972, Berlin 1980, Frankfurt 1997.

Korruhn, Wolfgang, *Hautnah. Indiskrete Gespräche*, Düsseldorf [2]1994 Gespräch mit Golo Mann kurz vor seinem Tod.

Kuhn, Heribert, *Thomas Mann – „Rollende Sphären". Eine interaktive Biographie*, hrsg. v. Franz-Maria Sonner und Thomas Sprecher. München 1995 CD-ROM.

Mann, Erika und Klaus, *Escape to Life. Deutsche Kultur im Exil*, Ausgabe München 1991.

Mann, Heinrich, *Briefe an Ludwig Ewers 1889—1993*, hrsg. v. Ulrich Dietzel und Rosemarie Eggert, Berlin/Weimar 1980.

Mühsam, Erich: *Tagebücher 1910—1924*, hrsg. v. Chris Hirte, München 1994.

Steinbach, Ernst, *Gottes armer Mensch. Die religiöse Frage im dichterischen Werk von Thomas Mann*, in: *Zeitschrift für Theologie und Kirche 50*, 1953, S. 207 242 vgl. Tagebuch 26.-30.12.1953.

Thomas Mann und seine Quellen. Festschrift für Hans Wysling, hrsg. v. Eckhard Heftrich und Helmut Koopmann, Frankfurt 1991.

Thomas Mann. Unbekannte Dokumente aus seiner Jugend. Sammlung Prof. Dr. P. R. Franke. Ausstellung. Landesbank Saar Girozentrale Saarbrücken vom 2. Bis 20. September 1991, Saarbrücken 1991.

Thomas Mann-Handbuch, hrsg. v. Helmut Koopmann, Stuttgart, 2., ergänzte Auflage 1995.

Vaget, Hans R., *Thomas Mann – Kommentar zu sämtlichen Erzählungen*, München 1984.

Wagner – Nietzsche – Thomas Mann. Festschrift für Eckhard Heftrich, hrsg. v. Heinz Gockel, Michael Neumann und Ruprecht Wimmer, Frankfurt 1993.

Wysling, Hans, *Narzißmus und illusionäre Existenzform. Zu den Bekenntnissen des Hochstaplers Felix Krull*, Bern/München 1982 (= TMS V).

Wysling, Hans, *Ausgewählte Aufsätze 1963—1995*, Frankfurt 1996 (= TMS XIII).

只需要一次或两次的资料来源都完全编入相应的脚注中，没有收录到上面的索引中。每一位托马斯·曼的研究者都站在前人的肩膀上以及同行的队伍中。即便我出于文体的原因，在这本书中避免对研究文献进行引用，但有很多地方当然还要归功于我的朋友和同仁们。

657　　如果要在这个地方——罗列他们在过去四分之一个世纪里出的书和发表的文章，需要写满许多页。因此，我在此只想笼统地说一下，我从以下诸位的著作中学习到了非常多的东西，按照姓氏字母顺序他们分别是：莱因哈德·鲍姆加特、卡尔·维尔纳·伯姆、曼弗雷德·迪克斯、约阿希姆·费斯特、格哈德·黑尔勒、福尔克马尔·汉森、艾克哈德·黑夫特里希、赫尔穆特·延德赖艾克、英格·延斯、瓦尔特·延斯、克劳斯·W.约纳斯、赫尔穆特·科普曼、博尔格·克里斯蒂安森、赫伯特·莱纳特、米夏埃尔·马尔、T. J.雷德、马塞尔·莱希-拉尼奇、汉斯-约阿希姆·赞德贝格、托马斯·施普雷歇、汉斯·鲁道夫·瓦格特、鲁普雷希特·维默尔、汉斯·维斯基兴和汉斯·维斯林。若有遗忘，敬请谅解。

书中提及的托马斯·曼著作一览表

Kleists „Amphitryon", Eine Wiedereroberung　一次重新占有——论克莱斯特的《安菲特律翁》

Königliche Hoheit　王子殿下

Kritik und Schaffen　批评与创作

Kultur und Sozialismus　文化与社会主义

Lebensabriß　生活概要

Leiden und Größe der Meister　大师们的伟大与受难

Leiden und Größe Richard Wagners　多难而伟大的理查德·瓦格纳

Lob der Vergänglichkeit　转瞬即逝赞

Lotte in Weimar　绿蒂在魏玛

Lübeck　吕贝克

Lübeck als geistige Lebensform　作为精神生活形式的吕贝克

Luthers Hochzeit　路德的婚礼

Maja　幻

Mama　妈妈

Mario und der Zauberer　马里奥与魔术师

Maß und Wert　尺度与价值

Meerfahrt mit Don Quijote　堂吉诃德航海记

Meine erste Liebe　我的初恋

Meine Zeit　我的时代

Mich könnt ihr nicht vergiften　我，你们毒杀不了

Monolog　独白

Nacht　夜

Neujahrsgrüße an die Sowjetunion　致苏联的新年问候

Nietzsches Philosophie im Lichte unserer Erfahrung　从我们的体验看尼采哲学

Nur eins　只有一点

Okkulte Erlebnisse　灵异体验

On Myself　关于我自己

„Ostmarkklänge"　《东部边区之声》

Paete, non dolet 帕图斯，不痛

Pariser Rechenschaft 巴黎情况说明

Piété sans la foi 没有信仰的虔诚

Platen – Tristan – Don Quichotte 普拉滕 – 特里斯坦 – 堂吉诃德

Politische Novelle 政治小说

Protest der Prominenten gegen die geplante Beibehaltung und Verschärfung § 175 知名人士
　　反对计划保留并加强刑法第 175 条的抗议书

Rede für Franklin D. Roosevelt im Wahlkampf 1944 支持富兰克林·D. 罗斯福赢得 1944
　　年总统大选的演讲

Rede über Lessing 关于莱辛的演讲

Rede und Antwort 讲演与回答

Rede vor Arbeitern in Wien 致维也纳工人

Rettet die Demokratie! 拯救民主！

Rettet die Juden Europas! 拯救欧洲的犹太人！

Richard Wagner und der „Ring des Nibelungen " 理查德·瓦格纳和《尼伯龙根的指环》

Richard Wagner und kein Ende 没完没了的理查德·瓦格纳

Richtigstellung 更正

Schicksal und Aufgabe 命运与任务

Schopenhauer 叔本华

Schwere Stunde 艰难的时刻

„Si le grain ne meurt - " 《如果种子不死》

Sieg deutscher Besonnenheit 德意志谨慎性的胜利

Siehst du, Kind, ich liebe dich 看吧，孩子，我爱你

Süßer Schlaf! 甜美的酣睡！

The Fall of the European Jews 欧洲犹太人的陨落

The Problem of Freedom 自由问题

The War and the Future 战争与未来

Theodor Storm 特奥多尔·施托姆

Tiroler Sagen 蒂罗尔传说

Tobias Mindernickel 图比亚斯·明德尼克尔

Tonio Kröger 托尼奥·克勒格尔

人名索引

神话和文学作品中人名为斜体印刷

667

人名索引

人名索引

672